中国农村教育发展报告2017－2018

The Report of Rural Education Development in China: 2017—2018

邬志辉　秦玉友　主编

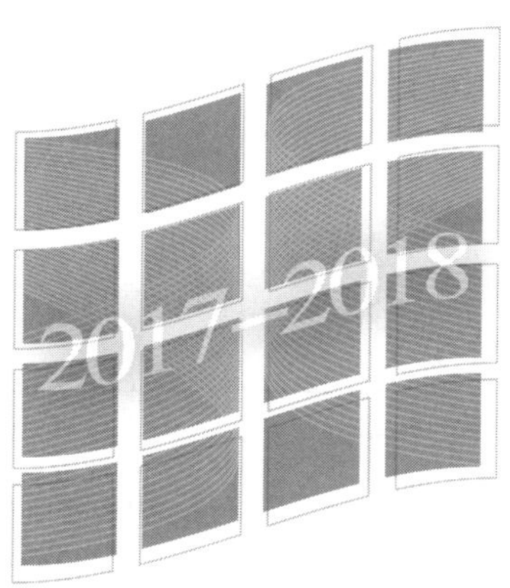

图书在版编目(CIP)数据

中国农村教育发展报告 2017—2018/邬志辉，秦玉友主编．—北京：北京师范大学出版社，2019.8

（教育部哲学社会科学系列发展报告）

ISBN 978-7-303-24769-1

Ⅰ.①中… Ⅱ.①邬… ②秦… Ⅲ.①乡村教育—研究报告—中国—2017—2018 Ⅳ.①G725

中国版本图书馆 CIP 数据核字(2019)第 110556 号

营销中心电话 010-57654738 57654736
北师大出版社高等教育与学术著作分社 http://xueda.bnup.com

ZHONGGUO NONGCUN JIAOYU FAZHAN BAOGAO 2017—2018

出版发行：北京师范大学出版社 www.bnup.com
北京市西城区新街口外大街 12-3 号
邮政编码：100088

印 刷：三河市兴达印务有限公司
经 销：全国新华书店
开 本：730mm×980mm 1/16
印 张：36.75
字 数：731 千字
版 次：2019 年 8 月第 1 版
印 次：2019 年 8 月第 1 次印刷
定 价：108.00 元

策划编辑：陈红艳 鲍红玉 责任编辑：马力敏 孟 浩
美术编辑：李向昕 装帧设计：李向昕
责任校对：赵媛媛 责任印制：马 洁

本报告得到教育部哲学社会科学发展报告项目的资助，得到中国教育学会农村教育分会的大力支持，谨此致谢！

《中国农村教育发展报告》顾问委员会

顾问委员会主任：

史宁中　　东北师范大学

顾问委员会委员（按姓氏笔画排序）：

王嘉毅　　中共甘肃省委员会
叶敬忠　　中国农业大学
孙绵涛　　沈阳师范大学
张乐天　　南京师范大学
杨东平　　北京理工大学
范先佐　　华中师范大学
袁桂林　　北京师范大学
袁振国　　华东师范大学
廖其发　　西南大学
裴娣娜　　北京师范大学

前 言

党的十九大报告提出"乡村振兴战略"，提出要"推动城乡义务教育一体化发展，高度重视农村义务教育……努力让每个孩子都能享有公平而有质量的教育"。农村教育在决胜全面建成小康社会中具有举足轻重的地位。我们综合利用国家统计数据和东北师范大学中国农村教育发展研究院在全国12个省份的调研数据，形成了《中国农村教育发展报告2017—2018》。

一、农村教育的现状与成就

(一)学前教育持续发展，超前完成多项国家政策目标

党的十八大以来，国家持续发力，农村学前教育事业取得重大进展。

1. 学前三年毛入园率继续增长，乡村幼儿园数量有所增加

"入园难"是社会普遍关注的热点问题。2016年，幼儿在园人数达4413.9万人，比2015年增长149万人；我国学前三年毛入园率达77.4%，比2015年增长2.4%，超过《国家中长期教育改革和发展规划纲要(2010—2020年)》(简称《纲要》)提出的2020年达到70%的发展目标，超过第二期学前教育三年行动计划提出的2016年达到75%的发展目标。

从城乡分布来看，2016年，城区幼儿园数为74262所，镇区为81666所，乡村为83884所。城市幼儿园数仅占总数的30.97%，农村(镇区+乡村)幼儿园数仍占到69.03%，农村幼儿园依然是学前教育的大头。

2. 民办幼儿园数量在城区占比大，教育部门所办幼儿园数量在乡村增速快

2016年，全国有民办幼儿园154203所，占幼儿园总数的64.30%，比2015年增加7827所，增长5.35%。其中，在城区，民办园占76.55%；在镇区，民办园占

68.28%；在乡村，民办园只占49.59%。

2016年，全国有教育部门所办幼儿园66119所，占幼儿园总数的27.57%，比2015年增加8634所，增长了15.02%。其中，城区为9769所，镇区为21492所，乡村为34858所。与2015年相比，教育部门所办幼儿园，在城区增加854所，增长10%；在镇区增加1673所，增长了8%；在乡村增加6107所，增长了21%，增速最快。

3. 幼儿教师的规模和学历层次不断提高，乡村增长最快

从专任教师的规模来看，2016年，全国幼儿专任教师数为223.21万人，比2012年新增了75.29万人，增幅达50.90%。在新增幼儿专任教师中，城区为31.13万人，占41.35%；镇区为30.06万人，占39.93%；乡村为14.10万人，占18.73%。城区、镇区、乡村5年的增幅分别达到了42.22%、58.66%、61.40%。乡村幼儿专任教师的总体规模增幅最大。

从专任教师的学历来看，2016年，全国幼儿专任教师中学历为大专及以上者达到76.54%，比2012年提高了11.41个百分点。其中，城区由72.92%提高到82.85%；镇区由62.31%提高到74.83%；乡村由46.42%提高到62.46%。乡村幼儿专任教师的学历提升速度最快。

4. 学前教育经费大幅增长，超半数财政性教育经费用于农村

近年来，我国学前教育总经费显著增长。2015年，我国学前教育经费为2426.74亿元，比2012年增长了61%。其中，城市由2012年的930.17亿元增长至2015年的1303.28亿元，增幅达40.11%；农村由2012年的573.76亿元增长至2015年的1123.47亿元，增幅达95.81%。农村增幅高出城市增幅55.7个百分点。

2015年，学前教育国家财政性教育经费达到1132.87亿元，比2012年增长51.52%。其中，城市总投入由2012年的433.33亿元增长到2015年的538.53亿元，增幅达24.28%；农村由2012年的314.32亿元增长到2015年的594.33亿元，增幅达89.08%。超过一半(达52.46%)的学前教育财政性教育经费用于农村地区。

(二)农村义务教育的均衡化水平有序提升，生均教育资源的占有量有所提高

1. 义务教育在校生的三分之二在县域，农村仍然是我国义务教育的大头

2016年，我国共有义务教育阶段学校22.97万所。普通小学17.76万所，其中城区2.66万所、镇区4.46万所、乡村10.64万所，农村小学数占全国小学总数的85.02%；普通初中(含九年一贯制学校)5.21万所，其中城区1.19万所、镇区2.40万所、乡村1.62万所，农村初中数占全国初中总数的77.16%。

2016年，我国义务教育阶段在校生数为1.42亿人，其中城区4756.6万人、

镇区5927.01万人、乡村3558.77万人，农村在校生数占全国在校生总数的三分之二。从学段来看，普通小学有在校生9913.01万人，其中城区3267.18万人、镇区3754.10万人、乡村2891.73万人，农村小学在校生数占全国总数的67.04%。普通初中有在校生4329.37万人，其中城区1489.42万人、镇区2172.91万人、乡村667.04万人，农村初中在校生数占全国总数的65.60%。

2. 义务教育学龄人口向城镇集中的速度放缓，进城读书学生的学习受益不一

义务教育学龄人口持续向城镇集中，义务教育城镇化率从2001年的38.2%增长到2016年的75.01%，年均增长2.45个百分点。但2016年仅比2015年增长1.21个百分点，增速明显放缓。

乡村学校数量持续减少，城镇学校数量缓慢增加。乡村小学数由2012年的15.50万所减少到2016年的10.64万所，减少了31.35%；乡村普通初中数由2012年的1.94万所减少到2016年的1.62万所，减少了16.49%。镇区小学数由2012年的4.74万所减少到2016年的4.46万所，减少了5.91%；镇区普通初中数由2012年的2.29万所增加到2016年的2.40万所，增加了4.80%。城区小学数由2012年的2.61万所增加到2016年的2.66万所，增加了1.92%；城区普通初中数由2012年的1.09万所增加到2016年的1.19万所，增加了9.17%。

农村教学点数持续增加，小规模学校占比稳定。2016年，全国共有教学点9.84万个，比2012年增加2.86万个，增长了40.97%，其中乡村教学点有8.68万所，比2012年增加了2.43万所，占教学点总数的88.21%。全国不足百人的小规模学校共计12.31万所，比上年减少0.37万所，占小学和教学点总数的44.59%，其中乡村小规模学校有10.83万个，比上年减少0.31万所，占乡村小学与教学点总数的56.06%，占全国小规模学校总数的87.98%。全国有无人校点10033个，比上年增加366个；1～10人的乡村校点2.58万个，比上年减少0.81万个。乡村小规模学校依然普遍存在。

我们的调查表明，进城读书学生的平均年度总花费为4354.44元。乡村进城小学生(语数外)的成绩高于未进城学生，但低于县城(或乡镇)当地学生；乡村进城初中生(语数外)的成绩既低于县城学生，也低于乡村学生，而且他们感知到的教师关心程度、对县城(或乡镇)学校的适应性均是最差的，想离开当前学校的比例最高。有近八成的学生家长表示，若城市教育质量和农村教育质量相同，他们会让子女留在农村学校读书。

3. 近八成的随迁子女就读于公办学校，留守儿童的行为习惯等方面表现良好

进城务工人员随迁子女数量增加，公办学校的就读率达八成。2016年，全国有义务教育阶段进城务工人员随迁子女1394.8万人，占在校生总数的10%。其中，小学有1036.7万人，初中有358.1万人。2016年，进城务工随迁子女进入公办学校就读的比例达到 79.5%，其中小学为 78.8%，初中为 81.5%。

2012—2016 年，农村留守儿童数量总体呈减少趋势，5 年间减少 544.78 万人，减幅达 23.99%。截至 2016 年，全国农村共有义务教育阶段留守儿童 1726.29 万人。其中，小学 1190.07 万人，占小学在校生数的 12.01%；初中有 536.22 万人，占初中在校生数的 12.39%。留守儿童在健康、身高等方面差于非留守儿童，承担较重的生活负担，与父母交流频率较低；但在生活习惯、德行养成、感恩心、学习幸福感等方面表现良好。

4. 乡村教师配置更为合理，“下得去、留得住、教得好”的局面基本形成

乡村教师的补充渠道日趋多元，初始配置的质量明显提高。省级统筹机制初步建立，“特岗计划”广泛实施，定向培养规模逐步扩大，乡村生师比持续下降。小学由 2012 年的 15.88∶1 下降到 2015 年的 14.57∶1，初中由 2012 年的 12.46∶1 下降到 2016 年的 10.98∶1，均低于城镇学校。乡村学校师班比不断上升，小学由 2012 年的 1.86∶1 上升到 2015 年的 1.90∶1，初中由 2012 年的 3.85∶1 上升到 2016 年的 4.03∶1。

义务教育教师的学历继续提升，城乡差距进一步缩小。2016 年，全国小学专科及以上学历的教师比例为 93.7%，比上年提高 1.8 个百分点，农村为 91.8%，城乡差距为 6.2 个百分点，比上年缩小 1.4 个百分点。全国初中本科及以上学历的教师比例为 82.5%，比上年提高 2.2 个百分点，农村为 78.6%，城乡差距为 11.7 个百分点，比上年缩小 1.3 个百分点。

乡村教师生活补助政策的覆盖范围不断扩大，资金投入大幅增加，补助标准逐年提高，乡村教师的收入不断增加。2016 年，全国集中连片特困地区的乡村教师生活补助共投入补助资金 44.3 亿元，比 2015 年增加了 9.9 亿元，提高了 28.8%。在集中连片特困地区实施县中，人均月补助标准达到或超过 400 元的县共占 25%，与 2015 年相比提高 11%。乡镇教师、乡村教师的月收入分别达到 3965.23 元和 3550.38 元，高于县城教师的 3446.37 元，但与城市教师相比仍存在一定差距。

义务教育教师职称制度不断完善，乡村教师评聘机会有所扩大。调查发现，乡村教师的高职称比例较低，城市学校高级和一级教师所占比例达 65.04%，而县镇和乡村学校分别只有 59.96%和 54.44%，乡村比城市低 10.6 个百分点。但乡村教师支持计划实施后，许多地区开始扩大乡村教师的职称评聘机会。安徽、山西、吉林、湖北、四川、甘肃、北京等地通过统一岗位结构比例、单独评审、指标单列、特设岗位、取消名额和比例限制等形式将优秀教师的评聘机会向乡村倾斜。

5. 教育经费投入不断增长，农村义务教育增速低于全国平均水平

2016 年，全国教育经费总投入为 38888.39 亿元，比上年增长 7.64%。其中，国家财政性教育经费为31396.25亿元，占到全国教育经费总投入的80.73%，比上年增长7.44%。

2016年，全国普通小学生均公共财政预算教育事业费支出达到9557.89元，比上年增长8.14%，其中农村为9246.00元，比上年增长7.80%。全国普通小学生均公共财政预算公用经费支出达到2610.80元，比上年增长7.25%，其中农村为2402.18元，比上年增长6.99%。

2016年，全国普通初中生均公共财政预算教育事业费支出达到13415.99元，比上年增长10.83%，其中农村为12477.35元，比上年增长9.94%。全国普通初中生均公共财政预算公用经费支出达到3562.05元，比上年增长5.98%，其中农村为3257.19元，比上年增长5.28%。

6. 农村中小学标准化建设成效显著，基本均衡认定县数量有序增长

学校办学条件不断改善。2016年，乡村小学体育运动场馆、体育器械、音乐器械、美术器械、理科实验仪器的达标率分别为71.44%、75.21%、74.33%、74.40%、75.03%；乡村初中分别为82.16%、86.27%、85.59%、85.34%、87.74%，均比上年有较大幅度增长，但与城区、镇区相比仍存在一定差距。生均计算机数持续增加，乡村小学建立校园网、接入互联网的比例分别为46.66%和89.45%，乡村初中分别为65.55%和98.10%，较上年有大幅增长，但乡村小学、初中建立校园网的比例分别比城区低33.59个百分点和20.23个百分点，城乡差距依然较大。

我国县域义务教育均衡发展有序推进。自2013年启动义务教育发展基本均衡县(市、区)的督导评估认定工作以来，通过的县(市、区)是2013年293个、2014年464个、2015年545个、2016年522个。2016年年底，我国共有1824个县(市、区)通过认定，占我国县(市、区)总数的62.4%。

(三)高中阶段普职教育稳步推进，贫困学生资助体系不断完善

党的十九大报告提出："普及高中阶段教育……健全学生资助制度，使绝大多数城乡新增劳动力接受高中阶段教育、更多接受高等教育。"国家多项政策精准定位，高中阶段教育普及有序推进。

1. 高中阶段教育毛入学率持续增加，中西部地区普通高中是主要增长点

2016年，我国高中阶段在校生数为3970.06万人，毛入学率达到87.5%，比上年提高了0.5个百分点，普及水平稳步提高。2016年，全国普通高中为1.34万所，在校生数为2366.65万人，招生数为802.92万人；全国中等职业学校共有1.09万所，在校生数为1599.01万人，招生数为593.34万人，普职学生比例达6：4。

普通高中教育继续保持稳步发展。2016年，全国有普通高中为13383所，

比 2015 年增加了 143 所。2016 年，全国普通高中的校均规模为 1768 人，河南、宁夏、重庆、贵州、广西、江西等地的校均规模均在 2000 人以上，校均规模最大的河南省达到 2520 人，校均规模最小的北京市只有 535 人；全国普通高中的平均班额是 53 人，河南、广西、湖南等地均在 58 人以上，平均班额最大的河南省达到 64 人，平均班额最小的北京市只有 30 人。中西部地区，特别是贫困地区普通高中教育的发展空间大，是未来普通高中教育的主要增长点。

2. 中等职业学校数量减幅放缓，办学能力不断提升

10 年来，中等职业学校数量持续下降，由 2006 年的 1.47 万所减少到 2016 年的 1.09 万所，平均每年减少 379.3 所，2016 年比 2015 年减少 309 所，学校数量减幅放缓。

2016 年，中等职业学校共有专任教师 83.96 万人，生师比为 19.84∶1，比上年的 20.47∶1 有所改善；专任教师本科及以上学历的比例为 90.8%，比上年提高 0.7 个百分点；“双师型”教师的比例占 29.5%，比上年提高 0.8 个百分点。在办学条件方面，2016 年，全国中等职业学校生均校舍建筑面积为 18.3 平方米，比上年增加 0.9 平方米；生均仪器设备值为 5695 元，比上年增加 685 元，增幅为 13.7%；每百位学生拥有教学用计算机 21.2 台，比上年增加 1.2 台。

3. 高中阶段教育资助政策趋于完善，资助力度不断加大

2012 年以来，中央政府进一步完善高中阶段教育资助政策。普通高中教育建立了以国家助学金、建档立卡等家庭经济困难学生免学杂费、地方政府资助项目为主，学校和社会资助相结合的资助政策体系。2016 年，全国共资助普通高中学生 1158.47 万人次，比 2015 年增加 368.35 万人次，增幅达 46.62%；共投入资助资金 167.50 亿元，比 2015 年增加 28.22 亿元，增幅达 20.26%。2016 年，全国有 498.34 万普通高中学生享受国家助学金政策，比 2015 年增加 3.46 万人，增幅达 0.7%；全国共有 143.77 万普通高中学生享受建档立卡等家庭经济困难学生免学杂费政策，资助资金共计 9.24 亿元。

中等职业教育建立了以免学费、国家助学金为主，学校和社会资助、顶岗实习为辅的资助政策体系。截至 2016 年年底，全国已有 28 个省份对艺术类戏曲表演专业的学生实行免除学费政策，22 个省份实现中职学生全部免学费，已覆盖超过 90%的学生。2016 年，全国共资助中等职业学校学生 1502.66 万人次，资助金额达 332.13 亿元，其中 1000.53 万学生享受免学费政策，资助金额达 200.11 亿元；249.21 万学生享受国家助学金政策，资助金额达 49.84 亿元。

4. 重点高校招收农村学生的比例继续扩大，农村学生接受高等教育的机会增加较快

2012 年以来，国家不断完善“重点高校”招收农村和贫困地区学生的相关政策。国家专项计划(即贫困地区定向招生专项计划)的招生规模不断扩大，从每年定向招收1万人，扩大至2017年的6.3万人，比2016年增加3000人。重点高校面向贫困地区农村的招生规模逐年增加。2014年和2015年，贫困地区农村学生进入重点高校的人数连续两年增长10%以上。2016年，重点高校招收贫困地区农村学生的人数又增长10.5%；国家、地方和高校三个专项计划共录取农村和贫困地区学生9万余人，比2015年增长20%以上。

二、农村教育的问题与挑战

党的十九大报告指出，我国社会的主要矛盾已经转化为人民日益增长的美好生活需要和不平衡不充分的发展之间的矛盾。教育的主要矛盾也在随之发生变化，具体表现在如下几个方面。

(一)县域教育发展仍不够均衡

截至2016年年底，全国仍有1099个县(市、区)没有通过义务教育发展基本均衡县(市、区)的督导评估认定，占全部的37.6%。未来三年，没有通过认定的县(市、区)将进入督导评估认定通过的攻坚阶段；通过的县(市、区)也仅仅是基本均衡，离高位均衡尚有一定距离。

(二)农村教育质量仍亟待提高

调查发现，一些农村学校学生的学业成绩达不到国家规定的及格标准，且随着年级的提升逐渐丧失了对学习的兴趣和对知识的渴望。制约农村教育质量提高的阻碍性因素，诸如教师能力准备不足、家校合作不紧密、学校教育与学生经验相疏离等在各地都不同程度地存在。可以说，农村教育质量提高的制约因素很难在短期被彻底消除。

(三)农村教育观念仍须转变更新

虽然近年来农村教育主体追求优质教育的意识不断增强，但仍不能完全适应现代教育要求。一些农村地区对儿童的成长重视不够。一些家长或没有认识到早期儿童营养、活动与习惯养成的重要性，或没有条件和能力为孩子提供必要的营养，或没有与孩子进行有质量的亲子互动的能力，让孩子处于“等待”状态，影响了孩子的发展。一些教师的观念落后，过早地把孩子教成了不喜欢学习的学生，尚未完全形成以儿童发展为中心的现代教育观念。

三、农村教育的应答与展望

农村教育是建设教育强国不可或缺的重要组成部分。农村教育现代化则国家教育现代化，农村教育强则国家教育强，高度重视和发展农村教育不仅事关农村青少年德智体美的全面发展，而且事关国家人力资本竞争力的提升。

(一)强化城乡教育的特征思维

当前与未来较长一段时间内，首先应进行“认知革命”，即由城乡教育的优劣思维转向城乡教育的特征思维。在优劣思维的框架下，人们往往把城市教育标签化地看作现代的、优质的，把农村教育标签化地看作落后的、劣质的。城乡教育的特征思维是把城市教育与农村教育看作两种不同特征的教育。农村教育主体要认真发现与研究农村教育的特点，充分挖掘农村教育的优势，融入现代教育观念，全面提升农村教育质量。

(二)加强农村教育的能力建设

城乡教育的差距根本上是人的知识和能力的差距。局长和校长是教育事业发展的关键少数，教师是学校教育的第一资源。提高农村教育质量，核心是加强教育人的能力建设。在县域层面，要加强局长的决策力建设；在学校层面，要加强校长的领导力建设；在教学层面，要加强师生的学习力建设。通过系统的能力建设，助推农村教育走向现代化。

(三)增强农村教育的问责机制

高度重视农村义务教育，必须把农村教育发展的目标转化为任务，落实到人员，细化至追责。问责的核心是加强体制机制建设，把决策者、领导者、教育者的担当精神融入其中，政府、学校和教师一个任务接着一个任务完成，一个问题接着一个问题解决，不断增强执行力，不断增加学生、家长、教师的存在感、获得感和幸福感。

目　录

年度进展报告

专题研究报告

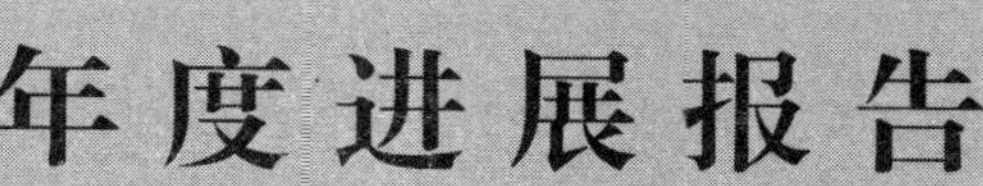
年度进展报告

2017年是全面深化教育改革向纵深推进的关键一年，不仅中共中央办公厅和国务院办公厅联合印发了《关于深化教育体制机制改革的意见》，而且教育部、国家发展改革委、财政部、人力资源社会保障部联合下发了《教育部等四部门关于实施第三期学前教育行动计划的意见》和《高中阶段教育普及攻坚计划(2017—2020年)》，国务院办公厅也印发了《国务院办公厅关于进一步加强控辍保学提高义务教育巩固水平的通知》，本着“抓重点、补短板、强弱项”的原则，全面助推农村教育持续健康发展。特别是党的十九大报告提出实施“乡村振兴战略”“推动城乡义务教育一体化发展，高度重视农村义务教育，办好学前教育、特殊教育和网络教育，普及高中阶段教育，努力让每个孩子都能享有公平而有质量的教育”“健全学生资助制度，使绝大多数城乡新增劳动力接受高中阶段教育、更多接受高等教育”，为新时代中国农村教育发展指明了方向，为决胜全面建成小康社会、坚决打赢教育扶贫攻坚战奠定了坚实的基础。

“年度进展报告”以2016年8月—2017年8月为时间节点，以《国家教育事业发展“十三五”规划》提出的农村教育改革发展目标为旨归，运用国家公布的统计数据、政策文本和公开发表的学术文献，从大事记、事业发展、政策发展、学术发展、实践发展五个维度关注农村学前教育、义务教育、普通高中教育和职业教育改革发展的总体情况，关注年度发展中的重点、难点和热点问题，全景式探讨、分析与回应人民群众的重大农村教育关切。

第1章　农村学前教育年度进展报告

【概要】2016年是国家实施第二期学前教育三年行动计划的收官之年。通过实施第二期学前教育三年行动计划，各级政府高度重视，财政投入持续增加，长期制约学前教育发展的一些瓶颈问题得到解决。全国学前三年毛入园率在2016年达到77.4%，“入园难”进一步缓解，学前教育发展迈上新的台阶。本报告将主要从学前教育发展大事记、事业发展、经验总结和未来展望四个方面对2016年我国农村学前教育发展情况进行综合论述，全面呈现农村学前教育的进展与问题，以期为第三期学前教育行动计划的实施开展提供依据和指明方向。

从事业发展状况来看，2016年我国学前教育发展有如下特点：第一，学前教育规模持续增长，入园率继续提高；第二，近些年农村新增幼儿园以公办园为主，但对学前教育普及的整体拉动作用弱于城市；第三，学前教育经费大幅增长，超过一半的财政性经费投入农村地区；第四，幼儿园教师数量不断壮大，质量层次不断提升，但城乡差距依然明显；第五，幼儿园硬件设施继续改善，但农村地区依然弱于城市。总体来说，学前教育仍是教育体系中最薄弱的环节，城乡学前教育发展的不均衡状况依然明显，普惠性资源供给不足，教师数量短缺、工资待遇偏低，幼儿园运转困难，保教质量参差不齐等问题还普遍存在。

从经验总结来看，我国学前教育三年毛入园率从2010年的56.60%上升到2016年的77.40%，年均增长5.35%，速度非常快，普及率已达到中等发达国家以上水平。经过对近些年相关数据的分析发现，这些成就的取得受到经济发展水平、政府努力程度、民间资本拉动等多重因素的影响。从未来发展来看，要进一步贯彻落实党和国家“发展学前教育，鼓励普惠性幼儿园发展”的要求，增加普惠性资源供给，深化体制机制改革，提升保育教育质量。

一、农村学前教育大事记

2016年7月29日，为贯彻落实《教育督导条例》的要求，建设一支高水平、专业化、适应教育督导工作新形势的督学队伍，教育部印发了《督学管理暂行办法》。

2016年11月30日，为落实党中央、国务院关于保障学校安全的总体要求，推动建立科学化、规范化、制度化的中小学(幼儿园)安全保障体系和运行机制，提高安全风险防控能力，国务院教育督导委员会办公室印发关于《中小学(幼儿园)安全工作专项督导暂行办法》的通知，要求各省(自治区、市)的人民政府办公厅结合实际认真贯彻执行。

2016年12月13日，为完善5年一周期的教师全员培训制度，进一步激发教师的参训动力，促进教师的终身学习，不断提升教师的能力素质，《教育部关于大力推行中小学教师培训学分管理的指导意见》发布，就大力推行中小学(包括普通中小学、幼儿园、特殊教育学校、中等职业学校等，下同)教师培训学分管理，提出指导意见：一是推行教师培训学分管理，深化培训管理改革；二是分层提供教师培训课程，强化培训内容的针对性和系统性；三是建立教师培训学分认定规范，实现学时学分合理转换；四是严格教师培训学分审核认定，规范培训考核评价；五是探索建立教师培训学分银行，推动非学历培训与学历教育衔接；六是强化教师培训学分应用，促进教师专业发展；七是推进教师培训学分信息化管理，提升培训管理效率；八是加强组织保障，落实教师培训学分管理职责。

2016年12月14日，《教育部关于贯彻执行〈幼儿园建设标准〉的通知》发布。通知指出，教育部组织编制的《幼儿园建设标准》已经住房城乡建设部、国家发展改革委批准发布，自2017年1月1日起施行。要求各地认真组织宣传贯彻执行建设标准，严格遵守国家相关规定。同时，要结合当地实际，切实加强工作指导，提高幼儿园建设的科学化、规范化管理水平，营造适合幼儿身心健康发展的育人环境。

2017年2月28日，为深入贯彻习近平总书记系列重要讲话精神和治国理政新理念新思想新战略，全面加强教师队伍建设，培养高素质专业化的创新型教师队伍，按照改革实施中小学幼儿园教师国家级培训计划的要求，进一步增强教师培训的实效，提升教师的素质能力，教育部办公厅、财政部办公厅关于做好2017年中小学幼儿园教师国家级培训计划实施工作的通知发布。通知要求做好培训统筹规划，落实重点支持任务；明确分层分类培训重点，充分发挥示范带动

作用；择优遴选培训机构，完善专业发展支持服务体系；改进培训内容方式，贴近乡村教师教育教学实际；做好项目组织实施，提升管理服务专业化水平；及时总结实施情况，加大典型经验学习推广力度。

2017年4月5日，教育部办公厅开展主题为“游戏——点亮快乐童年”的2017年全国学前教育宣传月活动，活动时间为2017年5月20日至6月20日。此次活动的重点为广泛宣传游戏对幼儿童年生活的重要价值，引导广大幼儿园教师和家长充分认识游戏是幼儿特有的生活和学习方式，创造充足的机会和条件，鼓励和支持幼儿自主游戏、快乐游戏，扭转当前存在的重知识技能学习，忽视、干预幼儿游戏，成人“导演”幼儿游戏，以电子游戏产品替代玩具等剥夺幼儿游戏权利和影响幼儿身心健康的“小学化”“成人化”倾向。

2017年4月13日，《教育部等四部门关于实施第三期学前教育行动计划的意见》发布。为贯彻落实党的十八届五中全会“发展学前教育，鼓励普惠性幼儿园发展”的要求，进一步推进学前教育改革发展，经国家教育体制改革领导小组会议通过，决定2017—2020年实施第三学期学前教育行动计划。《教育部等四部门关于实施第三期学前教育行动计划的意见》对实施第三期学前教育行动计划的重要意义、总体要求、重点任务、政策措施、组织实施做出了具体说明，要求各省(自治区、市)三期行动计划经省级人民政府批准后，于2017年7月底前报教育部备案。

为完善幼儿园督导评估制度，推动各地加强和改进对幼儿园的监管，促进幼儿园规范办园行为，保障幼儿身心健康、快乐成长，根据《教育督导条例》《幼儿园工作规程》等，经国务院教育督导委员会同意，制定了《幼儿园办园行为督导评估办法》。2017年4月18日，教育部把此文件印发给各省(自治区、市)的教育厅(教委)、教育督导机构，新疆生产建设兵团教育局、教育督导机构，要求各地结合实际贯彻执行。

2017年4月19日，针对全国多地中小学、幼儿园发生安全事故，造成学生伤亡的情况，为切实加强学校安全管理工作，保障学生安全，《国务院教育督导委员会办公室关于加强中小学(幼儿园)安全工作的紧急通知》发布，要求从提高认识、完善机制、隐患排查、严格信息报送、强化应急管理、做好舆论应对、加强安全教育和督导检查等方面加强学校安全管理工作。

2017年4月25日，《国务院办公厅关于加强中小学幼儿园安全风险防控体系建设的意见》发布，就完善学校安全风险预防体系、健全学校安全风险管控机制、完善学校安全事故处理和风险化解机制、强化领导责任和保障机制提出了详细的指导意见。

2017 年 5 月 10 日，由于多地发生接送学生车辆的安全交通事故，为有效减少安全事故再次发生，确保广大学生的生命安全，教育部决定开展中小学(幼儿园)校车安全隐患排查整治工作，发布了《教育部关于开展中小学(幼儿园)校车安全隐患排查整治工作的紧急通知》。

2017 年 6 月 16 日，为切实加强学校周边安全风险防控工作，有效减少安全事故发生，确保广大师生安全，教育部办公厅发布《教育部办公厅关于加强中小学(幼儿园)周边安全风险防控工作的紧急通知》。通知要求各地提高认识，健全防控机制；强化排查，化解安全隐患；加强督查，落实安全责任。

2017 年 7 月 12 日，《教育部办公厅关于各地出台公办幼儿园教职工编制标准情况的通报》发布。为学习贯彻落实党的十八届五中全会和国家“十三五”规划关于“鼓励普惠性幼儿园发展”的精神，扎实推进第三期学前教育行动计划的实施，教育部办公厅梳理归纳了北京、天津、黑龙江、上海、江苏、浙江、安徽、福建、山东、广东、广西、陕西、甘肃、新疆等地出台公办幼儿园教职工编制标准的经验做法，要求各地要高度重视，主动作为、攻坚克难，积极研究出台公办幼儿园教职工编制标准，努力突破制约学前教育发展的瓶颈问题，切实加强幼儿园教师队伍建设，为学前教育持续健康发展提供有力的支撑和保障。

2017 年 7 月 20 日，《教育部办公厅关于印发〈乡村校园长“三段式”培训指南〉等四个文件的通知》发布。为深入贯彻落实《国务院办公厅关于印发乡村教师支持计划(2015—2020 年)的通知》的精神，推动各地创新乡村校园长培训模式，提升乡村校园长培训的针对性和实效性，在总结各地培训经验的基础上，教育部研究制定了《乡村校园长“三段式”培训指南》《乡村校园长“送培进校”诊断式培训指南》《乡村校园长工作坊研修指南》《乡村校园长培训团队研修指南》等乡村校园长培训指南，要求各省(自治区、市)的教育厅(教委)，新疆生产建设兵团教育局等有关单位在“国培计划”和乡村校园长全员培训组织实施工作中参照执行。

二、农村学前教育事业发展

(一)学前教育规模持续增长，农村的拉动作用依然较弱

1. 幼儿数与入园率的发展

根据《纲要》制定的学前教育事业发展目标，到 2015 年我国学前三年毛入园率达到 60%，在园(班)人数达到 3400 万人；2020 年学前三年毛入园率达到

70%，在园(班)人数达到4000万人。2014年，我国学前三年毛入园率已达到了70.5%，提前6年完成《纲要》所规定的2020年学前三年毛入园率达到70%的目标。2014年，《教育部 国家发展改革委 财政部关于实施第二期学前教育三年行动计划的意见》提出，到2016年，全国学前三年毛入园率达到75%左右。2016年，《中华人民共和国国民经济和社会发展第十三个五年规划纲要》提出，鼓励普惠性幼儿园发展，加强农村普惠性学前教育，实施学前教育三年行动计划，到2020年，学前三年毛入园率提高到85%。我们可以根据这些标准来衡量我国在园(班)幼儿数与入园率的发展和目标达成情况。

2016年，全国新入园(班)幼儿数为1922.1万人，比上年减少86.7万人，减少了4.32%(见表1.1、表1.2)。学前教育毛入园率达到77.4%，比上年提高2.4个百分点，已远远超过《纲要》所规定的2020年学前三年毛入园率达到70%的目标，也超过第二期学前教育三年行动计划提出的到2016年全国学前三年毛入园率达到75%左右的目标。从增速上来看，随着近几年连续的高速增长和入园率的不断提高，速度有所放缓，2015—2016年甚至出现负增长。从城乡来看，由于城镇化及人口流动速度的增加，城市新入园(班)幼儿数继续保持较快增长，而县镇和农村在2015—2016年出现较大幅度的负增长。2016年，城市新入园(班)幼儿数为596.4万人，比上年增长2.16%；县镇和农村为1325.7万人，比上年减少7.00%。从城乡所占比例来看，2016年城市入园(班)幼儿的比例为31.03%，县镇和农村为68.97%。

表1.1　2010—2016年入园(班)幼儿数情况　　单位：万人

年份及变化值	合计	城市	县镇和农村
2010	1700.4	315.2	1385.2
2011	1827.3	480.5	1346.8
2012	1911.9	508.7	1403.2
2013	1970.1	528.6	1441.5
2014	1987.8	565.6	1422.2
2015	2008.8	583.8	1425.5
2016	1922.1	596.4	1325.7
2010—2015年年均变化值	61.7	53.7	8.1
2015—2016年变化值	−86.7	12.6	−99.8

表 1.2　2010—2016 年入园(班)幼儿数的增长速度及城乡所占比例　　单位:%

指标	全国	城市	县镇和农村
2010—2015 年年均增长率	3.39	13.12	0.58
2015—2016 年增长率	—4.32	2.16	—7.00
2011 年城乡所占比例	100.00	26.30	73.70
2012 年城乡所占比例	100.00	26.61	73.39
2013 年城乡所占比例	100.00	26.83	73.17
2014 年城乡所占比例	100.00	28.45	71.55
2015 年城乡所占比例	100.00	29.04	70.96
2016 年城乡所占比例	100.00	31.03	68.97

2016 年，全国在园(班)幼儿数为 4413.9 万人，比上年增加 149.1 万人，增长了 3.50%，也远远超过了《纲要》所规定的 2020 年在园(班)幼儿数达到 4000 万人的目标(见表 1.3、表 1.4)。从增速上来看，与前几年相比，速度有所放缓，不管从年均变化值还是从年均增长率上来看，都比 2010—2015 年有了较大幅度的下降。从城乡来看，2016 年，城市学前教育在园(班)幼儿数为 1591.1 万人，比上年增长 6.80%；县镇和农村学前教育在园(班)幼儿数为 2822.8 万人，增长 1.72%。从城乡所占比例来看，2016 年，城市在园(班)幼儿的比例为 36.05%，县镇和农村在园(班)幼儿的比例为 63.95%。

表 1.3　2010—2016 年在园(班)幼儿数情况　　单位：万人

年份及变化值	全国	城市	县镇和农村
2010	2976.7	752.6	2224.1
2011	3424.4	1147.1	1283.5
2012	3685.8	1250.8	1395.2
2013	3894.7	1317.7	2577.0
2014	4050.7	1406	2644.7
2015	4264.8	1489.8	2775.0
2016	4413.9	1591.1	2822.8
2010—2015 年年均变化值	257.6	147.4	110.2
2015—2016 年变化值	149.1	101.3	47.8

表 1.4 2010—2016 年在园(班)幼儿数的增长速度及城乡所占比例 单位:%

指标	全国	城市	县镇和农村
2010—2015 年年均增长率	7.46	14.63	4.53
2015—2016 年增长率	3.50	6.80	1.72
2011 年城乡所占比例	100.00	33.50	66.50
2012 年城乡所占比例	100.00	33.94	66.06
2013 年城乡所占比例	100.00	33.83	66.17
2014 年城乡所占比例	100.00	34.71	65.29
2015 年城乡所占比例	100.00	34.93	65.07
2016 年城乡所占比例	100.00	36.05	63.95

2. 幼儿园数、班数的发展

从幼儿园数的变化情况来看，2010—2015 年幼儿园数由 150420 所增加到 223683 所，年均增长 8.26%。其中，城市幼儿园数由 35845 所增加到 69021 所，年均增长 14.00%；县镇幼儿园数由 42987 所增加到 77402 所，年均增长 12.48%；农村幼儿园数由 71588 所增加到 77260 所，年均增加 1.54%。① 从 2015—2016 年的增长情况来看，全国幼儿园数的增长值和增长率分别为 16129 所和 7.21%，相比 2010—2015 年的平均增长率有所下降。从 2015—2016 年的城乡情况来看，农村的增长情况是最快的，增幅达到了 8.57%；城市达到了 7.59%；县镇最慢，为 5.51%。从 2016 年城乡幼儿园数所占比例来看，城市幼儿园数占到了全国幼儿园总数的 30.97%，县镇占 34.05%，农村占 34.98%(见表 1.5、表 1.6)。

从幼儿园班数的变化情况来看，2010—2015 年幼儿园班数由 971525 个增加到 1460469 个，年均增长 8.49%。其中，城市幼儿园班数由 254172 个增加到 513148 个，年均增长 15.09%；县镇幼儿园班数由 297586 个增加到 525459 个，年均增长 12.04%；农村幼儿园班数由 419767 个增加到 421862 个，年均增加 0.10%。从 2015—2016 年的增长情况来看，全国幼儿园班数的增长值和增长率分别为 66884 个和 4.58%，相比 2010—2015 年的平均增长率有所下降。从 2015—2016 年的城乡情况来看，城市的增长是最快的，增幅达到了 7.43%；县镇达到了 4.40%；农村最慢，仅为 1.34%。从 2016 年城乡幼儿园班数所占比例

① 造成这种现象的原因也可能是统计口径的变化，2011 年之前的分城乡统计是按城市、县镇和农村来划分的，而 2011 年的统计指标发生了变化，分城乡统计变成城区、镇区和乡村，其中城区包括城乡接合区，镇区包括镇乡接合区。但是，对比 2011 年与之前的统计指标解释，指标解释是完全一致的。下同。

来看，城市幼儿园班数占到了全国幼儿园班数的 36.09%，县镇占 35.92%，农村占 27.99%，农村是最低的(见表 1.5、表 1.6)。

表 1.5 2010—2016 年幼儿园数、班数的变化情况 单位：所/个

年份及变化值	园数				班数			
	合计	城市	县镇	农村	合计	城市	县镇	农村
2010	150420	35845	42987	71588	971525	254172	297586	419767
2011	166750	53547	54519	58684	1255816	411873	420164	423779
2012	181251	57677	60483	63091	1266496	433113	434595	398788
2013	198553	61239	67436	69878	1343042	471208	463356	408478
2014	209881	65834	71464	72583	1382248	486994	483700	411554
2015	223683	69021	77402	77260	1460469	513148	525459	421862
2016	239812	74262	81666	83884	1527353	551252	548603	427498
2010—2015 年年均变化值	14653	6635	6883	1134	97789	51795	45575	419
2015—2016 年变化值	16129	5241	4264	6624	66884	38104	23144	5636

表 1.6 2010—2016 年幼儿园数、班数的增长速度及城乡所占比例 单位：%

指标	园数				班数			
	全国	城市	县镇	农村	全国	城市	县镇	农村
2010—2015 年年均增长率	8.26	14.00	12.48	1.54	8.49	15.09	12.04	0.10
2015—2016 年增长率	7.21	7.59	5.51	8.57	4.58	7.43	4.40	1.34
2011 年城乡所占比例	100	32.11	32.70	35.19	100	32.80	33.45	33.75
2012 年城乡所占比例	100	31.82	33.37	34.81	100	34.20	34.31	31.49
2013 年城乡所占比例	100	30.84	33.96	35.29	100	35.09	34.50	30.41
2014 年城乡所占比例	100	31.37	34.05	34.58	100	35.23	34.99	29.78
2015 年城乡所占比例	100	30.86	34.60	34.54	100	35.14	35.97	28.89
2016 年城乡所占比例	100	30.97	34.05	34.98	100.00	36.09	35.92	27.99

(二)学前教育经费投入增长迅速，农村所占比例偏低

充足的经费是保障学前教育发展的基础，学前教育要想获得良好发展，必须要有稳定的经费保障机制。从经费来源的构成来看，学前教育经费包括国家财政性教育经费、民办学校中举办者投入、社会捐赠经费、事业收入(包括学杂费)及

其他教育经费。2010—2015年，我国学前教育经费以年均27.23%的速度递增，大大超过了其他教育类型每年最高不到15%的增长速度，也超过了教育总经费年均13.05%的增幅，反映了我国对学前教育重视程度的不断增强(见表1.7)。

表1.7 2010—2015年各类教育经费总收入的增长情况 单位：千元

年份	经费总收入	普通高校	普通中学	普通小学	幼儿园	幼儿园经费所占比例
2010	1956184707	549786489	541649552	488707190	72801425	3.72%
2011	2386929356	688023164	666071513	601208408	101857606	4.27%
2012	2865530519	780190644	794329946	726310443	150392846	5.25%
2013	3036471815	797576578	838291150	795089406	175805370	5.79%
2014	3280646093	850985515	881913004	868063629	204875714	6.24%
2015	3612919267	936410719	971763479	982684261	242674442	6.72%

从最能体现学前教育公益性程度的国家财政性教育经费的增长情况来看，其增长也表现出了与各类教育经费总收入同样的增长态势。2010—2015年，学前教育国家财政性经费的年均增幅达到了35.90%，远远高于普通高等学校、普通中小学15%左右的增长速度(见表1.8)。

表1.8 2010—2015年各类教育国家财政性教育经费的增长情况 单位：千元

年份	财政性教育经费总收入	普通高校	普通中学	普通小学	幼儿园	幼儿园财政性经费所占比例
2010	1467006696	290180256	447420437	464259842	24435264	1.67%
2011	1858670092	402349892	570236276	575965419	41569861	2.24%
2012	2314756979	486663122	698651601	697201404	74765045	3.23%
2013	2448821774	479687633	738194579	764184749	86237156	3.52%
2014	2642058205	514487636	775571915	831446920	93405194	3.54%
2015	2922145113	584114452	858420633	937184250	113286852	3.88%

但是，学前教育总经费与国家财政性经费快速增长的状况并不能掩饰学前教育公益性弱化的现实。首先，全社会对学前教育经费投入的基数和起点很低。学前教育经费占国家教育经费总投入的比例一直很低，即便是比例最高的2015年也不过6.72%(见表1.7)，与义务教育等其他类型的教育相比还有很大差距；学

前教育财政性经费也是非常少，其所占国家财政性教育经费总收入的比例直到2015年也只有3.88%(见表1.8)，不仅远远低于其他类型教育的水平，也低于世界发达国家7%的平均水平。特别是与我国国情较为接近的巴西、墨西哥、蒙古等发展中国家，这一比例均达到或超过了8%，其中巴西为8%，墨西哥为8.9%，蒙古更是达到了18%。① 其次，非财政性经费，尤其是由公民个人承担的学前教育经费也呈现出了快速的增长态势。由公民个人直接承担的学前教育经费(学杂费)在2010—2015年的平均增长速度达到了24.66%，5年间增长近2倍(见表1.9)。这远远超过了其他类型教育学杂费的增长速度。

表1.9 2010—2015年各类教育学杂费的增长情况　　单位：千元

年份	学杂费总收入	普通高校	普通中学	普通小学	幼儿园	幼儿园学杂费所占比例
2010	301555934	167607559	53543707	8960423	38419749	12.74%
2011	331697419	181210260	57690611	11410063	49272630	14.85%
2012	350483008	186607486	57686209	14379475	62816042	17.92%
2013	373768686	199999161	61878950	15762870	75565996	20.22%
2014	405303926	198087097	70035886	21650910	98208554	24.23%
2015	431736109	201569013	71056832	27546902	115648057	26.79%

从城乡情况来看，2015年，在县镇和农村的3～5岁适龄入园儿童占全国3～5岁适龄入园儿童的比例为65%左右的情况下，全国幼儿园经费投入为2426.74亿元，其中城市为1303.28亿元，县镇和农村为1123.47亿元，城市与县镇、农村所占比例分别为53.70%、46.30%；全国幼儿园财政性经费投入为1132.87亿元，其中城市为538.53亿元，县镇和农村为594.33亿元，城市和县镇、农村所占比例分别为47.54%、52.46%；全国幼儿园学杂费投入为1156.48亿元，其中城市为676.70亿元，县镇和农村为479.78亿元，城市和县镇、农村所占比例分别为58.51%、41.49%。考虑到学龄人口基数，县镇和农村处于全面落后的境地(见表1.10)。

① 庞丽娟：《学前教育经费占同级财政性教育经费比例应不低于7%》，载《人民政协报》，2011-03-02。

表 1.10 2015 年城乡幼儿园经费投入比较 单位：千元

城乡	金额			比例		
	总投入	财政性投入	学杂费	总投入	财政性投入	学杂费
全国	242674442	113286852	115648057	100.00%	100.00%	100.00%
城市	130327882	53853360	67669796	53.70%	47.54%	58.51%
县镇和农村	112346560	59433492	47978261	46.30%	52.46%	41.49%

（三）学前教育教师①配置水平持续提升，城乡差距依然较大

1. 学前教育教师队伍规模的变化情况

从幼儿园教师数的变化情况来看，2010—2015 年幼儿园专任教师数由 1144225 人增加到 2051021 人，年均增长 12.38%。其中，城市专任教师数由 462844 人增加到 956261 人，年均增长 15.62%；县镇专任教师数由 405535 人增加到 753314 人，年均增长 13.19%；农村专任教师数先降后升，由 275846 人下降到 2013 年的 268327 人，再上升到 2015 年的 341446 人，年均增加 4.36%。2015—2016 年，全国幼儿园专任教师数的年均增长值和增长率分别为 181046 人和 8.83%，年均增长率和 2010—2015 年相比有所降低。从城乡情况来看，城市的增幅为 9.66%，县镇为 7.92%，农村为 8.51%，城市的增幅是最大的。从 2016 年城乡幼儿园专任教师数所占比例来看，城市幼儿园专任教师数占到了全国幼儿园专任教师总数的 46.98%，县镇为 36.42%，农村只占 16.60%，农村所占比例是最低的（见表 1.11、表 1.12）。

表 1.11 2010—2016 年幼儿园专任教师数的变化情况 单位：人

年份及变化值	合计	城市	县镇	农村
2010	1144225	462844	405535	275846
2011	1315634	660689	453224	201721
2012	1479237	737289	512385	229563
2013	1663487	802174	592986	268327
2014	1844148	884373	659023	300752
2015	2051021	956261	753314	341446
2016	2232067	1048592	812958	370517
2010—2015 年年均变化值	181359	98683	69556	13120
2015—2016 年变化值	181046	92331	59644	29071

① 学前教育教师仅指幼儿园口径统计的教师。

表 1.12 2010—2016 年幼儿园专任教师数的增长速度及城乡所占比例 单位:%

指标	合计	城市	县镇	农村
2010—2015 年年均增长率	12.38	15.62	13.19	4.36
2015—2016 年增长率	8.83	9.66	7.92	8.51
2011 年城乡所占比例	100.00	50.22	34.45	15.33
2012 年城乡所占比例	100.00	49.84	34.64	15.52
2013 年城乡所占比例	100.00	48.22	35.65	16.13
2014 年城乡所占比例	100.00	47.96	35.73	16.31
2015 年城乡所占比例	100.00	46.62	36.73	16.65
2016 年城乡所占比例	100.00	46.98	36.42	16.60

幼儿园教职工数的变化也呈现出了与专任教师类似的状况。2010—2015 年，幼儿园教职工数由 1849301 人增加到 3495791 人，年均增长 13.58%。其中，城市教职工数由 796127 人增加到 1708000 人，年均增长 16.49%；县镇教职工数由 620669 人增加到 1225876 人，年均增长 14.58%；农村教职工数由 432505 人增加到 561915 人，年均增长 5.37%。2015—2016 年，全国幼儿园教职工数的年均增长值和增长率分别为 322039 人和 9.21%，年均增长率和 2010—2015 年相比有所降低。从城乡情况来看，城市的增幅为 9.78%，县镇为 8.51%，农村为 9.03%，城市的增幅是最大的。从 2016 年城乡幼儿园教职工数所占比例来看，城市幼儿园教职工数占到了全国幼儿园教职工总数的 49.11%，县镇为 34.84%，农村只占 16.05%，农村所占比例是最低的(见表 1.13、表 1.14)。

表 1.13 2010—2016 年幼儿园教职工数的变化情况 单位：人

年份及变化值	合计	城市	县镇	农村
2010	1849301	796127	620669	432505
2011	2204367	1165407	713631	325329
2012	2489972	1298693	817647	373632
2013	2826753	1423614	958790	444349
2014	3142226	1578160	1067708	496358
2015	3495791	1708000	1225876	561915
2016	3817830	1875033	1330138	612659
2010—2015 年年均变化值	329298	182374.6	121041.4	25882
2015—2016 年变化值	322039	167033	104262	50744

表 1.14　2010—2016 年幼儿园教职工数的增长速度及城乡所占比例　　单位:%

指标	合计	城市	县镇	农村
2010—2015 年年均增长率	13.58	16.49	14.58	5.37
2015—2016 年增长率	9.21	9.78	8.51	9.03
2011 年城乡所占比例	100.00	52.87	32.37	14.76
2012 年城乡所占比例	100.00	52.16	32.84	15.00
2013 年城乡所占比例	100.00	50.36	33.92	15.72
2014 年城乡所占比例	100.00	50.22	33.98	15.80
2015 年城乡所占比例	100.00	48.86	35.07	16.07
2016 年城乡所占比例	100.00	49.11	34.84	16.05

2. 学前教育教师的学历水平持续提升，农村增幅明显

从学前教育教师的学历水平来看，2010—2015 年全国学前教育专任教师中大专及以上学历教师的比例由 60.30%上升到 73.80%，年均增长 2.70%。其中，城市专任教师中大专及以上学历教师的比例由 71.50%上升到 80.16%，年均增长 1.73%；县镇专任教师中大专及以上学历教师的比例由 60.13%上升到 72.26%，年均增长 2.43%；农村专任教师中大专及以上学历教师的比例由 41.76%上升到 59.40%，年均增长 3.53%。2015—2016 年，全国学前教育专任教师中大专及以上学历教师的比例由 73.80%上升到 76.54%，增长幅度为 2.74%，超过 2010—2015 年的年均增长幅度。从城乡情况来看，城市的增幅为 2.69%，县镇为 2.57%，农村为 3.24%，农村的增幅是最大的。从 2016 年城乡学前教育专任教师中大专及以上学历教师所占比例来看，城市为 82.85%，县镇为 74.83%，农村只占 62.64%，农村大专及以上学历专任教师的比例是最低的(见表 1.15)。

表 1.15　2010—2016 年幼儿园专任教师中大专及以上学历的比例变化　　单位:%

年份及变化值	合计	城市	县镇	农村
2010	60.30	71.50	60.13	41.76
2011	62.48	70.85	59.13	42.61
2012	65.13	72.92	62.31	46.42
2013	68.15	75.81	65.42	51.25
2014	70.89	77.70	68.81	55.43
2015	73.80	80.16	72.26	59.40
2016	76.54	82.85	74.83	62.64
2010—2015 年年均变化值	2.70	1.73	2.43	3.53
2015—2016 年变化值	2.74	2.69	2.57	3.24

3. 学前教育教师中未评职称教师的比例偏高，农村更为突出

从学前教育教师的职称情况来看，2010—2015 年全国学前教育专任教师中未评职称教师的比例由 64.94%上升到 73.38%，年均增长 1.69%。其中，城市专任教师中未评职称教师的比例由 61.57%上升到 72.88%，年均增长 2.26%；县镇专任教师中未评职称教师的比例由 61.29%上升到 72.07%，年均增长 2.16%；农村专任教师中未评职称教师的比例由 75.96%上升到 77.67%，年均增长 0.34%。2015—2016 年，全国学前教育专任教师中未评职称教师的比例由 73.38%上升到 74.06%，增长幅度为 0.68%，相比 2010—2015 年的年均增长幅度有所降低。从城乡情况来看，城市的增幅为 0.93%，县镇为 0.84%，农村为 —0.37%。从 2016 年城乡学前教育专任教师中未评职称教师所占比例来看，城市为 73.81%，县镇为 72.91%，农村为 77.30%，县镇的情况最好，城市次之，农村专任教师中未评职称教师的比例是最高的(见表 1.16)。

表 1.16 2010—2016 年幼儿园专任教师中未评职称教师的比例变化 单位:%

年份及变化值	合计	城市	县镇	农村
2010	64.94	61.57	61.29	75.96
2011	67.57	66.07	65.91	76.19
2012	69.65	68.21	68.18	77.53
2013	71.48	70.13	70.19	78.36
2014	72.27	71.62	70.69	77.63
2015	73.38	72.88	72.07%	77.67
2016	74.06	73.81	72.91	77.30
2010—2015 年年均变化值	1.69	2.26	2.16	0.34
2015—2016 年变化值	0.68	0.93	0.84	—0.37

4. 学前教育教师中代课教师①的比例有所下降，农村幼儿园代课教师的比例高于城市

从学前教育代课教师的比例来看，2011—2015 年全国学前教育代课教师的比例由 8.11%下降到 5.62%，年均下降 0.62%。其中，城市学前教育代课教师的比例由 4.47%下降到 3.16%，年均下降 0.33%；县镇学前教育代课教师的比例由 11.13%下降到 7.23%，年均下降 0.98%；农村学前教育代课教师的比例由 13.35%下降到 9.05%，年均下降 1.08%。2015—2016 年，全国学前教育代课教

① 代课教师的比例指代课教师数占专任教师数、保育员数和代课教师数之和的比例。

师的比例由5.62%下降到5.56%，下降幅度为0.06%，低于2011—2015年的年均下降幅度。从城乡情况来看，城市的降幅为0.03%，县镇为0.02%，农村为0.22%，农村的下降幅度是最大的。从2016年城乡学前教育代课教师的比例来看，城市为3.13%，县镇为7.21%，农村为8.83%，城市的情况最好，县镇次之，农村学前教育代课教师的比例是最高的(见表1.17)。

表1.17　2011—2016年幼儿园代课教师所占比例　　单位:%

年份及变化值	合计	城市	县镇	农村
2010	—	—	—	—
2011	8.11	4.47	11.13	13.35
2012	7.50	3.89	10.63	12.07
2013	7.08	3.73	9.80	11.02
2014	6.48	3.40	9.05	9.89
2015	5.62	3.16	7.23	9.05
2016	5.56	3.13	7.21	8.83
2011—2015年年均变化值	−0.62	−0.33	−0.98	−1.08
2015—2016年变化值	−0.06	−0.03	−0.02	−0.22

(四)幼儿园硬件设施继续改善，农村依然比较薄弱

1. 幼儿园校舍建筑总面积增长较快，农村较为薄弱

2012—2015年，全国幼儿园校舍建筑面积由171794977平方米增加到258436366平方米，年均增长14.58%。其中，城市幼儿园校舍建筑面积由81561374平方米增加到113079962平方米，年均增长11.51%；县镇幼儿园校舍建筑面积由59919968平方米增加到96626116平方米，年均增长17.27%；农村幼儿园校舍建筑面积由30313635平方米增加到48730288平方米，年均增长17.14%。2016年，全国幼儿园校舍建筑总面积为272617043平方米，比2015年增加14180677平方米，增长5.49%。农村地区校舍建筑总面积的增长速度最快，为52477529平方米，比2015年增加3747241平方米，增幅为7.69%，城市和县镇的增幅分别为3.69%和6.48%。从2016年城乡幼儿园校舍建筑面积所占比例来看，城市幼儿园校舍建筑面积占到了全国幼儿园校舍建筑面积总数的43.01%，县镇为37.74%，农村只占19.25%，农村幼儿园校舍建筑面积所占比例是最低的(见表1.18、表1.19)。

表 1.18 2012—2016 年幼儿园校舍建筑面积的变化情况 单位：平方米

年份及变化值	合计	城市	县镇	农村
2012	171794977	81561374	59919968	30313635
2013	201842763	91763492	72995278	37083993
2014	229985220	104055633	83453917	42475670
2015	258436366	113079962	96626116	48730288
2016	272617043	117255013	102884500	52477529
2012—2015 年年均变化值	28880463	10506196	12235383	6138884
2015—2016 年变化值	14180677	4175051	6258384	3747241

表 1.19 2012—2016 年幼儿园校舍建筑面积的增长速度及城乡所占比例 单位：%

指标	合计	城市	县镇	农村
2012—2015 年年均增长率	14.58	11.51	17.27	17.14
2015—2016 年增长率	5.49	3.69	6.48	7.69
2012 年城乡所占比例	100.00	47.48	34.88	17.64
2013 年城乡所占比例	100.00	45.46	36.16	18.38
2014 年城乡所占比例	100.00	45.24	36.29	18.47
2015 年城乡所占比例	100.00	43.76	37.38	18.86
2016 年城乡所占比例	100.00	43.01	37.74	19.25

2. 幼儿园占地面积稳步增长，农村所占比例较低

2012—2015 年，全国幼儿园占地面积由 345445818 平方米增加到 477021986 平方米，年均增长 11.36%。其中，城市幼儿园占地面积由 128865934 平方米增加到 163519672 平方米，年均增长 8.26%；县镇幼儿园占地面积由 123600613 平方米增加到 179973815 平方米，年均增长 13.34%；农村幼儿园占地面积由 92979271 平方米增加到 133528500 平方米，年均增长 12.82%。2016 年，全国幼儿园占地总面积为 518424625 平方米，比 2015 年增加 41402639 平方米，增长 8.68%。农村地区幼儿园占地面积的增长速度最快，为 146797656 平方米，比 2015 年增加 13269156 平方米，增幅为 9.94%，城市和县镇的增幅分别为 8.99% 和 8.02%。从 2016 年城乡幼儿园占地面积所占比例来看，城市幼儿园占地面积占到了全国幼儿园占地面积总数的 34.38%，县镇为 37.50%，农村只占 28.32%，农村幼儿园占地面积所占比例是最低的(见表 1.20、表 1.21)。

表 1.20　2012—2016 年幼儿园占地面积的变化情况　　单位：平方米

年份及变化值	合计	城市	县镇	农村
2012	345445818	128865934	123600613	92979271
2013	392967185	140052343	144485657	108429185
2014	431969423	153618199	159769820	118581404
2015	477021986	163519672	179973815	133528500
2016	518424625	178223278	194403691	145797656
2012—2015 年年均变化值	43858723	11551246	18791067	13516410
2015—2016 年变化值	41402638	14703606	14429876	12269156

表 1.21　2012—2016 年幼儿园占地面积的增长速度及城乡所占比例　　单位:%

指标	合计	城市	县镇	农村
2012—2015 年年均增长率	11.36	8.26	13.34	12.82
2015—2016 年增长率	8.68	8.99	8.02	9.19
2012 年城乡所占比例	100.00	37.30	35.78	26.92
2013 年城乡所占比例	100.00	35.64	36.77	27.59
2014 年城乡所占比例	100.00	35.56	36.99	27.45
2015 年城乡所占比例	100.00	34.28	37.73	27.99
2016 年城乡所占比例	100.00	34.38	37.50	28.12

3. 幼儿园图书册数继续以较高速度增长，城乡还有一定差距

2012—2015 年，全国幼儿园图书总册数由 182233569 册增加到 294672988 册，年均增长 17.37%。其中，城市幼儿园图书册数由 86428274 册增加到 129082547 册，年均增长 14.31%；县镇幼儿园图书册数由 65100317 册增加到 112253195 册，年均增长 19.91%；农村幼儿园图书册数由 30704978 册增加到 53337246 册，年均增长 20.21%。2016 年，全国幼儿园图书总册数为 324906807 册，比 2015 年增加 30233819 册，增长 10.26%。城市地区幼儿园图书册数的增长速度最快，为 143608540 册，比 2015 年增加 14525993 册，增幅为 11.25%，县镇和农村的增幅分别为 8.91%和 10.69%。从 2016 年城乡幼儿园图书册数所占比例来看，城市幼儿园图书册数占到了全国幼儿园图书总册数的 44.20%，县镇为 37.63%，农村只占 18.17%，农村幼儿园图书册数所占比例是最低的(见表 1.22、表 1.23)。

表1.22 2012—2016年幼儿园图书册数的变化情况 单位：册

年份及变化值	合计	城市	县镇	农村
2012	182233569	86428274	65100317	30704978
2013	218970675	100194643	80781764	37994268
2014	254067994	116559148	93761813	43747033
2015	294672988	129082547	112253195	53337246
2016	324906807	143608540	122256932	59041335
2012—2015年年均变化值	37479806	14218091	15717626	7544089
2015—2016年变化值	30233819	14525993	10003737	5704089

表1.23 2012—2016年幼儿园图书册数的增长速度及城乡所占比例 单位：%

指标	合计	城市	县镇	农村
2012—2015年年均增长率	17.37	14.31	19.91	20.21
2015—2016年增长率	10.26	11.25	8.91	10.69
2012年城乡所占比例	100.00	47.43	35.72	16.85
2013年城乡所占比例	100.00	45.76	36.89	17.35
2014年城乡所占比例	100.00	45.88	36.90	17.22
2015年城乡所占比例	100.00	43.81	38.09	18.10
2016年城乡所占比例	100.00	44.20	37.63	18.17

4. 幼儿园数字资源量增长迅速，城乡数字资源差距很大

2012—2014年，全国幼儿园数字资源量由18191527.39GB增加到39399685.22GB，年均增长47.17%。其中，城市幼儿园数字资源量由11885584.99GB增加到25236355.69GB，年均增长45.71%；县镇幼儿园数字资源量由4049972.77GB增加到9700017.02GB，年均增长54.76%；农村幼儿园数字资源量由2255969.63GB增加到4463312.52GB，年均增长40.66%。2015年，全国幼儿园数字资源总量为74427352.53GB，比2014年增加35027667.31GB，增长88.90%。城市幼儿园数字资源量的增长速度最快，为56060696.21GB，比2014年增加30824340.52GB，增幅为122.14%，县镇和农村的增幅分别为28.82%和31.55%。从2015年城乡幼儿园数字资源量所占比例来看，城市幼儿园数字资源量占到了全国幼儿园数字资源总量的75.32%，县镇为16.79%，农村只占7.89%，农村幼儿园数字资源量所占比例是最低的(见表1.24、表1.25)。

表 1.24　2012—2015 年幼儿园数字资源量的变化情况　　单位：GB

年份及变化值	合计	城市	县镇	农村
2012	18191527.39	11885584.99	4049972.77	2255969.63
2013	38352308.24	23472420.88	10316227.46	4563659.90
2014	39399685.22	25236355.69	9700017.02	4463312.52
2015	74427352.53	56060696.21	12495151.06	5871505.26
2012—2014 年年均变化值	10604078.92	6675385.35	2825022.13	1103671.45
2014—2015 年变化值	35027667.31	30824340.52	2795134.04	1408192.74

表 1.25　2012—2015 年幼儿园数字资源量的增长速度及城乡所占比例　　单位：%

指标	合计	城市	县镇	农村
2012—2014 年年均增长率	47.17	45.71	54.76	40.66
2014—2015 年增长率	88.90	122.14	28.82	31.55
2012 年城乡所占比例	100.00	65.34	22.26	12.40
2013 年城乡所占比例	100.00	61.20	26.90	11.90
2014 年城乡所占比例	100.00	64.05	24.62	11.33
2015 年城乡所占比例	100.00	75.32	16.79	7.89

在 2016 年国家幼儿园数字资源统计指标改变之后，我们发现，在数据库和电子图书方面，城市占据绝对优势地位，资源占有比例都在 90%左右。在音视频方面，由于国家致力于通过信息技术手段来缩小城乡优质教育资源方面的差距，重点支持农村地区发展远程音视频教育，因此在这一方面城乡差距并不明显，农村地区甚至还有一定优势(见表 1.26)。

表 1.26　2016 年城乡幼儿园数字资源比较

城乡	数字资源			比例		
	数据库(个)	电子图书(册)	音视频(小时)	数据库	电子图书	音视频
全国	8265689	1572698385	86548192	100.00%	100.00%	100.00%
城市	7283810	1436596677	28965610	88.12%	91.35%	33.47%
县镇	638326	80959580	21801445	7.72%	5.15%	25.19%
农村	343553	55142128	35781137	4.16%	3.50%	41.34%

三、我国学前教育快速普及的影响因素探讨

(一)学前教育的普及状况和特点

从学前教育的普及状况来看，我国学前教育三年毛入园率从 2010 年的 56.60%上升到 2016 年的 77.40%，年均增长 5.35%，增长速度非常快，普及率已达到中等发达国家以上水平。其普及状况呈现出以下特点。

第一，各地学前教育普及率差别较大，但总体向好。在 2010 年《纲要》颁布实施之初，各地学前教育三年毛入园率的差别较大，最高的上海已达到 98%，最低的西藏只有 24.50%，相差 73.50%。到了 2016 年，这种差距大幅缩小，最高的上海接近 100%，最低的西藏也达到了 66.24%，两者的差距缩小到 33.76%。

第二，各地增长速度快慢不一。由于各地学前教育发展基础、经济发展水平、财力状况、政府努力程度、地域特点存在诸多差异，各地学前教育普及速度在 2010—2016 年也呈现出较大差异。总体来看，中西部地区由于原来学前三年毛入园率较低，增长空间较大，近些年在国家政策的推动下，学前教育三年毛入园率的增长速度较快。其中，云南、西藏、甘肃的学前教育三年毛入园率的年均增长速度超过了 10%，增长速度最快的西藏达到了 18.03%。东部地区由于基础较好，原来学前教育三年毛入园率普遍较高，许多省份已经超过了 95%，因此增长空间有限，增长速度也较慢(见表 1.27)。

表 1.27　2010—2016 年我国各地区学前三年毛入园率情况　　单位:%

地区	2010 年	2011 年	2012 年	2013 年	2014 年	2015 年	2016 年	年均增长率
全国	56.60	62.30	64.50	67.50	70.50	75.00	77.40	5.35
北京	85.60	88.00	92.00	95.00	95.00	95.00	95.00	1.75
天津	94.00	95.00	95.00	95.00	95.00	96.00	96.00	0.35
河北	65.00	67.00	68.00	70.00	76.11	81.40	82.68	4.09
辽宁	83.30	85.40	85.50	85.50	8720.00	88.50	93.40	1.93
上海	98.00	98.50	99.00	99.00	100.00	100.00	100.00	0.34
江苏	96.00	96.00	96.00	97.00	97.50	97.60	97.80	0.31
浙江	95.00	95.40	95.80	97.60	97.20	97.10	97.50%	0.43
福建	89.45	92.00	95.48	96.50	96.90	97.30	98.00	1.53
山东	67.30	73.90	76.20	80.80	81.60	81.97	84.86	3.94

续表

地区	2010 年	2011 年	2012 年	2013 年	2014 年	2015 年	2016 年	年均增长率
广东	82.57	89.37	95.00	95.50	95.67	100.97	100.00	3.24
海南	47.80	53.70	62.80	69.97	73.30	76.50	80.84	9.15
山西	60.66	70.50	75.00	80.40	86.00	87.00	88.20	6.44
吉林	56.80	60.00	64.50	71.00	72.50	76.50	80.50	5.98
黑龙江	50.56	65.27	69.46	70.80	73.00	75.61	77.92	7.47
安徽	48.50	52.90	71.80	75.30	78.10	80.10	84.30	9.65
江西	55.00	62.34	63.37	65.10	69.70	70.14	75.00	5.31
河南	52.80	55.50	66.63	75.43	78.56	83.18	85.14	8.29
湖北	57.40	61.80	69.00	75.83	81.50	85.75	87.00	7.18
湖南	52.70	57.45	58.83	69.20	70.54	73.20	75.00	6.06
内蒙古	52.80	62.29	67.89	74.27	85.42	87.47	90.00	9.30
广西	54.00	60.00	65.00	66.00	70.40	74.70	79.60	6.68
重庆	70.90	73.49	75.00	75.76	77.00	81.03	82.50	2.56
四川	62.50	66.00	69.00	72.51	74.70	76.88	80.00	4.20
贵州	55.40	60.00	62.00	70.00	74.00	80.00	83.00	6.97
云南	37.43	44.30	48.95	54.20	59.24	63.82	68.27	10.54
西藏	24.50	35.00	45.00	52.00	59.11	61.49	66.24	18.03
陕西	62.19	73.97	89.59	94.64	96.90	97.00	97.00	7.69
甘肃	39.68	42.00	57.52	66.15	70.00	75.00	90.00	14.62
青海	60.40	62.00	69.09	73.89	77.07	80.74	81.21	5.06
宁夏	50.90	56.00	59.00	60.39	64.00	71.44	77.94	7.36
新疆	59.59	65.96	69.16	70.28	72.42	74.31	76.29	4.20

注：不包括我国港澳台地区，下同。部分省份的个别年份的值为中间值或估计值。

(二)学前教育快速普及的影响因素

1. 经济总量

经济总量代表了全体社会资源的多少和一个国家(地区)的富裕程度，一般用生产总值来衡量。经济总量越大，意味着一个国家或地区拥有的社会财富越多，可用于教育包括学前教育的潜在资源也越丰富，从而更有利于学前教育的普及和发展。经济总量可以通过两种途径来对学前教育投入和学前教育普及产生影响：一种途径是财政途径；另一种途径是非财政途径，即民间投资。一般来说，在经济发展过程中，作为衡量一个地区经济发展状况的核心指标地区生产总值与地区财政收入往往紧密地结合在一起，两者的发展变化通常会保持较高的一致性和协调性。地区生产总值的增长会带动财政收入的增长，反之则会出现一定程度的下降。同时，一个地区的经济越活跃，经济发展水平越高，教育市场越成熟，民间投资学前教育的热情也会越高，从而也越有利于学前教育的发展。

从 2010—2015 年我国国内生产总值和地区生产总值的情况来看，学前教育三年毛入园率和生产总值有显著的相关关系。总体来看，生产总值越高的地区，其学前教育三年毛入园率也越高。例如，我国东部地区学前教育入园率情况显著好于中西部地区。此外，经济增长速度也会显著影响学前教育的资源投入，从而影响到学前教育的普及情况。近些年我国学前教育的快速普及也与经济总量的持续提高有直接关系(见表 1.28)。

表 1.28　2010—2015 年我国地区生产总值统计　　单位：亿元

地区	2010 年	2011 年	2012 年	2013 年	2014 年	2015 年	年均增长率
全国	437043	521442	576552	634346	684349	723541	10.61%
北京	14114	16252	17879	19801	21331	22969	10.23%
天津	9225	11307	12894	14442	15727	16538	12.39%
河北	20394	24516	26575	28443	29421	29806	7.88%
辽宁	18457	22227	24846	27213	28627	28743	9.26%
上海	17166	19196	20182	21818	23568	24965	7.78%
江苏	41426	49110	54058	59753	65088	70116	11.10%
浙江	27722	32319	34665	37757	40173	42887	9.12%
福建	14737	17560	19702	21869	24056	25980	12.01%
山东	39170	45362	50013	55230	59427	63002	9.97%
广东	46013	53210	57068	62475	67810	72813	9.61%
海南	2065	2523	2856	3178	3501	3703	12.39%
山西	9201	11238	12113	12665	12762	12803	6.83%
吉林	8668	10569	11939	13046	13803	14274	10.49%
黑龙江	10369	12582	13692	14455	15039	15084	7.78%

续表

地区	2010年	2011年	2012年	2013年	2014年	2015年	年均增长率
安徽	12359	15301	17212	19229	20849	22006	12.23%
江西	9451	11703	12949	14410	15715	16724	12.09%
河南	23092	26931	29599	32191	34938	37010	9.89%
湖北	15968	19632	22251	24792	27379	29550	13.10%
湖南	16038	19670	22154	24622	27037	29047	12.61%
内蒙古	11672	14360	15881	16917	17770	18033	9.09%
广西	9570	11721	13035	14450	15673	16803	11.92%
重庆	7926	10011	11410	12783	14263	15720	14.68%
四川	17186	21027	23873	26392	28537	30103	11.86%
贵州	4602	5702	6852	8087	9266	10503	17.94%
云南	7224	8893	10310	11832	12815	13718	13.68%
西藏	508	606	701	816	921	1026	15.13%
陕西	10124	12512	14454	16206	17690	18172	12.41%
甘肃	4121	5020	5650	6331	6837	6790	10.50%
青海	1350	1670	1894	2122	2303	2417	12.35%
宁夏	1690	2102	2341	2578	2752	2912	11.50%
新疆	5438	6610	7505	8444	9274	9325	11.39%

2. 经费投入总量

随着我国经济总量的持续增长，我国财政收入也快速增加，学前教育的经费投入也越来越多。2010—2015年我国幼儿园经费投入从728亿元增加到2427亿元，增加了两倍多，年均增长率达到了27.23%(见表1.29)。对照2010—2015年学前教育经费投入情况与普及率，发现学前教育经费投入与普及率之间存在显著的相关关系。从学前教育经费投入总量与普及率的关系来看，不管在国家层面还是在地区层面，幼儿园经费投入越多，学前教育三年毛入园率也越高。从学前教育经费投入的增长速度与普及率的关系来看，近些年学前教育经费投入增长最快的地区同时也是幼儿园入园率增长最快的地区。这些都反映了学前教育经费投入对幼儿园入园率的影响。

表 1.29 2010—2015 年我国各地区幼儿园经费投入情况 单位：亿元

地区	2010 年	2011 年	2012 年	2013 年	2014 年	2015 年	年均增长率
全国	728	1019	1504	1758	2049	2427	27.23%
北京	31	40	61	81	87	99	26.16%
天津	12	20	26	28	34	33	23.62%
河北	34	43	63	69	77	100	24.05%
辽宁	23	30	40	43	50	55	18.54%
上海	52	65	76	88	102	115	17.23%
江苏	63	90	123	146	167	191	24.97%
浙江	63	86	108	129	151	164	21.06%
福建	31	43	55	65	79	87	23.06%
山东	39	65	98	120	127	142	29.32%
广东	97	114	148	183	230	274	23.25%
海南	2	7	13	15	16	23	68.47%
山西	12	16	26	32	37	44	28.93%
吉林	9	13	24	25	30	32	28.68%
黑龙江	11	14	25	25	30	34	26.52%
安徽	13	23	43	47	53	61	37.18%
江西	14	20	34	45	47	56	31.95%
河南	29	50	74	95	111	130	34.68%
湖北	19	26	41	52	61	79	33.48%
湖南	24	36	53	62	72	87	29.17%
内蒙古	14	22	35	40	47	56	32.00%
广西	13	18	41	40	52	69	39.83%
重庆	13	20	33	33	36	45	27.29%
四川	32	45	73	81	97	124	31.03%
贵州	6	12	25	28	37	53	55.55%
云南	15	21	35	38	45	57	30.56%
西藏	1	3	7	9	14	17	72.02%

续表

地区	2010 年	2011 年	2012 年	2013 年	2014 年	2015 年	年均增长率
陕西	15	33	59	61	74	83	40.37%
甘肃	7	10	21	22	25	38	40.67%
青海	3	5	8	10	9	13	35.91%
宁夏	3	6	7	9	10	13	32.36%
新疆	29	23	29	37	42	51	12.33%

3. 政府努力程度

学前教育经费投入总量对学前教育普及率有显著影响，但这种影响既可能是财政性的，也可能是非财政性的。财政性因素可视为政府努力的结果，因而更具有政策意义。近些年我国学前教育三年毛入园率的提高与政府努力程度的关系可以从两个方面来衡量：第一，幼儿园财政投入占幼儿园总经费投入的比例；第二，幼儿园财政经费占同级政府财政总收入的比例。

从第一个方面来看，幼儿园财政投入占幼儿园总经费投入的比例整体不高，一直都没有超过 50%，反映了学前教育的公益普惠性还有待加强。并且，各地区幼儿园财政投入占幼儿园总经费投入的比例的差距很大，有些地方学前教育的普及与发展主要是由政府的财政投入拉动的，如西藏和新疆等。还有些地方学前教育的普及与发展主要是由民间资本拉动的，政府的拉动作用是较弱的，如湖南和广东等(见表 1.30)。

表 1.30　2010—2015 年我国各地区幼儿园财政投入占总经费投入的比例　单位:%

地区	2010 年	2011 年	2012 年	2013 年	2014 年	2015 年	平均增长率
全国	33.56	40.81	49.71	49.05	45.59	46.68	6.82
北京	40.37	45.71	57.01	63.07	59.85	59.33	8.01
天津	56.55	62.53	68.38	67.15	69.34	65.57	3.00
河北	55.55	58.56	63.52	61.53	55.99	58.09	0.90
辽宁	19.82	27.11	37.52	36.26	31.46	30.92	9.30
上海	64.81	68.75	69.92	72.08	71.81	72.64	2.31
江苏	32.17	42.46	51.03	51.89	51.03	52.34	10.22
浙江	27.90	39.33	43.62	45.40	44.11	44.90	9.99
福建	32.09	39.58	45.43	46.79	49.98	48.44	8.59

续表

地区	2010 年	2011 年	2012 年	2013 年	2014 年	2015 年	平均增长率
山东	17.22	37.09	48.93	49.65	43.07	41.69	19.35
广东	11.40	15.48	20.57	22.31	22.30	24.13	16.17
海南	32.42	31.63	44.85	46.69	35.01	47.45	7.91
山西	44.40	45.96	57.80	57.70	48.89	51.65	3.07
吉林	33.16	37.78	54.25	44.28	44.12	42.50	5.09
黑龙江	48.46	52.85	65.10	59.79	45.35	48.08	−0.16
安徽	28.63	37.82	55.90	52.71	46.71	44.95	9.44
江西	14.09	25.69	44.72	45.43	34.58	35.43	20.25
河南	19.63	32.93	36.89	35.42	29.12	27.12	6.67
湖北	21.95	27.66	37.65	38.91	35.31	42.28	14.01
湖南	13.48	17.36	30.63	28.20	23.08	26.17	14.20
内蒙古	62.36	63.44	69.98	71.67	69.12	68.00	1.75
广西	24.44	29.21	52.08	44.04	36.40	40.59	10.68
重庆	16.63	27.37	40.73	34.32	32.44	39.35	18.81
四川	29.85	37.73	47.57	43.38	40.61	42.55	7.35
贵州	40.63	43.19	56.80	53.08	49.03	54.19	5.93
云南	39.81	46.03	55.10	53.34	50.19	51.73	5.38
西藏	77.01	87.32	93.25	92.44	98.48	96.32	4.58
陕西	34.27	60.33	70.73	68.29	64.59	62.97	12.94
甘肃	52.91	58.51	75.36	72.07	67.53	72.20	6.41
青海	64.19	73.18	78.56	78.52	71.09	70.19	1.80
宁夏	39.04	54.37	54.02	59.05	47.92	59.11	8.65
新疆	86.81	81.20	80.42	83.45	81.73	81.29	−1.31

从学前教育三年毛入园率的提高与政府努力程度的关系的第二个方面，即幼儿园财政经费占同级政府财政总收入的比例来看，这一比例的增长速度是较快的。2010—2015 年全国的平均增长率达到了 17.80%，远远超过了学前三年毛入园率和国内生产总值的增长速度，说明近些年我国学前三年毛入园率的提高与政府对学前教育的重视密不可分(见表 1.31)。

表 1.31 2010—2015 年我国各地区幼儿园财政经费占财政总收入的比例 单位：%

地区	2010 年	2011 年	2012 年	2013 年	2014 年	2015 年	平均增长率
全国	0.000060	0.000079	0.000122	0.000125	0.000123	0.000136	17.80
北京	0.000053	0.000061	0.000105	0.000140	0.000129	0.000125	18.54
天津	0.000061	0.000085	0.000103	0.000092	0.000099	0.000082	6.05
河北	0.000141	0.000144	0.000193	0.000186	0.000177	0.000218	9.08
辽宁	0.000023	0.000031	0.000048	0.000047	0.000050	0.000079	28.04
上海	0.000118	0.000130	0.000142	0.000154	0.000160	0.000152	5.26
江苏	0.000049	0.000074	0.000107	0.000116	0.000118	0.000124	20.30
浙江	0.000067	0.000107	0.000136	0.000154	0.000161	0.000153	17.81
福建	0.000086	0.000113	0.000142	0.000142	0.000168	0.000166	14.03
山东	0.000025	0.000070	0.000118	0.000130	0.000109	0.000107	34.21
广东	0.000024	0.000032	0.000049	0.000058	0.000063	0.000071	23.74
海南	0.000020	0.000061	0.000138	0.000147	0.000099	0.000171	53.69
山西	0.000057	0.000061	0.000098	0.000108	0.000098	0.000139	19.60
吉林	0.000051	0.000060	0.000126	0.000097	0.000110	0.000112	17.24
黑龙江	0.000067	0.000077	0.000141	0.000115	0.000105	0.000141	15.82
安徽	0.000032	0.000059	0.000136	0.000119	0.000112	0.000113	28.99
江西	0.000025	0.000050	0.000112	0.000126	0.000087	0.000092	29.30
河南	0.000042	0.000096	0.000134	0.000139	0.000118	0.000117	22.90
湖北	0.000041	0.000047	0.000084	0.000092	0.000084	0.000111	22.39
湖南	0.000030	0.000041	0.000091	0.000086	0.000074	0.000090	24.60
内蒙古	0.000082	0.000103	0.000159	0.000167	0.000176	0.000195	18.94
广西	0.000041	0.000054	0.000182	0.000135	0.000133	0.000185	35.23
重庆	0.000023	0.000036	0.000078	0.000066	0.000061	0.000082	28.43
四川	0.000061	0.000084	0.000143	0.000126	0.000128	0.000157	20.70
贵州	0.000044	0.000069	0.000139	0.000125	0.000133	0.000191	33.94
云南	0.000069	0.000089	0.000144	0.000126	0.000132	0.000163	18.89
西藏	0.000241	0.000525	0.000738	0.000831	0.001134	0.001212	38.16

续表

地区	2010 年	2011 年	2012 年	2013 年	2014 年	2015 年	平均增长率
陕西	0.000055	0.000134	0.000259	0.000238	0.000252	0.000254	36.03
甘肃	0.000104	0.000132	0.000298	0.000266	0.000253	0.000373	29.00
青海	0.000165	0.000233	0.000349	0.000349	0.000267	0.000346	15.91
宁夏	0.000079	0.000138	0.000150	0.000174	0.000136	0.000201	20.39
新疆	0.000497	0.000262	0.000258	0.000273	0.000265	0.000313	－8.83

4. 民间资本拉动

强调政府财政投入及政府努力程度对学前教育入园率的拉动作用，并不否认民间资本在学前教育入园率上的贡献。事实上，学前教育作为非义务教育，在人民普遍对学前教育有较高的入园需求并且开办幼儿园有较大营利空间的情况下，民间资本就成为推动学前教育快速普及的重要力量，其贡献率甚至超过了政府投入。虽然从 2010 年起，全国幼儿园非财政投入占幼儿园总经费投入的比例有所下降，但一直维持在 50%以上的水平(见表 1.32)。这说明近些年我国学前教育的发展和入园率的快速提高与民间资本的拉动有重要关系，有些地区的这种拉动作用甚至是主导性的，如广东、湖南等地。

表 1.32　2010—2015 年我国各地区幼儿园非财政投入占总经费投入的比例　单位:%

地区	2010 年	2011 年	2012 年	2013 年	2014 年	2015 年	平均增长率
全国	66.44	59.19	50.29	50.95	54.41	53.32	－4.30
北京	59.63	54.29	42.99	36.93	40.15	40.67	－7.37
天津	43.45	37.47	31.62	32.85	30.66	34.43	－4.54
河北	44.45	41.44	36.48	38.47	44.01	41.91	－1.17
辽宁	80.18	72.89	62.48	63.74	68.54	69.08	－2.93
上海	35.19	31.25	30.08	27.92	28.19	27.36	－4.91
江苏	67.83	57.54	48.97	48.11	48.97	47.66	－6.82
浙江	72.10	60.67	56.38	54.60	55.89	55.10	－5.24
福建	67.91	60.42	54.57	53.21	50.02	51.56	－5.36
山东	82.78	62.91	51.07	50.35	56.93	58.31	－6.77
广东	88.60	84.52	79.43	77.69	77.70	75.87	－3.05
海南	67.58	68.37	55.15	53.31	64.99	52.55	－4.91

续表

地区	2010 年	2011 年	2012 年	2013 年	2014 年	2015 年	平均增长率
山西	55.60	54.04	42.20	42.30	51.11	48.35	−2.76
吉林	66.84	62.22	45.75	55.72	55.88	57.50	−2.96
黑龙江	51.54	47.15	34.90	40.21	54.65	51.92	0.15
安徽	71.37	62.18	44.10	47.29	53.29	55.05	−5.06
江西	85.91	74.31	55.28	54.57	65.42	64.57	−5.55
河南	80.37	67.07	63.11	64.58	70.88	72.88	−1.94
湖北	78.05	72.34	62.35	61.09	64.69	57.72	−5.86
湖南	86.52	82.64	69.37	71.80	76.92	73.83	−3.12
内蒙古	37.64	36.56	30.02	28.33	30.88	32.00	−3.20
广西	75.56	70.79	47.92	55.96	63.60	59.41	−4.70
重庆	83.37	72.63	59.27	65.68	67.56	60.65	−6.17
四川	70.15	62.27	52.43	56.62	59.39	57.45	−3.92
贵州	59.37	56.81	43.20	46.92	50.97	45.81	−5.05
云南	60.19	53.97	44.90	46.66	49.81	48.27	−4.32
西藏	22.99	12.68	6.75	7.56	1.52	3.68	−30.69
陕西	65.73	39.67	29.27	31.71	35.41	37.03	−10.84
甘肃	47.09	41.49	24.64	27.93	32.47	27.80	−10.01
青海	35.81	26.82	21.44	21.48	28.91	29.81	−3.60
宁夏	60.96	45.63	45.98	40.95	52.08	40.89	−7.67
新疆	13.19	18.80	19.58	16.55	18.27	18.71	7.25

5. 教育质量

前面几个因素对学前教育普及率的影响都是正向的。虽然学前教育的数量普及与质量提高并不必然是反向关系，但是在教育资源有限的情况下，学前教育的数量普及必然会影响到学前教育的质量提高。那么，2010 年以来我国学前教育的快速普及是否以牺牲学前教育的质量为代价呢？从我们将生均学前教育经费和师生比作为衡量学前教育质量的代表性指标构建的学前教育质量指数变化情况来看，我国学前教育质量指数从 2010 年的 34.53%下降到 2013 年的 33.74%，再上升到 2015 年的 37.10%，经历了一个先降后升的过程，总体上升了 2.57 个百分点。也就是说，在2010年《纲要》颁布之后的三年内，学前教育的快速普及确实影响甚至阻碍了其质量的提高，不过之后的几年内这种消极影响在减小，学前教育的数量普及和质量提高开始同步向好(见表1.33)。

表1.33 2010—2015年我国各地区学前教育质量指数 单位:%

地区	2010年	2011年	2012年	2013年	2014年	2015年	平均增长率
全国	34.53	34.50	35.14	33.74	34.83	37.10	1.45
北京	100.00	100.00	100.00	100.00	100.00	100.00	0.00
天津	55.26	59.00	56.23	56.91	58.45	57.21	0.70
河北	23.67	23.55	24.19	23.55	24.57	27.71	3.20
辽宁	45.18	38.51	42.13	40.64	43.10	46.12	0.41
上海	87.02	83.43	71.87	65.98	70.31	72.32	−3.63
江苏	34.67	36.16	36.22	35.77	38.50	40.40	3.11
浙江	51.86	54.14	52.25	50.91	54.53	55.59	1.40
福建	30.49	36.60	36.13	35.48	37.76	39.34	5.23
山东	30.56	33.12	33.34	33.74	33.94	35.41	2.99
广东	44.73	44.33	44.07	41.16	41.32	44.60	−0.06
海南	41.51	48.74	54.55	55.86	42.75	55.31	5.91
山西	28.49	28.06	29.67	28.94	29.20	31.72	2.17
吉林	39.82	38.91	46.03	43.40	45.83	47.90	3.76
黑龙江	33.99	37.82	44.52	43.16	44.95	49.10	7.63
安徽	22.68	24.91	25.24	23.35	25.34	26.79	3.39
江西	27.29	28.37	33.52	33.67	30.84	32.44	3.52
河南	28.36	26.18	26.64	26.58	25.90	27.57	−0.57
湖北	31.00	29.84	33.63	33.55	33.63	36.40	3.27
湖南	32.59	31.66	35.75	33.22	31.72	33.68	0.67
内蒙古	47.85	48.51	50.07	46.75	50.36	54.02	2.45
广西	21.62	21.53	24.10	22.00	23.08	25.75	3.55
重庆	24.49	25.55	28.88	28.04	29.84	33.36	6.37
四川	24.33	24.86	26.80	25.76	26.93	29.85	4.17

续表

地区	2010 年	2011 年	2012 年	2013 年	2014 年	2015 年	平均增长率
贵州	20.53	21.81	22.25	21.74	24.51	28.70	6.92
云南	24.35	24.99	26.19	24.88	25.75	28.12	2.92
西藏	50.26	49.83	43.99	35.17	48.91	50.43	0.07
陕西	43.06	43.07	44.41	39.61	42.19	42.12	−0.44
甘肃	27.90	27.50	31.33	28.02	28.26	30.74	1.96
青海	43.80	46.17	39.30	30.70	30.25	35.05	−4.36
宁夏	26.28	31.40	32.79	33.19	32.14	36.64	6.87
新疆	38.06	29.41	27.46	27.01	29.78	30.90	−4.08

结　语

经过对近些年相关数据的分析发现，我国学前教育的快速普及受到经济发展水平、政府努力程度、民间资本拉动等多重因素的影响。有些地区学前教育的普及与发展主要是通过政府投入来实现的，有的地区主要是民间资本拉动的结果。因此，我国学前教育在快速普及的过程中，其公益普惠性在各地有很大的差别。2017 年颁布了《教育部等四部门关于实施第三期学前教育行动计划的意见》，决定在 2017—2020 年实施第三期学前教育行动计划。在未来，我们要针对城乡学前教育发展不均衡，普惠性资源供给不足，教师数量短缺、工资待遇偏低，幼儿园运转困难，保教质量参差不齐等问题，进一步贯彻落实党和国家发展学前教育和鼓励普惠性幼儿园发展的要求，增加普惠性资源供给，深化体制机制改革，提升保育教育质量。

【本报告撰写人：杨卫安、张琳琳。作者单位：教育部人文社会科学重点研究基地东北师范大学中国农村教育发展研究院】

第2章　农村义务教育年度进展报告

【概要】2017年1月10日，国务院印发《国家教育事业发展“十三五”规划》，提出关于教育公平问题的愿景：“城乡和区域教育发展差距进一步缩小”“到2020年基本消除56人以上(大班额)”“义务教育实现基本均衡的县(市、区)比例达到95％”。由此可见，“均衡”和“质量”仍然是我国义务教育事业发展的两大主题。本报告主要从义务教育发展大事记、事业发展、政策关键词、学术研究进展、实践典型经验五个方面对2016—2017年我国农村义务教育发展情况进行综合论述，全面呈现农村义务教育的进展与问题，以期为“十三五”规划的顺利实施提供依据，为农村义务教育发展指明方向。

从事业发展状况来看，我国农村学校办学条件逐步改善，师资配备更为合理，城乡差距进一步缩小。县域义务教育均衡发展取得较大进展，截至2017年8月，全国已有8个省份提前实现2020年义务教育均衡率达到95％的目标。在进城务工人员随迁子女的受教育权利保障方面，将近80％的进城务工人员随迁子女均能够进入公办学校就读。从政策关注和学术进展状况来看，义务教育均衡发展、教育精准扶贫、教育城镇化、农村义务教育教师仍然是关注的热点问题。与此同时，自2015年《乡村教师支持计划(2015—2020年)》出台以来，各省相继出台了实施办法，实施各具特色的有效措施，改善乡村教师队伍结构，提升乡村教师职业吸引力。因此，本报告选取北京、湖北、河南、甘肃和宁夏5个典型案例，以期为全国其他地区的乡村教师队伍建设提供参考。总之，“十三五”期间，继续贯彻实施《国家中长期教育改革和发展规划纲要(2010—2020年)》，追求“更加均衡、更有质量”的义务教育事业发展是我们的重要目标。

一、农村义务教育大事记

2016年9月1日，《教育部办公厅关于公布全国乡村教师队伍建设优秀工作案例的通知》发布，要求评选出20个优秀工作案例，努力培养造就一支素质优良、甘于奉献、扎根乡村的教师队伍，为基本实现教育现代化、全面建成小康社会做出新的更大贡献。

2016年9月1日，《教育部 人力资源社会保障部关于向乡村学校从教30年教师颁发荣誉证书的决定》发布，提出2016年为纳入首次颁发范围的400万位在岗和离退休教师颁发“乡村学校从教30年教师荣誉证书”。地方各级教育部门、人力资源社会保障部门和乡村学校要把建立乡村教师荣誉制度作为新的起点，大力宣传乡村教师的优秀事迹，展现乡村教师的良好精神面貌，完善利教惠师的各项政策，保障教师的合法权益，提高教师的地位待遇，鼓励广大教师安心从教、终身从教，吸引更多的优秀人才投身乡村教育事业。

2016年9月9日，《人民日报》报道，习近平总书记到八一学校看望慰问师生。总书记强调，各级党委和政府要满腔热情关心教师，让广大教师安心从教、热心从教、舒心从教、静心从教，让广大教师在岗位上有幸福感、事业上有成就感、社会上有荣誉感，让教师成为让人羡慕的职业。

2016年9月21日，刘延东副总理在全面改善贫困地区义务教育薄弱学校基本办学条件工作的现场推进会上强调，精准发力，持续推进，打赢全面改善薄弱学校基本办学条件的攻坚战。

2016年10月，国务院教育督导委员会办公室印发通知，对各地2014—2016年全面改善贫困地区义务教育薄弱学校基本办学条件工作进行专项督导。此次督导分为三个阶段：一是部署全面自查，二是开展网络测评，三是组织实地督导。专项督导按照“双随机”的原则，组织由国家督学、全国人大代表、政协委员和有关专家组成的14个督导组，对29个省(自治区、市)(含兵团)全面改薄工作的进展成效、质量管理、保障体系和公开公示情况进行了实地督导，随机抽查了61个县区的266所义务教育学校，回收253万份的师生调查问卷。

2016年10月9日，为深入调研了解乡村小规模学校(不足100人的村小学和教学点)和乡镇寄宿制学校的办学及发展情况，准确研判面临的形势和困难，进一步提高办学水平，教育部在京组织召开了乡村小规模学校和乡镇寄宿制学校集中调研工作座谈会。

2016年10月9日，《教育部办公厅关于农村义务教育学校布局调整有关问题的通报》发布，对云南保山市施甸县摆榔民族中学的撤并，引发群众集体上访，严重干扰了社会秩序的事件进行通报，同时为规范农村义务教育学校布局调整提出一些要求。

2016 年 10 月 25 日，中共中央、国务院印发并实施《“健康中国 2030”规划纲要》。该纲要提出，加大学校健康教育力度，将健康教育纳入国民教育体系，把健康教育作为所有教育阶段素质教育的重要内容。以中小学为重点，建立学校健康教育推进机制。到 2030 年，学校体育场地设施与器材配置达标率达到 100%，青少年学生每周参与体育活动达到中等强度 3 次以上，国家学生体质健康标准达标优秀率达到 25%以上。

2016 年 10 月 31 日，教育部发布《2016 年全国教育信息化工作专项督导报告》，介绍了 6 月 28 日至 7 月 5 日国务院教育督导委员会办公室组织国家督学、教育部相关司局和专家对 8 个省份开展实地督导检查的情况。

2016 年 11 月 1 日，教育部社会科学司正式批复东北师范大学，同意东北师范大学教育部人文社会科学重点研究基地农村教育研究所正式更名为中国农村教育发展研究院。

2016 年 11 月 7 日，第十二届全国人民代表大会常务委员会第二十四次会议通过全国人民代表大会常务委员会关于修改《中华人民共和国民办教育促进法》的决定，其中提到“将第十八条改为第十九条，修改为：‘民办学校的举办者可以自主选择设立非营利性或者营利性民办学校。但是，不得设立实施义务教育的营利性民办学校。’”

2016 年 11 月 25 日，教育部正式发布了《盲校义务教育课程标准（2016 年版）》《聋校义务教育课程标准（2016 年版）》和《培智学校义务教育课程标准（2016 年版）》。这是我国第一次专门为残疾学生制定的一整套系统的学习标准，是对我国多年来特殊教育发展和教育教学改革经验的集中总结，是“十三五”及今后一个时期我国特殊教育教学改革的顶层设计，对于进一步提升特殊教育质量、办好特殊教育、促进教育公平具有特殊的重要意义。

2016 年 11 月 28 日—12 月 2 日，教育部在国家教育行政学院举办了“统筹推进县域内城乡义务教育一体化改革发展专题研讨班”，时任教育部副部长的朱之文出席研讨班开班式并讲话。

2016 年 12 月 13 日，《教育部关于大力推行中小学教师培训学分管理的指导意见》提出，推行教师培训学分管理，深化培训管理改革；分层提供教师培训课程，强化培训内容的针对性和系统性；建立教师培训学分认定规范，实现学时学分合理转换；严格教师培训学分审核认定，规范培训考核评价；探索建立教师培训学分银行，推动非学历培训与学历教育衔接；强化教师培训学分应用，促进教师专业发展；推进教师培训学分信息化管理，提升培训管理效率；加强组织保障，落实教师培训学分管理职责。

2016 年 12 月 15 日，教育部在湖北省宜都市召开义务教育学校管理标准实验工作总结研讨会，各省级教育行政部门、义务教育学校管理标准实验区、提升学校品质试点地区有关负责人参会。会议总结了义务教育学校管理标准实验工作，进一步研讨完善义务教育学校管理标准，为下一步在全国部署实施做好准备。

2016 年 12 月 16 日，教育部等六部门印发《教育脱贫攻坚“十三五”规划》，提出“到 2020 年，贫困地区教育总体发展水平显著提升，实现建档立卡等贫困人口教育基本公共服务全覆盖”的总目标。

2016 年 12 月 29 日，《教育部关于加强“十三五”期间教育对口支援西藏和四省藏区工作的意见》发布，提出实施好“组团式”教育人才援藏工作，帮助提高教师和管理人员的素质，加强学校之间的结对帮扶，帮助提高双语教育质量，帮助提高教育信息化水平，加大人才培养力度等任务，实现西藏地区义务教育水平的稳步提升。

2017 年 1 月 10 日，国务院印发《国家教育事业发展“十三五”规划》，提出关于教育公平问题的愿景：城乡和区域教育发展差距进一步缩小，大中城市义务教育阶段“择校热”有所缓解，国家助学制度更加完善，农村义务教育学生营养改善计划深入实施，贫困地区学生的体质健康得到改善，进城务工人员随迁子女、农村留守儿童、残疾学生的受教育权利得到更好保障，中西部地区特别是农村学生接受优质高等教育的机会明显增加。到 2020 年基本消除 56 人以上“大班额”，义务教育实现基本均衡的县(市、区)比例达到 95%，实现家庭经济困难学生资助全覆盖，保障家庭经济困难学生、残疾少年儿童、进城务工人员子女、留守儿童等群体的平等受教育权利。

2017 年 1 月 13 日，中共中央组织部、教育部联合发布《中小学校领导人员管理暂行办法》，围绕任职条件和资格、选拔任用、任期和任期目标责任、考核评价、职业发展和激励保障、监督约束、退出机制进行了整体的设计，又围绕着领导人员管理环节中的突出问题进行了相应的回应。在具体任职要求上，对农村地区、边远贫困地区和民族地区优秀教师的任职资格有所放宽；在考核评价的取向上，突出强调要防止只看学生学业考试成绩和升学率的倾向。

2017 年 1 月 19 日，教育部印发《义务教育小学科学课程标准》。为进一步加强小学科学教育，根据立德树人工作的总体部署，教育部组织专家对小学科学课程标准进行了修订完善，于 2017 年秋季开始执行。

2017 年 2 月 3 日，《教育部办公厅关于开展 2016—2017 年度“一师一优课、一课一名师”活动的通知》发布。《教育信息化“十三五”规划》提出，“十三五”期间将继续开展“一师一优课、一课一名师”等信息化教学推广活动，激发广大教师的教育智慧，不断生成和共享优质资源。

2017年2月17日，《教育部基础教育一司关于做好2017年中小学生安全教育工作的通知》发布，提出持续提升中小学安全教育水平，提高中小学安全素养，减少中小学伤害事故和非正常死亡人数，切实保障中小学生安全健康成长，维护教育系统和谐稳定。

2017年2月19日，《国务院教育督导委员会关于公布2016年全国义务教育发展基本均衡县(市、区)名单的决定》发布，提出全国有26个省(自治区、市)的人民政府在2015年至2016年8月底前对544个县(市、区)进行了义务教育均衡发展的督导评估，经国务院教育督导委员会办公室组织材料审核和现场督导评估，并报国务院教育督导委员会同意，其中522个县(市、区)通过全国义务教育发展基本均衡县(市、区)认定。

2017年2月22日，《教育部办公厅关于做好2017年义务教育招生入学工作的通知》发布，在全国义务教育招生入学改革阶段性目标基本实现的基础上，针对具体问题，从巩固三年改革成果、有序扩大覆盖范围、统筹城乡招生工作、规范学校招生行为、强化履行各方义务、加强学生学籍管理、做好宣传引导工作七个方面做出部署，要求各地继续深化改革，确保教育机会公平。

2017年2月24日，《教育部办公厅关于2016年连片特困地区乡村教师生活补助实施情况的通报》发布，提出补助覆盖范围更广，资助投入更大，补助标准提高，但是工作还任重道远。

2017年2月24日，《教育部办公厅关于做好中小学生课后服务工作的指导意见》发布，对各地开展中小学生课后服务工作提出要求，促进中小学生健康成长、帮助家长解决按时接送学生的困难，进一步增强教育服务能力、使人民群众具有更多的获得感和幸福感。

2017年2月28日，教育部发布《2016年中国学生资助发展报告》，指出将“精准资助”和“资助育人”作为2017年资助工作的重点。报告提出，统一城乡义务教育“两免一补”政策，全部免除城乡义务教育阶段所有学生的学杂费，并免费提供教科书；使城乡家庭经济困难寄宿生可以享受寄宿生生活费补助，扩大农村义务教育学生营养改善计划的实施范围，实现国家扶贫开发重点县全覆盖。

2017年3月5日，十二届全国人大五次会议开幕，国务院总理李克强在做政府工作报告时提出，办好公平优质教育，为教育改革发展“划重点”。李克强总理在政府工作报告中部署了2017年的教育工作：统一城乡义务教育学生“两免一补”政策，加快实现城镇义务教育公共服务常住人口全覆盖，持续改善薄弱学校办学条件，扩大优质教育资源覆盖面，不断缩小城乡、区域、校际办学差距。继续扩大重点高校面向贫困地区农村的招生规模。提高博士研究生国家助学金补助标准。

2017年3月24日，全国教师管理信息系统全面建成并正式投入使用。该系统首次完成了1500万位各级各类教师全面信息的采集工作，建立了全国教师基础信息库，实现教师“一人一号”，教师队伍建设进入信息化管理的新阶段。

2017年3月27日，国务院教育督导委员会办公室印发《中小学校体育工作督导评估办法》，指出为深入贯彻落实《国务院办公厅关于强化学校体育促进学生身心健康全面发展的意见》，加强中小学体育督导检查，完善中小学体育评价机制和建立问责机制。

2017年4月5日，教育部发布《2016年国家教育督导工作报告》。报告提出，一是继续做好义务教育均衡发展督导认定；二是稳步推进全面改善贫困地区义务教育薄弱学校基本办学条件工作；三是启动实施义务教育学校建设工作；四是继续实施农村义务教育学生营养改善计划；五是统筹推动加快中西部教育发展。报告在学校安全中提到学校欺凌问题的专项治理。

2017年4月5日，《教育部办公厅　财政部办公厅关于做好2017年农村义务教育阶段学校教师特设岗位计划实施工作的通知》发布，提出2017年全国计划招聘特岗教师约8万名。

2017年4月12日，教育部教育督导局公布农村义务教育学生营养改善计划的国家及地方试点县名单，提出截至2016年12月，全国共有29个省(自治区、市)(京、津、鲁单独开展了学生供餐项目)1512个县实施了营养改善计划，其中699个县开展了国家试点，813个县开展了地方试点。

2017年4月20日，《教育部办公厅　中国残联办公厅关于做好残疾儿童少年义务教育招生入学工作的通知》发布，为贯彻落实《残疾人教育条例》，从高度重视统筹安排、认真组织入学前登记、“一人一案”落实教育安置、加强条件保障、加大社会宣传力度五个方面做出部署，进一步保障适龄残疾儿童少年接受义务教育的权利。

2017年4月19日，教育部印发《县域义务教育优质均衡发展督导评估办法》，决定建立县域义务教育优质均衡发展督导评估制度，开展义务教育优质均衡发展县(市、区)督导评估认定工作。在督导评估框架的设计、指标的选取、标准的测定等方面，突出了“更加均衡、更有质量”。评估内容和指标包括资源配置7项指标、政府保障程度15项指标、教育质量评估9项指标、社会认可度四个方面。具体体现在“六个更加”：指标内容更新更全，标准要求更高更严，方法更加科学有效，更加关注教育质量，更加注重社会认可，更加强化结果使用。

2017年4月24日，《教育部办公厅关于2017年中小学教学用书有关事项的通知》发布，规定中小学新旧教材和特殊教育教材的使用，特别提出“中小学教材中一律不得出现提供额外教学辅助资料的各类链接网址、二维码等信息”。

2017 年 5 月 2 日，《教育部办公厅 财政部办公厅关于进一步做好农村义务教育学生营养改善计划有关管理工作的通知》发布，提出切实落实地方主体责任，切实加强食品安全管理，切实加强资金使用管理，切实做好实名制信息管理。

2017 年 5 月 15 日，国家统编义务教育道德与法治、语文、历史三门学科教材国家级培训班在国家教育行政学院开班。三科教材于 2017 年秋季学期统一在全国一年级和七年级首先使用，2018 年延伸至二年级和八年级，2019 年实现义务教育学校全覆盖。

2017 年 5 月 23 日，《国务院教育督导委员会办公室关于开展农村义务教育学生营养改善计划专项督导的通知》发布。在各地自查的基础上，国务院教育督导委员会办公室组成 5 个专项督导组，对河北、山西、内蒙古、吉林、黑龙江、安徽、江西、河南、湖南、海南 10 个省(自治区)进行实地督导，督促上述省(自治区)进一步加大工作力度，确保在 2017 年秋季开学实现营养改善计划国家扶贫开发重点县全覆盖。

2017 年 5 月 28 日，国务院办公厅印发《兴边富民行动“十三五”规划》，在“优先发展边境地区教育事业”中提出，推动县域内城乡义务教育一体化改革发展，全面推进边境地区义务教育学校标准化建设，改善边境地区义务教育阶段基本办学条件，加强边境农村寄宿制学校建设，科学布局、办好村小学和教学点，提升边境学校教育质量，切实保障守土固边边民家庭学龄儿童就近便有学上、上好学。

2017 年 6 月 1 日，《人力资源社会保障部办公厅 教育部办公厅关于做好 2017 年度中小学教师职称评审工作的通知》发布，提出：“要加大对一线教师特别是农村教师的倾斜力度，评审通过的正高级教师中，担任学校和教研机构行政领导职务的原则上不超过 30%。”“要加大对农村和艰苦边远地区中小学教师职称评审工作的支持，促进教育资源配置更加公平、更加均衡，评价标准要综合考虑乡村学校和教学点实际。对长期在农村和艰苦边远地区工作的中小学教师，可放宽学历要求，不做论文、职称外语和计算机应用能力要求，侧重考察其工作业绩，提高实际工作年限的考核权重。”

2017 年 6 月 15 日，全国乡村教师队伍建设暨万名教师支教工作会议在乌鲁木齐市召开，教育部部长陈宝生在会上强调“这次会议是乡村教师支持计划的中期推进会、万名教师支教计划的部署启动会，也是乡村教师队伍建设的经验交流会”。会议强调，要深刻认识教师工作的极端重要性，准确把握新任务、新要求，进一步增强做好乡村和民族地区教师队伍建设的紧迫性和主动性，鼓励有志青年到农村、边远地区为国家教育事业建功立业。

2017 年 6 月 16 日，《教育部办公厅关于加强中小学(幼儿园)周边安全风险防

控工作的紧急通知》发布，对关于江苏、山东、广西等地的中小学、幼儿园周边地区先后发生数起安全事故，严重危害师生生命安全的事件，提出为切实加强学校周边安全风险防控工作，有效减少安全事故发生，确保广大师生的生命安全，需要做到：提高认识，健全防控机制；强化排查，化解安全隐患；加强督查，落实安全责任。

2017 年 6 月 29 日，《教育部 财政部关于进一步加强全面改善贫困地区义务教育薄弱学校基本办学条件中期有关工作的通知》发布，提出要进一步完善工程规划、加强实施进度、强化资金落实、加强质量管理、加大公开力度、加强督导检查。

2017 年 7 月 3—7 日，国务院教育督导委员会办公室派出的国家督导检查组对吉林省此次申报的 11 个义务教育发展基本均衡县(市、区)进行了督导评估，并对前两年已经通过认定的 49 个县(市、区)进行了数据核查，并从中抽取 9 个县(市、区)进行了实地复查，共随机抽查学校和教学点 188 所(个)。至此，继上海、北京、天津、江苏、浙江、广东和福建后，吉林省所有县(市、区)实现了义务教育发展的基本均衡。

2017 年 7 月 7 日，全国义务教育均衡发展攻坚会暨对吉林省督导评估反馈会在长春市召开。吉林省省长刘国中、教育部副部长朱之文出席会议并讲话。

2017 年 7 月 19 日，李克强总理主持召开国务院常务会议，确定防控义务教育学生失学辍学的措施，确保实现“十三五”义务教育巩固率的目标。

二、农村义务教育事业发展

2016 年是“十三五”规划的开端之年，我国义务教育事业持续发展，办学条件持续改善，教师素质逐步提升，教育经费投入保持增长，资源配置更趋合理，教育质量稳步提升。与此同时，虽然县域义务教育均衡发展取得了较大进展，但是乡村教育作为农村义务教育的最末端和最短板，仍然需要大力发展和持续关注。“十三五”期间，在追求公平的同时，提升质量仍然是义务教育事业发展的重要主题。因此，未来一段时期实现城乡义务教育均衡发展和着力提升乡村教育质量是义务教育事业发展的重要目标之一。

(一)全国义务教育事业稳定发展

2016 年，全国普通小学(含教学点)校舍建筑面积为 70964.49 万平方米，比 2015 年增加 3612.45 万平方米；小学体育运动场(馆)面积达标率为 75.00%，比 2015 年的 64.50%提高了 10.50 个百分点；小学体育器械配备达标率为 80.18%，音乐器械配备达标率为 79.50%，美术器械配备达标率为 79.47%，理科实验仪器达标率为 79.84%，分别比 2015 年提高了 11.28 个百分点、11.60 个百分点、

11.87 个百分点、10.84 个百分点。2016 年，全国初中校舍建筑面积为 57827.20 万平方米，比 2015 年增加 2785.13 万平方米；初中体育运动场（馆）面积达标率为 85.36%，比 2015 年的 78.70%提高了 6.66 个百分点；初中体育器械配备达标率为 89.60%，音乐器械配备达标率为 88.88%，美术器械配备达标率为 88.58%，理科实验仪器达标率为 90.62%，分别比 2015 年提高了 6.00 个百分点、6.57 个百分点、6.58 个百分点、4.72 个百分点。

2016 年，全国小学专任教师数为 578.91 万人，比 2015 年增加 10.40 万人。小学专任教师的学历合格率为 99.94%，比 2015 年提高 0.04 个百分点。小学生师比为 17.12∶1，比 2015 年的 17.05∶1 进一步改善。2016 年，全国初中专任教师数为 348.78 万人，比 2015 年减少 1.22 万人。初中专任教师的学历合格率为 99.76%，比 2015 年提高 0.06 个百分点。初中生师比为 12.41∶1，与 2015 年基本持平。

2016 年，全国普通小学生均公共财政预算教育事业费为 9557.89 元，比上年的 8838.44 元增长 8.14%。其中，农村为 9246.00 元，比上年的 8576.75 元增长 7.80%。普通小学增长最快的是云南省（18.58%）。2016 年，全国普通初中生均公共财政预算教育事业费为 13415.99 元，比上年的 12105.08 元增长 10.83%。其中，农村为 12477.35 元，比上年的 11348.79 元增长 9.94%。普通初中增长最快的是广东省（19.81%）。2016 年，全国普通小学生均公共财政预算公用经费为 2610.80 元，比上年的 2434.26 元增长 7.25%。其中，农村为 2402.18 元，比上年的 2245.30 元增长 6.99%。普通小学增长最快的是浙江省（22.99%）。2016 年，全国普通初中生均公共财政预算公用经费为 3562.05 元，比上年的 3361.11 元增长 5.98%。其中，农村为 3257.19 元，比上年的 3093.82 元增长 5.28%。普通初中增长最快的是海南省（20.63%）。

（二）全国县域义务教育均衡发展的态势分析

自 2013 年国家启动义务教育发展基本均衡县（市、区）的督导评估认定工作以来，2013—2015 年，各省（自治区、市）通过国家督导评估认定实现义务教育均衡发展的县（市、区）数逐年增加，我国县域义务教育均衡发展取得明显成效。2013 年，国务院教育督导委员会办公室对全国 22 个省（自治区、市）申报的 325 个县级单位进行了材料审核，其中首批 293 个县（市、区）通过义务教育均衡发展的评估认定。2014 年，全国共有 26 个省（自治区、市）的 491 个县级单位申报义务教育发展基本均衡县（市、区）。其中，有 464 个县（市、区）通过了评估认定。2015 年，全国共有 30 个省（自治区、市）的 545 个县级单位申报并通过义务教育发展基本均衡县（市、区）的评估认定。2016 年，全国共有 26 个省（自治区、市）的 544 个县级单位申报义务教育发展基本均衡县（市、区）。其中，有 522 个县级单位申报并通过义务教育发展均衡县（市、区）的评估认定。2017 年 7 月 7 日，国

家义务教育发展基本均衡县福建督导检查反馈会在长春市举行。督导检查组认为，吉林省所有县(市、区)均达到国家规定的评估认定标准。至此，吉林省成为继上海、北京、天津、江苏、浙江、广东和福建后，实现了所有县(市、区)的义务教育发展基本均衡。

从通过评估县(市、区)的总体数量来看，截至2017年8月，共有1835个县(市、区)通过义务教育均衡的评估认定。也就是说，全国有62.95%的县(市、区)实现了县域内义务教育基本均衡发展，即将达到2015年实现基本均衡的县(市、区)比例达到65%的目标，距离2020年实现基本均衡的县(市、区)比例达到95%的目标还有较大差距。其中，上海、北京、天津、江苏、浙江、广东、福建和吉林所有县级单位全部通过国家督导评估认定，山西、湖北、安徽、山东、陕西和宁夏通过评估认定的县(市、区)比例超过65%，上海、北京、天津、江苏、浙江、福建、广东和吉林提前完成2020年实现基本均衡的县(市、区)比例达到95%的目标。从通过评估认定县(市、区)的分布情况来看，达标县(市、区)的地区分布并不均衡，东部地区通过评估认定县(市、区)的数量最多，东部地区通过评估认定县(市、区)数为740个，完成承诺任务的90.46%，占东部地区县(市、区)总数的73.34%，占全国通过评估认定县(市、区)总数的40.33%。中西部地区达标县(市、区)的数量较少，中部地区通过评估认定县(市、区)数为567个，完成承诺任务的82.41%，占中部地区县(市、区)总数的54.73%，占全国通过评估认定县(市、区)总数的30.90%。西部地区通过评估认定县(市、区)数为528个，完成承诺任务的129.72%，占西部地区县(市、区)总数的60.69%，占全国通过评估认定县(市、区)总数的28.77%(见表2.1)。

表2.1 全国义务教育均衡发展达标县(市、区)的分布情况　　单位：个/%

地区	县(市、区)总数	承诺达标数	通过评估数	完成承诺任务比例	占县(市、区)总数的比例
全国	2912	1913	1835	95.92	62.95
东部	1009	818	740	90.46	73.34
中部	1036	688	567	82.41	54.73
西部	870	407	528	129.72	60.69
北京	16	16	16	100	100.00
天津	16	16	16	100	100.00
上海	17	17	17	100	100.00
江苏	100	100	100	100	100.00
浙江	90	90	90	100	100.00

续表

地区	县(市、区)总数	承诺达标数	通过评估数	完成承诺任务比例	占县(市、区)总数的比例
河北	172	102	91	89.21	52.90
辽宁	111	84	70	83.33	63.06
福建	91	81	91	112.35	100.00
山东	140	140	114	81.43	81.43
广东	121	119	121	101.68	100.00
广西	110	38	30	78.95	27.27
海南	22	15	14	93.33	63.64
山西	119	96	85	88.54	71.43
内蒙古	101	68	61	89.71	60.40
吉林	60	10	60	600.00	100.00
黑龙江	144	83	47	56.63	32.64
安徽	105	80	94	117.50	89.52
江西	115	17	64	376.47	55.65
河南	158	100	69	69.00	43.67
湖北	112	112	102	91.07	91.07
湖南	122	122	46	37.70	37.70
四川	181	94	95	101.1	52.49
重庆	41	41	26	63.41	63.41
贵州	88	11	37	336.36	42.05
云南	129	38	52	136.84	40.31
陕西	107	61	70	114.75	65.42
甘肃	87	30	44	146.67	50.57
宁夏	22	17	15	88.24	68.18
青海	46	15	20	133.33	43.48
新疆	95	38	42	110.53	44.21
西藏	74	62	36	61.29	48.64

全国义务教育均衡发展的督导评估认定工作报告表明，自2013年启动县域义务教育均衡发展的督导评估认定以来，有力推动了义务教育均衡发展，全国义务教育质量在经费投入、师资配置、办学条件、管理水平等方面得到较大提升。但是，在推进和实施过程中存在以下两个问题：一是目前仍有900多个县(市、区)尚未通过评估认定，2020年全面实现义务教育均衡发展目标仍然有较大难度。二是2016年对通过国家督导评估认定的1301个县(市、区)的义务教育均衡发展水平进行检测复查，发现有10个省(自治区、市)的21个县(市、区)出现较大滑坡，小学或初中综合差异系数达不到标准要求，其中有3个县(市、区)的小学和初中综合差异系数均不达标。并且未通过评估认定县(市、区)的均衡水平明显低于国家标准，更低于已通过评估认定的1800多个县(市、区)，实现均衡发展目标难度较大。此外，数据分析表明，中部地区将近一半的县(市、区)、西部地区约40%的县(市、区)尚未通过评估认定，是县域义务教育均衡发展攻坚的重点地区；尚有56.9%的未通过评估认定县(市、区)的小学差异系数指标达不到要求，比例较高，仍将是攻坚难点的学段。

(三)农村义务教育事业发展状况分析

2017年1月10日，国务院印发《国家教育事业发展“十三五”规划》，提出关于教育公平问题的愿景：“城乡和区域教育发展差距进一步缩小”，“到2020年基本消除56人以上‘大班额’”，“义务教育实现基本均衡的县(市、区)比例达到95%”。2017年4月19日，教育部印发《县域义务教育优质均衡发展督导评估办法》。其中，在资源配置方面，重点评估县域义务教育学校在教师、校舍、仪器设备等方面的配置水平。义务教育优质均衡在督导评估框架的设计、指标的选取、标准的测定等方面，突出了“更加均衡、更有质量”。由此可见，“均衡”和“质量”仍然是我国义务教育事业发展的两大主题。

1. 农村义务教育学校的基本状况分析

(1)乡村普通中小学数量持续减少，教学点数量逐年增加

从学校数量来看，在小学阶段，2012—2016年，小学数量逐年持续减少。其中，城区小学数量呈增加的态势，镇区和乡村小学数量持续减少；2012—2016年，教学点数量逐年持续增加。无论城区、镇区还是乡村，其教学点数量均呈逐年递增的趋势，5年间城区、镇区、乡村的教学点数量分别增加0.07万所、0.37万所、2.43万所，增幅分别是87.50%、57.81%、38.89%(见表2.2)。在初中阶段，2012—2016年，初中数量呈逐年持续减少的趋势。其中，城区和镇区初中数量呈逐年递增的趋势，乡村初中数量则逐年递减，5年间乡村初中减少0.32万所，减幅达16.49%(见表2.3)。

表 2.2 2012—2016 年城乡普通小学、教学点的数量情况 单位：万所

年份	普通小学				教学点			
	合计	城区	镇区	乡村	合计	城区	镇区	乡村
2012	22.86	2.61	4.74	15.50	6.98	0.08	0.64	6.25
2013	21.35	2.60	4.72	14.03	8.28	0.12	0.81	7.36
2014	20.14	2.63	4.64	12.87	8.90	0.14	0.90	7.86
2015	19.05	2.61	4.61	11.84	9.30	0.15	0.97	8.18
2016	17.76	2.66	4.46	10.64	9.84	0.15	1.01	8.68

表 2.3 2012—2016 年城乡普通初中的数量情况 单位：万所

年份	普通初中(含九年一贯制学校)			
	合计	城区	镇区	乡村
2012	5.32	1.09	2.29	1.94
2013	5.28	1.11	2.28	1.85
2014	5.26	1.15	2.34	1.77
2015	5.24	1.15	2.39	1.70
2016	5.21	1.19	2.40	1.62

(2)城区和镇区普通小学的规模持续扩大，普通初中的规模持续减小

从学校规模来看，在小学阶段，2012—2016 年，学校规模整体呈扩大的趋势。从城乡数据来看，城区和镇区小学的规模呈逐年扩大的趋势，且城区的增长幅度较大，5 年间平均学校规模增长 162.13 人，增长幅度达 16.26%。乡村小学的规模则呈逐年缩小的发展趋势，且缩减幅度较大，5 年间平均学校规模缩减 18.22 人，缩减幅度达 10.85%。在初中阶段，2012—2016 年，学校规模整体呈缩小的趋势，且缩减幅度较大，5 年间平均学校规模缩减约 64.93 人，缩减幅度达 7.25%。从城乡数据来看，无论城区、镇区还是乡村，初中的规模均呈逐年缩减的趋势，且缩减幅度较大，5 年间城区、镇区、乡村初中的平均规模分别缩减 69.24 人、122.84 人、140.82 人，缩减幅度分别为 5.25%、11.95%、18.45%(见表 2.4)。

由数据分析可知，城区"超级大校"现象仍然非常明显，并且小学阶段仍在进一步加剧。乡村小学的规模基本保持稳定，学生减少和流失现象明显得到缓解。因此，未来一段时期继续控制城区学校规模和大力建设乡村小规模学校，将是农村义务教育发展的重要内容。

表 2.4 2012—2016 年城乡普通中小学的平均规模 单位：人

年份	普通小学(含教学点)				普通初中			
	合计	城区	镇区	乡村	合计	城区	镇区	乡村
2012	324.95	997.27	622.78	167.89	895.87	1313.65	1027.54	502.40
2013	315.92	1019.47	610.45	150.41	841.51	1285.99	962.55	441.00
2014	325.51	1063.47	624.18	147.15	833.63	1279.02	925.60	422.93
2015	341.80	1113.49	655.30	148.15	823.16	1253.49	907.11	413.67
2016	359.08	1159.40	686.47	149.67	830.94	1249.41	904.70	412.69

(3)乡村小学的班级规模最小，镇区初中的班级规模最大

从班级规模来看，在小学阶段，2012—2016 年，班级规模整体呈缩小的趋势，但缩减幅度不大。从城乡数据来看，无论城区、镇区还是乡村，小学的班级规模均呈缩减的趋势。初中阶段与小学阶段的学校规模变化态势基本相同。从绝对数据来看，在小学阶段，2012—2016 年，城区、镇区、乡村小学的班级规模均呈“城区＞镇区＞乡村”的梯级分布，其中城区小学的班级规模 5 年间均超过 45 人，大班额现象较为突出。在初中阶段，2012—2016 年，学校规模均呈“镇区＞城区＞乡村”的态势分布，镇区初中的大班额现象尤为突出(见表 2.5)。总之，由数据分析可知，我国中小学的班级规模整体上呈逐渐缩小的趋势。但是，城区小学和镇区初中的大班额现象仍然比较严重。

表 2.5 2012—2016 年城乡普通中小学的平均班级规模 单位：人

年份	普通小学(含教学点)				普通初中(含九年一贯制学校)			
	合计	城区	镇区	乡村	合计	城区	镇区	乡村
2012	37.78	46.45	44.61	29.56	50.27	49.52	51.77	47.99
2013	37.46	46.53	44.09	28.25	48.82	48.65	50.17	45.77
2014	37.42	46.23	43.65	27.81	48.30	48.06	49.65	45.20
2015	37.72	46.22	43.71	27.74	47.72	47.17	49.20	44.65
2016	37.71	45.77	43.29	27.60	47.30	46.76	48.73	44.22

2. 农村义务教育学生的基本情况分析

(1)城区中小学在校生数逐年增加，乡村中小学在校生数逐年减少

从在校生数来看，在小学阶段，2012—2016 年，小学在校生数呈增长的趋势。尤其是 2013 年以后，小学在校生数呈逐年递增的趋势。其中，城区、镇区

小学在校生数呈逐年递增的趋势，5 年间分别增加 578.75 万人、399.12 万人，增幅分别是 21.53%、11.90%；乡村小学在校生数呈逐年递减的趋势，5 年间减少 760.76 万人，减幅达 20.83%。在初中阶段，2012—2016 年，初中在校生数呈逐年递减的趋势。城区初中在校生数略有增加，镇区和乡村初中在校生数呈逐年递减的趋势。其中，乡村初中减幅最大，为 31.18%；镇区初中减幅达 7.45%（见表 2.6）。

表 2.6　2012—2016 年城乡普通中小学的在校生数　　单位：万人

年份	普通小学（含教学点）				普通初中			
	合计	城区	镇区	乡村	合计	城区	镇区	乡村
2012	9695.90	2688.43	3354.98	3652.49	4763.06	1441.03	2347.94	974.10
2013	9360.55	2772.97	3370.54	3217.04	4440.12	1430.02	2195.57	814.53
2014	9451.07	2943.25	3457.96	3049.86	4384.63	1468.70	2167.48	748.46
2015	9692.18	3070.88	3655.40	2965.90	4311.95	1441.01	2168.44	702.50
2016	9913.01	3267.18	3754.10	2891.73	4329.37	1489.42	2172.91	670.39

（2）寄宿生主要集中在镇区和乡村，小学寄宿生数呈增长趋势

从寄宿生数来看，2012—2016 年，小学寄宿生数呈增长的趋势，初中寄宿生数呈减少的趋势。从城乡数据来看，2012—2016 年，小学寄宿生主要集中在镇区和乡村，城区和镇区小学寄宿生数呈不断增长的趋势，乡村小学寄宿生数则呈逐年减少的趋势；初中寄宿生主要集中在镇区，城区和镇区初中寄宿生数呈增长的趋势，乡村初中寄宿生数呈减少的趋势。总之，无论小学还是初中，寄宿生绝大部分分布在镇区和乡村，并且均呈“城区＜乡村＜镇区”的分布趋势（见表 2.7）。

表 2.7　2012—2016 年城乡普通中小学寄宿生数　　单位：万人

年份	普通小学				普通初中			
	合计	城区	镇区	乡村	合计	城区	镇区	乡村
2012	1016.94	96.64	410.31	509.99	2075.18	284.81	1220.34	570.03
2013	—	—	—	—	1974.90	286.94	1182.05	505.92
2014	1061.38	113.76	452.06	495.56	2014.48	319.35	1210.18	485.24
2015	1070.39	115.17	469.64	485.58	2002.13	320.82	1220.62	460.69
2016	1063.71	121.18	476.47	466.05	2012.17	346.48	1225.62	440.06

从生均宿舍面积来看，在小学阶段，2012—2016 年，城区小学寄宿生生均宿舍面积呈减少的趋势，镇区和乡村则呈增加的趋势，且“乡村＞镇区＞城区”。在初中阶段，2012—2016 年，城区、镇区、乡村初中生均宿舍面积均呈增加的趋势，且乡村和镇区的增长幅度较大，分别为 30.68％、26.05％，城区的增长幅度仅为 5.78％。但是，截至 2016 年，初中生均宿舍面积仍然呈“城区＞乡村＞镇区”的态势，其中镇区初中生均宿舍面积不仅小于城区，而且也小于乡村。总体来看，小学和初中生均宿舍面积均呈增加的趋势；与小学相比，初中生均宿舍面积的增加幅度较大。中小学均没有达到国家规定的小学生均宿舍面积 5.0 平方米和初中生均宿舍面积 5.5 平方米的标准(见表 2.8)。

表 2.8　2012—2016 年城乡普通中小学生均宿舍面积　　单位：平方米

年份	普通小学				普通初中			
	合计	城区	镇区	乡村	合计	城区	镇区	乡村
2012	3.06	3.97	3.13	2.84	4.22	5.19	4.03	4.14
2013	—	—	—	—	4.69	5.50	4.48	4.71
2014	3.15	3.28	3.20	3.08	4.73	5.24	4.58	4.77
2015	3.27	3.21	3.32	3.24	4.97	5.32	4.85	5.06
2016	3.53	3.21	3.50	3.65	5.22	5.49	5.08	5.41

(3)进城务工人员随迁子女数有所增加，将近 80％就读于公办学校

一直以来，进城务工人员随迁子女的受教育权利保障问题都是国家政策的重点和农村教育研究领域的热点。从进城务工人员随迁子女数来看，在小学阶段，虽然 2013—2014 年进城务工人员随迁子女数有所减少，但截至 2016 年，与 2012 年相比基本持平。初中阶段与小学阶段的发展态势基本相同，但从绝对数据来看，小学阶段的进城务工人员随迁子女数远远多于初中阶段。其中，2016 年小学阶段有 1036.71 万人，占小学在校生数的 10.46％，占所有进城务工人员随迁子女数的 74.33％；初中阶段有 358.06 万人，占初中在校生数的 8.27％，占所有进城务工人员随迁子女数的 25.67％。总体来看，2012—2016 年，无论小学阶段还是初中阶段，本省外县迁入随迁子女数均多于外省迁入随迁子女数，初中阶段这一特征尤为明显。在受教育权利的保障方面，无论小学阶段还是初中阶段，大部分进城务工人员随迁子女均能够进入公办学校就读。截至 2016 年，进城务工人员随迁子女进入公办学校就读的比例达到 79.52％，其中小学达到 78.82％，初中达到 75.82％(见表 2.9、表 2.10)。

表 2.9 2012—2016 年普通小学进城务工人员随迁子女的数量情况 单位：万人

年份	合计	外省迁入	本省外县迁入	公办学校就读	民办学校就读
2012	1035.54	498.68	536.86	822.29	213.26
2013	930.85	433.48	497.37	—	—
2014	955.59	444.51	511.08	750.44	205.14
2015	1013.56	460.81	552.75	801.53	212.03
2016	1036.71	470.58	566.13	817.13	219.58

表 2.10 2012—2016 年普通初中进城务工人员随迁子女的数量情况 单位：万人

年份	合计	外省迁入	本省外县迁入	公办学校就读	民办学校就读
2012	358.33	134.36	223.97	294.86	63.47
2013	346.31	129.70	216.62	286.02	60.29
2014	339.14	131.01	208.13	278.94	60.21
2015	353.54	137.56	215.98	291.24	62.30
2016	358.06	142.73	215.33	291.94	66.12

(4)农村留守儿童数不断减少，留守儿童主要集中在小学阶段

从农村留守儿童数来看，2012—2016 年，农村留守儿童数总体呈减少的趋势，5 年间减少 544.78 万人，减幅达 23.99%。截至 2016 年，中小学共有农村留守儿童 1726.29 万人，其中小学阶段为 1190.07 万人，占小学在校生数的 12.01%；初中阶段有 536.22 万人，占初中在校生数的 12.39%。2012—2016 年，小学和初中的农村留守儿童数均呈逐年减少的趋势，其中小学农村留守儿童数减少 327.81 万人，减幅为 21.60%；初中农村留守儿童数减少 216.97 万人，减幅为 28.81%。初中阶段的减幅高于小学阶段(见表 2.11)。因此，农村小学留守儿童仍然是留守儿童问题关注的主要群体，小学阶段仍然是留守儿童问题解决的主要学段。

表 2.11 2012—2016 年农村留守儿童情况

年份	合计		普通小学		普通初中	
	农村留守儿童数(万人)	占在校生数的比例(%)	农村留守儿童数(万人)	占在校生数的比例(%)	农村留守儿童数(万人)	占在校生数的比例(%)
2012	2271.07	15.71	1517.88	15.65	753.19	15.81
2013	2126.75	15.41	1440.47	15.39	686.28	15.46

续表

年份	合计		普通小学		普通初中	
	农村留守儿童数(万人)	占在校生数的比例(%)	农村留守儿童数(万人)	占在校生数的比例(%)	农村留守儿童数(万人)	占在校生数的比例(%)
2014	2075.42	15.00	1409.53	14.91	665.89	15.19
2015	2019.23	14.42	1383.66	14.28	635.57	14.74
2016	1726.29	12.12	1190.07	12.01	536.22	12.39

3. 农村义务教育学校师资配置状况分析

(1)从生师比来看，城镇小学师资较为短缺，乡村初中师资最为充裕

从生师比来看，2012—2016 年，无论小学阶段还是初中阶段，生师比均呈逐渐减小的趋势，表明中小学教师数逐渐增加，师资配置趋于合理。从城乡数据来看，2012—2016 年，在小学阶段，城区、镇区、乡村的生师比呈“城区>镇区>乡村”的梯形分布，城区小学师资最为紧张，其次是镇区，乡村小学师资最为充裕。并且，城区和镇区的小学的生师比均高于全国平均水平，乡村小学则低于全国平均水平。在初中阶段，与小学阶段的分布态势大致相同，城区、镇区、乡村的生师比大致呈“城区>镇区>乡村”的梯形分布，且城区和镇区初中的生师比均高于全国平均水平，乡村初中则低于全国平均水平(见表 2.12)。总之，从生师比的指标来看，城区和镇区学校师资较为短缺，乡村学校师资最为充裕。但是，与小学阶段相比，初中阶段生师比水平普遍低于小学阶段，表明初中阶段师资配置更为合理。

表 2.12　2011—2016 年城乡普通中小学的生师比情况

年份	普通小学				普通初中			
	合计	城区	镇区	乡村	合计	城区	镇区	乡村
2012	17.36∶1	18.99∶1	17.94∶1	15.88∶1	13.59∶1	14.11∶1	13.80∶1	12.12∶1
2013	16.76∶1	18.91∶1	17.56∶1	14.63∶1	12.76∶1	13.67∶1	12.89∶1	11.14∶1
2014	16.78∶1	18.88∶1	17.65∶1	14.41∶1	12.57∶1	13.39∶1	12.70∶1	10.93∶1
2015	17.05∶1	20.19∶1	18.68∶1	14.74∶1	12.41∶1	12.96∶1	12.62∶1	10.89∶1
2016	17.12∶1	18.83∶1	18.06∶1	14.64∶1	12.41∶1	12.83∶1	12.64∶1	10.78∶1

(2)从师班比来看，乡村小学师资最为短缺，乡村初中师资最为充裕

从师班比来看，2012—2016 年，在小学阶段，城区和镇区小学的师班比水平总体呈降低的趋势，乡村小学师班比水平总体呈提高的趋势，但是乡村小学师

班比水平低于城区和镇区小学，并且低于全国小学平均水平，呈“乡村＜镇区＜城区”的分布态势；在初中阶段，城区、镇区和乡村初中的师班比水平均呈提高的趋势，并且乡村初中师班比高于城区和镇区初中，并且高于全国初中平均水平，大致呈“城区＜镇区＜乡村”的分布态势(见表2.13)。总之，从师班比的指标来看，在小学阶段，城区和镇区师资比较充裕，乡村小学师资最为短缺。在初中阶段，城区和镇区师资比较短缺，乡村初中师资相对充裕。但是，总体来说，初中阶段师资配置的城乡差距并不明显。这与按照生师比的指标得出的结论并不完全一致。

表2.13　2012—2016年城乡普通中小学的师班比情况

年份	普通小学				普通初中			
	合计	城区	镇区	乡村	合计	城区	镇区	乡村
2012	2.18∶1	2.45∶1	2.49∶1	1.86∶1	3.70∶1	3.51∶1	3.75∶1	3.85∶1
2013	2.23∶1	2.46∶1	2.51∶1	1.93∶1	3.83∶1	3.56∶1	3.89∶1	4.11∶1
2014	2.23∶1	2.45∶1	2.47∶1	1.93∶1	3.84∶1	3.59∶1	3.91∶1	4.14∶1
2015	1.99∶1	2.12∶1	2.17∶1	1.77∶1	3.85∶1	3.64∶1	3.90∶1	4.10∶1
2016	2.20∶1	2.43∶1	2.40∶1	1.89∶1	3.84∶1	3.65∶1	3.85∶1	4.03∶1

(3)城乡小学和初中普遍缺乏“小科”教师，美术和音乐教师尤其紧缺

从英语、音乐、体育、美术学科的生师比来看，无论小学阶段还是初中阶段，2012—2016年，“小科”教师数量在不断增加，各学科的生师比保持持续减少的态势。尽管各学科生师比的减少幅度较大，但是截至2016年，“小科”教师仍然极为缺乏，尤其是美术和音乐教师不足现象尤为突出(见表2.14)。从城乡数据来看，2012—2016年，在初中阶段，无论城区、镇区还是乡村，各学科生师比均呈不断减少的发展态势。但是，从生师比的绝对数据来看，城区和镇区各学科的生师比水平要高于乡村。也就是说，与乡村相比，城区和镇区的“小科”教师更为紧缺(见表2.15)。由此可见，无论小学阶段还是初中阶段，普遍缺乏“小科”教师，尤其是美术和音乐教师不足现象尤为突出；在初中阶段，城区和镇区的“小科”教师更为紧缺。

表2.14　2012—2016年普通小学的小科生师比情况

年份	英语	音乐	体育	美术
2012	264.97∶1	541.27∶1	382.08∶1	588.18∶1
2013	245.67∶1	508.94∶1	354.80∶1	549.26∶1

续表

年份	英语	音乐	体育	美术
2014	240.40∶1	485.63∶1	336.18∶1	523.11∶1
2015	238.72∶1	476.94∶1	326.64∶1	512.41∶1
2016	232.54∶1	461.50∶1	318.14∶1	495.01∶1

表 2.15　2012—2016 年普通初中的小科生师比情况

年份	城乡	英语	音乐	体育与健康	美术
2012	全国	87.02∶1	545.67∶1	264.80∶1	569.12∶1
	城区	84.51∶1	546.26∶1	244.96∶1	582.02∶1
	镇区	89.18∶1	560.53∶1	277.69∶1	581.00∶1
	乡村	85.80∶1	512.14∶1	266.94∶1	525.97∶1
2013	全国	81.61∶1	508.49∶1	244.10∶1	530.11∶1
	城区	81.83∶1	530.09∶1	235.62∶1	563.00∶1
	镇区	83.35∶1	518.52∶1	255.09∶1	539.77∶1
	乡村	76.90∶1	452.54∶1	231.81∶1	460.63∶1
2014	全国	80.91∶1	490.28∶1	236.46∶1	512.06∶1
	城区	80.76∶1	514.54∶1	228.44∶1	547.84∶1
	镇区	82.72∶1	501.37∶1	248.37∶1	520.84∶1
	乡村	76.38∶1	423.91∶1	221.02∶1	435.07∶1
2015	全国	80.02∶1	477.40∶1	230.11∶1	498.95∶1
	城区	78.82∶1	493.33∶1	219.23∶1	524.16∶1
	镇区	82.31∶1	490.72∶1	242.98∶1	511.16∶1
	乡村	75.87∶1	415.11∶1	216.74∶1	425.60∶1
2016	全国	79.76∶1	473.75∶1	227.26∶1	494.67∶1
	城区	77.92∶1	488.35∶1	216.17∶1	519.60∶1
	镇区	82.18∶1	486.56∶1	240.37∶1	505.20∶1
	乡村	76.44∶1	411.04∶1	213.75∶1	420.05∶1

4. 农村义务教育学校的信息化与标准化建设状况分析

(1)城乡小学的信息化水平普遍较低，并存在较大的城乡差距

党的十八届三中全会提出，构建利用信息化手段扩大优质教育资源覆盖面的有效机制，逐步缩小区域、城乡、校际差距。这些教育发展改革的纲领性文件的发布以及“农远工程”“三通两平台”和“教学点数字教育资源全覆盖”等项目的推进为我国农村学校信息化建设创造了良好的社会大环境。

从城乡数据来看，2012—2016 年，除生均图书册数外，生均计算机数与建立校园网比例均呈城区优于乡村和镇区的分布态势，尤其是建立校园网比例的城乡差距最为明显。在小学阶段，2012 年，生均图书册数呈“城区＞乡村＞城镇”的分布态势；2013 年以后，乡村与城区基本持平，镇区学校生均图书册数最低。从信息技术学科的生师比来看，城乡小学信息技术教师均比较短缺，且城区和镇区更为短缺(见表 2.16)。在初中阶段，2012—2016 年，生均图书册数、生均计算机数、建立校园网比例等基本上呈逐年增长的态势。从城乡数据来看，2012—2016 年，生均计算机数基本呈“城区＞乡村＞镇区”的分布态势；建立校园网比例呈“城区＞镇区＞乡村”的分布态势，且城乡差距最为明显，这与小学阶段保持一致；生均图书册数呈“乡村＞镇区＞城区”的分布态势，这与小学阶段并不一致。从信息技术学科的生师比来看，城乡初中信息技术教师均比较短缺，且城区和镇区更为短缺，但明显好于小学阶段(见表 2.17)。从以上分析可以看出，2012—2016 年，农村义务教育学校的信息化水平在不断提高，且初中阶段的信息化水平要好于小学阶段。但是，农村学校的信息化水平仍然普遍较低，且存在较大的城乡差距。

表 2.16 2012—2016 年城乡普通小学的信息化建设情况

年份	城乡	生均图书册数(册)	生师比(信息技术)	生均计算机数(台)	建立校园网比例(%)
2012	全国	17.12	877.46∶1	0.07	21.32
	城区	18.65	783.80∶1	0.10	60.45
	镇区	16.33	836.65∶1	0.06	30.71
	乡村	16.72	1011.77∶1	0.05	11.84
2013	全国	18.92	—	0.08	25.52
	城区	19.81	—	0.11	62.42
	镇区	17.82	—	0.07	34.94
	乡村	19.30	—	0.06	15.50

续表

年份	城乡	生均图书册数（册）	生师比（信息技术）	生均计算机数（台）	建立校园网比例（%）
2014	全国	19.71	746.53∶1	0.09	39.10
	城区	20.44	776.58∶1	0.11	73.05
	镇区	18.45	787.69∶1	0.08	50.67
	乡村	20.43	680.77∶1	0.08	28.00
2015	全国	20.44	690.33∶1	0.08	45.84
	城区	21.18	767.72∶1	0.10	76.26
	镇区	19.01	759.96∶1	0.08	56.13
	乡村	21.44	567.09∶1	0.08	35.14
2016	全国	21.53	667.99∶1	0.11	56.08
	城区	21.96	761.58∶1	0.12	80.25
	镇区	20.22	749.32∶1	0.10	64.12
	乡村	22.75	521.97∶1	0.11	46.66

表 2.17　2012—2016 年城乡普通初中的信息化建设情况

年份	城乡	生均图书册数（册）	生师比（信息技术）	生均计算机数（台）	建立校园网比例（%）
2012	全国	24.70	542.49∶1	0.10	52.89
	城区	22.49	541.74∶1	0.12	73.50
	镇区	23.72	564.41∶1	0.09	55.09
	乡村	30.34	496.99∶1	0.11	38.69
2013	全国	28.23	515.10∶1	0.12	55.91
	城区	25.61	541.67∶1	0.14	75.33
	镇区	27.05	535.50∶1	0.11	58.88
	乡村	36.02	435.58∶1	0.13	41.66
2014	全国	30.19	499.96∶1	0.14	67.87
	城区	28.19	524.54∶1	0.15	81.67
	镇区	28.80	521.03∶1	0.12	69.79
	乡村	38.14	413.51∶1	0.15	56.37

续表

年份	城乡	生均图书册数(册)	生师比(信息技术)	生均计算机数(台)	建立校园网比例(%)
2015	全国	32.42	483.40∶1	0.13	69.85
	城区	30.97	503.85∶1	0.14	83.41
	镇区	30.92	504.29∶1	0.11	71.23
	乡村	40.01	399.15∶1	0.14	58.73
2016	全国	34.37	477.33∶1	0.17	74.61
	城区	32.87	489.94∶1	0.18	85.78
	镇区	33.07	500.67∶1	0.15	75.17
	乡村	41.95	396.68∶1	0.19	65.55

(2)农村中小学标准化建设成效显著，乡村小学仍然是农村义务教育的薄弱环节

从学校标准化建设的达标情况来看，在小学阶段，2012—2016年，体育器械配备达标率、音乐器械配备达标率、美术器械配备达标率、理科实验仪器达标率各项指标均呈逐年增长的态势，并且增长幅度较大(见表2.18)。从城乡数据来看，2012—2016年，无论城区、镇区还是乡村，各项指标均呈逐年增长的趋势。但是，城区、镇区、乡村呈“城区＞镇区＞乡村”的分布态势，城乡之间存在较大的差距。其中，音乐器械配备达标率和美术器械配备达标率的城乡差距较大。在初中阶段，与小学阶段的变化趋势基本保持一致，2012—2016年，体育器械配备达标率、音乐器械配备达标率、美术器械配备达标率、理科实验仪器达标率各项指标均呈逐年增长的态势，并且增长幅度较大(见表2.19)。由数据分析可知，初中阶段学校标准化建设的达标情况明显好于小学阶段。从城乡数据来看，2012—2016年，无论城区、镇区还是乡村，各项指标均呈逐年增长的趋势，并且呈“城区＞镇区＞乡村”的分布态势，城乡之间存在差距。但是，初中阶段学校标准化建设的达标情况的城乡差距小于小学阶段。

表2.18 2012—2016年城乡普通小学标准化建设的达标情况 单位:%

年份	城乡	体育器械配备达标率	音乐器械配备达标率	美术器械配备达标率	理科实验仪器达标率
2012	全国	48.17	44.78	46.28	50.75
	城区	75.13	73.49	73.72	75.40
	镇区	57.06	53.66	54.80	59.42
	乡村	40.89	37.21	39.04	43.94

续表

年份	城乡	体育器械配备达标率	音乐器械配备达标率	美术器械配备达标率	理科实验仪器达标率
2013	全国	52.13	50.13	50.09	54.19
	城区	78.48	77.61	77.37	78.10
	镇区	61.35	59.56	59.16	63.02
	乡村	44.14	41.87	41.98	46.78
2014	全国	59.89	58.52	58.42	61.06
	城区	83.93	83.53	83.34	83.42
	镇区	68.52	67.37	66.96	69.40
	乡村	51.88	50.23	50.26	53.49
2015	全国	68.90	67.85	67.62	69.03
	城区	88.11	87.90	87.64	87.23
	镇区	76.15	75.30	75.02	76.32
	乡村	61.84	60.54	60.33	62.18
2016	全国	80.18	79.50	79.47	79.84
	城区	91.67	91.61	91.34	90.83
	镇区	85.17	84.62	84.48	84.75
	乡村	75.21	74.33	74.40	75.03

表 2.19　2012—2016 年城乡普通初中标准化建设的达标情况　单位:%

年份	城乡	体育器械配备达标率	音乐器械配备达标率	美术器械配备达标率	理科实验仪器达标率
2012	全国	69.14	64.62	65.85	75.12
	城区	80.57	77.98	78.32	83.14
	镇区	71.18	66.25	67.53	77.77
	乡村	60.29	55.17	56.85	67.49
2013	全国	72.90	70.39	70.10	77.63
	城区	83.16	81.92	81.52	84.60
	镇区	76.01	73.25	73.03	81.50
	乡村	64.32	61.30	60.98	70.18

续表

年份	城乡	体育器械配备达标率	音乐器械配备达标率	美术器械配备达标率	理科实验仪器达标率
2014	全国	77.76	76.10	75.91	81.37
	城区	86.52	85.31	85.06	87.09
	镇区	79.40	77.91	77.64	83.64
	乡村	69.90	67.71	67.67	74.66
2015	全国	83.58	82.37	82.07	85.91
	城区	90.2	89.03	88.79	89.82
	镇区	84.66	83.55	83.24	87.58
	乡村	77.59	76.21	75.88	80.92
2016	全国	89.60	88.88	88.58	90.62
	城区	92.37	91.72	91.35	91.98
	镇区	90.47	89.68	89.40	91.87
	乡村	86.27	85.59	85.34	87.74

三、农村义务教育的政策关键词

(一)进一步推进农村义务教育均衡发展

1. 统筹推进义务教育一体化改革，促进农村义务教育均衡发展

2016 年 7 月 11 日，《国务院关于统筹推进县域内城乡义务教育一体化改革发展的若干意见》(以下简称《意见》)发布，为推进县域内义务教育改革发展提出了若干意见。教育部副部长、总督学刘利民 12 日在接受记者采访时表示，为如期实现《意见》所提出的工作目标，主要需要解决以下三个方面的问题①：一是“四个统一”“一个全覆盖”，即加快推进县域内城乡义务教育学校建设标准统一、教师编制标准统一、生均公用经费基准定额统一、基本装备配置标准统一，“两免一补”政策城乡全覆盖；二是“乡村弱”和“城镇挤”的难题逐步得到解决，即城乡学校布局更加合理，大班额基本消除，学校标准化建设取得显著进展，城乡师资配置基本均衡，乡村教师待遇稳步提高，岗位吸引力大幅增强，乡村教育质量明显提升；三是九年义务教育巩固率达到 95%，县域义务教育均衡发展和城乡基

① 晋浩天：《破解“乡村弱”“城镇挤”教育难题》，载《光明日报》，2016-07-13。

本公共教育服务均等化基本实现。2017年4月10日，《教育部基础教育司2017年工作要点》提出，全国各教育行政部门，要以党的十八大和十八届历次中央全会精神为指导，深入学习贯彻习近平总书记系列重要讲话精神，以办好公平优质教育为主题，全面落实立德树人的根本任务，加强中小学党的建设和德育工作，深化基础教育教学和考试评价改革，着力提高教育质量、促进教育公平，统筹推进县域内城乡义务教育一体化改革发展。2017年4月19日，教育部印发了《县域义务教育优质均衡发展督导评估办法》，指出为巩固义务教育基本均衡发展成果，引导各地将义务教育均衡发展向着更高水平推进，全面提高义务教育质量，经国务院教育督导委员会同意，决定建立县域义务教育优质均衡发展督导评估制度，开展义务教育优质均衡发展县(市、区)的督导评估认定工作。要求各有关部门按照办法要求，积极开展对本行政区域内义务教育优质均衡发展县(市、区)的督导评估认定工作。

2. 进一步落实义务教育脱贫攻坚工作，改善贫困薄弱学校办学条件

继《意见》之后，2016年12月16日，教育部等六部门印发《教育脱贫攻坚"十三五"规划》。该规划指出，巩固提高九年义务教育水平。加快推进贫困地区全面改善农村薄弱学校基本办学条件，引导和支持地方于2017年年底前完成贫困县全面改善义务教育薄弱学校基本办学条件的任务；中小学布局建设要满足易地扶贫搬迁的需要，根据学生规模新建、改扩建移民学校，确保搬迁学生就学；落实好"两免一补"政策，完善控辍保学机制，保障建档立卡等贫困家庭学生顺利完成义务教育；加强教育教学质量和学生学业质量的监测评价，推动提高贫困地区义务教育办学质量。为深入贯彻落实中央打赢脱贫攻坚战的总体部署和《教育脱贫攻坚"十三五"规划》的要求，切实做好全面改薄中期有关实施工作，确保如期实现全面改薄任务目标。2017年6月29日，《教育部 财政部关于进一步加强全面改善贫困地区义务教育薄弱学校基本办学条件中期有关工作的通知》提出了加强全民改善贫困地区义务教育薄弱学校基本办学条件的六项要求。第一，各地可结合近年来城镇化进程、生育政策调整，以及统筹推进县域内城乡义务教育一体化改革的要求，进一步调整完善全面改薄5年工程规划。第二，要进一步加快工程实施进度，确保到2017年年底完成校舍建设和设备采购任务"超七成"，2018年年底"过九成"，2019年完成收尾工作。第三，各地要加强资金统筹，整合中央和本地区义务教育改善办学条件的相关投入，进一步强化资金落实。第四，各地要把项目质量和施工安全作为实施全面改薄工作的"红线"，确保工程质量。第五，各地要进一步加大公开公示力度，做好宣传引导，把全面改薄工作打造成"阳光工程""民生工程"。第六，全面改薄是脱贫攻坚的重要措施，加快贫困地区的实施进度是教育精准扶贫的重要手段，各地要积极协调列入政府脱贫攻坚重点任务的推进，纳入政府绩效考核内容进行考核，加强进一步督导检查。

3. 进一步规范农村义务教育学校布局调整

2012 年 9 月 6 日，《国务院办公厅关于规范农村义务教育学校布局调整的意见》对科学制定农村义务教育学校布局规划、严格规范学校撤并程序和行为、办好村小学和教学点等做出了规定，要求县级人民政府制定农村义务教育学校布局专项规划并备案。近年来，各地严格执行专项规划，保留和恢复了一些必要的村小和教学点，促进了农村教育健康发展。同时，一些地方还存在认识不到位、撤并程序不规范、保障措施不完善、政策宣传不深入、少数教师群众不理解等问题。2016 年 8 月，云南省保山市施甸县摆榔乡在撤并摆榔民族中学的过程中，未在充分论证的基础上制定可行的撤并方案，未就撤并方案进行公示、听证和多方征求意见，也未按规定程序进行报批，草率实施撤并，引发群众集体上访，严重干扰了社会秩序，造成了恶劣的社会影响。为此，2016 年 10 月 9 日，《教育部办公厅关于农村义务教育学校布局调整有关问题的通报》指出，各有关部门一要切实高度重视，二要严格撤并条件，三要规范撤并程序，四要强化督促检查，以进一步规范农村义务教育学校布局调整，防止类似事件再次发生。

4. 着力健全乡村教师培训机制，推动乡村教师队伍建设

为掌握各地连片特困地区乡村教师生活补助政策的实施情况，核拨综合奖补资金，2016 年 11 月 16 日，《教育部办公厅关于报送 2016 年乡村教师生活补助实施情况的通知》要求各地上报 2016 年乡村教师生活补助政策的实施情况和 2017 年工作计划。2016 年 12 月 13 日，《教育部关于大力推行中小学教师培训学分管理的指导意见》指出，为完善 5 年一周期的教师全员培训制度，进一步激发教师的参训动力，促进教师的终身学习，不断提升教师的能力素质，对大力推进教师培训学分管理提出八项指导意见。12 月 29 日，教育部教师工作司负责人就《教育部关于大力推行中小学教师培训学分管理的指导意见》答记者问表示，该意见是“十三五”时期加强中小学教师培训的长效机制建设、切实提高教师培训的针对性和实效性的重要举措。各地要以大力推行教师培训学分管理为抓手，着力构建培训学分标准体系，科学规划培训课程，积极推行教师培训选学，完善培训学分审核认定制度，建立健全培训学分转换与应用机制，深化教师培训管理改革，进一步提升培训质量。2017 年 4 月 12 日，《教育部办公厅关于做好 2017 年“三区”人才支持计划教师专项计划有关实施工作的通知》指出，各省（自治区、市）根据工作要求，调动省会城市、中心城市的优质教师资源支持省（自治区、市）内的受援县。为进一步推动乡村教师队伍建设和教师援藏援疆工作，教育部于 2017 年 6

月15日在乌鲁木齐市召开了全国乡村教师队伍建设暨万名教师支教工作会议，会议旨在交流研讨各地加强乡村教师队伍建设和教师援藏援疆工作的典型经验和先进做法，部署落实推进乡村教师队伍建设，做好万名教师支教计划工作。7月27日，《教育部关于公布第二批义务教育教师队伍“县(区)管校聘”管理体制改革示范区的通知》强调，各地要深刻认识义务教育教师队伍“县(区)管校聘”管理体制改革对于统筹教师资源配置、促进教育公平、提高教育质量的重要意义，积极争取党委和政府的支持，加强与编制、财政、人力资源社会保障部门的沟通协调，吸收和借鉴示范区的成功经验，结合地方实际，统筹规划、整体推进改革工作。各示范区要全面总结阶段工作的情况，认真查找存在的问题和不足，不断改进完善，建立健全工作的长效机制。要做好示范区典型经验的宣传推广，切实发挥引领示范作用，推动“县(区)管校聘”管理体制改革在更大范围内、更深层次上取得突破，破解校长教师交流轮岗的体制机制障碍，为推进义务教育学校的校长教师交流轮岗工作做出积极贡献。8月2日，《教育部办公厅关于召开全国教师教育振兴暨教师队伍建设工作会议的通知》指出，会议任务旨在深入学习贯彻习近平总书记系列重要讲话和关于黄大年同志先进事迹的重要批示精神，交流各地各校加强教师培养培训的典型经验和先进做法，部署推进教师教育改革发展和教师队伍建设工作。9月1日，《教育部办公厅关于公布全国乡村教师队伍建设优秀工作案例的通知》进一步强调，希望全国各地认真学习借鉴优秀案例做法，全面深入推进乡村教师队伍建设，努力培养造就一支素质优良、甘于奉献、扎根乡村的教师队伍，为基本实现教育现代化、全面建成小康社会做出新的更大贡献。

(二)进一步推进校园法制与安全建设

1. 推进落实校园法制与安全建设

2016年5月30日，《最高人民检察院 教育部关于开展“法治进校园”全国巡讲活动的方案》，要求通过此次巡讲活动，向全国中小学生普及相应的法律常识，进行法治警示教育，推动他们进一步养成遵守法律的自觉意识和良好行为习惯，增强自我保护、防范不法侵害的能力，努力预防校园暴力欺凌案件发生，保障未成年人健康成长；争取政府支持，吸收爱心企业、公益组织共同参与，建立一批青少年法治教育示范基地、检校合作示范点，形成一批高质量法治教育巡讲作品，制定法治进校园活动指导意见，进一步健全完善检校合作和校园普法的长效机制；及时发现学校安全管理中存在的问题和漏洞，进一步健全完善安全管理制度，创建平安校园。依照《最高人民检察院 教育部关于开展“法治进校园”全国巡讲活动的方案》，2016年10月20日，最高人民检察院办公厅、教育部办公厅印发了《关于认真做好“法治进校园”全国巡讲团巡讲活动的通知》，进一步明确了巡讲活动的整体组织和实践安排、地点路线、方式及主题等，以保证巡讲活动的顺利进行。国务院教育督导委员会办公室出台了《中小学(幼儿园)安全工作专项督导暂行办法》①，从"坚持督导标准化、规范化，坚持督导常态化、流程化，坚持督导实效性、服务性，坚持督导信息公开透明"四个方面对校园安全管理工作提出了新的要求和标准，为校园安全工作常态化、规范化运行提供了一套完善的体制机制和技术方面的有力支撑。2016 年 10 月 26 日，北京市印发了《北京教育系统法制宣传教育第七个五年规划(2016—2020)》的通知，指出"七五"期间北京市将落实青少年法制教育大纲，在中小学设置专门的法制教育课时。② 宁夏回族自治区教育厅、湖南省教育厅、甘肃省教育厅等依据暂行办法出台了相应举措。2017 年 2 月 17 日，为持续提升中小学安全教育水平，不断提高中小学生安全素养，进一步减少中小学生伤害事故和非正常死亡人数，切实保障中小学生安全健康成长，全力维护教育系统和谐稳定，《教育部基础教育一司关于做好 2017 年中小学生安全教育工作的通知》提出了"继续做好常规安全教育工作，进一步推动互联网安全教育工作，进一步完善安全教育工作机制"的要求，以落实校园安全工作。另外，针对一些地方中小学和幼儿园发生的食品安全事件，《食品药品监管总局 教育部关于进一步加强中小学校和幼儿园食品安全监督管理工作的通知》要求各省(自治区、市)等教育部门严格食品经营许可管理，严格落实食品安全主体责任，严格食品安全监督检查和抽检，严厉查处食品安全违法行为，以防范食品安全风险，切实保障儿童青少年的身体健康和生命安全。

2. 多部门联合治理校园欺凌

近年来，我国校园欺凌事件频发，为有效应对校园欺凌事件，促进中小学生健康发展，有关部门相继出台了一系列法律法规并采取了相应举措。2016 年 4 月 28 日，《国务院教育督导委员会关于开展校园欺凌专项治理的通知》要求，各地各中小学针对发生在学生之间，蓄意或恶意通过肢体、语言及网络等手段，实施欺负、侮辱造成伤害的校园欺凌进行专项治理。2016 年 11 月 1 日，《教育部等九部门关于防治中小学生欺凌和暴力的指导意见》发布，从"积极有效预防学生欺凌和暴力""依法依规处置学生欺凌和暴力事件""切实形成防治学生欺凌和暴力的工作合力"三个方面对防治我国当前校园欺凌提出了 11 项要求：①切实加强中小学生的思想道德教育、法治教育和心理健康教育；②认真开展预防欺凌和暴力专

① 张大北：《以专项督导为中小学幼儿园安全保驾护航——专家解读〈中小学(幼儿园)安全工作专项督导暂行办法〉》，载《中国教育报》，2016-12-20 。

② 樊未晨：《北京中小学将设置专门法治教育课时》，载《中国青年报》，2016-10-27。

题教育；③严格学校日常安全管理；④强化学校周边综合治理；⑤保护遭受欺凌和暴力学生的身心安全；⑥强化教育惩戒的威慑作用；⑦实施科学有效的追踪辅导；⑧加强部门统筹协调；⑨依法落实家长的监护责任；⑩加强平安文明校园建设；⑪全社会共同保护未成年学生的健康成长。11 月 30 日，国务院教育督导委员会办公室印发了《中小学(幼儿园)安全工作专项督导暂行办法》，进一步从总则、督导内容、组织实施、结果运用和附则五个方面对学校安全专项督导工作进行了系统的制度设计和全面规定。

(三)研学旅行提上日程

2016 年 12 月 2 日，《教育部等 11 部门关于推进中小学生研学旅行的意见》指出，中小学生研学旅行是学校教育和校外教育衔接的创新形式，是教育教学的重要内容，是综合实践育人的有效途径。开展研学旅行，有利于促进学生培育和践行社会主义核心价值观，激发学生对党、对国家、对人民的热爱之情；有利于推动全面实施素质教育，创新人才培养模式，引导学生主动适应社会，促进书本知识和生活经验的深度融合；有利于加快提高人民的生活质量，满足学生日益增长的旅游需求，从小培养学生的文明旅游意识，养成文明旅游的行为习惯。

该意见指出，近年来，各地积极探索开展研学旅行，部分试点地区取得了显著成效，在促进学生健康成长和全面发展等方面发挥了重要作用，积累了有益经验。但一些地区在推进研学旅行工作的过程中，存在思想认识不到位、协调机制不完善、责任机制不健全、安全保障不规范等问题，制约了研学旅行的有效开展。当前，我国已进入全面建成小康社会的决胜阶段，研学旅行正处在大有可为的发展机遇期，各地要把研学旅行摆在更加重要的位置，推动研学旅行健康快速发展。由此，该意见确定了研学旅行的教育性、实践性、安全性、公益性的基本原则与纳入中小学教育教学计划、加强研学旅行基地建设、规范研学旅行组织管理、健全经费筹措机制、建立安全责任体系的五项主要任务。进一步提供研学旅行开展的组织化保障，以确保研学旅行秉承“创新、协调、绿色、开放、共享”的发展理念，以立德树人、培养人才为根本目的，以预防为重、确保安全为基本前提，以深化改革、完善政策为着力点，以统筹协调、整合资源为突破口，因地制宜开展研学旅行。教育部教育发展研究中心基础教育研究室副主任王晓燕表示，中小学生研学旅行要抓住关键环节、注重内涵打造，研学旅行既有“研学”，又有“旅行”，两者缺一不可。作为中小学教育教学实践的重要组成部分，研学旅行如何更好地体现教育功能是一个需要重点关注的问题。研学旅行要结合学生的身心特点、接受能力和实际需要，注重系统性、知识性、科学性和趣味性，为学生的全面发展提供良好的成长空间。教育部、国家发改委、公安部等多个部门进一步指出，各地要建立健全中小学参加研学旅行的评价机制，把中小学组织学生参加研学旅行的情况和成效作为学校综合考评体系的重要内容。2017 年 7 月 17 日，《教育部办公厅关于开展 2017 年度中央专项彩票公益金支持中小学生研学实践教育项目推荐工作的通知》进一步指出，为贯彻《教育部等 11 部门关于推进中小学生研学旅行的意见》的精神，落实立德树人的根本任务，帮助中小学生了解国情、热爱祖国、开阔眼界、增长知识，着力提高中小学生的社会责任感、创新精神和实践能力。"十三五"期间，教育部利用中央专项彩票公益金支持开展中小学生研学实践教育项目，在各地遴选命名一批"全国中小学生研学实践教育基地"和"全国中小学生研学实践教育营地"，广泛开展中小学生研学实践教育活动。

(四)出台小学义务教育科学标准，明确小学教学用书要求

2017 年 1 月 19 日，教育部发布关于印发《义务教育小学科学课程标准》的通知。该通知指出，自 2001 年启动新一轮基础教育课程改革以来，经过十余年的实践探索，小学科学课程对培养学生的科学素养发挥了重要作用。但实践中也存在课程的适宜性、可操作性、时代性和整体性有待增强等问题。因此，为了进一步加强小学科学教育，根据立德树人工作的总体部署，教育部组织专家对小学科学课程标准进行了修订完善，要求各有关部门贯彻落实如下要求。

充分认识小学科学教育的重要性。小学科学教育对从小激发和保护学生的好奇心和求知欲，培养学生的科学精神和实践创新能力具有重要意义。各地要高度重视，以课程为统领，切实加强小学科学教育。

全面加强学习培训工作。各地要全面做好课程标准的宣传和培训工作，纳入校长、教师培训计划，组织专题培训，强化全员培训。要结合地方教育实际，特别是师资队伍情况等，整体设计培训课程，丰富培训方式方法，注重理论培训与实践研修相结合，帮助校长、教师深入理解课程标准的基本理念和基本要求，提升教育水平。

确保落实规定课时。小学科学课程起始年级调整为一年级。在教育部组织修订《义务教育课程设置实验方案》前，原则上要按照小学一、二年级每周不少于 1 课时安排课程，三至六年级的课时数保持不变。

突出强化教学实践环节。各地要引导教师落实学生发展核心素养的要求，依据课程标准组织教学。要重视实验教学，努力创设适宜的学习环境，促进学生积极参与、主动探究，引导学生做好每一个实验。教师要加强对实践探究过程的指导，注重引导学生动手与动脑相结合，增强学生的问题意识，培养他们的创新精神和实践能力。

大力加强课程实施的组织领导。各地要加强统筹规划，精心组织实施。要结合实际合理配置小学科学教师，逐步建立专兼职结合的教研人员队伍。要加大经费投入，保证实验室建设、仪器设施设备和耗材等需要。要优化课程资源建设，重视发挥家庭、社区、校外青少年活动基地等的作用，为保障课程实施创造有利的条件。要加强课程实施的监测和督导，建立小学科学课程管理的反馈和改进机制，保证课程的全面落实。

2017年6月26日，《教育部办公厅关于2017年义务教育道德与法治、语文、历史和小学科学教学用书有关事项的通知》对义务教育道德与法治、语文、历史和小学科学教学用书做出了进一步的指导与要求，要求各有关部门高度重视，统筹安排，以确保工作顺利进行。

(五)颁布特殊学校义务教育课程，关注残疾儿童少年义务教育

2016年11月25日，《盲校义务教育课程标准(2016年版)》《聋校义务教育课程标准(2016年版)》和《培智学校义务教育课程标准(2016年版)》一同发布，三个标准构成一个完整的体系。① 此次发布的三类特教学校课程标准共涉及42门学科，其中盲校18门、聋校14门、培智学校10门，包括了课程性质、基本理念、课程目标、教学内容和实施建议等。一是课程目标，提出了各类残疾学生经过学习，在该门课程上所要达到的最基本水平和程度。二是课程内容，主要明确了课程需要学习的概念、原理、事实、技能等具体内容。三是实施建议，主要是对教学、评价、教材编写、课程资源开发利用等环节提出了可操作性的建议。培智学校新课程标准将统一教学大纲与按个体需求的不同灵活教学结合起来，实现了一线教师参与标准化的顶层设计的愿望。新的聋校14门课程标准体现了将时代话题纳入教学内容，以及“综合性与分科性课程相结合、课堂学习与课外实践性学习相结合”的时代性，“以聋生为本，既遵循学科自身体系，又按照聋生的认知规律和特点，将聋生生活经验作为教学内容安排的重要逻辑线索，由近及远、由浅入深，螺旋上升”的人文性，“吸收国内外聋校教育发展提出的新理念、研究的新成果，使课标出现了不同以往的高立意、新表述”的发展性的三大特色。② 盲校义务教育课程标准的制定彰显课程的育人导向作用，注重学生理想信念和核心素养的培养，关注学生的生命质量和价值；在与普通学校课程标准保持一致的基础上，突出盲校课程的特殊性；基础性课程和康复性课程相结合，注重缺陷补偿和

① 姚晓丹：《教育部发布三类特殊教育学校义务教育课程标准》，载《光明日报》，2016-12-15。
② 顾定倩：《对聋校新课标主要特色的分析》，载《中国教育报》，2016-12-15。

潜能开发。① 2017年7月18日，教育部、国家发展改革委、民政部、财政部、人力资源社会保障部、卫生计生委、中国残疾人联合会七部门联合印发了《第二期特殊教育提升计划(2017—2020年)》，提出“到2020年，各级各类特殊教育普及水平全面提高，残疾儿童少年义务教育入学率达到95%以上，非义务教育阶段特殊教育规模显著扩大；特殊教育学校、普通学校随班就读和送教上门的运行保障能力全面增强；教育质量全面提升，建立一支数量充足、结构合理、素质优良、富有爱心的特教教师队伍，特殊教育学校国家课程教材体系基本建成，普通学校随班就读质量整体提高”的总体目标，并就“重点任务”“主要措施”“组织实施”做出了相关规定与说明。

为全面推进特殊教育改革发展，组织实施《第二期特殊教育提升计划(2017—2020年)》，中国残疾人联合会于2017年7月24日在北京召开了第二期特殊教育提升计划部署会议，会议总结了第一期特殊教育提升计划的成就和经验，并对实施第二期特殊教育提升计划进行部署。

国务院第161次常务会议修订通过的《残疾人教育条例》自2017年5月1日起施行。为贯彻落实该条例，进一步保障适龄残疾儿童少年接受义务教育的权利，做好招生入学工作。2017年4月20日，《教育部办公厅 中国残联办公厅关于做好残疾儿童少年义务教育招生入学工作的通知要求：第一，高度重视，统筹安排。各省(自治区、市)要高度重视，认真贯彻执行新修订的《残疾人教育条例》的要求，针对残疾儿童少年的类别和程度制定具体的实施办法，与义务教育招生入学的整体工作进行统一部署和要求。第二，认真组织入学前登记。区县教育行政部门应在当地政府领导下会同卫生、民政、残联等部门，设立残疾人教育专家委员会，建立残疾儿童少年的信息交流和共享机制；残联要以全国残疾人的基本服务状况和需求动态更新的信息数据为基础，做好未入学适龄残疾儿童少年的调查登记、统计录入、建档造册等工作。第三，“一人一案”落实教育安置。各地要按照“全覆盖、零拒绝”的要求，以区县为单位，根据残疾儿童少年的实际制定教育安置方案，逐一做好适龄残疾儿童少年的入学安置工作。优先安排残疾儿童少年就近或者到指定的具备条件的普通学校接受义务教育，对于学习和生活上需要特别支持的残疾儿童少年，要提供专业支持。对于不能接受普通教育的残疾儿童少年，要根据情况建立学籍管理、提供安置建议和就业支持。第四，加强条件保障。以区县为单位统筹规划特殊教育资源教室建设，配好资源教师，为普通学校招收残疾儿童少年创造条件。按特教学校标准足额拨付随班就读和送教上门的残

① 徐洪妹：《盲校义务教育课程标准解读》，载《中国教育报》，2016-12-15。

疾学生生均公用经费，落实普通学校的特教教师和承担随班就读工作教师的待遇，提高学校招收残疾儿童少年的积极性。在“两免一补”的基础上，提高补助水平，确保每一位家庭经济困难的残疾儿童少年都能入学。第五，加大社会宣传力度。各地要充分利用报纸、广播、电视、网络等宣传媒体，大力宣传残疾儿童少年接受义务教育的重要意义，并就招生入学的政策、流程和群众关心的问题做好答疑解惑。要积极动员家长送残疾儿童少年入学，依法保障残疾儿童少年接受义务教育。要倡导扶残助残精神，广泛动员富有爱心的企事业单位和人士帮扶残疾儿童少年。

四、农村义务教育的学术研究话语

根据历年农村义务教育的学术研究进展，综合《教育研究》《中国人民大学复印报刊资料》等杂志发布的年度义务教育研究前沿与热点问题及刊文情况，发现“教育(精准)扶贫”与“义务教育均衡发展”是2016—2017年度农村义务教育学术研究的关键话语。故本文主要针对以上两个话题进行综述。

(一)教育(精准)扶贫的学术研究进展

教育(精准)扶贫在于申言扶贫工作中的教育路径以及精准的方法论意义与公平公正(作为过程公正的补偿公正与作为结果公正的普遍公正)的价值追求。教育(精准)扶贫的本质在于文化扶贫，作为“扶贫先扶智”，是一项具有长期性、系统性、全面性与针对性的人力资源培育工程，是促进义务教育均衡、优质发展，实现教育公平、社会正义的重要举措。近年来，国家有关部门持续出台了一系列政策措施以确保教育扶贫的顺利开展与如期实现。学术界对此进行了持续的高度关注，综合已有研究成果，主要有以下几个方面。

1. 教育(精准)扶贫的概念、内涵

概念是人们把握对象的基本思维形式，主体进行实践依赖于对事物的认识本身。概念既反映了事物的本质属性，又渗入了人们的感知体验。因此，同一事物的概念表现常常有殊异之别，教育(精准)扶贫作为一个概念，人们对此的认识往往也有所差异。钟秉林认为：“教育扶贫，是指针对贫困地区的贫困人口进行教育投入和教育资助服务，使贫困人口掌握脱贫致富的知识和技能，通过提高当地人口的科学文化素质以促进当地经济和文化发展，并最终摆脱贫困的一种扶贫方式。”①刘军豪等人认为，“教育扶贫”具有“扶教育之贫”与“依靠教育扶贫”双重内

① 钟秉林、陈保平、谈雷：《关键词：教育扶贫》，载《中国民族教育》，2016(12)。

涵。教育扶贫首先意味着“扶教育之贫”，即教育始终都是扶贫开发的主要阵地和关键领域，其将教育作为扶贫的目标、任务、内容或领域，并通过政策倾斜、加大投入、调整结构等手段及方式以最终实现教育领域的减贫与脱贫；教育扶贫同时还包含着“依靠教育扶贫”，即教育是实施扶贫开发的重要手段和有效途径，其将教育作为扶贫的手段、工具、途径或方式，并主要通过发展教育来带动贫困地区及贫困人口的脱贫致富。① 鲁子箫在肯定教育扶贫的“扶教育之贫”与“依靠教育扶贫”双重内涵的基础上，在更为狭义的意义上理解教育扶贫，认为教育扶贫是致力于为贫困群体提供公平的受教育机会，通过加大对贫困地区的教育投入和帮扶力度，提高资助水平和扩大贫困人口的受教育机会，让他们平等地接受和享有教育的成果。②

2. 教育(精准)扶贫的价值

(1)教育精准扶贫有利于消除贫困，阻断贫困代际传递

赵红霞等人提出，促进贫困地区教育的平等发展，不能只停留在经济扶持上。提供平等的受教育机会，让他们掌握基本知识和技能，进而创造财富，改变当前的生活方式，整体提高人口素质，才是扶贫的长久之计。教育不仅可以有效地切断贫困地区的恶性循环链，而且能减缓当地的贫困形势和贫困代际传递问题。③ 祝建华认为，缓解贫困代际传递，应该将注意力的重点放在决定恢复力的结构性与个体性特征的培育上，以帮助和保护穷人避免贫困代际传递和免遭贫困的冲击，提倡通过人力资本投资等渠道，恢复家庭的自我发展能力，避免贫困家庭的贫困代际传递。④ 郭晓娜基于印度学者阿马蒂亚·森提出“可行能力”的视域，进一步探究了教育阻隔贫困代际传递的内部机制，认为教育对贫困代际传递的干预作用体现在：通过教育可以提升贫困群体的文化素养和职业准备，增加劳动技能，从而提高经济收入，减少贫困的发生率。⑤ 王嘉毅等人在分析有关数据的基础上得出，教育可以通过增加收入，促进贫困人口的流动和迁徙来减少个体或家庭的贫困。⑥

---

① 刘军豪、许锋华：《教育扶贫：从“扶教育之贫”到“依靠教育扶贫”》，载《中国人民大学教育学刊》，2016(2)。

② 鲁子箫：《农村教育扶贫的“因教致贫”困境及观念转向》，载《教育理论与实践》，2017(2)。

③ 赵红霞、谢红荣：《义务教育均衡发展中的精准扶贫研究》，载《湖南师范大学教育科学学报》，2016(5)。

④ 祝建华：《贫困代际传递过程中的教育因素分析》，载《教育发展研究》，2016(3)。

⑤ 郭晓娜：《教育阻隔代际贫困传递的价值和机制研究——基于可行能力理论的分析框架》，载《西南民族大学学报(人文社会科学版)》，2017(3)。

⑥ 王嘉毅、封清云、张金：《教育在扶贫脱贫中的作用及其机制》，载《当代教育与文化》，2017(1)。

(2)教育精准扶贫有利于促进义务教育均衡发展

义务教育均衡发展旨在消弭存在于基础教育中的各种不平等和不均衡现象，最终实现教育公平。对贫困地区进行教育精准扶贫是实施义务教育均衡发展战略的重要举措。

一方面，教育精准扶贫能通过教师轮岗和培训，将优质教育资源引入农村，为农村教育注入新的活力，不断提升农村教师的教学技能；通过城镇优质教育资源的辐射作用，有效带动农村地区教师的教学技能和整体素质的提高，缓解当前农村师资力量薄弱的突出问题；通过政策倾斜为优化农村师资力量提供发展机遇，有助于创新教师队伍的补充机制，有利于许多教师深入农村，对师资队伍的稳定也将做出很大贡献。

另一方面，教育精准扶贫的目的就是要改变粗放式扶贫，进行"精准滴灌"，通过危房改造、寄宿制学校建设、营养餐工程、缓解大班额问题、完善学校的教学设备、优化教学硬件配套等方式，促进不同区域义务教育的全面发展。因此，针对贫困地区的教育短板实施教育精准扶贫，是缩小差距、促进义务教育均衡发展的有力之举。①

(3)教育精准扶贫有利于促进社会发展

王嘉毅等人基于联合国教科文组织的研究数据提出，教育扶贫不仅是摆脱贫困的关键途径，而且是促进经济增长的核心因素，同时还是社会和谐稳定的重要基础。②

教育之所以能够促进经济发展，主要是因为教育能够提高劳动力的综合素质，提高劳动生产率。由于不同层次的教育或者不同的受教育年限对人的综合素质和能力的培养要求是不同的，其对提高劳动生产率的贡献也不同。需要特别重视的是，一方面，要获得较好的经济回报，必须提高教育质量和确保教育平等；另一方面，教育是提升宽容度的关键途径。通过教育提高宽容度，建立有助于增进人与人之间的信任的价值观、态度、规范、信念等，这些都是社会和谐的重要基础。同时，教育也有助于预防冲突，治愈冲突带来的伤害。此外，教育还能够加速社会发展，增加就业，从而避免对社会不满的青年人参与暴力冲突。

---

① 赵红霞、谢红荣：《义务教育均衡发展中的精准扶贫研究》，载《湖南师范大学教育科学学报》，2016(5)。

② 王嘉毅、封清云、张金：《教育在扶贫脱贫中的作用及其机制》，载《当代教育与文化》，2017(1)。

(4)教育精准扶贫有利于社会的公平正义

价值追求是一个哲学概念，它是由一定的价值信念和价值目标决定的，是对一定的价值目标的执着向往并力图达到此目标的强烈驱动倾向。具体而言，教育扶贫的价值追求，就是教育扶贫所追求的价值信念和价值目标，也就是要解决为什么要开展教育扶贫以及开展教育扶贫最终要达成什么样的结果的问题。李兴洲在《公平正义：教育扶贫的价值追求》一文中指出，正如“扶贫减贫战略的表层意义是为了使贫困地区和贫困人口脱离贫困，但其实质意义却是为了消除社会中的不平等，使全社会达到公平正义状态”一样，教育扶贫的最终目的并不仅仅表现为通过教育帮助多少贫困人口和贫困地区减贫脱贫，而是通过起点公正、过程公正和结果公正实现贫困地区和贫困人口的教育分配正义和关系正义，从而实现教育扶贫对社会公平正义的价值追求。①

3. 教育(精准)扶贫的困境

(1)精准扶贫理念的非系统性

理念是行动的先导，教育精准扶贫不仅是一项技术性很强的系统工程，更涉及思维理念、价值取向等观念层面，是一个“价值理性”优先于“工具理性”的过程。长期以来，我国教育精准扶贫战略的实施面临诸多思维观念的障碍，集中体现在扶贫理念的非系统性上，严重制约了精准扶贫的实效性，影响了脱贫攻坚的进程。首先表现在忽视教育减贫的整体价值上。此外，随着扶贫工作进入攻坚阶段，繁重的脱贫任务加剧了部分地方的思维短视，导致一些短期化、形式化、政绩化的教育扶贫现象，甚至出现了挪用或整合教育扶贫资金用于打造学校的“形象工程”等行为，严重影响了教育扶贫的实效性。②

(2)扶贫对象精准识别困难

张翔认为，长期以来，我国教育扶贫效率偏低，其根本原因在于教育扶贫对象瞄准精度较低，多数教育扶贫项目都是“撒芝麻盐式”进行的，教育扶贫资源溢出现象较为突出。我国一些地区教育扶贫对象识别不准的现象层出不穷，诸多地区教育扶贫起步较晚，教育扶贫对象档案没有建立起来。③ 温丽等人将扶贫对象精准识别的实践困境归结为：第一，横向识别与纵向识别的结果不一致，导致认定成本增加与浪费、识别可认定过程的公开透明度不高、群众参与力度低；第

① 李兴洲：《公平正义：教育扶贫的价值追求》，载《教育研究》，2017(3)。

② 代蕊华、于璇：《教育精准扶贫：困境与治理路径》，载《教育发展研究》，2017(7)。

③ 张翔：《教育扶贫对象精准识别机制探究》，载《教育探索》，2016(12)。

二，本应专门扶持贫困对象的特惠资源变成了普惠资源，以及部分贫困对象被拒于扶贫对象之外导致的扶贫与返贫问题；第三，扶贫对象的官方识别标准与实际识别标准的非科学性与公正性；第四，扶贫对象识别的恶意排斥与监督机制不健全的问题。①

(3)扶贫对象对教育价值的认识不足

贫困群体长期受传统思想文化的影响，生活水平落后，文化素质较低。长期的贫困会使人形成随遇而安、与世无争的性格与“读书无用论”等陈旧观念，使许多家长对教育的作用了解不够透彻。与此同时，教育在短期内看不到回报，教学质量的落后也影响了他们对子女的受教育期望，认为读书就是浪费时间，由此给精准帮扶增加了难度。② 张琦等人发现，受长期封闭的影响，贫困地区和贫困人口主动接受教育、主动脱贫、主动寻求政策支持的意识相对淡薄。与此同时，传统的“扶钱扶物”式扶贫在一定程度上助长了部分贫困地区居民的“等、靠、要”等错误思想，这些原因无疑加大了教育精准扶贫的难度。③

(4)资源匮乏与浪费并存

一方面，由于贫困地区的学校长期经费短缺，城乡教育发展不均衡，大部分农村中小学办学条件差，低于国家标准办学水平；寄宿制学校的建设任务难以实现，造成优质生源外流严重。在实施教育精准扶贫的过程中，设立的专项资助基金有限，资金筹备困难，资助的随意性较大，资助金额和期限随着资助基金的多少而变化。④

另一方面，部分地区在制定贫困家庭学生资助政策的过程中，忽视了不同学生的家庭贫困程度的差异，采用相同的资助标准，使贫困等级不同的学生享受到了同等额度的资助。这种资助政策致使一些贫困程度较低或者已经脱贫的学生享受到了更多的优惠，造成了稀缺性教育扶贫资源的浪费。同时，部分地方扶贫主体在落实教育扶贫政策时为了追求自身利益，可能利用中央委托的教育扶贫资源决策权实施更多的利己主义行为，甚至出现教育扶贫配套资金截流、外溢、漏出

① 温丽、乔飞宇：《扶贫对象精准识别的实践困境及其对策》，载《长白学刊》，2017(3)。

② 赵红霞、谢红荣：《义务教育均衡发展中的精准扶贫研究》，载《湖南师范大学教育科学学报》，2016(5)。

③ 张琦、史志乐：《我国教育扶贫政策创新及实践研究》，载《贵州社会科学》，2017(4)。

④ 赵红霞、谢红荣：《义务教育均衡发展中的精准扶贫研究》，载《湖南师范大学教育科学学报》，2016(5)。

等情况。①

另外，职业教育培训不足、扶贫法制体系不健全、扶贫推进中的粗放式、扶贫主体多元性的缺失等也是教育精准扶贫所面临的困境。

4. 教育(精准)扶贫的路径

(1)建立、完善教育扶贫机制

完善的教育扶贫机制在于准确识别贫困对象，更为合理地分配和利用有限的扶贫资源，以期实现贫困对象的脱贫致富。温丽等人认为，建立教育精准扶贫的识别机制，主要通过“明确扶贫对象识别程序、改革扶贫对象识别标准、完善扶贫对象识别制度、加强扶贫对象识别监督”等路径实现。② 张翔从建立完善的教育扶贫对象人口档案、设计科学的教育扶贫对象识别程序、建立动态的教育扶贫对象进退机制三个方面建构了教育扶贫对象精准识别的路径。③ 曾天山进一步指出，要以新理念新机制精准提升教育扶贫成效，创新机制体现在如下几个方面：其一，形成教育扶贫的精准机制；其二，统筹教育扶贫的共享机制；其三，促进教育扶贫的示范推广机制；其四，建设教育扶贫的持续发展机制；其五，实施教育扶贫的科学评价机制。④

(2)构建教育精准扶贫模式

范涌峰等人介绍了海南省基于经济社会、教育和生态发展的现实需要，探索实施并取得显著成效的“三位一体”教育扶贫模式，其具体内容为：由政府、非营利性组织、学校三方合力，以标准化学校建设为基础，以校长和教师队伍建设为支撑，并通过课程联动、托管帮扶等机制建设与运转，实现了教育、扶贫、生态三者协同发展的目标。“三位一体”教育扶贫模式包括“三位一体”的目标模式、“三位一体”的主体模式和“三位一体”的运行模式。“三位一体”模式是一种立体式、造血式的教育扶贫模式，对于区域推进教育扶贫和教育均衡发展具有重要的借鉴意义。⑤ 廉超认为，PPP 模式(政府和社会资本合作模式)在教育扶贫领域具有重要的应用，具体可应用在教育扶贫中的基础设施建设领域、产业扶贫领域、教育和医疗卫生等公共服务领域、生产条件和生活条件改善等领域，但 PPP 模

---

① 代蕊华、于璇：《教育精准扶贫：困境与治理路径》，载《教育发展研究》，2017(7)。

② 温丽、乔飞宇：《扶贫对象精准识别的实践困境及其对策》，载《长白学刊》，2017(3)。

③ 张翔：《教育扶贫对象精准识别机制探究》，载《教育探索》，2016(12)。

④ 曾天山：《以新理念新机制精准提升教育扶贫成效——以教育部滇西扶贫实践为例》，载《教育研究》，2016(12)。

⑤ 范涌峰、陈夫义：《“三位一体”教育扶贫模式的构建与实施》，载《教育理论与实践》，2017(10)。

式的推广面临着如何实现PPP模式与精准扶贫、精准脱贫之间的有效衔接，如何处理好政府与社会资本之间的合作伙伴关系等关键问题。[①] 此外，有的学者还总结出“证书式”“订单式”“联动式”“服务式”等教育扶贫模式。[②]

（3）教育信息化助推教育精准扶贫

任友群等人基于对教育信息化的研究，认为信息化在促进教育精准扶贫方面具有如下六项优势：第一，促进教育扶贫对象精准识别与分析；第二，促进扶贫项目精准、措施精准；第三，促进扶贫资源精准配置、精准管理；第四，促进扶贫过程精准监控、精准追踪；第五，促进扶贫成效精准评估、精准考核；第六，促进教师队伍建设精准。[③]

吉林省武龙中学以“吉林省乡村学校教育信息化支持行动”为依托，探索出“互联网＋教育”精准扶贫策略，为摆脱农村学校发展困境、提高办学质量提供了宝贵的经验。其在学校层面的做法为：创新构建信息化教学环境；创新探索信息化教学模式；创新实践信息化教学方法；创新组建信息化培训组织形式。其在省域内的推广做法为：树立典型，带动农村学校数字校园建设；建成联盟，“互联网＋教育”线上线下同步推进；促进均衡，以点带面，多方支持立体化辐射全省。[④]

（4）农村职业教育兜“穷根”

职业教育是实现精准脱贫、提升人生价值和摆脱代际贫困的有效方式。贫困家庭学子通过职业教育，可以学到一技之长，增强致富本领，实现一人高质量就业带动全家脱贫。王嘉毅等人指出，在脱贫攻坚阶段，发展职业教育成为极为迫切的民生需求。应当按照着力“拔穷根”的思路，促进优质职教资源向贫困地区、贫困家庭倾斜，加快培养符合贫困地区产业需求的技术技能型人才，广泛开展各类技能人才培养培训。[⑤] 唐智彬等人基于湖南省武陵山片区的研究指出，“贫困地区穷在经济，根在穷教育”，但可以通过定向农村职业教育，为连片特困地区发展提供人力资源与智力支持，进而促进教育精准扶贫的实现。具体而言，农村

---

① 廉超：《PPP模式助推精准扶贫、精准脱贫》，载《贵州社会科学》，2017(1)。

② 袁利平、万江文：《我国教育扶贫研究热点的主题构成与前沿趋势》，载《国家教育行政学院学报》，2017(5)。

③ 任友群、冯仰存、徐峰：《我国教育信息化推进精准扶贫的行动方向与逻辑》，载《现代远程教育研究》，2017(4)。

④ 刘忠民、王喆：《“互联网＋教育”精准扶贫助推城乡教育均衡发展——以吉林省武龙中学为例》，载《中国电化教育》，2016(8)。

⑤ 王嘉毅、封清云、张金：《教育与精准扶贫精准脱贫》，载《教育研究》，2016(7)。

职业教育可在以下几个方面下功夫：第一，发挥政府主导作用，构建区域政府推进定向农村职业教育的统筹机制；第二，多渠道投入，形成多元化定向农村职业教育的办学模式；第三，构建区域协同定向农村职业教育发展的多方联动机制；第四，多渠道建设一支服务定向农村职业教育的师资队伍。① 另外，朱爱国等人也对教育精准扶贫语境下的职业教育路径做了一定有益的探讨。②

从已有的研究成果来看，现有的研究呈现出数量逐渐增多、主题多元分散、实证研究较少、跨学科综合学科研究亟待加强等特征。教育扶贫既是理论问题，更是实践难题，未来研究需要在实践中进一步聚焦以上问题，构建研究系统化、主题多元化、理论实证化的多元主体联动的交叉学科研究取向。

(二)义务教育均衡发展的学术研究进展

义务教育均衡发展是近几年教育界关注的热点与重点，也是难点。《纲要》提出到 2020 年基本实现区域内义务教育均衡发展。自其实施以来，义务教育均衡发展在实践跟进与学术研究方面均取得了显著的成果，但也存在诸多不足。此处主要就“义务教育非均衡现象的归因”与“义务教育均衡发展的路径探索”进行综述。

1. 义务教育非均衡现象的归因

(1)教育政策价值取向的错位

政策价值取向作为教育理念的具体表现，主导了中华人民共和国成立以来义务教育的政策和制度变迁。教育政策价值取向的一系列错位，导致了城乡差距的现实困境。

一方面，义务教育发展中表现出“公共性”的失落。自 1986 年《中华人民共和国义务教育法》颁布实施以来，囿于当时国家财政的窘迫状况而不得已倡导的“人民教育人民办”的教育理念，将农村义务教育的供给责任赋予基层政府和乡村组织，不仅增加了农民负担，也阻碍了农村教育事业的良性发展，主要表现为政府对农村义务教育经费投入的总量不足。同时，作为一种“外溢性强”的公共产品，义务教育理应由高层次的中央或省级政府提供，但在 2006 年之前的 20 多年内，义务教育供给责任不断下移。乡镇政府和村级组织成为农村义务教育实质上的供给主体，承担了约 78%的教育经费，实际上可能更高，而县级、省级和中央承担的教育经费比例仅为 9%、11%和 2%。由于农村经济总量和农民收入水平的

---

① 唐智彬、刘青：《“精准扶贫”与发展定向农村职业教育——基于湖南武陵山片区的思考》，载《教育发展研究》，2016(7)。

② 朱爱国、李宁：《职业教育精准扶贫策略探究》，载《职教论坛》，2016(1)。

限制，特别是实行税费改革和免除农业税后，农村义务教育陷入极大困境，逐渐处于公共事务的“边缘化”境地。直到2006年修订《中华人民共和国义务教育法》后，才确立了“平民教育”“大众教育”的基本理念和“教育均衡发展”的价值目标，并采取了“以省为主”的经费筹集机制、免费义务教育等一系列政策，为实现义务教育“公共性”的回归奠定了坚实基础。

另一方面，表现在义务教育“公平正义原则”的缺失。1985年以来，我国在经济建设“效率优先”的影响下，教育政策也具有明显的“效率优先”特征，表现为“城市化取向”“精英化取向”和“非均衡化取向”。在义务教育供给制度上，过度强调政策的效率原则，将教育资源集中投入城市中小学，特别是重点学校，建立了一系列等级化的“示范学校”“重点学校”和“星级学校”。这一非公正的资源配置机制，造成了城乡义务教育的巨大差距，城市中小学的经费投入、基础设施、设备仪器、师资力量、生源质量等均明显优于农村中小学。这一带有“城市偏向”的教育资源配置政策与制度伦理的公正原则背道而驰。在资源稀缺的情况下，国家经济建设需要“快出人才”，这样的政策取向具有一定的合理性，但长期实施则会产生极大的负面效应，导致大批农村地区和贫困地区适龄儿童无力接受义务教育或失学。此外，这一阶段的义务教育还带有强烈的“功利性”和“工具性”色彩，表现为片面追求升学率、应试教育、“离农教育”等，偏离了义务教育的“公共性”属性和本体功能。①

(2)教育资源供给与配置机制失衡

施威等人认为，近代以来我国城乡义务教育总体上表现为非均衡发展状态，其实质是教育资源供给和配置机制失衡。义务教育非均衡供给制度具有内在的逻辑和动能、深厚的历史传统以及稳固的社会根基：一是非均衡发展机制优势符合后发国家的战略意图；二是清末至民国时期累积和固化的法理传统、制度惯性与教育文化；三是国家意志、行政体制和非制度因素共同作用下的主体利益博弈需求。循此逻辑，历次教育体制变革都在事实上延续了非均衡供给机制，尽管中央政府于2006年进行了反向改革，但“新机制”及其后续改革并未消除“城乡分立”的制度惯性。② 耿华萍等人也指出，义务教育供给制度的缺陷是制约义务教育均衡发展的原因之一，主要表现在乡村教育自给、政策意图偏离、政治激励下的制

① 耿华萍、刘祖云：《城乡义务教育非均衡发展现实归因的理论思考》，载《南京社会科学》，2016(4)。

② 施威、杨琼、耿华萍：《城乡义务教育非均衡供给的理论、历史与现实逻辑》，载《教育发展研究》，2017(6)。

度外供给等方面。① 范先佐在前人研究的基础上，结合自身研究经历和调查指出，改革总是着眼于教育内部，而忽视教育外部改革的配套是义务教育均衡发展面临的主要问题之一。②

(3)教育均衡中的多元利益冲突

杨晓霞从利益分析的视角指出，当前我国义务教育均衡发展改革当中遇到的种种问题最终都可以归结为多元化的利益冲突。③ 由于义务教育的供给与需求涉及多个利益主体，不同主体的利益诉求往往不尽一致，因此以利益调整为核心的义务教育均衡发展改革面临着多个层次、多种类型的利益冲突，主要有以下两个方面。

其一，不同受教育群体间的利益冲突。主要表现在农村学生进城读书对县城学生的冲击、农民工随迁子女与城市儿童对教育资源的争夺、既得利益群体与处境不利群体在优质教育资源分配方面的利益冲突等。

其二，学校层面的利益冲突。主要表现在教师合理的正向流动与均衡要求的逆向流动之间的矛盾冲突、学校合并带来不同学校间的利益冲突、公办学校与民办学校间的利益冲突等。

另外，城乡二元结构与城市偏向政策、非制度因素与精英教育取向④，片面追求经济效应而忽视教育自身的发展规律以及重视"碎片化"的修补而缺乏全局的统筹谋划⑤等也是造成义务教育非均衡现象的原因。

2. 义务教育均衡发展的路径探索

不同学者对实现义务教育均衡发展的路径做出了大量具有借鉴价值的探讨。范先佐等人认为，当前我国义务教育均衡发展改革的重点是要保证农村贫困地区的义务教育也能够均衡发展，关键是要大力加强中小学教师队伍建设，以及加强农村寄宿制学校、小规模学校和乡村薄弱学校等学校的建设。⑥

薛军等人认为，破解乡村义务教育非均衡现象的困境可从如下几个方面入手：一是合理划分中央与地方财政事权和支出责任，做到权责分明；二是改善晋升机制，实现激励相容，以激活义务教育均衡发展的内在动力；三是以开放户籍、因地制宜地制定城镇化推进路径等方式实现城镇化的有效推进。⑦

---

① 耿华萍、刘祖云：《城乡义务教育非均衡发展现实归因的理论思考》，载《南京社会科学》，2016(4)。

② 范先佐：《义务教育均衡发展改革的若干反思》，载《教育研究与实验》，2016(3)。

③ 杨晓霞：《义务教育均衡发展：利益冲突及整合》，载《教育研究》，2016(4)。

④ 施威、杨琼、耿华萍：《城乡义务教育非均衡供给的理论、历史与现实逻辑》，载《教育发展研究》，2017(6)。

⑤ 范先佐：《义务教育均衡发展改革的若干反思》，载《教育研究与实验》，2016(3)。

⑥ 范先佐、郭清扬：《当前我国义务教育均衡发展改革的重点和难点》，载《教师教育学报》，2016(2)。

⑦ 薛军、闻勇：《城乡义务教育均衡发展内涵、现状及实现路径》，载《学术探索》，2017(1)。

杨晓霞基于义务教育非均衡发展中权力博弈的视域，提出了整合当前改革困境中复杂多样的利益冲突的有效路径，即搭建公共对话平台，整合不同群体之间的义务教育利益；把握教育公平与效率之间的关系，科学运用市场手段实施利益整合；增加教育投入，提高高层级政府的利益整合能力。①

有的学者指出利用互联网、信息技术的优势，可以极大地促进义务教育的均衡发展。王继新等人基于"'互联网＋'教学点"为主题的实践探索，形成了"一体双核四驱"的"咸安模式"和"三式破三难"的恩施模式等具有区域教育特色的教育发展模式。② 汪基德等人认为，信息技术可以通过实现"优质教育资源共享、师资数量的增加和质量的提升、精准教学与精准助学"等助力义务教育均衡发展。③

朱德全等人通过对苏、鲁、鄂、湘、川、渝等14个省(自治区、市)的82个县(区)546所中小学的实证调查，结合2010—2014年义务教育发展的宏观数据和部分省份的典型案例分析，对2010年以来我国义务教育均衡发展状况进行了监测评估。④ 他们发现5年来我国义务教育均衡发展成效显著，同时也存在义务教育经费投入"中部塌陷"、办学条件"内涵化"差距巨大、农村师资队伍结构性缺编严重、城镇化进程中新挑战不断、教育质量城乡差距甚大等问题。在此基础上，他们提出了如下覆盖全面、立体多元、可操作性强的全面推进义务教育均衡发展的政策建议。

(1)优化顶层设计，革新发展理念，转变义务教育均衡发展的传统方式

义务教育均衡发展是系统化的改革工程，不能是局部的"碎片化"修补，需要全局性统筹规划。义务教育均衡发展的顶层设计需要做好如下两个方面：一是要依据当前义务教育均衡发展的实际情况，尤其是义务教育均衡发展在经费投入、办学条件、师资队伍、质量水平方面的问题；二是要充分考虑国家教育政策与发展规划。具体操作为：树立"一盘棋"意识，科学规划转型发展；推进"供给侧"改革，高效统筹全面发展；实施"一体化"布局，公平引领协同发展。

(2)建构联动机制，强化政府责任，实施义务教育均衡发展的协同治理

实现系统性的义务教育均衡发展变革需要明确责任主体，并且相互之间联动协作。在完成义务教育均衡发展的总体目标规划之后，必须落实具体责任，明确由谁落实的问题——也就是治理主体的问题。基于责任主体的明确，建构主体间

---

① 杨晓霞：《义务教育均衡发展：利益冲突及整合》，载《教育研究》，2016(4)。

② 王继新、施枫、吴秀圆：《"互联网＋"教学点：新城镇化进程中的义务教育均衡发展实践》，载《中国电化教育》，2016(1)。

③ 汪基德、刘革：《教育信息化促进基础教育均衡发展》，载《教育研究》，2017(3)。

④ 朱德全、李鹏、宋乃庆：《中国义务教育均衡发展报告——基于〈教育规划纲要〉第三方评估的证据》，载《华东师范大学学报(教育科学版)》，2017(1)。

义务教育均衡发展协同治理的联动机制。具体包括三个方面：协同治理的框架是构建联动机制，形成“政策合力”；协同治理的关键是强化政府责任，消解“政府悖论”；协同治理的保障是吸引外部力量，实施“多元治理”。

(3)深化综合改革，击破各个问题，攻克义务教育均衡发展的主要困厄

尽管义务教育均衡发展过程中的各种问题与困难不尽相同，但是当前义务教育均衡发展的主要问题依旧是优质教育机会的获得、教育资源配置不均衡和教育质量提升较为困难。因此，要实现全国范围内义务教育优质均衡发展，深化综合改革，逐步解决这些主要困难尤为关键。其主要有如下几点：一是改革义务教育的经费投入制度，保障义务教育经费的充足与公平；二是强力执行学校标准化建设政策，保障义务教育办学条件的基本均衡；三是优化义务教育师资队伍的质量，力争全国范围师资队伍的均衡配置；四是积极应对城镇化带来的挑战，努力开拓义务教育发展的新局面。

(4)夯实保障系统，全力实现均衡，探寻义务教育均衡发展的立体路径

要有效落实义务教育均衡发展的规划路线、治理方针和综合改革，还必须有强有力的保障机制。就目前我国义务教育均衡发展的阶段特点与外围环境来看，需要通过立法、评估、问责等保障系统的建构，推动义务教育均衡发展的各项方案有效落实，逐步探寻顶层规划、系统治理和综合改革齐头并进的义务教育均衡发展立体化路径。主要有以下几种建构路径：一是推进义务教育均衡发展立法，以法律制度保障义务教育均衡发展；二是强化义务教育均衡发展评估，以评估督导保障义务教育均衡发展；三是实施义务教育均衡发展问责，以问责机制保障义务教育均衡发展。

简言之，自《纲要》实施以来，我国义务教育均衡发展成效显著，不仅从战略任务的高度建立健全义务教育均衡发展保障机制，而且不断完善投入机制、加大教育投入，深入推进学校标准化建设成效显著，学校办学条件大幅改善，同时加强师资队伍建设有所进步，均衡配置师资逐步实现。① 但是，我国义务教育均衡发展、教育(精准)扶贫已然进入“啃硬骨头”时期，如何在现时背景下全面总结已有经验与不足，进一步科学落实相关政策法规，健全成果共享机制，精准解决关键问题，谋求研究主体的多方合力，实现学科间的共融互构，提升理论与实践品质，以保障预期实现国家教育战略的目标，需要有关部门、教育界持续不断的关注与努力。

(三)教育城镇化的研究进展

当前，我国正处于经济转型升级、加快推进社会主义现代化的重要时期，也

---

① 朱德全、李鹏、宋乃庆：《中国义务教育均衡发展报告——基于〈教育规划纲要〉第三方评估的证据》，载《华东师范大学学报(教育科学版)》，2017(1)。

是城镇化深入发展的关键时期。《中华人民共和国2016年国民经济和社会发展统计公报》表明，我国常住人口城镇化率为57.35%，户籍人口城镇化率为41.2%，其中九年义务教育巩固率为93.4%。根据世界城镇化发展的普遍规律，我国正处于城镇化发展水平和发展速度比较活跃的时期。作为城镇化的要素之一，教育在城镇化战略的过程中扮演着举足轻重的角色。教育发展与城镇化发展密不可分，如果说城镇化是农村人口进城并在城里获得稳定工作与稳定住所以及相应权利的过程，那么教育城镇化便是农村学龄人口进城并在城里上学的过程，全面的城镇化应该内在包含教育城镇化。①

1. 城镇化进程及政策演进

2014年3月，中共中央、国务院印发《国家新型城镇化规划(2014—2020年)》。该规划指出，城镇化是伴随工业化发展，非农产业在城镇集聚、农村人口向城镇集中的自然历史过程，是人类社会发展的客观趋势，是国家现代化的重要标志。同时，城镇化也是解决农业、农村、农民问题的重要途径。该规划强调，新型城镇化对教育发展提出了新要求，其核心是以人为本推进城镇化，合理引导人口流动，有序推进农业转移人口市民化。

2015年11月，《国务院关于进一步完善城乡义务教育经费保障机制的通知》发布，提出实现“两免一补”资金和生均公用经费基准定额资金随学生流动可携带。坚持创新管理，推进改革。大力推进教育管理信息化，创新义务教育转移支付与学生流动相适应的管理机制，实现相关教育经费可携带，增强学生就读学校的可选择性。同时，国家继续实施农村义务教育薄弱学校改造计划等相关项目，着力解决农村义务教育发展中存在的突出问题和薄弱环节。

2015年12月，国务院发布《居住证暂行条例》，规定公民离开常住户口所在地到其他城市居住半年以上，符合有合法稳定就业、合法稳定住所、连续就读条件之一的，即可以申领居住证，并享有包括义务教育在内的六大基本公共服务和七项便利。

2016年2月6日，国务院发布《关于深入推进新型城镇化建设的若干意见》，坚持走以人为本、四化同步、优化布局、生态文明、文化传承的中国特色新型城镇化道路，以人的城镇化为核心，以提高质量为关键，以体制机制改革为动力，紧紧围绕新型城镇化的目标任务，加快推进户籍制度改革，提升城市综合承载能力，制定完善的土地、财政、投融资等配套政策，充分释放新型城镇化蕴藏的巨大内需潜力，为经济持续健康发展提供持久强劲动力。

2016年7月11日，《国务院关于统筹推进县域内城乡义务教育一体化改革发

① 秦玉友：《教育城镇化的异化样态反思及积极建设思路》，载《教育发展研究》，2017(6)。

展的若干意见》发布，明确要求合理规划城乡义务教育学校布局建设，完善城乡义务教育经费保障机制，统筹城乡教育资源配置，向乡村和城乡接合部倾斜，大力提高乡村教育质量，适度稳定乡村生源，增加城镇义务教育学位和乡镇学校寄宿床位，推进城镇义务教育公共服务常住人口全覆盖，着力解决“乡村弱”和“城镇挤”的问题，巩固和均衡发展九年义务教育，加快缩小县域内城乡教育差距，为到 2020 年教育现代化取得重要进展和全面建成小康社会奠定坚实基础。

2016 年 7 月，《国务院关于实施支持农业转移人口市民化若干财政政策的通知》进一步加强了中央和省级财政部门的转移支付力度，确保了“两免一补”资金和生均公用经费基准定额资金随学生流动可携带。

2017 年 1 月 10 日，国务院印发《国家教育事业发展“十三五”规划》，明确提出协调推进教育结构调整，优化城乡基础教育布局。完善城乡教育布局规划制度和学校布局调整机制，强化省级人民政府对基础教育的统筹规划，以县为基础，建立健全与常住人口变化趋势和空间布局相适应的城乡学校布局建设机制，合理规划学校服务半径。统筹城乡学校布局和建设规模，严控超大规模学校建设，有序扩大城镇学前教育、义务教育资源。城镇新建居住区配建学校、幼儿园实行“交钥匙”工程，促进学校、幼儿园与住宅项目同步规划、同步建设、同步交付使用。加强重点小城镇、城乡接合部、新建城区和城镇危旧房改造区的学校建设，增加城镇义务教育学位和乡镇学校寄宿床位，到 2020 年基本消除 56 人以上的“大班额”。统筹推进县域内城乡义务教育一体化改革发展，实现常住人口基本公共教育服务全覆盖。

2017 年 7 月，国家发展改革委组织编写的《国家新型城镇化报告 2016》正式出版，明确了 2017 年工作的五大重点领域：第一，促进农业转移人口市民化；第二，培育发展城市群和新生中小城市；第三，提升城市功能和宜居水平；第四，加快推进城乡发展一体化；第五，深化重点领域改革。同时提出当年的首要任务仍然是推动非户籍人口在城市落户。

2. 教育城镇化的学术研究进展

2016 年是新型城镇化建设向纵深推进、综合政策效应加快显现的重要一年。随着我国政府颁布一系列的利好政策，进一步激发了农民工携带子女进城并在城里上学的欲望，在促进教育城镇化发展的同时，也给城乡教育带来了一系列挑战。根据教育部 2015 年教育统计数据的相关测算，2015 年我国义务教育城镇化率①为 73.80%，而同年我国城镇化率仅为 56.10%，义务教育城镇化率超出城镇化率 17.7 个百分点，一定程度上也体现了我国教育城镇化的问题及发展现状。

① 邬志辉教授认为，教育城镇化率＝城镇地区在校生数/在校生总数。

以"教育城镇化"为关键词在中国知网上对2014—2017年的文献进行检索，相关文献共10篇；通过主题进行检索，2014年相关文献为2008篇，2015年相关文献为1923篇，2016年相关文献为1772篇。同时，以"教育城镇化"为关键词在中国知网科研项目数据库中检索，已立项项目共235个，多集中在城镇化进程中农村教育的困窘问题探讨。这在一定程度上说明，越来越多的学者关注城镇化的学术背景下带来的一系列城乡教育问题，如城乡教育资源配置、城市教育承载力和学校布局调整等问题。通过对教育城镇化的文献检索发现，对其关注度最高的机构多分布在东北师范大学中国农村教育发展研究院、西南大学、华中师范大学和北京师范大学。通过对2014—2017年各机构相关文献的高频关键词的研究分析发现，东北师范大学中国农村教育发展研究院的研究领域主要为学校布局调整、教育资源承载力及学龄人口教育问题；西南大学的研究领域主要为新型城镇化背景下的乡村教育、乡村教师及义务教育学校问题；华中师范大学的研究领域主要为城镇化和义务教育发展背景下的学校布局调整及农村留守儿童问题；北京师范大学的研究领域主要为城镇进程中的农村转移人口、教师队伍建设和教育机会均等问题。

3. 我国教育城镇化发展的现状与问题

城镇化作为一个综合战略，对教育的影响是多方面的。教育作为提升综合国力和国际竞争力的关键所在，是推动经济社会发展和人类社会进步的决定性力量。在教育城镇化进程方面，2016年的学术研究形成了一些有意义的可供参考的结论，对相关文献进行梳理，主要论点如下。

(1)城乡教育资源配置不均衡

黄家骅、蔡宗珍基于城乡教育资源非均衡配置的现实，探讨了城市教育资源膨胀、乡村教育资源萎缩的成因，提出城乡公共服务机制一体化构建的目标，认为城乡差距的典型表现为城乡教育事业的发展差距，集中反映为城乡教育资源在存量和流量方面的严重非均衡现实。同时提出，城乡教育资源投入的差距严重存在，而且正在逐年扩大。① 张翠凤以青岛市为例，论述城镇化发展进程中农村教育资源配置面临的诸多挑战，如受教育人口向城镇集中，城市中小学超规模，大班额现象与农村学校生源流失形成鲜明对照，农村优秀教师流失严重，师资校际流动、支教活动未能产生长效等问题。同时提出，必须建立科学的人口预测模型，对受教育人口的规模和分布特征进行研究，科学预测教育设施的增量需求，

① 黄家骅、蔡宗珍：《城乡教育资源配置现状及实践思考》，载《教育评论》，2017(5)。

统筹规划教育设施布局，合理预留教育设施的发展空间。[①]

(2)对教育资源承载力的挑战

2014 年 7 月 24 日，《国务院关于进一步推进户籍制度改革的意见》发布，并敦促各省(自治区、市)抓紧出台本地区具体可操作的户籍制度改革措施。我们梳理各地情况发现，全国 31 个省(自治区、市)已全部出台地方版户改方案，多地放宽户口迁移条件，建立居住证制度成为"标配"。《中华人民共和国 2016 年国民经济和社会发展统计公报》表明，我国常住人口城镇化率达到 57.35%，户籍人口城镇化率达到 41.2%，分别比去年提高 1.25 个百分点和 1.3 个百分点两者的差距主要体现在进城打工的农民工群体身上，而后者更能体现真实的城镇化水平。大规模受教育人口从农村转移到城镇，也对城镇的教育资源承载力提出了严峻挑战。

姜超、邬志辉认为，特别是在经济社会发展迅速、吸纳外来务工人员较多的地区，这种挑战主要表现在以下两个方面：一是城市教育用地紧张，二是城市教育财政紧张。在提出国家落实"两为主"政策的同时，由于国家教育经费还是按照学生所在户籍登记地进行拨付，会给随迁子女流入地政府带来很大的财政负担。因此建议城乡教育关系从"优先城市"向"扶持农村"转换，教育政策向农村教育倾斜，以挽回以往由于"向城性"教育政策设计而导致的"农村教育衰败"。[②] 丁学森、邬志辉将可持续发展和有质量的承载作为教育资源承载力的两个基本价值坐标，提出联动协调是教育资源承载力的实质，其中协调是根本目的，联动是具体手段。联动协调关系的不断演化是教育资源承载力发展的根本动力。因此，只要有新的联动和协调关系，就有可能提升和改善教育资源承载力的机会，同时也就有教育资源承载力不断发展的动力。[③]

(3)学校布局调整

2001 年，《国务院关于基础教育改革与发展的决定》发布，提出要因地制宜调整农村义务教育学校布局。政策提出后，各地为追求经济规模效益，加快调整学校布局步伐，使得大量农村小规模学校被撤并。2012 年 9 月，《国务院办公厅关于规范农村义务教育学校布局调整的意见》发布，提出要办好农村地区的小学和教学点，对农村学校的撤并行为进行规范和严格控制，使得农村学校布局调整受到理性监督与控制。

受多重因素的叠加影响，城镇地区的学龄人口密度在逐渐加大，进行教育资

---

① 张翠凤：《新型城镇化视域下农村教育资源配置面临的挑战与策略——以青岛市为例》，载《教育探索》，2015(7)。

② 姜超、邬志辉：《新型城镇化对义务教育管理的挑战与回应》，载《基础教育》，2016(2)。

③ 丁学森、邬志辉：《关于教育资源承载力的理论探讨》，载《第四届中国农村教育高端论坛暨第二届现代田园教育论坛论文集》，蒲江，2016。

源扩容和学校布局调整才是破解这些问题的根本之道。杨卫安、邬志辉依据人口城镇化和教育城镇化的同步情况，认为农村学校布局调整规划可以分为三种类型：滞后规划、同步规划和超前规划。其中，同步规划或者适度超前规划是比较稳妥和可行的农村学校布局调整策略，能最大限度地减少城镇化共时性与历时性的矛盾给农村教育及农村社会带来的负面影响。① 刘善槐认为城镇学校布局调整应兼顾并协调工具理性和价值理性，并基于布局调整的多维价值目标，提出学校布局调整应有一致认可的底线标准。②

(4)我国教育城镇化的理想化与核心问题

①理想的教育城镇化的一原则和三底线

秦玉友认为，理想的教育城镇化需要满足一个原则和三条底线。一个原则是教育城镇化要与城镇化协调的原则，即农村学龄人口的城镇化与农村劳动力的城镇化协调一致，既不能过快，也不能过慢。三条底线包括：一是城镇不能排斥或变相排斥进城务工人员随迁子女在流入地上学；二是县域教育发展要均衡，不能长期放纵县域教育发展不均衡导致乡村学龄人口进城读书；三是县域内要就近入学，不能通过撤并学校或变相撤并学校(以不作为或乱作为的方式办垮乡村小规模学校)，让乡村学龄人口不得不到县镇读书。③ 然而现实中的教育城镇化与城镇化往往是极难协调的，农村学龄人口与农村劳动力很难同步化地向城流动。

②教育城镇化的核心问题探讨

长期以来，伴随着城镇化进程的加快，农村学龄人口大量向城市聚集，农村教育逐渐走向衰落，具体体现在农村生源与优秀教师加速流失、农村学生进入一流大学的机会减少等方面。面对这种状况，围绕教育城镇化应该立足于谁——农村还是城镇，学术界展开了争论，出现了两种截然不同的观点。

胡俊生等人基于城市化潮流与乡村教育的困窘现实，认为受城市拉力和乡村推力的双重作用影响，农村教育城镇化已成大势所趋。农村教育的希望不在乡下，在城镇，其当下的目标是率先推进农村初中县城化。④ 王鲁楠、贾林祥持相同观点，认为农村学生向城镇流动正是基于对城镇优质教育资源的渴望及对农村教育现状和前景的不满之间的结果。因此，城镇化才是农村教育发展的正确途径。此外，关于农村教育城镇化的探索在我国也有成功的先例。例如，2008 年山东省平原县的“初中进城”措施，彻底实现了农村初中生“离农进城”，被推广为

① 杨卫安、邬志辉：《城镇化背景下中国农村教育发展的路向选择》，载《社会科学战线》，2015(10)。

② 刘善槐：《我国城镇义务教育学校布局调整研究》，载《教育研究》，2015(11)。

③ 秦玉友：《教育城镇化的异化样态反思及积极建设思路》，载《教育发展研究》，2017(6)。

④ 胡俊生：《农村教育城镇化：动因、目标及策略探讨》，载《教育研究》，2010(2)。

“平原模式”。同时，江苏、浙江、山东、四川、重庆的许多地方近年也都已着手开始实验性的探索。因此，只有把学校修在城镇，把学生送进城镇，把教师请到城镇，把钱花在城镇，才能使农村教育得以实现根本性的改善，进而提升教育城镇化质量。①

对此问题，杨卫安、邬志辉从不同角度展开论述，认为以上观点的实质是通过消灭农村教育来发展农村教育；基于“乡校衰败”的事实，主张应在改革和制度创新的基础上重建乡村教育形态，以振兴乡村教育。② 秦玉友认为长久以来在促进教育城镇化健康发展的过程中，人们受到优劣思维框架的影响，首先认为城镇教育是优质教育，农村教育是劣质教育，进而顺理成章地完成了城镇教育与农村教育的标签化和农村教育的污名化。农村教育与城镇教育具有不同特征，因此在教育城镇化过程中，需要从城乡教育的优劣思维转向城乡教育的特征思维，秉持承认与欣赏的心态，而非一味地输出与接受。

围绕着教育城镇化究竟应该立足于农村还是城镇，国家进行着艰难的探索与抉择，学术界也在进行着激烈的探讨。无论立足于哪一方，都具有自身独特的优势，同时也存在着难以克服的弊端。许多学者从不同方面提出了诸多建议，然而该问题从理论到实践仍存在着多重矛盾和争议。

③基于未来农村教育规模及结构的教育城镇化的趋势预测

近 20 年来，我国城镇化率以年均一个多百分点的速度持续上升，每年有 2000 万人从农村进入城镇。因此，对农村教育进行理论思考与趋势分析有利于对未来中国教育城镇化的趋势发展做出冷静、客观、科学的战略判断。杨海燕、高书国基于上海市教育科学研究院、华东师范大学制定的《全国教育事业发展“十三五”规划研究报告》，预测教育城镇化将经历如下三个阶段。

第一，2030 年前，我国教育城镇化速度将进一步加快。上海社会科学院预测，2030 年，城镇学龄人口持续增长，而农村学龄人口将持续下滑，形成了新的城乡教育格局。相关数据表明，我国城乡初中学龄人口将于 2025 年出现拐点，城镇初中学龄人口第一次以 2842 万超过农村初中学龄人口(2314 万)；城镇高中学龄人口也将于 2027 年超过农村高中阶段学龄人口规模。此后，农村与城镇学龄人口此消彼长，大体形成 2∶8 的趋势，并保持相对稳定。学前教育和义务教育呈现出城乡均衡、各具特色的格局，乡村中小学呈现出适度集中和分散办学相结合的特点。因此，小规模、现代化、高质量的农村基础教育是未来发展的要求和趋势。

① 王鲁楠、贾林祥：《教育城镇化：改善农村教育的必由之路》，载《教育评论》，2014(10)。

② 杨卫安、邬志辉：《城镇化背景下中国农村教育发展的路向选择》，载《社会科学战线》，2015(10)。

第二，2025年，城乡教育进入均衡发展期。2025年，我国教育的整体实力和竞争能力将明显增强，农村教育发展水平持续提升。具体表现在：农村教育布局从2020年开始基本稳定，进入整体成熟阶段。在人口稳定性方面，教育城镇化率将达到80%，农村受教育人口占总受教育人口的20%～30%，人口的稳定性也有利于农村教育的稳定发展；在农村教育布局调整方面，经过未来近10年的学校布局调整，教育体系将更加成熟和稳定；在农村学校方面，办学规模进一步缩小，城镇化进程下农村人口不断减少，因此小规模学校将成为农村学校的常态。同时，农村教育将更有质量和特色。

第三，2030年，我国将出现"教育逆城镇化现象"。到2030年，当我国城镇化率达到70%以上时，农村日渐均衡且质量不断提升的公共服务必将吸引越来越多的城市人口回流，由此将引发教育的逆城镇化。首先，随着高质量、有特色的农村教育的普及，农村教育在发挥其人本主义思想、培养具有乡土情怀和人文关怀、培养促进当地经济社会发展的现代劳动力方面，具有不可替代的优势。其次，随着城乡教育均衡的推进，未来我国农村教育在办学条件、经费水平、教师能力等方面将会有持续的提高，农村教育对城市人口的吸引力将会增加。①

因此，基于农村教育的发展趋势分析，对未来我国教育城镇化方向做出科学、理性判断具有重要价值。

4. 教育城镇化的发展路径探索

快速推进的城镇化对教育提出了巨大的挑战，在城与乡、教育内部与外部的二元思维以及由此形成的制度环境中，如何推进教育城镇化优化发展是未来城镇化道路的重点。因此，站在"以学生方便接受优质教育为本，统筹配置城乡教育资源"的立场上，科学推进教育城镇化具有重要意义。

(1)整合城乡教育资源，构建城乡公共服务机制一体化

黄家骅、蔡宗珍针对教育城镇化的发展趋向，提出应对城乡教育资源重新整合，贯彻注重公平、兼顾效率的原则，给农村儿童提供更高质量的教育。他们认为城乡教育资源的巨大差距不能归咎于城乡自然地理条件，主要原因在于城乡公共服务存在巨大差距。因此，必须统筹城乡的公共服务资源，包括教育资源的城乡合理配置，促进城乡教育的协调发展。其关键是加大农村教育资源的供给力度，明确政府为农村教育资源投入的主体，过程中注重放矢，讲究实效，避免公共产品配置低效。同时提出教育资源城乡一体化配置的指向，认为撤点并校的城乡教育资源重构应把握教育资源适当向农村倾斜，使农村学生尽可能地"就近入

① 杨海燕、高书国：《农村教育的价值、特征与发展模式》，载《教育研究》，2017(6)。

学"并享受优质教育资源。[①] 张翠凤也指出，教育资源配置应向农村薄弱学校倾斜，促进城乡办学条件和师资水平均衡发展。首先是办学条件。对规划保留的农村学校，继续加大经费投入，以保证农村各类学校及时获得充足的办学经费；对于生源不足的小规模农村学校，生均经费要按适当比例增加，以确保学校正常运转。其次要建立长效校长、教师交流轮岗制度，并使之制度化和常态化，以提高农村学校管理质量和教育教学水平。最后要发挥信息技术可以跨时空传递、形象化展示等优势，实现优质课程资源共享。通过构建利用信息化手段扩大优质教育资源覆盖面的有效机制，逐步缩小区域和校际的差距。[②] 秦玉友对此持相似观点，认为从当前与未来的较长一段时间来看，体现新型城镇化精神的教育城镇化、体现城乡学校规模特征的教育资源分配制度要逐渐走向城乡标准一致、向农倾斜、体现城乡积极差异的城乡教育服务机会均衡化，并最终走向城乡教育服务质量均衡化。[③]

(2)政府主导的以人为本规划城乡教育设施布局

新型城镇化的核心是以人为本推进人的城镇化，使人们能够享受到公平和优质的包括教育在内的基本公共服务。杨海燕、高书国基于农村教育发展方向是农村教育现代化的认识，提出农村教育现代化有四种模式，并以福建省德化县和广东省高州市为例，论证政府主导的以农村文化内生动力和产业发展动力推进的教育现代化是健康发展、可持续的农村教育现代化模式。[④]

如今，对于义务教育阶段来讲，协调城镇化共时性与历时性的矛盾的关键是如何控制好农村学校布局调整的进度。尽管同步规划或者适度超前规划是比较稳妥和比较可行的农村学校布局调整策略，但从现实情况来看，大部分农村地区都实行了激进的农村教育城镇化之路。过去 10 年间，基于大规模办学有利于集中优质资源的假设，农村小规模学校被大量撤并。然而国外有关研究表明，学校规模与教育质量之间并无明显的正相关性，将学校规模作为衡量学校教育质量的标准，不是合理且有效的。由此，张翠凤提出正确认识并处理好教育质量和效益之间的关系，合理控制学校规模和班额，对于教育城镇化的科学发展具有重要意义。教育布局调整应该根据所在区域的实际情况，综合分析各种可能的影响因素，保留必要的小规模学校和幼儿园，使农村适龄儿童能够就近接受优质的基础教育。

---

① 黄家骅、蔡宗珍：《城乡教育资源配置现状及实践思考》，载《教育评论》，2017(5)。

② 张翠凤：《新型城镇化视域下农村教育资源配置面临的挑战与策略——以青岛市为例》，载《教育探索》，2015(7)。

③ 秦玉友：《教育城镇化的异化样态反思及积极建设思路》，载《教育发展研究》，2017(6)。

④ 杨海燕、高书国：《农村教育的价值、特征与发展模式》，载《教育研究》，2017(6)。

(四)农村义务教育教师问题的学术研究发展

《乡村教师支持计划(2015—2020年)》强调："集中人财物资源，制定实施优惠倾斜政策，加大工作支持力度，加强乡村地区优质教师资源配置，有效解决乡村教师短缺问题，优化乡村教师队伍结构。"可见，尽最大努力克服乡村教师资源短缺困境、促进教师资源均衡配置是当前农村义务教育发展的重中之重。但在现实中，受城乡发展不平衡、交通地理条件不便、学校办学条件欠账多等因素的影响，农村学校，特别是小规模学校教师的数量短缺、年龄老化、学历偏低、专业不匹配、流失率高、教学效果难以保证等诸多问题，都成为义务教育均衡发展的瓶颈。

1. 农村义务教育教师问题

(1)农村教师的数量与质量均出现缺口

据周钧统计，2013年，农村小学教职工有218.90万人，农村小学教职工的数量已经满足未来农村小学的基本发展需要。但偏远贫困地区学校由于教师流失，补充难，仍存在结构性缺编的问题。① 同时，2013年城镇小学教职工有330.59万人，随着"全面二孩"政策在2022年左右开始对义务教育在校学生规模产生作用，城镇小学教职工开始出现缺口，到2027年左右需要补充约79.03万人。由于统计年鉴中未明确统计初中教职工数量，但从专任教师数量的情况来看，也是农村初中的需求量减少，而城镇初中的需要量增大，需要补充教师。② 城乡教师的质量分布不均衡，学历较高的教师明显分布在城市地区，学历低于大专水平的教师几乎全部分布在农村。从数据中可以看到，城市的中小学教师已经有80%以上达到了专科学历及以上，而农村地区小学的专科率只有30%左右，差距较大。城乡教师的年龄结构分布不合理，城市学校19%的教师处于30岁以下的年龄段，而农村学校的这一比例仅为9%，差距达到了两倍之多。尽管县城中学的教师总数仅占全体教师总数的14%，但是在30岁以下这个年龄段中却占到了39%。这个对比体现出当前农村学校严重缺乏新生力量，农村教育事业面临着后继无人的危险。③

张亚楠等人通过调查数据分析发现，相比城市来说，我国农村义务教育阶段还存在着教师数量短缺、质量偏低的状况，农村义务教育阶段的专任教师数明显

① 周钧：《农村学校教师流动及流失问题研究现状与发展趋势》，载《教师教育研究》，2015(1)。

② 李玲、杨顺光：《"全面二孩"政策与义务教育战略规划——基于未来20年义务教育学龄人口的预测》，载《教育研究》，2016(7)。

③ 张丽楠：《城乡义务教育教师资源均衡配置现状及对策研究——以邯郸市为例》，硕士学位论文，河北师范大学，2016。

不足，且与城市的专任教师数相差较大：2014 年，在普通小学阶段，城乡专任教师数分别为 351.8 万人和 211.6 万人；在普通初中阶段，城乡专任教师数分别为 280.4 万人和 68.5 万人；农村初中教师中本科及以上学历的数量偏少，占专任教师数的 66.06％，与城市相差近 20 个百分点，表明农村教师队伍的专业水平和学术能力都较低，其综合素质不能满足我国教育现代化的基本要求；在高级职称教师数上，农村小学和初中具有高级职称的教师分别占教师总数的 1.34％、11.40％，与城市小学和初中分别相差 1.42％、10.37％，表明农村教师在职称评聘中优势不足，进而造成农村教师工资偏低，严重挫伤了农村教师的工作积极性，使农村教育工作没有吸引力，这将进一步加剧义务教育阶段城乡教师资源配置不均衡，不利于农村义务教育的持续和良性发展。①

(2)农村教师面对随迁子女和留守儿童的教育问题

目前，虽然我国城镇化发展迅速，但是具有不完全城镇化的典型特征，其表现为：在农村劳动力外流的过程中，一些农民工在经济上没有能力将孩子接到城市接受教育，加上迁入城市没有充足的教育资源接纳外来学生，于是农村留守儿童应时而生。2013 年，妇女联合会对我国农村留守儿童与随迁子女开展的调查表明，2011 年义务教育阶段随迁子女的数量达到了 1260.7 万，留守儿童的数量比之要多出 1000 万，其占义务教育阶段学生总数的 14.7％。② 赵曼在其硕士论文中指出，由于主客观因素的影响，这些留守儿童长期与父母分离，在生活、学习质量和生理、心理健康等方面的情况堪忧。农村教师该如何弥补留守儿童缺失的亲情和家庭教育，如何疏导他们鲜为人知的心理问题，让他们不因父母教育的缺位而走上人生歧途，这些沉重的问题都对农村教师目前较低水平的专业素质提出了挑战。相比之下，随迁子女的教育问题更具有时代复杂性。城镇化导致大量农村人口涌入城镇务工，中小城镇和大城市的郊区因低廉的房租吸引了大量外迁人员及其子女的聚集。然而郊区学校的教育质量参差不齐，学生来自四面八方，阶层分化明显。对此，随迁子女的文化底蕴、心理素质、行为习惯等方面出现的问题也日益凸显，应采取何种专业技能消除他们心中的城乡阶层色彩，使其快速融入新的学习环境，成为城乡接合部的农村教师在新时期专业发展上面临的较为棘手的难题。③

---

① 张亚楠、卢东宁：《教育资源公平配置视阈下农村义务教育发展研究》，载《华北理工大学学报(社会科学版)》，2017(3)。

② 刘利民：《城镇化背景下的农村义务教育》，载《求是》，2012(23)。

③ 赵曼：《城镇化背景下农村初中教师专业发展研究》，硕士学位论文，河北师范大学，2016。

(3)农村教师资源配置方式与制度问题

刘善槐在《教育研究》中指出，在新型城镇化的社会大背景下，农村义务教育阶段学龄人口的分布格局正在急剧变化，农村地区学龄人口密度逐渐变小，城镇地区学龄人口密度不断加大，农村教师群体与准教师群体的职业决策模式也在发生变化。当前的教师资源配置方式已不适应，教师需求与实际供给错位，产生诸多结构化矛盾，从而阻碍农村教育质量的有效提升，城乡教育差距难以消解。刘善槐还指出，生师比是农村地区配置教师的主要参考标准，这种配置方式使学龄人口的流出端和流入端的教师均难以满足实际需求。2014 年，《中央编办 教育部 财政部关于统一城乡中小学教职工编制标准的通知》的发布，使农村教师数量配置达到城市标准，能够在一定程度上缓解农村教师缺乏的状况，但依然难以彻底解决农村地区，特别是农村人口稀疏地区师资紧缺的状况。农村教师长期结构性供给不足与供给失衡，农村教师的学科配比、年龄结构、性别比例和专业背景与实际需求并不匹配。农村教师编制结构在功能上存在缺位，地方教育部门没有根据农村学校的需要设置相应数量的专业化编制和机动编制。①

伴随国家对农村学校布局调整的推进及撤点并校政策的广泛实施，学者们开始关注以村和教学点为主的农村小规模学校的发展。朱青进行了涉及农村小规模学校的建设、管理、师资等问题的研究，并认为师资是最核心的问题。相关调查研究表明，农村小规模学校的师资问题主要表现在三个方面：第一，师资补充困难。受工资、待遇、福利、编制等多种因素的影响，小规模学校的师资补充难以得到保证。第二，教师知识结构固化。尽管近年来，我国农村教师队伍的整体素质已有很大提高，但是偏远地区依旧存在很多的问题，最突出的问题是教师的知识结构固化；工作负担沉重且老龄化现象普遍。农村小规模学校由于处于偏远地区，交通不便，生活条件艰苦，难以吸引到优秀教师，教师的短缺、老化、难以补充成为突出问题；教师交流与培训陷入困境。对于农村小规模学校来讲，对外交流与合作是一项成本不低的活动，虽然教育部规定，学生人数不足 100 人的学校要按照 100 人的经费标准进行拨款，但是这项规定在很多的地区相当于一张空头支票。第三，教师评价单一。目前，在对农村小规模学校教师的教学质量进行评价时，往往会把学生成绩的高低作为考核评价的重要指标，却忽视了农村小规模学校自身发展的局限性和特殊性。②

---

① 刘善槐：《我国农村教师编制结构优化研究》，载《教育研究》，2016(4)。

② 朱青：《农村小规模学校教师队伍建设问题与对策》，载《教学与管理》，2017(18)。

2. 农村义务教育教师问题的缘起

(1)城乡二元经济结构下的城乡二元教育制度特点

我国城乡二元经济结构的矛盾远比一般的发展中国家要更加突出。赵丹认为，也正是由于这种结构上的矛盾，导致城乡之间在资源配置上严重失衡，在义务教育阶段师资配置上最直接的体现就是农村教师数量上的严重不足，并呈现出如下三个特点。一是起点低。由于作为资源主要调配者的政府在调配资源时就一边倒地向城市地区倾斜，农村地区的教育无论硬件设施还是师资保障都处于次要地位，在地方财政不富裕的情况下甚至得不到起码的保障，包括合格的教师在内的教育资源比较少地分配给农村地区。二是发展慢。在城乡二元结构的作用下，国家经济的增长主要依靠第二、第三产业，相应地国民财富的积累也主要在工业、服务业部门。虽然中华人民共和国成立以来，特别是改革开放以后，我国的经济取得了举世瞩目的发展速度，但是主要的受益者仍然是城市地区，农业部门和农村地区与前者的差距不是缩小了，反而是进一步拉大了。城市地区的教育得到政府持续且不断增长的人、财、物支持，软硬件建设都取得了不小进步，农村地区作为国民财富分配的弱势一方在此衬托之下，只能用发展缓慢甚至裹足不前来形容。三是流失快。农村教师作为一个劳动群体虽然不是刘-费-拉模型中所形容的典型的农村剩余劳动力，但是也不可避免地在持续不断地向城市地区流动。更为值得警惕的是，这种流动还体现出普遍化、精英化和年轻化的特点，使得原本就匮乏的农村师资力量一再削弱，而且这种情况还有加剧的势头。①

张亚楠等人还指出，城乡二元结构的存在导致了我国政策制定的城市取向，公共政策和社会政策的制定决定了公共资源如何配置，而农村义务教育的不公根本在于公共资源占有的不平等。教育政策的城市倾向导致大量教育资源涌入城市，而农村却捉襟见肘，这对农村义务教育造成了以下影响：一是国家对城市义务教育的财政投入比例远高于农村，这导致农村的基础设施，如校舍和图书馆等，与城市相比差距过大；二是政策的城市倾向致使农村的物质生活条件和福利待遇相对城市来说较差，且在职称评审上也不利，导致农村中小学不仅无法吸引优秀师资，而且造成骨干教师向城市单向流动；三是虽然国家一直提倡教育信息化，但政策的城市倾向导致大量信息资源都分配给城市学校，而农村中小学的信

---

① 赵丹：《教育均衡视角下农村教师资源配置的现实困境及改革对策——小规模和大规模学校的对比研究》，载《华中师范大学学报(人文社会科学版)》，2016(5)。

息资源匮乏，从量和质上都无法满足教育信息化的要求。①

(2)管理体制的不完善与教师发展条件的匮乏

赵丹认为农村中学教师队伍管理体制过于行政化，就为教师的专业成长设置了体制障碍。学校领导处于绝对的权威地位，教师就是服从命令的下属，管理者对其缺乏人文关怀，总是从管束教师的角度制定管理制度，没有认识到教师的专业发展对学校发展的重要意义，干涉教师的课堂教学，追求教学的统一而非个性的发挥，忽视了教师发展的主观能动性。② 我国农村学校在教师专业发展上并没有形成完善的支持服务体系。学校管理者在教师队伍建设上没有结合教师专业发展的实际和学校的发展方向提出科学的规划建议，没有制定激发教师专业发展的动力机制，没能够给予教师成长的便利条件。

从我国基础教育的财政投入体制来看，我国长期以来采取“分级管理、地方为主”的模式，具体来说，就是小学由村集体为主体创办，初中由上一级的乡、镇政府为主体办学，高中由县政府为主体办学，如是依次向上推。张亚楠、卢东宁指出，一般情况下，谁是主体责任人谁负责。这种层层下放的教育投入体制，会造成以下影响：一是农村教育的办学主体变成财力最薄弱的乡镇政府，但由于乡镇政府缺乏资金，无力承办整个乡镇的义务教育，重担就落到了农民身上，这不仅加大了基层行政机关的财政压力，而且增加了农民的负担；二是由于基层政府缺乏办学资金，农民又无法承担，因此农村中小学的教育资源匮乏，校舍破旧、设施陈旧、教师数量少和质量低，教师无法参加继续教育，又缺乏信息资源，导致农村的义务教育质量都很低，形成“穷人办穷教育，越来越穷”的怪圈。③

(3)社会环境更新变化快：城镇化对农村教育的冲击

城镇化高速发展使农村社会的大环境变了，农村教师面对留守儿童、外迁学生的心理、学习、管理问题等的专业情意需要变；开发农村特色、培养新农村建设人才的专业知识需要整合；自主远程学习与信息化教学的专业技能需要训练。但目前这些专业素质并未在农村教师身上充分体现，与时俱进的专业知识、技能还未掌握，甚至专业精神在拜金主义的腐蚀下也岌岌可危，整个专业发展呈现出

① 张亚楠、卢东宁：《教育资源公平配置视阈下农村义务教育发展研究》，载《华北理工大学学报(社会科学版)》，2017(3)。

② 赵丹：《教育均衡视角下农村教师资源配置的现实困境及改革对策——小规模和大规模学校的对比研究》，载《华中师范大学学报(人文社会科学版)》，2016(5)。

③ 张亚楠、卢东宁：《教育资源公平配置视阈下农村义务教育发展研究》，载《华北理工大学学报(社会科学版)》，2017(3)。

不合时宜的低水平状态，同时也伴随着农村中小学教师的社会地位不高的现象。①

董洋等人调查发现，农村义务教育教师的生活环境恶劣和工作环境落后。生活环境恶劣主要表现在住宿和医疗条件方面：教师职工宿舍狭小、破旧、潮湿，甚至周围还常有蛇虫出没；农村医疗体系保障不到位，教师如偶发不适，需要到县镇才能买到正规药品。工作环境落后主要表现在：教学设备陈旧、教师评价体系僵化、教学任务繁重等方面。具体而言，首先是农村教学设备陈旧，多媒体配置的电脑经常出现死机和黑屏，难以满足正常的教学要求；其次是农村学校教师的评价体系僵化、不公，很多教师反映他们通过自己的教学努力提高了学生的学业成绩，但在绩效工资的发放与评优等方面往往遭遇不公正的对待；最后是农村义务教育教师的教学任务繁重，突出表现在一位教师同时需要兼任多门学科的教学任务，教师无暇顾及学生的学习质量，更多关注教学内容的完成情况。相关研究表明，落后的生存和发展环境会严重影响农村义务教育教师的工作动力，不合理的教学任务安排往往导致教师内部的自我调节系统产生紊乱。换句话说，基本的生存权和发展权受到侵害是导致农村义务教育教师工作动力不足的主要原因。②

(4)农村教师自身的因素

内因是事物发展变化的本质原因，农村教师在专业发展过程中虽然受政策、社会环境、管理部门的外部因素的影响，但教师自身的努力和自主发展才是其成长的真正内驱力。综合农村现实的调查发现，农村教师个体在发展意识、能力与价值追求上存在一些与专业发展相悖的因素，包括专业发展的意识淡薄、专业发展的能力有限、经济利益的驱动、个人的价值取向。③ 李介指出农村教师自主发展面临许多困境，主要体现在三个方面：教师专业发展的标准取向使农村教师面临专业身份认同危机；教师专业发展的城市取向使农村教师丧失了应有的话语权；教师专业发展的外生性模式使农村教师失去了积极主动性。促进农村教师自主发展，须关注三个问题：实现专业性与公共性共融，提升农村教师专业身份认同感；唤醒自我专业发展意识，促使农村教师话语权的理性回归；加强专业发展的自主性，促使农村教师实现自我价值。④

① 赵曼：《城镇化背景下农村初中教师专业发展研究》，硕士学位论文，河北师范大学，2016。
② 董洋、彭旭：《农村义务教育教师队伍工作动力调查》，载《教师教育学报》，2017(1)。
③ 赵曼：《城镇化背景下农村初中教师专业发展研究》，硕士学位论文，河北师范大学，2016。
④ 李介：《农村教师自主发展的困境与策略研究》，载《中国教育学刊》，2016(4)。

胡勇认为农村教师由于其教学环境的特殊性和获取新知识的滞后性，使得自身的专业知识更新周期变长，无法与最前沿的教育思想、教育技术、教育方法相衔接，从而与整个教育所需要的素养之间的差距不断扩大，造成自身教育资本的认可度不断降低，转换为教师专业权威的可能性减弱。同时，农村教师专业发展的积极性较弱，使得专业发展空间进一步变窄。农村教师专业知识不断固化使得教师专业权威不断矮化，在整个教育改革中，使农村教师的话语权逐渐旁落；农村教师本应成为义务教育改革的发声者却成为教师改革的附庸，在改革实践中也就成为教育政策的实践者，而非制定者。①

3. 农村义务教育教师问题的相关对策

(1)城乡义务教育树立公平的价值取向

农村教育被长期的不公平对待，导致农村教育质量落后于城市。因此，在价值取向上，优先发展农村教育才能更加彰显教育公平，不能将农村教育作为弱势的、需要改进的一方。在教育发展上，从根本上摒弃“城市中心主义”的倾向，城镇化建设为农村发展提供了物质和政策支持，教育行政部门要抓住城镇化这一有利的时代背景，高瞻远瞩地做好当地城镇化教育发展规划和农村教师专业发展引领计划，改变单纯通过提供低水平教师培训、输送优秀教师等来弥补农村师资的落后的做法，通过挖掘农村教师自身特有的教育特质，也恰恰是城镇教师所缺乏的教育素质，实现双方优秀特质的对接和整合，实现城乡教师专业发展互学互助，弥补政策不公对农村教师专业发展的耽误。②

吴晗认为改革开放以来，我国大力发展工业化，以城市为导向增强了国家经济实力。然而经济迅速发展的同时也形成了城乡“双轨”制度，国家对农村的忽视直接导致了农村经济、产业、教育等各方面的落后，特别是城乡义务教育的差距在不断拉大。众所周知，城乡义务教育均衡发展是实现教育公平的最基本的手段，可以有效促进社会流动，缩小阶级矛盾，逐步实现社会公平，因此要彻底将农村教师从“单位人”转变成“系统人”，需要从根源上推翻城乡二元经济体制，构建城乡一体的义务教育教师编制制度。③

(2)打破城乡二元结构，促进城乡教育一体化

邹奇、苏刚认为长期以来，县域经济发展相对滞后，地方政府对教育的投入

① 胡勇、明庆华：《农村教师在义务教育改革中的角色研究》，载《现代教育科学》，2016(8)。

② 赵曼：《城镇化背景下农村初中教师专业发展研究》，硕士学位论文，河北师范大学，2016。

③ 吴晗、付卫东：《农村义务教育阶段教师补充“新机制”：问题与对策——基于湖北省的调查分析》，载《当代教育论坛》，2016(2)。

不足，导致农村教师专业发展的滞后。城镇化就是为了缩小过大的城乡差距，为农村经济发展注入活力；唯有抓住城镇化的契机，发展农村经济，农村教育的根本发展才能不是“无源之水，无本之木”，农村教师专业发展才能依靠农村经济这棵繁茂的大树“好乘凉”。因此，打破城乡二元经济壁垒，利用城镇化的优惠政策发展地方特色经济，有利于从根本上解决农村教师专业发展的困局。①

区域教育投入不均衡，导致城乡学校的教师待遇、学校环境差距明显。因此，推进城乡教师专业发展一体化，就要尽早制定教育投入法，把公平优先作为各级政府教育投入的分配原则，明确各级政府的教育财政责任，合理分配教育经费的区域投入比重，设立城乡学校一体化发展的专项经费、专款专用。比如，可设立“城镇化下农村教师专业培训专项基金”；建立优先支援农村教育财政投入规划机制，地方政府要摆脱以经济为中心的政绩观，要始终保持对农村教育投入的积极性和长效性，克服等、靠、要的思想；政府在做财政预算时要优先考虑对农村教育的预算支出，确保农村教育在追赶城镇教育的进程中的资金充足，实现城乡教育的统筹发展。

郝俊英指出城乡二元结构由来已久，在实际对其瓦解的过程中要讲究策略，可以通过中心大城市引导中小城镇，中小城镇再引领偏远农村，按地域、阶段有序地对城乡二元经济结构和教育结构逐一打破，从而在根本上打破农村教师专业发展的制度桎梏，而不是绕开体制漏洞对其之外的因素做无谓的敲敲打打。最终，打破城乡二元结构，促进城乡教师专业发展。②

(3)建立教师专业创新机制和发展机制

构建农村教师专业发展的生态评价机制，以人的发展为根本宗旨，改进不利于教师发展的管理机制。建立有利于教师专业发展的其他机制：从管理部门来说，要进一步完善城镇化下农村教师资格准入、退出制度；积极探索城乡教师交流制度和偏僻农村支援流动制度；进一步落实农村教师资格定期注册制度、农村教育人力资源开发制度；创新农村教师专业发展评价监管机制。从学校方面来说，要建立健全教师校本培训制度、教育科研奖励制度；完善教师专业发展资源和经费投入机制，为农村教师的专业发展提供制度支持与创新。③

2013 年，国务院召开城镇化工作会议并表示，将逐步放开大、中、小城镇

---

① 邹奇、苏刚：《建国后我国农村教师政策变迁及应然走向》，载《东北师大学报(哲学社会科学版)》，2016(1)。

② 郝俊英：《农村教师专业化发展研究》，载《教育探索》，2016(2)。

③ 赵曼：《城镇化背景下农村初中教师专业发展研究》，硕士学位论文，河北师范大学，2016。

落户的限制，实行农民市民化转变。胡玲在其硕士论文中指出由于国家政策的影响，城乡接合部的学校规模膨胀，农村中小学大班额现象严重，教师紧缺，城镇化带来的这两种极端情况突出反映了农村义务教育师资分配不均的现实。① 教师合理流动是面对城镇化挑战的应时之策，是城乡教育协调发展的必然要求，也是促进其自身发展需要的必然结果。要打破农村学校和城市学校“各自为政”的二元体制壁垒，城市教师要带着先进的教育理念和社会资源到农村学校任教，同时他们需要敏感的研究意识来灵敏捕捉与挖掘农村社会的教育特色，而流入城镇学校的农村教师也非机械输入，在掌握理论知识和教学技能的同时，更是将区别于城镇的农村特色传播开来。因此，在城乡统筹的背景下，城乡教师的互相流动本质是一种专业知识和技能以及地域特色的学习和传播，而非机械地输入，把双方专业特长进行优势整合与互补，使城乡教师的专业能力都能得到创造性的提升。

张丽楠指出建立城乡学校定期流动制度，具体有以下做法：实行轮岗制，城乡教师互换，地域范围包括省会城市、地级市、县级市、村镇之间，任何一级城市的教师均无特权免除流动；因为小学六年一轮，初中六年两轮，所以建议各区域的校际教师六年流动一次，让更多的优秀教师到边远农村中小学任教，或到大班额的城乡接合部任教；骨干教师和优秀校长定期去农村学校任教交流；实行师役制，城镇教师高级职称的评审必须有一定年限的农村学校工作经历；城区学校要与邻近的农村学校建立结对办学关系，整合双方甚至多方的优质教育资源，创新城乡教育协同发展机制；鼓励师范类学校学生在上学期间到农村学校实习半年并作为定制；进一步推进实施“特岗计划”、顶岗实习、“国培计划”等政策；在农村教师职前培养上重视“本土免费师范生”的定向培养，增加本土教育人才回流；实施“城镇学校和师院退休教师返聘农村学校计划”，打造专兼结合的教师队伍，充分利用这些人力资源，发挥他们的先进思想和社会关系优势，弥补农村教师数量的不足。探索有利于本地教育发展的多元化的城乡教师流动机制，对城市教师流向农村加大引导力度。根据乡村教师的自身情况提供灵活多样的流动模式与时间规划。建立城乡教师流动监管问责制度，以保证城乡教师流动一体化的切实实行，最终实现城乡师资均衡配置。②

随着现代多媒体设备在教育教学中使用的越发频繁，了解和熟练运用信息技

① 胡玲：《曲线进城：农村教师补充机制改革下的教师流动》，硕士学位论文，南京师范大学，2016。

② 张丽楠：《城乡义务教育教师资源均衡配置现状及对策研究——以邯郸市为例》，硕士学位论文，河北师范大学，2016。

术日益成为处于信息化时代的教师专业技能的重要体现。王永军认为省、市教育管理部门应大力打造“农村教师继续教育网络联盟”，统筹规划城乡教师发展的信息服务体系，提供经费保障，要提高农村中小学多媒体教学设备的配置率，将城市学校的优质数字化课程资源向农村输送，鼓励教师使用有关设备，使偏远农村教师足不出户也可以学习先进的文化知识和教学理念；教育服务部门要利用教育卫星宽带传输平台，尽快实施城乡远程教育网络全覆盖工程，通过培训提高偏远地区教师对现代远程教育的专业操作能力；各地教师培训机构要充分利用现代多媒体教育手段和广播电视大学的学习服务体系，开发城镇化背景下的教师教育优质课程资源。校园网具备教师备课教学功能、教务管理功能，是城镇化中教育装备现代化的主要体现，是农村教师接受现代远程教育的重要依托。加强教育信息化投入的同时，要注重农村教师教育技术培训，加快教育科研信息化步伐，提高信息技术教师专业对口率，建立完善的农村教育信息化平台，让教育信息化为农村教师专业发展助力，以信息化带动城镇化，服务“三农”。①

（4）建立农村教师发展的待遇激励机制

要吸引优秀教师到农村学校任教，稳定农村教师队伍，提高农村教师工作的积极性和创造性，关键在于提高农村教师的经济待遇。谢丽丽在研究中指出在城镇化经济条件下，教育劳动力是否供给、是否安心和对农村教育供给的用心程度，与从事农村教育事业所得到的报酬水平有关，也取决于教师个体过去人力投资的成本与现在岗位报酬的差值，还取决于教师岗位的报酬与其他行业报酬横向比较之后是否令人心理平衡。倘若农村教师岗位报酬与教育劳动投入两者的正向差值较小，教育劳动力就不愿向农村教育提供供给，已在岗的教育劳动力也希望停止对农村教育的智力和体力供给。近几年，农村经济发展迅速，农民收入、生活水平提高，可农村教师的工资待遇在乡村地域范围内却无任何优势，收入水平低下直接导致了农村中小学教师的流动或流失，可见收入低、待遇差已经成为阻碍农村教师专业发展的首要因素。②

马永全也提到城镇化要坚持以人为本的理念，创建边远乡村教师专业发展的持续动力机制。③ 相比较而言，一些偏远农村信息闭塞、教学设施破旧、医疗卫生水平不发达，而城市中小学在办公用房与教学仪器的配备、培训条件与科研投

① 王永军：《农村教师信息技术应用能力提升问题研究》，载《中国教育信息化》，2016(2)。

② 谢丽丽：《教师“逃离”：农村教育的困境——从 G 县乡村教师考警察说起》，载《教师教育研究》，2016(4)。

③ 马永全：《改革开放以来我国农村教师培养政策变迁及特征》，载《河北师范大学学报(教育科学版)》，2016(2)。

入、个人晋升空间上的优势都显而易见，导致更多的教师愿意到城市中小学任教。可以借鉴石中英教授为促进基础教育均衡发展而提出的教育补偿原则①，保证越是贫困地区的教师越能得到政策倾斜，给予处于不利的社会环境中的农村教师一定的补偿待遇和关怀：根据农村距省级中心城市、县级中心城市的边远程度，设置有梯度的边远津贴；在高级职称名额分配上给予偏远乡村教师绝对性优势，尽量减少农村教师在评职称路上的长途跋涉；对长期扎根农村学校的优秀教师颁发荣誉和物质奖励。

2001 年，《关于制定中小学教职工编制标准的意见》规定，城市初中师生比为 1∶13.5，农村初中师生比为 1∶18，城市小学师生比为 1∶19，农村小学师生比为 1∶23。可见，一位农村初中教师比城市初中教师多教 4.5 位学生，一位农村小学教师比城市小学教师多教 4 位学生。农村由于偏僻艰苦，居住分散，师生比应高于城市，加上基础教育对小班化优质教学的需求，在核定编制时更应该向边远农村、教学点分散或成班率低的农村小规模学校适当增加。刘善槐提出，优化农村学校的教师编制结构仅依靠重新调配县域内的教师存量是不够的，还需要以发展的眼光规划教师增量，通过逐步新老更替进行优化，这需要完善教育资源配置体制，保证教育资源的基本供给。②

五、乡村教师队伍建设的典型经验

2015 年，国务院出台《乡村教师支持计划(2015—2020 年)》，从乡村教师的思想政治素质和道德水平、补充渠道、生活待遇、编制标准、职称评聘、交流轮岗、能力素质、荣誉制度八个方面为乡村教师提供支持，致力于乡村教师队伍建设，从根本上解决乡村教育薄弱问题。自乡村教师支持计划出台以来，各省于 2016 年 2 月前相继出台了实施办法，各县随后制定了实施细则，依据各地的实际情况，实施各具特色的有效措施，改善乡村教师队伍结构，提升乡村教师职业吸引力。但是，由于受客观条件、财政水平、地理位置等因素的影响，各地区的乡村教师支持计划在推进实施过程中仍然面临各种困难与挑战。这里选取东、中、西部地区的北京、湖北、河南、甘肃、宁夏 5 个省(自治区、市)作为典型案例，以供其他地区参考。

(一)北京市乡村教师队伍建设的典型经验

北京市现有公办乡村中小学 296 所，其中普通中小学 291 所，特殊教育学校

① 袁桂林：《中国农村教育发展指标研究》，302 页，北京，经济科学出版社，2009。

② 刘善槐：《我国农村教师编制结构优化研究》，载《教育研究》，2016(4)。

5 所，分布在 10 个远郊区和海淀区、朝阳区；共有乡村学校教职工 11692 人，其中专任教师 9076 人。北京市为贯彻落实《国务院办公厅关于印发乡村教师支持计划(2015—2020 年)的通知》的精神和要求，采取切实有效措施加强乡村教师队伍建设，进一步缩小城乡师资水平差距，让每个乡村孩子都能接受公平、有质量的教育。北京市委、市政府高度重视，要求市教委牵头，组织相关部门，结合本市实际，坚持问题导向，坚持精准支持的原则，研究制定了《北京市乡村教师支持计划(2015—2020 年)实施办法》和系列配套政策，精准支持乡村教师队伍建设，促进乡村教育快速发展。

1."五大举措"拓展乡村教师补充渠道

为了保证乡村教师的供应数量和质量，《北京市乡村教师支持计划(2015—2020 年)实施办法》提出了一系列拓展乡村教师补充渠道的具体措施。除了传统的教师招聘之外，乡村教师的补充渠道拓展到五大方面，具体包括特岗教师、定向培养、学费补偿、退休支教、教师流动。其中，在定向培养和教师流动两个方面有所突破与创新。一是定向培养方面，鼓励师范生 3～5 年后免费攻读教育硕士。根据北京市乡村教育的实际需求加强本土化培养，探索通过师范院校招生指标定向到区，相关师范生享受免费师范教育和乡村师范生年度奖学金，就业 3～5 年后可定向免费直读教育硕士学位等多种措施，定向培养"一专多能"的乡村教师；探索通过增设高等学校两年制教育硕士专业，定向培养乡村教师。对综合性院校毕业生和师范院校非师范生取得教师资格并到乡村学校任教的，满 5 年后给予 4 万元一次性补助。二是教师流动方面，创新教师交流轮岗方式，建立优秀教师跨校兼职制。《北京市教育委员会关于进一步推进义务教育学校校长教师交流轮岗的指导意见》提出，遵循以人为本、政策引导、多元开放、提高质量、因地制宜的原则，推进校长教师交流轮岗的制度化建设，创新交流形式和机制，加强政策支持和保障，推动义务教育校长教师在区域、城乡、校际的合理有序流动。

2."三个创新"增强乡村教师岗位的吸引力

为了增强乡村教师岗位的吸引力，北京市着重在教师编制、职称评聘和骨干教师方面进行创新。

(1)创新乡村教师编制管理

一是乡村中小学教职工编制按照城市标准统一核定，实行教职工编制城乡、区域统筹和动态管理，盘活师资存量，提高使用效益。二是区教育部门在核定教职工编制总额和岗位总量的基础上，按照班额、生源等情况统筹分配乡村学校教职工编制和岗位的数量；通过调剂编制、加强人员配备等方式进一步向人口稀少的教学点、村小学倾斜，确保乡村学校开足开齐国家规定课程。三是通过逐年核

销工勤和教辅人员编制、分类推进经营类事业单位转企改制、事业编制跨行调剂、切实加大政府购买服务力度等途径，腾退出机动编制，优先用于乡村教师的统筹调配使用，以适应学生规模快速扩大、教师培训研修、综合改革等需求，并报同级机构编制部门和人社部门备案。四是寄宿制乡村学校按寄宿学生规模配备生活指导教师，尚未配备的应合理计算教师兼任生活指导教师的工作量，并相应增核绩效工资总量。

(2)创新乡村教师职称(职务)评聘制度

全面落实中小学教师职称制度改革，职称(职务)评聘和骨干教师评聘向乡村学校倾斜，逐步提高乡村教师高级职务的比例。乡村小学副高职称的比例不低于10%，高、中级职称的比例合计不低于75%；乡村中学副高职称的比例不低于30%，高、中级职称的比例合计不低于80%。相关区域不得挤占乡村学校职称指标。

(3)创新乡村骨干教师评选办法

设立乡村学校骨干教师专项指标，在北京市级骨干教师评选指标分配的基础上，为每一所乡村学校单配置一位市级骨干教师指标，保证每一所乡村学校至少有一位市级骨干教师，以鼓励优秀教师从事乡村教育工作，提高乡村基础教育水平。

3.“一个计划”提升乡村教师队伍质量

北京市制订了《北京市乡村教师素质提升计划》，将乡村教师素质提升纳入基本公共服务体系，保障按照高于普通教师20%的标准上浮乡村教师培训经费保障水平，确保进行不少于360学时的乡村教师培训及其质量。完善分层、分类、分岗培训机制，整合高等学校、市级教师培训机构、区教师研修机构和中小学优质资源，建立乡村教师校长专业发展支持服务体系。按照乡村教师的实际需求改进培训方式，采取跟岗研修、网络研修、送教下乡、专家指导、校本研修等多种形式，增强培训的针对性和实效性。另外，实施中小学教师开放型教学实践活动计划及协同创新乡村学校计划，鼓励支持义务教育乡村教师参加跟岗脱产培训及优秀干部教师送教下乡。

《北京市乡村教师支持计划(2015—2020年)实施办法》颁布以来，各区制订并推行了区乡村教师支持计划，并取得了良好的反响和成效。北京市的乡村教师队伍建设，仍然是围绕“下得去、留得住、教得好”三个基本要求，通过给予政策优待，增加补助、开展培训等方式造就一支结构平衡、素质精良的乡村教师队伍。但是，由于北京市的农村并不能代表我国绝大部分的农村地区，因此其他地区在借鉴过程中还需要根据各地区的实际情况慎重考量。

(二)湖北省乡村教师队伍建设的典型经验

2016年，湖北省有22万余位乡村教师。其中，30岁以下的年轻教师仅占10%，小学教师本科以下学历占56.73%，低学历教师主要集中在农村地区，乡村教师结构亟待改善。湖北省政府针对当地乡村教师“下不去”“留不住”“教不好”“上不来”等实际问题，结合国家《乡村教师支持计划(2015—2020年)》，由省政府办公厅印发《关于加强全省乡村教师队伍建设实施办法》，推出了多项加强乡村教师队伍建设的创新举措和政策，主要在师德师风建设、教师队伍补充、培养培训、生活待遇、奖励扶持、编制管理、交流轮岗、责任落实等方面提出了系列措施，为建设高质量的乡村教师队伍，形成了一些良好经验。

1.“总量平衡、退一补一”，创新乡村教师补充机制

面对湖北省乡村地区教师数量不足、老教师过多的情形，湖北省创新教师补充机制，提出“总量平衡、退一补一”的补充原则。按照“总量平衡、退一补一”的原则，实行招聘计划省级统筹，即在不增加当地教师总编制数的条件下，能够及时填补离岗、退休教师空缺，确保乡村教师“后继有人”。各地教育行政部门根据当年教师退休和编制空缺情况，会同编制部门提出初步招聘计划，由省编制部门核准招录数量，在省人力资源和社会保障部门的指导下，由省教育行政部门统一组织笔试。对于计划之外，须根据教育教学需要和教师编制状况，各省市区另行申报农村义务教育学校教师招聘计划。此外，教师招聘将以县为单位，核定教职工编制总额，由县级教育部门统筹分配到校并实行动态调整，探索将一般性教学辅助和工勤岗位不再纳入编制管理范围，改用政府购买服务方式解决。如此，在坚持空编内招聘的前提下，将按照各地农村人口占比和全省招聘总规模，把握总体平衡；对边远山区，特别是教学点多的地方予以倾斜，给予适当照顾；全额核准音乐、体育、美术、科学等小科目和新课程教师的招聘计划，优化学科结构。

2.“职前—职后”一体化，系统提升乡村教师质量

(1)改革师范教育，把好入门关

一是加大投入力度。《关于加强全省乡村教师队伍建设实施办法》要求增加省属师范类专业生均经费拨款系数，从原先的1.0调整为2.0。二是改革师范教育培养模式。更加注重教育教学实践技能培养培训，建立师范生全学段学习实践制度、新入职非师范专业教师岗位专业技能集中培训制度等。湖北省教育厅起草并印发《省教育厅关于加强师范生教育实践的实施意见》，从教育实践体系、活动安排、实习管理等七个方面着力加强师范生教育实践。三是积极探索全科教师培养，按照“定向招生、订单培养、定点就业”的模式，重点为村小学和教学点培养教师。

(2)改革教师培训，把好发展关

首先，改革新教师入职培训模式，实施职业规范、教育教学技能和学科专业知识三个层次培训，特别是新入职非师范专业教师岗位的专业技能集中培训制度，去年已培训非师范专业教师1370人。其次，对已入职的乡村教师，实施“乡村紧缺学科教师培训”“名师送教下乡”“优秀教师出国(境)培训”等具体项目，到2020年前，完成对全体乡村教师、校长360学时的培训。此外，加强县级教师培训团队建设，为乡村教师区域内培训、校本研修等打造培训者队伍，通过托管、合作等方式建立共同体，推动优质师资团队化交流。

3. 多项举措，全面建设乡村教师队伍

(1)双管齐下，保障师德底线

一是加强教师道德文化建设宣传。湖北省以“创新与发现”为主题，重点围绕创新师德建设新机制，举办“2016湖北师德论坛”；鼓励教师创作展现新时期教师形象的文学和影视作品，弘扬乡村教师的美好品质；树立榜样力量，组织湖北省“最美教师”巡回报告，为师风建设创造良好的社会环境。二是实施师德师风建设问责制、教师诚信管理体系进行道德约束。湖北省教育厅发布的《湖北省实施〈中小学教师违反职业道德行为处理办法〉细则(试行)》明确规定，对省中小学教师有违反职业道德行为的，将受警告或记过、降低岗位等级或撤销专业技术职务、开除或解除聘用合同三大类处分。三是依托湖北省社会信用体系，将教师品行不良、侮辱学生等影响恶劣的行为纳入征信内容，将教师信用和教师品德相结合。

(2)以奖代偿，激励“优者从教”

依据教育部提出的《高等学校毕业生学费和国家助学贷款代偿暂行办法》，湖北省从提升乡村教师队伍的入口质量入手，明确建立普通高校毕业生乡村任教到岗学费奖补制度，即对到乡村及偏远地区任教的高校毕业生，按服务年限实行以奖代偿。

(3)设立基金，稳定教师队伍

一方面，湖北省为在乡村学校从教30年的教师颁发荣誉证书，对任教10年、20年的乡村教师实施奖励，并建立乡村教师专项基金，保障荣誉制度长久运行。另一方面，湖北省设立“湖北省乡村教师关爱基金”，对大病、特困教师提供救助，乡村教师医疗费用报销最高可达90%；设立“湖北省乡村教师奖励基金”，对做出突出贡献的乡村教师给予奖励。同时，关注乡村教师的心理健康，依托教科研机构建立教师心理健康教育机构，提供相关咨询服务。

湖北省政府办公厅印发的《关于加强全省乡村教师队伍建设实施办法》不仅是

国务院《乡村教师支持计划(2015—2020年)》出台后的全国首个地方实施办法，也是湖北省在2012年以来实行农村义务教育学校教师补充新机制的基础上提出来的。2012年，湖北省出台《省人民政府关于创新农村中小学教师队伍建设机制的意见》，着力于补充招录、培养培训、专业发展、待遇保障、交流管理等方面，先后实施了省级统筹农村义务教育学校教师补充新机制、农村义务教育学校骨干教师补助制度、“湖北省农村教师广厦工程”“湖北省农村教师素质提高工程”等一系列加强农村教师队伍建设的新举措、新项目。因此，这一政策的顺利推行与实施有赖于湖北省以往良好的乡村教育环境和教育传统，是一种良性教育机制运行的结果。

(三)河南省乡村教师队伍建设的典型经验

目前，河南省乡村教师总共约有26万人，农村中小学普遍面临教师不足、年龄偏大、素质不高等问题。2015年，河南省人民政府办公厅发布《河南省乡村教师支持计划(2015—2020年)实施办法》。该实施办法以办好人民满意的教育为宗旨，以吸引优秀人才到乡村学校任教、稳定乡村教师队伍、带动和促进教师队伍整体水平提高为目的，提出了提高师德水平、拓展教师补充渠道、提高教师生活待遇、加强教师编制管理、修订职称评聘办法、推动教师城乡流动、提升教师能力素质、建立教师荣誉制度八个方面的扎实举措，着力解决乡村教师队伍建设领域存在的突出问题。

1.“两个计划”——乡村教师“下得去”

(1)继续实施农村义务教育学校教师特岗计划

河南省从2009年起就开始实施特岗计划，包括国家特岗计划和地方特岗计划。特岗计划由省级监督指导，市、县(市、区)组织招聘。招聘有严格的招聘程序，规范招聘标准条件、笔试面试内容、招聘程序和聘后教师管理，为特岗教师质量把关。此外，未纳入农村义务教育阶段学校特设岗位计划的县(市)区新招录的义务教育阶段教师，要先到本地区农村学校(包括乡镇学校)任职3年，任职期满后方可到乡(镇)以上学校任教。

(2)继续实施农村学校教育硕士师资培养计划

河南省“农村学校教育硕士师资培养计划”“硕师计划”是从具有推荐免试硕士研究生资格的高校中，选拔部分优秀应届普通本科毕业生，录取为“硕师计划”研究生，并与地方政府教育行政部门签约聘为编制内正式教师。被录取的优秀大学生必须到县镇及以下农村学校任教三年，边工作、边学习，通过现代远程教育、寒暑假集中面授等方式学习研究生基础课程，再到高校脱产集中一年学习核心课程，完成教育硕士论文答辩，毕业时获得硕士研究生毕业证书和教育硕士专业学

位证书。

2."三项改革"——乡村教师"教得好"

(1)实施省级免费师范生计划

2016年起，河南省以省级学校为试点，以"按需设岗、按岗培养、双向选择、定岗服务"为原则，进行省级师范生全科综合培养，对定向培养的学生实行"两免一补"。报考考生参加当年普通高校全国统一招生考试进行录取，省属免费师范生毕业后将回生源所在设区市的县或省直管县(市)以下(含县城)从事中小学教育工作10年以上。工作岗位按照"择优、就近、急需"的原则落实，在核定的教职工编制总额内按协议办理事业单位人员录用、编制、工资等手续，签订聘用合同。

(2)改革省级师范院校培养模式

一是教师教育研究机构的设置。河南省推动高等学校教师教育学院的建设与发展，预计到2020年，省属高等师范院校全部建立教师教育学院，有条件的市属学院或师院也要建立教师教育学院。二是探索培养卓越中小学教师的途径，初步建成政府统筹培养需求、高等学校实施教育工作、中小学参与实习的教师培养机制。三是以"按需设岗、按岗培养、双向选择、定岗服务"为原则，实施小学全科教师免费培养计划。全科教师应具有适应新课改、"一专多能"的全科教学能力，以适应乡村小学及教学点教学工作的实际需要。

(3)改革教师培训制度

首先，河南省将教师培训经费的落实情况纳入省政府督政内容，督促落实"教师培训经费列入同级财政预算，财政拨款应按不低于教师工资总额1.5%至2.5%专项安排"的政策。同时，调动符合资质的、有爱心的社会机构捐资助教，探索多元化的教师教育投入机制。其次，为了提升乡村教师的整体素质，河南省逐步建立起"国培""省培""市培""县培"和"校本研修"的五级联动机制，形成有地方特色的乡村教师专业发展支持体系。与此同时，河南省启动"中原名师"培育引导工程，以中原名师为引领，以层级名师为中坚，以层级骨干教师为主体，以新入职教师为基础，促进教师专业化成长。

3."四个倾斜"——乡村教师"留得住"

(1)编制核定向乡村教师倾斜

按照城乡统一标准核定乡村中小学教职工编制。根据《关于统一城乡中小学教职工编制标准的意见》，河南省明确将县镇、农村中小学教职工编制标准统一到城市标准，即高中教职工与学生比为1∶12.5，初中为1∶13.5，小学为1∶19，特殊教育学校为1∶3。对人口居住分散的农村偏远地区、山区必须保留的学校和教学点，在核定教职工编制时予以倾斜，增加了“附加编制”，保证必须保留的学校和教学点的教职工编制不少于2位，为乡镇配备一定数量的心理辅导教师。按照生师比和班师比相结合的办法核定，重点解决教师全覆盖问题，确保乡村学校开足开齐国家规定课程。

(2)绩效工资向乡村教师倾斜

河南省各地区全面落实集中连片特困县乡村教师的生活补助政策，依据学校的艰苦边远程度实行差别化补助标准。此外，依法依规落实乡村教师工资待遇政策，为教师缴纳住房公积金和各项社会保险费；将符合条件的乡村教师住房纳入当地住房保障范围；通过实施边远艰苦地区乡村学校教师的周转宿舍建设工程，切实改善乡村教师住房条件。启动实施贫困地区乡村教师的周转宿舍建设工程，2016—2020年计划投入资金19亿元，重点在贫困地区建设义务教育学校教师周转宿舍3万套。

(3)职称评审向乡村教师倾斜

为鼓励优秀教师扎根乡村，河南省专业技术中高级岗位设置将向乡村学校倾斜。同时，对基层和农村学校实行职称倾斜政策。乡村教师评聘职称(职务)时，评价标准在城市标准的基础上适当降低要求，外语成绩(外语教师除外)、发表论文不做刚性要求，注重师德修养，注重教育教学工作业绩，注重教育教学方法，注重教育教学一线实践经历。乡村“老教师”职称评聘特事特办，对在农村教学第一线连续从事教育教学工作满30年，且当年年底距离法定退休年龄不满5年的农村教师，可不受单位结构比例的限制，专设职数考核认定和聘任中小学一级教师，通过考核认定取得的资格与评委会评审具有同等效力。

(4)评选表彰向乡村教师倾斜

河南省政府将对在乡村学校从教20年以上的教师按照有关规定颁发荣誉证书，县级政府对在乡村学校从教10年以上的教师给予鼓励。在评选表彰教育系统先进集体和先进个人等方面向乡村学校、乡村教师倾斜，县镇以下学校、教师推荐名额要分别占本地的60%以上、35%以上。

《河南省乡村教师支持计划(2015—2020年)实施办法》推行以来，乡村学校教师的来源渠道得到扩充，乡村教师资源的配置得到改善，乡村教育教学水平稳步提升，乡村教师职业的吸引力明显增强，逐步形成“下得去、留得住、教得好”的局面，为基本实现教育现代化提供了坚实的师资保障。

(四)甘肃省乡村教师队伍建设的典型经验

截至2014年年底，甘肃省有义务教育学校10517所，其中农村学校8544所，占81.24%。全省义务教育阶段学校专任教师225491人，其中乡镇及以下专任教师18.7万人。小学教师的学历合格率为99.77%，初中教师的学历合格率为

99.22%。2015年10月，根据国务院办公厅印发的《乡村教师支持计划(2015—2020年)》，甘肃省委、省政府立足甘肃省的实际情况，出台了《甘肃省乡村教师支持计划(2015—2020年)实施办法》，并结合《中共甘肃省委 甘肃省人民政府关于扎实推进精准扶贫工作的意见》的部署要求，制订了《甘肃省精准扶贫乡村教师队伍专项支持计划(2015—2020年)》，坚持"师德为先，以德化人；规模适当，结构合理；提升质量，提高待遇；改革机制，激发活力"四个基本原则的工作思路，把准支持重点，注重统筹设计、资源倾斜、务求实效、建立机制，提高乡村教师的地位和待遇，促进乡村教师职业发展。

1. 建立健全教师管理机制，使教师"下得去、上得来、退得出"

(1)以特岗教师招录为主，多种举措补充教师

针对甘肃省农村学校布局分散、教师结构性矛盾突出的现实，按照"中小学教师补短板、学前教师补数量"的工作思路，坚持"按需设岗、按岗招聘、精准补充"的原则，统筹实施中小学和幼儿园教师补充工作，通过政策引导，着力解决"下得去"的问题。除了特岗教师招录外，甘肃省还积极探索"大学区"管理体制，推行学区走教制度，进一步加大教师交流轮岗力度，促进优质教师资源，特别是音体美等紧缺薄弱学科教师在学校之间、乡县之间、城区之间、县际的合理流动。

(2)改革教师交流轮岗制度，推进城乡教师合理流动

城市中小学教师晋升高级教师职称(职务)，应有在乡村学校或薄弱学校任教2年以上(累计)的经历；县域内教师职称评审，中级以上的必须有在乡村任教3年以上的经历。同一县域工作的夫妻双方在自愿的情况下，可选调一方到离家就近学校工作。

(3)建立健全乡村教师退出机制

严格实行中小学教师资格定期注册制度，在广泛听取学生家长意见的基础上，对考核不合格、不适应岗位需求的，通过转岗等方式及时退出教师队伍。逐年合理消化、多渠道解决2003年以前县级政府聘任的代课人员问题，明确提出2020年实现无代课人员的目标。

2."四个中心、五类方式"，精准实施教师培训项目

(1)建好四个中心

从2015年起，"国培计划"集中支持乡村教师校长培训；从2016年起，"省培计划"新增经费倾斜支持乡村教师培训。甘肃省提出要建好四个中心：省级培训机构、市(州)教师培训中心、县(区)教师发展中心、乡村教师活动中心。各市州及县市区政府要切实履行主体责任，把乡村教师培训纳入基本公共服务体系予以保障。在加强省级教师培训中心建设的同时，市州要建设教师培训中心，县市

区要建设教师发展中心，乡村要建设教师活动中心，确保组织管理到位，使乡村教师培训有序推进，取得实效，积极构建乡村教师、校长专业发展的支持服务体系。

(2)定位五类方式

乡村教师支持计划实施以来，甘肃省每年确定一批贫困县区作为国培计划项目县，以教师持续发展为本，将置换脱产研修、送教下乡、网络研修和集中培训有机衔接，精准实施五类教师培训项目，确保为参训乡村教师提供 2～3 年的周期性培训。通过置换脱产研修“育种子”，为 26 个项目县区打造乡村教师培训团队；通过送教下乡培训和网络研修“促常态”，建立专家现场指导机制、校本研修良性运行机制和骨干引领全员机制；通过乡村教师访名校培训和乡村校园长培训“抓重点”，突出雪中送炭。

3. 实施“三安”工程，稳定乡村教师队伍

(1)实施“安心”工程，提高教师工资待遇

全面落实乡村教师补助政策。全面落实 58 个集中连片特困县和 17 个插花型贫困县乡村中小学和幼儿园教师的生活补助政策，省级财政继续给予综合奖补，使乡村教师的待遇总体上高于县城教师。全省乡村教师在享受甘肃省乡镇机关事业单位工作人员乡镇工作补贴 200～600 元的基础上，对 58 个集中连片特困地区和 17 个插花型贫困县乡村中小学和幼儿园教师，按每月不低于 300 元的标准发放生活补助，并对获得荣誉的教师适当提高标准。

积极推进绩效工资制度改革。切实提高乡村学校班主任的待遇，严格落实《甘肃省人民政府办公厅关于批转省人力资源和社会保障厅等部门甘肃省义务教育学校绩效工资实施意见的通知》要求，在绩效工资实施总量的 30%范围内(即奖励性绩效工资)，按每人每月不低于 300 元的标准，依据边远程度和工作量，实行差别化班主任津贴和寄宿制学校双岗教师岗位补助。对获得荣誉的教师适当提高标准。给予乡村教师交通补贴，各地区依据边远程度，每月补贴 50～100 元，有效提高乡村教师工作的积极性。

(2)实施“安居”工程，落实教师生活保障

首先是住房方面。一是将住房纳入保障体系。甘肃省依法依规落实乡村教师的工资待遇政策，及时足额为教师缴纳住房公积金和各项社会保险费，2016 年起把乡一级中小学教师住房纳入保障性住房范围，由县市区政府统一解决。二是修建乡村学校周转宿舍。甘肃省按规定标准，为乡村教师修建集办公、住宿为一体的周转宿舍。根据《国务院办公厅关于保障性安居工程建设和管理的指导意见》和《甘肃省人民政府办公厅关于印发甘肃省公共租赁住房管理办法的通知》的精神，从 2016 年开始，将解决村一级小学和幼儿园教师的住宿问题列入为民办实

事项目，建设周转房予以解决；把乡一级中小学和幼儿园教师住房纳入保障性住房范围，由县市区政府统一解决。三是信息化建设。将信息化建设纳入交通范畴，源于“信息高速公路建设”。信息化缩短了人与外界接触的心理距离。甘肃省致力于实现所有乡村学校“校校通、班班通、人人通”全覆盖，并为乡村教师提供必要的信息化设备，实现信息道路通畅。

其次是医疗方面。一方面，保障乡村教师医疗福利。各市州及县市区政府要监督用好医疗保险基金，每年组织乡村教师进行1次体检，对于条件艰苦的偏远乡村中小学和幼儿园教师，要组织专家下乡巡诊。在现行制度框架内，做好乡村教师重大疾病救助工作，建立绿色通道，特事特办。另一方面，关注乡村教师的心理健康。要求每个乡建1所乡村教师活动中心，设立教师心理健康教育室，为教师的身心健康提供服务。

(3)实施“安业”工程，搭建教师发展平台

深化教师职称、编制制度改革。积极推进职称制度改革，将在全省教师职称评审中对乡村教师率先取消名额和比例的限制，切实调动乡村教师的工作热情和积极性。省编办、省教育厅将对全省中小学和幼儿园的教师编制进行全面核定，教师编制在原来的“以师生比为基数”转变为“以师生比为基础，结合班师比，增加附加编制”，教师编制紧缺的问题将得到很大改善，也有利于促进教育均衡发展。

落实乡村教师荣誉表彰政策。建立与待遇水平相挂钩的荣誉制度，对乡村教师予以鼓励。省政府将对在乡村学校从教20年以上的教师予以表彰；市县政府要分别对在乡村学校从教10年以上的教师给予表彰。引导和动员社会力量建立专项资金，对长期在乡村工作的优秀教师予以物质奖励。

自《甘肃省乡村教师支持计划(2015—2020年)实施办法》推行以来，甘肃省乡村中小学和幼儿园优质教师来源得到多渠道扩充，乡村教师资源配置得到明显改善，教育教学能力水平稳步提升，各方面合理待遇依法得到较好保障。但是，由于甘肃省属于经济欠发达的内陆省份，自然条件较差，地区发展很不平衡，全省87个县市区中有58个国家级集中连片特困县和17个插花型贫困县(区)，教育投入70%以上的主要是中央财政转移支付，省市县财政困难，乡村教师队伍建设工作仍然任重道远。

(五)宁夏回族自治区乡村教师队伍建设的典型经验

2015年，宁夏回族自治区义务教育阶段27%的初中、41%的小学在乡村，全区共有乡村教师3万余人。受城乡发展不平衡、交通地理条件不便、学校办学条件欠账多等因素的影响，乡村教师队伍建设问题依然是突出问题。为此，宁夏回族自治区专门出台了《宁夏回族自治区乡村教师支持计划(2015—2020年)实施

办法》，下发关于切实抓好宁夏乡村教师支持计划实施办法贯彻落实工作的通知，制定了具体的时间表，实行各地工作进展情况周通报制度，加强督查、促进落实，适时开展专项督查和实地调研，督促国家和自治区政策在各市县(区)尽快落地生根。

1. 落实乡村教师补贴

《关于调整义务教育阶段农村学校教师补贴标准有关事项的通知》提出，对乡镇及以下学校(含公办幼儿园)在编在岗教职工和特岗教师按山区月人均 500 元、川区月人均 300 元的标准核发补贴。部分市县(区)根据乡村学校路途远近、自然环境等实际情况，实行差别化对待，地方政府想方设法挤资金，在自治区乡村教师补贴的基础上进行二次补贴，形成了越往基层教师待遇越高的机制，吸引和鼓励城市优秀教师到乡村任教。

2. 改革教师职称评聘

在充分调研的基础上，宁夏人力资源和社会保障厅制定下发了《关于调整全区中小学校及乡镇卫生院专业技术人员岗位结构比例的通知》，建立了全区统一的以学段为结构的高、中、初级专业技术岗位比例，从岗位设置上提高了乡村教师职称职数，并规定：对长期在农村中小学、幼儿园工作的教师且现仍在农村教学岗位上，连续工作 15 年晋升中级职称、连续工作 25 年晋升副高级以上职称的可不受专业技术岗位比例的限制直接参加评审。同时，宁夏教育厅、人力资源和社会保障厅联合下发《关于认真做好 2016 年中小学校(幼儿园)系列教师专业技术职务任职资格评审工作有关问题的通知》，对乡村教师职称评审做了进一步规定：在核定岗位机构比例内，对乡镇及以下农村中小学、幼儿园从事教学工作满 20 年的中专生，并取得中级职称满 5 年的，可申报副高级职称；在任职资格评审条件中，将原有中小学教师评审条件 8 项中满足其中的 2 项条件，降低为满足其中的 1 项条件，有效提升了乡村教师中高级职称的参评率。

3. 打造乡村教学名师

宁夏教育厅每年在全区遴选出 25 位在教育教学研究、引领学生成长、示范带动教师专业化发展等方面有突出贡献的乡村教学名师，委托清华大学进行为期三年递进式、系统化培训，目标在于将乡村教学名师打造为培训师，体现“用得好、辐射广、共成长”的培养理念。根据培养计划，乡村教学名师的培养共分三个阶段。第一阶段是优中选优，确定清华大学为自治区乡村教师培训基地。依托一流大学的优质资源，助力乡村教学名师的培养，重点提升乡村名师整体的教育素质和学科素养。第二阶段是分学科、学段为乡村教学名师组建“名师工作室”和“网络研修工作坊”，并予以相应任务驱动。充分发挥乡村教学名师的骨干带动和示范引领作用，增强教师专业发展的主动性和自觉性，为教师成长创造良好的环

境和条件，全面提高乡村教师的教学、教研和培训辐射能力。第三阶段是对乡村名师作用的发挥情况进行考核评估。考核合格的继续给予支持，考核不合格的取消乡村教学名师和“乡村名师工作室”主持人称号。

4. 建立乡村教师疗养制度

宁夏在乡村教师支持计划实施办法中建立“乡村教师疗养制度”，由自治区财政安排专项资金，每年组织100位在乡村从教20年以上的优秀教师到区内外疗养。宁夏教育厅专门下发通知，组织各市县(区)逐级评选推荐，确保乡村优秀教师参加疗养。在评选过程中，突出在乡村学校连续任教30年以上且现仍在教学一线，身体健康，曾获县级以上优秀教师、班主任、教育工作者、师德标兵和教育科研奖，优先遴选长期在村小、教学点任教，教育教学成绩突出，深受学生爱戴和群众好评的一线教师。

5. 统筹解决乡村教师住房问题

银川市政府出台了《银川市乡村教师支持计划(2015—2020年)实施细则》，要求各县(市)区按规定将符合条件的乡村教师住房纳入当地住房保障范围统筹解决。为此，银川市专门出台了《银川市乡村教师购买保障性住房暂行办法》，规定银川市范围内乡镇及以下学校(含幼儿园)在编在岗的教师和特岗教师，同时符合下列条件的，可申请购买市本级政府建设的保障性住房：在银川市(含两县、一市)乡村学校(含公办幼儿园)工作满2年且考核合格以上的；本人或配偶未购买过保障性住房；本人或配偶未参加过公房房改，目前未承租公房。曾经享受公房房改政策、购买保障性住房的乡村教师家庭，因重大疾病、离异成为无房的(离异须满2年)，在房屋转移2年后可申请购买保障性住房。乡村教师购买市保障性住房的，在市政府批准的销售价格的基础上，可根据教龄享受每平方米200～700元的价格优惠。符合办法规定的乡村教师不愿购买市保障性住房的，但符合《银川市城市住房保障管理办法》中公租房承租条件的，可申请承租公租房进行保障。

目前，宁夏回族自治区全区5大市20个县(区)均已出台实施细则，乡村教师队伍建设取得较大成效。但是，由于宁夏回族自治区各市县(区)经济发展的不均衡，贯彻落实乡村教师支持计划的情况也参差不齐，尤其是南部山区国家集中连片贫困地区的财政困难，从而影响了乡村教师支持计划的实施效果。

结　语

2016—2017年，我国义务教育事业持续发展，办学条件持续改善，教师素质逐步提升，教育经费投入保持增长，资源配置更趋合理，教育质量稳步提升。与此同时，虽然县域义务教育均衡发展取得了较大进展，但是乡村教育作为农村义务教育的最末端和最短板，仍然需要大力发展和持续关注。农村义务教育发展有两个问题值得关注：一是乡村教师质量问题。从义务教育事业发展的数据来看，城乡师资配置的数量指标渐趋公平，加强乡村教师队伍建设，提升乡村教师素质已经成为政策关注和学术研究的重心。二是乡村学校信息化建设问题。从各项指标来看，近年来，乡村学校的信息化水平得到大幅提升，尤其在硬件设施上有了较大提高，但是在专业教师和网络技术等软件上还非常薄弱，加强乡村学校信息化的软件建设将成为政策关注的要点。总之，"十三五"期间，在追求公平的同时，提升质量仍然是农村义务教育事业发展的重要主题。

【本报告撰写人：安晓敏、邹红军、王坤荣、韩雪娇。陈桃丽、韩锐、李亚娟、佟艳杰承担部分资料收集和数据录入工作。作者单位：教育部人文社会科学重点研究基地中国农村教育发展研究院、东北师范大学教育学部】

第 3 章　农村普通高中教育年度进展报告

【概要】《纲要》明确提出，到 2020 年普及高中阶段教育。为实现这一目标，普通高中打起普及攻坚战，并进一步向素质教育、教育公平靠拢，从而实现教育的均衡化、多样化发展。本报告以农村生源为关注重点，从大事记、政策议题、发展态势和学术热点四个方面展开，客观呈现 2016 年我国普通高中教育事业进展，进一步把握普通高中教育改革发展中的问题。

当前的政策议题主要集中在以下三个方面。一是精准发力，打好高中阶段教育普及攻坚战。普及高中阶段教育是党中央做出的战略部署，也是“十三五”时期我国教育事业发展的重要目标和任务。2016 年，我国高中阶段毛入学率为 87.5%，2020 年实现 90%的目标，国家层面只须增加 2.5 个百分点，并且目前全国三分之二以上的省份的高中阶段教育毛入学率已经达到 90%以上。从当前高中阶段教育的发展现实来看，亟须打好普及攻坚战，要聚焦难点、把握重点，做到精准发力。二是改善办学条件，完善资助体系。2017 年 3 月 24 日，教育部、国家发展改革委、财政部、人力资源社会保障部印发的《高中阶段教育普及攻坚计划(2017—2020 年)》明确提出，攻坚的重点任务之一是加强条件保障。完善学校办学标准，加强学校办学条件建设。基本消除普通高中大班额现象，减少超大规模学校。建立合理的成本分担机制，健全生均拨款制度，完善学费动态调整机制，保障学校正常运转。积极化解普通高中债务，完善和落实学生资助政策，不让一位学生因家庭经济困难而失学。三是深化教育改革，建设高品质高中。深化教育领域综合改革，增强教育改革活力，既是时代发展趋势的必然要求，更是国家高度重视教育发展，把提升教育教学质量摆在战略位置的坚定信念体现。党的十八届三中全会通过的《中共中央关于全面深化改革若干重大问题的决定》是指导未来我国全面深化改革的纲领性文件，其中明确提出了深化教育领域综合改革的任务。《中华人民共和国国民经济和社会发展第十三个五年规划纲要》再次强调要增强教育改革发展活力，深化考试招生制度和教育教学改革，表明了"十三五"期间，增强教育改革发展活力将会成为中央和地方发展教育工作的首要任务。普及高中教育不是目的而是手段，最终目的是提高国民的文化素质和劳动力的竞争力。

宏观数据表明，我国普通高中教育在 2016 年获得了全面提升与发展。普通高中总体办学条件不断改善，中央财政通过下拨普通高中办学条件的补助资金，以切实改善连片特困地区，尤其是民族地区普通高中的办学条件，优先支持县及县以下薄弱普通高中。2016 年，普通高中共有校舍建筑面积 49142.31 万平方米，比上年增加了 4.26%；生均校舍面积 20.76 平方米，比上年增加 0.91 平方米；每百位学生拥有教学用计算机台数为 17 台；普通高中体育运动场(馆)面积达标率、体育器械配备达标率、音乐器械配备达标率、美术器械配备达标率、理科实验仪器达标率和建立校园网比例已高达 89.28%、91.17%、89.82%、89.95%、91.52%和 88.65%。全国普通高中教师的相对数量保持稳步增长的态势，教师素质也明显提高。2016 年，专任教师总数为 173.3 万人，比上年增长 2.2%；生师比从上年 14.01∶1 下降至 13.65∶1；专任教师的学历合格率为 97.9%，研究生毕业教师的比例进一步提升，达到了 7.94%。

我国普通高中在发展的过程中面临一些问题和困惑，学术界对此也进行了积极的探索与思考，如规范高中招生、全面普及高中教育、高中学校发展模式变革、高考改革、课程改革、高中评价制度改革等，各位学者在剖析这些问题的基础上提出了破解的基本路径。

一、农村普通高中教育大事记

2016 年 6 月 28 日，为推动法治教育纳入国民教育体系，提高法治教育的系统化、科学化水平，教育部、司法部、全国普法办发布《青少年法治教育大纲》，提出要将必要的法律常识纳入不同阶段学生学业评价范畴，在中、高考中适当增加法治知识内容，将法治素养作为学生综合素质的重要组成部分。

2016年8月30日，经国务院同意，财政部、教育部联合印发《关于免除普通高中建档立卡家庭经济困难学生学杂费的意见》，决定从2016年秋季学期起，免除公办普通高中建档立卡等家庭经济困难学生（含非建档立卡的家庭经济困难残疾学生、农村低保家庭学生、农村特困救助供养学生）的学杂费。免学杂费标准按照各省级人民政府及其价格、财政主管部门批准的学费标准执行（不含住宿费）。免学杂费财政补助资金由中央与地方按比例分担，其中西部地区为8∶2，中部地区为6∶4；东部地区除直辖市外，按照财力状况分省确定。

2016年9月8日，《河南省人民政府办公厅关于完善普通高中教育经费保障机制的通知》发布，要求2017年春季学期起，河南省统一执行公办普通高中生均公用经费基准定额，省辖市市区每生每年不低于1000元，县城和农村地区每生每年不低于800元，特殊教育学校和随班就读残疾学生每生每年不低于6000元。同时，对家庭经济困难学生，按照每生每年不低于2000元的标准发放国家助学金，所需资金由中央、省、市县按比例分担。普通高中要从事业收入中提取4%～6%的经费，用于设立校内奖学金和特殊困难补助等，确保应补尽补。

2016年9月10日，吐鲁番市委、市政府制订了《吐鲁番市高中阶段免费教育实施办法》和《吐鲁番市贫困家庭子女教育资助实施办法》，对全市范围内注册学籍的吐鲁番市户籍的普通高中学生实施免除学费、教科书费和寄宿学生住宿费，给予寄宿学生适当的生活补助费的“三免一补”政策；对贫困家庭子女给予从学前到研究生的教育资助，其中普通高中阶段，在落实“三免一补”政策的基础上，对建档立卡贫困户和低保户家庭子女再补助每生每年校服费250元、保险费50元和交通费300元。

2016年9月18日，为全面贯彻党的教育方针、普及高中阶段教育、培养适应经济社会发展的各类人才、建设国家创新人才培养体系，教育部发布《教育部关于进一步推进高中阶段学校考试招生制度改革的指导意见》，主要内容包括推行初中学业水平考试、完善学生综合素质评价、改革招生录取办法、进一步完善自主招生政策及加强考试招生管理。

2016年9月29日，新疆维吾尔自治区南疆地区为普及高中阶段教育，提高教学质量，促进教育事业发展，根据《中华人民共和国教育法》《中华人民共和国职业教育法》等法律、法规的规定，结合自治区的实际，制定了《新疆维吾尔自治区南疆地区普及高中阶段教育条例》。该条例明确规定，凡具有南疆地区户籍或者以南疆地区为经常居住地，并已完成九年义务教育的适龄初中毕业生，应当接受高中阶段教育。符合入学条件的残疾适龄初中毕业生，享有同等接受高中阶段教育的权利。

2016 年 10 月 14 日，贵州省普通高中优质特色发展的现场推进会在贵阳市召开，副省长陈鸣明出席会议并讲话。陈鸣明强调，要深化认识，强化保障，进一步科学谋划普通高中改革发展，加快推进普通高中优质多元特色发展，全面提升办学水平和育人质量，确保 2017 年如期实现基本普及十五年教育，逐步实现高水平的普及高中教育，着力构建规格适宜、结构合理、特色鲜明、内涵丰厚、保障有力的普通高中教育体系。

2016 年 10 月 20 日，江西省将从 2018 年秋季入学的高一年级学生开始，不分文理科，实行新的学业水平考试制度，分为合格性考试和等级性考试两大类。其中，等级性考试实行科目“6 选 3”，考生可从思想政治、历史、地理、物理、化学、生物 6 科中选择 3 科参加考试，3 门考试每门满分是 100 分。另外，语文、数学、外语是高考必考科目，每门满分是 150 分。学生高考总成绩将由 3 门等级性考试选考科目和 3 门高考必考科目的成绩相加而成，作为高校录取的基本依据。

2016 年 10 月 26 日，湖南省衡阳市教育局正式发布《衡阳市普及高中阶段教育实施方案》。该方案指出，2016 年起，全市将组织实施普及高中阶段教育攻坚计划，努力扩充高中阶段教育资源，积极化解高中“大班额”现象。到 2018 年年底，全市拟新增 5 所普通高中、调减 2 所普通高中，同时加强部分高中扩容，共增加普通高中学位 2.13 万个。

2016 年 10 月 31 日，陕西省人民政府办公厅根据《国务院办公厅关于加快中西部教育发展的指导意见》，出台了《陕西省人民政府办公厅关于加快中西部教育发展的实施意见》。该意见明确指出，找准陕西教育发展的薄弱环节，优化教育资源配置，全面提升各级各类教育发展水平。推进普通高中教育优质多样化发展。到 2020 年，全省普通高中全部达到标准化，省级示范高中数量达到全省普通高中总数的 20%。

2016 年 11 月 10 日，湖北省宜昌市教育局发布的《宜昌市教育事业发展“十三五”规划》明确指出，应科学布局普通高中和中等职业学校，总体保持普通高中和中等职业学校的招生规模大体相当，确保全市 29 所普通高中布局基本调整到位，逐步在全市范围内实施高中阶段免费教育。

2016 年 12 月 16 日，教育部等六部门联合印发的《教育脱贫攻坚“十三五”规划》明确指出，普通高中改造计划和教育基础薄弱县普通高中建设项目优先支持贫困县普通高中改善办学条件，保障建档立卡等贫困家庭学生接受普通高中教育的机会。各地要加大对贫困地区普通高中的投入力度，逐步建立健全普通高中生

均拨款制度，为实现2020年普及高中阶段教育兜住底线。继续实施普通高中国家助学金政策，实现对建档立卡等贫困家庭学生的全覆盖。免除公办普通高中建档立卡等家庭经济困难学生的学杂费。

2017年2月8日，山西省大同市按照《山西省普通高级中学办学基本标准》和《大同市普通高级中学办学基本条件评估实施细则》，扎实推进普通高中办学标准化评估工作。确定用三年时间，对全市39所普通高中的办学基本条件进行全面评估验收。2016年已对13所普通高中的文理科教学设备、音体美卫器材、图书及信息技术等方面进行了补充完善。年度安排的13所普通高中办学条件评估工作已全部完成。

2017年2月16日，《宁夏中小学生学籍管理办法实施细则(修订)》发布。文件要求，学生在接受普通高中教育期间，不得随意转学。如果普通高中教育阶段学生因家庭居住地跨省(区)、市迁移，且户籍已迁入居住地的，可以转入户籍所在地学校。进城务工人员务工地跨县(区)以上变化的，其随迁子女可以转入监护人新的务工所在地县(区)学校。高一年级第二学期要建立考籍，并参加学业水平考试，在此期间不允许办理任何原因的转学手续。高三年级原则上不办理转学手续。

2017年3月2日，沈阳市教育部门推进各级各类教育协调发展，2017年年底前在沈阳市的所有高中推行符合学校实际、适合学生发展的走班制教学。沈阳市有15所普通高中参加辽宁省综合素质评价试点工作，沈阳市在2016年和2017年入学的学生中开展学生综合素质评价试点工作。推进各试点学校组建专职教师指导团队，设立工作经费，将对学生的理想、心理、学业、生活、生涯规划等方面进行综合指导，同时积极搭建平台，多渠道开展社团、研究性学习、社区服务等综合素质教育实践活动，满足今后全面走班制教学的各种需求。

2017年3月14日，山西省忻州市下发的《忻州市教育局2017年教育扶贫行动计划》明确指出，推进普通高中办学条件标准化建设；落实优质高中指标到校，分配比例不低于60%，加大优质高中招收贫困地区农村初中学生的比例。对普通高中建档立卡的家庭经济困难学生和残疾学生免除学杂费。对具有正式注册学籍的普通高中在校生中的12000位左右的家庭经济困难学生进行资助，平均资助标准为每生每年2000元。

2017年3月20日，贵州省在“十三五”期间，加快发展普通高中教育。2017年，实现以县(市、区、特区)为单位，高中阶段毛入学率达到87%以上，2020年达到90%。同时，整合实施集中连片特困地区的普通高中建设改造计划、民族地区教育基础薄弱县的普通高中建设和省级普通高中建设等项目，加强各普通高中基础设施的配套完善，支持100所以上普通高中的校舍改扩建、配置图书和教学仪器设备以及体育运动场等附属设施建设。

2017年3月24日，经国务院同意，教育部等四部门印发了《高中阶段教育普及攻坚计划(2017—2020年)》。该文件明确提出，到2020年，全国普及高中阶段教育。全国、各地区的毛入学率均达到90%以上，中西部贫困地区毛入学率显著提升。攻坚重点为：中西部贫困地区、民族地区、边远地区、革命老区等教育基础薄弱、普及程度较低的地区，特别是集中连片特殊困难地区；家庭经济困难学生、残疾学生、进城务工人员随迁子女等特殊群体；普通高中大班额比例高、职业教育招生比例持续下降、学校运转困难等突出问题。

2017年3月27日，《河南省教育事业发展"十三五"规划》发布，明确指出将重点改善薄弱普通高中办学条件，逐步消除大班额现象。除了引导推动普通高中学校多样化、特色化发展，建成一批特色学校和特色项目，满足不同潜质学生的发展需求外，还要启动实施河南省科技创新后备人才培养计划(豫英计划)，加强基础教育与高等教育的有效衔接。

2017年4月13日，《甘肃省精准扶贫普通高中教育专项支持计划(2016—2020年)提出，到2020年，全省58个集中连片特困地区贫困县和17个插花型贫困县的普通高中办学条件将得到明显改善；贫困地区高中阶段毛入学率达到95%，保障贫困地区和困难家庭子女均能够接受优质的高中教育，实现贫困地区高中教育"有学上"到"上好学"的目标；民族地区高中阶段毛入学率接近90%，初步形成具有民族和区域特色的办学模式。此外，还将建立家庭经济困难学生资助制度，平均资助面占到全省普通高中在校生的30%，重点向建档立卡贫困家庭学生倾斜。

2017年4月25日，四川省开始分步分阶段推进高中阶段教育普及攻坚，计划到2020年，全省普及高中阶段教育，高中阶段毛入学率达到90%以上。四川省将重点支持贫困地区高中阶段教育发展，编制"十三五"薄弱县普通高中建设规划，落实国家资助及免学费政策。2017年筹集财政资金31.6亿元，惠及120余万高中阶段学生。推进藏区和彝区"9+3"免费教育计划，并将资助政策扩展到全省集中连片特困地区。深入实施民族地区15年免费教育，加大特殊资助并保障建档立卡的贫困、低保家庭和残疾学生优先享受。

2017年5月31日，海南省教育厅厅长曹献坤在海南省第七次党代会报告中指出，未来5年中，在普通高中教育方面，重点要通过合作办学等形式，推动每个市县至少建一所省一级学校，使普通高中阶段入学率达到90%以上，普通高中基本消除56人及以上大班额。

2017年6月30日，“十三五”期间，甘肃省逐步落实普通高中教育免除学杂费和书本费、普通高中助学金、贫困家庭学生助学贷款等各项政策。具体措施包括：为建档立卡等家庭经济困难的普通高中学生免除学杂费；为品学兼优的贫困家庭学生提供普通高中助学金，每人每年2000元。

二、农村普通高中教育发展的政策议题

2016年以来，我国普通高中阶段教育最受关注的政策议题是打好高中阶段教育普及攻坚战，加强对贫困地区及学生的扶持力度并全面提高教育质量。

(一)精准发力，打好高中阶段教育普及攻坚战

普及高中阶段教育是党中央做出的战略部署，也是“十三五”时期我国教育事业发展的重要目标和任务。从当前高中阶段教育的发展现实来看，我们亟须打好普及攻坚战，聚焦难点、把握重点，做到精准发力。①

教育现代化的本质是人的现代化，即对人力资本的投资。从人的生命发展周期来看，高中阶段教育正对应人从少年向青年阶段的起步期，普及高中阶段教育意味着使该阶段所有人口获得人力资本投资，更意味着促进人的全面发展。到2020年确保高中阶段教育毛入学率达到90%以上，这接近或达到发达国家高中阶段毛入学率水平。② 新疆维吾尔自治区南疆地区制定的《新疆维吾尔自治区南疆地区普及高中阶段教育条例》规定，凡具有南疆地区户籍或者以南疆地区为经常居住地，并已完成九年义务教育的适龄初中毕业生，应当接受高中阶段教育；符合入学条件的残疾适龄初中毕业生，享有同等接受高中阶段教育的权利。湖南省衡阳市教育局印发的《衡阳市普及高中阶段教育实施方案》指出，从2017年起，全市将组织实施普及高中阶段教育攻坚计划，努力扩充高中阶段教育资源。贵州省将在“十三五”期间，加快发展普通高中教育，实现以县(市、区、特区)为单位，高中阶段毛入学率达到87%以上，2020年达到90%。③ 四川省将分步分阶段推进高中阶段教育普及攻坚，到2020年，全省普及高中阶段教育，高中阶段毛入学率达到90%以上。④

高中教育全面普及的难点就是攻坚的重点，打好高中阶段教育普及攻坚战需要牢牢把握重点，紧紧瞄准困难地区和特殊群体，提高困难地区普及水平，扩大

① 汪明：《打好高中阶段教育普及攻坚战》，载《中国教育报》，2017-04-07。
② 胡鞍钢：《普及高中阶段教育是国家重大战略》，载《中国教育报》，2017-04-12。
③ 罗海兰：《每年建500所农村标准化寄宿制学校》，载《贵阳日报》，2017-03-20。
④ 江芸涵：《到2020年　全省普及高中阶段教育》，载《四川日报》，2017-04-25。

特殊人群接受高中阶段教育的机会。《教育脱贫攻坚"十三五"规划》指出，普通高中改造计划和教育基础薄弱县的普通高中建设项目优先支持贫困县普通高中改善办学条件，保障建档立卡等贫困家庭学生接受普通高中教育的机会；各地要加大对贫困地区普通高中的投入力度，逐步建立健全普通高中生均拨款制度，为实现2020年普及高中阶段教育兜住底线；继续实施普通高中国家助学金政策，实现对建档立卡等贫困家庭学生的全覆盖。甘肃省计划到2020年，使全省58个集中连片特困地区贫困县和17个插花型贫困县的普通高中办学条件得到明显改善；使贫困地区高中阶段毛入学率达到95%，保障贫困地区和困难家庭子女均能够接受优质的高中教育；使民族地区高中阶段毛入学率接近90%，初步形成具有民族和区域特色的办学模式。陕西省人民政府办公厅出台的《陕西省人民政府办公厅关于加快中西部教育发展的实施意见》指出，要找准陕西教育发展的薄弱环节，支持教育基础薄弱县普通高中建设，加大对贫困县、国家革命老区县的非省级标准化高中的经费投入力度，全面落实高中阶段攻坚计划。

(二)改善办学条件，完善资助体系

2017年3月24日，《高中阶段教育普及攻坚计划(2017—2020年)》提出，教育普及攻坚的重点任务之一是加强条件保障。乡镇高中办学难，难在质量保障上。如果没有质量保障，学生升大学无望，乡镇高中也就难有吸引力，而没有吸引力的乡镇高中显然难以为继。相对于县城、市区的高中而言，由于长期得不到财政扶持，乡镇高中的办学条件普遍较差，因而加大经费投入、改善办学条件是首要任务。从国家层面来看，要扩大实施教育基础薄弱县普通高中建设项目，落实普通高中改造计划，加大对高中校舍改扩建、配置图书和教学仪器设备及体育运动场等附属设施建设，并对乡镇高中予以必要倾斜。地方财政也要加大支持力度，增强乡镇高中的培养能力，改善办学条件。① 贵州省将在"十三五"期间，整合实施集中连片特困地区普通高中建设改造计划、民族地区教育基础薄弱县的普通高中建设和省级普通高中建设等项目，加强各普通高中基础设施的配套完善，支持100所以上普通高中校舍改扩建、配置图书和教学仪器设备以及体育运动场等附属设施建设。山西省大同市按照《山西省普通高级中学办学基本标准》和《大同市普通高级中学办学基本条件评估实施细则》，扎实推进普通高中办学标准化评估工作。确定用三年时间，对全市39所普通高中的办学基本条件进行全面评估验收。湖南省衡阳市教育局正式下发的《衡阳市普及高中阶段教育实施方案》指出，将努力扩充高中阶段教育资源，积极化解高中"大班额"现象。《河南省教育

① 汪明：《办好乡镇高中并非"权宜之计"》，载《中国教育报》，2016-07-22。

事业发展"十三五"规划》指出，重点改善薄弱普通高中的办学条件，逐步消除大班额现象。海南省教育厅厅长曹献坤指出，未来5年中，基本消除普通高中56人及以上大班额。

免除普通高中建档立卡家庭经济困难学生学杂费，设立奖学金和特殊困难补助，是完善国家助学政策体系、推进教育机会公平、阻断贫困代际传递、实施精准扶贫帮困的重要举措，也是加快普及高中阶段教育、全面建成小康社会的客观要求。根据"确保政策落到最贫困家庭的学子身上"的工作要求，教育部办公厅、民政部办公厅、国务院扶贫办行政人事司、中国残疾人联合会办公厅四部门联合印发了《普通高中建档立卡家庭经济困难学生免除学杂费政策对象的认定及学杂费减免工作暂行办法》，明确划分了部门间的工作职责，规范了认定标准和流程，并要求各级教育、民政、扶贫、残联等部门加强沟通和配合，按照既定的职责和分工，推动精准认定、精准资助工作。① 教育部财务司副巡视员刘玉光介绍，根据民政部、国务院扶贫办、中国残联提供的普通高中建档立卡等家庭经济困难学生人数，中央财政于2016年9月5日下发了2016年秋季学期免除普通高中建档立卡家庭经济困难学生学杂费的补助资金4.4亿元。同时要求各地加强普通高中预算管理，细化预算编制、严格预算执行、强化预算监督，确保免学杂费资金使用的安全、规范和有效。

各省也根据自身的实际情况和需求，制定相应的政策并提出有效、可行的资助措施，加大对贫困地区和学生高中阶段教育的扶持力度。河北省石家庄市建立深山区学生信息管理系统，完善学生电子成长档案，建立学生成长追踪机制，加强生涯规划和就业指导。教育、扶贫、财政三部门联合开展建档立卡贫困家庭学生摸底统计工作，全面掌握全市建档立卡贫困家庭学生的基本情况，推进教育精准扶贫。落实山区贫困学生生活补助、交通补助专项经费和免费接受高中阶段教育专项经费，保障建档立卡贫困家庭学生从小学、初中、高中乃至大学真正享有吃、住、行、书费全免的优惠政策。②

(三)深化教育改革，建设高品质高中

《中共中央关于全面深化改革若干重大问题的决定》是指导未来我国全面深化改革的纲领性文件，明确提出了深化教育领域综合改革的任务。《中华人民共和国国民经济和社会发展第十三个五年规划纲要》强调增强教育改革发展活力，深化考试招生制度和教育教学改革。普及高中教育的最终目的是提高国民的文化素

---

① 刘博智、段栩雯：《"确保政策落到最贫困的学子身上"》，载《中国教育报》，2016-12-31。

② 李忠峰：《石家庄落实山区教育扶贫》，载《中国财经报》，2017-06-06。

质和劳动力的竞争力。因此，只有通过深化教育改革，提高教育质量，建设高品质高中才有意义。

《教育部关于进一步推进高中阶段学校考试招生制度改革的指导意见》指出，在新高考改革的背景下，学校的运行机制必将发生重大变化，教育管理方式也需要相应发生变化。现在的学生是围着学校转，学生不管在哪所学校读书，课程表基本是一样的。未来高考改革之后，学校要围绕学生的需求进行课程建设。① 上海市从 2017 年起在高考招录中采用“两依据一参考”政策，即依据统一高考成绩和高中学业水平考试成绩，参考高中学生综合评价信息。面对“两依据一参考”的高考选拔方案，各高中首先变革的是教学组织形式，走班制教学在上海高中全面铺开。限于校舍、师资等条件，上海的走班制教学形式出现了三种类型，分别被称为“大走班”“中走班”和“小走班”。在校舍、师资和生源质量比较好的学校，实行完全没有行政班级教学的为“大走班”；限于教学场地，保持部分学科行政班教学(主要是语文、数学、英语学科)，其他学科进行走班教学的，谓之“中走班”；因为生源和师资限制，暂时无法开足六门等级考试科目的学校，基本保持行政班不变的教学，实施“小走班”。② 江西省将从 2018 年秋季入学的高一年级学生开始，不分文理科，实行新的学业水平考试制度，分为合格性考试和等级性考试两大类。此次的高考综合改革，将对高中教育的教学管理提出全新的变革要求，长期以来固定的班级模式将被打破，师生之间将由“教师选择学生”向“学生选择教师”转变。2019 年，江西省会进行第一次学业水平合格性考试，并着手实施走班教学制度。且已经选定南昌、新余两个设区市进行试点，探索推进选课走班教学等工作。③ 沈阳市普通高中教育的重点是优质多样发展，并做好高考改革方案的应对工作。2016 年 9 月，沈阳市所有高中结合本校的实际情况在部分科目开展分层走班的教学管理模式，从而积累相关管理经验，为高考改革后分科选课、分层走班做好充分准备。2016 年年底前，沈阳市所有高中都建立了符合学校实际、适合学生发展的走班制教学。④

一所高品质高中一定要有自己的办学灵魂，这种灵魂就是办学理念，通俗地说就是办学的出发点，具有一定的价值观。江苏省教育厅副厅长朱卫国在 2016 年全省高中教育教学改革现场观摩研讨会上就高品质高中建设进行了全面阐述。他提出建设高品质高中，要凝练办学之魂，厚植文化之根，培养高素质之人，做

① 张志勇：《高中教育的十大革命》，载《中国教师报》，2016-11-16。
② 虞晓贞：《走班制教学，对谁的挑战更大?》，载《文汇报》，2016-12-09。
③ 张武明：《高考考试科目要从套餐变自助餐》，载《江西日报》，2016-10-20。
④ 曲宏：《今年沈阳所有高中都开启走班制教学》，载《辽宁日报》，2017-03-02。

强立校之本，创新建设之路，主要包括四个方面：把坚持立德树人作为根本任务，从思想的角度凝练学校的办学之魂；把遵循教育规律作为职业道德，从道德的角度凝练学校的办学之魂；把执行课程标准作为神圣天职，从教学的角度凝练学校的办学之魂；把鲜明办学特色作为传承品牌，从管理的角度凝练学校的办学之魂。①

提高高中阶段学校的办学质量，重在一般学校和薄弱学校。高中阶段学校发展很不均衡，无论普通高中还是中等职业学校，每个区域都有"重点学校""名校""示范校"等，它们的教育投入、设施条件和教师素质都要远远高于一般学校和薄弱学校。②《甘肃省精准扶贫普通高中教育专项支持计划(2016—2020年)》明确指出，将重点提升贫困地区普通高中的办学能力；加大薄弱高中改造专项资金的投入力度，分期、分批实施贫困地区普通高中办学条件的改善工程，缩小学校、城乡、区域之间的差距；补足配齐贫困地区普通高中教师，解决教师短缺和教师队伍结构性矛盾，将贫困地区农村普通高中教师培训纳入"国培"计划，开展多学科、多轮次的全员培训；逐步扩大革命老区和民族地区的普通高中优质资源，到2020年逐步建成一批省级示范性普通高中和特色实验学校。同时，甘肃省以普通高中新课程"学科教学改革研究与实验基地"为依托，以网络研修平台为技术支持，以"送教送培"小分队的形式，开展专题讲座、课题研究、课例观摩、教学研讨等形式的教研活动，切实提高贫困地区教师的教学能力和科研能力。陕西省出台的《陕西省人民政府办公厅关于加快中西部教育发展的实施意见》指出，找准陕西教育发展薄弱环节，优化教育资源配置，全面提升各级各类教育发展水平，推进普通高中教育优质多样化发展。吉林省珲春市依据高品质教育高品位学校的五年工作规划，全面推进"高品质教育、高品位学校"教学改革；顺应形势，努力扩大优质普通高中教育；做好高考制度改革的衔接工作，实现高中教育优质发展。③

三、农村普通高中教育的发展态势

我国普通高中的总体发展态势良好，学校基数相对稳定，招生规模有所扩大，教师素质稳步提高，办学条件不断改善。同时，普通高中在发展的过程中也面临一些问题，尤其是区域间的发展差距较为明显。

---

① 朱卫国：《再谈高品质高中的建设(上篇)》，载《江苏教育报》，2016-12-09。

② 宗晓华：《高质量的普及才有意义》，载《中国教育报》，2017-04-25。

③ 焦宇：《珲春追求高品质教育高品位学校》，载《图们江报》，2016-10-21。

(一)普通高中数量变化不大

从普通高中数量的变化情况来看，全国学校数的变化幅度较小，2016 年比 2015 年增加了 143 所，增加了 1.08%。城区普通高中数量增加了 203 所，增加了 3.16%；镇区与乡村的学校数略有减少，分别减少 44 所和 16 所，减少的比例分别为 0.72%、2.40%。从纵向比较的视角出发，乡村普通高中数量呈现逐年下降的趋势(见表 3.1)。

表 3.1 全国城乡普通高中数量的变化情况

地区	2015 年学校数(所)	2016 年学校数(所)	数量变化(所)	变化幅度
全国	13240	13383	143	1.08%
城区	6425	6628	203	3.16%
镇区	6147	6103	−44	−0.72%
乡村	668	652	−16	−2.40%

全国各地区普通高中数量总体增加，21 个省份的学校数稍有增加，8 个省份的学校数略有减少，但减少的幅度很小，还有 3 个省份的学校数保持不变。其中，山东和青海普通高中数量的增加幅度超过 4%，其增加幅度分别为 4.50%、4.95%(见表 3.2)。

表 3.2 各地区普通高中数量的变化情况

地区	2015 年学校数(所)	2016 年学校数(所)	数量变化(所)	变化幅度
全国	13240	13383	143	1.08%
青海	101	106	5	4.95%
山东	555	580	25	4.50%
河北	578	598	20	3.46%
西藏	30	31	1	3.33%
云南	465	480	15	3.23%
河南	770	792	22	2.86%
海南	106	109	3	2.83%
江西	460	469	9	1.96%
浙江	563	574	11	1.95%
四川	726	739	13	1.79%

续表

地区	2015 年学校数(所)	2016 年学校数(所)	数量变化(所)	变化幅度
内蒙古	284	289	5	1.76%
贵州	430	437	7	1.63%
上海	253	256	3	1.19%
广东	1019	1031	12	1.18%
广西	445	450	5	1.12%
天津	180	182	2	1.11%
安徽	666	672	6	0.90%
吉林	239	241	2	0.84%
湖南	575	579	4	0.70%
江苏	569	571	2	0.35%
宁夏	62	62	0	0.00%
辽宁	412	412	0	0.00%
湖北	532	532	0	0.00%
北京	306	305	−1	−0.33%
重庆	261	260	−1	−0.38%
山西	505	503	−2	−0.40%
陕西	488	485	−3	−0.61%
新疆	357	354	−3	−0.84%
福建	540	533	−7	−1.30%
黑龙江	377	372	−5	−1.33%
甘肃	386	379	−7	−1.81%

(二)普通高中招生规模基本不变，省域间与城乡招生比例存在较大差距

2015 年，我国普通高中招生数有 7966066 人；2016 年，招生数有 8029206 人，增加了 63140 人，增加了 0.79%。从全国各地区的招生数来看，首先是宁夏招生数的减少幅度最大，减少比例为 6.14%；其次是北京和广东，分别为 5.64%、3.17%。广西招生数的增长幅度最大，增长比例为 9.04%，然后是青海和河北，分别为 6.48%、6.12%(见表 3.3)。

表 3.3 各地区普通高中的招生情况

地区	2015 年招生数(人)	2016 年招生数(人)	招生数变化(人)	变化幅度
全国	7966066	8029206	63140	0.79%
广西	310448	338497	28049	9.04%
青海	40030	42622	2592	6.48%
河北	407691	432658	24967	6.12%
云南	274510	288237	13727	5.00%
湖南	380349	393932	13583	3.57%
吉林	135162	139534	4372	3.23%
江西	320383	330240	9857	3.08%
黑龙江	180950	186283	5333	2.95%
新疆	187672	192953	5281	2.81%
河南	679812	695330	15518	2.28%
辽宁	209790	212049	2259	1.08%
山东	553698	557806	4108	0.74%
福建	215655	217129	1474	0.68%
天津	53822	54143	321	0.60%
重庆	198552	199687	1135	0.57%
海南	57353	57268	−85	−0.15%
贵州	343484	342626	−858	−0.25%
浙江	259850	258898	−952	−0.37%
江苏	319487	318236	−1251	−0.39%
西藏	19598	19514	−84	−0.43%
湖北	278614	277056	−1558	−0.56%
上海	53439	53066	−373	−0.70%
内蒙古	148389	146962	−1427	−0.96%
安徽	363302	358775	−4527	−1.25%
山西	248426	244539	−3887	−1.56%
陕西	264270	257192	−7078	−2.68%
四川	489960	476045	−13915	−2.84%
甘肃	199426	193389	−6037	−3.03%

续表

地区	2015年招生数(人)	2016年招生数(人)	招生数变化(人)	变化幅度
广东	664376	643293	−21083	−3.17%
北京	56743	53544	−3199	−5.64%
宁夏	50825	47703	−3122	−6.14%

2016年，全国初中毕业生升入普通高中的比例是56.39%，比2015年的56.19%上升了0.20%(见表3.4)。从全国各地区的初中毕业生升入普通高中的比例来看，增加幅度最大的是西藏和广西，其增加的比例分别为3.51%、2.64%。2015年，除了西藏、广西、贵州、云南以外，其余省份的升学比例均大于50%。

表3.4　各地区初中毕业生升入普通高中情况

地区	2015年初中毕业生数(人)	2015年普高招生数(人)	2016年初中毕业生数(人)	2016年普高招生数(人)	2015年升学比例(%)	2016年升学比例(%)	变化幅度(%)
全国	14175941	7966066	14238679	8029206	56.19	56.39	0.20
西藏	40083	19598	37239	19514	48.89	52.40	3.51
广西	627520	310448	649589	338497	49.47	52.11	2.64
甘肃	332350	199426	312390	193389	60.00	61.91	1.91
广东	1292909	664376	1213188	643293	51.39	53.03	1.64
四川	881394	489960	832973	476045	55.59	57.15	1.56
重庆	325094	198552	319126	199687	61.08	62.57	1.49
湖北	461384	278614	448251	277056	60.39	61.81	1.42
山西	427587	248426	410994	244539	58.10	59.50	1.40
上海	94274	53439	91839	53066	56.68	57.78	1.10
安徽	640927	363302	621331	358775	56.68	57.74	1.06
北京	92773	56743	86443	53544	61.16	61.94	0.78
陕西	379476	264270	365584	257192	69.64	70.35	0.71
吉林	201437	135162	205994	139534	67.10	67.74	0.64
贵州	702389	343484	692132	342626	48.90	49.50	0.60
新疆	297520	187672	303303	192953	63.08	63.62	0.54
云南	577192	274510	600447	288237	47.56	48.00	0.44

续表

地区	2015年初中毕业生数(人)	2015年普高招生数(人)	2016年初中毕业生数(人)	2016年普高招生数(人)	2015年升学比例(%)	2016年升学比例(%)	变化幅度(%)
内蒙古	222399	148389	219748	146962	66.72	66.88	0.16
山东	991225	553698	997016	557806	55.86	55.95	0.09
江西	556499	320383	574536	330240	57.57	57.48	−0.09
青海	65338	40030	69738	42622	61.27	61.12	−0.15
黑龙江	267059	180950	275900	186283	67.76	67.52	−0.24
海南	107664	57353	108282	57268	53.27	52.89	−0.38
天津	83915	53822	84939	54143	64.14	63.74	−0.40
江苏	612060	319487	616009	318236	52.20	51.66	−0.54
浙江	478305	259850	482452	258898	54.33	53.66	−0.67
辽宁	337313	209790	347100	212049	62.19	61.09	−1.10
湖南	699791	380349	739883	393932	54.35	53.24	−1.11
河南	1236178	679812	1295021	695330	54.99	53.69	−1.30
福建	363155	215655	375118	217129	59.38	57.88	−1.50
宁夏	88836	50825	87693	47703	57.21	54.40	−2.81
河北	691895	407691	774421	432658	58.92	55.87	−3.05

从城乡初中毕业生升入普通高中的比例来看，城区、镇区、乡村之间的升学比例存在较大差距，尤其是乡村的升学比例很低。2015—2016年，全国的升学比例略有提高，但城乡之间的升学比例差距仍然较大(见表3.5)。一方面体现了农村初中生源升入高中的比例较低，另一方面体现了农村初中生源在不断向城市流动。无论哪一方面，均表现出城乡普通高中的教育差距较大。

表3.5 全国城乡初中毕业生升入普通高中情况

地区	2015年初中毕业生数(人)	2015年高中招生数(人)	2016年初中毕业生数(人)	2016年高中招生数(人)	2015年升学比例(%)	2016年升学比例(%)
全国	14175941	7966066	14238679	8029206	56.19	56.39
城区	4663670	3648655	4829977	3741850	78.24	77.47
镇区	7158941	4046934	7161283	4017364	56.53	56.10
乡村	2353330	270477	2247419	269992	11.49	12.01

(三)普通高中教师数量稳步增加，教师素质不断提高

2016 年，全国普通高中教师数比 2015 年增加了 38105 人，其中贵州和山东增加的教师数最多，分别为 4832 人和 4422 人。除了黑龙江、福建、北京、江苏、湖北以外，其他省份的教师数都有所增加。除了新疆、福建、广西、河北、湖南、青海以外，其他省份的生师比都有所下降(见表 3.6)。

表 3.6 各地区普通高中教师数量情况

地区	2015 年专任教师数(人)	2015 年生师比	2016 年专任教师数(人)	2016 年生师比
全国	1695354	14.01∶1	1733459	13.65∶1
新疆	38877	12.81∶1	41051	13.10∶1
福建	50463	12.41∶1	50424	12.59∶1
广西	50733	17.06∶1	53370	17.22∶1
河北	85356	13.57∶1	89131	13.61∶1
湖南	70019	15.34∶1	72229	15.36∶1
青海	8664	13.46∶1	8923	13.48∶1
河南	114037	17.04∶1	117866	16.93∶1
黑龙江	42314	13.10∶1	42312	12.99∶1
上海	17398	9.09∶1	17669	8.93∶1
北京	21322	7.95∶1	21056	7.75∶1
云南	51491	15.20∶1	53875	14.96∶1
天津	16162	10.24∶1	16401	10.00∶1
江苏	95387	10.25∶1	95070	10.01∶1
江西	53156	17.48∶1	54829	17.20∶1
吉林	28788	14.11∶1	29262	13.81∶1
辽宁	50054	12.68∶1	50630	12.35∶1
湖北	67017	13.07∶1	66528	12.70∶1
浙江	66379	11.65∶1	67976	11.26∶1
海南	12604	13.67∶1	12790	13.28∶1
陕西	57078	14.10∶1	57471	13.63∶1
四川	94333	15.59∶1	96213	15.04∶1

续表

地区	2015 年专任教师数(人)	2015 年生师比	2016 年专任教师数(人)	2016 年生师比
安徽	76341	14.87∶1	77330	14.31∶1
广东	150861	13.62∶1	151612	13.02∶1
山东	125209	13.51∶1	129631	12.84∶1
甘肃	44764	14.06∶1	45107	13.38∶1
内蒙古	34108	13.58∶1	34823	12.89∶1
重庆	39153	15.92∶1	39887	15.21∶1
山西	61946	12.81∶1	63339	11.90∶1
宁夏	10463	15.26∶1	10639	14.29∶1
西藏	4679	12.39∶1	4985	11.41∶1
贵州	56198	17.42∶1	61030	16.28∶1

从 2015—2016 年的纵向数据来看，普通高中的生师比呈下降趋势。城区、镇区、乡村的生师比与 2015 年相比均有所下降。从城乡来看，镇区(含镇乡接合部)的生师比例最高，达到 14.33∶1；其次是乡村，生师比为 13.70∶1；城区(含城乡接合部)的生师比例最低，为 13.00∶1(见表 3.7)。

表 3.7 全国城乡普通高中教师数量情况

地区	2015 年学生数(人)	2015 年教师数(人)	2016 年学生数(人)	2016 年教师数(人)	2015 年生师比	2016 年生师比
全国	23743992	1695354	23666465	1733459	14.01∶1	13.65∶1
城区	10987760	818567	11125875	856102	13.42∶1	13.00∶1
镇区	11986174	821705	11783882	822116	14.59∶1	14.33∶1
乡村	770058	55082	756708	55241	13.98∶1	13.70∶1

2016 年，高中教师的学历合格率为 97.915%，比 2015 年增加了 0.213%。就学历结构而言，2016 年普通高中教师的学历以本科学历为主，占到 89.971%，比 2015 年降低了 0.577%。但研究生学历的教师所占比例(7.94%)比 2015 年增加了 0.789%。专科及高中学历的教师所占比例比 2015 年略有减少，高中学历以下的教师所占比例略有提高(见表 3.8)。

表 3.8 各学历教师比例的基本情况

学历	2015 年教师数(人)	2015 年各学历教师比例(%)	2016 年教师数(人)	2016 年各学历教师比例(%)	变化情况(%)
合计	1695354	100	1733459	100	—
研究生毕业	121289	7.154	137689	7.943	0.789
本科毕业	1535109	90.548	1559619	89.971	−0.577
专科毕业	38103	2.247	35338	2.039	−0.208
高中毕业	829	0.049	754	0.043	−0.006
高中以下毕业	24	0.001	59	0.003	0.002

2016 年，各年龄段的教师比例变化不显著，34 岁及以下年龄阶段的教师所占比例有所下降，降低了 2.54%，其中 30～34 岁年龄阶段的教师下降的比例最多，达到 1.81%；其次是 25～29 岁年龄阶段的教师，减少了 0.54%；24 岁及以下年龄阶段的教师比例下降的最少，为 0.19%。35 岁及以上年龄阶段的教师所占比例有所提高，增长了 2.54%，其中 50～54 岁年龄阶段的教师所占比例的增长幅度最大，达到 1.63%；55～59 岁年龄阶段的教师增加了 0.09%；45～49 岁年龄阶段的教师增加了 0.07%；40～44 岁年龄阶段的教师增加了 0.03%；60 岁及以上年龄阶段的教师增加了 0.01%。2016 年的教师年龄结构与 2015 年相比，整体变化不大，逐渐趋于合理(见表 3.9)。

表 3.9 各年龄段教师比例的基本情况

年龄段	2015 年教师数(人)	2015 年各年龄段教师比例(%)	2016 年教师数(人)	2016 年各年龄段教师比例(%)	变化情况(%)
合计	1695354	100	1733459	100	—
24 岁及以下	62181	3.67	60322	3.48	−0.19
25～29 岁	257731	15.20	254185	14.66	−0.54
30～34 岁	370730	21.87	347748	20.06	−1.81
35～39 岁	332677	19.62	352430	20.33	0.71
40～44 岁	261404	15.42	267766	15.45	0.03
45～49 岁	237363	14.00	243870	14.07	0.07
50～54 岁	137684	8.12	168972	9.75	1.63
55～59 岁	33758	1.99	36043	2.08	0.09
60 岁及以上	1826	0.11	2123	0.12	0.01

2016 年，普通高中的教师职称以中学一级为主，所占比例达到 36.61%；中学高级与中学二级的教师比例基本持平，分别占 27.50%、27.84%；中学三级的教师所占比例最小，仅有 0.64%；还有 7.40%的教师未定职级。总体而言，2015—2016 年，教师的职称结构相对稳定(见表 3.10)。

表 3.10 各职称教师比例的基本情况

职称	2015 年教师数(人)	2015 年各职称教师比例(%)	2016 年教师数(人)	2016 年各职称教师比例(%)	变化状况(%)
合计	1695354	100	1733459	100	—
中学高级	460246	27.15	476786	27.50	0.35
中学一级	620948	36.63	634539	36.61	−0.02
中学二级	481659	28.41	482651	27.84	−0.57
中学三级	11204	0.66	11131	0.64	−0.02
未定职级	121297	7.15	128352	7.40	0.25

(四)普通高中整体办学条件不断改善，区域与城乡差距依然明显

2015 年，我国高中校舍建筑面积有 47135.96 万平方米，比 2014 年增加了 1789.94 万平方米，增加了 3.95%。除了校舍建筑面积增加之外，全国普通高中设施设备的达标率也有所增长，具体表现在：体育运动场(馆)面积达标率为 87.06%；体育器械配备达标率为 88.79%；音乐器械配备达标率为 87.48%；美术器械配备达标率为 87.61%；理科实验仪器配备达标率为 89.80%。

2016 年，我国普通高中的校舍建筑面积有 49142.31 万平方米，比 2015 年增加了 2006.35 万平方米，增加了 4.26%。全国普通高中设施设备的达标率在 2015 年达标率的基础上实现了新的增长，具体表现在：体育运动场(馆)面积达标率为 89.28%；体育器械配备达标率为 91.17%；音乐器械配备达标率为 89.82%；美术器械配备达标率为 89.95%；理科实验仪器达标率为 91.52%；建立校园网比例为 88.65%；接入校园网比例为 98.77%。

2016 年，城区、乡村的办学条件在生均校舍面积、生均占地面积、生均图书数、生均计算机数、生均固定资产总值方面均优于镇区。与 2015 年相比，2016 年的办学条件有所改善(见表 3.11)。

表 3.11　2016 年城乡普通高中办学条件的基本情况

办学条件	全国	城区	镇区	乡村
生均校舍面积(平方米)	20.76(19.85)	22.65(21.63)	18.46(17.78)	28.94(26.71)
生均占地面积(平方米)	41.87(40.79)	41.43(40.16)	40.65(39.80)	67.43(65.25)
生均图书数(册)	37.13(35.21)	42.02(40.18)	32.33(30.44)	39.98(38.33)
生均计算机数(台)	0.21(0.19)	0.25(0.24)	0.16(0.15)	0.22(0.21)
生均固定资产总值(万元)	3.17(2.86)	3.72(3.38)	2.58(2.33)	4.37(3.72)

注：括号内为 2015 年城乡普通高中办学条件的基本情况。

从城乡普通高中办学条件达标情况来看，相对于 2015 年，2016 年全国普通高中办学条件的达标比例总体上都有提高。城区、镇区、乡村各区域的达标率也稍有提升，其中城区的达标率最高，尤其是建立校园网比例已达到 92.00%；乡村建立校园网比例最低，仅有 83.28%(见表 3.12)。

表 3.12　2016 年城乡普通高中办学条件的达标情况　单位:%

办学条件达标率	合计	城区	镇区	乡村
体育运动场(馆)面积达标率	89.28(87.06)	90.24(88.62)	88.24(85.54)	89.26(86.08)
体育器械配备达标率	91.17(88.79)	93.06(91.39)	89.27(86.38)	89.72(85.93)
音乐器械配备达标率	89.82(87.48)	91.82(90.30)	87.91(84.92)	87.27(83.83)
美术器械配备达标率	89.95(87.61)	92.31(90.60)	87.65(84.81)	87.58(84.73)
理科实验仪器达标率	91.52(89.80)	93.15(91.86)	89.92(87.78)	89.88(88.47)
建立校园网比例	88.65(87.48)	92.00(91.55)	85.58(83.98)	83.28(80.54)
接入互联网比例	98.77(98.52)	98.61(98.46)	99.05(98.67)	97.85(97.75)

注：括号内为 2015 年城乡普通高中办学条件的达标情况。

从全国办学条件的基本情况来看，办学条件逐渐改善，具体体现在生均校舍面积、生均占地面积、生均图书数、生均计算机数、生均固定资产总值的逐年增加，但省域间的办学条件仍有差距。2016 年，北京市的生均校舍面积、生均占地面积、生均图书数、生均计算机数、生均固定资产总值是全国平均水平的 2.87 倍、2.11 倍、3.21 倍、5.89 倍、4.54 倍，上海市是全国平均水平的 2.11 倍、1.57 倍、2.50 倍、3.82 倍、3.72 倍。其中，省域间的生均图书数的差距最为明显，北京市的生均图书有 119.15 册，河南省的生均图书仅有 17.08 册(见表 3.13)。

表 3.13　2016 年各地区办学条件的基本情况

地区	生均校舍面积（平方米）	生均占地面积（平方米）	生均图书数（册）	生均计算机数（台）	生均固定资产总值（万元）
全国	20.76(19.85)	41.87 (40.79)	37.13(35.21)	0.21(0.19)	3.17 (2.86)
北京	59.55(55.12)	88.32 (81.52)	119.15(114.30)	1.21 (1.12)	14.39(12.36)
天津	28.99(27.30)	54.69 (51.28)	69.01(66.08)	0.40 (0.38)	4.77 (4.11)
河北	18.23(18.12)	37.51(38.29)	33.49(32.88)	0.17(0.17)	2.26(2.16)
山西	22.99(21.20)	45.12(41.76)	31.63(28.12)	0.19(0.17)	3.26(2.71)
内蒙古	21.11(19.83)	50.65(48.65)	29.55(27.34)	0.19(0.16)	4.16(3.78)
辽宁	16.91(16.44)	36.93(35.70)	25.91(25.21)	0.20(0.19)	2.53(2.41)
吉林	14.16(13.87)	30.68(30.32)	26.71(25.08)	0.15(0.14)	2.17(1.96)
黑龙江	15.32(14.75)	38.17(37.88)	17.71(15.44)	0.15(0.15)	2.18(2.02)
上海	43.74(42.16)	65.68(64.42)	92.70(89.65)	0.79(0.75)	11.78(11.07)
江苏	30.09(28.69)	57.27(55.31)	54.74(53.07)	0.33(0.31)	6.10(5.59)
浙江	31.00(29.55)	59.10(57.33)	53.39(50.99)	0.33(0.31)	5.29(4.72)
安徽	22.10(20.66)	47.77(45.18)	30.12(29.47)	0.18(0.16)	2.96(2.66)
福建	28.90(28.58)	56.86(58.37)	71.55(71.49)	0.30(0.29)	4.23(3.80)
江西	18.27(17.59)	40.91(40.08)	33.16(30.15)	0.17(0.15)	2.13(1.99)
山东	18.09(16.79)	39.31(37.11)	34.86(33.28)	0.19(0.17)	2.95(2.63)
河南	14.68(14.55)	29.98(29.82)	17.08(17.01)	0.09(0.08)	1.60(1.46)
湖北	21.34(20.42)	44.28(42.86)	25.18(23.96)	0.14(0.13)	3.27(2.90)
湖南	20.33(21.10)	40.13(41.19)	27.27(27.01)	0.15(0.14)	2.75(2.47)
广东	25.05(23.29)	45.69(43.67)	58.41(55.15)	0.31(0.28)	3.72(3.25)
广西	17.10(16.50)	33.09(34.25)	27.55(27.59)	0.12(0.12)	1.64(1.53)
海南	28.11(24.89)	58.06(54.08)	46.61(44.13)	0.26(0.22)	4.92(4.19)
重庆	22.08(20.65)	36.92(35.28)	33.30(27.92)	0.20(0.18)	2.72(2.51)
四川	19.50(18.25)	35.25(33.50)	42.19(37.95)	0.20(0.17)	3.04(2.71)
贵州	15.79(14.65)	33.78(31.35)	33.75(29.92)	0.13(0.11)	2.71(2.40)
云南	19.90(17.97)	46.38(45.70)	34.69(30.33)	0.19(0.17)	3.09(2.65)
西藏	22.11(20.85)	57.58(54.42)	28.61(27.80)	0.14(0.12)	3.71(3.29)

续表

地区	生均校舍面积（平方米）	生均占地面积（平方米）	生均图书数（册）	生均计算机数（台）	生均固定资产总值(万元)
陕西	18.15(17.25)	32.71(31.67)	44.91(40.38)	0.21(0.19)	2.94(2.70)
甘肃	15.18(14.40)	30.85(29.51)	29.97(27.64)	0.16(0.14)	2.26(2.04)
青海	19.77(17.81)	48.62(45.34)	45.70(42.40)	0.24(0.22)	4.18(2.53)
宁夏	17.40(15.89)	50.42(47.15)	36.21(32.87)	0.22(0.20)	3.65(3.09)
新疆	20.61(20.98)	52.39(55.47)	28.15(28.13)	0.20(0.20)	3.21(3.08)

注：括号内为2015年各地区办学条件的基本情况。

四、农村普通高中教育的学术热点

(一)规范高中招生

1. 高中招生问题突出

高中阶段是连接九年义务教育和高等教育的重要纽带，也是学生个性形成和自主发展的关键时期，更是提升国民整体素质和建设人力资源强国的基础工程。① 因此，接受优质的高中教育对学生、对国家而言有着非常重要的意义。然而，随着社会的发展，优质高中教育资源的稀缺和人民对优质教育资源需求之间的矛盾日益突出。② 部分高中为了片面追求升学率和知名度，在招生过程中产生了众多的问题，具体表现如下。

一是部分高中恶性竞争抢夺优质生源。一些高中为了学校的利益，片面追求升学率和知名度，采取各种手段争抢学生，如违背政策规定，不将名额分配至初中，甚至跨区县争夺优秀生源，造成区县之间的无序竞争。各省在县域内都建有一两所优质高中，便于县域内优秀学生接受较优质的教育。但存在少数成绩、录取比例高的名校到各县(区)抢先选拔学生，甚至用重金去收买优质生源；有的学校招收已被高校录取但不够理想的学生到校复读，用强制训练的方法使他们第二年能够考上名校。③ 这不仅使得当地县级高中无法招收到本地优秀学生，更影响了学生的健康成长，严重阻碍了教育的发展。

二是部分高中"超计划招生"。其突出表现为：一些高中没有严格按照确定的招生计划进行招生。这种"超计划招生"导致一些高中的规模急剧扩张，形成超大

① 丁雅诵：《普及高中教育，是时候了》，载《人民日报》，2017-04-20。

② 徐宇、马健云：《高中招生指标到校政策的实现过程分析》，载《现代教育科学》，2017(5)。

③ 顾明远：《亟须抑制抢生源的恶性竞争》，载《中国教育报》，2017-01-05。

规模学校和超大班额，影响学校的教育教学质量。[①]

三是高中招生过程中"擅自提前招生"和不合理加分现象依然屡禁不止。[②] 其突出表现为：中考加分项目过多过滥，一些加分项目明显不合理。从各地情况来看，中考加分项目少则三四项，多则十几项，存在类似"招商引资""独生子女"的加分项目，明显缺乏合理性；此外，个别中考加分项目分值过高，覆盖比例过大，有违中考加分的初衷；也有部分地区中考加分不公开、不透明，存在"暗箱操作"，缺乏有效监督的状况。[③]

教育公平是社会公平的重要指标。高中招考过程中出现的各种问题严重影响了高中正常招生秩序，破坏了整个教育生态系统，不利于教育公平的实现和教育均衡的发展，进而会引发众多的社会问题。

2. 高中招生指标到校政策的困境

2016 年，《教育部关于进一步推进高中阶段学校考试招生制度改革的指导意见》提出："实行优质普通高中和优质中等职业学校招生名额合理分配到区域内初中的办法，招生名额适当向农村初中倾斜，促进义务教育均衡发展。"通过中招考试制度合理进行资源配置，能够调动农村初中和薄弱初中的办学积极性，扩大农村学生进入重点高中的机会，促进义务教育均衡发展，解决义务教育阶段择校问题。[④] 然而，它也存在一些问题和争论。有的学者研究指标到校政策的利弊，有的学者研究指标到校政策的实施，而学者最近关注更多的是指标到校政策深层次的理论探索和价值困境。

指标到校是区域内优质普通高中的招生指标按照一定比例和相应规则，分配给区域内普通初中的政策。[⑤] 不同的区域具有不同的指标：安徽省按照不低于当地省示范高中招生计划 80%的比例切块分解到初中，按志愿从高分到低分依次录取，不得设置指标到校生最低录取控制线，同时严禁将指标分配与升学率挂钩。[⑥] 广州市明确规定，各级示范性高中要拿出 30%的学位直接分配到全市近 600 所初中，参与指标到校录取的考生，不享受重复加分和照顾录取政策，特长生的优势不再成为加分资本。[⑦] 北京市 2014 年的指标到校比例为 30%，2015 年为 40%；大连市 2014 年达 70%，2015 年的目标是 85%；石家庄市 2015 年不低

① 汪明：《规范高中招生要打落实组合拳》，载《中国教育报》，2017-01-10。

② 张卓玉：《规范高中招生行为 促进教育公平公正》，载《中国教育报》，2016-09-30。

③ 汪明：《规范高中招生要打落实组合拳》，载《中国教育报》，2017-01-10。

④ 刘泽云、原莹、王骏：《普通高中招生"指标到校"政策是否有利于农村初中学生？——基于 J 市的经验研究》，载《教育与经济》，2017(1)。

⑤ 王东：《指标到校：价值困境及其突破》，载《教育发展研究》，2016(12)。

⑥ 方梦宇：《安徽示范高中八成指标到校》，载《中国教育报》，2017-03-31。

⑦ 徐宇、马健云：《高中招生指标到校政策的实现过程分析》，载《现代教育科学》，2017(5)。

于90%；马鞍山市2015年达100%；宣称已达100%或即将达100%的地区不在少数。①

然而，指标到校政策能否真正推进教育公平是一个有争议的话题。有的学者首次基于大样本的数据，采用三重差分的计量方法分析该政策，得出以下结论：当指标到校政策的指标分配主要取决于初中学生基数，并且明显向农村初中倾斜(实行按照基础指标分配招生名额的政策)时，指标到校政策有利于农村初中学生升学，体现为在继续接受普通高中教育、获得优质高中教育机会和节省优质高中教育成本这三个方面均有利于农村初中学生；当优质高中指标到校政策的指标分配不仅取决于初中学生基数，而且取决于初中的办学水平，向农村初中倾斜的力度不明显(实行按照基础指标加办学水平指标分配招生名额的政策)时，指标到校政策对农村初中学生升学的影响不再显著。②

与此同时，一些学者认为指标到校难以推进教育公平。有的学者认为指标到校政策是政府作为利益博弈过程中的强势诉求者，试图以指标到校政策实现均衡的教育关怀。③ 也有学者认为指标到校政策在关于平等的理解上是模糊的：它产生的是一个解决问题的逻辑，体现的是工具理性而非价值理性。④ 具体问题表现在：首先，指标到校政策使得学生个体的公平竞争受到了影响，破坏了学生之间的公平竞争⑤，侵犯了学生依法享有的平等受教育权利。其次，指标到校政策导致了教育质量的下降。对于优质高中，生源质量将参差不齐，影响其教学质量，学校利益受到了冲击和损害⑥；对于处在僵化环境的初中，它们的发展动力和竞争力将下降，影响学校的教育质量和整体的办学效益。⑦ 最后，指标到校政策也会导致学校之间的质量评价受到影响，降低教育资源的配置效率，导致教育增量改革停滞不前。⑧

综上所述，指标到校政策展现了多维度不同主体的利益诉求。政府在制定政策时不能仅仅考虑到工具理性，更要权衡不同利益主体下的价值理性，不能用一个政策彻底解决教育资源配置的不均衡，应考虑到不同地区的差异性、不同文化的继承性、不同主体的需求性。总而言之，促进普通高中质量优化发展才是解决

---

① 王东：《指标到校：价值困境及其突破》，载《教育发展研究》，2016(12)。

② 刘泽云、原莹、王骏：《普通高中招生“指标到校”政策是否有利于农村初中学生？——基于J市的经验研究》，载《教育与经济》，2017(1)。

③ 徐宇、马健云：《高中招生指标到校政策的实现过程分析》，载《现代教育科学》，2017(5)。

④ 王东：《指标到校：价值困境及其突破》，载《教育发展研究》，2016(12)。

⑤ 梁好：《中考招生指标到校难以推进教育公平》，载《教学与管理》，2017(4)。

⑥ 徐宇、马健云：《高中招生指标到校政策的实现过程分析》，载《现代教育科学》，2017(5)。

⑦ 王东：《指标到校：价值困境及其突破》，载《教育发展研究》，2016(12)。

⑧ 王东：《指标到校：价值困境及其突破》，载《教育发展研究》，2016(12)。

教育均衡发展问题的根本之道。

(二)全面普及高中教育

1. 全面普及高中教育的理论及现实分析

普通高中教育是形成学生个性、培养学生能力、促进学生自主发展的关键环节，对于提高国民素质和培养创新人才具有特殊意义。高中教育是义务教育和高等教育的中介，因此全面普及高中教育具有重大的实践意义和理论价值。具体表现在如下方面。

一是普及高中教育的重要性分析。随着社会的发展，人民群众接受更高更好的教育愿景更为强烈，高中阶段教育是终身教育体系的重要环节，它的普及程度直接影响到我国人口的总体受教育水平和高等教育的完成情况。[①] 有的学者认为普及高中教育是顺应经济转型与产业调整的需要，在这种背景下社会需要更多创新创业型人才，以实现大众创业、万众创新。[②] 有的学者从中西部欠发达地区的发展需要考虑，认为普及高中教育，能够减轻西部家庭的学业负担，为西部地区发展提供人才。[③]

二是普及高中教育的合理性分析。有的学者认为义务教育全面普及后，作为义务教育之后的重要教育阶段，普及高中阶段教育显得更加迫切与顺理成章。[④] 有的学者采用定量研究方法建立模型来分析义务教育延长至高中的合理性，认为教育扩展对缩小劳动力收入差距具有显著的改善作用，尤其是在当前教育分配存在较大非公平的发展阶段下，进一步扩展教育将会取得很好的收入分配效果。[⑤]

三是普及高中教育的现实性分析。《高中阶段教育普及攻坚计划(2017—2020年)》提出，到2020年，全国普及高中阶段教育，适应初中毕业生接受良好高中阶段教育的需求。该计划提出5个具体目标：全国、各地区的毛入学率均达到90%以上，中西部贫困地区毛入学率显著提升；普通高中与中等职业教育结构更加合理，招生规模大体相当；学校办学条件明显改善，满足教育教学基本需要；经费投入机制更加健全，生均拨款制度全面建立；教育质量明显提升，办学特色更加鲜明，吸引力进一步增强。总体而言，攻坚计划主要聚焦于普及高中阶段教育的两大问题：其一是促进高中教育公平；其二是提升高中教育质量。[⑥] 2016年8月

---

① 谷峪、李玉静：《现代化视域下高中阶段教育普及发展：国际特征与我国策略——基于现代化框架下我国与发达国家的多维度比较》，载《现代教育管理》，2017(5)。

② 朱益明：《普及高中阶段教育的精准发力》，载《中国教育报》，2017-04-07。

③ 崔梦恬：《普及高中阶段教育的理性思考》，载《教育导刊》，2016(11)。

④ 秦玉友：《普及高中阶段教育的几个问题》，载《光明日报》，2016-08-23。

⑤ 陆明峰、方超、金俊：《义务教育延长至高中阶段的合理性——教育扩展对劳动力收入差距影响的视角》，载《全球教育展望》，2016(11)。

⑥ 熊丙奇：《普及高中阶段教育是时代的必然要求》，载《中国教育报》，2017-04-12。

30 日，《关于免除普通高中建档立卡家庭经济困难学生学杂费的意见》。该政策对实施精准扶贫、阻断贫困代际传递、推进教育机会公平产生了重大的现实意义，为加快普及高中教育提供了物质性的支持保障，使得免费高中教育得以可能。

综上所述，普及高中教育一方面可以满足不同主体的不同利益需求，最大限度地缓和教育资源的有限性与人民不断增长的教育需求之间的矛盾，进一步提升国民素质，促进人力资源强国的建设和发展；另一方面，国家和政府对普及高中教育的重视，出台的各种政策使得普及高中教育有了可能。

2. 全面普及高中教育的困难

2016 年，全国高中阶段教育的毛入学率为 87.5%。2017 年颁布的《高中阶段教育普及攻坚计划(2017—2020 年)》提出，到 2020 年我国高中阶段教育毛入学率将要达到 90%。到 2020 年普及高中阶段教育，同时也是十八届五中全会、国家“十三五”规划明确提出的目标。① 虽然我国高中阶段教育的普及水平不断提高，但仍面临着一些突出困难和问题。

第一，普通高中大班额比例高。以全国普通高中班额数据为例，2006 年的平均班额为 58.4 人/班，大班额比例(56 人及以上)为 58.6%，超大班额(66 人及以上)比例为 27%。2013 年的数据是 55 人/班，大班额比例为 45.1%，超大班额比例为 16.1%，大班额现象依然十分严重，中西部地区学校的大班额问题尤为突出。② 这就要求立足现实、着眼长远，进行整体谋划。到 2020 年实现普及高中阶段教育的目标，需要从扩充教育资源、优化结构布局着手。③ 普及高中教育，不能只顾数量而忽视了质量。

第二，职业教育招生比例持续下降。在谈及高中阶段教育时，人们往往局限于普通高中的范畴，从而忽视了职业高中的存在，但作为普及的对象，两者缺一不可。④ 然而，一些人对中等职业教育有歧视性的看法，认为普及高中阶段教育应扩大普高比例，造成中等职业教育的吸引力不强。⑤ 为此，有的学者认为应进一步增加对中等职业教育的关注，加强职业教育投入力度，挖掘城市职业教育潜力，提高职业教育质量。⑥

第三，高中阶段学校运转困难。各地公办普通高中为了满足广大人民群众对普通高中教育的需求，纷纷扩张办学规模，突破了高中教育发展不足的瓶颈，使

① 丁雅诵：《普及高中教育，是时候了》，载《人民日报》，2017-04-20。
② 刘涛：《普及不唯量 攻坚重在质》，载《中国教育报》，2017-04-12。
③ 汪明：《打好高中阶段教育普及攻坚战》，载《中国教育报》，2017-04-07。
④ 崔梦恬：《普及高中阶段教育的理性思考》，载《教育导刊》，2016(11)。
⑤ 熊丙奇：《普及高中阶段教育是时代的必然要求》，载《中国教育报》，2017-04-12。
⑥ 秦玉友：《普及高中阶段教育的几个问题》，载《光明日报》，2016-08-23。

得很多公办高中在扩大办学规模的过程中背负着大量债务运转。① 因此需要加强学校经费保障，建立合理的成本分担机制，完善和落实学生资助政策，为高中阶段教育发展构建长效保障机制。

第四，贫困地区短板效应长期存在。② 由于区域间的经济发展水平具有重大差异，东部地区高中阶段教育普及率高，中西部地区高中阶段教育普及率相对较低。中西部地区是普及高中阶段教育的增长点，这就需要重点关注高中阶段教育普及率低的特定地区。③ 应当落实好普通高中建档立卡等家庭经济困难学生免除学杂费的政策，逐步分类推进中等职业教育免除学杂费，提高中等职业教育的国家助学金资助标准，不让一位学生因家庭经济困难而失学。④

第五，教师短缺影响普及教育。按高中专任教师与学生 1∶14.8 的标准计算，2015 年中西部贫困地区普通高中的缺编教师达 5.7 万余人，缺编最多的地区高达 1.7 万人。⑤ 基于此，有的学者提出要提高农村教师和特岗教师的待遇水平与社会认同感，为农村教师提供更多精神上的追求，为他们提供同城市一样的学习晋升机会，从而达到物质和精神的双向满足，减少教师外流。⑥

第六，我国的高中教育普及率与发达国家相比较为落后。有的学者在对以经济合作与发展组织(以下简称经合组织)成员国为代表的发达国家高中阶段教育的发展现状和特点进行分析的基础上，得出我国高中阶段教育毛入学率已经接近发达国家的平均水平，但我国在人均受教育年限、高中阶段及以上学历人口在劳动年龄人口中的比例等指标上与发达国家还有很大差距，这主要表现在我国人口的整体受教育程度重心偏低，高中阶段教育灵活性不够。⑦ 因此需要提升我国高中教育的普及率，提高高中教育的质量，创办特色多样的高中，把全面普及高中教育作为我国现代教育发展的目标，因地制宜地办出各类高中的特色与文化。

总体而言，普及高中教育惠及全民，但在发展过程中仍然存在各种问题和矛盾冲突。上述问题都是我国在普及高中阶段教育的过程中应该注意到和必须克服的障碍。解决好这些问题，才能保质保量地推进普及高中教育的进程。

---

① 刘涛：《普及不唯量 攻坚重在质》，载《中国教育报》，2017-04-12。

② 丁雅诵：《普及高中教育，是时候了》，载《人民日报》，2017-04-20。

③ 秦玉友：《普及高中阶段教育的几个问题》，载《光明日报》，2016-08-23。

④ 丁雅诵：《普及高中教育，是时候了》，载《人民日报》，2017-04-20。

⑤ 丁雅诵：《普及高中教育，是时候了》，载《人民日报》，2017-04-20。

⑥ 崔梦恬：《普及高中阶段教育的理性思考》，载《教育导刊》，2016(11)。

⑦ 谷峪、李玉静：《现代化视域下高中阶段教育普及发展：国际特征与我国策略——基于现代化框架下我国与发达国家的多维度比较》，载《现代教育管理》，2017(5)。

(三)高中发展模式变革

1. 我国高中办学的价值取向

在现代学校教育制度中，学校是满足学生学习需要的主要场所，高中阶段更是学生学习的关键时期。我国进入了普及高中阶段教育的发展新阶段，如何高水平、高质量地发展高中教育成为一个不可回避的问题，学者们对此看法不一。

部分学者认为高中应促进学生的全面发展。办好高中教育必须办好每一所学校，关注每一位学生的成长，促进学生全面而有个性的发展。不能只关注一两所学校，甚至"一校独大"；不能只关注一部分学生，甚至只是少部分优秀学生；不能只关注考试分数和升学率，以牺牲学生的身心健康为代价；也不能简单地把抓教学管理、抓教育质量与推进素质教育对立起来。① 学校需要转型发展的培养理念：促进学生全面而有个性的发展。随着我国经济社会的发展，高中教育逐渐普及。在此背景下，应该"让教育适合学生"而非"挑选适合教育的学生"，这是学校需要思考和践行的制度设计；任何一所高中面对新高考，须充分研究学习的特点，研究学生的需求，尽学校所能给学生提供成长的空间、发展的机会。②

部分学者认为高中应定位为建设研究型、创新型的学校。首先要从创新理念抓起，要在素质教育的轨道上推进普及攻坚，树立科学的教育质量观，着力增强高中阶段教育的多样性、选择性、创新性，绝不能把教师变成分数统计师，把学生当成流水线产品。③ 也有学者把研究型、创新型高中描述为：以培养具备国际视野、本土情怀的拔尖创新人才的早期培育实验项目为基础，给师生提供良好的研究氛围与感兴趣领域的创新平台的高中；以学校特色的、系统的、可选择的课程体系建设为载体，集聚大量具备高层次教学与科研能力的专业型、研究型教师，充分利用社会资源，做好大、中衔接，不断释放师生的研究激情与创新活力的高中。④

部分学者认为应建设多元化、多样化的高中。由于普通高中具有大众化的特征，包括其在内的高中阶段教育机会已经成为85%的人所享有的教育，应该考虑学生的多样化学习需求。⑤ 除此之外，多元化也是近年来许多地区改革和发展高中教育的主要特征，同时也是实现差异化教学与教育公平的创新路径，表现在

---

① 汪明：《办好高中教育必须坚持正确方向》，载《中国教育报》，2017-05-10。

② 田爱丽：《新高考后，学校如何转型发展》，载《中国教育报》，2017-06-21。

③ 柴葳：《全面实施普及攻坚计划努力办好公平优质多样的高中阶段教育》，载《中国教育报》，2017-04-25。

④ 冯志刚：《浅析研究型、创新型高中的基本内涵与构建路径》，载《上海教育科研》，2016(12)。

⑤ 秦玉友：《从"千校一面"到多样化发展》，载《中国教育报》，2017-01-10。

办学体制、学校类型、办学模式、课程改革与评价方式的方方面面。[①]

部分学者认为高中的建设要与城市发展相协调。城市总体发展得越快、水平越高，对教育的重视程度和诉求就越高，教育发挥的主体性作用也就越充分。但同时，教育被动承载的外部资源和附加价值过多会面临教育的本质异化和违背教育自身规律的挑战，其中城市规划、人口流动、资源环境是普通高中教育发展的关键问题。[②] 因此，学校的发展和建设应该与城市规划协同发展。[③]

高中在办学过程中应当考虑促进学生的全面发展、追求研究型和创新型理念、多元化和多样化建设、与城市发展相协调等多重价值取向。然而，这些价值取向如何落实还需要进一步的研究和探讨。

2. 普通高中多样化特色发展的困境与出路

《高中阶段教育普及攻坚计划(2017—2020 年)》提出，推动学校多样化有特色发展。提高高中教育质量，着力解决一些学校教育质量不高、普通高中缺乏特色、中等职业教育吸引力不强等问题，让所有高中学生能接受高质量的教育，即实现更高质量的高中教育普及。[④]

自义务教育普及以来，高等教育迅速进入大众化阶段，我国教育发展开启了新纪元。因此，教育改革刻不容缓。然而以升学为目的的普通高中培养出来的学生，死板、机械，缺乏创造性。为了改变这种现象，必须促进普通高中多样化发展，树立素质教育的理念，建立多元评价指标，充分挖掘学生的天赋和特长，以培养德智体美全面发展的人才为目标，改变过去的错误做法，让每位学生都能得到适合自己的教育，实现自身的个性化发展。[⑤] 这意味着对普通高中教育职能的重新定位，意味着学校发展特色的多姿多彩，同时也意味着尊重学生个性的差异化发展。

然而这种多样化也存在着众多的困境与难题。主要表现在我国普通高中的多样化还处于初级阶段，多样化的课程体系尚未建立，学生普遍的个性化发展未能实现。[⑥] 其原因可归为以下几点。

第一，集团主义文化根深蒂固。从中西方文化的比较来看，普通高中教育同质化所产生的最主要的文化根源非常明显：西方文化强调个性，中国文化强调群

① 王学男：《区域普通高中教育呈现多元化发展》，载《中国教育报》，2017-06-15。

② 王学男：《高中教育需与城市发展相协调》，载《中国教育报》，2017-06-15。

③ 王学男：《区域普通高中教育呈现多元化发展》，载《中国教育报》，2017-06-15。

④ 熊丙奇：《普及高中阶段教育是时代的必然要求》，载《中国教育报》，2017-04-12。

⑤ 何贝娜：《普通高中多样化发展的必要性与现状分析》，载《教学与管理》，2017(15)。

⑥ 李颖：《普通高中多样化发展的现实基础和路径选择——基于对辽宁省 115 所普通高中的调查》，载《中国教育学刊》，2017(5)。

体关系。从这一角度来看，强调统一、群体化特征的文化氛围，是普通高中实现多样化发展所面临的文化阻力。①

第二，行政化、一元化的体制依然存在。一元化办学体制制约着普通高中多样化发展的类型与规模。行政化管理体制束缚教育体系的多样化发展，行政对教育的管理无处不在。② 在这种集权化的管理体制控制中，控制的主体是政府，管理主体的价值追求在于政绩与成绩，政府管理更多地注重学校这种公共组织的“平稳性”，不希望更多的动荡、变革等不确定性因素产生。学校也因此长期缺乏办学自主权，所产生的结果就是思维惰性，很少考虑适合自己的办学思想。③ 久而久之阻碍了多样化特色学校的发展。

第三，办学理念空洞、目标模糊。首先，对高中教育的性质和功能定位不够明确；其次，对高中教育的多样化发展存在诸多的误区，把校本课程建设、特色资源开发、创新培养模式、开设特色特长班等作为学校多样化发展的重要内容；最后，教育定位模糊，学校多样化发展迷失方向，多样化培养目标偏离，存在部分学校只注重学生的学业成绩而忽视学生的个性发展和综合培养的现象。④

第四，唯成绩的单一评价方式固化。从学校到家庭，从教师到学生，大家都只认可“文化课高考”，而忽视了其他发展途径。政府把高考成绩作为政绩工程，把高考成绩作为对学校和管理者的主要甚至唯一评价标准，学校又把高考成绩作为对教师考核的唯一标准，高中教育功能完全因此异化。⑤ 在市场经济条件下，也出现了“唯学历不唯能力”的社会人才选择与评价困境。⑥

第五，教师队伍的质量、数量有待提高。很多教师的课程资源整合与开发能力较低，不能满足学生多样化的课程选择。与此同时，学校音体美和信息技术、通用技术等师资配备严重不足，这些教师的缺乏直接制约了学生的多样化发展。⑦

这些困境都阻碍了高中多样化特色的发展。因此，不同的学者提出了不同的路径选择，具体包括：第一，理念上改变学校孤立地面对众多学生的旧有套路，

---

① 杨锐、李天鹰：《我国普通高中多样化发展的情境之困与破解》，载《现代教育管理》，2017(1)。

② 李颖：《普通高中多样化发展的现实基础和路径选择——基于对辽宁省115所普通高中的调查》，载《中国教育学刊》，2017(5)。

③ 杨锐、李天鹰：《我国普通高中多样化发展的情境之困与破解》，载《现代教育管理》，2017(1)。

④ 何贝娜：《普通高中多样化发展的必要性与现状分析》，载《教学与管理》，2017(15)。

⑤ 李颖：《普通高中多样化发展的现实基础和路径选择——基于对辽宁省115所普通高中的调查》，载《中国教育学刊》，2017(5)。

⑥ 杨锐、李天鹰：《我国普通高中多样化发展的情境之困与破解》，载《现代教育管理》，2017(1)。

⑦ 李颖：《普通高中多样化发展的现实基础和路径选择——基于对辽宁省115所普通高中的调查》，载《中国教育学刊》，2017(5)。

着力打造特色高中共同体，建立网络虚拟学校，用网络塑造教育，满足学生的个性化发展需求，并且创新机制，以学生为本，形成多类型高中“百花齐放”的局面。[①] 第二，体制上深化改革，构建开放多元的课程体系；相关管理部门加强政策引导，完善制度体系的建设。注重特色发展的制度，需要相关制度构成的一个有机整体，是一个具有整体性、层次性的体系。[②] 第三，培养方式上多种措施并举。转变学校管理方式，全面实施有利于学生个性发展的选课走班制度、学生发展指导制度和学分认定制度，改变政府对普通高中的评价方式，建立多样的分类评估标准，关注不同类型高中的丰富性与多样化。[③] 第四，师资上加强培训，全面提升教师队伍课程实施的能力，提高校长的课程领导力，通过学校的多样特色发展解决学校的困难。[④] 提升教师个性化的教学能力。提高教师待遇和社会地位，畅通教师专业发展的渠道，促进教师合理流动。[⑤]

总体而言，普通高中多样化特色发展是我国高中教育从精英教育走向普及教育和大众教育的必然选择，也逐渐成为未来高中教育的发展目标和核心任务。合理分析多样化的办学困境，并提出理性的改进策略，需要我们进一步探讨。无论在政策上倡导普通高中多样化特色发展，还是从学理上提出路径选择，都是对普通高中的质量与办学效益的一种诉求，这种诉求在本质上体现了要尊重每个人的发展。

(四)高考改革的相关研究

1. 高考改革的多维价值理念探讨

高考是高等学校选拔新生的主要考核方式，是学生从基础教育迈入高等教育的主要途径。它在教育系统中处于非常关键的位置，不仅对人才的选拔培养和受教育者个体的教育前途产生直接作用，而且对整个教育体系具有重大的牵引和指挥力量，因此高考改革是教育体制改革的关键环节，是维系教育公平的基石。[⑥] 自 1977 年恢复高考制度以来，高考命题、招生制度一直不断调整，但是由于高考改革存在众多的动态性、复杂性和不确定性，因此存在多种价值取向。

第一，公平正义彰显改革核心。教育公平是社会所有成员都有受教育的权利和机会，享有同等的教育资源、教育质量、就业机会以及社会要对处境不利群体

---

① 段会冬：《从实体走向虚拟：普及化进程中特色高中建设的未来之路》，载《现代教育管理》，2017(6)。

② 杨润勇：《推动普通高中特色发展的制度保障体系研究》，载《教育研究》，2016(11)。

③ 李颖：《普通高中多样化发展的现实基础和路径选择——基于对辽宁省 115 所普通高中的调查》，载《中国教育学刊》，2017(5)。

④ 谌涛：《创建特色高中，引来经费活水》，载《中国教育报》，2017-06-28。

⑤ 王学男：《区域普通高中教育呈现多元化发展》，载《中国教育报》，2017-06-15。

⑥ 黄瑞英、王凤：《教育公正的伦理意蕴——以江苏高考新政策为例》，载《黑龙江高教研究》，2017(2)。

倾斜。① 高考公平是教育公平的重要组成部分，是教育公平的核心体现，同时也是衡量社会公平的一个重要尺度，是社会公平的具体体现。新一轮的考试招生制度改革明确提出“把促进公平公正作为改革的基本价值取向”，它是保证社会全体成员的教育起点相对公平的一种有效手段，是维护考试机会公平、考试权利公平，促进考录程序公平的内在要求。②

公平正义的主体主要是参与高考的广大考生和与广大考生相联系的千万家庭。把公平正义作为高考改革的价值取向是由社会发展的现实情况决定的，也是社会主义核心价值观在高等教育领域的表现，更是考试选才的应然趋势。虽然高考改革在形式正义上取得了显著的成绩，实现了报考机会面前人人平等、分数面前人人平等、选择面前人人平等。但是在实质的正义方面还存在着许多的挑战和问题。主要表现在主体经济的不平等导致了教育的不平等、主体权利的不平等、主体空间的不平等。因此，高考改革应当坚持形式正义和实质正义的相结合。③

第二，科学性是公平性的保障。公平性是高考改革的内在价值，但若只讲公平而不提高科学性，那么这种公平仅仅只是低层次的形式公平，无法实现实质公平。因此，在公平优先的基础上兼顾选拔录取的科学性，是高考改革的必然趋势。一方面要坚持科学的招生考试政策和规律，选拔标准要符合人才成长和培养的规律；另一方面要坚持科学选材和人才培养的统一性，力求考试内容和受教育者知识结构的一致性。④

第三，核心素养为高考命题改革指明方向。在“十三五”规划中，明确将“促进学生核心素养的提升”作为一项重要的内容。此外，核心素养常常被看作素质教育之后课程教学目标的又一次革新。它倡导不满足于学生对知识结论的死记硬背，不满足于“知其然而不知其所以然”，而是以学生综合能力的发展为指向。核心素养能否得到有效推广，关键并不在于“课堂教学”阶段，而在于高考。目前的高考显然还无法与核心素养做到“无缝对接”。高考能否适应核心素养教育的需求，关键就在于高考分数能否客观、真实地反映出学生核心素养水平的高低。在这个方面，高考的命题质量才是关键，这要求我们必须加强高考命题技术层面的改革。⑤

第四，高考改革以学生为本凸显教育本质。以学生为本是学生的教育主体观和以人为本的科学发展观在考试招生制度中的体现。高考是教育事业的组成部

---

① 黄瑞英、王凤：《教育公正的伦理意蕴——以江苏高考新政策为例》，载《黑龙江高教研究》，2017(2)。

② 庞君芳：《高考公平的内涵、价值与实践向度》，载《课程・教材・教法》，2017(4)。

③ 王小虎、桑明旭：《论当代高考改革的正义性问题》，载《中国高等教育》，2017(8)。

④ 庞君芳：《高考公平的内涵、价值与实践向度》，载《课程・教材・教法》，2017(4)。

⑤ 周序：《核心素养教育与高考改革的方向》，载《当代教育科学》，2017(4)。

分，随着学生的主体性在教学中的逐步显现以及以学生为本的教育观的确立，对学生的主体性和需求的尊重也渗透在高考改革的内容中。新高考改革也进一步确立了学生在高考招生选拔中的主体和本体地位，特别是进一步扩大了学生自主选择的空间。① 因此，在高考改革中，不能忽视学生的主体地位，应该以学生为本体，以促进学生健康发展为根本目标。

明确高考的价值和理念，探索与发展高考公平理论和实践统一的途径和策略，使每个社会个体或群体都能平等地享有受教育机会、受教育权利及公平的教育资源分配，成为当前和今后我国高考改革的目标和方向。

2. 新高考改革的实施与困境

2014 年 9 月，国务院颁布《关于深化考试招生制度改革的实施意见》，启动新一轮考试招生制度改革，确定在浙江省和上海市进行改革试点。作为首批高考综合改革的试点省份，2017 年上海与浙江将首次举行“新高考”，并实行与新高考相配套的新录取模式。② 在新高考体制中，实行文理不分科、必考与选考相结合。其中，语数外为必考科目，选考科目从其他科目中选择。上海实行“6 选 3”的模式，浙江采取“7 选 3”的模式，在考试中增加了技术一门。必考科目仍在高三年级的 6 月举行，每门满分为 150 分；选考科目采用高中学业水平考试，采取等级制赋分的方式，分散在三年内完成。其中，上海等级考试科目按照 11 个等级赋分，满分为 70 分；浙江选考科目按 21 个等级赋分，满分为 100 分。③ 数学不再分文理科，英语一年可以考两次。④ 在高校招录用中，上海采用“两依据一参考”政策，即依据统一高考成绩和高中学业水平考试成绩，参考高中学生综合评价信息。在学生的综合素质评价体系中，主要涉及学生思想品德发展状况、中华优秀传统文化素养、修习课程及学业成绩、创新精神与实践能力、身心健康信息、兴趣爱好与个人特长等内容。开发建立高中学生综合素质评价的信息管理系统，作为全市统一平台，并通过市区校三级管理，制定各内容模块信息录入管理办法，建立信息审核制度、信誉等级制度、公示与举报投诉制度，系统开放与截止记录时间统一，确保数据真实，确保公开、公平、公正。⑤ 浙江省采用“三位一体”的录取办法。所谓“三位一体”，是高校依据考生统一高考成绩、综合素质评价成绩和高中学业考试成绩按比例合成的综合成绩，择优录取考生。2016 年

① 边新灿、蒋丽君、雷炜：《论新高考改革的价值取向与两难抉择》，载《中国高教研究》，2017(4)。

② 江南、管璇悦、史一棋：《新高考，出新“招”》，载《人民日报》，2017-01-09。

③ 陈皓曦、孔莉姮、卢镇岳等：《新高考综合改革方案及试点区实施情况研究》，载《教育导刊》，2017(1)。

④ 董秀华、王薇、王洁：《新高考改革的理想目标与现实挑战》，载《复旦教育论坛》，2017(3)。

⑤ 董少校：《上海新高考：从“招分”转向“招人”》，载《中国教育报》，2016-09-13。

清华大学、北京大学首次试行“三位一体”的招生模式。加之2015年已展开探索的复旦大学、上海交通大学、浙江大学、中国科学技术大学、中国科学院大学、香港中文大学(深圳)，2016年在浙江省试行“三位一体”综合评价招生的大学已达8所，招生人数达1200人。[①] 在填报志愿时，考生最多可选80个，填写方式由以往的以校为单位改为以专业为单位，扩大了考生在录取环节的选择权。

新高考改革减轻了学生“一考定终身”的压力，以学生需求为导向，在扩大考生选择权的同时，尽可能降低考生的风险，维护考生的利益，同时也给了高校更多量人选才的机会。这样的改革符合我国的国情，进而推进基础教育改革，促进学生的全面发展。但新改革在实施过程中也存在一些困境。

一是对学校的课程开设要求高。选考科目的存在，一定程度上加重了学校的课程负担。这也就意味着学校的课程表不再是班级课程表，而是因人而异，也可能会出现跨年级选课的情况，由此将产生“大走班”的基本教学组织格局。[②] 不仅如此，学生需求多样，课程结构更要丰富多元。

二是加大学校的教学管理与组织难度。由于课程的增加，原有的班级制将受到极大的冲击，集体教学的时间会受到严重挤压，课外辅导难以开展。走班制的实施也会加大教师的工作量，选考科目的不同，会导致教师配置出现结构性的失衡。[③]

三是学生生涯规划面临更大的挑战。在新高考改革中，学生填报志愿以专业为单位，无疑加重了学生对未来的担忧。目前的高中生普遍缺乏生涯规划的能力，在紧张的学习和升学压力下，可能会出现一系列的心理问题。[④] 因此，在学业、职业和人生规划方面都急需配套课程及教师指导。[⑤]

四是学科间分数的不等值引人质疑。选考科目的赋分等级制很可能会造成“高水平考生的能力被低估”或者“低水平考生的能力被高估”，只知道某考生在全体考生中所处的位置，无法确定其是否达到课程标准的要求。此外，它规定起点赋分的分值为40分，3分为一个等级。这一方面减小了考生分数的全距，另一方面会导致高分学生的大量同分现象，同分现象将致使语数外的重要性提升。等级赋分在一定程度上会影响学科特别拔尖者的相对优势，即“高水平考生的能力

---

① 邓晖：《高考新“标尺”如何量人选才》，载《光明日报》，2016-09-19。

② 董秀华、王薇、王洁：《新高考改革的理想目标与现实挑战》，载《复旦教育论坛》，2017(3)。

③ 陈皓曦、孔莉妲、卢镇等：《新高考综合改革方案及试点区实施情况研究》，载《教育导刊》，2017(1)。

④ 董秀华、王薇、王洁：《新高考改革的理想目标与现实挑战》，载《复旦教育论坛》，2017(3)。

⑤ 陈皓曦、孔莉姮、卢镇岳等：《新高考综合改革方案及试点区实施情况研究》，载《教育导刊》，2017(1)。

被低估”。这就造成了总的区分度的下降。① 必考科目英语进行两次考试，但是很难保证两次的难度一致，这样学生成绩的差异可能是学生能力造成的，也可能是试卷难度存在差异。因此，有的学者建议将必考科目采用测验等值和量表分数相结合的方式，自选科目采取标准设定和测验等值相结合的方法进行分数报告。②

总体而言，改革有破有立，挑战与机遇并存。在新高考改革之际，需要构建多元立体的课程体系，实施灵活的走班制度，规范学生的生涯教育，优化师资配置，充分协调各利益主体的矛盾与冲突，在实践中探索，在困境中完善发展。

3. 异地高考政策的相关研究

随着我国市场经济和城市化进程的加快，进城务工人员的规模不断扩大，随迁子女受教育的问题得到了广泛的关注。为了缓解随迁子女入学和升学困难的问题，在中央的统一指导和要求下，2012 年年底和 2013 年年初，各地密集出台了外来务工人员随迁子女流入地异地高考的政策方案。

由于各省(自治区、市)经济发展和教育资源的差异巨大，出台的方案呈现出不同的特点，大致可以分为三种类型：第一类是以山东、江西等为代表的高考大省，异地高考政策的门槛相对较低，一般不设“家长门槛”，只要随迁子女在流入地有连续就学的经历就可以报名参加当地的高考；第二类是以新疆、西藏、青海和内蒙古为代表的政策优惠区，它们虽然不是人口的流入地，但是其异地高考政策也设立了相当高的门槛，主要是为了防止高考移民的出现；第三类是以北京、上海、广州为代表的政治、经济、文化教育资源丰富的地区，在异地高考政策中设置了相当高的准入条件。③ 北京、上海、广州等地的异地高考政策成为学者们的讨论热点和研究焦点。

北京市、上海市和广东省分别以户籍改革中的积分制为实施路径，基于科学的积分指标体系设置，通过量化手段，公开、透明地决定外来务工人员可以享受到的实际公共福利。④ 上海市设置总积分标准的分值为 120 分，调整部分指标。满足 120 分的要求即可享受基本等同于本地户籍的福利待遇和公共服务，未达到标准分数线的人员也可以根据积分的多少获得不同层次的社会福利和公共服务。

① 王小虎、潘昆峰、苗苗：《高考改革对高水平大学招生的影响及其应对》，载《中国高教研究》，2017(4)。

② 陆一萍、韦小满：《新一轮高考改革中分数体系的建构》，载《教育科学》，2017(1)。

③ 郑若玲、郭振伟：《异地高考政策的公平诉求与困境：以上海市为例》，载《全球教育展望》，2016(10)。

④ 曹浩文：《居住证制度下异地中高考政策需要考虑的重要因素——以北京市为例》，载《教育导刊》，2017(2)。

北京市积分申请要同时符合4个条件：持有本市居住证、不超过法定退休年龄、在京连续缴纳社会保险7年及以上和无刑事犯罪记录，无标准分值。根据积分进行排名，可获得积分入户、积分入学的机会。广东省规定在符合居住证等基本条件下，满足60分的分值标准即可申请落户，并根据当年入户计划和排名情况确定。①

然而这样的政策并不能从根本上解决随迁子女高考的问题。从政策本身来看，这样的积分制门槛较高，指标体系倾向高学历、高技能人才，学历、教育背景等指标所占权重较大，而且这样的标准又是中低层人很难达到的标准。除此之外，三个指标又极力突出贡献导向，拓展贡献的内涵，根据工作年限、缴纳社保年限、特定的公共服务领域等指标进行累计加分。对于外来务工人员来说，家长的学历和其他条件虽然能够在一定程度上体现其对大城市的贡献，但并不是唯一标准，单纯以家长的教育背景来衡量孩子是不科学、不合理的，把孩子的教育机会完全与家长的得分挂钩，不利于教育公平的实现。孩子能否在流入地对继续接受高中教育并且在流入地参加高考，应该看孩子的个人素质和综合能力，以分数为衡量的标准，把随迁子女的个人情况和综合素质纳入加分指标体系并且适当给予加分，如随迁子女在流入地接受教育和居住年限、考试成绩和平时表现、道德素质和奖惩情况等。②

从政策实施来看，异地高考政策难以平衡各方利益。随迁子女异地高考问题是一个涉及政策、伦理、教育和管理的综合性问题。在政策执行的过程中，各相关利益主体基于自身的利益诉求围绕教育资源展开激烈博弈，政策目标的实现程度取决于各方利益博弈的结果。中央政府的利益目标在于促进教育公平、社会稳定、经济发展；地方政府致力于维护本地区人民群众的教育利益，促进本地区经济的发展；随迁子女希望在城市享有优质的义务教育后教育资源，与城市学生有平等的教育考试权；当地的考生希望维持原有的教育利益和其他的社会利益。③此外，异地高考政策会对当地的政府产生负外部性影响，主要表现在提高了地方教育部门防范“高考移民”的风险；增加了流入地政府的公共教育财政支出成本；提高了当地考生接受高等教育的机会成本；增加了本地居民获取“准公共品”的比较成本。④ 因此，当地考生、当地政府的利益诉求会对随迁子女公正的高考形成

① 丁娴：《基于户籍政策积分制异地高考政策评析——以北京市、上海市、广东省为例》，载《上海教育科研》，2017(4)。

② 郑若玲、郭振伟：《异地高考政策的公平诉求与困境：以上海市为例》，载《全球教育展望》，2016(10)。

③ 曹晶：《利益相关者视角下的“异地高考”政策执行研究》，载《教育理论与实践》，2016(11)。

④ 郭中凯：《北京市异地高考的“负外部性”及其治理路径》，载《教学与管理》，2017(4)。

一定的阻碍。中央政府需要尽快制定相关配套措施，如增加随迁子女流入集中地(如京沪地区)的高考录取指标，增加义务教育后教育阶段的财政投入等，真正保证当地考生的教育利益不受损害，从而使随迁子女和当地考生的利益均得到保障。同时，也要加大义务教育阶段后的落后地区的教育投入，促进我国高中教育和高等教育的均衡发展。

综上所述，暂未有立竿见影的方法解决高考中的公平问题，随迁子女受教育权利的合理性不等于诉求的可行性。由于优质教育资源的有限性和人民对优质教育需求之间的矛盾长期存在，加之城市的承载能力有限，如果异地高考彻底放开，会导致城市公共服务的全面崩溃。因此，异地高考政策的改革需要结合工具理性和价值理性，充分协调各方利益。中央政府应合理供给优质高效的招生指标，保障地方政府和当地考生的合法权益。地方政府在制定当地相关政策时，应理性设置随迁子女的准入门槛，不仅要改变外来务工人员单纯追求自身利益的局限，而且要对流入地的利益相关主体承担的外部成本进行补偿，从而达到双方利益的最大化，实现共赢。

(五)我国普通高中课程改革的相关研究

1. 关于核心素养的研究

2014 年 3 月，《教育部关于全面深化课程改革落实立德树人根本任务的意见》对高中教育的未来发展提出明确要求，各级各类学校要从实际情况和学生特点出发，把核心素养和学业质量要求落实到各科教学中。2016 年 9 月，教育部正式发布了《中国学生发展核心素养》。2017 年 12 月 29 日，教育部发布《普通高中课程方案和语文等学科课程标准(2017 年版)》。此次课程标准的修订力度较大，并首次提出凝练“学科核心素养”。自此，核心素养有了明确的概念界定并大刀阔斧地进行课程改革。学生发展核心素养，主要是指学生应具备能够适应终身发展和社会发展需要的必备品格和关键能力。它以科学性、时代性和民族性为基本原则，以培养全面发展的人为核心，充分反映新时期经济社会发展对人才培养的新要求，高度重视中华优秀传统文化的传承与发展，系统落实社会主义核心价值观。核心素养分为文化基础、自主发展、社会参与三个方面，综合表现为人文底蕴、科学精神、学会学习、健康生活、责任担当、实践创新六大素养，具体细化为国家认同等十八个基本要点。① 各素养之间相互联系、相互补充、相互促进，在不同情境中整体发挥作用。

核心素养的提出具有鲜明的时代特点。21 世纪的社会不同于农业社会和工业社会，是以知识经济和信息化为特征的新社会，其更加复杂、变化更快、不确

① 核心素养研究课题组：《中国学生发展核心素养》，载《中国教育学刊》，2016(10)。

定性更大，要求劳动力有更强的适应变化能力、解决复杂问题的能力、交流与合作的能力和使用现代信息技术的能力。① 新时代、新社会需要新素养、新教育。经合组织以及美国、日本等都对核心素养进行深刻的研究，我国基于本国国情学习借鉴国外经验后形成特色核心素养体系。我国核心素养有以下几个特点：核心素养是21世纪的关键少数素养，不是全面素养或者综合素养，是成功解决复杂现实问题的关键素养；核心素养是高级素养或者高阶素养，不同于基础素养，涉及逻辑思维、分析、综合、推理、演绎、归纳和假设等；核心素养是人人都需要的高级共同素养，是面向全体国民的核心素养，是适用于一切情境、一切人的21世纪素养。② 核心素养的探求，是时代不可逆转的趋势。培养具有适应终身发展和社会发展需要的必备品格和关键能力的人才，需要教育的不懈努力。

如何将核心素养与课程体系进行有效的衔接，决定着核心素养能否真正落地并在教育体系中起着核心导向的作用。因此，将核心素养与课程合理衔接至关重要，应该开展学校层级的课程规划，梳理课程体系，围绕核心素养体系架构学校课程等。③ 自《普通高中课程方案和语文等学科课程标准（2017年版）》颁布后，以核心素养为导向的课程探究与实践增多。

在实践中，探究将核心素养融入课程标准。基于核心素养培养的基础教育课程标准应该具有科学性、系统性、明确性、稳定性和发展性的特征，其建设需要从六个方面着手：科学确定学生的核心素养要素，统筹规划课程标准的逻辑体系，严格遵循课程标准的文本结构，确切运用课程标准的条款语言，科学划定课程标准的教育时段，妥善处理核心素养与课程目标的关系。④ 让课程充分体现核心素养，在实施中缓缓渗透到学生的学习中。在知识经济和信息化的新时代背景下，提高学生处理复杂问题的能力。目前，教科书编写也以核心素养为理念。其编写理念呈现出从关注学科到关注人，从关注知识到关注素养的变化特征。基于核心素养的教科书编写，要把握核心素养的实质，明晰教科书编写的前提；围绕核心素养的基本点，精心选择和设计教科书内容；重视并处理好两条编写路径的关系。在教科书编写的过程中，要清晰核心素养是必备的关键素养，具有跨学科性，但核心素养不等于学科核心素养，也不等于学科核心素养之和。在内容选择

① 褚宏启：《核心素养的国际视野与中国立场——21世纪中国的国民素质提升与教育目标转型》，载《教育研究》，2016(11)。

② 褚宏启：《核心素养的国际视野与中国立场——21世纪中国的国民素质提升与教育目标转型》，载《教育研究》，2016(11)。

③ 刘艾清：《新课程改革以来普通高中学生素养研究：热点、问题及展望——基于中国知网文献的知识图谱分析》，载《课程·教材·教法》，2016(12)。

④ 何玉海：《基于核心素养培养的基础教育课程标准建设》，载《课程·教材·教法》，2016(9)。

上，以核心素养为导向的教科书内容应具有情境性、开放性和过程性。在内容设计上，应重点关注学习活动设计、构建教科书内容支架体系并突出教科书内容的对话性。不仅如此，以核心素养为理念的教科书编写要处理好与学科知识的关系及逻辑。在尊重学科知识逻辑的前提下，以核心素养的培养逻辑统整和引领学科知识与内容。① 教科书是传递核心素养理念、辅助教师指导学生形成核心素养的重要工具，其编写应受到格外重视。

基于高中学科核心素养的各科课程标准对核心素养进行了深入的探究。各学科基于学科特色，在内涵和发展路径上进行了不同的研究。高中语文核心素养的实质内涵是以高中语文学科特有的方式育人。它包括语言的建构与运用、思维发展与提升、审美鉴赏与创造、文化传承与理解等。高中语文核心素养的培育，既要体现学生核心素养发展总目标的达成要求，又要体现学科基本特性。② 数学核心素养体现数学学科的独特性，它的本质是描述一个人经过数学教育后应当具有的数学特质，大体上可以归纳为：会用数学的眼光观察世界、会用数学的思维思考世界、会用数学的语言表达世界三个方面。学生发展数学核心素养依赖于经验的积累，因此在教学设计中，要抓住数学内容的本质，了解学生的认知规律，创设合适的情境，提出合适的问题，启发学生独立思考，鼓励学生与他人交流、主动与教师讨论，在掌握知识技能的同时能够理解数学的本质、形成和发展数学核心素养。③ 新课程标准将数学学科核心素养凝练为：数学抽象、逻辑推理、数学建模、直观想象、数学运算、数据分析六项。高中信息技术核心素养围绕“人与技术”“人、技术、问题解决”“人、技术、社会”的关系而展开，由信息意识、计算思维、数字化学习与创新、信息社会责任四个核心要素组成。四个核心要素既相互区别，又相互联系，统一于核心素养发展过程的始终，共同构成信息技术核心素养体系。④ 高中思想政治核心素养，以公民教育为核心，包含政治认同、科学精神、法治意识、公共参与四个关键要素。其发展的主要路径为：构建“体验型”活动课堂，引领学生的价值形成，实现学生的政治认同，培育有立场、有理想的政治公民；构建“议辩型”活动课堂，启迪学生的思维，树立学生的理性精神，培育有思想、有理智的理性公民；构建“综合型”活动课堂，塑造学生的品

① 彭寿清、张增田：《从学科知识到核心素养：教科书编写理念的时代转换》，载《教育研究》，2016(12)。

② 贡如云、冯为民：《高中语文核心素养的实质内涵及培育路径》，载《教育理论与实践》，2017(5)。

③ 史宁中、林玉慈、陶剑等：《关于高中数学教育中的数学核心素养——史宁中教授访谈之七》，载《课程·教材·教法》，2017(4)。

④ 解月光、杨鑫、付海东：《高中学生信息技术学科核心素养的描述与分级》，载《中国电化教育》，2017(5)。

格，培养学生的法治意识，培育有自尊、守规则的法治公民；构建“实践型”活动课堂，锻炼学生的能力，促进学生的公共参与，培育有担当、有情怀的责任公民。[①] 高中生物学核心素养是高中阶段的学生通过高中生物学课程的学习，初步形成生命科学的核心素养，提炼出生物学中关注个人发展和社会发展的必备品格及关键能力，主要包括生命观念、科学思维、科学探究和社会责任。[②] 高中地理核心素养包括人地协调观、综合思维、区域认知、地理实践力四个方面。人地协调观是地理学和地理教育的核心观念，是指人们对人类与地理环境之间形成协调关系的必要性和可能性的认识、理解和判断。综合思维是地理学基本的思维方法，是指人们具备的全面、系统、动态地认识地理事物和现象的思维品质与能力。区域认知是地理学基本的认知方法，是指人们具备的对人地关系地域系统的特点、问题进行分析、解释、预测的方法和能力。地理实践力是指人们在地理户外考察、社会调查、模拟实验等地理实践活动中所具备的行动能力和品质。[③] 不同学科具有不同的学科知识体系，以核心素养为导向的学科发展应充分尊重各学科的知识体系和结构，并基于此进行发展和拓展，构建有利于学生形成面对复杂环境的必备品格和能力的课程。

核心素养在各学科中的实施效果可以通过高考进行评价。让高考能够适应核心素养教育的需求，关键就在于高考分数能否客观、真实地反映出学生核心素养水平的高低。这时，高考命题的质量是关键。如果高考题目能够让学生无法简单地依靠应试技巧来得分，而是不得不依赖于自身的综合能力和素质，那么核心素养教育就不再需要依靠行政命令进行推动，将成为广大一线教师自觉而主动的选择，核心素养自然能在各学科中得到深入探究。[④] 通过高考命题倒逼，以核心素养为导向的课程发展，是一种破解应试教育、真正发展核心素养、培养能够适应终身发展和社会发展需要的必备品格和关键能力的有效途径。以核心素养为导向，对课程进行顶层设计，需要尊重各学科原有的知识体系，并融入知识经济和信息化背景下所必备的知识技能，配以高考命题改革，真正在实施过程中形成学生所必备的创造与创新、批判性思维、问题解决、合作与交流、信息素养等核心素养。

2. 关于生涯教育的研究

生涯教育是引导学生在自我认知、环境探索的基础上主动地进行人生规划、

---

① 邱斌、左群：《核心素养视野下高中思想政治学科活动课堂构建》，载《教育导刊》，2017(4)。

② 肖安庆、颜培辉：《高中生物核心素养的内涵与培养策略》，载《中小学教师培训》，2017(6)。

③ 吴岱峰：《以核心素养为统领，促进学生全面发展——〈普通高中地理课程标准(2017 年版)〉基本理念解读》，载《中学地理教学参考》，2018(7)。

④ 周序：《核心素养教育与高考改革的方向》，载《当代教育科学》，2017(4)。

选择、决策的教育活动。[①]《国务院关于深化考试招生制度改革的实施意见》指出，计入总成绩的高中学业水平考试科目，由考生根据报考高校要求和自身特长，在思想政治、历史、地理、物理、化学、生物学等科目中自主选择。这意味着高中生在高考科目上有更多的自主选择权和决策权。并且在意见出台后，逐渐形成"分类考试、综合评价、多元录取"的招考模式，这对高中生的人生规划、选择和决策提出了新的挑战。将高考科目的选择权交给学生，确实有利于激发学生的自主性，将被动选择的人生转变为自我赋意、充满意义的人生。但这也存在一定的问题。学生在自主选择科目时存在盲目性、随意性和功利性取向，与社会需求的差距较大，且其决策常受到父母、教师等的影响。一方面，高中生的决策受限于负责决策的前额叶皮层发育的不成熟；另一方面，对自我认知的不足、对学科专业和社会职业等外部信息的了解不充分也会导致错误的决策。这些都体现了高中生生涯意识不强、职业认知较少，尚未建立自己与世界、自身与发展的联系。[②] 为了更好地帮助学生适应社会的发展，合理进行人生规划，形成自主选择决策的能力，生涯教育应时代发展而变革。因此，高中在课程设置上需要对生涯教育进行重新审视和定位。

生涯教育在课程实践过程中，既设有专业的生涯教育课程，也有非专业的、渗透在各学科中的生涯教育课程。相关调查发现，专业的生涯教育课程在课程内容和课程实施路径方面的探索比较成熟。生涯教育课程涉及认识自我、认识专业与职业、生涯测评、生涯咨询与辅导、生涯体验等内容。虽然其课程涉及多个方面，但其核心目标是帮助学生学会选择、适应变化。课程内容在设计上紧紧围绕理想引导、心理疏导、生活辅导、学业指导和职业向导五个方面进行。引导学生处理好个体价值与社会价值的关系，树立正确的人生观与价值观；引导学生学会自我心理调控，处理情绪波动、学业压力、人际适应、理想与现实的冲突等问题，培育乐观、自信、充满希望、抗挫力等与未来职业相适应和发展必备的积极心理品质；引导学生学会在学校生活中与同伴相处，构建自我与他人的关系；引导学生学会对学习的自我管理；引导学生对自己的职业兴趣、能力进行认知，对职业进行更多的探索与体验等。[③] 生涯教育的课程设计应顺应时代发展，不断变化更新。有的学者对高中生涯教育的实施路径进行了研究，探讨了班主任工作、社团活动、体验式活动、实践活动、利用校友资源、学科教学渗透、基于项目学

---

① 朱仲敏：《教育转型背景下普通高中生涯教育内容设计与实施路径研究》，载《教育发展研究》，2017(6)。

② 樊丽芳、乔志宏：《新高考改革倒逼高中强化生涯教育》，载《中国教育学刊》，2017(3)。

③ 朱仲敏：《教育转型背景下普通高中生涯教育内容设计与实施路径研究》，载《教育发展研究》，2017(6)。

习、基于互联网技术实现远程教育等不同路径的实施成效。① 生涯教育课程不仅注重课程内容教授，而且注重课外实践，让学生在实践中探索、体验，不断磨练自主选择与决策的能力。同时，生涯教育课程也提供相应的咨询与个别指导服务，给予学生充分的个性化指导和决策能力成长的空间。

有的学者基于生涯教育对心理辅导课进行重构，帮助学生学会选择、规划人生。生涯教育课程理念面向全体、注重个体，在满足全体学生共同发展需求的基础上，给予学生个别指导，让学生进行自我探究，让课程服务学生个体的生命发展。生涯教育课程规划全面覆盖高中三年，按照学生的身心发展特点分阶段实施。其课程建构应由内到外、由远及近。由内到外的课程设置应让学生从探究自我到逐步探究外部世界，培养学生的主动学习能力。由远及近的课程设置要遵循从全面、泛化到局部、精细的“聚焦”过程，以及从遥远的梦想到现实的职业，再到眼前学业的“倒推”过程。生涯教育课程的核心在于通过心理课程的指导，对生涯进行合理规划，让学生的选择和决策能力得到锤炼。以生涯教育为指导的心理辅导课程内容结构分明，层层递进。

高一年级课程以生涯唤醒为主，帮助学生了解自我和世界，激发学生的自主意识，并建构自我与社会之间的关系。高二年级课程以唤醒生涯为主，探索学科与职业，在充分了解外部信息的基础上进行自主选择。高三年级课程以生涯定位为主，解决学校、专业、志愿填报等具体问题并开设相应的心理辅导课。② 有的学者也将生涯教育渗透到地理教材中进行了深入的探讨。地理教材应设置职业生涯相关栏目，介绍从事与地理相关的专家或者普通人的职业，如遥感专家、地图学家、环境规划师等，并在每个专栏后面附上“职业链接”，提供与该职业相关的网站地址等，让学生充分了解所学科目对生涯的具体意义。栏目内容可以采取案例访谈的形式创设职业问题情境，使问题兼顾真实性、针对性与情感性，使学生体验从职业理想的树立到事业的成功这一整个职业生涯的规划过程，同时也使学生认识到职业生涯是一个漫长的人生过程，引导学生树立终身学习的意识。③

改革考试招生制度，赋予学生更多的选择权和决策权，这对于学生未来专业和职业的发展至关重要。因此，生涯教育应担负起引导学生认识自我、认识专业和职业，构建自我与社会的关系，形成自主选择和决策能力的重任。生涯教育发展至今，已形成专业的生涯教育课程和渗透到各学科中的生涯教育课程，取得了一定的成效，但仍处于探索期，应顺应时代的发展、更新和变化，真正引导学生

---

① 庞春敏：《高中生涯教育研究述评》，载《教育评论》，2017(6)。

② 刘欣：《生涯教育理念下高中心理辅导活动课再构》，载《上海教育科研》，2017(6)。

③ 庞玲：《中学地理教材中职业生涯教育内容设置的思考与探索》，载《课程·教材·教法》，2016(11)。

对人生进行合理规划。

3. 关于分学科课程的多维探讨

新课程改革后，语文高考命题相应变革，提高学生的思考能力和判断能力的阅读比重逐年增大，语文阅读教学也发生变化。新课程标准规定，教师要遵循共同基础与多样选择相统一的原则，根据课程目标有节奏地进行阅读文本教学。教师应该指导学生将先进理念与传统思维相融合，选择适合时代发展、适应高考复习进度而又不老套僵化的方式进行讲授。但在实践过程中，阅读教学仍然存在问题。

有的学者对散文阅读教学和现代文阅读教学进行了探讨。在实践过程中，散文阅读教学存在把散文教“散”，把散文教“泛”，把散文教“冷”，把“我”教丢等问题。具体表现为：在教学过程中，文本教授“碎片化”，只讲解高考所需的必备技巧，不关注学生个性化解读。散文阅读教学重在培养学生的思维品质，在教学中应尊重散文主体，强化文体意识，教出特定文体的特点、特定文体的味道；散文阅读教学要强化“这一篇”意识，应具有独特性，非千篇一律；散文阅读教学应尊重作者，悟出属于“我”的情感。散文阅读教学通过与文本、作者、教师、同学、自己的多维对话，让学生灵活、多角度地感悟文本，接近作者，真正实现自主的、个性化的阅读；散文阅读教学应尊重学生，丰富个性化的阅读体验，关注学生语文能力的发展和精神生命的成长。① 在实践过程中，现代文阅读教学也存在与考试大纲不适应之处。具体表现为：文本体裁形式和题材内容单一，如注重中国名家散文、小说、传记，而忽略戏剧、诗歌、新闻材料等；阅读教学模式套路化，按照对字、词、句进行梳理，再对篇章进行细致解读，让学生按问题模板做出规范性的回答，忽视学生思维的多元化发展；为应对高考，阅读教学活动呈现题型化取向，忽视学生思维的开放性。基于此，现代文阅读教学应创新课堂教学流程，针对不同的阅读文本类型，采取不同的教学模式，并要激发学生的兴趣，实现学生的个人情感体验与理性思考的融合，实现在阅读中提高学生的审美鉴赏力和语文素养的教学目标。② 阅读教学是语文教学的一部分，有的学者认为语文教学应采用“导学、导问、导练、导智”的“四导学教”课堂教学模式，使其更加科学、合理地彰显语文学科的工具性与人文性的本质。③ 语文教学在实践中不断变革，取得了一定的进步，但仍需要深入探讨。

新课程改革注重学生在学习过程中情感、态度和价值观的形成。高中数学将

---

① 王宏伟：《高中现代散文教学中的普遍问题及解决策略》，载《教育理论与实践》，2016(32)。

② 丘天、田睿、王艳玲：《基于高考试卷分析的高中语文现代文阅读教学思考》，载《现代教育科学》，2017(4)。

③ 杨志刚：《高中语文“四导学教”课堂教学案例设计及分析》，载《现代中小学教育》，2017(1)。

情感定位为重要的课程目标。在教材改革上，强调从认知层次激发学生的数学兴趣和学习信心；在教学方式上，强调启发式、合作式学习，适时设置悬念、疑问，旨在以学生的数学情感促发其进入数学探索；在评价方式上，除了加强平常的自我、同伴的过程性评价外，还应开发研究性课题和实习作业等多元评价手段，以帮助学生轻松地融入数学知识的学习过程。数学情感会影响学生的数学学习。众所周知，数学教育的价值，不仅在于知识的习得，而且在于逻辑与思维的培养，在于化归、递变、分类、贯通等核心思想方法的学习。数学课堂教学要在教师与学生充分的情感联系中，对学生的数学发展需求做出专业判断，利用最恰当的时机进入学生的数学学习过程，以实现从关注数学知识向关注思维方式的转变。不仅如此，数学课堂教学要慎重精简教材和教学内容，抓住数学学习的关键要害，尽量消除学生的认知干扰、减轻高考及社会的高度期望带给学生的数学焦虑感。在数学教学中，教师要提高运用数学情感规律的专业能力，改变过去以书本为本的观念，加强对学生的情感状态、情感发展规律等方面的针对性学习。教师要善于辨认学生是否处于迷惑和需要帮助的情感状态，并适时采取有效的专业疏导，帮助学生走出数学学习阴影。重视学生的认知发展与社会情境，实现数学情感与数学认知的整合是重中之重。[①] 总而言之，数学情感的建构，有利于提高数学教学质量，提升学生的数学能力。

我国、日本、韩国、新加坡、英国、法国、德国、俄罗斯、芬兰、荷兰、美国、加拿大、南非和澳大利亚等国家尝试将信息技术整合到数学学科中。对于常见的信息技术设备——计算器，我国、荷兰、新加坡、日本、法国都在数学课程标准中提出要求：我国的课程标准鼓励学生尽可能使用科学型计算器；荷兰和新加坡的课程标准都要求学生能正确使用图形计算器；日本的课程标准要求学生积极地应用能作图的掌上计算器；法国的课程标准要求学生能够使用带逻辑功能的计算器。英国高中课程标准对计算器使用的要求详细到操作层面，如“知道怎么在计算器中输入科学计数法”“使用各种函数运算键，包括三角函数和统计函数功能”；新加坡高中课程标准则对考试中的计算器使用给出解释说明。法国高中课程标准不但提及计算机、计算器这类常见的电子设备，而且提到具体的软件（动态几何软件、空间几何软件、电子表格、计算软件）。此外，德国课程标准提及计算机代数系统（CAS），法国高中课程标准也有提及。在数学教学中，信息技术的使用集中在代数、几何、概率统计、微积分等知识领域。在代数方面，各国课程标准的共同特点是利用信息技术代替繁杂计算；不同点在于我国的课程标准主要集中在函数图像的展示，澳大利亚和法国的课程标准包括方程、不等式、数列

① 林炜、尹弘飚：《数学情感：高中数学课程改革新维度》，载《教育科学研究》，2017(1)。

内容上的信息技术使用，应用范围更加广泛。在几何方面，各国信息技术的使用主要集中在平面解析几何与空间立体几何上。在概率统计方面，各国信息技术的使用主要集中在统计应用上。在微积分方面，国外信息技术的使用主要集中在微积分意义的展示和计算，我国的课程标准在微积分部分并未涉及信息技术。信息技术在数学课程中的整合，虽然取得了一定的进步，但是高考禁止使用计算设备，这不利于信息技术在数学课程中的推广。因此，下一步应妥善解决课程标准与考试评价的矛盾，让学生将更多的精力集中在高层次的数学思考和问题解决上。①

普通高中信息技术课程以全面提升学生的信息素养为根本任务。课程围绕信息技术核心素养，精练学科大概念，吸纳学科领域的前沿成果，构建具有时代特征的课程内容；课程具有理论性和实践性，通过丰富多样的任务情境，鼓励学生在数字化环境中学习与实践；课程倡导基于项目的学习方式，将知识积累、技能培养与思维发展融入运用数字化工具解决问题和完成任务的过程；课程提供多样的学习机会，让学生参与到信息技术支持的沟通、共享、合作与协商中，体验知识的社会性建构，理解信息技术对人类社会的影响，提高学生信息社会参与的责任感与行为能力，使学生成为合格的数字化公民。② 培养具有信息意识、计算思维、数字化学习与创新、信息社会责任的数字化公民，是新时代教育的重要任务。但信息技术课程在实施过程中存在以下问题：课程内容停留在软件操作层面；课程不受重视；选修模块未能针对高中之后的发展需求对学生进行有效分流；学分结构与选修课开设步调不一致等。有的学者建议凝练信息技术课程核心素养，协调高中与义务教育的衔接过程，依托信息技术学科大概念，遴选基础性和时代性并重的课程内容，兼顾实践性和理论性，并按内容特性分类规划各模块，提高选修内容的可选择性与适应性。③ 面对知识经济和信息化的 21 世纪，信息技术课程至关重要，培养数字化公民任重道远。

化学课程与信息技术的整合，推动了化学课程数字化资源的开发与利用。数字化化学课程资源是指在化学教学过程中教师和学生可以利用的各种信息资源，如实验装置图、微观粒子的动画演示以及数字化视频和音频演示的实验过程等资源。开发与利用数字化化学课程资源意在通过运用数字化课程资源，实现新课程的开放性及与教育信息数字化的整合，提升教师开拓教学资源的技能，促进教师

① 郭衎、曹一鸣：《高中数学课程中信息技术使用的国际比较——基于中国等十四国高中数学课程标准的研究》，载《中国电化教育》，2016(5)。

② 李锋、赵健：《高中信息技术课程标准修订：理念与内容》，载《中国电化教育》，2016(12)。

③ 肖广德、黄荣怀：《高中信息技术课程实施中的问题与新课标的考量》，载《中国电化教育》，2016(12)。

学科知识结构的生成，改善知识结构，培养学生终身学习的意识与习惯；意在改变师生角色，调整课堂中教与学的关系，并重构教学方式，建设学科生成性的课堂。这种个别化、交互式、开放性的动态课堂教学环境，有利于学生学习方式和师生互动方式的变革；有利于学生在学习过程中不断发现问题、提出问题和解决问题，使其学习方式向自觉、自主、合作、探究式、发现式、交互式学习转变，促进学生对化学学习的自主性建构，培养自主学习能力、合作意识和创新精神，从而养成终身学习的良好习惯。①

新课程改革后，历史教学进行了相应的探究。《普通高中历史课程标准(2017年版)》将“史料实证”“历史解释”列为学科重要的核心素养。有的学者认为历史教学是教师、学生依托教材，在史料实证和历史理解的基础上，建构历史解释的过程。在教学中，教师应引导学生多元解读历史信息，进行史料实证，建构历史解释基础，并运用比较方法，帮助学生分辨历史事物的异同。同时，教师依托乡土史实，为学生建构历史解释创设新情境，让学生在学习、探究、质疑和批评史料中形成自主建构历史解释的能力，提升其历史认知、理解和解释的综合素养。②有的学者对教学过程进行研究，发现历史教学中存在以下问题：教学课时少，内容多，教学缺乏意趣与思维；课程体系和结构不利于知识建构，制约学生的方法、思维及历史素养的形成；教学重预设、轻生成，制约学生的创新能力的发展；历史研究性学习流于形式等。基于此，该学者提出“问题教学”，以中心问题建构知识结构，以深度问题形成价值判断，以生成问题锻炼思维，以研究性问题提升科学探究能力，并以情境策略、问题包策略、梯度问题策略、问题建构策略、生成问题策略和助答策略为辅进行教学。③实现在教学过程中唤醒学生的问题意识，锻炼学生的自主、合作、探究的能力，最终达到培养学生的学科核心能力和批判创新思维素养的目标。也有学者认为，历史教学中需要渗透美育，将历史认识引向审美境界。赋予历史研究更丰富的解释视角和更深刻的人文关怀，实现立德树人的目标，最终提升学生的审美能力和生活旨趣。④

在新课程理念下，高中物理教学以学生探究为主，强调学生主动自觉地学习。有的学者对物理科学探究课研究后提出，科学探究课应具有良好的教学结构。教师要抓住知识序，体现知识的演化、发展顺序；抓住学生的认知序，从具体到抽象、由简单到复杂、由表面到实质，并有效搭建前两条教学序。科学探究

---

① 曲晓萍、钟喜魁：《高中化学课程数字化资源的开发与利用》，载《课程·教材·教法》，2016(9)。

② 李海龙：《历史教学中引领学生建构历史解释的思考与探索》，载《课程·教材·教法》，2017(1)。

③ 陈辉、郭子其：《研究性学习视域下高中历史问题教学初探》，载《课程·教材·教法》，2016(10)。

④ 马维林：《高中历史教学的美育渗透策略》，载《教育理论与实践》，2017(2)。

课应创设丰富的问题情境，提高学生的参与度，对学生的学习行为进行指导，创新实验方法，构建学生的物理科学思维。① 也有学者对物理学困生进行了研究，提出要激发学困生的物理学习兴趣，尊重、信任学生，增加学生的自信，并给予感情投资，进行赏识教育。同时，教师要建立“兵教兵，将教将”的学习互助组，让学生在小组内进行分工、角色转换、讨论和辩论等，让学生多维度思考问题，并让学生充分参与课堂实验。教师适时给予学生提示、点拨和指导；在习题选择上保证适中，让学生“跳一跳，够得着”；在课外作业上要进行分层设置。教师应合理反馈，对学困生进行积极的评价。② 教师要对学困生进行赏识教育，构建生活与物理课程的联系，让学生在科学探究中形成学习兴趣，形成科学思维。

不同学科均在不同程度上进行了课程改革。校本课程也在课程改革中占据一席之地。在互联网时代下，基于核心素养发展的高中校本课程是一种育人本位和发展本位的课程。它强调培育学生适应个人终身发展和社会发展需要的必备品格与关键能力，并且与学科课程重知识的表层掌握与记忆不同，强调学生思维品质的训练、学习能力的养成、情感体验的丰富和价值观的提升等，以回应互联网时代对高中学习的变革以及适应互联网时代对高中学生发展核心素养的要求。在课程开发上，学校要通过设置多元的校本课程目标，包括学科课程、综合课程和活动课程等，满足学生面向未来的不同能力和品格的培养要求，兼顾实现学生应对高考与发展核心素养的双重功能。在目标制定上，学校要体现学生核心素养和学科核心素养的整合——发展、培养学生的核心素养。学校可以从学科发展、个体成长和社会需求三个层次的目标对高中校本课程进行设置，使各门课程既承担起具体培养和发展学生核心素养的任务，又促进各学科核心素养的生成，实现学生核心素养和学科核心素养的联合培养目标。③

高中教育是教育体系中的重要环节。《教育部关于全面深化课程改革落实立德树人根本任务的意见》要求高中教育立德树人，培养全面发展的人。信息爆炸、大数据、知识经济的时代需要学生具备能够适应终身发展和社会发展需要的必备品格和关键能力，这对高中教育提出了新的要求。高中教育要以核心素养为导向，对课程进行改革，从三维目标转向关键素养。然而课程改革实践受高考指挥棒的影响，以分定向的高考形势很难逆转，因而高考试题能否全面、辩证地反映学生的核心素养至关重要。若能充分表征核心素养能力，则会倒逼教师和学生推

① 朱晓晖：《新课程理念下的科学探究课的特征——以高中物理教学为例》，载《教育理论与实践》，2017(2)。

② 王凤英：《新课程理念下面向学困生的高中物理教学思考》，载《教育理论与实践》，2016(35)。

③ 李玮舜、刘剑玲：《互联网时代基于学生核心素养发展的高中校本课程开发目标体系重构》，载《教育理论与实践》，2017(17)。

进以核心素养为导向的课程改革。《国务院关于深化考试招生制度改革的实施意见》赋予学生选择高考科目的自主权，要求学生具备人生规划、选择和决策的能力。由此可见，高中生涯教育是课程改革的重要方向之一。新时代更加复杂的社会环境要求高中生能够适应社会发展，高中教育要改变应试教育的思维固着，在高考改革的配合下，继续深化课程改革。

（六）我国普通高中评价制度改革的研究

1. 完善高中学业水平考试

2014 年 9 月，《国务院关于深化考试招生制度改革的实施意见》要求探索统一高考与高中学业水平考试、综合素质评价的多元录取机制。同年 12 月，《教育部关于普通高中学业水平考试的实施意见》发布，明确将高中学业水平考试纳入高考招生体系。

目前，政策倡导将高中学业水平考试纳入高考招生系统已有几年，仍有许多学者对学业水平考试改革进行不断的探索与思考。近年来，学术界主要从学业水平考试的实施困境及发展路径等方面进行了研究。

高中学业水平考试作为一种新形式的考试评价制度，在政策推行的过程中仍处于摸索阶段，其中难免会出现一系列问题。对此，各位学者进行了深入的剖析与探讨，主要表现在以下几个方面。第一，各省份对学业水平考试的性质与功能定位不清。各省份对学业水平考试的性质和功能定位上的分歧，严重影响了考试的有序开展，也造成与高考关系的不明确，以至于在实施的过程中，其作为高校录取依据的功能无法有效发挥。第二，各省份的考试科目、考试内容不统一。关于考试科目，有的是全部科目由省级组织进行；有的是全部科目实行学业水平分级考试；有的是部分科目实行省级学业水平考试，并没有统一的执行标准。关于考试内容，有的省份限定为课程标准的必修科目；有的省份规定在此基础上附加选修科目，而且对于选修科目的自主权的限定不一致。第三，学业水平考试与高考的关系不明确，缺乏完善的考试评价体系。各地区试图将学业水平考试与高考进行挂钩，但如何将两者进行挂钩，国家对此并没有统一标准。因而各地区挂钩的形式也不尽相同，或者采取硬挂钩的形式，如将学业水平考试的成绩以一定的比例计入高考的成绩，或者采取加分投档的形式，抑或是采取软挂钩的形式，即要求考生的学业水平考试成绩合格，才能被本科院校录取。在高考分数相同的情况下，高校可以优先录取普通高中学业水平考试 A 等级多的考生。① 第四，学业水平考试隐含着不公平的风险。首先，考试内容的制定存在不公平隐患。考试命

---

① 张雨强、张中宁：《基于区域方案比较的普通高中学业水平考试研究》，载《课程·教材·教法》，2016(10)。

题依据的科学性问题、考试内容的城市化倾向、考试方式的能力化倾向等都可能导致不公平风险。其次，考试科目的设置隐含不公平风险。一方面，改革后高中学业水平考试科目设置的城市化倾向产生不公平风险；另一方面，选考科目方案对教育资源贫乏地区学生的考试选择机会的剥夺。[①] 再次，考试的实施与管理程序存在不公平隐患。各地区对考场管理的不规范、对考试工作的监督不力都将影响学生学业成绩的真实性。最后，考试成绩的评定过程存在不公平隐患。各省对于学业水平成绩的转换方式不同，有的采取分数制，有的采取等第制，其标准的不统一，将会引起人们对于成绩评定的公平性的怀疑。[②]

为探索学业水平考试继续发展的突破口，许多学者积极献言献策，在学术界形成了一股热潮，主要包含以下几个方面。第一，国家层面明确学业水平考试的性质与功能。学业水平考试区别于高考，应属于达标性测试，而不属于选拔性考试。因而学业水平测试的性质定位是标准参照测验，其功能是检测学生对于课程目标所规定内容的掌握程度。第二，合理确定学业水平考试的科目、内容和报考次数等问题。有的学者认为，考试科目应该包含所有科目；考试内容应该包含必修内容和选修内容，选修内容部分给予地方一定的自主权。鉴于学业水平考试的性质定位，学生可以拥有两次报考机会，但两次报考试题的难度、区分度需要保持大体上的一致性。第三，科学处理与高考和综合素质评价的关系，完善考试评价体系。一方面，在规范学业水平考试的基础上，探究学业水平考试与高考之间契合的形式，寻找合理的途径将两者挂钩；另一方面，从学业水平考试和综合素质评价两个维度，对高中生的知识、能力、道德素养等方面进行全面衡量，从而更好地为高校录取工作提供参考。[③] 第四，健全考试评价质量监督与问责制度，确保评价公平。首先，建构对制定地方高中学业水平考试改革方案的监控制度。国家通过备案、评估、反馈三个环节对地方学业水平考试的改革方案进行指导和监督。其次，建构高中学业水平考试改革的监控制度，规范学业水平考试命题，加强对命题、阅卷、成绩评定的监督。第五，鼓励多元主体积极参与学业水平考试的改革。一方面，鼓励地方政府、教育主管部门、高中积极主动地投身到学业水平考试的改革中来；另一方面，打破传统的以政府为主的“单一中心”治理模式，邀请事业单位代表、系统外的教育研究专家、社会民众代表等多元主体参与

① 樊亚峤、张善超、李宝庆：《高中学业水平考试改革的公平性分析》，载《教育发展研究》，2016(15/16)。

② 张雨强、张中宁：《基于区域方案比较的普通高中学业水平考试研究》，载《课程·教材·教法》，2016(10)。

③ 张雨强、张中宁：《基于区域方案比较的普通高中学业水平考试研究》，载《课程·教材·教法》，2016(10)。

学业水平考试改革的决策，监督改革的进程，评价改革的成效。①

2. 规范高中学生综合素质评价

《关于加强和改进普通高中学生综合素质评价的意见》的出台使得综合素质评价迅速成为当前我国考试招生制度改革的热点与焦点。2016年下半年至2017年上半年，许多学者将研究的重点集中于综合素质评价的实施困境与发展出路两个方面。

综合素质评价致力于对学生的道德素养、情感态度、价值观等方面的全面考察，并在学业水平考试、高考等各种知识技能测验的基础上，对学生做出更全面和更真实的评价。但实施的各个环节中确实存在一系列的问题，主要表现为以下几个方面。第一，综合素质评价难以将个体的内隐素质和外显行为进行对应。首先，个体的内隐素质不一定都可以通过外显行为表现出来；其次，内隐素质与外显行为之间不存在单值的对应关系；最后，外显行为并不一定能代表内隐素质。第二，综合素质评价的指标难以分解，也难以合成。首先，评价指标在分解成若干层次和若干要素的过程中，既需要保证指标的完备性，又需要保证指标的相对独立性，这是一个非常复杂又困难的过程。其次，评价指标在各个观测点赋值合成的过程中，涉及不同类别指标的计算、不同主体的评价结果、不同学期的评价结果等因素，这些层层的合成将是一个庞大的工程。在难分难合的情形下，现行的综合素质评价指标设计不够合理，实施标准仍不完善。第三，综合素质评价标准难以明确。综合素质评价更多采用的是执行研究的方法，评价的内容更多的是学生的个性特质，因而评价标准的核定具有模糊性。② 第四，评价实施过程过于简化，缺乏管理制度和社会支持。学校在期末或临近检查之时突击填写综合素质评价记录，甚至将综合素质评价简化为填表和盖章的表面工作，没有有序的管理和严格的监督，综合素质评价的实施沦为形式。③ 第五，综合素质评价结果的参考形式难以确定。考试制度改革倡导将综合素质评价作为高校录取工作的参考点，但究竟如何有效地给予参考依据，目前学术界对此也尚无定论。④

目前综合素质评价的实施与当初的设想存在较大的差距，如何促进综合素质评价在正确的方向上前行，学术界从以下几个方面进行阐述。第一，保证综合素

---

① 李宝庆、张善超、樊亚峤：《多重制度逻辑下高中学业水平考试改革的风险及其规避》，载《教育发展研究》，2016(6)。

② 刘丽群、屈花妮：《我国普通高中学生综合素质评价的两难困局》，载《课程·教材·教法》，2016(10)。

③ 沙丽华、崔建京：《大连市普通高中学生综合素质评价现状、问题及建议——基于大连市普通高中学生综合素质评价调查研究》，载《中小学教师培训》，2016(9)。

④ 刘丽群、屈花妮：《我国普通高中学生综合素质评价的两难困局》，载《课程·教材·教法》，2016(10)。

质评价的科学性。建立综合素质档案，做好学生的成长记录，给予学生选择权以展示个性特点与兴趣特长，体现综合素质评价的全面性、全程性和差异性。第二，保证综合素质评价的客观性。注重行为考查，记录学生的全面发展情况和个性特长；注重质性评价，通过具体事实进行测查，展现学生的情感、态度和价值观；注重分段实施，学生的写实和活动记录在三年中分段完成，融入日常教育教学。第三，保证综合素质评价的公正性。首先，逐步完善组织管理制度，促进综合素质评价各级部门之间的相互配合。其次，加强对高中实施综合素质评价的监督，保证写实记录的真实性，做好审核、公示的相关工作和电子信息平台建设。最后，加强对高校使用综合素质评价的监督。高校重点培养和选拔专业人员，组建专业团队，对综合素质评价进行集体评议和专业判断。第四，保证综合素质评价的实效性。综合素质评价与日常教育教学相结合，与高校录取工作相挂钩。① 第五，保证综合素质评价的多元参与性。引导多元主体参与评价，并建立健全指导培训体系，对学生、家长、教师、校长及教育行政部门等综合素质评价运行的相关主体进行理论和实践指导的培训。② 第六，保证综合素质评价的导向性。综合素质评价的目标不仅仅是为高校录取工作提供参考依据，更是为了在高中教育中落实素质教育，因而综合素质评价应该在选拔功能与育人功能之间发挥好导向作用。③

推进综合素质评价改革，要切实规范运行操作模式，厘清综合素质评价运行操作的基本环节，使评价主体、评价对象、评价理念、评价目标等的应用成为一个有机联系的整体。

结　语

《高中阶段教育普及攻坚计划(2017—2020 年)》明确指出，到 2020 年，在全国普及高中阶段教育。这意味着更多初中生接受高中教育的需求将会得到满足。然而，高中教育的全面普及需要做好科学合理的教育规划，提供相应的人、财、物保障。首先，完善普通高中建设。在普及高中教育的政策背景下，各地政府需要合理地规划城市布局，优先保证教育用地。根据学龄人口的预测数量，按需增建校舍以优化学校的硬件设施，为学生提供优质、舒适的校园环境。其次，建构高中的财政保障体系。受历史原因的影响，普通高中，特别是中西部高中的债务

① 马嘉宾、张珊珊：《推行综合素质评价的操作策略研究》，载《中国教育学刊》，2017(2)。

② 王小明：《普通高中学生综合素质评价机制的现状及启示——基于美、英、日、韩等四国的比较研究》，载《教育探索》，2017(1)。

③ 李民生、申俊光、张鹏杰等：《基于市域中学生综合素质发展性评价现状的调查研究》，载《教育理论与实践》，2016(35)。

严重，当下的经费补贴撑不起学校的日常运转。异常紧张的办学经费严重影响了学校的可持续发展。再次，合理优化师资配置。普及高中教育将会需要更多的高中教师，进行师资需求的合理预测就显得尤为重要，进而在保证教师总量供给的前提下提升教师的质量。最后，加强学校的课程改革。在新高考的招生要求中，以综合素质为中心的评价方式逐渐凸显。核心素养成为各学科课程改革的理念。在新高考改革中，学生填报志愿以专业为单位，因此学生在学业、职业和人生规划方面都急需配套课程及教师指导。

【报告撰写人：刘善槐、韦晓婷、郑鹏娟、秦田田、刘飞飞。武芳、王涛、薛芳芳参与了校对工作。作者单位：教育部人文社会科学重点研究基地东北师范大学中国农村教育发展研究院】

第4章　农村职业教育年度进展报告

【概要】本报告从大事记、事业发展、政策观察和研究进展四个方面，主要展示2017年我国农村职业教育的发展情况，探索现存农村职业教育的发展现状、政策导向，分析其面向农村的区域服务功能，结合当前的研究热点，以辩证地看待农村职业教育的未来发展。研究表明，该阶段我国农村职业教育主要围绕农村职业教育扶贫、农村职业教育和成人教育示范县建立、农业供给侧结构性改革、新型职业农民培育等方面开展各项工作。通过报告不难发现，现阶段的农村职业教育仍处于社会发展中的不利地位，农村职业经费、师资等资源供给不足，涉农资源调配不均与非学历培训规模不断萎缩等问题亟待解决。在下一阶段，要发挥政府的支柱力量，为农村职业教育发展提供良好的环境与坚强的政治保障。提出的主要措施包括：创新职业教育扶贫机制，保障经费投入比例；打造农村职成教育资源交流平台，促进公共资源在城乡间均衡配置；以市场需要为导向，提升农村供给质量；开展多形式的涉农职业教育培训，实现农村青年劳动力的结构转型。

一、农村职业教育大事记

2016年9月2日，北京市首批新型职业农民在北京农业职业学院的培养下，以半读半农的形式，学习普通高等职业教育规定的基本课程和农业、农村特色课程。在这样的形势下，我们所有的中高等职业院校像北京农业职业学院一样采取多种方式灵活办学的机制就势在必行了。积极争取当地工业、商业、农业、林业、水产养殖、园艺、科研院所、电教馆等部门和乡镇农技站，以及当地农业生产领域的专业户、“土专家”等人的支持，让他们的人成为职教师资的来源，使他们的生产经营场所成为学员可以借助的实习设备和实习场地，使能够借助的校外有利因素成为职业院校的教育资源。

2016 年 9 月 22 日，由中国—东盟职业教育研究中心主办、广西师范学院承办的中国—东盟职业教育发展论坛在南宁市举行。近年来，建设了中国—东盟金融与财税人才培训中心、中国—东盟农业人才培训中心等 9 个国家级教育培训基地。

2016 年 9 月 29 日，《慈溪市“十三五”教育改革与发展规划》提出，到 2020 年，终身教育体系基本完备，学习型城市氛围浓厚，建成全国农村职业教育与成人教育示范县、省学习型城市，社区教育优质资源实现全覆盖。

2016 年 10 月 17 日，《全国农业现代化规划(2016—2020 年)》提出，加快构建新型职业农民队伍。加大农村实用人才带头人、现代青年农场主、农村青年创业致富“领头雁”和新型经营主体带头人的培训力度，到“十三五”末，实现新型经营主体带头人轮训一遍。将新型职业农民培育纳入国家教育培训发展规划，鼓励农民采取“半农半读”等方式就近就地接受职业教育。建立与教育培训、规范管理、政策扶持相衔接配套的新型职业农民培育制度，提高农业广播电视学校教育的培训能力。

2016 年 11 月 23 日，国务院印发《“十三五”脱贫攻坚规划》。本规划根据《中国农村扶贫开发纲要(2011—2020 年)》《中共中央 国务院关于打赢脱贫攻坚战的决定》和《中华人民共和国国民经济和社会发展第十三个五年规划纲要》编制，主要阐明“十三五”时期国家脱贫攻坚的总体思路、基本目标、主要任务和重大举措，是指导各地脱贫攻坚工作的行动指南，是各有关方面制定相关扶贫专项规划的重要依据。

2016 年 11 月 24 日，《国务院办公厅关于完善支持政策促进农民持续增收的若干意见》提出，增加农民收入是“三农”工作的中心任务，事关农民安居乐业和农村和谐稳定，事关巩固党在农村的执政基础，事关经济社会发展全局。随着经济发展进入新常态，农业发展进入新阶段，支撑农民增收的传统动力逐渐减弱，农民收入增长放缓，迫切需要拓宽新渠道、挖掘新潜力、培育新动能。

2016 年 11 月 29 日，《教育部等六部门关于公布第一批国家级农村职业教育和成人教育示范县名单的通知》发布，提出根据《教育部等九部门关于加快发展面向农村的职业教育的意见》的精神和教育部关于开展国家级农村职业教育和成人教育示范县创建工作的通知要求，教育部等部门把示范县创建工作作为发展农村职业教育和成人教育的重要抓手予以积极推进，取得了明显成效。

2016 年 12 月 2 日，《人力资源社会保障部 财政部 国务院扶贫办关于切实做好就业扶贫工作的指导意见》提出，做好就业扶贫工作，促进农村贫困劳动力就业，是脱贫攻坚的重大措施。加强劳务协作与技能培训，支持贫困地区办好技工学校、职业培训机构和公共实训基地，重点围绕区域主导产业加强专业、师资、设备建设，提高技工教育和职业培训能力。

2016 年 12 月 7 日，中共中央办公厅、国务院办公厅印发《关于进一步加强东西部扶贫协作工作的指导意见》，要求各地区、各部门结合实际认真贯彻落实。东西部扶贫协作和对口支援，是推动区域协调发展、协同发展、共同发展的大战略，是加强区域合作、优化产业布局、拓展对内对外开放新空间的大布局，是打赢脱贫攻坚战、实现先富帮后富、最终实现共同富裕目标的大举措。

2016 年 12 月 15 日，教育部职业教育与成人教育司在北京市召开农村职业教育和成人教育推进会，总结交流第一批国家级农村职业教育和成人教育示范县创建经验，研讨加快推进农村职成教育现代化的任务和举措。会上，教育部会同科技部、水利部、农业部、国家林业局和国家粮食局联合公布了第一批职成教育示范县名单，确定北京市房山区等 59 个县(市、区)为第一批示范县创建合格单位，并开通了国家级农村职成教育示范县资源展示与交流平台。

2016 年 12 月 16 日，教育部等六部门印发《教育脱贫攻坚“十三五”规划的通知》，提出打赢脱贫攻坚战，是党中央、国务院做出的重大决策部署，也是实现全面建成小康社会目标的重要标志。为深入贯彻中央扶贫开发工作会议的精神，全面落实《中共中央国务院关于打赢脱贫攻坚战的决定》，完成发展教育脱贫一批重要任务，阻断贫困代际传递，特制定本规划。

2016 年 12 月 31 日，《中共中央国务院关于深入推进农业供给侧结构性改革加快培育农业农村发展新动能的若干意见》提出，近几年，我国在农业转方式、调结构、促改革等方面进行积极探索，为进一步推进农业转型升级打下一定的基础。但农产品供求结构失衡、要素配置不合理等问题的出现，促使我们必须顺应新形势新要求，坚持问题导向，调整工作重心，深入推进农业供给侧结构性改革，加快培育农业农村发展新动能，开创农业现代化建设新局面。

2017 年 1 月 9 日，农业部印发《“十三五”全国新型职业农民培育发展规划》。该计划提出，加快培育新型职业农民，造就高素质农业生产经营者队伍，强化人才对现代农业发展和新农村建设的支撑作用。

2017 年 1 月 12 日，甘肃省人民政府办公厅印发《甘肃省建设国家职业教育助推城镇化改革试验区发展规划(2016—2020 年)》，提出鼓励贫困地区中等职业学校与省内外高职院校深化中高职一体化办学，继续扩大省内高职院校面向贫困地

区中职毕业生单独招生和注册入学规模。为贫困地区中高职毕业生顺利就业开辟绿色通道。建好兰州新区职教园区，最大范围吸纳贫困家庭学生接受职业教育。

2017年1月13日，江西省抚州市人民政府办公室印发《关于扶持发展新型农业经营主体的实施意见》。该意见提出，创新农业经营体制机制，深入推进农业供给侧结构性改革，扶持发展专业大户、家庭农场、农民合作社、龙头企业、农业社会化服务组织等新型农业经营主体，构建以家庭承包农户为基础、新型经营主体为骨干、其他组织形式为补充的农业经营体系。

2017年2月28日，内蒙古自治区人民政府召开2017年全区教育工作会议，贯彻落实自治区第十次党代会精神，总结2016年工作，研究部署2017年任务。

2017年4月7日，陕西省人民政府办公厅转发省民政厅等部门发布的《关于做好农村最低生活保障制度与扶贫开发政策有效衔接实施意见》。该意见提出，通过农村低保制度与扶贫开发政策的有效衔接，形成政策合力，对符合低保标准的农村贫困人口实行政策性保障兜底，确保到2020年现行扶贫标准下农村贫困人口全部稳定脱贫。

2017年6月6日，全国新型职业农民培育工作推进会在太原市召开。会议深入贯彻2017年中央一号文件精神，分析研究新形势新要求，部署新型职业农民培育工作。会议指出，2012年以来，通过实施新型职业农民培育工程，全国共培育各类新型职业农民400余万人；2017年，中央财政投入15亿元，重点实施现代青年农场主培养计划、新型农业经营主体带头人轮训计划、农村实用人才带头人培训计划和农业产业精准扶贫培训计划，全年培育100万人以上。

2017年6月24日，全国农村职业教育与成人教育现场会在寿光市召开。教育部职业教育与成人教育司副巡视员谢俐出席会议并讲话。山东省教育厅、河北省教育厅，以及山东寿光、吉林磐石、江西兴国等6个县市做了典型发言，交流了农村职业教育与成人教育示范县的创建经验。会上还举行了第二批国家级农村职业教育和成人教育示范县的授牌仪式。

2017年7月3日，《农业部办公厅关于做好2017年新型职业农民培育工作的通知》提出，按照“科教兴农、人才强农、新型职业农民固农”的战略要求，围绕现代农业产业发展、新型农业经营主体壮大和“五区一园”建设，突出目标导向、需求导向和问题导向，进一步提高新型职业农民培育工作的针对性、规范性和有效性，进一步提高新型职业农民的发展能力和培育工作的基础保障能力，使2017年培育的各类型新型职业农民不少于100万人。

2017年7月6日，《关于做好财政支农资金支持资产收益扶贫工作的通知》提出，为贯彻落实《中共中央国务院关于打赢脱贫攻坚战的决定》的部署，近年来，各地积极探索资产收益扶贫，将财政支持产业发展等方面的涉农投入所形成的资产，折股量化给贫困村、贫困户，推动产业发展和帮助贫困群众增收，进一步做好财政支农资金支持资产收益扶贫的工作。

二、农村职业教育事业发展

农村职业教育事业发展状况的研究范围包括各层次学历教育和社会培训中涉及农村职业教育的相关数据指标，时间范围为 2006—2016。指标的基础数据来源于 2007—2016 年的中国统计年鉴、2006—2016 年的中国教育统计年鉴、2007—2016 年的中国劳动统计年鉴、2008—2016 年的中国教育经费统计年鉴和 2016 年的中国教育事业发展统计简况。

(一)农村职业教育机构与资源配置状况

1. 农村职业教育机构数量的降幅显著

农村职业教育机构呈现减少趋势。职业技术培训机构数量从 2006 年的 177686 所下降至 2016 年的 93358 所，降幅为 48.46%，其中农村成人文化技术培训学校(机构)数量从 2006 年的 150955 所下降至 2016 年的 70982 所，降幅为 52.98%，降幅高于总体水平。农村成人文化技术培训学校(机构)数量占职业技术培训机构数量的比例，从 2006 年的 84.96%上升至 2008 年的 85.05%，之后就迅速下降至 2016 年的 76.03%(见图 4.1)。

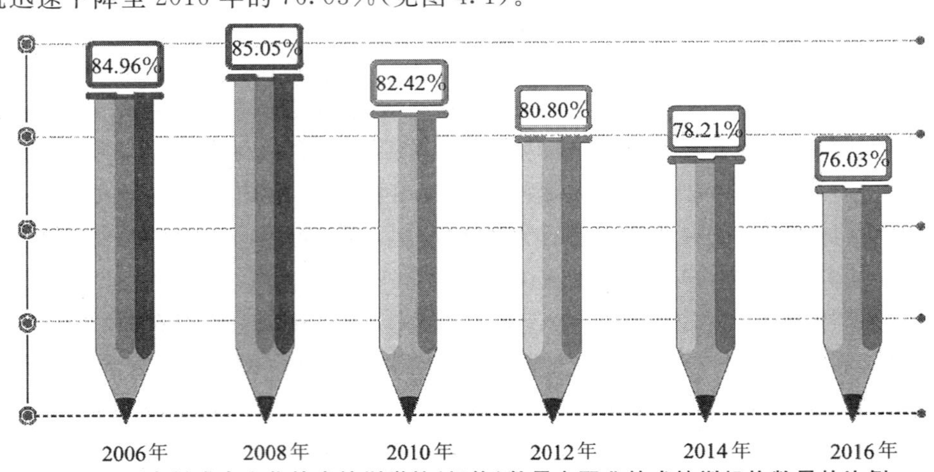

图 4.1 农村成人文化技术培训学校(机构)数量占职业技术培训机构数量的比例

2. 农村职业教育生均办学条件与总体水平的差距继续扩大

2006—2015 年，农村职业技术培训机构的各项生均办学条件水平均低于全

国职业技术培训机构的生均办学条件水平(见表 4.1)。截至 2015 年，生均占地面积、生均教学行政用房建筑面积等指标的差距进一步扩大，而生均图书藏量、生均教学用计算机数指标的差距有缩小的态势。

表 4.1　农村职业技术培训机构的生均办学条件情况

指标	比较维度	2006 年	2008 年	2010 年	2012 年	2014 年	2015 年
生均占地面积(平方米)	全国	2.79	2.87	2.65	2.69	2.59	2.64
	农村	2.28	2.52	2.61	1.87	1.87	1.87
生均教学行政用房建筑面积(平方米)	全国	0.83	0.88	0.91	1.00	0.99	1.23
	农村	0.57	0.71	0.76	0.53	0.57	0.53
生均图书藏量(册)	全国	3.05	3.01	2.26	3.09	3.43	3.13
	农村	0.98	1.28	1.26	1.40	1.42	1.54
生均教学用计算机数(台)	全国	0.01	0.01	0.01	0.02	0.01	0.01
	农村	0.00	0.01	0.01	0.01	0.01	0.01
生均固定资产值(万元)	全国	0.10	0.17	0.09	0.10	0.53	0.67
	农村	0.07	0.05	0.03	0.05	0.41	0.43
生均教学实习仪器设备资产值(万元)	全国	0.03	0.04	0.03	0.03	0.16	0.43
	农村	0.02	0.01	0.01	0.01	0.09	0.39

3. 农村职业教育经费支出低于普通教育

农村职业高中生均教育经费支出从 2007 年的 4227.29 元上升至 2015 年的 13264.63 元，保持增长的趋势，但仍低于全国职业高中生均教育经费支出。农村职业高中生均预算内教育经费支出从 2007 年的 2338.84 元上升至 2015 年的 10427.21 元，农村职业高中生均预算内教育经费支出与农村普通高中生均预算内教育经费支出的差距不断缩小(见表 4.2)。

表 4.2　农村职业高中与农村普通高中、全国职业高中的教育经费支出比较

指标	比较对象与基准	2007 年	2015 年
生均教育经费	农村职业高中/农村普通高中(以农村普通高中为 100)	104.86	109.27
	农村职业高中/全国职业高中(以全国职业高中为 100)	76.90	81.44
生均预算内教育经费	农村职业高中/农村普通高中(以农村普通高中为 100)	110.57	113.62
	农村职业高中/全国职业高中(以全国职业高中为 100)	77.86	87.56

4. 农村职业教育师资存量严重不足

2006—2016 年，农村职业教育生师比多部分为全国职业教育生师比的 2 倍以上(见表 4.3)。

表 4.3 各类职业学校的生师比情况

职业学校类别	比较维度	2006 年	2008 年	2010 年	2012 年	2014 年	2016 年
中等职业学校(机构)(不含技工学校)	全国	23.94∶1	25.04∶1	26.67∶1	24.70∶1	21.34∶1	19.84∶1
	农村	33.75∶1	38.13∶1	94.32∶1	94.58∶1	57.51∶1	43.26∶1
职业技术培训机构	全国	196.45∶1	198.49∶1	203.26∶1	161.83∶1	153.27∶1	156.69∶1
	农村	372.62∶1	366.82∶1	372.34∶1	361.90∶1	339.94∶1	369.50∶1

中等职业学校(机构)(不含技工学校)的专任教师数从 2006 年的 621940 人上升至 2016 年的 643143 人，其中中等职业学校(机构)(不含技工学校)的农林牧渔类专任教师数从 2006 年的 16974 人上升至 2016 年的 20761 人。中等职业学校(机构)(不含技工学校)的生师比在 2006—2016 年有所下降，而农林牧渔类生师比在 2006—2012 年一直呈上升趋势，在 2014—2016 年开始呈下降趋势。可见农林牧渔类专任教师的引进工作是中等职业教育的薄弱环节。

职业技术培训机构的专任教师数从 2006 年的 258522 人上升至 2016 年的 263916 人，其中农村成人文化技术培训学校(机构)的专任教师数从 2006 年的 103116 人下降至 2016 年的 75796 人。职业技术培训机构的生师比在 2006—2016 年下降了 20.24%，农村成人文化技术培训学校(机构)的生师比在 2006—2016 年下降了 0.84%，农村成人文化技术培训学校(机构)的生师比与职业技术培训机构的生师比之差上升了 20.80%。可见农村成人文化技术培训学校(机构)的专任教师资源较整体水平仍存在较大差距。

2016 年，全国中等职业学校(机构)(不含技工学校)专任教师的各级职称所占比例的排序为中级(39.87%)、初级(25.71%)、副高级(24.65%)、无职称(9.36%)、正高级(0.41%)，农村中等职业学校(机构)(不含技工学校)专任教师的各级职称所占比例的排序为中级(41.47%)、副高级(30.16%)、初级(22.79%)、无职称(4.77%)、正高级(0.81%)；农村中等职业学校(机构)(不含技工学校专任教师的正高、副高和中级职称的比例均高于全国水平(见图 4.2)，职称结构持续优化。

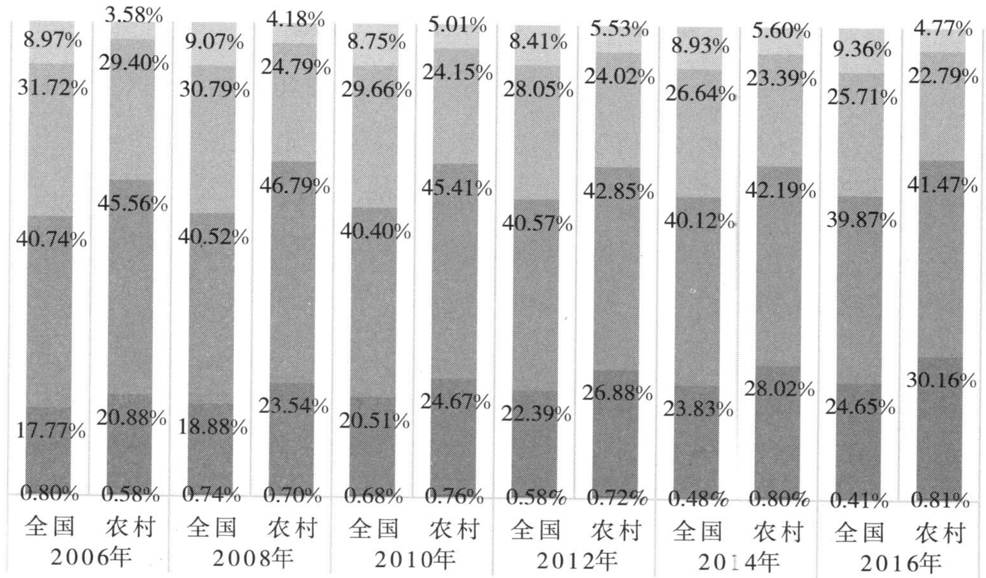

图 4.2 全国和农村中等职业学校专任教师的职称结构对比

(二)农村职业教育的招生、在学与就业情况

1. 农村职业教育招生数保持增长

各类高等学校农学科招生数均呈增长态势，除普通高等学校以外，增幅均高于总体水平。

全国高等学校招生数从 2006 年的 8437477 人上升至 2016 年的 11894488 人，增幅为 40.97%，其中农学科招生数从 2006 年的 139894 人上升至 2016 年的 225294 人，增幅为 61.04%，增幅高于总体水平，2016 年占总数的 1.89%。全国高等学校专科招生数从 2006 年的 4619416 人上升至 2016 年的 6023526 人，增幅为 30.40%，其中农学科专科招生数从 2006 年的 79230 人上升至 2016 年的 127648 人，增幅为 61.11%，增幅高于总体水平，2016 年占总数的 2.12%。

全国普通高等学校招生数从 2006 年的 5460530 人上升至 2016 年的 7486110 人，增幅为 37.09%，其中农学科招生数从 2006 年的 100020 人上升至 2016 年的 130256 人，增幅为 30.23%，增幅低于总体水平，2016 年占总数的 1.74%。全国普通高等学校专科招生数从 2006 年的 2929676 人上升至 2016 年的 3432103 人，增幅为 17.15%，其中农学科专科招生数从 2006 年的 52708 人上升至 2016 年的 57727 人，增幅为 9.52%，增幅低于总体水平，2016 年占总数的 1.68%。

全国成人高等学校招生数从 2006 年的 1844431 人上升至 2016 年的 2112290

人，增幅为 14.52%，其中农学科招生数从 2006 年的 26583 人上升至 2016 年的 36944 人，增幅为 38.98%，增幅高于总体水平，2016 年占总数的 1.75%。全国成人高等学校专科招生数从 2006 年的 1066754 人上升至 2016 年的 1142903 人，增幅为 45.64%，其中农学科专科招生数从 2006 年的 14745 人上升至 2016 年的 21566 人，增幅为 46.26%，增幅高于总体水平，2016 年占总数的 1.89%。

全国网络高等学校招生数从 2006 年的 1132516 人上升至 2016 年的 2296088 人，增幅为 102.74%，其中农学科招生数从 2006 年的 13291 人上升至 2016 年的 58094 人，增幅为 337.09%，增幅高于总体水平，2016 年占总数的 2.53%。全国网络高等学校专科招生数从 2006 年的 622986 人上升至 2016 年的 1448520 人，增幅为 132.51%，其中农学科专科招生数从 2006 年的 11777 人上升至 2016 年的 48355 人，增幅为 310.59%，增幅高于总体水平，2016 年占总数的 3.34%（见表 4.4）。

表 4.4 各类高等学校农学科的招生情况　　单位：人

高校	学历	类别	2006 年	2008 年	2010 年	2012 年	2014 年	2016 年
普通高校	本科	总体	2530854	2970601	3512563	3740574	3834152	4054007
		农学科	47312	53332	62322	63974	70675	72529
	专科	总体	2929676	3106011	3104988	3147762	3379835	3432103
		农学科	52708	57545	56129	56236	55299	57727
成人高校	本科	总体	777677	831362	853319	984817	1102409	969387
		农学科	11838	13928	12915	14163	19177	15378
	专科	总体	1066754	1194190	1230940	1454734	1553631	1142903
		农学科	14745	16580	17605	24594	30026	21566
网络高校	本科	总体	509530	535914	555789	696698	781445	847568
		农学科	1514	2977	3541	5186	7300	9739
	专科	总体	622986	936280	1107866	1267770	1280407	1448520
		农学科	11777	14509	16993	66809	47563	48355
合计	本科	总体	3818061	4337877	4921671	5422089	5718006	5870962
		农学科	60664	70237	78778	83323	97152	97646
	专科	总体	4619416	5236481	5443794	5870266	6213873	6023526
		农学科	79230	88634	90727	147639	132888	127648

各类高中阶段农村职业教育的招生数在2010年前均呈上升趋势，从2012年开始呈下降趋势。

中等职业学校(机构)(不含技工学校)的招生数从2006年的6130607人下降至2016年的4661428人，降幅为23.96%。其中，招收初中毕业生数从2006年的5802988人下降至2016年的4198668人，降幅为27.65%，降幅高于总体水平；招收应届初中毕业生数从2006年的5616975人下降至2016年的4093675人，降幅为27.12%。中等职业学校(机构)(不含技工学校)农林牧渔类的招生数从2006年的246437人上升至2016年的293260人，增幅为19.00%。其中，招收初中毕业生数从2006年的224826人下降至2016年的205054人，降幅为8.79%，降幅低于总体水平；招收应届初中毕业生数从2006年的209825人下降至2016年的197478人，降幅为5.89%(见表4.5)。

表4.5　中等职业学校(机构)(不含技工学校)的招生情况　　单位：人

年份	招生数		招收初中毕业生数		招收应届初中毕业生数	
	合计	农林牧渔类	合计	农林牧渔类	合计	农林牧渔类
2006	6130607	246437	5802988	224826	5616975	209825
2008	6502739	290230	5962894	241146	5617727	190857
2010	7113957	1104259	6272645	870615	5387353	544663
2012	5970785	719852	5037228	462166	4593465	395127
2014	4953553	394930	4337617	249581	4145422	235266
2016	4661428	293260	4198668	205054	4093675	197478

技工学校的招生数从2006年的1347611人下降至2015年的1214316人，降幅为9.89%，其中农业户口的学生数从2006年的899874人上升至2015年的939775人，增幅为4.43%。

2. 农村职业教育规模保持增长

各类高等学校农学科在校生数总体上呈增长态势，除普通高等学校以外，增幅均高于总体水平。

全国高等学校在校生数从2006年的25430151人上升至2016年的39251645人，增幅为54.35%，其中农学科在校生数从2006年的441174人上升至2016年的736411人，增幅为66.92%，增幅高于总体水平，2016年占总数的1.88%。全国高等学校专科在校生数从2006年的12579566人上升至2016年的18096221

人，增幅为 43.85%，其中农学科专科在校生数从 2006 年的 219160 人上升至 2016 年的 393532 人，增幅为 79.60%，增幅高于总体水平，2016 年占总数的 2.17%。

全国普通高等学校在校生数从 2006 年的 17388441 人上升至 2016 年的 26958433 人，增幅为 55.04%，其中农学科在校生数从 2006 年的 331606 人上升至 2016 年的 458413 人，增幅为 38.24%，增幅低于总体水平，2016 年占总数的 1.70%。全国普通高等学校专科在校生数从 2006 年的 7955046 人上升至 2016 年的 10828898 人，增幅为 36.13%，其中农学科专科在校生数从 2006 年的 143539 人上升至 2016 年的 179040 人，增幅为 24.73%，增幅低于总体水平，2016 年占总数的 1.65%。

全国成人高等学校在校生数从 2006 年的 5248765 人上升至 2016 年的 5843883 人，增幅为 11.34%，其中农学科在校生数从 2006 年的 81913 人上升至 2016 年的 99126 人，增幅为 21.01%，增幅高于总体水平，2016 年占总数的 1.70%。全国成人高等学校专科在校生数从 2006 年的 3128468 人上升至 2016 年的 3157264 人，增幅为 0.92%，其中农学科专科在校生数从 2006 年的 50800 人上升至 2016 年的 56773 人，增幅为 11.76%，增幅高于总体水平，2016 年占总数的 1.80%。

全国网络高等学校在校生数从 2006 年的 2792945 人上升至 2016 年的 6449329 人，增幅为 130.92%，其中农学科在校生数从 2006 年的 27655 人上升至 2016 年的 178872 人，增幅为 546.80%，增幅高于总体水平，2016 年占总数的 2.77%。全国网络高等学校专科在校生数从 2006 年的 1496052 人上升至 2016 年的 4110059 人，增幅为 174.73%，其中农学科专科在校生数从 2006 年的 24821 人上升至 2016 年的 157719 人，增幅为 535.43%，增幅高于总体水平，2016 年占总数的 3.84%(见表 4.6)。

表 4.6 各类高等学校农学科的在校生情况　　单位：人

高校	学历	类别	2006 年	2008 年	2010 年	2012 年	2014 年	2016 年
普通高校	本科	总体	9433395	11042207	12656132	14270888	15410653	16129535
		农学科	188067	204809	226030	244261	269252	279373
	专科	总体	7955046	9168042	9661797	9642267	10066346	10828898
		农学科	143539	162018	173604	169578	170247	179040

续表

高校	学历	类别	2006 年	2008 年	2010 年	2012 年	2014 年	2016 年
成人高校	本科	总体	2120297	2352832	2250457	2475495	2797917	2686619
		农学科	31113	39857	32436	37093	44553	42353
	专科	总体	3128468	3130117	3109931	3355628	3733295	3157264
		农学科	50800	42766	39224	61338	66113	56773
网络高校	本科	总体	1296893	1446709	1640403	2002698	2287010	2339270
		农学科	2834	5652	8511	11958	16153	21153
	专科	总体	1496052	2112241	2891040	3701414	4027462	4110059
		农学科	24821	34336	49987	215762	198903	157719
合计	本科	总体	12850585	14841748	16546992	18749081	20495580	21155424
		农学科	222014	250318	266977	293312	329958	342879
	专科	总体	12579566	14410400	15662768	16699309	17827103	18096221
		农学科	219160	239120	262815	446678	435263	393532

各类高中阶段农村职业教育在校生数均呈增长态势，增幅均高于总体水平。

中等职业学校(机构)(不含技工学校)在校生数从 2006 年的 14890719 人下降至 2016 年的 12758604 人，降幅为 14.32%。中等职业学校(机构)(不含技工学校)农林牧渔类在校生数从 2006 年的 572913 人上升至 2016 年的 898107 人，增幅为 56.76%，增幅高于总体水平。

技工学校在校生数从 2006 年的 3208150 人上升至 2015 年的 3214610 人，增幅为 0.20%，其中农业户口的学生数从 2006 年的 1925786 人上升至 2015 年的 2343255 人，增幅为 21.68%，增幅高于总体水平。

非学历农村职业教育在校生数均呈下降态势。职业技术培训机构注册学生数从 2006 年的 50786504 人下降至 2016 年的 41352048 人，降幅为 18.58%。农村成人文化技术培训学校(机构)注册学生数从 2006 年的 38423598 人下降至 2016 年的 28006345 人，降幅为 27.11%；农村成人文化技术培训学校(机构)注册学生数占职业技术培训机构注册学生数的比例从 2006 年的 75.66%下降至 2016 年的 67.73%(见图 4.3)。

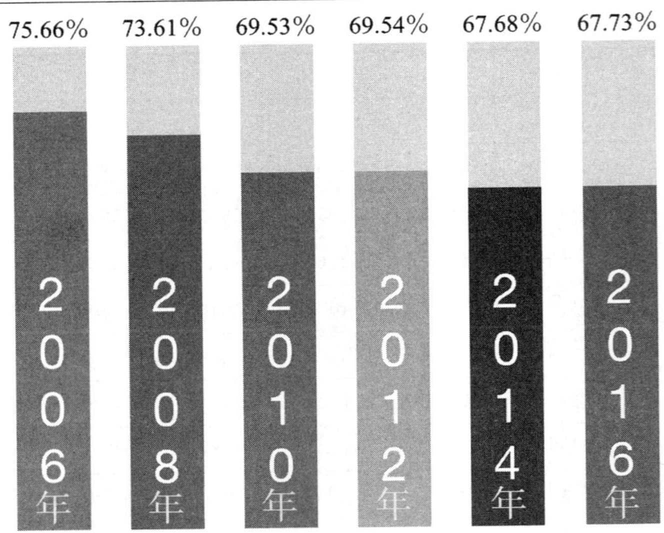

图 4.3 农村成人文化技术培训学校(机构)注册学生数占职业技术培训机构注册学生数的比例

3. 非学历农村职业教育毕业生规模萎缩

(1)各类高等学校农学科毕业生数均呈增长态势

全国高等学校毕业生数从 2006 年的 5474988 人上升至 2016 年的 11361237 人，增幅为 107.51%，其中农学科毕业生数从 2006 年的 96440 人上升至 2016 年的 207848 人，增幅为 115.52%，增幅高于总体水平，2016 年占总数的 1.83%。全国高等学校专科毕业生数从 2006 年的 3093304 人上升至 2016 年的 5894805 人，增幅为 90.57%，其中农学科专科毕业生数从 2006 年的 57492 人上升至 2016 年的 120088 人，增幅为 108.88%，增幅高于总体水平，2016 年占总数的 2.04%。

全国普通高等学校毕业生数从 2006 年的 3774708 人上升至 2016 年的 7041800 人，增幅为 86.55%，其中农学科毕业生数从 2006 年的 77177 人上升至 2016 年的 120410 人，增幅为 56.02%，增幅低于总体水平，2016 年占总数的 1.71%。全国普通高等学校专科毕业生数从 2006 年的 2048034 人上升至 2016 年的 3298120 人，增幅为 61.04%，其中农学科专科毕业生数从 2006 年的 40437 人上升至 2016 年的 55911 人，增幅为 38.27%，增幅低于总体水平，2016 年占总数的 1.70%。

全国成人高等学校毕业生数从 2006 年的 815163 人上升至 2016 年的 2444650 人，增幅为 199.90%，其中农学科毕业生数从 2006 年的 7091 人上升至 2016 年的 41417 人，增幅为 484.08%，增幅高于总体水平，2016 年占总数的 1.69%。全国成人高等学校专科毕业生数从 2006 年的 596860 人上升至 2016 年的 1422804

人，增幅为138.38%，其中农学科专科毕业生数从2006年的5986人上升至2016年的24158人，增幅为303.58%，2016年占总数的1.70%。

全国网络高等学校毕业生数从2006年的885117人上升至2016年的1874787人，增幅为111.81%，其中农学科毕业生数从2006年的12172人上升至2016年的46021人，增幅为278.09%，增幅高于总体水平，2016年占总数的2.45%。全国网络高等学校专科毕业生数从2006年的448410人上升至2016年的1173881人，增幅为161.79%，其中农学科专科毕业生数从2006年的11069人上升至2016年的40019人，增幅为261.54%，增幅高于总体水平，2016年占总数的3.41%(见表4.7)。

表4.7 各类高等学校农学科的毕业生情况 单位：人

高校	学历	类别	2006年	2008年	2010年	2012年	2014年	2016年
普通高校	本科	总体	1726674	2256783	2590535	3038473	3413787	3743680
		农学科	36740	45649	48442	53789	59796	64499
	专科	总体	2048034	2862715	3163710	3208865	3179884	3298120
		农学科	40437	52091	54035	58308	55541	55911
成人高校	本科	总体	218303	684506	803915	801015	899050	1021846
		农学科	1105	9100	14495	11164	13729	17259
	专科	总体	596860	1006438	1168958	1153342	1313279	1422804
		农学科	5986	15318	15188	22228	23175	24158
网络高校	本科	总体	436707	403824	422543	477949	586272	700906
		农学科	1103	1228	1974	2638	4537	6002
	专科	总体	448410	497698	682986	882921	1075034	1173881
		农学科	11069	9104	12745	58618	57479	40019
合计	本科	总体	2381684	3345113	3816993	4317437	4899109	5466432
		农学科	38948	55977	64911	67591	78062	87760
	专科	总体	3093304	4366851	5015654	5245128	5568197	5894805
		农学科	57492	76513	81968	139154	136195	120088

(2)高中阶段农村职业教育毕业生数呈现增长态势，质量有所提高

中等职业学校(机构)(不含技工学校)毕业生数从2006年的3926271人上升至2016年的4405572人，增幅为12.21%，其中获得职业资格证书的毕业生数从2006年的2200018人上升至2016年的3547673人，增幅为61.26%。中等职业

学校(机构)(不含技工学校)农林牧渔类毕业生数从 2006 年的 183240 人上升至 2016 年的 391465 人，增幅为 113.64%，其中获得职业资格证书的毕业生数从 2006 年的 95130 人上升至 2016 年的 284025 人，增幅为 198.57%，增幅高于总体水平。中等职业学校(机构)(不含技工学校)农林牧渔类毕业生数占毕业生总数的比例呈现出上升趋势，2016 年的比例较 2006 年的比例上升 4.22%。农林牧渔类获得职业资格证书的毕业生数占毕业生总数的比例呈现出上升趋势，2016 年的比例较 2006 年的比例上升 20.64%。

技工学校培训社会人员的结业人数从 2006 年的 3302128 人上升至 2015 年的 3789340 人，增幅为 14.75%，其中农村劳动者的人数从 2006 年的 706536 人上升至 2015 年的 847333 人，增幅为 19.93%，增幅高于总体水平。经技工学校培训结业的农村劳动者占结业人员总数的比例呈现出上升趋势，但增幅较小，2015 年的比例较 2006 年的比例上升 0.96%(见图 4.4)。

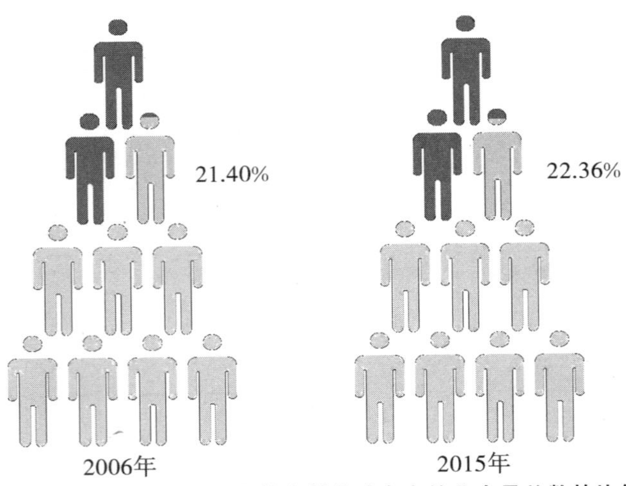

图 4.4 经技工学校培训结业的农村劳动者占结业人员总数的比例

(3)非学历农村职业教育毕业生数呈现萎缩态势

职业技术培训机构结业学生数从 2006 年的 57336156 人下降至 2016 年的 42349860 人，降幅为 26.14%，其中农村成人文化技术培训学校(机构)结业学生数从 2006 年的 45205798 人下降至 2016 年的 29787579 人，降幅为 34.11%，降幅高于总体水平。农村成人文化技术培训学校(机构)结业学生数占职业技术培训机构结业学生数的比例也从 2006 年的 78.84%下降至 2016 年的 70.33%。

经就业训练中心训练的结业人数从 2006 年的 8896578 人下降至 2015 年的 4242993 人，降幅为 52.31%，其中农村劳动者数从 2006 年的 3760311 人下降至 2015 年的 1866054 人，降幅为 50.38%，降幅低于总体水平。经就业训练中心训练结业的农村劳动者占结业人员总数的比例从2006年到2015年上升了1.71%(见图4.5)。

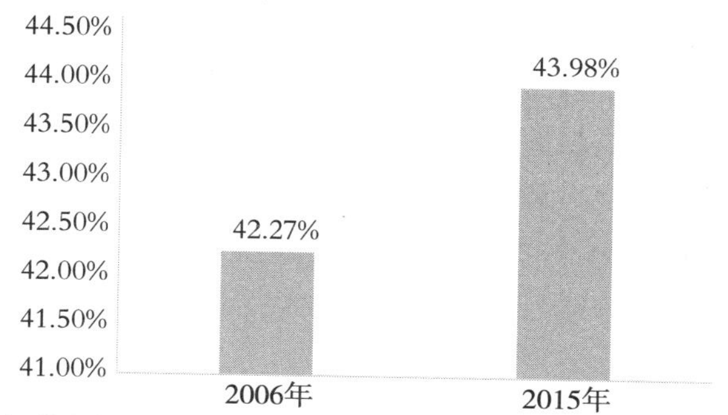

图4.5 经就业训练中心训练结业的农村劳动者占结业人员总数的比例

经民办职业培训机构培训的结业人数从2006年的8931684人上升至2015年的10248395人，增幅为14.72%，其中农村劳动者数从2006年的3723628人上升至2015年的4148718人，增幅为11.42%，增幅低于总体水平。经民办职业培训机构培训结业的农村劳动者占结业人员总数的比例呈下降态势，从2006年到2015年下降了1.21%(见图4.6)。

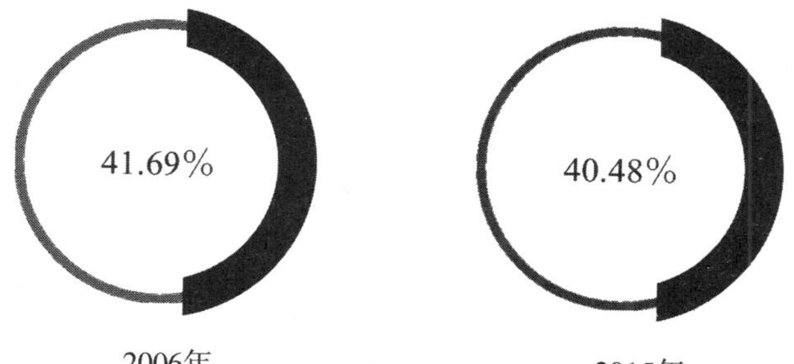

图4.6 经民办职业培训机构培训结业的农村劳动者占结业人员总数的比例

三、农村职业教育政策观察

观察2016—2017年我国农村职业教育政策进展，其主要集中在农村职业教育扶贫、农村职业教育和成人教育示范县建立、农业供给侧结构性改革 、新型职业农民培育等方面。

(一)农村职业教育助推就业扶贫，落实脱贫攻坚战略

“十三五”时期，新型工业化、信息化、城镇化、农业现代化同步推进和国家

重大区域发展战略加快实施，为贫困地区的发展提供了良好的环境和重大的机遇。党中央、国务院为举全国之力打赢脱贫攻坚战提供了坚强的政治保证和制度保障；中央扶贫开发工作会议确立了精准扶贫、精准脱贫的基本方略；各地区、各部门及社会各界积极行动、凝神聚气、锐意进取，形成强大合力；贫困地区广大干部群众盼脱贫、谋发展的意愿强烈、内生动力和活力不断被激发，脱贫攻坚已经成为全党全社会的统一意志和共同行动。

教育拔穷根，职教先冲刺。2016 年，国家、各部委员、各地都在加快发展农村职业教育，使其成为农村扶贫的重要抓手，力求加大就业扶贫力度和对口支援准确度。

2016 年 11 月，国务院印发《"十三五"脱贫攻坚规划》，更是在《中国农村扶贫开发纲要(2011—2020 年)》《中共中央国务院关于打赢脱贫攻坚战的决定》和《中华人民共和国国民经济和社会发展第十三个五年规划纲要》的基础上，阐明了"十三五"时期国家脱贫攻坚的总体思路、基本目标、主要任务和重大举措。该规划成为指导各地脱贫攻坚工作的行动指南，成为有关方面制定相关扶贫专项规划的重要依据。该规划指出，农村职业教育可以通过就业和教育扶贫来实现农村地区的精准扶贫工作。例如，通过农村职业教育加强贫困人口职业技能培训和就业服务，保障转移就业贫困人口的合法权益，开展劳务协作，推进就地就近转移就业，促进已就业贫困人口稳定就业和有序实现市民化以及有劳动能力和就业意愿的未就业贫困人口实现转移就业。

2016 年 12 月 2 日，《人力资源社会保障部 财政部 国务院扶贫办关于切实做好就业扶贫工作的指导意见》提出，做好就业扶贫工作与促进农村贫困劳动力就业是脱贫攻坚的重大措施。基于此，需要加强劳务协作与技能培训，支持贫困地区办好技工学校、职业培训机构和公共实训基地，重点围绕区域主导产业加强专业、师资、设备建设，提高技工教育和职业培训能力。2017 年 6 月 21 日，人力资源社会保障部办公厅再次提出，就业扶贫基地是吸纳农村贫困劳动力就业的重要载体，组织引导农村贫困劳动力到就业扶贫基地就业，是推进就业扶贫、开展劳务协作的重要内容。

2016 年 12 月 7 日，中共中央办公厅、国务院办公厅印发《关于进一步加强东西部扶贫协作工作的指导意见》，认为东西部扶贫协作和对口支援是推动区域协调发展、协同发展、共同发展的大战略，是加强区域合作、优化产业布局、拓展对内对外开放新空间的大布局，是打赢脱贫攻坚战、实现先富帮后富、最终实现共同富裕目标的大举措。

专栏 1

《“十三五”脱贫攻坚规划》摘要

——就业扶贫、职业教育扶贫

规划强调做好就业扶贫工作，通过大力开展职业培训和促进农村劳动力转移就业来实现目标。

1. 大力开展职业培训

完善劳动者终身职业技能培训制度，整合各部门各行业培训资源，创新培训方式，以政府购买服务的形式，通过农林技术培训、订单培训、定岗培训、定向培训、“互联网＋培训”等方式开展就业技能培训、岗位技能提升培训和创业培训；加强对贫困家庭妇女的职业技能培训和就业指导服务；支持公共实训基地建设，提高贫困家庭农民工职业技能培训的精准度；深入推进农民工职业技能提升计划，加强对已外出务工贫困人口的岗位培训；继续开展贫困家庭子女、未升学初高中毕业生、农民工的免费职业培训等专项行动，提高培训的针对性和有效性。

2. 促进稳定就业和转移就业

需要加强对转移就业贫困人口的公共服务；需要开展地区间的劳务协作，建立健全劳务协作信息共享机制；需要推进就地就近转移就业，通过建立定向培训就业机制，积极开展校企合作和订单培训。

规划同样强调要加快发展职业教育。以提高贫困人口的基本文化素质和贫困家庭的劳动力技能为抓手，瞄准教育最薄弱领域，阻断贫困代际传递。为此，需要做好以下三方面的工作。

(1)强化职业教育资源建设

加快推进贫困地区职业院校布局结构调整，加强有专业特色并适应市场需求的职业院校建设；继续推动落实东西部联合招生，加强东西部职教资源对接；鼓励东部地区职教集团和职业院校对口支援或指导贫困地区职业院校建设。

(2)加大职业教育力度

引导企业扶贫与职业教育相结合，鼓励职业院校面向建档立卡贫困家庭开展多种形式的职业教育。启动职教圆梦行动计划，省级教育行政部门统筹协调国家中等职业教育改革发展示范学校和国家重点中职学校选择就业前景好的专业，针对建档立卡贫困家庭子女单列招生计划。实施中等职业教育协作计划，支持建档立卡贫困家庭初中毕业生到省外经济较发达地区接受中职教育，让未升入普通高中的初中毕业生都能接受中等职业教育。鼓励职业院校开展面向贫困人口的继续教育。保障贫困家庭妇女、残疾人平等享有职业教育资源和机会。支持民族地区职业学校建设，继续办好内地西藏、新疆中等职业教育班，加强民族聚居地区少数民族特困群体的国家通用语言文字培训。

(3)加大贫困家庭子女的职业教育资助力度

继续实施“雨露计划”职业教育助学补助政策，鼓励贫困家庭“两后生”就读职业院校并给予政策支持。落实好中等职业学校免学费和国家助学金政策。

国家层面的大力推动，促进了各地职业教育扶贫工作的开展。各地根据国家的政策的精神和本省的实际情况，积极探索农村职业教育扶贫、就业扶贫和技能扶贫的新方法。

2016 年 10 月，甘肃省教育厅批复甘肃国防科技工业职业教育集团和甘肃省现代林业职业教育集团成立，为促进甘肃省林业发展和农村贫困人口脱贫致富，培养更多高素质的技术技能人才。2016 年 12 月 19 日，在兰州市政协第十四届委员会第一次会议上，有委员呼吁出台实施职业教育精准扶贫计划。组织职业教育集团、院校与当地贫困县区的职业学校对口支援，签订战略协议。将农民技能培训放到教育扶贫工作的整体布局中，根据自然条件和产业结构调整等的需求，加大经费投入，通过职业教育普惠政策与特惠政策相结合，让贫困学生和贫困农民愿意接受职业教育与培训。建立培训体系和与之相适应的培训制度，依托职业院校及相关部门，实施“新型职业农民培育工程”。组织未升入高一级学校深造的农村贫困家庭青年免费参加厨师、家政服务、家电维修、养殖种植、乡村文化、乡村旅游、家庭教育等职业技能培训，保障百姓享有生存发展的继续教育权，提高他们科技致富、智力致富水平，带领贫困户增收脱贫、奔小康。提高劳动者创业就业技能，特别要做好建档立卡贫困户的创业就业工作，大力支持社会力量到贫困地区发展职业教育。

2017 年 3 月，福建省在全国率先制定了《闽宁职业教育协作助力脱贫攻坚工作实施方案》，安排 10 所高职、18 所中职与宁夏职业院校“一对一”全覆盖式结对协作。闽宁两地中职学校已签订合作办学意向书，2017 年在 14 个专业上联合培养学生 760 人。

从 2015 年起，贵州省教育厅会同省扶贫办挑选 100 所优质职业学校挂牌建设百校扶贫基地，举办“威宁班”“赫章班”，为贫困人口大县开设脱贫致富直通车，并出台精准扶贫学生资助政策。两年来，投入近 20 亿元资金资助职业学校的贫困学生，做到不因贫失学、不因学返贫，职教一人、就业一个、脱贫一家。

为进一步加大职业教育的精准扶贫工作力度，贵州省五县精准扶贫班的招生数从2000人增加到4000人，保障更多的贫困学子能享受到优质的职业教育资源。在办好学历教育的同时，贵州省职业教育每年开展200万人次以上的培训，配合扶贫部门实施创新职教培训脱贫"1户1人"的三年行动计划，为全省两年减贫250余万人做出积极贡献。两年间，贵州省职业教育培养输送各类技能人才50万人，毕业生在省内就业的比例上升到70%，为贵州省经济增速连续多年保持全国前列提供了智力支撑和技能人才保障。与此同时，无数个贫困学子得到了改变命运的机会，无数个家庭获得了摆脱贫穷的希望。

(二)设立农村职业教育和成人教育示范县，构建多方联动机制

近年来，国家把大力推动国家级农村职业教育和成人教育(职成教育)示范县的建设作为发展农村职业教育的重要抓手。利用国家级农村职成教育示范县资源建立交流平台来分享学习经验，加快农业现代化建设进程，构建现代职业教育和终身教育体系，为区域经济社会发展做出巨大贡献。

为进一步推动县域农村职成教育的健康发展，增强服务"三农"的能力和水平，教育部等部门把示范县的创建工作作为发展农村职成教育的重要抓手予以积极推进，并且取得了明显成效。地方政府踊跃申报，落实发展责任，统筹规划布局，优化资源配置，深化改革创新，增加经费投入，提升基础能力，农村职成教育的基层阵地建设明显加强。各入围示范县积极对接县域经济社会和产业发展，树立了一批发展典型，推动了全国农村职成教育的改革发展。

自2016年12月至2017年6月，教育部已公布第一至第四批国家级农村职成教育示范县创建的入围名单。在开展过程中，各省级教育行政部门要督促创建入围县(市、区)人民政府，按照国民经济和社会发展第十三个五年规划纲要的总体要求和教育规划纲要的精神，进一步推进农业现代化，大力培育新型职业农民，打造高素质现代农业生产经营者队伍。推动新型城镇化和新农村建设协调发展，提升县域经济支撑辐射能力，促进公共资源在城乡间均衡配置，拓展发展空间，形成城乡共同发展的新格局。在已有工作的基础上，增强农村职成教育持续发展的能力，提高其社会贡献率，使其成为真正的示范典型。同时积极借鉴全国各地创建示范县的经验，指导各地认真落实创建目标、制定政策措施、完善工作机制，积极推介成功案例，优先予以项目支持，切实发挥入围县(市、区)的示范引领作用。

各级政府也积极出台政策措施，大力推动建立农村职成教育示范县。例如，2016年11月，江苏省教育评估院副院长周明带领教育部调研组在辽中区现场调研指导创建国家级农村职成教育示范县的工作，提出区委、政府高度重视职成教育发展，尤其是对区职教中心的德育管理给予高度评价，希望当地能进一步加大对职成教育的投入来适应农业现代化建设进程。

目前，农村职成教育示范县的创建还存在以下三个突出问题需要加以解决。

一是区域发展不平衡。这种不平衡体现在区域外和区域内，全国各地的差距较大。在区域外，东部地区优于中部和西部地区，西南、西北地区相对滞后；在区域内，职业教育的发展优于成人教育，职业学校的发展优于乡镇成人文化技术学校。

二是职成教育的吸引力有待提高。“重普轻职、重学轻术”的观念普遍存在，农村职成教育被边缘化的现象严重；受就业和升学的双重影响，农村职业教育认可度和吸引力低。

三是服务三农能力有待提升。一方面，县级职教中心或职业学校在专业设置上与县域主导产业对接不强，涉农专业的发展相对滞后(包括一些入围示范单位的职业学校，其专业设置仍然跟不上区域产业的转型升级和技术进步)；另一方面，受资金、实训条件等因素的影响，针对广大农民实际需求的有效培训活动较少，覆盖面严重不足。

根据教育部等六部门早期公布的第一批国家级农村职成教育示范县名单的通知，主要对农村职成教育示范县重申了以下四点要求。

第一，各省级教育行政部门要以示范县创建为抓手，统筹规划本地区农村职成教育的发展。通过制定激励政策措施进一步研究出台示范县创建的工作方案和评估细则，精心指导，严格程序，积极开展示范县创建工作，切实推动省域内农村职成教育的改革发展。

第二，要提升农村职成教育的基础能力，为县域经济社会和产业发展提供人力支撑。深化改革创新，进一步加大工作力度，制定出台“十三五”期间具体可行的职成教育发展规划和工作措施，在长效工作机制建立、职成教育资源整合、中职学校布局优化、学校标准化建设、经费投入保障、师资队伍配备、技能人才培养、涉农专业建设和社会部门培训等方面发挥示范引领作用，切实提升职成教育的服务质量，为推进人力资源强国建设和农村城镇化建设做出积极贡献。

第三，积极推进县级职教中心的综合改革，发挥示范县的典型作用。县级职教中心是县域内实施职业学历教育与技能培训的主要机构，是整合县域各类职业学历教育和技能培训资源，兼具办学实体和统筹管理职能的公益性事业单位。示范县要按照《国务院关于加快发展现代职业教育的决定》，发挥好县级职教中心在实施学历教育、技术推广、扶贫开发、劳动力转移和社会生活教育方面的作用。

第四，充分发挥示范县工作交流平台的作用，加大宣传力度。各地要依托示范县的展示与交流平台，建立工作交流机制，实现自我示范、相互示范的目的。同时主动引导各大新闻媒体、网络平台开辟专栏，宣传示范县创建取得的成效，营造示范县创建工作的良好氛围。示范县创建工作的政策性强、涉及面广、社会影响大，各地要高度重视、加强领导、精心组织、推动发展。

(三)推进农业供给侧结构性改革，实现农业现代化发展

经过多年的不懈努力，我国农业农村发展不断迈上新台阶，已进入新的历史阶段。农业的主要矛盾由总量不足转变为结构性矛盾，突出表现为阶段性供过于求和供给不足并存，矛盾的主要方面在供给侧。因此必须顺应新形势新要求，坚持问题导向，调整工作重心，通过深入推进农业供给侧结构性改革，发挥现代农业职业教育集团的积极作用，开创农业现代化建设的新局面。

1. 加强农业供给侧结构性改革

推进农业供给侧结构性改革，要在确保国家粮食安全的基础上，紧紧围绕市场需求变化，以增加农民收入、保障有效供给为主要目标，以提高农业供给质量为主攻方向，以体制改革和机制创新为根本途径，优化农业产业体系、生产体系、经营体系，提高土地产出率、资源利用率、劳动生产率，促进农业农村发展由过度依赖资源消耗、主要满足量的需求，向追求绿色生态可持续、更加注重满足质的需求转变。推进农业供给侧结构性改革是一个长期过程，需要处理好政府和市场的关系，协调好各方面利益，面临着许多重大考验。

2016 年 12 月 31 日，《中共中央国务院关于深入推进农业供给侧结构性改革加快培育农业农村发展新动能的若干意见》发布，提出为进一步解决农产品供求结构失衡、要素配置不合理等问题的六大前进方向。第一，优化产品产业结构，着力推进农业提质增效；第二，推行绿色生产方式，增强农业可持续发展能力；第三，壮大新产业新业态，拓展农业产业链价值链；第四，强化科技创新驱动，引领现代农业加快发展；第五，补齐农业农村短板，夯实农村共享发展基础；第六，加大农村改革力度，激活农业农村内生发展动力。

2017 年 1 月，农业部为深入贯彻中央经济工作会议、中央农村工作会议的精神，根据全国农业工作会议的部署，提出《农业部关于推进农业供给侧结构性改革的实施意见》，归纳了以下六点要求。第一，稳定粮食生产，巩固提升粮食产能；第二，推进结构调整，提高农业供给体系质量和效率；第三，推进绿色发展，增强农业可持续发展能力；第四，推进创新驱动，增强农业科技支撑能力；第五，推进农村改革，激发农业农村发展活力；第六，完善农业支持政策，千方百计拓宽农民增收渠道。

专栏 2

《农业部关于推进农业供给侧结构性改革的实施意见》摘要

——加强新型职业农民和新型农业经营主体培育

第一，继续实施新型职业农民培育工程，整合各渠道培训资金资源，建立政府主导、部门协作、统筹安排、产业带动的培训机制(科教司牵头)。

第二，推动出台构建培育新型农业经营主体政策体系的意见，启用新型经营主体生产经营直报平台(经管司、财务司牵头)。

第三，完善家庭农场认定办法和名录制度，健全示范家庭农场评定机制，扶持规模适度的家庭农场。推进农民合作社示范社创建，引导合作社健康发展，支持农民合作社组建联合社。完善龙头企业认定标准，壮大国家重点龙头企业队伍，培育农业产业化联合体(经管司牵头)。

第四，优化农业从业者结构，深入开展现代青年农场主培养计划、新型农业经营主体带头人轮训计划和农村实用人才带头人示范培训，把返乡农民工纳入培训计划，培育 100 万人次，探索培育农业职业经理人(科教司牵头)。探索建立职业农民扶持制度，继续开展“全国十佳农民”资助项目遴选工作(人事司牵头)。

2. 发挥现代农业职业教育集团的积极作用

现代农业职业教育集团遵循“平等、合作、创新、共赢”的准则，加强政、校、行、企的全方位合作，促进现代农业教育集团资源的集成与共享，实施合作办学、合作育人、合作就业、合作发展，拓展农业办学空间，开拓农科专业就业渠道。集团的宗旨是以市场需求和就业拉动为导向，以提高人才培养质量、促进农业职业教育可持续发展为目标，以合作办学、优势互补、资源共享、共同发展为原则，以全国农业高职院校为依托，以涉农专业为纽带，组建由相关行业培训机构、企业、职业院校、科研院所参加的，具有显著行业性、代表性、鲜明农业特色的中国现代农业职业教育集团，促进校企之间、全国农业院校之间、科研院所和中高职院校之间的全方位合作，实现资源共享、优势互补，提升办学质量，扩大办学影响，打造出适合中国农业发展的涉农专业教育集团品牌。集团的组织模式是实行理事会制度，成员单位原有的管理体制不变，隶属关系不变。成员之间对师资队伍、实验实习设施、实训基地、职业技能鉴定、教科研成果、信息等资源实行共享。

自 2014 年中国现代农业职业教育集团在江苏农林职业技术学院成立以来，各地也纷纷成立了自己的农业职业教育集团。

2016年7月14日，浙江省现代农业职业教育集团在杭州市成立，使全省农业职业教育迎来难得的发展机遇。浙江省现代农业职业教育集团由全省涉农的有关政府部门、职业院校、科研院所、行业协会和企事业单位共同组建，以培养现代农业技术技能型人才和新型职业农民、开展应用性研究、服务现代农业发展为目标，以政校行企合作为重点，以工学结合为主要形式，加强全方位合作，形成职前、职后教育的衔接、融通，建立校企合作长效机制，实现产业链和教育链的有机融合，开展一体化办学。组建现代农业职业教育集团，是浙江省农业职业教育走集团化、规模化、品牌化发展之路的必然趋势，是加强多方协作合力兴农的积极探索。

2016年12月19日，湖南现代农业职业教育集团“2016年产教融合校企合作研讨会”在怀化职业技术学院召开。近年来，湖南现代农业职业教育集团通过整合集团内资源，形成了网络信息、课程(培训项目)、实训教学条件、人力(国际交流)与科技研发五大平台。集团与隆平高科、泰谷生物、湘悦农机、大北农等近50家公司合建了教师工作站，完善了近300名兼职教师库的建设，实施“双专业带头人”制度，开展“百名教师进村入企”的实践活动。同时，集团还大力发展产学研基地建设，新建了220个校外实习就业基地，在骨干企业中建立了50个以上的生产性实训基地，为集团农业类专业群90%以上的学生提供了实习岗位。每年培养全日制农业类专业中高级技术技能型人才7000人以上，涉农行业、企业培训近5000人次以上；培训职业农民近4.2万人次以上。

2017年6月30日，四川现代农业职业教育集团在成都农业科技职业学院正式成立。该集团探索立足行业、依托企业、适应市场需要的现代职业教育产学研结合发展模式，促进集团成员单位的资源共享、互惠互赢，推动院校与企业共同发展，为培养高技能农业人才、支撑现代农业产业发展、推进四川全省农业供给侧结构性改革做出贡献。

(四)培育新型职业农民，满足新农村建设的技能供给

新型职业农民是以农业为职业，具有相应的专业技能，收入主要来自农业生产经营，并达到相当水平的现代农业从业者。新型职业农民是构建农业经营主体的重要组成部分，是发展现代农业、推动城乡一体化发展的重要力量。

但就目前的形势而言，内外部发展都存在巨大的挑战。在外部环境上，城乡发展差距仍然较大，农村劳动力特别是青壮年劳动力留农务农的内生动力总体不足，新型职业农民队伍发展面临基础不牢、人员不稳等问题，农民要成为体面的职业任重而道远。在内部条件上，新型职业农民培育的针对性、规范性、有效性亟待提高，培育精准程度总体不高，与现代农业建设加快推进的需要不相适应。

自2014年农业部提出“科教兴农、人才强农、新型职业农民固农”的战略以来，新型职业农民的培育工程一直备受重视。2016—2017年，针对新型职业农民的培育进程，主要从以下几个方面展开。

1. 发挥新型职业农民的带头人作用

2016 年 10 月 17 日，国务院印发《全国农业现代化规划(2016—2020 年)》。该规划提出要加大农村实用人才带头人、现代青年农场主、农村青年创业致富“领头雁”和新型经营主体带头人的培训力度，到“十三五”末，实现新型经营主体带头人轮训一遍；将新型职业农民培育纳入国家教育培训发展规划，鼓励农民采取“半农半读”等方式就近就地接受职业教育；建立与教育培训、规范管理、政策扶持相衔接配套的新型职业农民的培育制度，提高农业广播电视学校教育的培训能力。

2017 年 1 月 9 日，农业部印发《“十三五”全国新型职业农民培育发展规划》，提出要加快培育新型职业农民，造就高素质农业生产经营者队伍，强化人才对现代农业发展和新农村建设的支撑作用，通过遴选重点培育对象、科学设置培训内容、分类分层开展培训来提高新型职业农民培育的针对性。

2017 年 1 月 13 日，江西省抚州市人民政府办公室印发的《关于扶持发展新型农业经营主体的实施意见》提出，创新农业经营体制机制，深入推进农业供给侧结构性改革，扶持发展专业大户、家庭农场、农民合作社、龙头企业、农业社会化服务组织等新型农业经营主体，构建以家庭承包农户为基础、新型经营主体为骨干、其他组织形式为补充的农业经营体系。

2. 创新新型职业农民的培养模式

2016 年 9 月 2 日，北京市首批新型职业农民在北京农业职业学院的培养下，以半读半农的形式在三年内学习普通高等职业教育规定的基本课程和农业、农村特色课程。《“十三五”全国新型职业农民培育发展规划》同样提出要做好新型职业农民学历提升工程。支持涉农职业院校开展新型职业农民学历教育，面向专业大户、家庭农场经营者、农民合作社负责人、农业企业经营管理人员、农村基层干部、返乡下乡涉农创业者、农村信息员和农业社会化服务人员等，采取农学结合、弹性学制、送教下乡等形式开展农民中高等职业教育，重点培养具有科学素养、创新精神、经营能力和示范带动作用的新型农业经营主体带头人与农业社会化服务人员，有效提高新型职业农民队伍的综合素质和学历水平。建立学分银行，将培训内容按学时折算学分，搭建农民职业培训与中高等职业教育衔接的“立交桥”，为新型职业农民实现多样化选择和多路径成才创造有利条件。

3. 重视对新型职业农民的技能提升

2017 年河南省深入实施全民技能振兴工程，年内完成各类职业培训 300 万人次。其中，围绕建设全国农民工职业技能提升培训示范区，完成农村劳动力转移就业技能培训 60 万人；着眼企业去产能、产业结构调整和转型发展需要，完成企业职工技能提升培训 80 万人；积极发挥失业保险基金援企稳岗和预防失业的功能，完成失业人员转岗和再就业技能提升培训35万人；持续开展以培养农村劳动力返乡创业和大中专学生创业能力为核心的创业培训工作，全年完成20万人，其中农村劳动力返乡创业培训6万人；持续开展劳动预备制培训，全年完成8万人；持续开展机关事业单位工勤技能岗位的技能提升培训，全年完成7万人。

4. 加大对新型职业农民的财政投入和保障工作

2017年6月6日，全国新型职业农民培育工作推进会在太原市召开。会议指出，2012年以来，通过实施新型职业农民的培育工程，全国共培育各类新型职业农民400余万人。2017年，中央财政投入15亿元，重点实施现代青年农场主培养计划、新型农业经营主体带头人轮训计划、农村实用人才带头人培训计划和农业产业精准扶贫培训计划，全年培育100万人以上。

2017年7月3日，《农业部办公厅关于做好2017年新型职业农民培育工作的通知》提出，要围绕现代农业产业发展、新型农业经营主体壮大和“五区一园”建设，进一步提高新型职业农民的发展能力和培育工作的基础保障能力，2017年培育各类型新型职业农民不少于100万人。

四、农村职业教育研究进展

(一)研究文献的总体概况

1. 论文

以农村职业教育为题名检索词，在中国知网上检索，时间截取2016年8月1日至2017年7月31日，共获得167篇相关文献。进一步通过内容筛选，获取相关文献65篇，皆为期刊学术论文。在当当网、亚马逊、京东商城三大网站，分别以农村职业教育和农职教为关键词，选取2016年8月1日至2017年7月31日出版的相关书籍，发现该阶段未出版该类书籍。

2. 立项课题

2017年国家社科基金年度项目立项中的3196项课题和2017年国家社科基金青年项目立项中的1097项课题，均未发现有与农村职业教育相关的课题。在全国教育科学“十三五”规划2017年度课题中，共有488项，关于农村职业教育的课题有两项，皆为国家一般课题，课题名称分别是《新型城镇化进程中民族地区农村职业教育发展模式研究》(马宽斌，广西师范大学)和《中部地区农村人力资源整合性开发与职业教育现代化研究》(马勇，河南财经政法大学)。

(二)研究内容的主要分类

2016—2017年，农村职业教育的研究内容主要集中在以下几个方面。

1. 农村职业教育与相关政策结合的研究

从研究热点的分析来看，关于与农村职业教育相结合的政策主要有“城乡统筹”“城乡一体化”“新型城镇化”和“精准扶贫”。其中，“精准扶贫”政策是近年来与农村职业教育结合在一起的，此理念最早由习近平总书记于 2013 年 11 月在湘西调研扶贫工作时提出，是与粗放扶贫相对应的概念。“教育扶贫”是打破贫困代际传递的关键，而教育体系中的农村职业教育的“定向”模式更是实现精准扶贫的重要方式。部分学者以精准扶贫的视角或要求对农村职业教育的发展进行探究。丁怡舟从精准扶贫的视角下发展农村职业教育的必要性入手，分析得出精准扶贫的视角下对农村职业教育的基本要求，并提出相关的发展战略。① 何艳冰从精准扶贫的内涵与难点着手，论述农村职业教育与精准扶贫之间的关系，并指出农村职业教育在精准扶贫中存在的问题，最后从招生、建档立卡、人才培养、创新与保障五个方面提出精准扶贫的要求下农村职业教育的发展战略。②

农村职业教育与“城乡统筹”“城乡一体化”和“新型城镇化”政策的结合一直是此领域研究的热点，根据结合点的不同可以将热点分为如下几项主题。一是相关政策背景下农村职业教育的定位问题。徐晔通过宏观、中观和微观三个层次对新型城镇化进程中我国农村职业教育的培养目标进行了全方位、多层次的定位③；王晓雪对新型城镇化背景下农村职业教育的整体功能进行定位、定向，她认为在新型城镇化背景下，担负着对农村劳动力进行专业化培养的农村职业教育，也有必要根据社会结构的调整，对自身的定位与功能做出新的调整与建设。④

二是对相关政策背景下农村职业教育适应性的研究。不论从农村职业教育的培养模式、结构体系，还是培养目标等视角出发，其目的皆为探讨不同政策背景下农村职业教育做出的对自身建设的适应与发展。李美长认为为适应城乡一体化发展，农村职业教育体系应不断完善；学历教育应逐步发展应用本科等层次并实现有效衔接；非学历培训应重视输出地与用工地培训的结合，积极发挥现代远程教育的优势，构建农民培训信息的平台，拓展教育空间。⑤

三是对相关政策背景下农村职业教育发展的研究。此类研究多为首要分析农村职业教育发展的现状或者做出关于发展农村职业教育的作用及必要性的论述，在此基础上探究现存的问题或者发展的瓶颈，并根据问题的不同结合相关政策背景提出相应的发展对策。陈坤等人以发展农村职业教育的必要性、发展机遇和发

---

① 丁怡舟：《精准扶贫视角下的农村职业教育发展研究》，载《经营管理者》，2017(1)。

② 何艳冰：《精准扶贫要求下农村职业教育发展新路径》，载《继续教育研究》，2017(3)。

③ 徐晔：《新型城镇化进程中我国农村职业教育培养目标的定位》，载《教育与职业》，2016(23)。

④ 王晓雪：《新型城镇化背景下农村职业教育的定位及功能定向》，载《武汉职业技术学院学报》，2016(4)。

⑤ 李美长：《城乡一体化发展战略下农村职业教育结构体系的适应性探析》，载《甘肃农业科技》，2016(11)。

展新思路为框架，认为新型城镇化要求下必须提高农民现代化水平，提升农民职业素质，培养新型职业农民，加大农村剩余劳动力的转移力度。①

2. 农村职业教育的区域发展研究

在2016年8月1日至2017年7月31日的研究中，研究者开始将研究视角转向农村职业教育的区域发展研究。此类研究大致分为：基于地区的现状、问题及对策或者影响的研究；影响某地区农村职业教育发展的因素与机制的研究等。

基于地区的现状、问题及对策的研究多以我国中东部地区农村职业教育相对较弱的省份为例，如河南、甘肃、湖南、湖北等。此类研究的主要目的是立足本地区，探寻影响本地区农村职业教育发展的因素，并提出相应的对策。段凯敏从湖北省的教学分析着手，聚焦于湖北省农村职业教育的现状，并对湖北省农村职业教育发展现状的原因进行分析，最后根据湖北省的具体情况提出相应的策略。② 不同于以上学者的思辨研究，部分学者以实地调研数据为基础进行实证研究。李杰等人在分析湖北省恩施州的实地调研数据的基础上，围绕民族地区农村职业教育的现状与对策进行研究，从政府政策制定、培训机构实力、农民参与度三个方面对民族地区农村职业教育存在的问题进行了分析，并从政府政策、师资建设等四个方面提出相关建议。③

部分学者进行了对影响某地区农村职业教育发展的因素与机制的研究。该类研究根据某地区的具体情况，系统构建某一领域影响本地区农村职业教育发展的因素与机制，如经费支出机制、政策保障机制、社会支持机制、影响因素构建等。田书芹等人以统筹城乡为背景对重庆市农村职业教育的经费支出机制进行了研究，以重庆市的中职教育为例，结合近年来中国教育经费统计情况和全国教育经费执行情况的相关数据分析重庆市农村职业教育的经费支出情况。研究结果发现，重庆市存在整体公共财政教育支出有待优化，政府对农村职业教育的重视度不够，生均公共财政预算公用经费负增长等问题，最后提出建立公共财政教育支出增长的长效机制，健全农村职业教育的经费支出统筹机制，优化农村职业教育的经费支出结构等建议。④

3. 农村职业教育的社会功能研究

农村职业教育作为教育体系的重要组成部分，同样具有教育的一般社会功

---

① 陈坤、李佳：《新型城镇化进程中农村职业教育发展论析》，载《继续教育研究》，2017(1)。

② 段凯敏：《湖北省农村职业教育的发展与对策》，载《科教导刊》，2016(35)。

③ 李杰、苏丹丹、谭宇等：《民族地区农村职业教育现状与对策研究——基于恩施州的调查数据》，载《农村经济与科技》，2016(22)。

④ 田书芹、鲁布碧：《统筹城乡背景下重庆农村职业教育经费支出机制研究》，载《职业技术教育》，2016(30)。

能，如政治、经济、促进科技发展、培养人才等功能。但农村职业教育所具有的社会功能存在侧重点，其侧重点为农村相关领域，如提升农村科技水平、培养农村人才、促进农村经济发展水平等。部分学者对农村职业教育的社会功能进行了探究。

部分学者针对农村职业教育与农业科技的关系进行了分析。农村职业教育作为农业科技发展水平的促进因素，在农业科技发展的过程中应保持一定的适应性。保持这种适应性的平衡的首要条件是对农村职业教育如何影响农业科技的发展做出构建。这种构建一般以理论为指导，通过构建数据模型与指标参数并利用模型验证的实证分析方式进行。丁彦等人根据湖南省2003—2013年农村职业教育与农业科技发展的相关数据，利用农村职业教育的投入和供求影响农村科技发展的机理，通过散点图分析、双对数模型等方法实证分析了农村职业教育对农业科技发展水平的影响。研究结果表明，农村职业教育对农业科技发展的作用显著，农村职业教育经费、毕业生的增加会促进农业科技发展水平的提高。①

教育的受用者最终是人，农村职业教育在促进人才培养的方式上有着独特的模式。《国务院关于激发重点群体活力带动城乡居民增收的实施意见》提出"新型职业农民激励计划"，即国家将新型职业农民培育纳入教育培训发展的相关规划，支持职业学校办好涉农专业，定向培养新型职业农民。部分学者在培育新型职业农民的时代要求下，对农村职业教育的挑战与机遇进行了探究。乔平平首先分析了新型职业农民的特征，进而指出培育新型职业农民是解决"农民荒问题的关键"，并用指标体系的倒推法、门槛法和打分方法创新新型职业农民准入的结构体系。最后提出在培育新型职业农民的过程中，要实施分类培养和分型发展机制，拓展新型职业农民的来源和途径，构建严格的农业准入制度，创新新型职业农民的培育模式等行动策略。②

4. 农村职业教育的新视角研究

科技水平的提升与信息化社会的发展，带动了工作世界的发展，进而为农村职业教育带来了新的机遇与挑战。部分学者将研究的视角转向新领域视角下农村职业教育怎样适应和如何发展的问题。孙凌晨等人基于"互联网＋"的视角下对农村职业教育的新发展进行了探究，首先探究了"互联网＋"与农业科技发展水平和农村职业教育的关系，并对"互联网＋"时代下职业教育的现状及未来发展趋势做出了预测；认为原有的农村职业教育模式无法适应现代化知识更新的需要，也受

① 丁彦、周清明：《农村职业教育对农业科技发展水平的影响分析——以湖南省为例》，载《高等农业教育》，2017(1)。

② 乔平平：《基于新型职业农民培育的农村职业教育行动策略》，载《教育理论与实践》，2016(33)。

到了不同部门的制约；提出通过提高对农村职业教育的认识，优化专业结构，丰富教学内容，改革传统的教学方法，加强时间教学，建立训、研、创一体的实习基地等来促进农村职业教育新发展的措施。①

随着近年来人力成本的增加，企业致力于推广人工智能设备以减少人力资源成本的支出。这种“机器换人”本质上是属于对劳动力的取代，这种取代是工作世界的一种颠覆性变化。当工作世界发生变化时，随之而来的是对职业教育的影响，尤其是对农村职业教育的影响。部分学者对此视角下的农村职业教育进行了探析。张彩娟等人认为以“机器换人”为代表的智能化技术影响了农村劳动力就业，因此需要在农村职业教育中开展技能补偿。首先在对职业技能补偿的概念回溯的基础上做出了概念界定，对此视角下农村职业教育开展技能补偿的迫切性和路径做出了分析。②

(三)研究的主要特点与不足

1. 研究成果呈现递减趋势

2016年8月1日—2017年7月31日，以农村职业教育为题名检索词，在中国知网上进行高级检索，发现近年来以农村职业教育为主题的研究成果呈现递减趋势(见图4.7)。

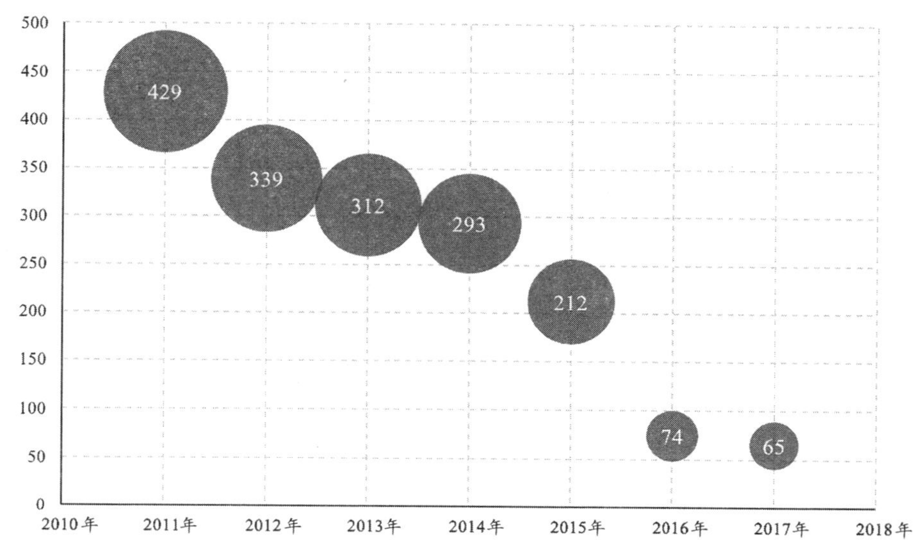

图4.7 以农村职业教育为主题检索知网年度发文数量

① 孙凌晨、罗丹丹：《基于“互联网+”的农村职业教育新发展》，载《继续教育研究》，2016(12)。

② 张彩娟、张棉好：《“机器换人”视角下农村职业教育开展职业技能补偿探析》，载《教育与职业》，2017(6)。

2. 研究方法的运用上较为单一

我们对农村职业教育领域的研究大多采用的研究方法为定性研究方法，如文献综述法、共词分析法等，只有极少数的研究采用定量研究的方法。与近年来主张在教育领域采用实证研究方法的趋势截然相反，很多论文作者的研究资料采用的是二次文献、三次文献。很多针对本领域的现状和问题的研究，研究者未能亲自收集观察资料，对现状和问题无法给予实证证据以支持其研究判断。

3. 研究视角多为宏观视角，缺乏微观视角

近年来，对农村职业教育的研究大多与国家政策等宏观层面进行结合，而忽视了对农村职业教育的微观视角的研究。这在一定程度上忽视了对农村职业教育的具体问题的分析，导致了对农村职业教育研究的针对性较差。

4. 研究忽视了对农村职业教育本身的探讨

近年来的研究主要将农村职业教育置于不同的视角下去探究其发展的适应性，这对农村职业教育的发展与其他领域的结合起着促进作用。但是随着农村职业教育与其他领域结合的愈加深入，却忽略了对农村职业教育本身的研究，如农村职业教育的体系研究、元理论研究等。

结　语

我国农村职业教育在 2017 年取得重要进展，我国农村职业教育的区域服务能力显著增强，新型职业农民的内涵建设不断优化。但从总体情况来看，生均办学条件薄弱、专任教师不足、教学质量不高等问题仍然阻碍着我国农村职业教育的快速发展。

下一阶段，有四个方面的工作将是我国农村职业教育的重点。一是要落实农村职业教育的脱贫攻坚战略。要发挥政府的支柱力量，在各部委、各地加快发展职业教育，使其成为扶贫抓手。完善制度建设，为贫困地区发展提供良好的环境和坚强的政治保障。自上而下开展职业教育扶贫工作，各地根据国家的战略方向与实际情况，积极创新职业教育扶贫机制、模式及实施办法，以提升各省的经济效益。二是要大力建设农村职成教育示范县。打造国家级农村职成教育示范县的资源建立交流平台，进一步推动各县域农村职业教育和成人教育服务“三农”。促进公共资源在城乡间的均衡配置，拓展发展空间，形成城乡共同发展的新格局。针对农村职成教育示范县的创建中存在的问题：区域发展不平衡、职成教育吸引力有待提高、服务三农能力有待提升，需要立足示范县的创建，提升农村职成教育的基础能力，推进县级职教中心的综合改革，充分发挥示范县工作交流平台的作用。三是要加快农村供给侧结构性改革。紧紧围绕市场需求的变化，以增加农

民收入、保障有效供给为主要目标，以提高农业供给质量为主攻方向，以体制改革和机制创新为根本途径，优化现有农村产业、生产、经营体系。要进一步发挥现代农业职业教育集团的积极作用。促进现代农业职业教育集团资源的集成与共享，实施合作办学、合作育人、合作就业、合作发展，拓展农业办学空间，开拓农科专业就业渠道，最终实现农业现代化建设的新局面。四是要加速新型职业农民转型升级。要发挥新型职业农民的带头人作用，加大农村实用人才带头人、现代青年农场主、农村青年创业致富“领头雁”和新型经营主体带头人的培训力度。要进一步创新新型职业农民的培养模式，支持涉农职业院校开展新型职业农民的学历教育，采取农学结合、弹性学制、送教下乡等形式开展农民中高等职业教育，为农民搭建教育“立交桥”。要重视对新型职业农民的技能提升，加大对新型职业农民的财政投入和保障工作，提高新型职业农民培育的针对性、规范性、有效性及精准性。

【本报告撰写人：陈衍、李源、李阳、祝叶丹、裘姗姗、柳枚玲。作者单位：浙江工业大学职业技术教育学院、中国职业教育发展与评价研究院】

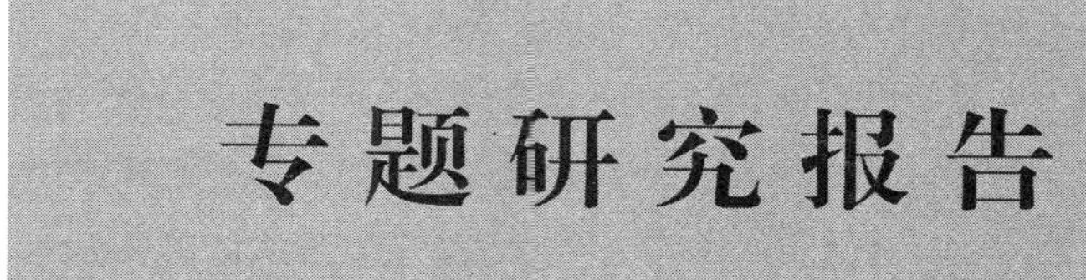

专题研究报告

学生既是教育的出发点，也是教育的落脚点。《变革我们的世界：2030 年可持续发展议程》提出了确保包容和公平的优质教育让全民终身享有学习机会的教育可持续发展的目标，并强调到 2030 年确保所有儿童完成免费、公平和优质的中小学教育，并取得相关和有效的学习成果。我国政府提出立德树人的根本任务的终极旨归就是学生的全面发展。随着城镇化进程的不断推进和城乡教育质量差距的客观存在，在农村出现了“子女带动型流动”(父母进城陪读)、“成人带动型流动”(子女随迁就学)和“农村留守”(乡村学校读书)的现象。那么，是哪些乡村学生离开了本村本乡到外地读书，他们究竟去了哪里——县城还是城市？他们的学习质量和效果怎么样？城镇和城市学校又针对农村流动学生进行了怎样的教育变革？农村留守儿童的人格发展和学习成果状况又如何？本年度有 3 篇专题研究报告对此进行了深入分析。

2015 年印发的《乡村教师支持计划(2015—2020 年)》实施 3 年有余，工资待遇、职称评聘、教学压力依然是广大农村教师十分关注的议题。基础教育是中国教育的基础，教师是基础的基础。提高农村教育质量，关键在教师的质量和动力。农村是弱势地区，农村教师大多是弱势教师，绩效工资是否有效调动了乡村教师的工作积极性？乡村教师评职称难吗？乡村多科教师在工作量和工作难度上面临怎样的挑战？如何让乡村教师真实地感受到党和政府的关怀，增强对乡村教师岗位的认同感、获得感和幸福感？本年度基于调查撰写了 3 篇专题研究报告，以期对上述问题做出回应。

第5章　乡村学生去哪儿了？
——乡村义务教育学生外出读书情况调查

【概要】乡村义务教育学校的生源外流挑战着乡村学校的生存和发展，造成学龄人口的动态性与教育资源配置的固定性之间的矛盾与冲突。为了解乡村学生的外流轨迹、外流原因，分析乡村学生外流群体的特征、外出读书的基本情况以及乡村家长对子女就读学校教育质量的评价与教育诉求，我们通过国家宏观教育统计数据分析了自21世纪以来我国义务教育学龄人口的变动态势以及城乡义务教育学校的布局和存在样态，并根据东北师范大学中国农村教育发展研究院2015年对全国12个省(自治区、市)的23个区县的15646位乡村学生的问卷调查，对乡村学生的外流轨迹、原因、群体特征、读书基本情况和家长教育评价与诉求等方面展开了深入分析。

宏观教育统计数据表明，学龄人口变动的总体态势呈现如下特点：第一，义务教育城镇化率高于常住人口城镇化率，年均增长速度较快；第二，初中城镇化率高于小学城镇化率，小学城镇化起点低、增速快、波动幅度较大；第三，义务教育学龄人口总体维持在1.4亿左右，县镇(镇区)成为学生集聚的主要空间，初中生与小学生的集聚存在空间差异。城乡学校的发展呈现如下特点：第一，义务教育学校总数减少，城镇学校总数先减后增，乡村小规模学校较为普遍；第二，县镇大班额问题突出，初中阶段尤为严重；第三，全国义务教育阶段寄宿生总数持续增长，超九成的寄宿生集中在县域内，初中生的寄宿比例高于小学生的寄宿比例，小学寄宿生数的增长速度较快。

调研数据的分析结果表明，读书空间的选择呈现如下特点：第一，乡村学生近一半选择外出读书，所占比例明显高于乡镇学生，村校陷入生源流失的危机；第二，乡村学生的读书地点发生“空间上移”，超五分之二的学生集聚在县城和乡镇，乡村学生外出读书的县镇化趋势明显；第三，乡村学生外出读书的比例存在区域差异，中部乡村学生外流最严重，西部向县城和乡镇集聚的现象最明显；第四，到乡镇读书的乡村学生受学校布局调整的影响较大，到县城和城市读书的学生更加重视城乡教育质量的差距。

乡村进城读书的学生群体有如下特点：第一，男生比例略高于女生比例，但无显著性差异；第二，八成以上的为非独生子女，乡镇学生中独生子女的比例高于乡村学生；第三，进城读书的比例随年级升高而增大，其中乡村学生外出读书呈现小学乡镇化、初中县城化的趋势；第四，进城读书的学生家长的最高学历高于留在农村的学生家长，乡村学生的读书地点的空间选择随家长的最高学历提升而上移；第五，进城读书的学生家长的职业多为农民和农民工，职业为教师、政府工作人员、做生意的家长的比例略高于留在农村的学生家长；第六，绝大多数乡村学生家长期望子女接受高等教育，进城与留村学生家长对子女接受高等教育的期望不存在显著差异，乡镇学生家长对子女接受高等教育的期望较高；第七，进城读书的学生家长对子女成绩的要求相对宽松，乡村学生家长对子女成绩的要求随空间上移而降低。

乡村学生进城读书有如下特点。生活方面表现为：第一，四分之三的进城读书学生平时主要居住在自己家，初中和小学进城学生的居住情况差异明显；第二，50%的进城读书学生每天都回家，进城读书小学生的回家频率显著高于初中生；第三，进城读书学生的平均年度总花费为4354.44元，主要支出项目为伙食费和交通费。学习方面表现为：第一，对比留村学生和进城(或镇)学生的语数外三科成绩发现，语文和英语的平均成绩呈现明显的进城(或镇)学生高于留村学生的特点，而且留村学生、进镇学生和进城学生的平均成绩依次递增。进镇学生相对于镇校本地学生、进城学生相对于城校本地学生，语数外各科的平均成绩均更低，且存在较大差异。第二，不同家庭所在地或不同学龄段的进城(或镇)读书学生的学习态度具有差异性，但与县城(或乡镇)学校本地学生相比总体上略有不足。第三，小学和初中进城(或镇)读书的学生在课外生活上不具有显著差异，继续学习、看课外书以及和同伴玩是各类学生课外生活的主要活动；初中生相对于小学生、县城本地学生相对于进县城读书学生在课外继续学习上的比例更高。第四，进城(或镇)读书的学生在学业期望上的差异不显著，小学生的学业期望普遍高于初中生。人际交往方面表现为：第一，家在乡村的进城(或镇)读书的初中生感知到的教师对学生的关心程度是最差的，既低于留在乡村的学生，也低于县城(或乡镇)本地的学生；第二，进城(或镇)读书对学生的同学关系的密切度影响不大，但与县城(或乡镇)本地学生相比总体上还是存在差距；第三，进城(或镇)读书学生的亲子关系相对弱化，除家在乡村的进城(或镇)读书的小学生外，其他各类进城(或镇)学生的父母一起陪他们学习或玩耍的比例均低于未进城(或镇)学生和县城(或乡镇)本地学生。心理健康方面表现为：相对于留在本乡村或乡镇读书的学生，家在乡村的进城(或镇)小学生、家在乡镇的进城初中生能更好地调整和控制自己的想法、情绪和行为；进城(或镇)读书的小学生相对于初中生有更好的调节能力。总体来看，家在乡村的进城(或镇)读书的初中生在县城(或乡镇)学校的适应性最差，想离开当前学校的比例最高。

乡村家长对子女就读学校教育质量的评价和诉求方面表现为：第一，到县城和乡镇读书的学生家长对子女目前就读学校质量的满意度较高，留在乡村读书的学生家长对子女目前就读学校教育质量的满意度较低，乡村学校教育质量亟待提升；第二，留在乡村读书的学生家长更期望提高教师的质量、增加教师的数量、改善学生的就餐状况；第三，若城市教育质量和农村教育质量相同，近八成的学生家长会让子女在农村学校读书。

为此，我们建议：科学预测义务教育学龄人口流向；统筹推进县域义务教育均衡发展；合理推进农村中小学布局调整；多种途径提升乡村学校办学质量；提高乡村外出读书学生的学校适应性。

稳定的生源是学校教育得以持续发展的前提和基础，学龄人口的自然减少与动态流动影响着城乡教育的分布格局与存在样态。当下，乡村义务教育学龄人口的外流酿成了乡村学校发展的两难选择。那么，在宏观层面，我国义务教育总人口的变化趋势如何？乡村义务教育学龄人口的变化走向又是怎样的？义务教育城镇化率与城镇化率之间有何关系？城乡义务教育学校的分布格局与存在样态如何？乡村义务教育学龄人口的外流轨迹是怎样的？选择离开乡村外出读书的学生有哪些共同特征？在外读书学生的学习、生活、人际交往及心理健康情况如何？能否适应？是否打算离开？乡村学生家长如何评价子女就读学校的教育质量？

又有何教育诉求？本报告利用国家宏观教育统计数据与实地调研数据，对上述问题进行深入分析。

一、研究背景

(一)城镇化进程加速推动乡村学龄人口外流

城镇化是伴随着工业化发展发生的非农产业在城镇集聚、农村人口向城镇集中的自然历史过程。进入21世纪以来，我国城镇化进入快速发展阶段。《中华人民共和国2016年国民经济和社会发展统计公报》表明，2016年年末，全国大陆总人口为138271万人，其中城镇常住人口为79298万人，常住人口城镇化率达到57.35%，比上年末提高1.25个百分点。户籍人口城镇化率为41.2%，比上年末提高1.3个百分点。城镇化进程的推进改变了人口的空间结构和农村人口的就业结构。2016年年末，我国乡村人口为58973万人，较上年末减少2.28%，流动人口达2.45亿人。农民工总量为28171万人，比上年增长1.5%，占乡村人口的47.77%。其中，外出农民工为16934万人，增长0.3%；本地农民工为11237万人，增长3.4%。乡村人口工作与居住地点以及职业的转换在一定程度上影响着其子女的教育选择。一方面，外出务工的第二代农民工，携带子女进城打工现象较为普遍，随迁子女群体随着城镇化进程中进城务工人员数量的增加而逐渐扩大。2016年年末，全国义务教育阶段在校生中进城务工人员随迁子女共1394.77万人，较上年年末增加2.02%。其中，在小学就读的为1036.71万人，较上一年增加2.28%，在初中就读的为358.06万人，较上一年增加1.29%。①另一方面，随着乡村人口经济收入的提高，对物质生活的追求逐渐提升，部分乡村中青年的居住地点逐渐上移，到镇上或者县城买房生活成为该群体追求的生活方式。乡村人口对城镇生活的向往带来了部分乡村家庭向城镇的“举家搬迁”，进而带动县域内乡村学龄人口读书空间的上移。乡村学龄人口外流，在稀释乡村学校生源的同时，增加了城镇教育供给与需求之间的矛盾，形成了大城市与县城教育资源供给紧张的局面。

(二)学校布局调整衍生乡村儿童就近入学难题

自2001年颁布的《国务院关于基础教育改革与发展的决定》明确提出“因地制宜调整农村义务教育学校布局，按照小学就近入学、初中相对集中、优化教育资源配置的原则，合理规划和调整学校布局”之后，农村义务教育学校经历了大规模的布局调整。统计数据表明，2001年，我国小学数量为491273所，2016年变

① 根据2015年和2016年教育事业统计公报公布的数据计算得出。

为241249所，减少了313640所，减幅为63.84%；初中数量为68386所，2016年变为52118所，减少了16268所，减幅为23.79%；农村小学，尤其是村小和教学点等小规模学校成为被撤并的“重灾区”。2012年9月6日，《国务院办公厅关于规范农村义务教育学校布局调整的意见》颁布以后，农村义务教育学校撤并的力度得以控制，但大量农村学校的消失已经成为客观事实，众多村小和教学点的消失使得撤并之后的农村学校与村落之间的空间分离，造成乡村儿童读书距离变远，难以满足乡村儿童就近入学的需求，使一部分本可以在自家门口读书的学生“无书可读”，只能离家外出走上求学之路。农村学校布局调整政策迫使一部分乡村家长不得不对子女的读书学校进行“二次选择”，进而使一部分乡村学生转到乡镇、县城读书，乡村学生的分流导致乡村学校的生源逐渐萎缩。

（三）城乡教育质量差异稀释乡村学校生源

城乡义务教育均衡发展和教育公平的实现，要求均衡配置城乡义务教育资源和推进城乡义务教育质量均衡。其中，资源配置均衡是手段，质量均衡是核心，也是目的。党和政府不断加大对农村教育的支持，特别是近年来，“全面改薄”、统一城乡生均公用经费基准定额、统一城乡中小学教职工编制标准、农村义务教育学生“两免一补”、乡村教师定向培养、乡村教师生活补助、城乡教育交流、农村教师国培计划等各项政策纷纷出台，农村学校的办学条件大为改善，有力地促进了农村义务教育质量的提升。自2012年《县域义务教育均衡发展督导评估暂行办法》出台以来，截至2016年年底，全国有1824个县(市、区)已经实现了义务教育基本均衡，加上2017年要实现的500个县，基本均衡县的比例达到80%左右。然而，仅从资源配置的角度来衡量县域内义务教育均衡发展难以客观呈现城乡义务教育发展的质量差距。量化之后的资源配置指标难以体现资源要素之间的异质性。无论从办学条件还是教师队伍的素质来看，城乡义务教育学校的办学质量依然存在较大差距，县域内义务教育学校随着城乡空间位移的变化，存在着质量分层。加之，近年来随着农村居民家庭收入的普遍提高，农村家长对子女“读好书”的需求更为强烈，一部分家长为了追求相对优质的教育质量，纷纷将子女送出村子，到乡镇或者县城学校读书，导致村校生源大量流失，部分乡镇和县城(包括县和县级市的城区，下同)的大班大校问题突出，形成了“城挤乡弱”的两极格局。

二、研究方法

（一）调查对象的选择与调查样本的确定

本报告采用教育部人文社会科学重点研究基地东北师范大学中国农村教育发

展研究院 2015 年全国农村教育大调查数据。此次采用分层抽样、随机抽样与整群抽样相结合的方法，对全国义务教育阶段公办学校的学生进行了问卷调查。原则上，本报告依次对“省(自治区、市)—区县—学校”进行了三级抽样。首先，我们在全国范围内抽取调研省(自治区、市)。其次，从抽取的省(自治区、市)中抽取区和县各 1 个，对于抽取的区，我们直接抽取区内不同类型的学校；对于抽取的县，我们先抽取不同类型的乡镇，再抽取乡镇内不同类型的学校。最后，对学校内四年级以上的学生进行整群抽样。本报告共涉及 12 个省(自治区、市)的 22 个区县及东莞市下辖 4 个乡镇(街道)，共调查 226 所中小学的 28405 位学生。

1. 省级样本的选择

本报告依据经济区划、人均国内生产总值(GDP)、城镇化水平、地理环境、学校布局等指标对全国 31 个省(自治区、市)(未含香港、澳门特别行政区和台湾省)进行聚类分析，选择调研的省(自治区、市)。

从经济发展水平来看，本报告依据经济区划和人均 GDP，合理选取东、中、西部不同经济发展水平的省(自治区、市)。具体来看，东部地区选取了浙江、广东和山东，中部地区选取了湖北、湖南、河南和江西，西部地区选取了重庆、广西、云南、贵州和甘肃。按照 2014 年各省(自治区、市)人均 GDP 指标进行排序，12 个省(自治区、市)人均 GDP 分别处在全国的第 5、9、10、12、13、17、22、25、27、29、30、31 位，分布较为合理。从城镇化水平来看，浙江、广东、山东、湖北和重庆的城镇化率均高于全国平均水平 54.77%，其中广东省的城镇化率最高，达到 68.00%；湖南、河南、江西、广西、云南、贵州和甘肃的城镇化率均低于全国平均水平，其中贵州省的城镇化率最低，仅为 40.01%(见表 5.1)。

表 5.1　12 个样本省(自治区、市)2014 年的人均 GDP、全国排名和城镇化率

区域	省(自治区、市)	人均 GDP(元)	人均 GDP 全国排名	城镇化率(%)
东部地区	浙江	73002	5	64.87
	广东	63469	9	68.00
	山东	60879	10	55.01
中部地区	湖北	47145	13	55.67
	湖南	40271	17	49.28
	河南	37072	22	45.20
	江西	34674	25	50.22

续表

区域	省(自治区、市)	人均 GDP(元)	人均 GDP 全国排名	城镇化率(%)
西部地区	重庆	47850	12	59.60
	广西	33090	27	46.01
	云南	27264	29	41.73
	贵州	26437	30	40.01
	甘肃	26433	31	41.68

资料来源:《中国统计年鉴 2015》。

从地理环境来看，所选省(自治区、市)基本涵盖了我国主要的地貌类型与气候类型。以山地和丘陵地貌类型为主的地区有浙江、广东、湖北、湖南、江西、重庆、广西和贵州；以平原地貌类型为主的地区有山东和河南，两者的差异在于山东以平原和丘陵为主，河南以平原和盆地为主；云南和甘肃的地貌类型以山地高原为主。从气候类型来看，浙江、广东、湖北、湖南、江西、重庆和贵州属于典型的亚热带季风性湿润气候；山东属于暖温带季风气候；河南属于大陆性季风气候；云南属于亚热带高原季风气候；甘肃气候类型多样，亚热带季风气候、温带季风气候、温带大陆性(干旱)气候和高原高寒气候横跨全省(见表 5.2)。

表 5.2　12 个样本省(自治区、市)的地理环境情况

省(自治区、市)	地貌类型占本地区陆地总面积的比例	气候类型
浙江	山地和丘陵占 70.4%，平原和盆地占 23.2%，河流和湖泊占 6.4%	亚热带季风性湿润气候
广东	山地、丘陵、台地和平原分别占全省土地总面积的 33.7%、24.9%、14.2%和 21.7%，河流和湖泊等只占全省土地总面积的 5.5%	亚热带季风性湿润气候
湖北	山地、丘陵和岗地、平原湖区各占总面积的 56%、24%和 20%	亚热带季风性湿润气候
湖南	山地占全省总面积的 51.2%，丘陵和岗地占 29.3%，平原占 13.1%，水面占 6.4%	亚热带季风性湿润气候
江西	常态地貌类型以山地和丘陵为主，山地占全省面积的 36%，丘陵占 42%，平原占 12%，水域占 10%	亚热带季风性湿润气候
重庆	以丘陵和低山为主	亚热带季风性湿润气候

续表

省(自治区、市)	地貌类型占本地区陆地总面积的比例	气候类型
广西	山地和丘陵占 70.8%，平原和台地占 27.1%，河流水面占 2%	亚热带季风气候
贵州	山地和丘陵占 92.5%	亚热带季风性湿润气候
山东	山地约占全省总面积的 15.5%，丘陵占 13.2%，平原占 55%，洼地占 4.1%，湖沼平原占 4.4%，其他占 7.8%	暖温带季风气候
河南	山区丘陵占 44.3%，平原和盆地占 55.7%	大陆性季风气候
云南	以高原山区为主，地貌类型多样	亚热带高原季风气候
甘肃	山地型高原地貌	类型多样，亚热带季风气候、温带季风气候、温带大陆性(干旱)气候和高原高寒气候

资料来源：中国政府网(www.gov.cn)。

我国地域广大，经济社会发展很不平衡，不同省份所面临的教育问题也形态各异。随着城镇化进程的不断推进，中西部地区作为人口外流大省，留守儿童数量较大；东部地区作为人口流入大省，随迁子女数量众多。同时，在城乡教育发展不均衡的背景下，中西部地区的农村学龄人口大量进城读书，县镇学校的大班大校问题严重，这对城乡教育资源配置提出了新的挑战，从样本省(自治区、市)的中小学布局情况中可窥见一斑(见表 5.3、表 5.4)。

表 5.3 12 个样本省(自治区、市)2014 年的小学情况

地区	学校数(所)	教学点数(个)	班数(个)	在校学生数(人)	专任教师数(人)	校均规模(人)	班均规模(人)
全国	201377	88967	2525626	94510651	5633906	325.51	37.42
浙江	3344	515	88453	3545013	190423	918.64	40.08
广东	10731	5624	212329	8319147	454377	508.66	39.18
山东	10770	2229	151495	6484744	389080	498.86	42.81
湖北	5513	3550	83858	3211598	199172	354.36	38.30
湖南	8560	7716	113937	4738403	248118	291.13	41.59
河南	25578	8483	245046	9286003	494031	272.63	37.89
江西	9764	7144	110045	4129817	210329	244.25	37.53

续表

地区	学校数（所）	教学点数（个）	班数（个）	在校学生数（人）	专任教师数（人）	校均规模（人）	班均规模（人）
重庆	4586	575	50321	2034165	116360	394.14	40.42
广西	12946	8343	121768	4318063	217311	202.83	35.46
云南	12608	3566	109189	3826943	225874	236.61	35.05
贵州	9275	3581	96862	3463056	192850	269.37	35.75
甘肃	8979	3662	70971	1802371	140476	142.58	25.40

资料来源：《中国统计年鉴 2015》和 2014 年中国教育事业发展统计简况。

表 5.4　12 个样本省（自治区、市）2014 年的初中情况

地区	学校数（所）	班数（人）	在校学生数（人）	专任教师数（人）	校均规模（人）	班均规模（人）
全国	52623	907709	43846297	3488430	833.22	48.30
浙江	1719	36949	1499062	119099	872.05	40.57
广东	3387	81278	3767505	278511	1112.34	46.35
山东	2917	62480	3147954	265310	1079.18	50.38
湖北	2011	29498	1375940	133632	684.21	46.65
湖南	3314	40970	2206344	170084	665.76	53.85
河南	4566	71314	3993606	283462	874.64	56.00
江西	2127	32891	1750083	121389	822.79	53.21
重庆	921	20619	979386	75700	1063.39	47.50
广西	1843	33506	1950844	117805	1058.52	58.22
云南	1670	34621	1897966	122558	1136.51	54.82
贵州	2166	38903	2068326	119623	954.91	53.17
甘肃	1538	21178	970919	84838	631.29	45.85

资料来源：《中国统计年鉴 2015》和 2014 年中国教育事业发展统计简况。

综合以上 5 个指标，所选取的 12 个省（自治区、市）均具有较好的代表性。

2. 县级样本的选择

县级样本的选择原则同我们以往在调研中的县级样本的选择原则基本类似，主要体现在三个方面。一是代表性原则。区县样本的选择要能够反映所在省（自治区、市)的典型特点，经济社会教育发展情况接近本省(自治区、市)的平均水平。二是互补性原则。所有区县样本能够反映我国教育发展类型的丰富性，从整体上代表全国情况。三是对比性原则。为了避免各地政策环境的不同所带来的干扰，我们基本上是在某一地级市下选择一个城区、一个县(市)。基于此，我们在12个省(自治区、市)中共选出23个区县作为样本(见表5.5)。

表5.5 所调查的市、区、县分布

省(自治区、市)	地级市	城区	县市
浙江	台州市	路桥区	玉环市
广东	东莞市*	莞城街道	—
山东	青岛市	李沧区	即墨市
湖北	孝感市	孝南区	大悟县
湖南	衡阳市	蒸湘区	耒阳市
河南	信阳市	平桥区	固始县
江西	萍乡市	安源区	芦溪县
重庆	重庆市	北碚区	酉阳县
广西	钦州市	钦南区	灵山县
云南	文山壮族苗族自治州	文山市	砚山县
贵州	毕节市	七星关区	织金县
甘肃	张掖市	甘州区	高台县

注：*东莞市现辖28个镇、4个街道办事处，不设县(区)。

3. 学校样本的选择

本报告所选择的学校主要是义务教育阶段的公办学校，包括小学(含教学点)、初中和九年一贯制学校(在后续数据处理中，我们将九年一贯制小学部和初中部分别算成1所小学和1所初中)三种类型；学校所在地包括城区、县城、乡镇和乡村四级。原则上，在城区，抽取中心城区和城郊小学、初中各1所，也就是说，在城区共抽取4所中小学；在县城，同城区一样，抽取中心城区和城郊小学、初中各1所；在县域，按照经济社会的综合发展水平，抽取好、中、差乡镇各1个，再在每个乡镇分别抽取中心校、初中、乡村小学各1所以及教学点(需要说明的是，一些地区没有教学点，我们在实地调研中用村小代替)2个。然后对学校四年级及以上的学生进行整群抽样，实施问卷调查。同时，本报告为控制题量，减少学生的填答时间，学生问卷分为A卷、B卷两套(A卷与B卷题量大致相当，部分基本信息题目相同），每所调研学校的学生随机填答 A 卷或 B 卷。受实际调研过程中行政区划设置、调研学校学制安排和调研行程及路途等因素的影响，加之 A 卷、B 卷不同的题目安排，最后学生 A 卷共涉及 226 个学校样本，学生 B 卷共涉及 223 个学校样本(见表 5.6)。

表 5.6　所调查的学校样本分布　　单位：所

学校所在地	A 卷			B 卷		
	小学(教学点)	初中	合计	小学(教学点)	初中	合计
城市	19	19	38	21	17	38
县城	23	22	45	23	20	43
乡镇	39	40	79	39	39	78
乡村	63	1	64	63	1	64
总计	144	82	226	146	77	223

(二)调研工具的使用与方法

调研工具主要包括调查问卷及实地访谈两种类型。在调研中，共回收学生 A 卷 14282 份，其中有效问卷 14130 份，有效百分比为 98.94%；回收学生 B 卷 14123 份，其中有效问卷 13942 份，有效百分比为 98.72%。因为本报告的研究对象为县域内学校的学生，我们进一步对数据进行了分析处理。在 14282 份学生 A 卷中，进县城和乡镇学校读书学生问卷 3611 份，留在本乡村(或乡镇)学校读书学生问卷 4275 份，县城学校本地学生问卷 1772 份，合计 9658 份；在 14123 份学生 B 卷中，进县城和乡镇学校读书学生问卷 3541 份，留在本乡村(或乡镇)学校读书学生问卷 4244 份，县城学校本地学生问卷 1762 份，合计 9547 份。囿于调研时间、样本选择等困难因素，本报告仅针对云南省的学生家长进行了问卷调查。在调研中，共回收家长问卷 1050 份，其中有效问卷 1045 份，有效百分比 99.52%；进县城和乡镇学校读书学生的家长问卷 188 份，留在本乡村(或乡镇)学校读书学生的家长问卷 589 份，县城学校本地学生的家长问卷 207 份，合计 984 份。

本报告的主题涉及的相关题目部分在学生 A 卷中，部分在学生 B 卷中，部分均在 A 卷和 B 卷中。对于在 A 卷、B 卷中均有的题目，我们分别统计分析了 A 卷、B 卷、AB 合并版的结果，差别很小。因此，为使样本的代表性更强，我们选择了 AB 合并版的结果。这也是在一些分析中有效样本的差距比较大的原因，但并没有影响到研究结果。

本报告主要采用 SPSS 19.0 和 Excel 2007 统计分析软件对数据进行处理。

三、现状分析

(一)城乡义务教育学龄人口的分布情况

城镇化进程的推进、农村学校的布局调整和人们对优质教育的渴求，带来了乡村学龄人口的流动，影响着城乡学校布局和学校样态的存在。进入 21 世纪以来，我国城镇化进入快速发展阶段。那么，随着农村人口向城镇的集聚，城乡义务教育学校学龄人口的变动趋势如何？这些变动给城乡义务教育学校的布局、规模和班额等带来了哪些影响？本部分依托中国统计年鉴和中国教育统计年鉴的相关数据对上述问题进行分析，以期呈现 21 世纪以来我国城乡义务教育学龄人口的空间变动情况。

1. 我国义务教育城镇化发展态势

第一，义务教育城镇化率高于常住人口城镇化率，年均增长速度较快。学龄人口的空间集聚及其发展态势，直接关系着城乡学校布局、教育资源配置和城乡义务教育学校的存在形态。教育城镇化率作为反映学龄人口的空间集聚情况的关键指标，是指城镇学校在校生数与全国在校生数的比例。推而言之，义务教育城镇化率是指城镇义务教育在校生数与全国义务教育在校生数的比例。通过分析 2001—2016 年义务教育城镇化率可以发现，进入 21 世纪以来，我国义务教育城镇化率显著上升，截至 2016 年，义务教育城镇化水平达到 75.01%，较 2001 年增长 36.81 个百分点，年均增长 2.45 个百分点。2016 年，我国常住人口城镇化率为 57.35%，较 2001 年增长 19.69 个百分点，年均提高 1.31 个百分点。义务教育城镇化率明显高于常住人口城镇化率，并且义务教育城镇化率的年均增长速度明显高于常住人口城镇化率的年均增长速度，前者约是后者的 1.87 倍。但对比分析人口城镇化与义务教育城镇化的变化态势可以发现，2001—2016 年，人口城镇化率的增速较为平稳，基本呈现匀速递增的趋势，而义务教育城镇化率的增速幅度较大，呈非稳定性变化态势。尤其是 2010 年之后，义务教育城镇化率陡然增加，2013 年增至 70.79%，较 2010 年增加 17.86 个百分点，比同年人口城镇化率高出 17.06 个百分点；直至 2013 年之后，增速放缓。分析全国流动人口与随迁子女的变动轨迹可以发现，2005—2010 年，全国流动人口数快速增长，5 年间涨幅达 50.34%；2010 年以后，流动人口的增速渐趋和缓(见表 5.7)。同时期随迁子女数也在逐渐增加。2007 年，全国随迁子女数为 765.66 万人，2012 年随迁子女数达到 1393.87 万人，增长了 82.05%(见图 5.1)。由此可见，大规模的人口流动带来了义务教育学龄人口向城镇的集中，推动了义务教育的城镇化发展。毋庸置疑，学龄人口空间变动的波动性将会给城乡义务教育发展带来挑战，城镇学龄人口陡然增加，乡村学龄人口急剧减少，教育规划预测的高难度与教育资源配置的滞后性并存。如何进行科学的教育规划，合理配置教育资源，成为城乡义务教育共同面临的挑战。

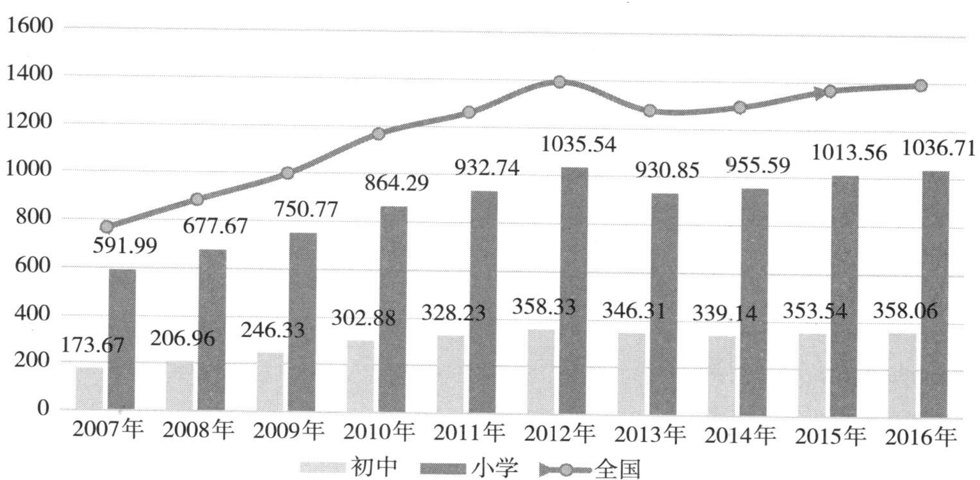

图 5.1　2007—2016 年义务教育中小学随迁子女数

第二，初中教育城镇化率高于小学教育城镇化率，小学教育城镇化起点低、增速快、波动幅度较大。进一步分析义务教育中小学城镇化率发现，初中教育城镇化率由 2001 年的 51.47%增长到 2016 年的 84.59%，增长 33.12%，年均增长 2.2 个百分点；小学教育城镇化率由 2001 年的 31.40%增长到 2016 年的 70.83%，增长 39.43%，年均增长 2.63 个百分点(见表 5.8)。虽然从绝对值来看，2016 年初中教育城镇化率比小学教育城镇化率高 13.76 个百分点，但是从发展速度来看，小学教育城镇化的年均增长率略高于初中 0.42 个百分点。值得关注的是，2010—2013 年，无论初中教育还是小学教育，城镇化率均快速增长，初中增长 15.5 个百分点，小学增长 19.45 个百分点。对比同期人口城镇化的发展水平可以发现，2001 年以后，初中教育城镇化率一直高于常住人口城镇化率，小学教育城镇化率与人口城镇化率呈现“剪刀差”式的变化态势。2001—2010 年，小学教育城镇化率低于人口城镇化率；2010 年以后，小学教育城镇化率明显高于人口城镇化率。可见，小学教育城镇化虽然起点低，但是增速快，波动幅度更大。众所周知，在乡村地区，小学多位于村落中，初中更多地集中在乡镇上，因而初中教育城镇化的起点高，小学教育城镇化的起点低。村校的办学条件和教学质量相对较弱，受农村学校布局调整政策的影响较大，因而村校学龄人口向城镇流动的速度较快。

表 5.7 全国流动人口数统计 单位：亿人/%

指标	2000 年	2005 年	2010 年	2011 年	2012 年	2013 年	2014 年	2015 年	2016 年
流动人口	1.21	1.47	2.21	2.30	2.36	2.45	2.53	2.47	2.45
增加人数	—	0.26	0.74	0.09	0.06	0.09	0.08	−0.06	−0.02
增长比率*	—	21.49	50.34	4.07	2.61	3.81	3.27	−2.37	−0.81

资料来源：《中国统计年鉴 2016》。

* 增长比率的计算方法：(后一年流动人口数－前一年流动人口数)/前一年流动人口数。

表 5.8 2001—2016 年全国人口城镇化率与义务教育城镇化率* 单位：人/%

指标		2001 年	2004 年	2007 年	2010 年	2013 年	2016 年	较 2001 年增加
人口城镇化率		37.66	41.76	45.89	49.95	53.73	57.35	19.69
义务教育城镇化率		38.20	40.48	47.84	53.11	70.79	75.01	36.81
差值		0.54	−1.28	1.95	3.16	17.06	17.66	17.12
初中在校生	全国	64310539	64750006	57208992	52759127	44401248	43293684	−21016855
	城市/城区	10641329	11196865	10475859	10590217	14300203	14894194	4252865
	县镇/镇区	22456184	21870482	24299955	24324161	21955710	21729103	−727081
	农村/乡村	31213026	31682659	22433178	17844749	8145335	6670387	−24542639
	初中教育城镇化率	51.47	51.07	60.79	66.18	81.66	84.59	33.12
小学在校生	全国	125434667	112462256	105640027	99407043	93605487	99130126	−26304541
	城市/城区	16808781	18314007	17610813	18204675	27729719	32671812	15863031
	县镇/镇区	22577859	20362265	25521904	27700170	33705362	37540969	14963110
	农村/乡村	86048027	73785984	62507310	53502198	32170406	28917345	−57130682
	小学教育城镇化率	31.40	34.39	40.83	46.18	65.63	70.83	39.43

资料来源：城镇化率的数据取自历年国民经济与社会发展统计公报的数据；初中教育或城镇化率、小学教育城镇化率依据教育统计年鉴的数据计算得出。

* 自 2011 年起，教育部对教育事业统计报表进行了全面改革，贯彻实施了国家统计局首次颁布的《统计用城乡划分代码》。新的城乡划分标准，将原来的城市、县镇、农村的三个分类调整为三大类七小类，即城区(含主城区、城乡接合部)，镇区(含镇中心区、镇乡接合区、特殊区域)，乡村(含乡中心区、村庄)。因而在统计量上分为城市/城区，县镇/镇区，农村/乡村三组。下同，特此说明。

第三，义务教育学龄人口总体萎缩，县镇（镇区）成为学生集聚的主要空间，初中生与小学生的集聚存在空间差异。随着义务教育城镇化的快速推进，学龄人口的空间集聚也随之变化。那么，目前义务教育学龄人口的变动趋势如何？集聚空间发生了怎样的变化？初中和小学之间是否存在差异？通过分析2001—2016年义务教育阶段在校生的空间分布发现，总体来看，全国初中在校生总数由2001年的64310539人降到2016年的43293684人，减少32.68个百分点；全国小学在校生总数由2001年的125434667人降到2016年的99130126人，减少20.97个百分点，义务教育学龄人口总体呈下降趋势。进一步分析义务教育在校生的空间集聚情况发现，2016年县镇（镇区）初中在校生数占全国初中在校生总数的50.19%，县镇（镇区）小学在校生数占全国小学在校生总数的37.87%，均高于城市和乡村在校生的所占比例（见表5.9）。换言之，县镇（镇区）学校成为义务教育学龄人口的主要承载空间，由此可见县镇（镇区）在我国义务教育发展中的重要地位，推进县域内义务教育均衡发展至关重要。对比县镇（镇区）义务教育中小学在校生数的变化态势发现，2016年初中在校生数较2001年减少了3.24%，小学增加了66.27%，县镇（镇区）小学面临着学龄人口快速增长的巨大挑战。进一步分析义务教育在校生的城乡分布发现，虽然义务教育在校生总数在减少，但除乡村学龄人口的大幅度减少之外，城镇学龄人口的增长幅度较为明显，尤其是小学阶段，城市在校生数比2001年增长94.37%，县镇在校生数比2001年增长66.27%。由此可见，学龄人口总量的减少与乡村学龄人口的减少紧密相连，但并未影响到城镇学龄人口的增加，义务教育阶段城镇在校生数与在校生总数之间呈现"反比"式的增长关系。

表5.9　2001—2016年城乡义务教育在校生数占全国在校生总数的比例分布　　单位：%

指标		2001年	2004年	2007年	2010年	2013年	2016年	增长比率*
初中	城市/城区	16.39	17.18	18.28	20.06	32.21	34.40	39.97
	县镇/镇区	34.91	33.72	42.45	46.10	49.45	50.19	−3.24
	农村/乡村	48.70	49.10	39.27	33.84	18.34	15.41	−78.63
小学	城市/城区	13.40	16.28	16.67	18.31	29.62	32.96	94.37
	县镇/镇区	18.00	18.11	24.16	27.87	36.01	37.87	66.27
	农村/乡村	68.60	65.61	59.17	53.82	34.37	29.17	−66.39

资料来源：根据2001—2016年中国教育统计年鉴的数据计算得出。

*增长比率根据"（2016年的在校生数－2001年在校生数）/2001年在校生数"计算得出。

2. 学龄人口变动下的城乡学校形态

城乡义务教育阶段学龄人口的变化，影响着城乡学校的布局形态。那么随着义务教育学龄人口向城镇的集聚，城乡学校在数量上发生了哪些变化？在结构上又发生了哪些改变？学龄人口的变动给城乡义务教育学校的发展带来了怎样的矛盾？

第一，义务教育学校数继续减少，城镇学校数先减后增，乡村小规模学校较为普遍。虽然义务教育学龄人口数经历了先减后增的变化过程，但义务教育学校数却经历了持续减少的过程。国家统计数据表明，2001—2016 年，全国初中数从 2001 年的 68386 所减少至 2016 年的 52102 所，减少了 23.81%，年均下降 1.59 个百分点；全国小学数从 2001 年的 491273 所减少至 2016 年的 177633 所，减少了 63.84%，年均减少 4.26 个百分点，小学的减幅是初中的 2.68 倍(见表 5.10)。从整体上来看，虽然义务教育中小学数呈下降趋势，但进一步分析发现，城镇中小学数呈现先减后增的变化轨迹，拐点出现在 2010 年。农村中小学数则大幅度锐减，这与城乡学龄人口的变动紧密相连。2010 年以后，城镇义务教育学龄人口的增速加快，必然需要中小学的配套建设，乡村学龄人口大幅度减少，加之合村并居、合乡并镇和农村学校布局调整政策的影响，使得农村学校数急剧减少。值得注意的是，随着农村生源的急剧减少，近几年在校生数不足 100 人的乡村小规模学校普遍存在。数据表明，2016 年全国共有小规模学校(不足 100 人的小学和教学点)123143 所，占全国小学和教学点总数的 44.61%，其中乡村小规模学校有 108330 所，占乡村学校总数的 50.91%，占全国小规模学校总数的 87.97%。乡村小规模学校的普遍存在，给城乡义务教育均衡发展带来了巨大的挑战。

表 5.10　2001—2016 年义务教育学校的数量统计　　单位：所

指标		2001 年	2004 年	2007 年	2010 年	2013 年	2016 年	较 2001 年
初中	全国	68386	63060	59109	54823	52764	52102	−16284
	城市/城区	10853	8747	7594	7279	11120	11924	1071
	县镇/镇区	20908	16218	18650	18874	23174	24023	3115
	农村/乡村	36625	38095	32865	28670	18470	16171	−20454
小学	全国	491273	394183	320061	257410	213529	177633	−313640
	城市/城区	26311	23445	17535	16400	26049	26649	338
	县镇/镇区	48764	33420	30942	30116	47152	44581	−4183
	农村/乡村	416198	337318	271584	210894	140328	106403	−309795

续表

指标		2001 年	2004 年	2007 年	2010 年	2013 年	2016 年	较 2001 年
教学点	全国	114384	101508	84992	66941	82768	98437	－15947
	城市/城区	728	771	273	205	1151	1531	803
	县镇/镇区	3237	2641	1601	1289	8062	10106	6869
	农村/乡村	110419	98096	83118	65447	73555	106403	－4016

资料来源：2001—2016 年中国教育事业统计年鉴。

第二，县镇大班额问题突出，初中阶段尤为严重。受学校容量的固定性与新建学校的滞后性的影响，城镇义务教育学龄人口的增加扩大了现有城镇中小学的班级规模。总体来看，2001—2010 年，全国中学的平均班额维持在 52 人以上，小学班额维持在 33 人以上，县镇中小学班额明显高于全国平均水平。具体来看，县镇中小学的大班额、超大班额问题最为突出，初中阶段尤为严重。教育部规定，56～65 人的班级为大班额，超过 66 人的班级为超大班额。按此口径统计，县镇初中一半左右的班级人数达到 56 人以上，四分之一左右的班级人数在 66 人以上，明显高于城市与乡村大班额和超大班额的比例。2001 年之后，县镇小学大班额比例持续上涨，截至 2010 年，近三分之一的班级人数达到 56 人及以上，大班额问题较为突出，但相比之下，初中大班额问题较为严重。近年来，随着消除大班额工作的推进，县镇的大班额问题逐渐得到化解。2015 年教育统计数据表明，全国县镇(镇区)初中大班额的比例为 25.26%，较 2001 年减少 27.66%，其中超大班额比例为 8.92%，较 2001 年下降 15.07 个百分点；小学大班额的比例为 17.86%，较 2001 年减少 4.3%，超大班额比例为 7.33%，较 2001 年减少 2.17%(见表 5.11)。然而，与城市和乡村相比，县镇中小学的大班额和超大班额问题依然较为突出。需要注意的是，现阶段城市中小学的大班额问题也需要引起足够的重视，尤其是小学段的大班额问题。

表 5.11　2001—2015 年义务教育学校的班额情况统计　　单位：%

指标		2001 年	2004 年	2007 年	2010 年	2013 年	2015 年	较 2001 年
初中平均班额	全国	55.69	56.59	55.16	52.9	48.82	47.72	－7.97
	城市	50.36	51.10	51.28	50.54	48.65	47.17	－3.19
	县镇	57.38	57.90	57.68	55.27	50.17	49.20	－8.18
	农村	56.51	57.85	54.51	51.32	45.77	44.65	－11.86

续表

指标		2001 年	2004 年	2007 年	2010 年	2013 年	2015 年	较 2001 年
初中大班额比例	全国	48.47	50.26	44.77	36.58	24.62	19.87	—28.60
	城市	38.73	37.39	35.09	31.02	23.75	17.81	—20.92
	县镇	52.92	55.12	51.99	43.13	27.61	25.26	—27.66
	农村	49.00	52.01	42.18	31.64	18.73	15.43	—33.57
初中超大班额比例	全国	21.27	23.00	19.60	14.76	9.36	6.87	—14.40
	城市	15.82	13.58	12.53	10.96	8.09	5.21	—10.61
	县镇	23.99	26.40	24.73	18.92	11.23	8.92	—15.07
	农村	21.42	24.39	17.86	11.80	6.84	5.14	—16.28
小学平均班额	全国	33.84	35.11	36.78	37.99	37.46	37.72	3.88
	城市	42.14	45.69	47.71	47.70	46.53	46.22	4.08
	县镇	41.54	45.10	48.68	48.88	44.09	43.71	2.17
	农村	31.13	31.39	31.59	32.08	28.25	27.74	—3.39
小学大班额比例	全国	10.59	12.01	14.30	14.61	13.25	12.71	2.12
	城市	24.60	25.45	27.82	25.81	21.20	18.43	—6.17
	县镇	22.16	26.29	31.54	29.65	20.54	17.86	—4.30
	农村	6.30	6.98	7.21	6.93	4.20	3.56	—2.74
小学超大班额比例	全国	3.82	4.27	5.46	5.42	4.95	4.32	0.50
	城市	9.67	8.90	10.08	9.18	7.39	6.03	—3.64
	县镇	9.50	11.25	14.19	12.90	8.71	7.33	—2.17
	农村	1.85	2.14	2.29	2.02	1.15	0.91	—0.94

资料来源：2001—2015 年中国教育事业统计年鉴。

第三，全国义务教育阶段寄宿生总数经历了先增后减、再稳步上升的发展轨迹，县域内义务教育寄宿生数占整个义务教育寄宿生数的比例持续下降。随着义务教育学龄人口的空间变动，学生寄宿状况也随之发生改变。统计数据表明，2006—2016 年，全国义务教育寄宿生数经历了先增后减、再稳步上升的发展轨迹，2006—2010 年处于增长阶段，由 2006 年的 2914.79 万人增加到 2010 年的 3342.14 万人，增加了 427.36 万人。2010—2013 年是下降阶段，到 2013 年降至最低点的 2995.82 万人，比 2010 年减少 346.32 万人。2013—2016 年是再次上升阶段，并稳定在 3075 万人左右的水平。县域内义务教育寄宿生数占全国义务教育寄宿生数的比例呈下降趋势，由2006年的71.94%下降到2016年的54.15%，10年下降了17.78个百分点。但初中和小学的寄宿生数的变化轨迹略有不同。从初中来看，总体轨迹与义务教育阶段的变化轨迹大致相同，只是时间节点上略有变化。全国初中寄宿生数的最高值发生在2009年，由2006年的2210.90万人增加到2009年的2344.33万人，3年增加了133.43万人。最低点发生在2013年，降至1974.90万人，4年又减少了369.43万人(见表5.12)。之后，数量又开始增长并维持在2010万人左右的水平。从小学来看，寄宿生数经历了上升和平稳两个发展阶段，总体上呈上升趋势，波动不明显。2006—2011年是上升阶段，由703.88万人上升到1080.78万人，增加了376.90万人，之后便一直维持在1065万人左右。寄宿生群体的存在需要配套建设寄宿制学校或寄宿基础设施，县域内大量寄宿生群体的存在，无疑对人力、物力、财力产生了更多的需求，无形之中增加了县镇和农村学校的办学成本。

(二)县域内乡村学生外出读书[①]的基本状况分析

义务教育学龄人口的"县镇"集聚，改变了学生的集聚空间，改变了城乡学校的存在形态，县域成为义务教育发展的关键地域。那么，目前乡村学生是如何分布的？有多大比例的乡村学生外出读书？有多少进了县城？进城的原因是什么？进城读书学生有哪些共同特征？进城学生的学习、生活及心理健康情况如何？能否适应城镇学校的学习生活？本部分将就上述问题对乡村学生进城读书情况展开分析。

1. 乡村学生读书地点的空间选择

分析乡村学生读书地点的空间选择，洞悉乡村学生读书地点的空间偏好，厘清乡村学生外出读书的现实诱因，进一步深入了解乡村学生外流的方向，能较为客观地掌握乡村学生集聚的地域分布现状，能较为全面地把握县域内乡村学生的流动轨迹。

第一，近一半的乡村学生选择外出读书，乡村学生外出读书的比例明显高于乡镇学生，村校陷入生源流失危机。稳定的生源是乡村教育持续发展的前提性基础，乡村学生选择外出读书直接影响着乡村学校生源的稳定性。在本次调查的学生群体中，共有16646位(学生A卷+学生B卷)学生的家庭住址位于乡镇或乡村，通过对16646位乡村学生的家庭住址与目前就读校址的交互分析发现，留在本地读书(指家庭所在地与学校所在地保持一致)的乡村学生数为8519人，占样本总量的51.17%，离家外出读书(指家庭所在地与学校所在地不一致)的乡村学生数为8127人，占样本总量的48.83%。也就是说，目前已有近一半的乡村学生离家外出读书，可见乡村学生外出读书的比例较大。进一步分析发现，乡镇学生与乡村学生离家外出读书的比例存在较大差距，其中乡镇学生中有79.90%的学

① 外出读书具体指家住在乡村(含乡镇和乡村)的学生，到乡镇和县城读书。

表 5.12　2006—2016 年全国义务教育阶段寄宿生数统计

指标		2006 年	2007 年	2008 年	2009 年	2010 年	2011 年	2012 年	2013 年	2014 年	2015 年	2016 年	较 2006 年（%）
初中寄宿生数	全国	22109042	22257287	23417493	23443307	23040606	21957307	20751766	19749045	20147748	20021341	20121680	−8.99
	城市	1141402	1424298	1554017	1539788	1530135	2759531	2848051	2869363	3193498	3208214	3464844	203.56
	县镇	9942710	10587335	11487476	11772859	11803142	12560933	12203396	11820524	12101826	12206230	12256205	23.27
	农村	11024930	10245654	10376000	10130660	9707329	6636843	5700319	5059158	4852424	4606897	4400631	−60.08
初中寄宿生占在校生的比例（%）	全国	37.11	38.80	41.93	43.09	43.64	43.34	43.57	44.48	45.95	46.43	46.48	9.37
	城市	12.01	13.60	14.56	14.54	14.45	19.21	19.76	20.07	21.74	22.26	23.26	11.25
	县镇	41.02	43.57	47.02	48.25	48.52	50.91	51.97	53.84	55.83	56.29	56.40	15.38
	农村	43.00	45.67	50.27	52.37	54.40%	57.07	58.52	62.11	64.83	65.58	65.97	22.97
小学寄宿生数	全国	7038844	7593090	9160844	9809759	10380831	10807823	10169351	10209159	10613773	10703945	10637054	51.12
	城市	338865	445137	527809	545601	580259	930053	966352	988669	1137642	1151702	1211826	257.61
	县镇	1667842	1982489	2470691	2662107	2930843	4108006	4103135	4205015	4520572	4696442	4764698	185.68
	农村	5032137	5165464	6162344	6602051	6869729	5769764	5099864	5015475	4955559	4855801	4660530	−7.38
小学寄宿生占在校生的比例（%）	全国	6.57	7.19	8.87	9.74	10.44	10.89	10.49	10.91	11.23	11.04	10.73	4.16
	城市	2.11	2.53	2.92	3.07	3.19	3.57	3.59	3.57	3.87	3.75	3.71	1.60
	县镇	6.86	7.77	9.50	10.09	10.58	12.62	12.23	12.48	13.07	12.85	12.69	5.83
	农村	7.54	8.26	10.40	11.67	12.84	14.19	13.96	15.59	16.25	16.37	16.12	8.58

生选择留在本地读书，离家外出读书的比例为20.10%；乡村学生中选择留在本地读书的学生仅为34.67%，离家外出读书的比例高达65.33%，比乡镇学生外出读书的比例高出45.23个百分点(见表5.13)。这一数据结果表明，一方面，乡村教育面临生源大量外流的境遇，尤其是位于学校体系最末端的村校，生源流失严重，遭遇严峻的生源危机挑战。近年来，乡村学校在校生数锐减，学校规模缩小，无人教学点数的增加便是村校生源危机的真实写照。另一方面，乡镇与乡村外出读书学生的比例差距也反映了乡村内部的学校分层在一定程度上影响着学生对读书地点的选择。不可否认的是，总体来看，乡镇学校无论办学条件、教师素质还是校园组织氛围均优于村校，乡镇学生既可以就近入学，又可以满足优质教育的需求，因而乡镇学校的生源稳定性较之村校要好。

表5.13 不同家庭所在地的乡村学生外出读书情况*

指标		频数	百分比(%)
乡镇	乡镇—县城	740	12.13
	乡镇—城市	499	8.18
	乡镇—乡镇	4863	79.70
	合计	6102	100.00
乡村	乡村—乡镇	5143	48.78
	乡村—县城	1269	12.04
	乡村—城市	476	4.51
	乡村—乡村	3656	34.67
	合计	10544	100.00

注：N=16646，有效百分比=100%，缺失值=0。

*本表格的数据按照四舍五入的计算方法保留两位小数，此方法会出现部分合计百分比数据的偏差(相加之和不等于100%)。误差率控制在千分之一到千分之五。本章其余表格的百分比数据之和不是100%的，也可将此作为解释依据。

第二，乡村学生读书地点发生“空间上移”，超五分之二的学生集聚在县城和乡镇，乡村学生外出读书的“县镇化”趋势明显。调查结果表明，有近一半的乡村学生选择外出读书。那么，随着乡村学生的外流，目前乡村学生读书地点的空间分布局状况如何？根据学生家庭所在地与学校所在地之间的差异性，可以判断乡村学生外出读书的流向。我们将乡村学生外出读书的选择分为到乡镇读书、到县城读书、到城市读书三种路向，共乡村—乡镇、乡村—县城、乡镇—县城、乡村—城市、乡镇—城市五种类型。调查结果表明，乡村学生中，到乡镇读书(即乡村—乡镇)的占比最高，为30.90%；到县城读书的占比次之，为12.07%；到城市读书的最少，仅为 5.86%（见表 5.14）。由此可见，一方面，乡村学生读书地点逐步向乡镇及以上区域移动，出现“空间上移”的现象；另一方面，虽然乡村学生外出读书的比例大，读书地点的空间选择逐渐上移，但离家外出到城市读书的乡村学生寥寥无几，比例不足 6%。超五分之二的乡村学生外出读书地点集中在县城和乡镇，也就是说，乡镇和县城学校是乡村学生外出读书的主要选择空间。由此来看，乡村学生多在县域范围内流动。对乡村外出读书学生群体的进一步分析发现，到乡镇读书的学生最多，占 56.48%，县城次之，占 18.42%，两者合占乡村外出读书学生群体的 74.9%，乡村学生外出读书的“县镇化”趋势明显（见表 5.15）。这种趋势造成县镇学校在校生数快速扩大，县镇的巨班大校问题凸显，县镇学校教育资源承载压力较大，在一定程度上稀释了县镇教育质量。因而，县域内义务教育均衡发展，亟须破解县镇的巨班大校难题，引导乡村学生合理有序流动，无论对于乡村教育发展还是县城学校发展来说均至关重要。

表 5.14 不同家庭所在地的乡村学生外出读书走向分布

指标		频数	百分比(%)
到乡镇读书	乡村—乡镇	5143	30.90
到县城读书	乡村—县城	1269	7.62
	乡镇—县城	740	4.45
到城市读书	乡村—城市	476	2.86
	乡镇—城市	499	3.00
留在本地读书	乡村—乡村	3656	21.96
	乡镇—乡镇	4863	29.21
合计		16646	100.00

注：N=16646，有效百分比=100%，缺失值=0。

表 5.15 乡村学生的学校所在地分布

指标	频数	百分比(%)
留在本地	3656	34.67
离家外出	6888	65.33
乡村	1253	18.19
乡镇	3890	56.48
县城	1269	18.42
城市	476	6.91

注：N=10544，有效百分比=100%，缺失值=0。

第三，乡村学生外出读书的比例存在区域差异，中部乡村学生外流最严重，西部乡村学生向县城和乡镇集聚的现象最明显。受经济发展水平、自然地理环境和教育发展水平等因素的影响，东、中、西部乡村学生外出读书情况存在一定差异。那么不同区域乡村学生外出读书地点的空间选择会有什么不同呢？通过分析发现，东部地区选择留在本地读书的学生比例最高，为66.81%；西部次之，为46.72%；中部最低，为45.37%。可见，乡村学生外出读书的比例存在区域差异，东部地区的经济水平和教育水平均比较高，乡村学校办学质量较中西部好，乡村学生在自家门口上学是相对经济的选择，因而乡村学校生源较为稳定。中西部地区乡村学校较弱，加之经济不发达，外出务工农民较多，乡村学校生源外流的迹象明显。其中，中部地区多以平原为主，外出读书成本较西部要小，乡村生源外流最为严重。进一步分析发现，东、中、西部地区乡村学生外出读书时在地点选择上具有相对一致性，乡镇和县城是乡村学生外出读书的主要选择。西部地区乡村学生到乡镇读书的占35.17%，到县城读书的占13.97%，两者合占49.14%，高于东部和中部地区，西部乡村学生向县城和乡镇集聚的现象最明显。由此来看，西部地区县城和乡镇义务教育学校教育资源的承载压力较大(见表5.16)。

表5.16 东、中、西部地区乡村学生外出读书情况

区域	统计量	到乡镇读书	到县城读书		到城市读书		留在本地	
		乡村	乡村	乡镇	乡村	乡镇	乡村	乡镇
东部	频数	821	186	117	119	94	872	1820
	百分比(%)	20.38	4.62	2.90	2.95	2.33	21.64	45.17
中部	频数	1646	387	256	179	268	900	1372
	百分比(%)	32.87	7.73	5.11	3.57	5.35	17.97	27.40
西部	频数	2676	696	367	178	137	1884	1671
	百分比(%)	35.17	9.15	4.82	2.34	1.80	24.76	21.96
合计	频数	5143	1269	740	476	499	3656	4863
	百分比(%)	30.90	7.62	4.45	2.86	3.00	21.96	29.21

注：N=16646，有效百分比=100%，缺失值=0。

第四，到乡镇读书的乡村学生受学校布局调整的影响较大，到县城和城市读书的学生更加重视城乡教育质量差距。上文从总体上大致勾勒了当前乡村学生外出读书的空间轨迹。那么乡村学生外出读书的现实诱因是什么？通过分析选择到乡镇读书、到县城读书、到城市读书三种路向的乡村学生就读目前学校的原因可以发现，除一部分乡村学生因家庭居住地点离乡镇、县城、城市较近(可能是其周边的乡镇或村子，或学生家里已经在目前就读的学校所在地买房，但两个住所同时使用)和选择就近入学以外，乡村学生选择到乡镇读书的一个主要原因是“家庭附近的学校没有了”，迫不得已转到乡镇学校读书，乡村学生到县城和城市学校读书的另一个原因是“应该入读的学校教育质量差”。其中，因教育质量差距选择到城市读书的乡村学生的比例为 22.32%，选择到县城读书的乡村学生的比例为 17.43%，城市高于县城(见表 5.17)。进一步对到县城读书的学生群体进行分析发现，乡村到县城读书的学生群体中，因“家庭附近的学校没有了”的比例高于因“应该入读的学校教育质量差”的比例，并且高于乡镇学生选择此项原因的比例；乡镇到县城读书的学生群体的选择与此相反，并且选择“应该入读的学校教育质量差”的比例高于乡村学生。由此可见，乡村学生读书地点的选择受学校布局调整的影响较乡镇大，而乡镇学生追求教育质量的意愿较乡村学生略高。此外，随父母工作地点的变化选择外出读书的乡村学生的比例较小。在县域范围内，乡村学生因“父母在这里工作”而在目前学校就读的比例小于城市。由此，我们可以依据乡村学生外出读书的现实诱因的差异，将乡村外出读书的学生分为被动外出读书型、主动外出读书型、随迁外出读书型三种类型。其中，在县域范围内，乡村学生外出读书以被动外出读书型和主动外出读书型为主，被动外出读书型的学生主要受学校布局调整的影响，主动外出读书型的学生主要受城乡教育质量差距的影响。

表 5.17　乡村学生外出读书的原因分析

指标		统计量	就近入学	家庭附近的学校没有了	应该入读的学校教育质量差	父母在这里工作
到乡镇读书	乡村	频数	3146	1266	352	294
		百分比(%)	62.20	25.03	6.96	5.81
到县城读书	乡村	频数	684	259	214	71
		百分比(%)	55.70	21.09	17.43	5.78
	乡镇	频数	398	92	147	81
		百分比(%)	55.43	12.81	20.47	11.28
	合计	频数	1082	351	361	152
		百分比(%)	55.60	18.04	18.55	7.81

续表

指标		统计量	就近入学	家庭附近的学校没有了	应该入读的学校教育质量差	父母在这里工作
到城市读书*	乡村	频数	253	75	104	34
		百分比(%)	54.29	16.09	22.32	7.30
	乡镇	频数	277	51	114	52
		百分比(%)	56.07	10.32	23.08	10.53
	合计	频数	530	126	218	86
		百分比(%)	55.21	13.12	22.71	8.96

注：N=7964，有效百分比=97.99%，缺失值=163。

*本文为能客观全面地展示乡村学生外流的轨迹，将到城市读书的乡村学生统计在内，但因其样本量较小，且统计数据表明，乡村学生多在县域内流动，非本文研究重点，故后文不再进行具体分析。

2. 乡村进城读书学生的群体特征

通过分析发现，有近一半的乡村学生选择外出读书，且主要在县域范围内流动。那么究竟是哪些学生选择外出读书了？哪些学生留下了？哪些学生进城了？哪些学生到了乡镇？进城读书与留乡读书的学生的个体特征、家庭背景是否存在差异？我们通过分析刻画出进城读书学生群体的真实样态。

第一，乡村进城读书学生群体中，男生比例略高于女生，但无显著性差异。在调查样本中，男生占50.48%，女生占49.52%，性别比例基本相当。其中，外出读书学生群体中男生占50.27%，女生占49.73%；进县城读书学生群体中，男生占50.05%，女生占49.95%，男生比例略高于女生，但两类群体的性别比例分布与乡村学生的性别比例总体分布基本一致(见表5.18)。也就是说，无论外出读书的乡村学生还是进县城读书的乡村学生，性别比例并无显著性差异($\chi^2=0.078$，$p=0.779>0.01$)。这表明，乡村学生家长在“送谁进城读书”的问题上，并没有刻意进行性别选择，基本上保持着“男女平等”的原则，这在一定程度上反映了随着时代发展和社会进步，乡村社会逐渐由封建走向开放，“重男轻女”“女孩子读书没有用，读好读坏都一样”的传统观念正在逐渐消解，性别偏好导向下乡村女童教育的歧视问题逐步消弭，这无疑是乡村家长教育观念的重大提升。乡村女童教育权利的松绑，逐渐弥合着乡村女性受教育的性别劣势，这是乡村社会进步的表现，这也在客观和整体上提升了乡村人口的平均受教育水平，推动了城乡社会的发展。

表 5.18 不同性别乡村学生的读书地点选择*

指标	统计量	男生	女生	合计
外出读书	频数	3593	3555	7148
	百分比(%)	50.27	49.73	100.00
留在本地	频数	4293	4224	8517
	百分比(%)	50.41	49.59	100.00
进城读书	频数	1005	1003	2008
	百分比(%)	50.05	49.95	100.00
留乡读书	频数	6881	6776	13657
	百分比(%)	50.38	49.62	100.00
乡村—乡村	频数	1870	1786	3656
	百分比(%)	51.15	48.85	100.00
乡村—乡镇	频数	2588	2552	5140
	百分比(%)	50.35	49.65	100.00
乡村—县城	频数	643	625	1268
	百分比(%)	50.71	49.29	100.00
乡镇—乡镇	频数	2423	2438	4861
	百分比(%)	49.85	50.15	100.00
乡镇—县城	频数	362	378	740
	百分比(%)	48.92	51.08	100.00

注：N=15665，有效百分比=99.96%，缺失值=6。

*本文对乡村学生读书地点进行了细分，按照乡村学生是否离开家将乡村学生分为外出读书和留在本地两种类型。其中，外出读书包括乡村—乡镇、乡村—县城、乡镇—县城三种类型，留在本地包括乡村—乡村、乡镇—乡镇两种类型。按照乡村学生读书地点将乡村学生分为进城读书和留乡读书两种类型。其中，进城读书包括乡村—县城、乡镇—县城两种类型，留乡读书包括乡村—乡村、乡村—乡镇、乡镇—乡镇三种类型。另外，因本文只分析县域内学生样本，不再包含乡村到城市读书的学生群体，因此总样本量为 15671 个。

第二，八成以上的乡村进城读书学生为非独生子女，乡镇学生的独生子女比例高于乡村学生。子女数量是反映乡村家庭内部结构的重要指标。一般而言，增加一个子女意味着乡村家长的教育投入的增加。那么，进城读书学生群体中，非独生子女比例有多大呢？调查发现，乡村学生中独生子女家庭的比例为 16.14%，非独生子女家庭的比例为 83.86%。也就是说，目前绝大多数乡村家

庭为非独生子女家庭。具体来看，受乡村家庭子女结构总体分布的影响，进城读书乡村学生的非独生子女比例为85.44%。换言之，八成以上的乡村进城读书学生为非独生子女。相比而言，乡镇进城读书学生的独生子女比例为16.55%，乡村进城读书学生的独生子女比例为13.41%，乡镇略高。通过对比发现，乡镇学生为独生子女的比例为20.95%，乡村学生为独生子女的比例为13.47%，乡镇比乡村高7.48个百分点(见表5.19)。由此可见，虽然乡村家庭多为非独生子女家庭，进城读书会带来更多的教育支出，但并未影响家长对其子女的教育选择，家长依然将子女送到县城读书。这在一定程度上表明了乡村家长对子女教育的重视。此外，乡镇与乡村家庭之间子女结构的差异，也反映了乡村家庭子女结构存在分层现象，随着居住层级的上移，家庭子女数有所下降。

表5.19　乡村学生的独生与非独生子女分布

指标	统计量	独生子女	非独生子女	合计
外出读书	频数	964	6179	7143
	百分比(%)	13.50	86.50	100.00
留在本地	频数	1560	6935	8495
	百分比(%)	18.36	81.64	100.00
进城读书	频数	292	1713	2005
	百分比(%)	14.56	85.44	100.00
留乡读书	频数	2232	11401	13633
	百分比(%)	16.37	83.63	100.00
乡村—乡村	频数	512	3136	3648
	百分比(%)	14.04	85.96	100.00
乡村—乡镇	频数	672	4466	5138
	百分比(%)	13.08	86.92	100.00
乡村—县城	频数	170	1098	1268
	百分比(%)	13.41	86.59	100.00
乡镇—乡镇	频数	1048	3799	4847
	百分比(%)	21.62	78.38	100.00
乡镇—县城	频数	122	615	737
	百分比(%)	16.55	83.45	100.00

注：N=15638，有效百分比=99.79%，缺失值=33。

第三，乡村学生进城读书的比例随年级的升高而增大，其中乡村学生外出读书呈现小学“乡镇化”和初中“县城化”的趋势。了解不同学段乡村学生读书地点的空间选择，能更深入客观地分析乡村学生流动给县域内城乡义务教育学校带来的挑战。根据乡村外出读书学生就读年级的分布可以发现，四年级的学生占9.25%，九年级的学生占25.11%，随着学生就读年级的升高，进城读书的比例也在逐渐增大。可以看到，七、八、九三个年级（即初中段）乡村学生外出读书的比例达70.18%，比四、五、六三个年级（即小学高年段）高40.36个百分点（见表5.20）。进一步分析发现，小学阶段不同年级的乡村学生选择到乡镇读书的比例高于到县城读书的比例，而初中阶段不同年级的乡村学生选择到县城读书的比例高于到乡镇读书的比例，呈现小学“乡镇化”和初中“县城化”的趋势。一方面，年龄因素影响着乡村学生外出读书地点的选择，小学生年龄小、生活自理能力弱，倾向于选择离家较近的学校读书。另一方面，乡村学生在外出读书地点的选择上会综合考量离家远近、年龄因素、经济因素与教育质量因素，小学阶段需要学习的文化知识相对简单，升学压力小，选择在乡镇读书可以方便回家，家庭的经济负担也相对较轻；初中阶段需要学习的文化知识内容复杂，升学压力大，教育质量因素成为乡村学生读书地点选择的重要考量因素。与乡镇学校相比，县城学校更能满足学生的教育需求，相比于小学段，中学生做出到县城读书选择的概率更大。客观来说，初中集中办学程度高也是一个重要影响因素。

表 5.20 乡村外出读书学生的年级分布

指标	统计量	四年级	五年级	六年级	七年级	八年级	九年级	合计
外出读书	频数	804	806	937	1484	1440	1644	7115
	百分比(%)	11.30	11.33	13.17	20.86	20.24	23.11	100.00
留在本地	频数	2053	2209	2113	660	759	680	8474
	百分比(%)	24.23	26.07	24.94	7.79	8.96	8.02	100.00
进城读书	频数	185	215	196	451	450	502	1999
	百分比(%)	9.25	10.76	9.80	22.56	22.51	25.11	100.00
留乡读书	频数	2672	2800	2854	1693	1749	1822	13590
	百分比(%)	19.66	20.60	21.00	12.46	12.87	13.41	100.00
乡村—乡村	频数	1253	1232	1108	8	16	9	3626
	百分比(%)	34.56	33.98	30.56	0.22	0.44	0.25	100.00

续表

指标	统计量	四年级	五年级	六年级	七年级	八年级	九年级	合计
乡村—乡镇	频数	619	591	741	1033	990	1142	5116
	百分比(%)	12.10	11.55	14.48	20.19	19.35	22.32	100.00
乡村—县城	频数	140	108	123	305	285	301	1262
	百分比(%)	11.09	8.56	9.75	24.17	22.58	23.85	100.00
乡镇—乡镇	频数	800	977	1005	652	743	671	4848
	百分比(%)	16.50	20.15	20.73	13.45	15.33	13.84	100.00
乡镇—县城	频数	45	107	73	146	165	201	737
	百分比(%)	6.11	14.52	9.91	19.81	22.39	27.27	100.00

注：N=15589，有效百分比=99.48%，缺失值=82。

第四，进城读书学生家长的最高学历高于留乡读书学生家长，乡村学生读书地点的空间选择随家长的最高学历的提升而上移。调查表明，在乡村学生父母及与学生一起生活的家长的学历方面，进城读书学生父母的学历与留乡读书学生父母的学历并无明显差异，均以初中和小学为主。其中，进城读书学生的父亲的学历是初中的占41.30%，小学的占30.47%，两者合占71.77%；母亲的学历是初中的占34.93%，小学的占35.35%，两者合占70.28%。可见，父亲的学历是初中的要比母亲高6.37个百分点。进一步分析与学生一起生活的家长的最高学历发现，相对于留乡读书学生而言，与进城读书学生一起生活的家长的最高学历略高，差异显著(χ^2=56.6888，p=0.000<0.01)。具体来看，进城读书学生家长的最高学历是初中及以上的占68.10%，留乡读书学生家长的最高学历是初中及以上的占63.28%(见表5.21)，前者比后者高4.8个百分点，尤其是在受过高等教育的学生家长上，进城读书学生群体略高于留村学生群体。值得一提的是，在乡村学生群体中，家长的最高学历影响着学生读书地点的空间选择。通过对比家在乡村和学校在乡村、乡镇、县城三类学生家长的最高学历可以发现，随着家长的最高学历的提升，学生读书地点的空间选择逐渐上移。家长的学历是学生拥有家庭文化资本的体现，从家长的不同学历给子女做出读书地点的选择上可以看到，家长的受教育年限越长，期望子女获得良好教育的诉求也相对较高，在子女读书地点的选择上也更趋城镇化。这也反映出，虽然当前我国县域内义务教育均衡发展正在逐步实现，但村校、镇校与城校之间的教育质量差异依旧是乡村学生读书地点选择的重要考量因素。

表 5.21 乡村学生家长的最高学历分布

指标	统计量	没上过学	小学	初中	高中	中专	中师	大专及以上	不清楚	合计
进城读书	频数	21	177	593	379	58	16	268	418	1930
	百分比(%)	1.09	9.17	30.73	19.64	3.01	0.83	13.89	21.66	100.00
留乡读书	频数	148	1216	3639	2386	328	140	1697	3388	12942
	百分比(%)	1.14	9.40	28.12	18.44	2.53	1.08	13.11	26.18	100.00
乡村—乡村	频数	57	411	818	565	74	37	293	1121	3376
	百分比(%)	1.69	12.17	24.23	16.74	2.19	1.10	8.68	33.20	100.00
乡村—乡镇	频数	59	542	1680	926	126	47	479	1063	4922
	百分比(%)	1.20	11.01	34.13	18.81	2.56	0.95	9.73	21.60	100.00
乡村—县城	频数	15	139	383	230	31	10	139	261	1208
	百分比(%)	1.24	11.51	31.71	19.04	2.57	0.83	11.51	21.61	100.00
乡镇—乡镇	频数	32	263	1141	895	128	56	925	1204	4644
	百分比(%)	0.69	5.66	24.57	19.27	2.76	1.21	19.92	25.93	100.00
乡镇—县城	频数	6	38	210	149	27	6	129	157	722
	百分比(%)	0.83	5.26	29.09	20.64	3.74	0.83	17.87	21.75	100.00

注：N=14872，有效百分比=94.90%，缺失值=799。

第五，进城读书学生家长的职业多为农民和农民工，职业为教师、政府工作人员和做生意的家长的比例略高于留乡读书学生家长。调查发现，进城读书学生的父亲的职业为农民的比例为 29.51%，进城打工的比例为 36.27%，两者合占样本总量的 65.78%(见表 5.22)；母亲的职业为农民的比例为 35.95%，进城打工的比例为 25.95%，两者合占样本总量的 61.90%，基本与留乡读书学生家长的职业分布一致(见表 5.23)。进一步分析发现，进城读书学生的父亲的职业为教师的比例为 1.52%，政府工作人员为 1.26%，做生意的为 17.87%，略高于留乡读书学生家长的比例。对比乡镇进城读书与乡村进城读书的学生家长的职业可以发现，乡镇进城读书学生家长从事非体力劳动的比例高于乡村进城读书学生家长，尤其是做生意的家长。其中，乡镇进城读书学生的父亲做生意的比例为 24.75%，比乡村进城读书学生的父亲高出 10.93 个百分点；母亲做生意的比例为 20.62%，比乡村进城读书学生的母亲高出 7.33 个百分点。在乡村学生内部，进城读书学生家长从事非体力劳动的比例略高于在村校和乡校读书学生的家长，其中父亲做生意的比例为13.82%，母亲做生意的比例为13.29%，比村校和乡校高出3～5个百分点。由此可见，虽然进城读书学生家长多以农民和农民工为主，但家庭拥有的经济资本会在一定程度上影响乡村学生读书地点的空间选择。在乡村，做生意与务农、进城打工相比，家庭积累财富的可能性更大，进城读书的可能性也会更大。

表5.22　乡村学生父亲的职业分布

指标	统计量	农民	进城打工	村干部	教师	服务员	专业技术人员	政府工作人员	公司员工	做生意	合计
进城读书	频数	563	692	36	29	6	81	24	136	341	1908
	百分比(%)	29.51	36.27	1.89	1.52	0.31	4.25	1.26	7.13	17.87	100.00
留乡读书	频数	3553	4945	294	167	69	570	135	1191	2192	13116
	百分比(%)	27.09	37.70	2.24	1.27	0.53	4.35	1.03	9.08	16.71	100.00
乡村—乡村	频数	1159	1477	91	24	22	112	14	263	369	3531
	百分比(%)	32.82	41.83	2.58	0.68	0.62	3.17	0.40	7.45	10.45	100.00
乡村—乡镇	频数	1770	2023	113	24	18	137	24	352	505	4966
	百分比(%)	35.64	40.74	2.28	0.48	0.36	2.76	0.48	7.09	10.17	100.00
乡村—县城	频数	411	454	24	12	2	43	11	78	166	1201
	百分比(%)	34.22	37.80	2.00	1.00	0.17	3.58	0.92	6.49	13.82	100.00
乡镇—乡镇	频数	624	1445	90	119	29	321	97	576	1318	4619
	百分比(%)	13.51	31.28	1.95	2.58	0.63	6.95	2.10	12.47	28.53	100.00
乡镇—县城	频数	152	238	12	17	4	38	13	58	175	707
	百分比(%)	21.50	33.66	1.70	2.40	0.57	5.37	1.84	8.20	24.75	100.00

注：N=15024，有效百分比=95.87%，缺失值=647。

表5.23　乡村学生母亲的职业分布

指标	统计量	农民	进城打工	村干部	教师	服务员	专业技术人员	政府工作人员	公司员工	做生意	合计
进城读书	频数	636	459	22	50	70	59	8	183	282	1769
	百分比(%)	35.95	25.95	1.24	2.83	3.96	3.34	0.45	10.34	15.94	100.00
留乡读书	频数	4404	3105	172	317	417	519	58	1251	1754	11997
	百分比(%)	36.71	25.88	1.43	2.64	3.48	4.33	0.48	10.43	14.62	100.00

续表

指标	统计量	农民	进城打工	村干部	教师	服务员	专业技术人员	政府工作人员	公司员工	做生意	合计
乡村—乡村	频数	1383	974	71	52	109	73	9	314	268	3253
	百分比(%)	42.51	29.94	2.18	1.60	3.35	2.24	0.28	9.65	8.24	100.00
乡村—乡镇	频数	2162	1307	71	62	122	106	8	409	427	4674
	百分比(%)	46.26	27.96	1.52	1.33	2.61	2.27	0.17	8.75	9.14	100.00
乡村—县城	频数	464	294	12	20	38	30	4	117	150	1129
	百分比(%)	41.10	26.04	1.06	1.77	3.37	2.66	0.35	10.36	13.29	100.00
乡镇—乡镇	频数	859	824	30	203	186	340	41	528	1059	4070
	百分比(%)	21.11	20.25	0.74	4.99	4.57	8.35	1.01	12.97	26.02	100.00
乡镇—县城	频数	172	165	10	30	32	29	4	66	132	640
	百分比(%)	26.88	25.78	1.56	4.69	5.00	4.53	0.62	10.31	20.62	100.00

注：N=13766，有效百分比=87.84%，缺失值=1905。

第六，绝大多数的乡村学生家长期望子女接受高等教育，进城与留乡学生家长对子女接受高等教育的期望不存在显著差异，乡镇学生家长对子女接受高等教育的期望较高。乡村学生进城读书的选择是否与家长的教育期望存在一定的关系呢？调查表明，进城读书学生家长期望子女能大学毕业的比例为56.01%，能研究生毕业的比例为22.34%，两者合占78.35%；留乡读书学生家长期望子女能大学毕业的比例为54.12%，能研究生毕业的比例为25.12%，两者合占79.24%，两者仅差0.89个百分点(见表5.24)。也就是说，无论进城读书学生家长还是留乡读书学生家长对子女接受高等教育的期望不存在显著差异(χ^2=5.366，p=0.252>0.05)，均希望子女能够“出人头地”。进一步对比乡镇学生家长与乡村学生家长对子女的教育期望发现，乡镇学生家长期望子女接受高等教育的比例达84.95%，比乡村学生家长高9.03个百分点。换言之，乡镇学生家长对子女接受高等教育的期望更高。此外，在村校、镇校、城校读书的乡村学生家长期望子女接受高等教育的比例分别为76.28%、75.70%、75.81%，三者之间存在显著性差异(χ^2=186.102，p=0.000<0.01)。由此可见，处于教育最末端的村校学生家长“望子成龙”“望女成凤”的愿望较为迫切。这同时反映出低收入群体对于冲破贫困代际传递的向往，希望通过教育改变子代的命运。

表 5.24　乡村学生家长对子女的学历期待

指标	统计量	初中毕业	高中或职高毕业	大学毕业	研究生毕业	合计
进城读书	频数	51	165	559	223	998
	百分比(%)	5.11	16.53	56.01	22.34	100.00
留乡读书	频数	377	1032	3673	1705	6787
	百分比(%)	5.55	15.21	54.12	25.12	100.00
乡村—乡村	频数	157	269	873	497	1796
	百分比(%)	8.74	14.98	48.61	27.67	100.00
乡村—乡镇	频数	155	471	1448	502	2576
	百分比(%)	6.02	18.28	56.21	19.49	100.00
乡村—县城	频数	41	116	356	136	649
	百分比(%)	6.32	17.87	54.85	20.96	100.00
乡镇—乡镇	频数	65	292	1352	706	2415
	百分比(%)	2.69	12.09	55.98	29.23	100.00
乡镇—县城	频数	10	49	203	87	349
	百分比(%)	2.87	14.04	58.17	24.93	100.00

注：N=7785，有效百分比=98.72%，缺失值=101。

第七，进城读书学生家长对子女成绩的要求相对宽松，乡村学生家长对子女成绩的要求随空间上移而降低。农村家长送子女外出读书，无疑付出了更多的经济成本，那么相对于留乡学生群体，进城读书学生家长是不是对子女成绩的要求更加严格呢？调查表明，进城读书学生家长要求子女“尽力学就可以”的比例最高，为36.19%，即超过三分之一的家长对子女的成绩并不苛求，仅比留乡读书学生家长高6.23个百分点(见表5.25)。留乡读书学生家长要求子女成绩排在“班级前几名”的比例达28.68%，比进城读书学生家长高4.52个百分点。由此可见，进城读书学生家长与留乡读书学生家长在对子女成绩的要求方面存在差异(χ^2=31.391，p=0.000<0.01)，进城读书学生家长对子女学习成绩的要求相对宽松，相反留乡学生家长对子女成绩的要求相对严格。进一步分析发现，乡村学生家长对子女成绩的要求排在“班级前几名”的比例，在村校读书的为32.56%，在镇校读书的为24.92%，在城校读书的为24.12%，呈现随学生读书地点的空间上移而逐步下降的趋势。换言之，学生就读学校的层级越低，家长对子女成绩的要求越严格。可以看到，随着乡村学生读书地点的空间开放性逐渐增大，乡村家长的

子女教育观也在逐渐走向民主化，合理的成绩要求有助于学生在更大的竞争空间中疏解学习压力、保持学习热情。此外，村校家长对子女相对严格的成绩要求也间接反映出底层学校家长对子女的教育期望较高，希望子女通过“好好学习走出农村，改变命运”。

表 5.25　乡村学生家长对子女的成绩要求

指标	统计量	班级前几名	中上水平	不要考太差	尽力学就可以	没有任何要求	不知道	合计
进城读书	频数	237	289	63	355	18	19	981
	百分比(%)	24.16	29.46	6.42	36.19	1.83	1.94	100
留乡读书	频数	1909	1858	603	1994	81	211	6656
	百分比(%)	28.68	27.91	9.06	29.96	1.22	3.17	100
乡村—乡村	频数	579	430	231	411	30	97	1778
	百分比(%)	32.56	24.18	12.99	23.12	1.69	5.46	100
乡村—乡镇	频数	622	711	202	870	23	68	2496
	百分比(%)	24.92	28.49	8.09	34.86	0.92	2.72	100
乡村—县城	频数	144	173	43	212	10	15	597
	百分比(%)	24.12	28.98	7.20	35.51	1.68	2.51	100
乡镇—乡镇	频数	708	717	170	713	28	46	2382
	百分比(%)	29.72	30.10	7.14	29.93	1.18	1.93	100
乡镇—县城	频数	93	116	20	143	8	4	384
	百分比(%)	24.22	30.21	5.21	37.24	2.08	1.04	100

注：N=7637，有效百分比=98.10%，缺失值=148。

3. 乡村进城读书学生的基本情况

对于学生而言，从乡村、乡镇到县城，进入的是相对陌生的学习和生活环境。那么，进城读书学生的生活、学习、人际交往和心理健康的情况如何呢？对于目前就读学校是否适应？本部分针对以上问题进行分析，以期对乡村学生进城读书获得全貌式的了解，客观、理性地看待乡村学生进城读书的现象。

(1)进城读书学生的生活情况

第一，四分之三的进城读书学生平时主要居住在自己家，初中和小学进城学生的居住情况差异明显。进城读书学生的居住情况会呈现什么样的特征？是否会受家校距离等因素的影响呢？调查表明，进城读书学生平时首选的居住地仍然是自己家，其次才是学校和租房，其比例分别为75.22%、11.44%和6.89%。但是，进镇读书学生在家住的比例比进城读书学生低了3.56个百分点，而住在学校和租房住的比例略有提高。这说明随着外出读书学生学校空间的上移，主要居住地也会随之变化，表现为学生住校和租房的比例上升，在家住的比例下降。同样是进城读书学生，家在乡村和家在乡镇对其居住情况都有一定的影响，两类群体在居住地上的差异较为显著($\chi^2_{(6)}=18.152$，$p=0.006<0.05$)，家在乡村的进城学生在自己家和学校住的比例略高，家在乡镇的进城学生租房住的比例更高，这可能是家庭经济条件影响的结果。进一步对比分析进城小学和初中的学生发现，进城读书初中生居住地列前三位的仍然是自己家、学校和租房，进城读书小学生居住地列前三位的略有变化，分别是自己家、租房和亲戚家；进城读书小学生在家住的比例明显更高，高出初中生19.01个百分点；进城读书初中生住在学校和租房住的比例均高于小学生，尤其在住校的比例上，进城读书初中生住校的比例达到了16.55%，小学生仅为0.32%(见表5.26)。其中可能的原因是，小学生的年龄较小，父母不放心其住校，所谓“自己家”大都是学生父母和祖父母在城镇租的房子，是进城租房陪读的一种形式。

表5.26　不同类型学生的居住情况

指标	统计量	自己家	亲戚家	邻居家	老师家	学校	租房	其他	合计
进城读书	频数	1506	100	3	15	229	138	11	2002
	百分比(%)	75.22	5.00	0.15	0.75	11.44	6.89	0.55	100.00
初中	频数	950	83	1	4	227	100	7	1372
	百分比(%)	69.24	6.05	0.07	0.29	16.55	7.29	0.51	100.00
小学	频数	556	17	2	11	2	38	4	630
	百分比(%)	88.25	2.70	0.32	1.75	0.32	6.03	0.63	100.00
乡村—乡镇	频数	4035	209	11	35	536	271	25	5122
	百分比(%)	78.78	4.08	0.21	0.68	10.46	5.29	0.49	100.00
乡村—县城	频数	959	65	3	9	154	66	8	1264
	百分比(%)	75.87	5.14	0.24	0.71	12.18	5.22	0.63	100.00
乡镇—县城	频数	547	35	0	6	75	72	3	738
	百分比(%)	74.12	4.74	0.00	0.81	10.16	9.76	0.41	100.00

注：$N=7124$，有效百分比=99.61%，缺失值=28。

第二，有50%的进城读书学生每天回家，进城读书小学生的回家频率显著高于进城读书初中生。义务教育阶段是学生成长的关键期，父母和家庭的陪伴对其成长十分重要，进城读书学生是否会因为家校距离变远而导致回家频率降低，进而消弭了家庭的作用呢？调查表明，有 50.05%的进城读书学生每天都回家。进城读书学生群体内部在回家频率上有没有差异呢？通过分析发现，家在乡村的进城读书学生每天都回家的比例达到 44.38%，每周回家一次的比例达到 44.94%，两者所占比例大致相当；家在乡镇的进城读书学生每天都回家的比例达到 59.84%，每周回家一次的比例达到 29.37%。在每天都回家的比例中，家在乡镇的进城学生比家在乡村的进城学生高出了 15.46 个百分点，这说明家校距离的远近成为进城学生选择回家还是住校的重要依据。我们在对比了“乡村—乡镇”和“乡村—县城”两类学生群体后发现，随着学校空间的上移，学生的回家频率在降低，前者每天都回家和每周回家一次的比例均高于后者。在不同学龄段进城读书学生的回家特征上，小学生的独立自理能力相对较弱，回家的频率也更高（$\chi^2_{(8)}=655.059$，$p=0.000<0.05$）。进城读书小学生每天回家的比例达到了 92.15%，进城读书初中生只有 30.90%，前者是后者的近 3 倍，初中生的回家频率更多地集中在每周一次上（见表 5.27）。

表 5.27 不同类型学生的回家频率

指标	统计量	每天	一周一次	两周一次	三周一次	一个月一次	两个月一次	一学期一次	不定时	其他	合计
进城读书	频数	999	783	56	10	25	10	21	72	20	1996
	百分比(%)	50.05	39.23	2.81	0.50	1.25	0.50	1.05	3.61	1.00	100.00
初中	频数	424	758	53	10	25	9	16	62	15	1372
	百分比(%)	30.90	55.25	3.86	0.73	1.82	0.66	1.17	4.52	1.09	100.00
小学	频数	575	25	3	—	—	1	5	10	5	624
	百分比(%)	92.15	4.01	0.48	—	—	0.16	0.80	1.60	0.80	100.00
乡村—乡镇	频数	2376	2415	86	18	25	12	22	124	21	5099
	百分比(%)	46.60	47.36	1.69	0.35	0.49	0.24	0.43	2.43	0.41	100.00
乡村—县城	频数	561	568	41	4	11	6	16	46	11	1264
	百分比(%)	44.38	44.94	3.24	0.32	0.87	0.47	1.27	3.64	0.87	100.00
乡镇—县城	频数	438	215	15	6	14	4	5	26	9	732
	百分比(%)	59.84	29.37	2.05	0.82	1.91	0.55	0.68	3.55	1.23	100.00

注：$N=7095$，有效百分比=99.20%，缺失值=57。

第三，进城读书学生的年度平均费用总额为4354.44元，主要支出项目为伙食费和交通费。关于进城读书学生的额外费用，我们访问了学生家长。以云南省为例，18位进县城读书学生的各项花费中，年度平均费用总额为4354.44元，但学生个体间的差异较大，最低仅为100元，最高达到了18200元，这可能与学生的家庭经济状况、家校距离、学校奖补政策等有较大关系。其中，费用最高的两项为伙食费和交通费，年度平均费用分别为1200元和837.78元。进城读书学生不再就近入学，“食”和“行”的形式发生了改变，成本势必会增加。

(2)进城读书学生的学习情况

第一，进城读书学生的学习受益不一，进城读书学生的成绩与县城本地学生的相比存在一定差距，也不一定高于未进城读书学生。进城读书学生在学习成绩上是否一定高于未进城读书学生呢？如果是，那么和县城本地学生相比又存在多大差异呢？我们在对进城读书学生与留村读书学生或留镇读书学生的语数英三科成绩①(最近一次县域内统考)进行对比后发现(表5.28、表5.29和表5.30)，家在乡村的进县城(或乡镇)读书小学生的语数英成绩总体上高于留村读书学生，但低于县城(或乡镇)本地学生的平均成绩。首先，对比留村学生和进城(或镇)学生的语数英三科成绩发现，在语文和英语的平均成绩上呈现出明显的进城(或镇)学生高于留村学生的特点，而且留村学生、进镇学生和进城学生的平均成绩依次递增。尽管进城学生和留村学生的数学成绩在平均分上无明显差异，但进城学生成绩的中位数要高出2.5分，因此在数学成绩上，总体上也符合进城(或镇)读书学生的成绩高于留村读书学生的特点。其次，进镇学生相对于镇校本地学生、进城学生相对于城校本地学生，语数英各科的平均成绩均更低，且存在较大差异。家在乡村的进城读书初中生的语文和数学的平均成绩低于进镇读书学生，英语的平均成绩则相反但差异不大；进城读书学生的语数英三科的平均成绩均低于城校本地学生，进镇读书学生三科的平均成绩则高于镇校本地学生。受农村中小学布局调整的影响，当前各地乡村极少有初中，因而样本县无“留村上学”的情况。在进城学生和进镇学生的对比上，前者的语文和数学的平均成绩更低，其中数学成绩的差异尤为明显，相差近6分；前者的英语平均成绩更高，且中位数更大，高分更多。在进城学生与城校本地学生三科平均成绩的对比上，进城学生均处于较大劣势，语数英三科成绩分别低了5.6分、7.15分和8.39分；在进镇学生与镇校本地学生三科平均成绩的对比上，前者更高，分别高出1.66分、5.25分和4.24分。通过分析原因发现，小学阶段处于学习的初始阶段，到县城(或乡镇)学校可

① 考虑到试卷的同一性和数据的可对比性，我们以江西省芦溪县为例进行了数据分析。

以接受具有更高质量、更高起点的教育，因而小学阶段进县城(或乡镇)读书能够改善学习状况。初中阶段教育已经处于义务教育的第二阶段，知识难度和学习强度加大，而小学阶段的城乡学习差异可能会导致进城读书初中生学习的不适应。加之初中阶段正处于个体身心发展的关键时期，乡村学生到县城读书伴随着生活和学习环境的转换，外界环境与内在认知之间存在冲突，可能也不利于学生学习成绩的改善。

但是，令我们诧异的是，对于家在乡镇的学生，进城读书对其成绩的影响总体上表现出几乎相反的趋势。数据表明，家在乡镇的小学生中，进城读书学生的数学和英语的平均成绩低于留镇学生，语文的平均成绩则相反，但三科成绩均低于城校本地学生(见表 5.28、表 5.29 和表 5.30)。家在乡镇的进城读书学生的数学和英语的平均成绩比留镇学生分别低了 4.32 分和 0.72 分，语文的平均成绩却高了 1.05 分；与城校本地学生相比，语数英三科的平均成绩分别低了 0.52 分、4.81 分和 2.81 分。家在乡镇的初中生中，进城读书学生的语数英的平均成绩高于留镇学生，但均低于城校本地学生。与留镇学生相比，进城学生的语数英三科的平均成绩分别高出 4.45 分、2.85 分和 8.63 分；与城校本地学生相比，进城学生的语数英三科的平均成绩分别低了 2.52 分、3.64 分和 4.40 分。我们的第二个疑问是，同为进城读书但家在乡村和家在乡镇的两类学生群体(即“乡村—县城”和“乡镇—县城”)之间，学习成绩是否存在差异呢？结果表明，无论小学还是初中，语数英三科的平均成绩均是从乡村进城读书的比从乡镇进城读书的更低。

表 5.28　不同类型学生近期统考的语文成绩情况

教育阶段	家庭所在地	进城类型	平均分	中位数	标准差	最高分
小学	家在乡村	乡村—县城	77.94	80	12.31	100
		乡村—乡镇	75.93	80	15.67	99
		留在乡村	74.97	80	17.64	98
		合计	75.86	80	15.99	100
	家在乡镇	乡镇—县城	81.24	84	8.30	93
		留在乡镇	80.19	83	14.42	100
		合计	80.45	84	13.16	100
	县城本地	县城本地	81.76	85.5	12.82	100

续表

教育阶段	家庭所在地	进城类型	平均分	中位数	标准差	最高分
初中	家在乡村	乡村—县城	71.49	74	14.59	100
		乡村—乡镇	71.78	75	16.70	99
		合计	71.71	75	16.22	100
	家在乡镇	乡镇—县城	74.57	80	18.05	92
		留在乡镇	70.12	73	18.28	100
		合计	71.08	75	18.28	100
	县城本地	县城本地	77.09	80	14.99	100

注：小学：N=709，有效百分比=91.13%，缺失值=69；初中：N=629，有效百分比=88.34%，缺失值=83。

表 5.29　不同类型学生近期统考的数学成绩情况

教育阶段	家庭所在地	进城类型	平均分	中位数	标准差	最高分
小学	家在乡村	乡村—县城	75.53	81.5	21.28	100
		乡村—乡镇	78.32	82	16.73	100
		留在乡村	75.88	79	16.14	100
		合计	77.16	81	17.17	100
	家在乡镇	乡镇—县城	79.29	86	16.51	100
		留在乡镇	83.61	86	12.45	100
		合计	82.56	86	13.60	100
	县城本地	县城本地	84.10	89	14.74	100
初中	家在乡村	乡村—县城	63.37	66	21.72	100
		乡村—乡镇	69.28	75	21.04	99
		合计	67.94	72	21.31	100
	家在乡镇	乡镇—县城	66.88	76.5	25.33	98
		留在乡镇	64.03	69	23.58	100
		合计	64.66	70	23.93	100
	县城本地	县城本地	70.52	72.5	21.58	100

注：小学：N=707，有效百分比=90.87%，缺失值=71；初中：N=619，有效百分比=86.94%，缺失值=93。

表 5.30 不同类型学生近期统考的英语成绩情况

教育阶段	家庭所在地	进城类型	平均分	中位数	标准差	最高分
小学	家在乡村	乡村—县城	79.31	82	15.39	100
		乡村—乡镇	75.08	81	18.51	100
		留在乡村	73.10	75	16.43	100
		合计	74.95	79	17.56	100
	家在乡镇	乡镇—县城	80.96	86.5	17.00	100
		留在乡镇	81.68	84	13.57	100
		合计	81.50	84	14.40	100
	县城本地	县城本地	83.77	88	15.89	100
初中	家在乡村	乡村—县城	70.99	79	21.57	100
		乡村—乡镇	70.59	75	20.62	100
		合计	70.68	75.5	20.81	100
	家在乡镇	乡镇—县城	74.98	81	24.00	100
		留在乡镇	66.35	69	21.97	100
		合计	68.23	75	22.64	100
	县城本地	县城本地	79.38	83	19.07	100

注：小学：$N=695$，有效百分比＝89.33%，缺失值＝83；初中：$N=623$，有效百分比＝87.50%，缺失值＝89。

第二，不同家庭所在地或学龄段的进城(或镇)读书学生的学习态度具有差异性，与县城(或乡镇)本地学生相比总体上略有不足。在学习态度的调查中，我们使用了包含 8 个项目的量表，每个项目设置“完全符合”“比较符合”“不确定”“比较不符合”和“完全不符合”5 个选项(见表 5.31)。我们根据学习态度的积极程度对每个选项进行赋分，其中“完全符合”赋 5 分，“比较符合”赋 4 分，“不确定”赋 3 分，“比较不符合”赋 2 分，“完全不符合”赋 1 分，然后将每个样本 8 个项目的得分的平均分作为学习态度的积极程度的衡量指标，对不同群体的平均分的分布情况进行描述和统计推断。结果表明，家在乡村的小学生中，进城(3.76)或进镇(3.85)学生与留村学生(3.80)的学习态度各相差约 5 个百分点，进镇学生更愿意主动学习，享受学习中的快乐；但是，家在乡镇的小学生中，进城读书学生(3.80)的学习态度不仅低于留镇学生(3.92)，也低于城校本地学生(3.96)。家在乡村的初中生中，进镇学生(3.51)和进城学生(3.45)的学习态度远低于留村学生(3.89)，无论均值、中位数还是众数，留村学生的学习态度都高于进镇学生，进镇学生又都高于进城学生(见表5.32)。这说明家在乡村的进城(或镇)读书初中生的学习态度更为消极，也低于城(或镇)校本地学生。

家在乡镇的小学生的学习态度同家在乡村的初中生一样，进城读书学生的学习态度(3.80)既低于留镇学生(3.92)，又低于城校本地学生(3.96)。家在乡镇的初中生中，进城读书学生的学习态度(3.89)高于留镇学生(3.59)，也高于城校学生(3.60)，这是唯一一个学习态度的积极程度高于城校本地学生的群体。此外，在“乡村—县城”和“乡镇—县城”两类学生群体之间，我们也发现在小学阶段，无论从乡村进城读书，还是从乡镇进城读书，学生的学习态度的积极程度差异不明显；在初中阶段，两者之间的差异却十分显著，“乡镇—县城”学生(3.89)比“乡村—县城”学生(3.45)高出0.44，中位数和众数分别高出0.29和0.37。也就是说，从乡镇进城读书的初中生比从乡村进城读书的初中生在学习态度上更加积极(见表5.32)。因此，总体来看，进县城(或乡镇)读书对学生的学习态度的影响与学习成绩的变化特征基本吻合，这也恰好解释了同为从相对低质量学校进入高质量学校读书，不同学龄段和不同家庭所在地的学生在学习成绩上却存在较大差异，是因为学习态度的变化直接影响到了学习成绩。

表5.31 学习态度量表

题目	完全符合	比较符合	不确定	比较不符合	完全不符合
1. 即使没有人督促我，我也会主动学习					
2. 不懂时，我会想方设法弄懂它					
3. 在学习中，我经常感到快乐和满足					
4. 我对现在所学的各科知识感兴趣					
5. 我总是能坚持完成不同难度的学习任务					
6. 我总是能坚持完成自己感兴趣的事					
7. 我会制订学习计划，并积极落实					
8. 在课堂上，我总能集中精力听讲					

表 5.32 不同类型学生的学习态度情况

教育阶段	家庭所在地	进城类型	均值	中位数	众数	标准差
小学	家在乡村	乡村—县城	3.76	3.88	4.00	0.63
		乡村—乡镇	3.85	3.88	4.00	0.65
		留在乡村	3.80	3.88	4.00	0.69
		合计	3.81	3.87	4.00	6.68
	家在乡镇	乡镇—县城	3.80	3.86	4.00	0.69
		留在乡镇	3.92	4.00	3.88	0.63
		合计	3.91	4.00	3.88	0.64
	县城本地	县城本地	3.96	4.00	4.00	0.66
初中	家在乡村	乡村—县城	3.45	3.46	3.38	0.73
		乡村—乡镇	3.51	3.50	3.50	0.75
		留在乡村	3.89	3.75	3.75	0.71
		合计	3.50	3.50	3.38	0.75
	家在乡镇	乡镇—县城	3.89	3.75	3.75	0.71
		留在乡镇	3.59	3.63	3.75	0.72
		合计	3.57	3.57	3.50	0.72
	县城本地	县城本地	3.60	3.63	3.38	0.72

注：小学：N=5213，有效百分比=96.31%，缺失值=200；初中：N=4056，有效百分比=98.11%，缺失值=78。

第三，进城(或镇)读书的小学和初中学生在课外生活上不具有显著差异，继续学习、看课外书及和同伴玩是主要课外生活；初中生相对于小学生、城校本地生相对于进城学生，其课外继续学习的比例更高。为了解进城(或镇)读书学生在城(或镇)学校的学习适应情况，我们以“除上课外你在学校的大部分时间做什么”为题对课外学习等情况进行了调查，结果表明：其一，无论小学还是初中，学生课外活动的主要事项与进城(或镇)读书并不相关。以小学为例，家在乡村的各类学生在课外生活上没有显著差异($\chi^2_{(12)}=19.959$，$p=0.068>0.05$)，家在乡镇的各类学生在课外生活上也没有显著差异($\chi^2_{(6)}=2.498$，$p=0.869>0.05$)。总体来看，三分之一左右的学生的课外主要活动首先是和同伴玩，其次是继续学习和看课外书。其二，与从乡村和乡镇进入城校读书学生相比，城校本地学生的课外生活主要是继续学习；镇校本地学生与从乡村进入镇校读书学生在课外生活上的差异不大。其三，无论进城(或镇)读书学生还是留村或镇校本地学生和城校本地学生，课外生活以继续学习为主，且初中生的比例高于小学生(见表5.33、表5.34)。

表5.33 不同类型学生在校课外生活的主要事项(小学)

指标		统计量	继续学习	看电视	看课外书	兴趣小组活动	体育活动	和同伴玩	其他
家在乡村	乡村—县城	频数	55	10	43	2	15	49	12
		百分比(%)	29.57	5.38	23.12	1.08	8.06	26.34	6.45
	乡村—乡镇	频数	197	41	206	25	34	299	42
		百分比(%)	23.34	4.86	24.41	2.96	4.03	35.43	4.98
	留在乡村	频数	475	85	359	48	77	568	90
		百分比(%)	27.91	4.99	21.09	2.82	4.52	33.37	5.29
	合计	频数	727	136	608	75	126	916	144
		百分比(%)	26.61	4.98	22.25	2.75	4.61	33.53	5.27
家在乡镇	乡镇—县城	频数	30	7	31	2	4	40	7
		百分比(%)	24.79	5.79	25.62	1.65	3.31	33.06	5.79
	留在乡镇	频数	282	49	303	36	38	469	68
		百分比(%)	22.65	3.94	24.34	2.89	3.05	37.67	5.46
	合计	频数	312	56	334	38	42	509	75
		百分比(%)	22.84	4.10	24.45	2.78	3.07	37.26	5.49
县城本地		频数	374	32	179	23	62	374	145
		百分比(%)	31.46	2.69	15.05	1.93	5.21	31.46	12.20

注：N=5413，有效百分比=93.63%，缺失值=345。

表5.34 不同类型学生在校课外生活的主要事项(初中)

指标		统计量	继续学习	看电视	看课外书	兴趣小组活动	体育活动	和同伴玩	其他
家在乡村	乡村—县城	频数	101	22	68	13	18	123	34
		百分比(%)	26.65	5.80	17.94	3.43	4.75	32.45	8.97
	乡村—乡镇	频数	454	47	220	24	71	500	147
		百分比(%)	31.03	3.21	15.04	1.64	4.85	34.18	10.05

续表

指标		统计量	继续学习	看电视	看课外书	兴趣小组活动	体育活动	和同伴玩	其他
家在乡村	留在乡村	频数	5	0	2	0	1	2	0
		百分比(%)	50.00	0.00	20.00	0.00	10.00	20.00	0.00
	合计	频数	560	69	290	37	90	625	181
		百分比(%)	30.24	3.73	15.66	2.00	4.86	33.75	9.77
家在乡镇	乡镇—县城	频数	63	8	32	3	12	79	36
		百分比(%)	27.04	3.43	13.73	1.29	5.15	33.91	15.45
	留在乡镇	频数	311	24	147	20	50	295	109
		百分比(%)	32.53	2.51	15.38	2.09	5.23	30.86	11.40
	合计	频数	374	32	179	23	62	374	145
		百分比(%)	31.46	2.69	15.05	1.93	5.21	31.46	12.20
县城本地		频数	202	15	88	13	24	184	64
		百分比(%)	34.24	2.54	14.92	2.20	4.07	31.19	10.85

注：N=3631，有效百分比=87.83%，缺失值=503。

第四，进城(或镇)读书学生在学业期望上的差异不显著，小学生的学业期望普遍高于初中生。进城(或镇)读书学生在学习态度和学习成绩上均发生了变化，那么进城(或镇)读书是否会影响学生的学习期望呢？我们以“你想读书到什么时候”为题，对不同类型学生的学业期望进行了调查(见表5.35)。结果表明，无论小学生还是初中生，进城(或镇)读书都没有对学生的学业期望发生明显作用。以小学为例，我们对家在乡村的三类学生的学业期望进行了卡方检验，结果($\chi^2_{(6)}=10.812$，$p=0.094>0.05$)表明差异并不显著；同样，我们对家在乡镇的两类学生的学业期望进行卡方检验，结果($\chi^2_{(3)}=1.578$，$p=0.664>0.05$)表明差异依然不显著。尽管如此，我们却发现：一是小学生的学习期望普遍高于初中生，有更多的小学生期望读到研究生毕业，进城(或镇)读书和留在当地读书的学生均表现出了同样的特征。以“乡村—县城”学生为例，小学阶段希望读到研究生毕业的比例达到了35.29%，初中阶段仅为18.28%，前者几乎是后者的两倍。二是相对于城(或镇)校本地学生，进城(或镇)读书学生的学业期望仍然不够，期望读到研究生毕业的比例明显更低。

表 5.35　不同类型学生的学业期望情况

指标			统计量	初中毕业	高中毕业	大学毕业	研究生毕业
小学	家在乡村	乡村—县城	频数	7	14	100	66
			百分比(%)	3.74	7.49	53.48	35.29
		乡村—乡镇	频数	76	121	436	310
			百分比(%)	8.06	12.83	46.24	32.87
		留在乡村	频数	140	225	853	556
			百分比(%)	7.89	12.68	48.08	31.34
		合计	频数	223	360	1389	932
			百分比(%)	7.68	12.40	47.83	32.09
	家在乡镇	乡镇—县城	频数	4	10	50	40
			百分比(%)	3.85	9.62	48.08	38.46
		留在乡镇	频数	47	97	603	586
			百分比(%)	3.53	7.28	45.24	43.96
		合计	频数	51	107	653	626
			百分比(%)	3.55	7.45	45.44	43.56
	县城本地		频数	17	48	461	479
			百分比(%)	1.69	4.78	45.87	47.66
初中	家在乡村	乡村—县城	频数	37	96	238	83
			百分比(%)	8.15	21.15	52.42	18.28
		乡村—乡镇	频数	121	311	881	325
			百分比(%)	7.39	18.99	53.79	19.84
		留在乡村	频数	0	3	9	3
			百分比(%)	0.00	20.00	60.00	20.00
		合计	频数	158	410	1128	411
			百分比(%)	7.50	19.46	53.54	19.51
	家在乡镇	乡镇—县城	频数	12	42	136	57
			百分比(%)	4.86	17.00	55.06	23.08
		留在乡镇	频数	48	131	658	246
			百分比(%)	4.43	12.10	60.76	22.71
		合计	频数	60	173	794	303
			百分比(%)	4.51	13.01	59.70	22.78

续表

指标		统计量	初中毕业	高中毕业	大学毕业	研究生毕业
初中	县城本地	频数	13	63	400	270
		百分比(%)	1.74	8.45	53.62	36.19

注：小学：N=5346，有效百分比=98.36%，缺失值=89；初中：N=4183，有效百分比=99.05%，缺失值=40。

综上所述，我们可以推断，进城(或镇)读书并不一定能对学生的学习态度和学习成绩起到改善作用。其一，进城(或镇)读书对家在乡村和家在乡镇的两类学生群体的学习态度和学习成绩的影响具有差异性：进城(或镇)读书能够提高家在乡村小学生的学习态度和语数英三科的平均成绩，对家在乡村的初中生则不然；进城校读书能够提高家在乡镇初中生的学习态度和语数英三科的平均成绩，对家在乡镇的小学生则不然。其二，即使是对进城(或镇)读书后学习态度和学习成绩有所提高的学生群体，也并不能完全消除其与城校本地学生之间在学习态度、学业成绩和学业期望上的差异，因为它还受学校教育质量之外的其他诸多因素的影响。

(3)进城读书学生的人际交往情况

第一，家在乡村的进城(或镇)读书初中生感知到的教师对学生的关心程度是最差的，既低于留村学生，也低于城(或镇)本地学生。在对进城(或镇)读书学生的师生关系的考量上，我们选取了与学生交往最为密切的班主任教师作为测量对象，以“你认为班主任关心你吗”为题对学生感受到的教师对自身的关心程度进行了调查(见表 5.36)。结果表明：其一，与留村或镇读书学生相比，家在乡村的进城(或镇)读书学生与留村读书学生感知到的班主任关心程度存在差异，但小学和初中有所不同；家在乡镇的进城读书学生与留镇读书学生相比几乎没有差异。在初中阶段，认为班主任很关心自己的留村学生的比例达到了 76.47%，进镇和进城学生的这一比例分别只有 37.75%和 36.87%，仅是前者的二分之一；在小学阶段，进镇读书学生认为班主任很关心自己的比例稍高于留村学生，进城读书学生的这一比例又比留村学生低近 8 个百分点。其二，与城(或镇)本地学生相比，进城(或镇)读书的初中生和进城读书的小学生感知到的班主任的关心程度要更低。“乡村—县城”(37.75%)和“乡镇—县城”(39.53%)的两类进城读书初中生认为班主任很关心自己的比例均低于县城本地初中生(45.07%)，这两种类型的小学生也有同样的特征；“乡村—乡镇”初中生也低于乡镇本地初中生，但“乡村—乡镇”小学生却高出乡镇本地小学生 10.34 个百分点。综合以上两点可以发现，在学生感知到的班主任对自身的关心程度上，班主任对家在乡村的进城(或镇)读书初中生的关心是最差的，既低于留村学生，又低于城(或镇)本地学生。其三，从小学和初中来看，小学生感知到的班主任的关心程度要普遍高于初中生，“很关心”的比例明显高于初中生。这可能与学生处于不同的成长期有关，小学生刚刚开始学习生涯，更需要教师对生活、学习等方面的关注和引导。

表 5.36　班主任对学生的关心程度情况

指标			统计量	很关心	较关心	不太关心	不关心
小学	家在乡村	乡村—县城	频数	96	82	17	3
			百分比(%)	48.48	41.41	8.59	1.52
		乡村—乡镇	频数	545	250	68	23
			百分比(%)	61.51	28.22	7.67	2.60
		留在乡村	频数	993	513	183	74
			百分比(%)	56.32	29.10	10.38	4.20
		合计	频数	1634	845	268	100
			百分比(%)	57.39	29.68	9.41	3.51
	家在乡镇	乡镇—县城	频数	63	58	3	4
			百分比(%)	49.22	45.31	2.34	3.13
		留在乡镇	频数	676	504	108	33
			百分比(%)	51.17	38.15	8.18	2.50
		合计	频数	739	562	111	37
			百分比(%)	51.00	38.79	7.66	2.55
	县城本地		频数	551	417	58	16
			百分比(%)	52.88	40.02	5.57	1.54
初中	家在乡村	乡村—县城	频数	154	197	46	11
			百分比(%)	37.75	48.28	11.27	2.70
		乡村—乡镇	频数	601	749	205	75
			百分比(%)	36.87	45.95	12.58	4.60
		留在乡村	频数	13	2	2	0
			百分比(%)	76.47	11.76	11.76	0.00
		合计	频数	768	948	253	86
			百分比(%)	37.37	46.13	12.31	4.18

续表

指标			统计量	很关心	较关心	不太关心	不关心
初中	家在乡镇	乡镇—县城	频数	100	123	28	2
			百分比(%)	39.53	48.62	11.07	0.79
		留在乡镇	频数	430	517	107	34
			百分比(%)	39.52	47.52	9.83	3.13
		合计	频数	530	640	135	36
			百分比(%)	39.52	47.73	10.07	2.68
	县城本地		频数	320	324	53	13
			百分比(%)	45.07	45.63	7.46	1.83

注：小学：N=5342，有效百分比=98.69%，缺失值=71；初中：N=4106，有效百分比=99.32%，缺失值=28。

第二，进城(或镇)读书对学生的同学关系的密切度影响不大，但与城(或镇)本地学生相比还存在差距。义务教育阶段的学生尚处于青少年时期，同伴交往对其认知发展和心理健康具有重要作用。尤其对农村学生来讲，许多学生是留守或半留守儿童，他们对父母和家庭的需要往往无法得到满足，缺乏安全感，因此会更加渴望从同伴中寻找丢失的爱和关心。为了了解进城(或镇)读书是否会导致学生的同学关系的密切度降低，我们以“你在班级里有几个好朋友”为题进行了调查(见表 5.37)。结果表明：其一，无论小学还是初中，进城(或镇)读书学生的好朋友的数量并未发生明显变化。其二，进城读书学生与县城本地学生相比，同学关系还有一定差距。以小学为例，“乡村—县城”(71.79%)和“乡镇—县城”(68.99%)两类小学生群体有 5 个及以上好朋友的比例均低于县城本地小学生(78.25%)。但是，进镇读书学生的这一比例与乡镇本地学生相比差距不大。其三，同为进城(或镇)读书学生，初中和小学阶段并未呈现出显著差异。

表 5.37　不同类型学生的好朋友的数量情况

指标			统计量	没有	1 个	2 个	3 个	4 个	5 个及以上
小学	家在乡村	乡村—县城	频数	5	4	14	13	19	140
			百分比(%)	2.56	2.05	7.18	6.67	9.74	71.79
		乡村—乡镇	频数	17	20	46	60	86	652
			百分比(%)	1.93	2.27	5.22	6.81	9.76	74.01

续表

指标			统计量	没有	1个	2个	3个	4个	5个及以上
小学	家在乡村	留在乡村	频数	49	67	90	112	177	1273
			百分比(%)	2.77	3.79	5.09	6.33	10.01	72.00
		合计	频数	71	91	150	185	282	2065
			百分比(%)	2.50	3.20	5.27	6.50	9.92	72.61
	家在乡镇	乡镇—县城	频数	4	6	12	8	10	89
			百分比(%)	3.10	4.65	9.30	6.20	7.75	68.99
		留在乡镇	频数	20	47	64	71	103	1016
			百分比(%)	1.51	3.56	4.84	5.37	7.80	76.91
		合计	频数	24	53	76	79	113	1105
			百分比(%)	1.66	3.66	5.24	5.45	7.79	76.21
	县城本地		频数	14	28	51	58	75	813
			百分比(%)	1.35	2.69	4.91	5.58	7.22	78.25
初中	家在乡村	乡村—县城	频数	18	12	17	36	39	287
			百分比(%)	4.40	2.93	4.16	8.80	9.54	70.17
		乡村—乡镇	频数	40	48	110	135	130	1164
			百分比(%)	2.46	2.95	6.76	8.30	7.99	71.54
		留在乡村	频数	3	1	0	0	1	12
			百分比(%)	17.65	5.88	0.00	0.00	5.88	70.59
		合计	频数	61	61	127	171	170	1463
			百分比(%)	2.97	2.97	6.19	8.33	8.28	71.26
	家在乡镇	乡镇—县城	频数	4	5	17	23	21	183
			百分比(%)	1.58	1.98	6.72	9.09	8.30	72.33
		留在乡镇	频数	33	32	79	109	68	760
			百分比(%)	3.05	2.96	7.31	10.08	6.29	70.31
		合计	频数	37	37	96	132	89	943
			百分比(%)	2.77	2.77	7.20	9.90	6.67	70.69

续表

指标		统计量	没有	1个	2个	3个	4个	5个及以上
初中	县城本地	频数	16	15	32	60	56	528
		百分比(%)	2.26	2.12	4.53	8.49	7.92	74.68

注：小学：N=5333，有效百分比=98.52%，缺失值=80；初中：N=4094，有效百分比=99.03%，缺失值=40。

第三，进城(或镇)读书学生的亲子关系相对弱化，除家在乡村的进城(或镇)小学生外，其他各类进城(或镇)学生父母一起陪着学习或玩的比例均低于未进城(或镇)学生和城(或镇)校本地学生。为了解进城(或镇)学生的亲子关系情况，我们以“在你放假或者学习的时候父母会不会陪你”为题进行了调查(见表5.38)。结果表明：其一，与留村或镇读书学生相比，除家在乡村的小学生外，进城(或镇)读书学生父母会陪着一起学习和玩的比例均有所下降。家在乡镇的学生中，进城读书小学生父母会一起陪着的比例从44.35%降至34.88%，初中生下降了6.36个百分点；家在乡村的初中生的这一比例也有所下降，不过小学生这一比例却相对稳定。其二，与城(或镇)本地学生相比，进城(或镇)读书学生父母会一起陪着学习和玩的比例明显更低。以初中为例，“乡村—县城”和“乡镇—县城”两类学生父母会一起陪着的比例比县城本地学生少了近11个百分点，“乡村—乡镇”学生与乡镇本地学生相比也同样有较大程度的降低。其三，不同类型的小学生至少有父母一方陪护的比例显著高于初中生。无论看父母双方一起陪着学习或玩的比例，还是看父母至少有一方陪伴的比例，小学生都显著高于初中生，这与学生的师生关系特征也相吻合。

表5.38 不同类型学生父母陪伴的基本情况

指标			统计量	他们很忙，从不管我	父亲陪我	母亲陪我	一起陪我
小学	家在乡村	乡村—县城	频数	60	24	35	77
			百分比(%)	30.61	12.24	17.86	39.29
		乡村—乡镇	频数	216	107	181	372
			百分比(%)	24.66	12.21	20.66	42.47
		留在乡村	频数	528	225	302	679
			百分比(%)	30.45	12.98	17.42	39.16
		合计	频数	804	356	518	1128
			百分比(%)	28.65	12.69	18.46	40.20

续表

指标			统计量	他们很忙，从不管我	父亲陪我	母亲陪我	一起陪我
小学	家在乡镇	乡镇—县城	频数	35	20	29	45
			百分比(%)	27.13	15.50	22.48	34.88
		留在乡镇	频数	303	146	270	573
			百分比(%)	23.45	11.30	20.90	44.35
		合计	频数	338	166	299	618
			百分比(%)	23.79	11.68	21.04	43.49
	县城本地		频数	182	100	204	538
			百分比(%)	17.77	9.77	19.92	52.54
初中	家在乡村	乡村—县城	频数	197	25	51	128
			百分比(%)	49.13	6.23	12.72	31.92
		乡村—乡镇	频数	704	145	236	506
			百分比(%)	44.25	9.11	14.83	31.80
		留在乡村	频数	8	2	1	6
			百分比(%)	47.06	11.76	5.88	35.29
		合计	频数	909	172	288	640
			百分比(%)	45.25	8.56	14.34	31.86
	家在乡镇	乡镇—县城	频数	115	26	34	76
			百分比(%)	45.82	10.36	13.55	30.28
		留在乡镇	频数	417	78	181	391
			百分比(%)	39.08	7.31	16.96	36.64
		合计	频数	532	104	215	467
			百分比(%)	40.36	7.89	16.31	35.43
	县城本地		频数	221	54	125	298
			百分比(%)	31.66	7.74	17.91	42.69

注：小学：N=5251，有效百分比=97.01%，缺失值=162；初中：N=4025，有效百分比=97.36%，缺失值=109。

综上所述，进城(或镇)读书会对学生的人际关系造成一定程度的影响——可能会导致部分学生的师生关系或亲子关系弱化，但对学生的同学关系的密切程度影响不大，且小学阶段进城(或镇)读书学生的人际关系略好。其中，家在乡村的进城(或镇)读书初中生的人际关系受到的削弱程度是最大的，其所处的师生关系和亲子关系的密切程度均呈下降趋势。此外，无论留村或镇的学生，还是进城(或镇)读书的学生，他们的人际关系相对于城(或镇)校本地学生均存在不同程度的差距。

(4)进城读书学生的心理健康情况

相对于留村或镇读书学生，家在乡村的进城(或镇)小学生、家在乡镇的进城初中生能较好地调整和控制自己的想法、情绪和行为；进城(或乡)读书小学生相对于初中生有更好的调节能力。当进城(或镇)读书学生在外地学校遇到不顺心的事情时，他们是否能采取正确的方式，合理控制调整自己的想法、情绪和行为呢？这直接关系到进城(或镇)读书学生的心理健康调节能力和对新环境的适应能力。调查表明：第一，相对于留村或镇读书的学生，家在乡村的进城(或镇)小学生和家在乡镇的进城初中生在面临困境时能够较好地控制调整情绪和行为(包括“完全符合”和“基本符合”)上占有更大的比例，家在乡村的初中生和家在乡镇的小学生在这方面明显处于弱势，如后者比前者低了近 8 个百分点。第二，与城校本地学生相比，进城(或镇)读书学生的调节能力总体上仍有不足。以小学为例，“乡村—县城”和“乡镇—县城”两类学生相对于县城本地小学生、“乡村—乡镇”小学生相对于乡镇本地小学生均表现出调节能力的欠缺。第三，各类进城(或镇)读书小学生对于自身情绪和行为的调节能力普遍高于初中生，说明小学生能更快更好地适应进城(或镇)读书，更能适应异地学校的学习与生活环境(见表 5.39)。

表 5.39　学生情绪行为的调节能力情况

指标			统计量	完全符合	基本符合	一些符合，一些不符合	不太符合	完全不符合
小学	家在乡村	乡村—县城	频数	49	76	52	18	2
			百分比(%)	24.87	38.58	26.40	9.14	1.02
		乡村—乡镇	频数	271	291	214	75	26
			百分比(%)	30.90	33.18	24.40	8.55	2.96
		留在乡村	频数	496	539	492	144	61
			百分比(%)	28.64	31.12	28.41	8.31	3.52
		合计	频数	816	906	758	237	89
			百分比(%)	29.08	32.29	27.01	8.45	3.17

续表

指标			统计量	完全符合	基本符合	一些符合，一些不符合	不太符合	完全不符合
小学	家在乡镇	乡镇—县城	频数	28	48	45	6	1
			百分比（%）	21.88	37.50	35.16	4.69	0.78
		留在乡镇	频数	380	494	345	65	19
			百分比（%）	29.16	37.91	26.48	4.99	1.46
		合计	频数	408	542	390	71	20
			百分比（%）	28.51	37.88	27.25	4.96	1.40
	县城本地		频数	318	394	251	63	13
			百分比（%）	30.61	37.92	24.16	6.06	1.25
初中	家在乡村	乡村—县城	频数	68	149	153	30	7
			百分比（%）	16.71	36.61	37.59	7.37	1.72
		乡村—乡镇	频数	298	660	519	98	37
			百分比（%）	18.49	40.94	32.20	6.08	2.30
		留在乡村	频数	6	8	3	0	0
			百分比（%）	35.29	47.06	17.65	0.00	0.00
		合计	频数	372	817	675	128	44
			百分比（%）	18.27	40.13	33.15	6.29	2.16
	家在乡镇	乡镇—县城	频数	44	101	92	11	5
			百分比（%）	17.39	39.92	36.36	4.35	1.98
		留在乡镇	频数	185	431	397	59	11
			百分比（%）	17.08	39.80	36.66	5.45	1.02
		合计	频数	229	532	489	70	16
			百分比（%）	17.14	39.82	36.60	5.24	1.20
	县城本地		频数	149	280	228	35	11
			百分比（%）	21.19	39.83	32.43	4.98	1.56

注：小学：N＝5276，有效百分比＝97.47%，缺失值＝137；初中：N＝4075，有效百分比＝98.57%，缺失值＝59。

(5)进城(或镇)读书学生离开当前学校的情况

进城(或镇)读书学生是否适应并认同城镇学校的学习与生活呢？我们首先假设进城(或镇)读书学生不适应城镇学校的生活学习环境，他们是想离开城镇学校的，那么他们为什么想离开呢？我们以“你想离开目前学校的主要原因是什么”为题对进城(或镇)学生进行了调查。结果表明，家在乡村的进城(或镇)读书初中生在城(或镇)学校的适应性最差，想离开当前学校的比例最高。第一，大多数进城(或镇)学生能够适应并融入当地学校，他们想离开当前学校的原因排在前三位的分别是家校距离太远、学校学习条件不好和想同父母生活在一起。第二，从不同学龄段来看，进城(或镇)读书小学生的学校适应性普遍高于初中生。以“乡村—县城”学生为例，小学生想继续留在当前学校学习的比例达到 71.58%，初中生的这一比例仅为 61.27%，前者高出后者 10.31 个百分点。第三，从三种不同进城(或镇)学生的类型来看，无论小学阶段还是初中阶段，相对于其他两类进城镇读书类型(“乡村—乡镇”和“乡镇—县城”)，“乡村—县城”学生想离开当前学校的比例都是最高的。其中，初中阶段“乡村—县城”学生在所有进城(或镇)读书类型中最不能适应新的学校生活与学习，或因为家校距离远，或因为想和父母一起生活，或因为学校学习条件不好，想离开当前学校的比例是最高的(见表 5.40)。

表 5.40 进城(或镇)读书学生离开当前学校的原因情况

指标		统计量	不想离开目前学校	老师教得不好	学校学习条件不好	和老师关系不好	与同学关系不好	家到校的路程太远	想和父母一起生活	其他
小学	乡村—乡镇	频数	641	23	26	20	31	40	47	92
		百分比(%)	74.10	2.66	3.01	2.31	3.58	4.62	5.43	10.64
	乡村—县城	频数	136	6	9	3	5	5	10	26
		百分比(%)	71.58	3.16	4.74	1.58	2.63	2.63	5.26	13.68
	乡镇—县城	频数	94	3	8	2	3	5	3	17
		百分比(%)	74.02	2.36	6.30	1.57	2.36	3.94	2.36	13.39
	合计	频数	871	32	43	25	39	50	60	135
		百分比(%)	73.69	2.71	3.64	2.12	3.30	4.23	5.08	11.42

续表

指标		统计量	不想离开目前学校	老师教得不好	学校学习条件不好	和老师关系不好	与同学关系不好	家到校的路程太远	想和父母一起生活	其他
初中	乡村—乡镇	频数	1038	72	153	54	57	137	104	235
		百分比(%)	65.53	4.55	9.66	3.41	3.60	8.65	6.57	14.84
	乡村—县城	频数	242	8	34	11	20	41	36	55
		百分比(%)	61.27	2.03	8.61	2.78	5.06	10.38	9.11	13.92
	乡镇—县城	频数	163	6	18	4	4	22	7	43
		百分比(%)	65.73	2.42	7.26	1.61	1.61	8.87	2.82	17.34
	合计	频数	1443	86	205	69	81	200	147	333
		百分比(%)	64.80	3.86	9.21	3.10	3.64	8.98	6.60	14.95

注：小学：N=1230，有效百分比=96.10%，缺失值=48；初中：N=2311，有效百分比=98.37%，缺失值=84。表格中的百分比为个案百分比，由于题目为多选题，故个案百分比之和大于100%。

4. 乡村家长对子女教育的评价与选择

乡村学生在哪里读书，一般是由家长决定的。因而了解乡村家长对子女教育的评价十分必要。那么，到县城和乡镇读书学生家长是如何评价子女就读学校的教育质量呢？与留在本地读书学生家长有何差别？乡村学校需要在哪些方面进行改进呢？如果乡村学校和城市学校的教育质量相同，又有多少家长会选择让子女在乡村学校读书呢？本部分数据来自云南省的家长调查问卷。

第一，到县城和乡镇读书学生家长对子女目前就读学校的教育质量满意度较高，留在乡村读书学生家长对子女目前就读学校的教育质量满意度较低，乡村学校教育质量亟待提升。本次共收到有效调查样本777份，其中有子女外出读书的家长182人。调查表明，在从乡村到乡镇读书学生的家长中，有64.10%对学校表示满意，35.26%对学校的总体评价一般，仅有0.64%对学校不满意；从乡村(或乡镇)到县城读书学生家长均对县城学校的教育质量表示满意。可见，到乡镇和县城读书学生家长对子女当前就读学校的满意度较高，其中从乡村到县城读书学生家长的满意度明显高于从乡村到乡镇读书的学生家长。对比留在本地读书学生家长的满意度可以发现，在乡村学校读书学生家长中，有40.43%认为学校教育质量一般，有3.59%对乡村学校教育表示不满意和非常不满意，满意度明显低于进镇和进城读书学生家长。在留在乡镇学校读书学生家长中，有70.15%对学校教育质量表示认可，有 29.10%认为学校教育质量一般，只有 0.75%对学校教育质量不满意(见表 5.41)。由此可见，乡村学生家长对村校教育质量的满意度较低，因而提高乡村学生家长对学校教育质量的满意度，是减少乡村学生外流的关键所在。

表 5.41　乡村家长对子女就读学校的满意情况统计　　单位：人/%

进城类型	统计量	对子女就读学校的满意度				
		非常满意	满意	一般	不满意	非常不满意
乡村—乡镇	频数	16	84	55	1	—
	百分比(%)	10.25	53.85	35.26	0.64	—
乡村—县城	频数	1	3	—	—	—
	百分比(%)	25.00	75.00	—	—	—
乡镇—县城	频数	5	17	—	—	—
	百分比(%)	22.73	77.27	—	—	—
合计	频数	22	104	55	1	—
	百分比(%)	12.09	57.14	30.22	0.55	—
乡村—乡村	频数	70	164	169	14	1
	百分比(%)	16.75	39.23	40.43	3.35	0.24
乡镇—乡镇	频数	22	72	39	1	—
	百分比(%)	16.42	53.73	29.10	0.75	—
合计	频数	92	236	208	15	1
	百分比(%)	16.67	42.75	37.68	2.72	0.18

注：N=734，有效百分比=94.47%，缺失值=43。

第二，在村校读书学生家长更期望提高教师质量、增加教师数量、改善学生就餐状况。留在本地读书学生家长对子女就读学校教育质量的满意度并不高，那么这些家长期望子女就读学校在哪些方面有所改进呢？调查表明，乡村学校教师质量、教师数量和学生在校就餐情况是家长最期望学校改善的方面。其中，提高教师质量的诉求最强烈，占 52.55%；改善学生就餐状况次之，占 44.60%；增加教师数量排在第三位，占为 42.57%(见表 5.42)。一支数量充足、素质优良的教师队伍是学校教育发展的重要保障，乡村教育的衰败、乡村教师的流失以及乡村教师“下不去、留不住、教不好”的难题，导致乡村教师数量难以得到有效补充，乡村教师质量难以得到有效提升，乡村教师队伍结构难以优化，乡村学校发

展受到制约。因而，提升乡村教师质量、增加乡村教师数量是乡村学校可持续发展的前提，也是稳定乡村学校生源、为乡村学生提供公平而有质量的教育的关键所在，更是城乡义务教育优质均衡发展的战略重点。此外，国家“营养餐”工程虽然解决了乡村学生的就餐问题，但因乡村学校并没有专门的厨师和就餐场地，营养餐的配置较为单调，就餐环境不佳，学生的就餐状况并不理想。调查发现，一些学生比较挑食，导致营养餐的浪费现象较为严重。合理使用营养餐经费，改善学生就餐情况，提升乡村学生在校就餐质量，有助于乡村学生身心的健康发展。

表 5.42　乡村学校需要改进的项目分析

指标	频数	百分比(%)
提高教师质量	258	52.55
增加教师数量	209	42.57
改善学生就餐状况	219	44.60
提供交通便利	82	16.70
增加学生补助	91	18.53
改善学生住宿环境	77	15.68
加强学校安全管理	76	15.48
更新学校教学设施	73	14.87
改善周边环境	12	2.44
加强与家长的沟通	42	8.55
合计	1139	231.97

注：N=491，有效百分比=83.36%，缺失值=98。表格中的百分比为个案百分比，由于题目为多选题，故个案百分比之和大于100%。

第三，若城市教育质量和乡村教育质量相同，近八成的家长会让子女在乡村学校读书。如果乡村学校教育质量得到改进，乡村家长是否会选择让其子女在乡村学校读书呢？调查表明，若乡村教育质量和城市相同，有79.82%的乡村家长会让子女在乡村学校读书，也就是说，近八成的乡村家长会选择让子女留在乡村学校，仅有7.42%的乡村家长明确表示不会让子女留在乡村学校读书，12.76%的家长持犹豫心态(见表5.43)。换言之，如果城乡教育质量达到均质化的状态，92.58%的乡村家长有可能会让子女留在乡村学校读书。乡村家长作为理性的人，必然会结合子女的教育支出与教育收益为其子女进行教育决策。当前乡村学校的教育质量困境倒逼一部分乡村家长不得不送子女外出读书，但若乡村学校的教育质量得到大幅度提升，我们可以推断，乡村学校生源的稳定性和持续性将会提升。由此可见，提升乡村学校的教育质量，对于稳定乡村学校的生源至关重要。

表5.43 乡村家长选择让子女在乡村读书的情况

进城类型	统计量	会	不会	不好说
乡村—乡镇	频数	112	13	34
	百分比(%)	70.44	8.18	21.38
乡村—县城	频数	2	1	1
	百分比(%)	50.00	25.00	25.00
乡镇—县城	频数	3	9	10
	百分比(%)	13.64	40.91	45.45
乡村—乡村	频数	414	12	19
	百分比(%)	93.03	2.70	4.27
乡镇—乡镇	频数	82	22	34
	百分比(%)	59.42	15.94	24.64
合计	频数	613	57	98
	百分比(%)	79.82	7.42	12.76

注：N=768，有效百分比=98.84%，缺失值=9。

四、政策建议

县域内乡村义务教育学龄人口读书空间的变动影响着城乡学校的布局规划和教育资源的供需平衡，关乎县域内义务教育均衡发展的推进。当下，大规模乡村义务教育学龄人口向城镇流动，导致县域内"城挤乡空"的局面。这一局面在宏观上挑战着县域内义务教育均衡发展的推进，在微观上带来了乡村义务教育学龄儿童的"城镇适应"难题。因而，破解"城挤乡空"的教育困局，科学推进义务教育均衡发展，提升乡村学生的读书质量，保障每一位乡村学生都能接受公平而有质量的教育，需要统筹规划、综合治理、创新机制，合理引导乡村义务教育学龄人口的流向。为此，我们建议如下。

(一)科学预测义务教育学龄人口的流向

义务教育城镇化率高于城镇化率，加剧了城乡义务教育的供需矛盾。要缓解学龄人口流动的不确定性与资源配置的滞后性之间的矛盾，需要科学预测乡村义务教育学龄人口的流向。首先，县教育行政部门可以根据学生的电子学籍系统，摸清县域内乡村义务教育学龄人口的流动情况，研判乡村学生读书地点的空间偏

好、外出读书的比例、进县城读书的比例、学段分布及年龄分布等，描绘出乡村学生外流的空间分布图以及县域内义务教育学生集聚地点的空间分布图。其次，需要厘清乡村义务教育学龄人口向城镇流动的影响因素。乡村义务教育学龄人口的外流并非单一因素引起的行为选择，而是乡村家长综合权衡教育支出与教育收益之后的理性决策，因而需要明确乡村义务教育学龄人口外流的影响因素有哪些，哪些因素为主要因素，哪些因素可以忽略不计，计算出主要影响因素的不同权重，进一步探索不同的城镇化水平、家庭经济水平、空间格局下的乡村家长的选择差异。最后，根据一定年限县域内乡村义务教育学龄人口的流动情况及其影响因素，结合城镇化水平和城乡居民收入水平等因素，建立乡村义务教育学龄人口流动的预测模型，对全县乡村学龄人口的流动趋势进行预测，进而对本县未来乡村学龄人口流向及义务教育学龄人口的空间集聚做出科学判断。通过对乡村义务教育学龄人口的流向的科学预测，制定符合实际情况的城乡义务教育发展规划，推进县域内义务教育城镇化的有序发展，合理调配城乡义务教育资源，缓解城乡学龄人口集聚失衡下的教育资源供需矛盾。

(二)统筹推进县域义务教育的均衡发展

乡村义务教育学龄人口的城镇集聚，导致城镇大班额、乡镇寄宿制和乡村小规模学校的普遍存在，县域内城乡义务教育的均衡发展面临挑战。合理调配有限的教育资源，缓解教育资源的供需矛盾，有效解决县镇大班额、乡镇寄宿制和乡村小规模学校的发展难题，需要统筹规划，分类治理。首先，需要建立城乡一体化的教育发展观，以城带乡，弥补乡村教育和发展短板，通过办学机制、师资配置机制和经费保障机制等方面的机制创新，缓解城镇学校与乡镇学校的办学压力，打造城乡义务教育学校发展共同体，减少教育性选择流动①，从源头上缓解教育供需矛盾。其次，建立乡村学校发展的底线标准和义务教育均衡发展的指标。目前，衡量城乡义务教育是否均衡发展多以城乡义务教育学校资源配置的差异系数为准，单纯的横向比较难以真正刻画出乡村学校的发展情况，因而需要设置乡村学校发展指数，将乡村学校发展纳入政府工作考核范围，加大监督问责力度，全面提升乡村学校的办学水平，从本质上缩小城乡义务教育学校的办学差距。再次，引导乡村学生有序流动。目前乡村学生向城镇流动多为自发性流动。加快乡镇寄宿制学校和乡村小规模学校的标准化建设，同步建设城镇学校，缩小校际办学水平的差异，逐步满足乡村人口的教育需求，引导乡村家长做出理性决

① “教育性选择流动”的概念引自邬志辉：《当前我国城乡义务教育一体化发展的核心问题探讨》，载《教育发展研究》，2012(17)。具体含义为：学生家长对乡村教育失去信心，开始用“以足投票”的方式主动选择到县镇学校就读，甚至不惜放弃土地耕种权力到县城寻工陪读。

策，促进乡村学生在县域内合理流动。最后，构建多元主体参与的教育治理机制。通过建构多方利益主体共同参与的利益表达平台和决策参与渠道，使各主体特别是处境不利群体能充分表达利益诉求，遏制因公共权力的异化与弱化、权力与资本的结盟对处境不利群体的受教育权益的侵害，使教育公共服务的均等化提供成为可能，促进教育公平。[①] 教育行政部门要广泛听取相关利益群体的意见，尊重乡村家长的合理诉求，鼓励乡村家长参与乡村教育的治理，鼓励社会力量参与乡村教育建设，共同推进城乡义务教育均衡发展。

(三)合理推进农村中小学的布局调整

2001—2012 年的农村学校布局调整是一把双刃剑。一方面，通过整合农村学校的教育资源，提高了农村学校的规模效益；另一方面，一部分学生因家校距离变远无法“就近入学”，转而选择到乡镇或者县城读书，造成乡村生源急剧萎缩，乡村教育逐渐萧条的恶性循环。近年来，随着农村学校布局调整力度的减小，乡村小规模学校的大量存在，如何合理布局乡村学校，小规模学校是撤是留成为两难问题。因而，需要合理推进农村中小学的布局调整。

第一，推进学校布局调整的政策转型。通过大规模学校的布局调整，我国农村基本形成了“小学就近入学，初中相对集中”的义务教育学校分布格局。我国进行城乡义务教育学校布局调整后，提高了教育资源的利用效率并推进了城乡义务教育均衡发展。但农村学校布局调整过程中仍然呈现出学校数与在校生数减少的不同步，学校减幅远远大于在校生减幅；学校规模和班级规模同步扩大，县镇大规模学校和大班额问题突出；教育城镇化发展与村庄学校消失并行，学生上学距离变远且寄宿低龄化的发展态势。[②] 因此，面对布局调整对城乡教育产生的负面影响，保障城乡学生平等接受义务教育的权利，必须推进学校布局调整的政策转型。其一，学校布局的整体战略上，要从大规模撤并学校向基本稳定学校数量转变。经过 10 年左右的学校布局调整，“村村办学”的模式已基本转变为“联村办学、集中办学”的模式。一个乡镇办一所中心小学和一所初中的格局基本形成，预示着新一轮学校布局调整实现了阶段性目标。基本稳定学校数量，提高教育质量，走内涵发展之路是学校布局调整政策的基本选择。其二，学校布局调整政策应当关注处境不利的农村家庭的教育需求。在政策制定过程中，让社会处境不利群体有更通畅的表达渠道，对社会处境不利群体的教育需求给予更多的关切和回应。扩大不同阶层家庭的参与渠道，构筑民主化的决策机制，使公共产品提供真正让百姓受益。要改革地方政府的考核评价机制，将地方公共服务的供给质量和

① 褚宏启：《教育治理：以共治求善治》，载《教育研究》，2014(10)。

② 邬志辉、史宁中：《农村学校布局调整的十年走势与政策议题》，载《教育研究》，2011(7)。

老百姓的满意度纳入评价体系，从制度上强化对区县政府学校布局调整行为的监控和督导，遏制地方政府任意撤并学校的行为。其三，高度关注农村小规模学校的生存和发展，在硬件投入、师资配置、财政投入等方面对农村小规模学校给予倾斜性政策。其四，提高乡镇教育质量，实施"强镇教育"工程。战略上要凸显乡镇教育的主体地位，不能将乡镇教育视为城区教育的附肩。因此，优质教师补充、标准化学校建设和寄宿制学校改造等项目实施中要加大对乡镇教育的投入力度。其五，建立学校布局调整的利益补偿机制。加大对布局调整中利益受损者，尤其是对处境不利群体的补偿力度。根据家庭在学校布局调整中的教育成本消耗（包括交通、住宿、生活及家长陪读等额外发生的成本），建立公共财政补偿机制，切实减轻农村家庭的经济负担。①

第二，加强学校布局调整的理论和实践研究，推进城乡教育协调发展。学校布局调整不仅仅是学校设在哪里的问题，同时涉及教育投入、资源分配等一系列问题。学校布局调整的依据和标准是什么？如何关切政府、学校、教师、学生和家长等不同利益相关者的基本诉求？布局调整的底线和原则是什么？实践中如何因地制宜、因时制宜地推进地方学校布局调整？布局调整如何应对农村城镇化、城乡人口数量和结构的变化？以上问题均需要教育理论和实践工作者共同努力，从理论、制度、实践等不同层面关注学校布局调整。以学校布局标准为例，存在因理论和实践中国家政策标准模糊不清，引发农村各地盲目撤并风潮；学术标准过于理性和静态，难以指导复杂的农村实际；地方教育行政部门的标准重视客观效果，忽视农民的利益诉求等现象。② 在我国城镇化快速推进和城乡一体化发展的背景下，学校布局调整在理论和实践层面如何应对日益复杂多变的挑战，是城乡教育得以协调发展的重要课题。

（四）多种途径提升乡村学校的办学质量

城乡教育质量的差距是乡村义务教育学龄人口外流的主要原因之一，是乡村学生做出到县城读书选择的重要诱因。虽然近年来国家加大了对农村教育的扶持力度，在经费投入、师资配置和办学条件等方面不断向乡村学校倾斜，但依然难以阻止大量乡村学生的外流，乡村教育发展面临危机。为每一位乡村学生提供公平而有质量的教育，遏制乡村学生大规模外流，是乡村教育可持续发展的关键所在。提升乡村学校的办学质量，需要创新体制机制，让政策落实落靠。首先，要保障乡村学校的经费投入。经费保障是乡村学校的办学质量提升的重要依托。在

---

① 雷万鹏：《家庭教育需求的差异化与学校布局调整政策转型》，载《华中师范大学学报（人文社会科学版）》，2012(6)。

② 邬志辉：《中国农村学校布局调整标准问题探讨》，载《东北师大学报（哲学社会科学版）》，2010(5)。

统一城乡义务教育“两免一补”和生均公用经费基准定额的基础上，保障乡村小规模学校的运转经费，进一步将经费投入向边远贫困农村地区倾斜。其次，加强乡村教师队伍建设。教师是乡村学校发展的关键，也是影响乡村学生读书空间选择的关键因素。县级教育行政部门需要积极推进落实《乡村教师支持计划(2015—2020 年)》中的相关内容，拓展乡村教师的补充渠道，提高乡村教师的生活待遇，拓展乡村教师的职业发展空间，吸引优秀青年教师到乡村任教，加强职后交流和培训，补充乡村学校教师数量，提升乡村学校的教学质量。再次，提升乡村学校教学器材的使用质量。按照县域内义务教育均衡发展的指标衡量，2016 年年底已有 1824 个县通过验收，但从实地调研中发现，音体美等教学器械虽已配置，但使用率不高，形同“摆设”，因而需要依据乡村教师和乡村学生的接受能力配置教学器械，提高使用率，培养乡村学生的审美情趣，挖掘乡村学生的创造力。最后，需要关注乡村学校的文化建设。目前乡村学校缺少人气，缺少积淀，应开展丰富多彩的校园活动，增添学校生气，打造“一校一貌”“小而精”的乡村学校，提升乡村小规模学校的办学水平，促进学校的特色发展。

(五)提高乡村外出读书学生的学校适应性

无论与留在本乡村、本乡镇学生相比，还是与县镇本地学生相比，进城镇学生的整体学校适应性都处于较差状态。这不仅影响到了学生的学习态度和学习结果，而且还影响到了学生的人际交往和心理健康，不利于进县镇读书学生的身心健康发展。为此，我们认为应当将补偿作为教育公平的重要内容，提高进城镇学生对于新环境下新学校的适应能力。第一，教育质量差距是部分学生进城镇读书的直接动因。质量均衡不仅可以改善乡村学生的受教育状况，而且能减少因城乡教育质量的差距造成的进城镇学生，尤其是初中生的学校的不适应问题。政府作为教育公共服务的供给主体，应当完成由城乡义务教育资源均衡配置到城乡义务教育优质高位均衡的转变，将质量均衡作为下一步教育事业发展工作的迫切任务。城乡教育质量均衡要坚持“两手抓”和“内外兼修”。一方面是内部发力，充分挖掘乡村学校的自身优势；另一方面是外部发力，以优带弱、共同发展。乡村学校具备得天独厚的自然优势，因其小而可精，与社区关系密切等。这些特点使乡村学校独立自主走内涵式特色发展之路成为可能。在自主发展的基础上，政府以尊重为基础从外部发力推动更大范围内的质量均衡也很重要，关键是要在资源配置基本均衡的基础上实现办学体制和办学模式的改革，如调研了解到的山东省莱西市望城街道实施的学区制改革，就有效达成了扶持弱校、共同发展的目标。第二，进县镇学生的学校适应性问题不只是一个教育问题，更是一个社会问题。进县镇学生的学校适应性不佳，归根结底是受教育权实现的问题，因其身份的外来性，其权利实现面临障碍。因此，首先，城市应该以更加包容开放的心态接纳进

城务工人员及其子女，消除歧视，所有身处其中的人都是城市的一分子，要破除权利主体的身份障碍，完善权利供给的资格要素，建立基于“常住人口”的权利(包括受教育权)供给机制；同时，除了制度层面的改善，城市政府还应开展各类活动，促进文化上和心理上的真正融合。其次，学校教育应当坚持一种“分配”与“承认”相结合的复合教育正义观。① 一方面，针对学生(尤其是家在乡村的进县城初中生)在学校的不适应问题，应当对其进行补偿。对于因城乡教育的差异导致的进县镇学生的知识断层、学习障碍问题，政府要提供专项资金，学校及相关机构要有针对性地开展学业补偿；关于其存在的人际交往障碍和心理健康问题，学校要以家校合作、学生活动、班会等为契机，着重关注、有效引导。另一方面，这种补偿不应当成为强制“施舍”，必须是建立在尊重、尊严的基础上，承认其独立主体、独立人格的存在。

【本报告撰写人：邬志辉、王红、付昌奎、倪建雯。徐萌、王晓生、王红、付昌奎、倪建雯参与了数据的统计与分析。邬志辉对全文进行了统稿校对。作者单位：教育部人文社会科学重点研究基地东北师范大学中国农村教育发展研究院】

① 吕寿伟：《分配，还是承认——一种复合的教育正义观》，载《教育学报》，2014(2)。

第 6 章 作为边缘群体的留守儿童

——我国留守儿童的生存样态与比较分析

【概要】在城镇化和农村教育现代化的进程中，留守儿童是一个重要的社会议题。21 世纪的第二个十年以来，在一系列留守儿童的伤害与被伤害事件的背景下，留守儿童俨然演变成一个重要的研究议题、政策话语和媒体热点。接二连三的留守儿童事件不断挑战着人们的底线，一次次地刺痛着社会的神经。留守儿童的议题已经不单纯关涉一个孩子和一个家庭，而且关涉到我国社会的未来。2015 年，我们跨越我国东、中、西部 10 余个省份开展实地调查，发现当前我国留守儿童的生存样态有喜有忧。令人欣慰的是，留守儿童的总体数量呈下降趋势；留守儿童具有单亲和孤儿特征的比例不高；留守儿童在生活习惯、德行养成上的整体水平较高，不同监护类型之间的差异不显著；在生活负担上，留守与非留守的儿童、不同学校类型和不同监护类型的留守儿童差异不显著；大部分留守儿童在学习中感到快乐，不同监护类型的留守儿童差异不显著；在学习成绩上，西部、小学阶段或者父亲外出的留守儿童对各科知识的学习兴趣更浓一些；留守儿童整体受邻居欢迎的程度较高；留守儿童对于别人的帮助在较大比例上有着“感激”的心情。同时，调查结果也有值得忧虑的地方，家庭经济状况和学历水平处于不利地位；与非留守儿童相比，留守儿童更容易生病；留守与非留守、初中与其他学校的儿童在生活习惯上有显著差异；大部分留守儿童有较重的生活负担，不同区域的留守儿童差异显著；西部留守儿童更容易感到厌烦，初中留守儿童有更多的疲倦和焦虑；在心理健康上，留守儿童的人际关系和控制想法、情绪和行为处于不利地位，留守与非留守儿童、小学与初中的留守儿童、不同监护类型的留守儿童均存在显著差异；在学习成绩上，留守儿童在学习兴趣和结果上稍处于不利地位；留守儿童与父母交流的频率较低；西部农村社区缺乏儿童活动场所，父母双方外出的留守儿童处境最不利。这些问题严重影响儿童的健康成长和社会的和谐稳定。提升乡村学生的治理水平，学校已经有过很多尝试，取得了一些经验，而家庭和政府还亟待进一步加强留守儿童的关爱保护工作，为广大留守儿童的健康成长创造更好的环境。

一、研究背景与问题的提出

留守儿童问题不是一个新的议题，10余年来的各类研究和报道不胜枚举，各级政府的政策也尝试推出精准关爱举措。同时，它又是一个让人很难忽视的话题，暂且不论每年涌现的大量调查数据，只是不时报道出来的留守儿童事件已经足以引人注意，如今留守儿童的不利处境业已成为人们的共识。直观的感觉可能很少基于实证的调查研究，不一定准确，却是非常值得忧虑的，因为这从侧面佐证了留守儿童的苦痛已经深入人心。当人们在生活中想象一名儿童的悲惨境遇时，有时会想到用留守儿童的遭遇来比较，没有人比留守儿童还要惨。

民政部等部门就留守儿童问题又有很多新的举措，如确认落实家庭监护主体责任，开展全面的农村留守儿童摸底排查，确认全国留守儿童数量为902万人；安排部署全国农村留守儿童信息管理系统的启用上线工作，召开全国农村留守儿童关爱的专项行动推进会等，留守儿童工作取得了较好的进展。基于留守儿童工作的长期性、复杂性和动态性特征，今后政府和社会仍需持续发力，特别是针对贫困地区的留守儿童应该精准帮扶和关爱。

(一)作为“准社会事实”现象的留守儿童

通过回顾以往的留守儿童研究，发现留守儿童问题既具有普遍性、强制性等特征，也具有人为性的因素，人们在其中的参与并非一味地遭遇排斥和拒绝，因此我们暂且把这种特征称为“准社会事实”现象。在涂尔干看来，社会事实指向这些行为方式，不论它是固定的还是不固定的，凡是能从外部给予个人以约束的，普遍存在于该社会各处并有其固有存在的，不管其在个人身上的表现如何，都叫作社会事实。[①] 留守儿童的身上很大程度地体现着“社会事实”的属性，却又不与其完全一致。为什么会生成这样一个新的话语来表达留守儿童的图景，我们认为

---

① ［法］E. 迪尔凯姆：《社会学方法的准则》，狄玉明译，34页，北京，商务印书馆，1995。

至少基于以下两个原因：其一，它能有效地避免简单粗暴的非此即彼二分法的极端处理。有些人认为留守儿童的存在就是社会变迁所致的，有些人认为正是家庭环境和家庭决策才产生了这部分群体，但事实并非如此的极端化。其二，社会强制和家庭责任在不同群体和个体的反映是不同的，是动态变化的，其程度是可感知的。有些人可能会有效地规避这种伤害，有些人抵抗风险的能力较弱。在强调社会公平和精准扶贫的社会语境下，基于家庭责任回归的积极倡导，更加强调政府、社会的责任共担可能是提高社会治理能力的一个优化选择。能够综合个体行动与社会结构和历史来思考问题，也是社会学的想象力带给我们的思考。

首先，留守儿童是中西部农村社会和学校中的一种常态现象。从近年来的留守儿童数量和分布情况来看，它已经不是单个家庭的问题，而是中西部省份和地区，尤其是以输出务工人员为特征的省份和地区的普遍性的问题。从2013年全国妇联的调查数据来看，留守儿童主要集中在四川、河南、安徽、广东、湖南这样的劳务输出大省，以上5个省的留守儿童占全国留守儿童总量的43.64%。① 2016年年底，民政部对留守儿童摸底排查的结果表明，江西、四川、贵州、安徽、河南、湖南和湖北为留守儿童分布的集中地区，中西部省份的农村留守儿童的比例超过90%。虽然对留守儿童的界定、调查时间和方式不同，然而得出的结果却基本一致。留守儿童的分布区域比较普遍，而且这种态势基本保持稳定。以2009—2014年的小学阶段留守儿童为例，该时期内留守数量分别为1432.97、1461.79、1436.81、1517.88、1440.47、1409.53，留守率分别为65.62%、62.84%、60.64%、59.44%、60.75%、59.60%②，数量和比例稍有下降，但基本保持不变。这与我们10余年来长期深入各地区调研的主观感受也基本符合。在东部地区，留守儿童难得一见，倒是外来务工人员随迁子女比比皆是，这与中西部地区有着迥然的差异。未来一段时期内，中西部地区的留守儿童将会长期存在。

其次，留守儿童在宏观意义上体现了“社会事实”的强制性。在一些人看来，留守与否看起来已经不是一个家庭就能决定的事情，而是由家庭背后的社会变迁和社会结构所决定的。目前，户籍本身作为一种形式已经失去意义，但附着在户籍身上的不平等的公共服务和福利却作为一种社会屏蔽机制依然在起着身份区隔的作用。农民工及其子女仍然无法真正实现身份流动和阶层流动，他们即使离开了农村，却也无法融入城市，无法享受与市民同等的社会保障。农民工并非形成

① 全国妇联课题组：《全国农村留守儿童城乡流动儿童状况研究报告》，载《中国妇运》，2013(6)。

② 引自教育部2010年至2014年的全国教育事业发展统计公报。

于单项的户口制度，而是形成于一整套的制度设计和安排；这些制度稳定下来，就形成我国社会的三元结构，而农民工的家庭分居模式也是这个第三元结构。[①]城镇化进程的加快和农民工市民化进程的滞后，产生了在发达国家少见的一个社会群体——留守儿童。他们在城市的这种边缘性处境导致了一种“拆分型的劳动力再生产模式”，即农村劳动力在进城务工的同时很难实现家庭的整体迁移，只能把家庭成员(主要是妇女、孩子和老人)留在农村，从而造成了一种分离的家庭模式，并形成了今天我国农村典型的留守妇女、留守儿童和留守老人现象。[②] 作为社会处境不利群体和家庭结构残缺化的承受者，他们在尚未成年的时候却要成为我国不完全城镇化发展的承受者，留守儿童问题是现代化，尤其是城镇化发展进程中社会代价的反应，是我国城镇化不彻底所导致的一个衍生性问题。这种思维方式具有典型的“社会学的想象力”特征，它将留守儿童的苦痛与社会结构和历史建立起了一个沟通的桥梁，在看似非常松散甚至毫无联系的两端发现了内隐而强烈的联系。这种深刻的洞察力为政策设计中的政府和社会的责任提供了学理上的依据。

当然，这样的观点并非空穴来风，反而也得到了一些实证研究的印证。调查表明，在子女就学升学遇到困难和家庭经济无法满足开支时，农民工就会将其送回老家。[③] 就学升学和家庭经济都与如今的社会政策紧密相关，也就是说，社会政策才是决定农民工子女留守的重要原因。从目前的阶段来看，与其说留守决定是家庭单元个体的决策行为，不如说更多意义上是受到一股外在力量的强制规范。人的脆弱与制度强大可能是同一问题的两个方面。农民工在社会变迁大潮中很多时候是无力的、脆弱的，因为自身的收入、工作环境、教育政策等与其紧密相关的因素都无法把控，他们自身的努力和抵抗困难风险的能力与制度环境比较起来微乎其微，不值一提。如此来看，那些只是批评农民“能生不能养”的观点可能会让农民感到不满，事实上很多农民并非如此非理性，而是身不由己。为了满足生活上的基本需求，不得不对家庭和孩子做出适当的放弃，或许这才是真正理性的选择。

最后，社会主体对于留守儿童的关爱责任有履行和进一步加强的空间。之所以把留守儿童看成“准社会事实”现象，其重要原因就是它绝非如同涂尔干社会事

---

① 谭深：《中国农村留守儿童研究述评》，载《中国社会科学》，2011(1)。

② 潘璐、叶敬忠：《“大发展的孩子们”：农村留守儿童的教育与成长困境》，载《北京大学教育评论》，2014(3)。

③ 邬志辉、秦玉友：《中国农村教育发展报告2015》，235页，北京，北京师范大学出版社，2016。

实意义上的强制，而是个体在一定程度上有着能动的空间，尽管这种空间并不足以抗衡社会结构的强大力量。当然，留守儿童的责任主体并非一向清晰明了，过去 10 余年来也发生了一些变化。

2005 年，教育部强调要让社会其他部门参与到留守儿童的关爱工作中来。《教育部关于进一步推进义务教育均衡发展的若干意见》提出，“地方各级教育行政部门和学校要有针对性地采取措施，及时解决进城务工农民托留在农村的留守儿童在思想、学习、生活等方面存在的问题和困难。政府和学校成为重要的责任主体，这时家庭还没有进入责任范围。随后，《纲要》提出要建立健全政府主导、社会参与的农村留守儿童关爱服务体系和动态监测机制。这项规定正式确定了各级政府对于留守儿童的主导责任，其他部门要协助政府开展相关活动。2012 年，《国务院关于深入推进义务教育均衡发展的意见》强调要构建学校、家庭和社会各界广泛参与的关爱网络，家庭的监护责任开始进入留守儿童的关爱工作；随后，又对以往的政策进行了相对系统的梳理和总结，提出“政府主导、统筹规划；家校联动、形成合力；社会参与、共同关爱”。如此一来，政府主导、家庭、学校和社会共同参与的留守儿童关爱工作模式基本形成。不过，这个思路没有持续太久就发生了较大的转变。

2016 年，国务院发布文件对“强化家庭监护主体责任”“强化民政等有关部门的监督指导责任”等新内容进行了着重强调。不难看出，与之前相比，这项文件出现了两个重大变化。其一，家庭责任出现在第一位。家庭责任从无到有、从有到第一位，体现了国家对家庭监护和委托监护的重要性的重新定位。其二，主管部门发生了转移。如今的留守儿童主管部门归属民政部，在其内部下设未成年人(留守儿童)保护处，专门主导全国的留守儿童领导、统计、帮扶和救助等工作。从 2017 年开始，教育部每年发布的全国教育事业发展统计公报也不再涉及留守儿童的相关数据。基于当前的政策规定，留守儿童的责任主体可以表述为：家庭为主，政府(民政部门牵头)、学校和社会力量积极参与。

既然留守儿童现象具有长期性和普遍性，对于各个社会主体而言，即使非常纠结也要面对很难回避的现实，那么目前能够做的就是各个责任主体有所作为。毋庸置疑，家庭、政府和教育部门应该承担留守儿童关爱的主要责任。世界上很多国家在法律上都有着“父母对子女监护有直接责任”的规定，对于那些可能会对孩子成长造成危害的行为，社会有权力追究父母的责任甚至收回孩子的抚养权。因此，作为监护孩子的第一责任人，父母有着不可推卸的责任，这也是有关部门痛斥部分家长“能生不能养”的最直接的原因。可能一些父母也有怨言，无奈、悲愤甚至绝望的情绪不时流露出来。然而，与其怨天尤人，这些人还不如尝试通过

自己的努力来逐渐提升自己，一个个实现垂直向上的社会流动的人们的事实告诉我们，“只要努力工作就能过上好的生活”的规则并非完全失效，它最起码可以最大限度地弥补社会不平等所带来的伤害。此外，政府要加强社会治理意识，要致力于统筹社会各方面的力量，让可能多的社会主体及时出现在留守儿童的面前。最后，学校尤其是寄宿制学校作为孩子成长过程中依存的最重要空间，必须高度重视对留守儿童的责任担当，不能因为家庭责任的前移和政府责任的转换而出现推脱责任的思想。学校要致力于建设一个有吸引力的环境，积极为不同的留守儿童提供及时和适切的帮助，让他们充分感受到父母的暂时缺位并没有真正剥夺他们生活的质量和获得感。

(二)亟待突破解决的问题

以往的留守儿童研究大致可以分为宏观结构样态、中观政策支持和微观生存状态三类研究取向。诚然，这些成果为后续的研究提供了非常丰富的基础，其中很多设计不乏创造性和前瞻性，然而我们也发现了这些研究存在的不足。例如，样本不够大，这就难免造成研究结论有失偏颇；问题意识不强，缺乏一个符合内在逻辑的理论框架，问题结构和思路重复性高，研究模式老套，很难有新的发现；鉴于留守儿童群体的多样态特征，人们对那些更加处境不利的留守儿童聚焦的力度不够；缺乏数据的横向比较分析，留守儿童与非留守儿童、留守儿童群体内部的差异还得不到较为清晰的分野。基于以上的分析，我们在前期开展研究设计工作的时候，至少在以下几个方面做出了尝试性的努力。

其一，聚焦研究问题，创建理论分析框架。本报告的研究问题定位在：“我国留守儿童的生存样态处于一个什么样的水平?”这个研究问题有着以下的思考路径：目前留守儿童的总体描述上有哪些特点？他们的生存状况如何？当遇到困难时获得了什么样的帮助？那些处于“结构性脆弱”的儿童有着什么样的处境？围绕研究问题，我们建构了包括三个要素的留守儿童的理论分析框架，尝试通过这种设计来深入勾勒出我国留守儿童的生活图景。这三个要素包括“谁留下来”“生存的如何”“获得什么帮助”。“谁留下来”主要回答目前被留下的儿童具有哪些特点，也就是到底哪部分群体被剩了下来；“生存的如何”聚焦这部分被剩下儿童的生存状况，既然不能与外出的父母一起居住，那么留守的儿童过得怎么样，生活遇到困难怎么办；“获得什么帮助”让我们有机会去了解这些需要帮助的儿童能否获得他人及时的帮助，如何获得他人的帮助以及当遇到困难时获得了什么样的帮助三个层层递进、紧密相连的问题。

其二，认识留守儿童的差异性特征。按照以往的实地调研经验和相关研究成果，我们设计了一个主要的前提假设，即农村留守与非留守儿童的生存样态存在差异；留守儿童的生存样态在不同的学校类型、监护类型和区域之间存在差异。

对于“留守儿童”的认定标准，学术界一直存在争议。争议的焦点主要集中在三个方面：一是父母外出的结构，即双方均外出还是仅单方外出；二是父母外出的时间，即不能与子女见面的时间为半年以上还是一年以上；三是留守子女的年龄，即 18 岁以下还是 15 岁以下或者 12 岁以下。① 在我们的调查中，抽样对象主要借鉴教育部统计的指标解释，即留守儿童是指外出务工连续三个月以上的农民托留在户籍所在地家乡，由父、母单方或其他亲属监护的接受义务教育的适龄儿童少年。为了统计数据的便利，我们将其群体范围缩小至义务教育阶段的儿童。

二、研究设计与资料收集

进入 21 世纪以来，留守儿童逐渐成为人们关注的一个焦点话题，也是过去一段较长时期内我国教育改革的时代主题。2015 年，教育部人文社会科学重点研究基地东北师范大学中国农村教育发展研究院在《中国农村教育发展报告2015》中发布“留守儿童发展状况调查研究”。基于全国 10 个省(自治区、市)的 20 个市(区、县)农村中小学生的调查数据，报告对父母监护型儿童、母亲监护型儿童、父亲监护型儿童、其他人监护型儿童四种不同监护类型的农村儿童的日常生活、学业表现、做事品质和人际交往情况进行了分析。② 与以往研究相比，这项研究在分类设计、涉及内容、样本抽取等方面均有创新性的突破，对于了解当前农村教育的生存样态有着重要意义。为了更加深入地了解我国不同区域留守儿童的基本样态，聚焦他们遭遇到的困难、挑战和取得的新进步，研究团队在继承以往研究经验的基础上，进一步创新留守儿童的研究思路，开展以现实问题与逻辑思考相结合的实证调查研究，聚焦指标体系的关键性要素。2015 年 12 月，我们一共组织 12 个调研小组共计百余人奔赴目的地进行了为期两周有余的实地调查。

(一)调研对象

按照传统的经济发展水平和自然资源相结合的区域划分标准，我国大陆区域整体上可以划分为东、中、西三大经济地区，其中东部包括辽宁、河北、北京、天津、山东、江苏、浙江、上海、福建、广东和海南；中部包括黑龙江、吉林、

① 邬志辉、李静美：《农村留守儿童生存现状调查报告》，载《中国农业大学学报(社会科学版)》，2015(1)。

② 邬志辉、秦玉友：《中国农村教育发展报告 2015》，242 页，北京，北京师范大学出版社，2016。

内蒙古、山西、湖南、河南、江西、安徽和湖北；西部包括陕西、甘肃、青海、宁夏、新疆、四川、重庆、云南、广西、贵州和西藏。为了使样本能够较为准确全面地代表我国各地区义务教育均衡发展的状况，我们选取省(自治区、市)的标准基本遵循以往的研究惯例：所选县市要基本覆盖我国东、中、西部区域；所选省(自治区、市)的经济发展状况要代表本区域的发展水平(从经济发展水平上来看，我们根据2015年各省(自治区、市)的人均GDP指标进行排序，所选择的12个省(自治区、市)的人均GDP在全国分布较为合理)，着重考虑城镇化水平、地理环境和人口分布等因素的影响。据此，我们选择了位于东部地区的浙江、广东、山东，中部地区的河南、湖南、湖北、江西以及西部地区的贵州、广西、重庆、甘肃、云南(见表6.1)。

表6.1　12个省(自治区、市)2014年的人均GDP、人口密度和城镇化率

区域	省(自治区、市)	人均GDP(元)/排名	人口密度(人/平方千米)	城镇化率(%)
东部	浙江	73002/5	522.09	64.87
	广东	63469/9	596.77	68.00
	山东	60879/10	691.56	55.01
中部	河南	37072/22	565.03	45.20
	湖南	37072/17	318.08	49.28
	湖北	47145/13	312.86	55.67
	江西	34674/25	272.14	50.22
西部	贵州	26437/30	199.09	40.01
	广西	33090/27	200.85	46.01
	重庆	47850/12	362.99	59.60
	甘肃	26433/31	57.11	41.68
	云南	27264/29	120.87	41.73

资料来源：《中国统计年鉴2015》。

选择市、县级样本时，我们遵循了如下几项原则：样本要具有一般性，能代表省(自治区、市)的平均经济发展水平和社会情况；样本要能凸显省(自治区、市)的特色，如在以山地、丘陵为主的地区，选择的样本也以山地、丘陵地貌类型为主。根据以上原则，我们在每个省(自治区、市)中抽取分属2个地级市的2个县(区、市)作为调查样本单位。在12个省(自治区、市)中，我们共选出24个区县作为样本。县域内主要调查城关镇和随机抽取的其他3个乡镇，其中在城关镇的调查对象有：教育局、1 所职业学校、2 所初中(中心城区与城郊各 1 所)、2 所小学(中心城区与城郊各 1 所)；在乡镇中要选择经济发展水平好、中、差各 1 所乡镇，每所乡镇 1 所初中、4 所小学(含教学点)。

(二)指标设计

基于研究问题的确认，我们将研究思路定位在“谁留下来”“生存的如何”“获得什么帮助”三个方面，逐步推进，以获得留守儿童相对完整的一幅生活图景。因此，我们对调查的研究指标体系进行了结构性的设计(见表 6.2)。一级指标包括留守背景、生存状况和获得帮助三项内容，其中留守背景主要回答“谁留下来”的问题，生存状况回答留守儿童“生存的如何”的问题，获得帮助解决“获得什么帮助”的问题。留守背景包括家庭(父母婚姻、父母职业、家庭经济状况、监护类型、监护人最高学历)和个体(性别、是否独生子女、年级、留守时间、留守意愿、居住地点)两个部分；生存状况包括学习成就(语数英三科平均分、学习兴趣、学习过程、学习结果)，身体健康(平均身高、平均体重、生病频率、病情恢复)，道德规范(生活习惯、德行养成)，心理健康(人际关系、情绪控制)和负担情况(学习负担、生活负担)；获得帮助包括主体(家庭、邻居、社区、学校)，类型(分类性)，时空(可及性)和适应(适应性)。

在选择指标的时候，我们主要考虑了以下几个原则：一是可获得性。综合指数的构建常常会受到数据可得性的限制，在数据不可得时，或者牺牲指数的反应能力，或者使用不很理想的替代指标。① 某些数据即使非常关键，如果获取非常困难则就要果断放弃。二是易量化性。例如，全民教育监测的 EDI 指标聚焦在普及初等教育、成人扫盲、性别均等和平等以及教育质量②四个方面，这与数据的最易量化有很大关系。三是关键性。在设计指标时，我们要选择那些关键性的指标，而非大而全的系统性和完整性的指标。

研究将使用基本的描述统计和显著性检验等方式对数据进行基础性的分析，获得留守儿童的“谁留下来”“生存的如何”“获得什么帮助”的基本情况，并且对留守与非留守、不同区域、学校类型和监护类型等维度之间进行差异的显著性检验，从而基于公平视角来深入挖掘留守儿童的现状，为国家和政府制定相关政策提供实证上的支撑。

---

① 王善迈、袁连生、田志磊等：《我国各省份教育发展水平比较分析》，载《教育研究》，2013(6)。

② Kevin Watkins：《2009 年全民教育全球监测报告——消除不平等：治理缘何重要(摘要)》，22 页，联合国教科文组织，2008。

表 6.2　我国留守儿童的生存样态指标设计

一级指标	二级指标	三级指标
留守背景	家庭	父母婚姻
		父母职业
		家庭经济状况
		监护类型
		监护人最高学历
	个体	性别
		是否独生子女
		年级
		留守时间
		留守意愿
		居住地点
生存状况	学习成就	语数英三科平均分
		学习兴趣
		学习过程
		学习结果
	身体健康	平均身高
		平均体重
		生病频率
		病情恢复
	道德规范	生活习惯
		德行养成
	心理健康	人际关系
		情绪控制
	负担情况	学习负担
		生活负担

续表

一级指标	二级指标	三级指标
获得帮助	主体	家庭
		邻居
		社区
		学校
	类型	分类性
	时空	可及性
	适应	适应性

基于关键指标和数据收集情况的综合考量，研究分析将主要呈现以下指标：留守背景包括父母婚姻、家庭经济状况、监护类型、监护人最高学历、是否独生子女、年级、留守时间、留守意愿、居住地点；生存状况包括学习成就(学习兴趣、学习结果)，身体健康(生病频率)，道德规范(生活习惯、德行养成)，心理健康(人际关系、控制情绪)和负担情况(学习负担、生活负担)；获得帮助包括主体(家庭、邻居、社区)和适应(适应性)。

(三)工具使用和资料收集

留守儿童指标体系中的数据大多可以用问卷调查的方式进行收集，体现了指标数据收集的简单和方便原则。同时，对于一些难以用调查表收集数据却同样具有重要意义的指标，我们采用问卷、访谈等方式进行数据收集。因此本次调研工具主要有调查表、问卷和访谈三种类型。其中，调查表包括区县教育局调查表和学校调查表；学生问卷设置为 A、B 卷，除了基础信息题目两份问卷都保留外，大多数指标都分布在 A 卷上；访谈包括教师和校长访谈以及教师和学生的座谈。本报告将以分析问卷调查数据为主。

在实地调研中，我们共发放学生问卷 15000 份，回收 14282 份，回收率达 95.21%，有效问卷 13776 份，有效率达 96.46%。其中，留守儿童问卷 5460 份，非留守儿童问卷 8316 份，留守儿童的比例为 39.63%。基于留守儿童研究问题的内在要求，本研究的数据统计分析较多采用离散变量中的方差、极差、差异系数等变量进行分析，并且对不同区域、监护类型、学校类型以及留守与非留守的儿童之间进行了差异检验。其中，连续性变量使用了方差分析或 T 检验，非连续性变量运用了卡方检验。统计软件主要使用 SPSS 21.0 和 Excel 统计软件。

三、我国留守儿童发展的三维图景

(一)留守儿童的总体描述

前些年，有很多研究和数据分析了我国留守儿童的整体状况，如留守儿童数量多、多集中在农村、中西部省份比例高等，基本描述了留守儿童的分布特征。那么如今留守儿童到底呈现出什么样的状态？有没有发生明显变化？根据调研数据并结合国家统计数据，分析发现当前我国留守儿童呈现出的总体特征如下。

1. 留守儿童规模大、比例高，集中在中西部劳务输出大省，总体呈下降趋势

留守儿童无论在数量上还是在比例上都体现了规模大、比例高的特征。从总体规模来看，2013年全国妇联根据《中国2010年第六次人口普查资料》的样本数据推算，全国17岁及以下的留守儿童共计6102.55万，占农村儿童的37.70%①，与我们调查的数据基本一致。《2015年全国教育事业发展统计公报》表明，在义务教育阶段的在校生中，2015年年底，全国义务教育阶段在校生中留守儿童共2019.24万人，在小学就读的1383.66万人，在初中就读的635.57万人，留守儿童占义务教育阶段在校生总数的14.42%。2016年，民政部曾开展留守儿童②摸底排查工作，结果表明留守儿童的数量为902万，这个数量比之前要少很多，最主要的原因是这里的留守儿童统计口径与之前发生了变化。

在调查的13776位农村义务教育阶段学生中，有5460位学生为留守儿童，8316位为非留守儿童。其中，留守儿童占农村儿童的39.63%，这一比例与5年前的39.69%③基本相当，说明近几年留守儿童的比例基本保持稳定。

从地区分布来看，在所调研的12个省(自治区、市)中，留守儿童的比例超过平均值(39.63%)的有湖北(56.80%)、重庆(56.18%)、河南(55.95%)、湖南(53.40%)、贵州(49.24%)、广西(43.39%)6个省(自治区、市)，尤以湖北、重庆、河南、湖南的比例最多，均超过了50%，可见留守儿童主要集中在中西部劳务输出大省(见表6.3)。从东、中、西部的区域分布来看，留守儿童的比例占本区域的比例分别为18.4%、50.88%、43.14%，占全国总数的比例是11.43%、42.93%、45.64%。可见，留守儿童基本分布在中西部地区，尤其以

① 全国妇联课题组：《全国留守儿童城乡流动儿童状况研究报告》，载《中国妇运》，2013(6)。

② 在此之前，对留守儿童的定义是“父母一方外出务工、不满十八周岁”，民政部将留守儿童定义为“父母双方外出务工或一方外出务工，另一方无监护能力、不满十六周岁”，统计口径减小。

③ 邬志辉、李静美：《农村留守儿童生存现状调查报告》，载《中国农业大学学报(社会科学版)》，2015(1)。

中部地区为甚，东部地区的留守儿童的比例相对较低。民政部 2016 年的调查表明，东、中、西部省份的留守儿童分别占全国总数的 9.65%、51.33% 和 39.02%，江西、四川、贵州、安徽、河南、湖南和湖北等地的留守儿童数量都比较高。无论分布区域还是比例构成，都与本研究调查的研究结论基本一致。

表 6.3　12 个省(自治区、市)留守儿童的数量分布

区域	省(自治区、市)	留守儿童数	非留守儿童数	留守儿童比例	区域比例	全国比例
东部	浙江	258	984	20.77%	18.40%	11.43%
	广东	168	785	17.63%		
	山东	198	999	16.54%		
中部	河南	686	540	55.95%	50.88%	42.93%
	湖南	604	527	53.40%		
	湖北	689	524	56.80%		
	江西	365	672	35.20%		
西部	贵州	521	537	49.24%	43.14%	45.64%
	广西	555	724	43.39%		
	重庆	709	553	56.18%		
	甘肃	250	558	30.94%		
	云南	457	913	33.36%		
总数		5460	8316	39.63%	100%	100%

留守儿童的规模巨大，但近年来总体呈下降趋势。2010 年以来，留守儿童数由 2271.51 万下降到 2019.24 万，6 年间下降了 252.27 万，其中小学阶段下降 78.13 万，初中阶段下降 174.15 万，初中下降的比例要高于小学。另外，农民工子女的留守率①也呈下降趋势。根据教育统计数据测算，留守率由 2010 年的 66.06%下降到 2015 年的 59.63%，下降了 6.43 个百分点。从历年来的留守率可以发现，除了 2013 年之外，基本上小学阶段的留守率要低于初中阶段，比值的差额基本保持在 6%～10%(见表 6.4)。也就是说，随着孩子的年龄的增大，孩子的家长越倾向于让其留在农村。

① 农民工子女留守率的计算公式：留守率＝某阶段留守儿童数/(某阶段留守儿童数＋随迁子女数)。

表 6.4 2010—2015 年义务教育阶段留守儿童的数量及留守率统计

指标	2010 年	2011 年	2012 年	2013 年	2014 年	2015 年
留守儿童数(万人)	2271.51	2200.32	2271.07	2126.75	2075.42	2019.24
小学阶段留守儿童数(万人)	1461.79	1436.81	1517.88	1440.47	1409.53	1383.66
初中阶段留守儿童数(万人)	809.72	763.51	753.19	686.28	665.89	635.57
随迁子女数(万人)	1167.17	1260.97	1393.87	1277.17	1294.73	1367.10
小学阶段随迁子女数(万人)	864.30	932.74	1035.54	930.85	955.59	1013.56
初中阶段随迁子女数(万人)	302.88	328.23	358.33	346.31	339.14	353.54
留守率(%)	66.06	63.57	61.97	62.48	61.58	59.63
小学阶段留守率(%)	62.84	60.64	59.44	60.75	59.60	57.72
初中阶段留守率(%)	72.78	69.94	67.76	66.46	66.26	64.26

资料来源：引自 2010—2015 年全国教育事业发展统计公报。

12 个省(自治区、市)的实地调查数据表明，四至九年级的留守儿童数分别为 1100、1090、1035、743、697、762，非留守儿童数分别为 1432、1615、1576、1200、1233、1221，每个年级的留守儿童数占年级总数的比例为 43.44%、40.30%、39.64%、38.24%、36.11%、38.43%。这个比例还算相对稳定，基本保持在 40%左右，但随着年级从低到高的增加，留守儿童的比例逐级下降，从四年级的 43.44%下降到八年级的 36.11%。我们发现，九年级留守儿童的比例不降反增，甚至高过了七年级初中入学时的水平。为什么在九年级的时候留守儿童的比例有一些增长？这大概与这些孩子即将面临中考有关，家长出于在流入地难以参加当地中考的顾虑，在这个时候会选择将孩子送回家乡的学校，从而增加了留守的比例。

2. 留守儿童的家庭背景：单亲和孤儿的比例不高，家庭经济状况和学历水平处于不利地位

单亲和孤儿的留守儿童应引起社会重视。在父母婚姻状况的问题中，正常家庭为 4976 人，单亲家庭为 429 人，孤儿家庭为 35 人，分别占总数的 91.47%、7.89%和 0.64%，其中单亲和孤儿家庭的比例为 8.53%。这个比例看起来不算很高，还不到总体的 10%，但是这种非正常家庭结构给留守儿童带来的挑战是很难想象的。几乎每次的实地调研都能让我们看到这种非正常家庭结构的留守儿童相对较差的生存现状，多重不利地位的层层叠加让其更容易遭受风险，应引起社会的足够重视。

留守儿童的家庭经济水平处于不利地位。在“你觉得你家的经济状况在当地

处于什么水平”的问题中，回答“上等”“中上等”“中等”“中下等”“下等”的留守儿童数分别为 232、625、3029、1031、445，占留守儿童总数的比例为 4.33%、11.66%、56.49%、19.23%、8.30%，其中“中上等”以上的比例为 15.99%，“中下等”以下的比例为 27.53%。与此相比，回答“上等”“中上等”“中等”“中下”“下等”的非留守儿童数分别为 426、1492、4855、1031、392，占留守儿童总数的比例为 5.20%、18.20%、59.24%、12.58%、4.78%，其中“中上等”以上的比例为 23.40%，“中下等”以下的比例为 17.36%。由此可见，留守儿童的家庭经济条件在当地不算好，与非留守儿童的家庭相比处于劣势。

留守儿童家长在学历水平上也处于不利地位。在“和你生活在一起的家长中，最高学历是什么”的问题中，回答“未上学”“小学”“初中”“高中”“中专”“中师”“大专”“大学本科”“研究生”的留守儿童数分别为 58、491、1423、987、161、72、148、425、155，比例为 1.12%、9.49%、27.50%、19.07%、3.11%、1.39%、2.86%、8.21%、3.00%。初中及以下的比例达到了 38.11%，超过了总数的三分之一，大专及以上学历的比例仅为 14.07%。与此相比，非留守儿童回答不同学历水平的数量分别是 59、435、1690、1442、270、84、435、1117、405，比例分别为 0.99%、7.33%、28.47%、24.29%、4.55%、1.41%、7.33%、18.81%、6.82%。初中及以下的比例达到了 36.88%，这一比例与留守儿童相差不大，大专及以上学历的比例达到了 32.96%，远远高于留守儿童家长的水平。

3. 留守儿童的个体背景：留守时间长，愿意与父母外出的意愿并不强

多数留守儿童的留守时间较长。在“爸爸或妈妈最早几年前开始长期外出”的问题中，回答“不足半年”“不足 1 年”“1～3 年”“4～6 年”“7～9 年”“10 年以上”的留守儿童数分别为 722、1013、959、566、405、604，比例分别为 16.91%、23.73%、22.46%、13.26%、9.49%、14.15%。这也意味着留守时间在“1 年以上”的留守儿童的比例在 59.36%，大多数留守儿童的留守时间比较长。

留守儿童愿意跟随父母随迁的比例不高。在“你愿意与父母一起去外地吗”的问题中，回答“非常愿意”“比较愿意”“无所谓”“不太愿意”“非常不愿意”的留守儿童数分别为 1136、987、1309、1468、464，分别占留守儿童总数的 21.18%、18.40%、24.40%、27.37%、8.65%。在一般人看来，留守儿童渴望正常的家庭生活，都非常愿意与外出的父母一起出去。但事实上却并非如此，直接表达“愿意”的比例仅有 39.58%，有 36.02%的留守儿童持否定态度，还有 24.40%的表示“无所谓”。

父亲和双亲外出的留守儿童仍然占主流，超过一半的留守儿童母亲缺位。从

留守儿童的父母外出结构来看，在5460位留守儿童中，父亲外出的留守儿童为2508人，母亲外出的留守儿童为713人，双亲外出的留守儿童为2239人，比例分别为45.93%、13.06、41.01%。如果按照2015年教育部统计留守儿童的2019.24万来计算，我国义务教育阶段实际上有827.89万的留守儿童在平时的生活中见不到父亲和母亲，这些孩子的生存状态要么是隔代监护或同辈监护，要么是自己独立生活，要么是寄宿在学校，生活、学习、安全、心理健康的保障很难得到有效支持。全国还有264.49万义务教育阶段的学生是母亲外出的留守儿童。以往研究经验表明，母亲外出的留守儿童在生存上会遇到更大的困难和挑战，这也是国外很多国家明确规定"母亲的子女监护责任"的意义所在。如此一来，全国有超过一半的留守儿童处于母亲缺位状态，对于留守儿童而言，这是一个非常大的挑战。几年前我们调查父亲外出、母亲外出和双亲外出的比例分别为46.91%、9.73%、43.36%①，与此相比，如今母亲外出的留守儿童的比例不降反升，留守儿童的处境堪忧。

(二)留守儿童的生存状况

无论在什么时候，留守儿童的生存状况都是受到人们关注的重点话题，而留守儿童各种伤害与被伤害事件的发生也往往与此直接相关，因此这部分内容仍然是本报告关注的焦点。依据研究设计与核心指标的指向，我们主要关注留守儿童的身体健康、道德规范、负担情况、心理健康和学习成就五个方面的影响。为了获得更准确的信息，我们在设计时使用生病频率、生活习惯、德行养成、生活负担、学习负担、人际关系、情绪控制、学习兴趣和学习结果的指标。

1. 身体健康

在生病频率上，留守儿童更容易生病；在"没生过病""3次及以上"选项上，留守与非留守儿童有显著差异；中部与西部在"没生过病"选项上呈现显著差异，不同学校类型和监护类型间无显著差异。

身体健康是留守儿童的生存状况最重要的衡量指标，也是学校、社区等主体开展其他活动的基础。本报告选择了"生病频率"指标。为了更好地反映留守儿童的状况，我们在对这些指标进行描述性统计的基础上，在儿童类型、区域、学校类型和监护类型上进行了比较分析(见表6.5)。

① 邬志辉、李静美：《农村留守儿童生存现状调查报告》，载《中国农业大学学报(社会科学版)》，2015(1)。

表 6.5　留守儿童生病频率的描述性分析

范围	分类	频数/比例(%)					平均数	差异系数	χ^2
		A	B	C	D	E			
儿童类型	留守	1237/22.84	1231/22.72	1284/23.70	1549/28.60	116/2.14	2.64	1.18	7.67*
	非留守	2209/26.76	2001/24.24	2034/24.64	1831/22.18	180/2.18	2.49	1.17	
区域	东部	141/22.78	144/23.26	127/20.52	177/28.59	30/4.85	2.69	1.24	38.53*
	中部	575/24.68	510/21.89	560/24.03	647/27.77	38/1.63	2.60	1.18	
	西部	521/21.11	577/23.38	597/24.19	725/29.38	48/1.94	2.68	1.16	
学校类型	小学	691/22.41	679/22.02	721/23.39	921/29.87	71/2.30	2.68	1.19	2.70
	初中	494/23.74	486/23.35	503/24.17	557/26.77	41/1.97	2.60	1.17	
	九年制	52/20.55	66/26.09	60/23.72	71/28.06	4/1.58	2.64	1.14	
监护类型	父亲外出	579/23.26	584/23.46	584/23.46	686/27.56	56/2.25	2.62	1.18	2.26
	母亲外出	149/21.16	168/23.86	175/24.86	194/27.56	18/2.56	2.66	1.16	
	双亲外出	509/22.89	479/21.54	525/23.61	669/30.08	42/1.89	2.67	1.18	

注：A="没生过病"，B="1 次"，C="2 次"，D="3 次及以上"，E="慢性病，长期治疗"；* 表示变量在 5%水平上显著。

留守儿童更容易生病，在"没生过病""3 次及以上"选项上的留守与非留守儿童有显著差异。在生病频率上，留守儿童在回答"近半年来，你生过几次病"的问题上基本集中在"没生过病""1 次""2 次""3 次及以上"4 个选项，并且分布比较平均，比例分别是 22.7%、22.5%、23.5%、28.4%；"慢性病，长期治疗"的比例较小，只有 2.1%。与留守儿童相比，非留守儿童的情况要稍好一些，"没生过病"的比例为 26.76%，要高于留守儿童的比例；"3 次及以上"的比例为 22.18%，低于留守儿童的 28.60%；其余的比例基本一致。卡方检验显示差异显著，这表示不同类别在 5 个反应变量上至少有 1 个选项选择的次数百分比间有显著差异。从校正后的标准化残差值可以看出，在"没生过病""3 次及以上"选项上的留守与非留守儿童的百分比呈现显著差异，留守儿童更容易生病。这和我们的认知相一致，孩子和父母生活在一起，得到的关心和照顾相对比较全面，所以身体健康状况比较好，生病的次数自然就减少了。

在"没生过病"选项上的中部与西部的留守儿童呈现显著差异，中部的留守儿童表现较好。东、中、西部的留守儿童在"没生过病""1 次""2 次""3 次及以上""慢性病，长期治疗"5 个选项上的比例分别是 22.78%、23.26%、20.52%、28.59%、4.85%；24.68%、21.89%、24.03%、27.77%、1.63%；21.11%、

23.38%、24.19%、29.38%、1.94%，前面4个选项的比例基本都在20%以上。研究也从不同区域的留守儿童进行了比较，通过卡方检验显示不同区域类型在生病频率5个反应变量上至少有1个选项选择的次数百分比间有显著差异。从校正后的标准化残差值可以看出，在"没生过病"选项上的中部与西部的留守儿童的百分比呈现显著差异，中部地区的留守儿童表现较好；在"慢性病，长期治疗"选项上的东部与中西部的留守儿童呈现显著差异，东部地区的留守儿童表现较差，由于该选项比例较小，这种显著性的意义也就不那么明显。

不同学校类型的留守儿童无显著差异。小学阶段留守儿童在回答"没生过病""1次""2次""3次及以上""慢性病，长期治疗"5个选项上的比例是22.41%、22.02%、23.39%、29.87%、2.30%；初中阶段留守儿童在回答"没生过病""1次""2次""3次及以上""慢性病，长期治疗"5个选项上的比例是23.74%、23.35%、24.17%、26.77%、1.97%；九年一贯制学校留守儿童在回答"没生过病""1次""2次""3次及以上""慢性病，长期治疗"5个选项上的比例是20.55%、26.09%、23.72%、28.06%、1.58%。卡方检验的结果显示差异不显著，表示不同学校类型的留守儿童在5个反应变量上没有1个选项选择的次数百分比间有显著差异。

不同监护类型的留守儿童无显著差异。父亲外出的留守儿童在回答"没生过病""1次""2次""3次及以上""慢性病，长期治疗"5个选项上的比例是23.26%、23.46%、23.46%、27.56%、2.25%；母亲外出的留守儿童在回答"没生过病""1次""2次""3次及以上""慢性病，长期治疗"5个选项上的比例是21.16%、23.86%、24.86%、27.56%、2.56%；双亲外出的留守儿童在回答"没生过病""1次""2次""3次及以上""慢性病，长期治疗"5个选项上的比例是22.89%、21.54%、23.61%、30.08%、1.89%。卡方检验的结果显示差异不显著，表示不同监护类型的留守儿童在5个反应变量上没有1个选项选择的次数百分比间有显著差异。

2. 道德规范

在道德规范上，我们选择生活习惯、德行养成两个指标进行分析，在儿童类型、区域、学校类型和监护类型上进行对比。

(1)生活习惯

在生活习惯上，留守儿童的整体水平较高，不同区域和监护类型的留守儿童之间差异不显著，留守与非留守、初中与其他学校的留守儿童均在"马上会关好"选项上呈现显著差异。

生活习惯指标设计的问题是"当你在学校看到水龙头没有关时，你会怎么做"，回答的选项有"马上会关好""有人在会关好""就当没看见"和"其他"(见表6.6)。

表 6.6 留守儿童的生活习惯统计

范围	分类	频数/比例(%)				平均数	差异系数	χ^2
		A	B	C	D			
儿童类型	留守	5050/92.97	137/2.52	101/1.86	144/2.65	1.14	0.49	9.87*
	非留守	7801/94.11	150/1.81	139/1.68	199/2.40	1.12	0.48	
区域	东部	567/91.16	20/3.22	14/2.25	21/3.38	1.18	0.53	4.38
	中部	2178/93.44	52/2.23	41/1.76	60/2.57	1.13	0.49	
	西部	2305/92.98	65/2.62	46/1.86	63/2.54	1.14	0.49	
学校类型	小学	2924/94.57	71/2.30	45/1.46	52/1.68	1.10	0.43	41.55*
	初中	1886/90.41	61/2.92	52/2.49	87/4.17	1.20	0.57	
	九年制	240/94.49	5/1.97	4/1.57	5/1.97	1.11	0.45	
监护类型	父亲外出	2328/93.23	58/2.32	43/1.72	68/2.72	1.14	0.49	6.25
	母亲外出	644/91.09	26/3.68	15/2.12	22/3.11	1.17	0.52	
	双亲外出	2078/93.27	53/2.38	43/1.93	54/2.42	1.14	0.48	

注：A＝“马上会关好”，B＝“有人在会关好”，C＝“就当没看见”，D＝“其他”； * 表示变量在5%水平上显著。

留守儿童的生活习惯较好，与非留守儿童之间在“马上会关好”选项上存在显著差异。回答“马上会关好”“有人在会关好”“就当没看见”“其他”的留守儿童分别占留守儿童总数的92.97%、2.52%、1.86%、2.65%；非留守儿童回答“马上会关好”“有人在会关好”“就当没看见”“其他”分别占非留守儿童总数的94.11%、1.81%、1.68%、2.40%。无论留守儿童还是非留守儿童，回答“马上会关好”的比例占90.00%以上，其余的回答比例较小，反映了他们日常生活习惯良好。通过卡方检验得到 *Sig.* 值小于0.05，表示留守儿童与非留守儿童在4个反应变量上至少有1个选项选择的次数百分比间有显著差异。从校正后的标准化残差值可以看出，留守儿童与非留守儿童在“马上会关好”选项上呈现显著差异。

不同区域的留守儿童表现良好，不存在显著差异。东部的留守儿童回答“马上会关好”“有人在会关好”“就当没看见”“其他”的分别占东部留守儿童总数的91.16%、3.22%、2.25%、3.38%；中部的留守儿童回答“马上会关好”“有人在会关好”“就当没看见”“其他”分别占西部留守儿童总数的93.44%、2.23%、1.76%、2.57%；西部的留守儿童回答各选项的比例分别占到西部留守儿童总数的92.98%、2.62%、1.86%、2.54%。无论东部、中部还是西部的留守儿童，回答“马上会关好”的比例占90.00%以上，其余的回答比例较小，反映了他们日常生活习惯良好。通过卡方检验得到 *Sig.* 值大于0.05，表示不同区域的留守儿童在4个反应变量上没有1个选项选择的百分比间有显著差异。

不同学校类型的留守儿童表现良好，在“马上会关好”“其他”选项上的初中与其他学校类型的留守儿童呈现显著差异。小学的留守儿童回答“马上会关好”“有人在会关好”“就当没看见”“其他”的比例分别为94.57%、2.30%、1.46%、1.68%；初中的留守儿童回答“马上会关好”“有人在会关好”“就当没看见”“其他”的比例分别为90.41%、2.92%、2.49%、4.17%；九年一贯制学校的留守儿童的比例分别为94.49%、1.97%、1.57%、1.97%。无论小学、初中还是九年一贯制学校的留守儿童，回答“马上会关好”的比例占90.00%以上，其余的回答比例较小，反映了他们日常生活习惯良好。通过卡方检验得到 *Sig.* 值小于0.05，表示不同学校类型的留守儿童在4个反应变量上至少有1个选项选择的次数百分比间有显著差异。从校正后的标准化残差值可以看出，在“马上会关好”“其他”选项上的初中与其他学校的留守儿童呈现显著差异。

不同监护类型对生活习惯的影响不显著。父亲外出的留守儿童回答“马上会关好”“有人在会关好”“就当没看见”“其他”的比例是93.23%、2.32%、1.72%、2.72%；母亲外出的留守儿童回答“马上会关好”“有人在会关好”“就当没看见”“其他”的比例是91.09%、3.68%、2.12%、3.11%；双亲外出的留守儿童回答“马上会关好”“有人在会关好”“就当没看见”“其他”的比例是93.27%、2.38%、1.93%、2.42%。无论父亲外出、母亲外出还是双亲外出的留守儿童，回答“马上会关好”的比例占90.00%以上，其余的回答比例较小，反映了他们日常生活习惯良好。通过卡方检验得到 *Sig.* 值大于0.05，表示不同监护类型的留守儿童在4个反应变量上没有1个选项选择的次数百分比间有显著差异。

(2)德行养成

在德行养成上，留守儿童的整体水平较高，留守与非留守儿童、不同监护类型的留守儿童在德行方面不存在显著差异；在“按当时约定时间”选项上的中部与东西部的留守儿童呈现显著差异，初中的留守儿童显著低于小学和九年一贯制学校的留守儿童的百分比。

德行养成指标设计的题目为“你同学借了你的钱或东西，一般什么时候会归还”，回答的选项有“按当时约定时间”“过了很久才归还”“经过提醒才归还”和“经常忘记归还”(见表6.7)。

表 6.7 留守儿童的德行养成统计

范围	分类	频数/比例(%)				平均数	差异系数	χ^2
		A	B	C	D			
儿童类型	留守	3534/65.69	420/7.81	922/17.14	504/9.37	1.70	0.62	5.41
	非留守	5542/67.48	584/7.11	1365/16.62	722/8.79	1.67	0.62	
区域	东部	394/64.27	45/7.34	116/18.92	58/9.46	1.74	0.62	23.86*
	中部	1574/68.29	149/6.46	394/17.09	188/8.16	1.65	0.62	
	西部	1566/63.61	226/9.18	412/16.73	258/10.48	1.74	0.62	
学校类型	小学	2143/69.94	240/7.83	421/13.74	260/8.49	1.61	0.63	82.79*
	初中	1222/59.09	162/7.83	457/22.10	227/10.98	1.85	0.60	
	九年制	169/68.15	18/7.26	44/17.74	17/6.85	1.63	0.61	
监护类型	父亲外出	1642/66.34	182/7.35	419/16.93	232/9.37	1.69	0.63	4.61
	母亲外出	452/64.57	65/9.29	112/16.00	71/10.14	1.72	0.62	
	双亲外出	1440/65.31	173/7.85	391/17.73	201/9.12	1.71	0.61	

注：A=“按当时约定时间”，B=“过了很久才归还”，C=“经过提醒才归还”，D=“经常忘记归还”；* 表示变量在 5%水平上显著。

留守儿童的德行水平整体较高，留守与非留守儿童在德行方面不存在显著差异。留守儿童回答“按当时约定时间”“过了很久才归还”“经过提醒才归还”“经常忘记归还”的比例为 65.69%、7.81%、17.14%、9.37%；非留守儿童回答“按当时约定时间”“过了很久才归还”“经过提醒才归还”“经常忘记归还”的比例为 67.48%、7.11%、16.62%、8.79%。无论留守儿童还是非留守儿童，回答“按当时约定时间”的人数占到 65%以上，德行养成的整体水平较高，占到各自人数的一半及其以上。通过卡方检验得出 *Sig.* 值大于 0.05，表示留守儿童与非留守儿童在 4 个反应变量上没有 1 个选项选择的次数百分比间有显著差异。

在“按当时约定时间”选项上的中部的留守儿童表现较好，并与东部和西部分别呈现显著差异。东、中、西部的留守儿童回答“按当时约定时间”“过了很久才归还”“经过提醒才归还”“经常忘记归还”的比例分别为 64.27%、7.34%、18.92%、9.46%；68.29%、6.46%、17.09%、8.16%；63.61%、9.18%、16.73%、10.48%。无论东部、中部还是西部的留守儿童，回答“按当时约定时间”的人数占到 60%以上，占到各自人数的一半及其以上，德行养成水平较好。通过卡方检验得出 *Sig.* 值小于 0.05，表示不同区域的留守儿童在 4 个反应变量上至少有 1 个选项选择的次数百分比间有显著差异。从校正后的标准化残差值可以看出，在“按当时约定时间”选项上的中部的留守儿童表现较好，并与东部和西部的百分比分别呈现显著差异。

在“按当时约定时间”选项上，初中的留守儿童的百分比显著低于小学和九年一贯制学校的留守儿童，而在“经过提醒才归还”这一选项上，初中的留守儿童的百分比显著高于小学和九年一贯制学校的留守儿童。小学的留守儿童回答“按当时约定时间”“过了很久才归还”“经过提醒才归还”“经常忘记归还”的比例分别为69.94%、7.83%、13.74%、8.49%；初中的留守儿童的比例分别为59.09%、7.83%、22.10%、10.98%，第一项回答的差异较大；九年一贯制学校的留守儿童回答各选项的比例与小学基本相当，分别为68.1%、7.3%、17.1%、6.85%。无论小学、初中还是九年一贯制学校的留守儿童，回答“按当时约定时间”的人数占到60%左右，占到各自人数的一半及其以上，他们的德行养成较好。通过卡方检验得出 *Sig.* 值小于0.05，表示不同学校类型的留守儿童在4个反应变量上至少有1个选项选择的次数百分比间有显著差异。从校正后的标准化残差值可以看出，在“按当时约定时间”选项上，初中的留守儿童的百分比显著低于小学和九年一贯制学校的留守儿童，而在“经过提醒才归还”这一选项上，初中的留守儿童的百分比显著高于小学和九年一贯制学校的留守儿童。

不同监护类型的留守儿童差异不显著。父亲外出的留守儿童回答“按当时约定时间”“过了很久才归还”“经过提醒才归还”“经常忘记归还”的比例为66.34%、7.35%、16.93%、9.37%；母亲外出的留守儿童的比例为64.57%、9.29%、16.00%、10.14%；双亲外出的留守儿童的比例为65.31%、7.85%、17.73%、9.12%。无论父亲外出、母亲外出还是双亲外出的留守儿童，回答“按当时约定时间”的人数占到60%以上，占到各自人数的一半及其以上，他们的德行养成较好。通过卡方检验得出 *Sig.* 值大于0.05，父亲外出、母亲外出、双亲外出的留守儿童在德行养成方面不存在显著差异。

3. 负担情况

留守儿童的负担情况关系着他们的健康成长。本报告将立足生活和学习两个维度来考量，在儿童类型、区域、学校类型和监护类型上进行对比。

(1)生活负担

大部分留守儿童有较重的生活负担，不同区域的留守儿童差异显著，留守与非留守的儿童、不同学校类型和不同监护类型的留守儿童差异不显著。

留守儿童的生活负担指标主要反映他们回到家里承担家务的情况。本报告采用的问题是“平时在家时你帮家人干活吗”，回答的选项有“天天干”“经常干”“较少干”“很少干”和“从来不干”(见表6.8)。

表 6.8　留守儿童的生活负担统计

范围	分类	频数/比例(%)					平均数	差异系数	T/F 值
		A	B	C	D	E			
儿童类型	留守	883/16.46	2226/41.51	1648/30.73	529/9.86	77/1.44	1.83	0.70	1.90
	非留守	1290/15.85	3453/42.44	2639/32.43	655/8.05	100/1.23	1.86	0.71	
区域	东部	110/17.97	223/36.44	214/34.97	52/8.50	13/2.12	2.40	0.40	55.88*
	中部	268/11.63	894/38.80	847/36.76	256/11.11	39/1.69	2.52	0.36	
	西部	505/20.64	1109/45.32	587/23.99	221/9.03	25/1.02	2.24	0.41	
学校类型	小学	586/19.36	1163/38.42	873/28.84	351/11.60	54/1.78	2.38	0.41	0.13
	初中	268/12.85	949/45.52	689/33.05	158/7.58	21/1.01	2.38	0.35	
	九年制	29/11.55	114/45.42	86/34.26	20/7.97	2/0.80	2.42	0.34	
监护类型	父亲外出	390/15.85	1020/41.45	794/32.26	229/9.31	28/1.14	2.38	0.38	0.63
	母亲外出	123/17.77	273/39.45	197/28.47	83/11.99	16/2.31	2.42	0.41	
	双亲外出	370/16.74	933/42.22	657/29.73	217/9.82	33/1.49	2.37	0.39	

注：A＝"天天干"，B＝"经常干"，C＝"较少干"，D＝"很少干"，E＝"从来不干"；＊表示变量在 5%水平上显著。

有 57.96%的留守儿童承担较多的生活负担，留守儿童与非留守儿童在生活负担方面不存在显著差异。留守儿童回答"天天干""经常干""较少干""很少干""从来不干"的比例为 16.46%、41.51%、30.73%、9.86%、1.44%，前两项之和达到了 57.97%。面对这个问题，非留守儿童的回答比例为 15.85%、42.44%、32.43%、8.05%、1.23%。无论留守儿童还是非留守儿童，在 5 个选项中，选择"经常干"的比例最多，他们的生活负担比较多。通过显著性检验得出 *Sig.* 值大于 0.05，留守儿童与非留守儿童在生活负担方面不存在显著差异。

不同区域的留守儿童在生活负担上存在显著差异。东部的留守儿童回答"天天干""经常干""较少干""很少干""从来不干"的比例为 17.97%、36.44%、34.97%、8.50%、2.12%；中部的留守儿童的比例为 11.63%、38.80%、36.76%、11.11%、1.69%；西部的留守儿童的比例为 20.64%、45.32%、23.99%、9.03%、1.02%。无论东部、中部还是西部的留守儿童，在 5 个选项中，选择"经常干"的比例最多，他们的生活负担较多。选择"经常干"和"天天干"的东部、中部和西部的留守儿童的比例分别为 54.41%、50.43%、65.96%，可见中部的留守儿童在"生活负担"上优于东部和西部，西部的留守儿童的生活负担较重。通过方差分析得出 *Sig.* 值小于 0.05，东部、中部和西部的留守儿童在生活负担上存在显著差异。经过 Scheffe 进行多重比较最终得出，东部与中部、东部与西部、西部与中部均存在显著差异。

不同学校类型的留守儿童在生活负担上不存在显著差异。小学的留守儿童回答“天天干”“经常干”“较少干”“很少干”“从来不干”的比例为 19.36％、38.42％、28.84％、11.60％、1.78％；初中的留守儿童的比例为 12.85％、45.52％、33.05％、7.58％、1.01％；九年一贯制学校的留守儿童的比例为 11.55％、45.42％、34.26％、7.97％、0.80％。无论小学、初中还是九年一贯制学校的留守儿童，在 5 个选项中，选择“经常干”的比例最多，选择“经常干”和“天天干”的比例分别为 57.78％、58.37％、56.97％，他们的生活负担较多。通过方差分析得出 *Sig.* 值大于 0.05，小学、初中和九年一贯制学校的留守儿童在生活负担上不存在显著差异。

不同监护类型的留守儿童在生活负担上不存在显著差异。父亲外出的留守儿童回答“天天干”“经常干”“较少干”“很少干”“从来不干”的比例为 15.85％、41.45％、32.26％、9.31％、1.14％；母亲外出的留守儿童回答问题的比例为 17.77％、39.45％、28.47％、11.99％、2.31％；双亲外出的留守儿童回答问题的比例为 16.74％、42.22％、29.73％、9.82％、1.49％。无论父亲外出、母亲外出还是双亲外出的留守儿童，在 5 个选项中，选择“经常干”的比例最多，选择“经常干”和“天天干”的比例分别为 57.30％、57.22％、58.96％。通过方差分析得出 *Sig.* 值大于 0.05，父亲外出、母亲外出、双亲外出的留守儿童在生活负担上不存在显著差异。

(2)学习负担

大部分留守儿童在学习中感到“快乐”；不同监护类型的留守儿童差异不显著，东部的留守儿童能感受到更多的“快乐”，西部的留守儿童更容易感到“厌烦”；小学的留守儿童能感受到更多的“快乐”，初中的留守儿童感受到更多的“疲倦”和“焦虑”。

学习负担也是反映留守儿童的负担情况的一个重要指标。本报告对这个指标设计了“你在学习中经常感到什么”的问题，回答的选项有“快乐”“疲倦”“焦虑”“厌烦”“没感觉”(见表 6.9)。

表 6.9 留守儿童的学习负担统计

范围	分类	频数/比例(%)					平均数	差异系数	χ^2
		A	B	C	D	E			
儿童类型	留守	3339/61.25	947/17.37	397/7.28	289/5.30	479/8.79	2.38	0.39	12.45
	非留守	4979/60.06	1543/18.61	524/6.32	425/5.13	819/9.88	2.36	0.38	
区域	东部	360/57.88	117/18.81	39/6.27	28/4.50	78/12.54	1.95	0.72	31.41*
	中部	1444/61.71	420/17.95	159/6.79	103/4.40	214/9.15	1.81	0.71	
	西部	1535/61.67	410/16.47	199/8.00	158/6.35	187/7.51	1.82	0.69	
学校类型	小学	2337/75.14	308/9.90	129/4.15	94/3.02	242/7.78	1.58	0.76	665.10*
	初中	856/41.02	584/27.98	248/11.88	182/8.72	217/10.40	2.20	0.60	
	九年制	146/57.48	55/21.65	20/7.87	13/5.12	20/7.87	1.84	0.67	
监护类型	父亲外出	1507/60.18	447/17.85	174/6.95	133/5.31	243/9.70	1.87	0.71	7.75
	母亲外出	446/62.82	119/16.76	48/6.76	40/5.63	57/8.03	1.79	0.71	
	双亲外出	1386/61.96	381/17.03	175/7.82	116/5.19	179/8.00	1.80	0.70	

注：A="快乐"，B="疲倦"，C="焦虑"，D="厌烦"，E="没感觉"；* 表示变量在5%水平上显著。

留守儿童与非留守儿童在学习负担方面不存在显著差异。留守儿童回答"快乐""疲倦""焦虑""厌烦""没感觉"的比例为 61.25%、17.37%、7.28%、5.30%、8.79%；非留守儿童回答"快乐""疲倦""焦虑""厌烦""没感觉"的比例为 60.06%、18.61%、6.32%、5.13%、9.88%。无论留守儿童还是非留守儿童，在 5 个选项中，选择"快乐"的比例最多，且占到 60%以上，他们的学习负担较轻。对于任何一个选项而言，留守儿童与非留守儿童的百分比都比较接近。通过卡方检验得出 *Sig.* 值大于 0.05，留守儿童与非留守儿童在学习负担方面的 5 个反应变量上没有 1 个选项选择的次数百分比间存在显著差异。

不同区域的留守儿童在学习中有超过 55%的比例感到"快乐"，东部的留守儿童在"快乐"选项上的百分比与中部和西部呈现显著差异，西部的留守儿童在"厌烦"选项上的百分比与中部和东部呈现显著差异。在对不同区域的留守儿童进行生活负担调查时，东部的留守儿童回答"快乐""疲倦""焦虑""厌烦""没感觉"的比例是 57.88%、18.81%、6.27%、4.50%、12.54%；中部的留守儿童回答"快乐""疲倦""焦虑""厌烦""没感觉"的比例是 61.71%、17.95%、6.79%、4.40%、9.15%；西部的留守儿童回答"快乐""疲倦""焦虑""厌烦""没感觉"的比例是 61.67%、16.47%、8.00%、6.35%、7.51%。无论东部、中部还是西部的留守儿童，在5个选项中，选择“快乐”的比例最多，且都占到55%以上，他们的学习负担较轻。在“快乐”这一选项上，中部和西部的留守儿童的百分比显著高于东部的留守儿童的百分比；在“厌烦”这一选项上，西部的留守儿童的百分比显著高于东部和中部的留守儿童。通过卡方检验得出 *Sig.* 值小于0.05，表示不同区域的留守儿童在5个反应变量上至少有1个选项选择的次数百分比间有显著差异。从校正后的标准化残差值可以看出，东部的留守儿童在“快乐”选项上与中部和西部呈现显著差异，西部的留守儿童在“厌烦”选项上与中部和东部呈现显著差异。

小学阶段感受“快乐”的比例达到75.14%，初中阶段最低只有41.02%；在“快乐”这一选项上，小学的留守儿童与初中和九年一贯制学校存在显著差异；在“疲倦”和“焦虑”这两个选项上，初中的留守儿童的百分比显著高于小学和九年一贯制学校。小学的留守儿童回答“快乐”“疲倦”“焦虑”“厌烦”“没感觉”的比例是75.14%、9.90%、4.15%、3.02%、7.78%；初中的留守儿童回答“快乐”“疲倦”“焦虑”“厌烦”“没感觉”的比例是41.02%、27.98%、11.88%、8.72%、10.40%；九年一贯制学校的留守儿童回答这几个选项的比例是57.48%、21.65%、7.87%、5.12%、7.87%。无论小学、初中还是九年一贯制学校的留守儿童，选择“快乐”的比例最多，表明他们的学习负担较轻。通过卡方检验得出 *Sig.* 值小于0.05，表示不同学校类型的留守儿童在5个反应变量上至少有1个选项选择的次数百分比间有显著差异。从校正后的标准化残差值可以看出，在“快乐”这一选项上，小学的留守儿童与初中和九年一贯制学校的留守儿童存在显著差异；在“疲倦”和“焦虑”这两个选项上，初中的留守儿童与小学和九年一贯制学校的留守儿童存在显著差异。

不同监护类型的留守儿童在学习中感受到“快乐”的比例均超过60%，在学习负担上差异均不显著。父亲外出的留守儿童回答“快乐”“疲倦”“焦虑”“厌烦”“没感觉”的比例是60.18%、17.85%、6.95%、5.31%、9.70%；母亲外出的留守儿童回答“快乐”“疲倦”“焦虑”“厌烦”“没感觉”的比例是62.82%、16.76%、6.76%、5.63%、8.08%；双亲外出的留守儿童回答该问题的比例是61.96%、17.03%、7.82%、5.19%、8.00%。无论父亲外出、母亲外出还是双亲外出的留守儿童，在5个选项中，选择“快乐”的比例最多，且都占到60%以上。通过卡方检验得出 *Sig.* 值大于0.05，表示不同监护类别的留守儿童在5个反应变量上没有1个选项选择的次数百分比间有显著差异。

4. 心理健康

心理健康一直是留守儿童研究的焦点问题，也是人们最为担心的一个话题。本报告采用人际关系和控制情绪两个指标，在儿童类型、区域、学校类型和监护类型上进行对比。

(1)人际关系

在人际关系上，留守儿童处于不利地位，东部的留守儿童优于中西部，小学的留守儿童优于其他学校，父亲外出的留守儿童优于其他监护类型。留守与非留守儿童以及西部与东部和中部、小学与初中、不同监护类型的留守儿童在人际关系上均存在显著差异。

人际关系能反映留守儿童与他人交往过程中的亲密融洽程度。本报告采用“你的人际关系很好”的问题形式，回答选项有“完全符合”“基本符合”“有时符合，有时不符合”“不太符合”和“完全不符合”(见表 6.10)。

表 6.10 留守儿童的人际关系统计

范围	分类	频数/比例(%)					平均数	差异系数	T/F 值
		A	B	C	D	E			
儿童类型	留守	1745/35.71	1830/37.45	993/20.32	229/4.69	89/1.82	1.99	0.48	5.97*
	非留守	3466/40.46	3097/36.15	1577/18.41	294/3.43	132/1.54	1.89	0.49	
区域	东部	431/41.28	355/34.00	192/18.39	45/4.31	21/2.01	1.92	0.51	8.63*
	中部	758/35.09	852/39.44	434/20.09	77/3.56	39/1.81	1.98	047	
	西部	556/33.01	623/37.04	367/21.82	107/6.36	29/1.72	2.07	0.47	
学校类型	小学	1082/40.12	913/33.85	531/19.69	121/4.49	50/1.85	1.94	0.50	12.29*
	初中	527/28.94	770/42.28	400/21.97	92/5.05	32/1.76	2.08	0.45	
	九年制	101/33.01	125/40.85	59/19.28	16/5.23	5/1.63	2.02	0.47	
监护类型	父亲外出	875/37.96	877/38.05	435/18.87	84/3.64	34/1.48	1.93	0.48	11.71*
	母亲外出	238/36.01	234/35.40	140/21.18	34/5.14	15/2.27	2.02	0.49	
	双亲外出	632/32.92	719/37.45	418/21.77	111/5.78	40/2.08	2.07	0.46	

注：A=“完全符合”，B=“基本符合”，C=“有时符合，有时不符合”，D=“不太符合”，E=“完全不符合”；* 表示变量在 5%水平上显著。

留守儿童的人际关系稍微处于不利地位，选择“基本符合”以上选项的留守儿童与非留守儿童的比例分别为 73.16%和 76.61%，两者之间有显著差异。留守儿童回答“完全符合”“基本符合”“有时符合，有时不符合”“不太符合”“完全不符合”的比例是 35.71%、37.45%、20.32%、4.69%、1.82%；非留守儿童回答的比例是 40.46%、36.15%、18.41%、3.43%、1.54%。通过 T 检验得到 $Sig.$ 值小于 0.05，表明留守儿童与非留守儿童在人际关系上存在显著差异。

选择“基本符合”以上选项的留守儿童的比例均超过70%，东部的留守儿童在人际关系上优于中部和西部，东部与西部、中部与西部之间均存在显著差异。东部的留守儿童回答“完全符合”“基本符合”“有时符合，有时不符合”“不太符合”“完全不符合”的比例为41.28%、34.00%、18.39%、4.31%、2.01%；中部的留守儿童回答各选项的比例为35.09%、39.44%、20.09%、3.56%、1.81%；西部的留守儿童回答各选项的比例为33.01%、37.04%、21.82%、6.36%、1.72%。选择“基本符合”和“完全符合”的东部、中部和西部的比例分别为75.28%、74.53%、70.05%，东部的留守儿童在人际关系上优于中部和西部，西部的留守儿童的人际关系处于不利地位。通过方差分析得到 *Sig.* 值小于0.05，东部、中部和西部的留守儿童在人际关系上存在显著差异。经过 Scheffe 进行多重比较得出，东部与西部、中部与西部之间均存在显著差异。

不同学校类型的留守儿童在人际关系上存在显著差异。小学的留守儿童回答“完全符合”“基本符合”“有时符合，有时不符合”“不太符合”“完全不符合”的比例为40.12%、33.85%、19.69%、4.49%、1.85%；初中的留守儿童回答“完全符合”“基本符合”“有时符合，有时不符合”“不太符合”“完全不符合”的比例为28.94%、42.28%、21.97%、5.05%、1.76%；九年一贯制学校的留守儿童回答各选项的比例为33.01%、40.85%、19.28%、5.23%、1.63%。选择“基本符合”以上选项的小学、初中和九年一贯制学校的留守儿童的比例分别为73.97%、71.22%、73.86%，小学的留守儿童在人际关系上稍优于初中和九年一贯制，初中的留守儿童的人际关系处于不利地位。通过方差分析得到 *Sig.* 值小于0.05，得出小学、初中和九年一贯制学校的留守儿童在人际关系上存在显著差异。经过 Scheffe 进行多重比较最终得出，小学与初中的留守儿童之间存在显著差异。

不同监护类型的留守儿童在人际关系上有显著差异。父亲外出的留守儿童回答“完全符合”“基本符合”“有时符合，有时不符合”“不太符合”“完全不符合”的比例是37.96%、38.05%、18.87%、3.64%、1.48%；母亲外出的留守儿童回答“完全符合”“基本符合”“有时符合，有时不符合”“不太符合”“完全不符合”的比例是36.01%、35.40%、21.18%、5.14%、2.27%；双亲外出的留守儿童回答各选项的比例是32.92%、37.45%、21.77%、5.78%、2.08%。选择“基本符合和“完全符合”的父亲外出、母亲外出、双亲外出的留守儿童的比例分别为76.01%、71.41%、70.37%，父亲外出的留守儿童在人际关系上优于母亲外出和双亲外出，双亲外出的留守儿童处于不利地位。通过方差分析得到 *Sig.* 值小于0.05，得出父亲外出、母亲外出和双亲外出的留守儿童在人际关系上存在显著差异。经过 Scheffe 进行多重比较得出，父亲外出与母亲外出、父亲外出与双方外出以及母亲外出和双方外出之间均存在显著差异。

(2)情绪控制

在调整和控制自己的情绪上，留守儿童表现不太好，东部的留守儿童比中西部表现稍好，小学的留守儿童比初中和九年一贯制学校表现稍好，母亲外出的留守儿童表现较差。留守与非留守儿童以及东部与西部、小学和初中、不同监护类型的留守儿童均存在显著差异。

心理健康的另一个指标设计在留守儿童控制自己的情绪上，问题设计为“你能够很好地调整和控制自己的情绪”，回答的选项有“完全符合”“基本符合”“一些符合，一些不符合”“不太符合”“完全不符合”(见表 6.11)。

表 6.11　留守儿童的情绪控制统计

范围	分类	频数/比例(%)					平均数	差异系数	T/F 值
		A	B	C	D	E			
儿童类型	留守	1133/23.18	1817/37.18	1529/31.29	307/6.28	101/2.07	2.27	0.42	6.87*
	非留守	2446/28.51	3179/37.05	2316/26.99	491/5.72	148/1.72	2.15	0.45	
区域	东部	296/28.35	358/34.29	305/29.21	59/5.65	26/2.49	2.20	0.45	4.23*
	中部	440/20.38	851/39.42	688/31.87	139/6.44	41/1.90	2.30	0.40	
	西部	397/23.57	608/36.10	536/31.83	109/6.47	34/2.02	2.27	0.42	
学校类型	小学	714/26.45	954/35.35	778/28.83	188/6.97	65/2.41	2.24	0.45	4.86*
	初中	333/18.28	715/39.24	650/35.68	100/5.49	24/1.32	2.32	0.38	
	九年制	62/20.33	125/40.98	91/29.84	16/5.25	11/3.61	2.31	0.42	
监护类型	父亲外出	554/24.02	870/37.73	702/30.44	141/6.11	39/1.69	2.24	0.42	4.80*
	母亲外出	145/21.90	224/33.84	224/33.84	43/6.50	26/3.93	2.37	0.43	
	双亲外出	434/22.62	723/37.68	603/31.42	123/6.41	36/1.88	2.27	0.42	

注：A=“完全符合”，B=“基本符合”，C=“一些符合，一些不符合”，D=“不太符合”，E=“完全不符合”；* 表示变量在 5%水平上显著。

在调整和控制自己的情绪上，留守儿童比非留守儿童表现较差，两者选择“基本符合”和“完全符合”的比例为 60.36%和 65.56%，存在显著差异。留守儿童回答“完全符合”“基本符合”“一些符合，一些不符合”“不太符合”“完全不符合”的比例为 23.18%、37.18%、31.29%、6.28%、2.07%；非留守儿童回答“完全符合”“基本符合”“一些符合，一些不符合”“不太符合”“完全不符合”的比例为 28.51%、37.05%、26.99%、5.72%、1.72%。通过方差分析得到 *Sig.* 值小于

0.05，留守儿童与非留守儿童在控制情绪上存在显著差异。

在调整和控制自己的情绪上，东部的留守儿童比中部和西部表现稍好，三者选择“基本符合”和“完全符合”的比例分别为62.64%、59.80%和59.67%，西部的留守儿童表现较差，东部与中部的留守儿童在控制情绪上存在显著差异。东部的留守儿童回答“完全符合”“基本符合”“一些符合，一些不符合”“不太符合”“完全不符合”的比例为28.35%、34.29%、29.21%、5.65%、2.49%；中部的留守儿童回答“完全符合”“基本符合”“一些符合，一些不符合”“不太符合”“完全不符合”的比例为20.38%、39.42%、31.87%、6.44%、1.90%；西部的留守儿童回答“完全符合”“基本符合”“一些符合，一些不符合”“不太符合”“完全不符合”的比例为23.57%、36.10%、31.83%、6.47%、2.02%。选择“基本符合”和“完全符合”的东部、中部和西部的留守儿童的比例分别为62.64%、59.80%和59.67%，东部的留守儿童比中部和西部在控制情绪上表现稍好，西部的留守儿童的表现处于不利地位。通过方差分析得到*Sig.*值小于0.05，得出东部、中部和西部的留守儿童在人际关系上存在显著差异。经过Scheffe进行多重比较得出，这种显著差异体现在东部与中部之间。

在调整和控制自己的情绪上，小学的留守儿童比初中和九年一贯制学校表现稍好，选择“基本符合”和“完全符合”的比例分别为61.80%、57.52%和61.31%，初中的留守儿童表现较差，小学和初中的留守儿童在控制情绪上存在显著差异。小学的留守儿童回答“完全符合”“基本符合”“一些符合，一些不符合”“不太符合”“完全不符合”的比例是26.45%、35.35%、28.83%、6.97%、2.41%；初中的留守儿童回答“完全符合”“基本符合”“有时符合，有时不符合”“不太符合”“完全不符合”的比例是18.28%、39.24%、35.68%、5.49%、1.32%；九年一贯制学校的留守儿童的比例是20.33%、40.98%、29.84%、5.25%、3.61%。通过方差分析得到*Sig.*值小于0.05，得出小学、初中和九年一贯制学校的留守儿童在控制情绪上存在显著差异。经过Scheffe进行多重比较最终得出，小学和初中之间存在显著差异。

在调整和控制自己的情绪上，母亲外出的留守儿童表现较差，不同监护类型的留守儿童在控制情绪上存在显著差异。父亲外出的留守儿童回答“完全符合”“基本符合”“一些符合，一些不符合”“不太符合”“完全不符合”的比例是24.02%、37.73%、30.44%、6.11%、1.69%；母亲外出的留守儿童回答“完全符合”“基本符合”“一些符合，一些不符合”“不太符合”“完全不符合”的比例是21.90%、33.84%、33.84%、6.50%、3.93%；双亲外出的留守儿童的比例是22.62%、37.68%、31.42%、6.41%、1.88%。选择“基本符合”和“完全符合”的比例分别为61.75%、55.74%和60.30%，父亲外出的留守儿童比母亲外出、双亲外出的留守儿童表现稍好，母亲外出的留守儿童表现较差。通过方差分析得到 *Sig*. 值小于 0.05，父亲外出、母亲外出和双亲外出的留守儿童在控制情绪上存在显著差异。经过 Scheffe 进行多重比较最终得出，父亲外出与母亲外出、父亲外出和双亲外出、母亲外出和双亲外出之间存在显著差异。

5. 学习成就

学习成就体现了留守儿童在学习过程中的努力程度。本报告选择了学习兴趣和学习结果两个指标来表达，并且在儿童类型、区域、学校类型和监护类型上进行对比。

(1)学习兴趣

在学习兴趣上，留守儿童的学习兴趣水平略低于非留守儿童，西部的留守儿童对各科知识的学习兴趣更浓一些，初中的留守儿童的学习兴趣最低，父亲外出的留守儿童在学习兴趣上要稍优于母亲外出和双亲外出，留守与非留守儿童以及中部与东西部、不同学校类型、不同监护类型的留守儿童均存在显著差异。

学习兴趣主要反映留守儿童在学习过程中对待各门学科的态度。本报告设计的问题是“我对现在所学的各科知识感兴趣”，回答的选项有“完全符合”“比较符合”“不确定”“比较不符合”“完全不符合”(见表 6.12)。

表 6.12 留守儿童的学习兴趣统计

范围	分类	频数/比例(%)					平均数	差异系数	*T*/*F* 值
		A	B	C	D	E			
儿童类型	留守	1420/30.26	1669/35.57	916/19.52	497/10.59	190/4.05	2.23	0.50	17.57*
	非留守	2802/33.80	2992/36.09	1429/17.24	785/9.47	282/3.40	2.13	0.51	
区域	东部	346/34.70	331/33.20	177/17.75	91/9.13	52/5.22	2.17	0.53	5.15*
	中部	581/28.12	708/34.27	462/22.36	239/11.57	76/3.68	2.28	0.48	
	西部	493/30.26	630/38.67	277/17.00	167/10.25	62/3.81	2.19	0.50	
学校类型	小学	959/37.48	943/36.85	380/14.85	195/7.62	82/3.20	2.02	0.52	121.29*
	初中	340/19.12	596/33.52	474/26.66	271/15.24	97/5.46	2.54	0.44	
	九年制	88/29.93	110/37.41	55/18.71	30/10.20	11/3.74	2.20	0.50	
监护类型	父亲外出	723/32.54	779/35.06	419/18.86	209/9.41	92/4.14	2.18	0.51	4.36*
	母亲外出	181/29.01	222/35.58	125/20.03	67/10.74	29/4.65	2.26	0.50	
	双亲外出	516/27.95	668/36.19	372/20.15	221/11.97	69/3.74	2.27	0.49	

注：A=“完全符合”，B=“比较符合”，C=“不确定”，D=“比较不符合”，E=“完全不符合”；* 表示变量在 5%水平上显著。

留守儿童的学习兴趣水平略低于非留守儿童，与非留守儿童对各科知识的兴趣存在显著差异。留守儿童回答“完全符合”“比较符合”“不确定”“比较不符合”“完全不符合”的比例为30.26%、35.57%、19.52%、10.59%、4.05%；非留守儿童回答“完全符合”“比较符合”“不确定”“比较不符合”“完全不符合”的比例为33.80%、36.09%、17.24%、9.47%、3.40%。选择“比较符合”和“完全符合”的留守儿童与非留守儿童的比例分别为65.83%和69.89%，非留守儿童比留守儿童对各科知识的兴趣稍高一些。通过T检验得出*Sig*.值小于0.05，留守儿童与非留守儿童在对各科知识的兴趣上存在显著差异。

西部的留守儿童对各科知识的学习兴趣更浓一些，中部与东部和西部的留守儿童有显著差异。东部的留守儿童回答“完全符合”“比较符合”“不确定”“比较不符合”“完全不符合”的比例为34.70%、33.20%、17.75%、9.13%、5.22%；中部的留守儿童回答的比例为28.12%、34.27%、22.36%、11.57%、3.68%；西部的留守儿童回答的比例为30.26%、38.67%、17.00%、10.25%、3.81%。选择“比较符合”和“完全符合”的东部、中部和西部的留守儿童的比例分别为67.90%、62.39%和68.93%，西部的留守儿童对各科知识的学习兴趣更浓一些，其次是东部的留守儿童，中部的留守儿童的兴趣最低。通过方差分析得出*Sig*.值小于0.05，东部、中部和西部的留守儿童在对各科知识的学习兴趣方面存在显著差异。经过Scheffe进行多重比较最终得出，东部和中部、中部和西部的留守儿童在对各科知识的学习兴趣上均存在显著差异。

初中的留守儿童的学习兴趣最低，不同学校类型的留守儿童存在显著差异。小学的留守儿童回答“完全符合”“比较符合”“不确定”“比较不符合”“完全不符合”的比例为37.48%、36.85%、14.85%、7.62%、3.20%；初中的留守儿童回答“完全符合”“比较符合”“不确定”“比较不符合”“完全不符合”的比例为19.12%、33.52%、26.66%、15.24%、5.46%；九年一贯制学校的留守儿童回答“完全符合”“比较符合”“不确定”“比较不符合”“完全不符合”的比例为29.93%、37.41%、18.71%、10.20%、3.74%。选择“比较符合”和“完全符合”的小学、初中和九年一贯制学校的留守儿童的比例分别为74.33%、52.64%和67.34%，小学的留守儿童对各科知识的学习兴趣更浓一些，其次是九年一贯制学校的留守儿童，初中的留守儿童的兴趣最低。通过方差分析得出*Sig*.值小于0.05，表明小学、初中和九年一贯制学校的留守儿童在对各科知识的学习兴趣上存在显著差异。经过Scheffe进行多重比较最终得出，小学与初中、初中与九年一贯制学校、小学与九年一贯制学校的留守儿童在对各科知识的学习兴趣上均存在差异。

不同监护类型的留守儿童存在显著差异。父亲外出的留守儿童回答“完全符合”“比较符合”“不确定”“比较不符合”“完全不符合”的比例是32.54%、

35.06%、18.86%、9.41%、4.14%；母亲外出的留守儿童回答“完全符合”“比较符合”“不确定”“比较不符合”“完全不符合”的比例是 29.01%、35.58%、20.03%、10.74%、4.65%；双亲外出的留守儿童回答的比例是 27.95%、36.19%、20.15%、11.97%、3.74%。父亲外出、母亲外出和双亲外出的留守儿童选择“比较符合”和“完全符合”的比例分别为 67.60%、64.59%和 64.14%。由此可见，父亲外出的留守儿童在学习兴趣上要稍优于母亲外出和双亲外出。通过方差分析得出 *Sig.* 值小于 0.05，不同监护类型的留守儿童存在显著差异。经过 Scheffe 进行多重比较最终得出，父亲外出、母亲外出和双亲外出的留守儿童在对各科知识的学习兴趣上存在差异。

(2)学习结果

在学习结果上，留守儿童处于较为不利地位，东部的留守儿童、小学的留守儿童和父亲外出的留守儿童在学习结果上更处于有利地位，留守与非留守儿童以及中部与东西部、不同学校类型、父亲外出和双亲外出的留守儿童之间均存在显著差异。

学习结果能够直接呈现留守儿童在学校接受教育后的效果，是评价教育质量的最直观的指标。本报告采用的问题为“我总能坚持完成不同难度的学习任务”，回答的选项有“完全符合”“比较符合”“不确定”“比较不符合”“完全不符合”(见表 6.13)。

较之于非留守儿童，留守儿童在学习结果上处于不利地位，留守与非留守儿童在学习结果上存在显著差异。留守儿童回答“完全符合”“比较符合”“不确定”“比较不符合”“完全不符合”的比例是 21.90%、33.12%、28.18%、12.25%、4.56%；非留守儿童回答“完全符合”“比较符合”“不确定”“比较不符合”“完全不符合”的比例是 26.52%、33.91%、25.07%、10.51%、3.99%。留守儿童与非留守儿童选择“比较符合”和“完全符合”的比例分别为 55.02%和 60.43%。通过 *T* 检验得出 *Sig.* 值小于 0.05，留守儿童与非留守儿童在学习结果上存在显著差异。

表 6.13 留守儿童的学习结果统计

范围	分类	频数/比例(%)					平均数	差异系数	*T*/*F* 值
		A	B	C	D	E			
儿童类型	留守	1028/21.90	1555/33.12	1323/28.18	575/12.25	214/4.56	2.44	0.45	2.04*
	非留守	2189/26.52	2779/33.91	2069/25.07	867/10.51	329/3.99	2.32	0.47	
区域	东部	268/26.91	304/30.52	270/27.11	105/10.54	49/4.92	2.36	0.48	3.73*
	中部	422/20.40	696/33.64	606/29.29	258/12.47	87/4.20	2.46	0.41	
	西部	338/20.74	555/34.05	447/27.42	212/13.01	78/4.79	2.47	0.46	

续表

范围	分类	频数/比例(%)					平均数	差异系数	T/F值
		A	B	C	D	E			
学校类型	小学	692/26.98	923/35.98	621/24.21	239/9.32	90/3.51	2.26	0.47	96.82*
	初中	257/14.50	494/27.86	609/34.35	304/17.15	109/6.15	2.73	0.40	
	九年制	52/17.51	113/38.05	87/29.29	31/10.44	14/4.71	2.47	0.42	
监护类型	父亲外出	501/22.65	761/34.40	600/27.12	262/11.84	88/3.98	2.40	0.45	3.39*
	母亲外出	143/22.52	203/31.97	172/27.09	84/13.23	33/5.20	2.47	0.46	
	双亲外出	384/20.78	591/31.98	551/29.82	229/12.39	93/5.03	2.49	0.44	

注：A="完全符合"，B="比较符合"，C="不确定"，D="比较不符合"，E="完全不符合"；* 表示在变量5%水平上显著。

在学习结果上，东部的留守儿童优于中部和西部。中部的留守儿童与东西部的留守儿童在学习结果上存在显著差异。东部的留守儿童回答"完全符合""比较符合""不确定""比较不符合""完全不符合"的比例是26.91%、30.52%、27.11%、10.54%、4.92%；中部的留守儿童回答"完全符合""比较符合""不确定""比较不符合""完全不符合"的比例是20.40%、33.64%、29.29%、12.47%、4.20%；西部的留守儿童回答"完全符合""比较符合""不确定""比较不符合""完全不符合"的比例是20.74%、34.05%、27.42%、13.01%、4.79%。通过计算得知，东部、中部和西部的留守儿童选择"比较符合"和"完全符合"的比例分别为57.43%、54.03%和54.79%。东部的留守儿童相对于中部和西部的留守儿童更处于有利地位，中部的留守儿童相对处于最不利地位。通过方差分析得出 *Sig.* 值小于0.05，表明不同区域的留守儿童在学习结果上存在显著差异。经过Scheffe进行多重比较最终得出，东部和中部、中部和西部的留守儿童在学习结果上存在显著差异。

不同学校类型的留守儿童在学习结果上存在显著差异。小学的留守儿童回答"完全符合""比较符合""不确定""比较不符合""完全不符合"的比例是26.98%、35.98%、24.21%、9.32%、3.51%；初中的留守儿童回答"完全符合""比较符合""不确定""比较不符合""完全不符合"的比例是14.50%、27.86%、34.35%、17.15%、6.15%；九年一贯制学校的留守儿童回答"完全符合""比较符合""不确定""比较不符合""完全不符合"的比例是17.51%、38.05%、29.29%、10.44%、4.71%。三种留守儿童选择"比较符合"和"完全符合"的比例分别为62.96%、42.36%和55.56%，小学的留守儿童相对于初中和九年一贯制学校的留守儿童在学习结果上更处于有利地位，初中的留守儿童在学习结果上处于不利地位。通过方差分析得出 *Sig.* 值小于 0.05，表明不同学校类型的留守儿童在学习结果上存在显著差异。经过 Scheffe 进行多重比较最终得出，小学和初中、初中和九年一贯制学校、小学和九年一贯制学校的留守儿童在学习结果上均存在差异。

不同监护类型的留守儿童之间存在显著差异。父亲外出的留守儿童回答“完全符合”“比较符合”“不确定”“比较不符合”“完全不符合”的比例是 22.65%、34.40%、27.12%、11.84%、3.98%；母亲外出的留守儿童回答“完全符合”“比较符合”“不确定”“比较不符合”“完全不符合”的比例是 22.52%、31.97%、27.09%、13.23%、5.20%；双亲外出的留守儿童回答“完全符合”“比较符合”“不确定”“比较不符合”“完全不符合”的比例是 20.78%、31.98%、29.82%、12.39%、5.03%。三种留守儿童选择“比较符合”和“完全符合”的比例分别为 57.65%、54.49%、52.76%。父亲外出的留守儿童在学习结果上相对于母亲外出和双亲外出处于有利地位，双亲外出的留守儿童处于不利地位。通过方差分析得出 *Sig.* 值小于 0.05，不同监护类型的留守儿童在学习结果上存在显著差异。经过 Scheffe 进行多重比较最终得出，父亲外出和双亲外出的留守儿童在学习结果上存在显著差异。

(三)留守儿童获得帮助的情况

对于那些生活中境遇相对较差的留守儿童群体，政府应该在人员、经费等资源上给予必要的政策倾斜，社会应该给予更多的帮助和关爱。在教育公平治理的语境下，这些孩子在日常生活中应该获得更多的帮助和关心，对深受各种风险旋涡的孩子实施精准教育扶贫，这也是寻求城乡学校包容性发展的题中之意。罗尔斯的正义观中除了机会平等原则之外，使社会中处境最不利的成员获得最大利益的差异原则具有非常重要的地位。

因此，除了留守儿童的生存状况之外，留守儿童获得帮助的情况也得到了我们的重视，并且以此设计了指标。在这个环节，我们主要关注留守儿童与父母、邻居、社区交流的情况以及得到帮助后的心理特征。与前文类似，我们在对这些指标进行描述性统计的基础上，在儿童类型、区域、学校类型和监护类型上开展比较分析。其中，描述性统计采用的方法有平均数、差异系数等，显著性差异比较则按照数据的类型分别采用了方差分析和卡方检验。

1. 不同主体提供的帮助

构建政府、家庭、学校、社区等多主体的留守儿童关爱服务体系，是以往政策一以贯之强调落实的关键问题。本报告在外界给留守儿童提供帮助的设计上，采用爸爸、妈妈、邻居、社区四个不同维度来考量，在儿童类型、区域、学校类型和监护类型上进行对比。

(1)与爸爸的交流

父母是留守儿童最重要的监护人，基于赚钱养家而不得不外出务工的原因，留守儿童与父母的交流就成为衡量亲子关系的重要指标。本报告采用“平均每周里爸爸和你交流谈心的次数”的问题来测量，回答的选项有“几乎没有”“1～2 次”“3～4 次”“5 次或更多”(见表 6.14)。

表 6.14 留守儿童与爸爸的交流统计

范围	分类	频数/比例(%)				平均数	差异系数	χ^2
		A	B	C	D			
儿童类型	留守	2236/41.60	1585/29.49	824/15.33	730/13.58	2.24	0.50	179.51*
	非留守	2518/30.61	2846/34.60	1398/15.33	1463/17.79	1.12	0.48	
区域	东部	223/36.03	157/25.36	109/17.61	130/21.00	2.24	0.51	41.86*
	中部	997/43.18	680/29.45	350/15.16	282/12.21	1.96	0.53	
	西部	1016/41.52	748/30.57	365/14.92	318/13.00	1.99	0.52	
学校类型	小学	1113/37.45	790/26.58	542/18.24	527/17.73	2.16	0.52	182.22*
	初中	958/47.50	680/33.71	228/11.30	151/7.49	1.79	0.51	
	九年制	96/38.55	83/33.33	38/15.26	32/12.85	2.02	0.51	
监护类型	父亲外出	1036/41.77	707/28.51	403/16.25	334/13.47	2.01	0.53	7.02
	母亲外出	267/38.98	209/30.51	109/15.91	100/14.60	2.06	0.52	
	双亲外出	933/42.22	669/30.27	312/14.12	296/13.39	1.99	0.53	

注：A=“几乎没有”，B=“1～2 次”，C=“3～4 次”，D=“5 次或更多”；* 表示变量在5%水平上显著。

在与爸爸的交流上，留守儿童处于不利地位，“几乎没有”交流的比例达到41.60%，与非留守儿童在“几乎没有”选项上存在显著差异。留守儿童回答“几乎没有”“1～2 次”“3～4 次”“5 次或更多”的比例是 41.60%、29.49%、15.33%、13.58%。大部分留守儿童与爸爸几乎没有交流，而且交流分布的比例差距很大，最多和最少相差 28.02%。非留守儿童回答“几乎没有”“1～2 次”“3～4 次”“5 次或更多”的比例是 30.61%、34.60%、17.00%、17.79%。留守儿童在与爸爸的交流上处于不利地位，在“几乎没有”上比非留守儿童高 10.99%。卡方检验显示留守儿童与非留守儿童在 4 个反应变量上至少有 1 个选项选择的次数百分比有显著差异。从校正后的标准化残差值可以看出，留守儿童与非留守儿童在“几乎没有”选项上呈现显著差异。

东部的留守儿童在“几乎没有”“5 次或更多”选项上处于有利地位，与中部和西部均呈现显著差异。东部的留守儿童回答“几乎没有”“1～2 次”“3～4 次”“5 次或更多”的比例是 36.03%、25.36%、17.61%、21.00%；中部的留守儿童回答“几乎没有”“1～2 次”“3～4 次”“5 次或更多”的比例是 43.18%、29.45%、15.16%、12.21%；西部的留守儿童回答“几乎没有”“1～2 次”“3～4 次”“5 次或更多”的比例是 41.52%、30.57%、14.92%、13.00%。在卡方检验中，三者差异显著，表明不同区域的留守儿童在 4 个反应变量上至少有 1 个选项选择的次数百分比有显著差异。从校正后的标准化残差值可以看出，在“几乎没有”“5 次或更多”选项上，东部的留守儿童处于明显的有利地位，与中部和西部均呈现显著差异。

小学的留守儿童回答“几乎没有”“1～2 次”“3～4 次”“5 次或更多”的比例是 37.45%、26.58%、18.24%、17.73%；初中的留守儿童回答“几乎没有”“1～2 次”“3～4 次”“5 次或更多”的比例是 47.50%、33.71%、11.30%、7.49%；九年一贯制学校的留守儿童回答“几乎没有”“1～2 次”“3～4 次”“5 次或更多”的比例是 38.55%、33.33%、15.26%、12.85%。在卡方检验中，三者差异显著，表明不同学校类型的留守儿童在 4 个反应变量上至少有 1 个选项选择的次数百分比有显著差异。从校正后的标准化残差值可以看出，初中的留守儿童在与爸爸的交流上处于不利地位，在“几乎没有”“5 次或更多”选项上与其他学校均呈现显著差异。

父亲外出的留守儿童回答“几乎没有”“1～2 次”“3～4 次”“5 次或更多”的比例是 41.77%、28.51%、16.25%、13.47%；母亲外出的留守儿童回答“几乎没有”“1～2 次”“3～4 次”“5 次或更多”的比例是 38.98%、30.51%、15.91%、14.60%；双亲外出的比例是 42.22%、30.27%、14.12%、13.39%。在卡方检验中，不同监护类型的留守儿童差异不显著，表明不同监护类型的留守儿童在这 4 个反应变量上没有 1 个选项选择的次数百分比有显著差异。

(2)与妈妈的交流

与妈妈交流的频率也是体现留守儿童的亲子关系的一个指标。本报告仍然采用与上题基本一致的问答形式，问题是“平均每周里妈妈和你交流谈心的次数”，答案共设置“几乎没有”“1～2 次”“3～4 次”“5 次或更多”4 个选项(见表 6.15)。

表 6.15 留守儿童与妈妈的交流统计

范围	分类	频数/比例(%)				平均数	差异系数	χ^2
		A	B	C	D			
儿童类型	留守	1303/25.00	1452/27.85	1063/20.39	1395/26.76	2.49	0.46	85.52*
	非留守	1500/18.65	2846/27.84	1398/22.92	1463/30.59	2.65	0.42	
区域	东部	138/23.04	144/24.04	123/20.53	194/32.39	2.62	0.44	23.29*
	中部	558/24.78	647/28.73	423/18.78	624/27.71	2.49	0.46	
	西部	607/25.70	661/27.98	517/21.89	577/24.43	2.45	0.46	
学校类型	小学	658/23.06	664/23.27	600/21.03	931/32.63	2.63	0.44	152.53*
	初中	548/27.58	678/34.12	396/19.93	365/18.37	2.29	0.46	
	九年制	54/22.78	79/33.33	42/17.72	62/26.16	2.47	0.45	
监护类型	父亲外出	466/19.45	657/27.42	525.4/21.91	748/31.22	2.65	0.42	94.22*
	母亲外出	199/29.70	183/27.31	123/18.36	165/24.63	2.38	0.48	
	双亲外出	638/29.72	612/28.50	415/19.33	482/22.45	2.35	0.48	

注：A="几乎没有"，B="1～2 次"，C="3～4 次"，D="5 次或更多"；* 表示变量在5%水平上显著。

留守儿童与妈妈"几乎没有"交流的比例达到 25.00%，与非留守儿童在"几乎没有""5 次或更多"上存在显著差异。留守儿童回答"几乎没有""1～2 次""3～4 次""5 次或更多"的比例是 25.00%、27.85%、20.39%、26.76%；非留守儿童回答"几乎没有""1～2 次""3～4 次""5 次或更多"的比例是 18.65%、27.84%、22.92%、30.59%。非留守儿童倾向于与母亲进行更多的交流。从卡方检验来看，两者还是有显著差异的，表明留守儿童与非留守儿童在 4 个反应变量上至少有 1 个选项选择的次数百分比间有显著差异。从校正后的标准化残差值可以看出，差异主要体现在第 1 和第 4 个选项上，留守儿童选择"几乎没有"的比例比非留守儿童要多 6.35%，而"5 次或更多"却少 3.83%。另外，留守与非留守儿童选择"3～4 次"及以上选项的比例分别为 47.15%和 53.51%，后者与妈妈交流的情况要优于前者。

东部的留守儿童与妈妈交流的情况最好，不同区域的留守儿童在"5 次或更多"选项上差异显著。东部的留守儿童回答"几乎没有""1～2 次""3～4 次""5 次或更多"的比例是 23.04%、24.04%、20.53%、32.39%；中部的留守儿童回答"几乎没有""1～2 次""3～4 次""5 次或更多"的比例是 24.78%、28.73%、18.78%、27.71%；西部的留守儿童回答"几乎没有""1～2 次""3～4 次""5 次或更多”的比例是 25.70%、27.98%、21.89%、24.43%。不同区域的留守儿童选择“3～4 次”及以上选项的比例分别是 52.92%、46.49%、46.32%，东部的留守儿童表现最好。从卡方检验来看，不同区域的留守儿童与妈妈交流的差异性是显著的，不同区域的留守儿童在 4 个反应变量上至少有 1 个选项选择的次数百分比间有显著差异。从校正后的标准化残差值可以看出，三个区域在“5 次或更多”选项上呈现显著差异。

小学的留守儿童与妈妈交流的情况最好，初中最差。在“几乎没有”选项上，初中与其他学校呈现显著差异；在“5 次或更多”上，三者之间呈现显著差异。小学的留守儿童回答“几乎没有”“1～2 次”“3～4 次”“5 次或更多”的比例是 23.06%、23.27%、21.03%、32.63%；初中的留守儿童回答“几乎没有”“1～2 次”“3～4 次”“5 次或更多”的比例是 27.58%、34.12%、19.93%、18.37%；九年一贯制学校的留守儿童回答“几乎没有”“1～2 次”“3～4 次”“5 次或更多”的比例是 22.78%、33.33%、17.72%、26.16%。综合而言，不同学校类型的留守儿童选择“3～4 次”及以上的比例分别是 53.66%、38.30%、43.88%，初中的留守儿童的沟通情况最差，小学最好。在各个选项之间，小学和九年一贯制学校、初中和九年一贯制学校的差别较大，尤其是在“5 次或更多”这个选项上。通过卡方检验发现差异显著，表明不同学校类型的留守儿童在 4 个反应变量上至少有 1 个选项选择的次数百分比间有显著差异。从校正后的标准化残差值可以看出，在“几乎没有”选项上，初中情况最差，与其他学校呈现显著差异；在“1～2 次”选项上，小学比例最小，与其他学校呈现显著差异；在“5 次或更多”选项上，初中情况最差，三者之间呈现显著差异。

父亲外出的留守儿童选择“几乎没有”的比例最小，“5 次或更多”的比例最大，在这两个选项上与其他监护类型呈现显著差异。父亲外出的留守儿童回答“几乎没有”“1～2 次”“3～4 次”“5 次或更多”的比例是 19.45%、27.42%、21.91%、31.22%；母亲外出的留守儿童回答“几乎没有”“1～2 次”“3～4 次”“5 次或更多”的比例是 29.70%、27.31%、18.36%、24.63%；双亲外出的留守儿童回答“几乎没有”“1～2 次”“3～4 次”“5 次或更多”的比例是 29.72%、28.50%、19.33%、22.45%。在“几乎没有”和“1～2 次”选项上，母亲外出和双亲外出的差异较大；在“3～4 次”和“5 次或更多”选项上，父亲外出和母亲外出的差异较大。通过卡方检验发现差异显著，表明不同监护类型的留守儿童在 4 个反应变量上至少有 1 个选项选择的次数百分比间有显著差异。从校正后的标准化残差值可以看出，父亲外出的留守儿童在“几乎没有”“5 次或更多”上与其他监护类型的留守儿童呈现显著差异。

(3)社区交流

社区也是留守儿童生活世界的重要组成部分，构建适宜的社区生活环境能够为留守儿童提供必要的生存生活条件。本报告为该指标设计的题目是“当你在家的时候，你会到附近的儿童活动场所玩耍吗”，回答的选项为“没有这样的地方”“经常去”“一般”“极少去”(见表6.16)。

表6.16　留守儿童的社区交流统计

范围	分类	频数/比例(%)				平均数	差异系数	χ^2
		A	B	C	D			
儿童类型	留守	2203/40.60	466/8.59	879/16.20	1878/34.61	2.45	0.54	118.81*
	非留守	2632/31.79	837/10.11	1681/20.03	3130/37.80	2.64	0.48	
区域	东部	156/25.20	78/12.60	124/20.03	261/42.16	2.79	0.44	116.55*
	中部	885/37.95	194/8.32	420/18.01	833/35.72	2.52	0.52	
	西部	1162/46.95	194/7.84	335/13.54	784/31.68	2.30	0.58	
学校类型	小学	1335/44.69	303/10.14	450/15.07	899/30.10	2.31	0.57	104.22*
	初中	698/34.12	136/6.65	366/17.89	846/41.35	2.66	0.49	
	九年制	113/44.49	17/6.69	44/17.32	80/31.50	2.36	0.56	
监护类型	父亲外出	947/37.96	251/10.06	420/16.83	877/35.15	2.49	0.53	28.42*
	母亲外出	275/38.84	61/8.62	112/15.82	260/36.72	2.50	0.53	
	双亲外出	981/44.13	154/6.93	347/15.61	741/33.33	2.38	0.56	

注：A=“没有这样的地方”，B=“经常去”，C=“一般”，D=“极少去”；*表示变量在5%水平上显著。

留守儿童在社区的活动场所较少，与非留守儿童在“没有这样的地方”选项上有显著差异。留守儿童回答“没有这样的地方”“经常去”“一般”“极少去”的比例是40.60%、8.59%、16.20%、34.61%；非留守儿童回答“没有这样的地方”“经常去”“一般”“极少去”的比例是31.79%、10.11%、20.03%、37.80%。留守儿童选择“没有这样的地方”的比例最大，达到40.60%，“经常去”的比例最小，占8.59%，可见留守儿童较少在社区内玩耍的主要原因是缺乏这样的活动场所。非留守儿童的所占比例与留守儿童的分布大致相似，也是“没有这样的地方”的比例最多，但是在前两个选项上比留守儿童小，在后两个选项上则超过留守儿童，表明留守儿童在社区的活动场所较少。从卡方检验中可以发现，两者之间有显著差异，主要体现在“没有这样的地方”选项上。

东部的留守儿童的家庭附近“没有这样的地方”的比例为 25.20%，西部最高达到 46.95%，东部和中部、东部和西部之间均呈现显著差异。东部的留守儿童回答“没有这样的地方”“经常去”“一般”“极少去”的比例是 25.20%、12.60%、20.03%、42.16%；中部的留守儿童回答“没有这样的地方”“经常去”“一般”“极少去”的比例是 37.95%、8.32%、18.01%、35.72%；西部的留守儿童回答“没有这样的地方”“经常去”“一般”“极少去”的比例是 46.95%、7.84%、13.54%、31.68%。综合而言，西部的留守儿童在社区活动场所上处于最不利地位，东部则处于最有利地位。卡方检验结果表明，不同区域的留守儿童在 4 个反应变量上至少有 1 个选项选择的次数百分比间有显著差异。从校正后的标准化残差值可以看出，东部和中部、东部和西部之间在这 4 个选项上均呈现显著差异。

在“经常去”选项上，小学的留守儿童显著高于其他学校；在“极少去”和“没有这样的地方”选项上，初中的留守儿童的比例与其他学校有显著差异。小学的留守儿童回答“没有这样的地方”“经常去”“一般”“极少去”的比例是 44.69%、10.14%、15.07%、30.10%；初中的留守儿童回答“没有这样的地方”“经常去”“一般”“极少去”的比例是 34.12%、6.65%、17.89%、41.35%；九年一贯制学校的留守儿童回答“没有这样的地方”“经常去”“一般”“极少去”的比例是 44.49%、6.69%、17.32%、31.50%。从数据上来看，在“经常去”选项上，小学的留守儿童的比例显著高于初中和九年一贯制学校；在“极少去”选项上，初中的留守儿童的比例显著高于小学和九年一贯制学校，在“没有这样的地方”上，初中则显著低于小学和九年一贯制学校。随后的卡方检验结果也印证了这一结论。

双亲外出的留守儿童处于最不利地位，双亲外出的留守儿童在“没有这样的地方”和“经常去”选项上与其他监护类型的留守儿童有显著差异。父亲外出的留守儿童回答“没有这样的地方”“经常去”“一般”“极少去”的比例是 37.96%、10.06%、16.83%、35.15%；母亲外出的留守儿童回答“没有这样的地方”“经常去”“一般”“极少去”的比例是 38.84%、8.62%、15.82%、36.72%；双亲外出的留守儿童回答“没有这样的地方”“经常去”“一般”“极少去”的比例是 44.13%、6.93%、15.61%、33.33%。综合而言，双亲外出的留守儿童回答“没有这样的地方”上的比例较高，回答“经常去”的比例较低，处于最不利地位。卡方检验表明，双亲外出的留守儿童在“没有这样的地方”和“经常去”选项上与其他监护类型具有显著差异。

(4)邻居态度

在邻居态度上，非留守儿童更受邻居欢迎。东、中、西部的留守儿童受邻居欢迎的程度出现明显的依次递减，不同区域的留守儿童的邻居态度有显著差异。九年一贯制学校的留守儿童在“非常欢迎”上的比例差异较大，初中最低，小学和初中的留守儿童之间均存在显著差异。父亲外出与双亲外出的留守儿童在邻居态度上有显著差异。

邻居也是留守儿童非常重要的关爱主体。本报告在该指标上选择的题目是“你去邻居家的时候，他们对你的态度经常是怎样的”，回答的选项有“非常欢迎”“比较欢迎”“一般”“不太欢迎”“非常不欢迎”(见表 6.17)。

表 6.17　留守儿童的邻居态度统计

范围	分类	频数/比例(%)					平均数	差异系数	T/F 值
		A	B	C	D	E			
儿童类型	留守	2348/43.27	1767/32.57	1153/21.25	114/2.10	44/0.81	1.85	0.48	10.66*
	非留守	4458/53.98	2415/29.24	1222/14.80	108/1.31	55/0.67	1.65	0.50	
区域	东部	368/59.35	161/25.97	79/12.74	8/1.29	4/0.01	1.58	0.51	37.55*
	中部	964/41.36	845/36.25	473/20.29	31/1.33	18/0.77	1.84	0.46	
	西部	1016/41.05	761/30.75	601/24.28	75/3.03	22/0.89	1.92	0.48	
学校类型	小学	1507/50.33	772/25.78	613/20.47	73/2.44	29/0.97	1.78	0.52	22.47*
	初中	675/33.07	855/41.89	465/22.78	33/1.62	13/0.64	1.95	0.42	
	九年制	101/40.80	98/38.89	45/17.86	6/2.38	2/0.01	1.85	0.46	
监护类型	父亲外出	1115/44.67	839/33.61	478/19.15	44/1.76	20/0.80	1.75	0.51	5.25*
	母亲外出	303/42.98	213/30.21	166/23.55	17/2.41	6/0.85	1.86	0.51	
	双亲外出	930/41.80	715/32.13	509/22.88	53/2.38	18/0.81	1.95	0.43	

注：A=“非常欢迎”，B=“比较欢迎”，C=“一般”，D=“不太欢迎”，E=“非常不欢迎”；* 表示变量在 5%水平上显著。

非留守儿童和留守儿童之间存在显著差异，非留守儿童的整体欢迎程度较高，选择“比较欢迎”和“非常欢迎”的比例分别达到 83.22%和 75.84%，非留守儿童更受邻居欢迎。留守儿童回答“非常欢迎”“比较欢迎”“一般”“不太欢迎”“非常不欢迎”的比例是 43.27%、32.57%、21.25%、2.10%、0.81%；非留守儿童回答“非常欢迎”“比较欢迎”“一般”“不太欢迎”“非常不欢迎”的比例是 53.98%、29.24%、14.80%、1.31%、0.67%。综合而言，大部分邻居都是欢迎儿童来家里做客的，而非留守儿童更加受到邻居的欢迎。T 检验的结果表明，留守儿童在邻居欢迎程度上与非留守儿童有显著差异。

东、中、西部的留守儿童受邻居欢迎的程度依次递减，其中东部的比例为 85.32%、西部的比例为 71.80%，不同区域的留守儿童的邻居态度差异显著。

东部的留守儿童回答“非常欢迎”“比较欢迎”“一般”“不太欢迎”“非常不欢迎”的比例是59.35%、25.97%、12.74%、1.29%、0.01%；中部的留守儿童回答“非常欢迎”“比较欢迎”“一般”“不太欢迎”“非常不欢迎”的比例是41.36%、36.25%、20.29%、1.33%、0.77%；西部的留守儿童回答“非常欢迎”“比较欢迎”“一般”“不太欢迎”“非常不欢迎”的比例是41.05%、30.75%、24.28%、3.03%、0.89%。东、中、西部的留守儿童选择“比较欢迎”和“非常欢迎”的比例是85.32%、77.61%、71.80%，受邻居欢迎的程度依次递减。不同区域的留守儿童在受欢迎程度上有显著差异。通过 Scheffe 法的多重比较看出，这种差异主要体现在东部与中部、东部与西部以及中部与西部之间。

留守儿童整体受邻居欢迎的程度较高，选择“非常欢迎”的比例的差异较大，九年一贯制学校最高，初中最低。小学和初中的留守儿童之间存在显著差异。小学的留守儿童回答“非常欢迎”“比较欢迎”“一般”“不太欢迎”“非常不欢迎”的比例是50.33%、25.78%、20.47%、2.44%、0.97%；初中的留守儿童回答“非常欢迎”“比较欢迎”“一般”“不太欢迎”“非常不欢迎”的比例是33.07%、41.89%、22.78%、1.62%、0.64%；九年一贯制学校的留守儿童回答“非常欢迎”“比较欢迎”“一般”“不太欢迎”“非常不欢迎”的比例是40.80%、38.89%、17.86%、2.38%、0.01%。不同学校类型的留守儿童选择“比较欢迎”和“非常欢迎”的比例分别为76.11%、74.96%、79.69%，整体受欢迎程度较高，三者的差别不是很大，但“非常欢迎”的比例的差异比较大，小学最高，初中最低。同时，选择“不太欢迎”和“非常不欢迎”的比例分别为3.41%、2.22%和2.39%，差别也比较小。方差分析的结果表明，小学和初中的留守儿童之间存在显著差异。

父亲外出与双亲外出的留守儿童在邻居态度上有显著差异。父亲外出的留守儿童回答“非常欢迎”“比较欢迎”“一般”“不太欢迎”“非常不欢迎”的比例是44.67%、33.61%、19.15%、1.76%、0.80%；母亲外出的留守儿童回答“非常欢迎”“比较欢迎”“一般”“不太欢迎”“非常不欢迎”的比例是42.98%、30.21%、23.55%、2.41%、0.85%；双亲外出的留守儿童回答“非常欢迎”“比较欢迎”“一般”“不太欢迎”“非常不欢迎”的比例是41.80%、32.13%、22.88%、2.38%、0.81%。三种监护类型的留守儿童选择“比较欢迎”和“非常欢迎”的比例分别为78.28%、73.19%、73.93，整体水平较高，父亲外出的留守儿童在邻居态度上处于有利地位。在方差分析的多重比较中发现，父亲外出和双亲外出的留守儿童存在显著差异。

2. 对帮助的适应性

留守儿童是否适应来自别人的帮助，也是考察“获得帮助”的一个指标。本报告设计的问题形式为“当你遇到困难，其他人来帮助你时，你的感受常常是什

么”，回答的选项有“我有困难，别人就应该帮我”“感激”“难为情，尴尬”“不想让别人帮我”“无所谓”(见表 6.18)。

表 6.18 留守儿童对帮助的适应性统计

范围	分类	频数/比例(%)					平均数	差异系数	χ^2
		A	B	C	D	E			
儿童类型	留守	171/3.22	4578/86.15	307/5.78	93/1.75	165/3.11	2.15	0.30	7.99
	非留守	227/2.81	7069/87.66	440/5.46	125/1.55	203/2.52	2.13	0.28	
区域	东部	29/4.75	503/82.46	36/5.90	13/2.13	29/4.75	2.20	0.35	16.60*
	中部	62/2.72	1996/87.47	123/5.39	34/1.49	67/2.94	2.14	0.29	
	西部	80/3.30	2079/85.84	148/6.11	46/1.90	69/2.85	2.15	0.30	
学校类型	小学	132/4.56	2454/84.71	175/6.04	52/1.79	84/2.90	2.14	0.30	43.16*
	初中	28/1.38	1785/87.93	108/5.32	35/1.72	74/3.65	2.18	0.30	
	九年制	7/2.79	216/86.06	17/6.77	5/1.99	6/2.39	2.15	0.28	
监护类型	父亲外出	81/3.32	2105/86.27	136/5.57	42/1.72	76/3.11	2.15	0.30	4.62
	母亲外出	26/3.82	573/84.14	41/6.02	15/2.20	26/3.82	2.18	0.32	
	双亲外出	64/2.92	1900/86.64	130/5.93	36/1.64	63/2.87	2.15	0.29	

注：A=“我有困难，别人就应该帮助我”，B=“感激”，C=“难为情，尴尬”，D=“不想让别人帮我”，E=“无所谓”；* 表示变量在 5%水平上显著。

留守与非留守儿童都有超过 85%的比例对别人的帮助有着“感激”之情，相互之间的差异不显著。留守儿童回答“我有困难，别人就应该帮我”“感激”“难为情，尴尬”“不想让别人帮我”“无所谓”的比例是 3.22%、86.15%、5.78%、1.75%、3.11%；非留守儿童回答“我有困难，别人就应该帮我”“感激”“难为情，尴尬”“不想让别人帮我”“无所谓”的比例是 2.81%、87.66%、5.46%、1.55%、2.52%。通过卡方检验得出 *Sig.* 值大于 0.05，表明留守儿童与非留守儿童在 5 个反应变量上没有 1 个选项选择的次数百分比间有显著差异。

东部的留守儿童回答“我有困难，别人就应该帮我”“感激”“难为情，尴尬”“不想让别人帮我”“无所谓”的比例是 4.75%、82.46%、5.90%、2.13%、4.75%；中部的留守儿童回答“我有困难，别人就应该帮我”“感激”“难为情，尴尬”“不想让别人帮我”“无所谓”的比例是 2.72%、87.47%、5.39%、1.49%、2.94%；西部的留守儿童回答“我有困难，别人就应该帮我”“感激”“难为情，尴尬”“不想让别人帮我”“无所谓”的比例是 3.30%、85.84%、6.11%、1.90%、

2.85%。中、西、东部的留守儿童选择“感激”选项的比例均超过 82%并依次递减，其余选项的比例均不超过 10%。通过卡方检验得出 *Sig.* 值小于 0.05，表明不同区域的留守儿童在 5 个反应变量上至少有 1 个选项选择的次数百分比间有显著差异。从校正后的标准化残差值可以看出，东部和中部、中部和西部的留守儿童在“感激”选项上呈现显著差异。

小学的留守儿童回答“我有困难，别人就应该帮我”“感激”“难为情，尴尬”“不想让别人帮我”“无所谓”的比例为 4.75%、82.46%、5.90%、2.13%、4.75%；初中的留守儿童回答“我有困难，别人就应该帮我”“感激”“难为情，尴尬”“不想让别人帮我”“无所谓”的比例为 2.72%、87.47%、5.39%、1.49%、2.94%；九年一贯制学校的留守儿童回答“我有困难，别人就应该帮我”“感激”“难为情，尴尬”“不想让别人帮我”“无所谓”的比例是 3.30%、85.84%、6.11%、1.90%、2.85%。初中的留守儿童选择“感激”的比例 87.47%为最高，小学的 82.46%为最低。通过卡方检验得出 *Sig.* 值小于 0.05，表明不同学校类型的留守儿童在 5 个反应变量上至少有 1 个选项选择的次数百分比间有显著差异。从校正后的标准化残差值可以看出，九年一贯制学校与小学、九年一贯制学校与初中的留守儿童在“感激”选项上呈现显著差异。

不同监护类型的留守儿童不存在显著差异。父亲外出的留守儿童回答“我有困难，别人就应该帮我”“感激”“难为情，尴尬”“不想让别人帮我”“无所谓”的比例是 3.32%、86.27%、5.57%、1.72%、3.11%；初中的留守儿童回答“我有困难，别人就应该帮我”“感激”“难为情，尴尬”“不想让别人帮我”“无所谓”的比例是 3.82%、84.14%、6.02%、2.20%、3.82%；九年一贯制学校的留守儿童回答“我有困难，别人就应该帮我”“感激”“难为情，尴尬”“不想让别人帮我”“无所谓”的比例是 2.92%、86.64%、5.93%、1.64%、2.87%。通过卡方检验得出 *Sig.* 值大于 0.05，表明不同监护类型的留守儿童在 5 个反应变量上没有 1 个选项选择的次数百分比间有显著差异。

四、寻求突破：家庭和政府责无旁贷

从前文看出，留守儿童面临生存、生活和发展的困境，其合法权益难以得到有效保障。儿童是国家的未来和民族的希望，留守儿童能否度过一个美好的童年也是政府和学校治理能力强弱的试金石。我们应该采取行动，建设一个让留守儿童产生更强抗逆力的乡村教育生态。提升留守儿童的治理水平，学校已经有过很多尝试，取得了一些经验，家庭和政府还亟待寻求突破。

(一)强化“父母”对农村特殊儿童的监护责任

2015 年，《教育部关于加强家庭教育工作的指导意见》提出要落实家庭监护

主体责任以及父母要依法履行对未成年子女的监护职责和抚养义务。这一变化标志着特殊群体学生的责任主体从“以政府为主”到“以家庭为主”的重要转向，为农村特殊群体学生提供切实的亲情关爱和家庭温暖提供了有效保障。新农村建设不仅要关注农村地区的村容村貌，改变过去村落中脏、乱、差的衰败景象，而且要致力于提高农民的道德、文化等综合素质。让农村家长能够认识到其在位对于子女成长的重要性，也是社会主体精神文明现代化的题中之义。

除此之外，我们认为还应建立并强化“父母双方或至少一方”对农村特殊群体学生履行监护职责和抚养义务的规定，并将其逐渐引入立法程序，让“孩子在父母身边生活”成为常态。不主张或逐渐取消“暂不具备条件的应当委托有监护能力的亲属或其他成年人代为监护”的规定。毕竟，父母的在位本身对孩子的成长意味着一种特殊的意义和象征，父母是孩子最合适的关爱人选，亲子间的接触对于孩子的身心发展是其他人难以替代的，有无父母陪伴对于孩子的成长可能是决定性的。《儿童权利宣言》明确提出，“尚在幼年的儿童除非情况特殊，不应与其母亲分离”，“儿童的父母首先负有责任”。尤其是留守儿童，在欧美等西方发达国家并不常见，原因是这些国家大多在法律上明确规定了父母照顾孩子的责任，如果父母对孩子疏于照顾，就可能面临随时被剥夺监护权的诉讼。

(二)完善各级政府关爱特殊群体学生的责任

作为社会中的最边缘化群体，农村留守、贫困、单亲儿童等必须纳入政府的关爱保护工作计划，建立健全各级政府对特殊群体学生的责任和干预机制。

首先，明确奖惩指标。我们建议在后续的实施方案和具体工作中应赏罚分明，建立明确的考核指标体系及其对应的奖惩措施，尤其对于那些导致恶性事件发生的直接相关人，有必要设置“零容忍”规则，依法依规给予重罚；对于能够切实改善农村特殊群体学生的生活境况的组织和个人，要给予切实可行的鼓励。

其次，明晰问责主体。从目前来看，农村特殊群体学生的关爱保护主体包括各级政府、民政部门、教育、公安、司法行政、卫生计生、妇联、共青团、家庭、社会工作专业服务机构、公益慈善类社会组织、志愿服务组织等。但是，责任主体容易陷入无人负责、互相推诿的情况。我们建议应把特殊群体学生关爱、义务教育均衡发展、精准扶贫等职能作为地方政府的主体责任，并作为政府主要负责人的政绩清单之一加以问责。

再次，设立专项经费。调研发现，在农村特殊群体学生的关爱服务工作中，资金缺乏是非常普遍的问题。就义务教育阶段的农村学校而言，它们很难从本就不够充裕的公用经费中拿出一部分资金留给农村特殊群体学生。因此，一些学校仅有的经费大多来自妇联组织或捐助，数额低、机会少、连续性差，很多校长戏言获得一批这样的资助可以与中奖的概率相媲美。在重视“统筹各方资源”“多渠道筹措资金”“引导社会资金投入”的同时，应建立以政府划拨为主的农村特殊群体学生专项经费，形成资金筹措的长效机制，把解决农村特殊群体学生的问题纳入政府的常规工作。

最后，加强乡镇寄宿制学校建设。在处境不利群体集中的地方，我们可以考虑在乡镇建立和完善寄宿制学校，在基础设施建设、寄宿生活条件、经费使用、生活教师、管理制度等方面给予支持，让处于无助中的适龄儿童逐渐摆脱家校距离远、父母不在位、生活习惯差等问题，获得与城镇儿童基本相当的学习生活环境，对一些具有特殊困难的儿童要给予针对性、实质性的帮助。一些家长、学校对此是支持的，因为家人无法在学习上支持孩子；寄宿可以培养孩子独立生活的能力；寄宿免除了上下学路途的安全隐患；寄宿省去陪读产生的各种生活和时间成本；寄宿生在学校有人看管，防止他们陷入玩电脑游戏、看电视、无人看管的境地；寄宿学校的生活条件往往优于农村家庭等。

【本报告撰写人：凡勇昆。常雪、李亚琴和刘虹等研究生参与了数据分析和报告写作。作者单位：教育部人文社会科学重点研究基地东北师范大学中国农村教育发展研究院】

第7章　给随迁子女一个家

——胡家小学办学品质提升的个案研究

【概要】在城乡社会发展的大背景下，农村教育与城市教育的发展仍存在很大差距。2017年9月，中共中央办公厅、国务院办公厅印发的《关于深化教育体制机制改革的意见》强调要切实改变农村和贫困地区教育薄弱面貌，着力提升乡村教育质量。近年来，很多地区的农村学校以学校为基本单元进行教育改革，走出了一条与众不同的特色办学之路。胡家小学是一所地处城乡接合部的农民工随迁子女聚集的农村小学。自2014年至今，胡家小学面对着来自村民、村委会及学校内部成员等的多重压力，针对农民工随迁子女存在的惯习滞后、家庭资本相对缺乏和同伴交往不利等问题，致力于打造充满家味的学校，走出了一条特色发展之路。胡家小学的办学经验主要体现在：以家味教育为核心筑就随迁子女的心灵港湾；营造家居般温馨舒适的环境文化；构建关怀型的学校管理文化，给予随迁子女家人般的呵护；以"古月爱当家"系列特色校本课程为载体搭建随迁子女的成长阶梯；采用多元的评价方式激励随迁子女；整合学校、社区和家庭的力量助力随迁子女全面发展。从整体上来看，胡家小学根据自身的特点形成了有助于学校办学品质提升的特色办学形态，并初见成效。从胡家小学出发，管窥农民工随迁子女聚集的农村学校办学形态可以发现，提升办学品质亟须顶层设计的引领；关注农民工随迁子女学校的独特问题需要精准施策；以文化浸润推动学校的内涵式发展；针对随迁子女所面临的核心问题，应培养教师的关键能力；开设家长培训课程，发挥家庭教育的补偿功能；充分发挥学校、家庭和社区的合力，多方联动帮助随迁子女健康成长。胡家小学的经验为农村学校办学形态的实践创新提供了参考。

一、研究背景与问题的提出

随着我国城市化进程的不断加快和农村产业结构的调整，越来越多的农民进入城市，成为农民工，即农民工人，在城市从事非农业生产的农业户口者。近年来，农民工进城务工呈现出新的特征，由过去的单身流动转变为举家迁徙，随之而来的农民工随迁子女受教育问题日益突出。针对这一情况，国家施行“两为主”政策，即“以流入地区政府管理为主，以全日制公办中小学为主，采取多种形式，依法保障流动人口子女接受义务教育的权利。”得益于此，很多农民工随迁子女进入公办学校学习，但由于我国各个地区的教育发展水平、人口民族分布、经济发展速度、地理环境特点等各不相同，区域间、校际存在较大差异，公办学校也存在市中心学校与郊区学校、城市学校与农村学校、优质学校与薄弱学校的区别。鉴于种种原因，农民工随迁子女往往很难进入城市优质学校，更多地在地处城乡接合部和师资、设备等方面相对薄弱的农村学校就读。当薄弱的农村学校面对大量的农民工随迁子女时，就会产生很多新的问题。可喜的是，很多地区的农村学校以学校为基本单元进行教育改革，走出了一条与众不同的特色办学之路。对这些农村学校办学形态的规律和原则进行深入剖析，充分吸收其办学的实践智慧是非常有意义的。在了解其重要意义的同时，我们也在思考：从办学形态的视角来看，农村学校的特色办学形态是什么？实现农村学校的品质提升的发展历程是什么？具有共性的问题和改进路径是什么？可借鉴、可推广的实践经验又是什么？

二、研究现状

目前，我国进城务工人员的数量不断增加，随之产生了农民工随迁子女这一数量庞大的特殊群体，这群学龄期孩子的教育问题也越来越凸显，引起了学术界的关注和热议。

(一)核心概念界定

“农民工随迁子女”一词，顾名思义，是指农民工的下一代。与之意义相近的称谓很多，如进城务工人员子女、农民工子弟、外来务工人员随迁子女等。“农民工随迁子女”一词是伴随着“农民工”一词产生的，有的学者将其直接界定为由农民工父母随迁进城的子女。[①] 另有学者认为农民工随迁子女是指跟随农民工父母进城并随父母在务工城市间迁移的子女[②]，强调了这一特殊群体流动性大的特征。在我国户籍制度的作用下，学界和政府通常以户口标准界定农民工随迁子

① 叶庆娜：《农民工随迁子女高中：教育现状、政策及障碍》，载《中国青年研究》，2011(9)。

② 杜永红、陈碧梅：《农民工随迁子女初中后教育政策支持研究》，载《中国教育学刊》，2012(5)。

女。例如，桑锦龙等人认为农民工随迁子女是指随父母流动到城市且无该市正式户口的少年儿童。①在实地调研过程中，一线教师对“农民工随迁子女”的理解也存在差异。

谢老师：随迁子女的户口是外地的。我们班有34个这样的孩子，班上总共有55人。我们这里属于青山湖区管辖的算是本地生，连南昌县、新建区的都属于外地生，还有3个是外省的。很多孩子虽然是本省的，但是父母也在这里打工，孩子就跟着在这里上学。等于就是租房子在这边，户口不在这边。

谢老师以户口所在地为标准界定随迁子女，非本地户口者就是随迁子女。而且，在谢老师的标准中，本地户口仅包括本区的户口，同属一个地级市但不同区者皆属于外地户口。

吴老师：农民工随迁子女就是说户口在外地的孩子，但是这里面也分两种情况。同样是户口在外地，有的小孩一出生就在这里，有的小孩是在老家待几年被父母带过来的，这是不一样的。在这里出生的孩子和本地孩子一样，也就没什么随迁不随迁。后来带过来的孩子可能会有适应问题。

吴老师同样是以户口标准定义随迁子女，但是他又进一步将其区分为两类：一类是一出生就在流入地，另一类是出生后随父母迁至流入地。在吴老师看来，后者才属于真正意义上的随迁子女。

梅老师：很多家庭的情况不一样。不是说带在身边，爸爸妈妈就能够照顾孩子。比如说我们现在在这里，爸爸妈妈在红谷滩(同一个市的另一个区)工作。有的父母没日没夜地在工厂做工，没办法照顾孩子。所以大部分时间还是爷爷奶奶照顾的多，甚至有的孩子就没人管。我班上的随迁子女可能就是父母把孩子带过来，但还是爷爷奶奶照顾的多一点。

农民工随迁子女是随父母一起进城的农民工子女，与之相对应的是农民工留守子女。然而，在访谈过程中，梅老师揭示了农民工随迁子女的另一个现实问

① 桑锦龙、雷虹、郭志成：《我国城市流动人口随迁子女高中阶段入学问题初探》，载《教育研究》，2009(7)。

题，即父母虽然把孩子带在身边，却因忙于生计，无暇照看，不得不由爷爷奶奶照顾，甚至没人管。实质上，他们是进了城的“留守子女”。

综上所述，我们从不同的视角分析“农民工随迁子女”的内涵发现，不同视角的界定有其相似之处，亦各有侧重。尤其是从一线教师的视角来看农民工随迁子女，我们对其有了更深刻的理解，也看到了更鲜活的问题。本研究中的“农民工随迁子女”是指随父母一起进城的非本地户口的农民工的子女，既包括在农村出生随父母进城的子女，也包括在城市出生的农民工子女。另外，本文主要关注小学阶段的农民工随迁子女。

(二)农民工随迁子女的学习生活现状与特征研究

农民工随迁子女逐渐成为一个不容忽视的群体。学界对于这一特殊群体的关注越来越多，研究问题呈现出学科领域的多样化及交叉化的趋势，但农民工随迁子女的学习生活现状及特征是每一项研究都绕不开的议题。多数学者采用问卷调查的方式来了解农民工随迁子女的规模及其增长情况、结构、地区分布、迁移特征和受教育情况等。例如，王宗萍等人利用2005年的全国1%人口抽样调查数据，概括和分析了全国农民工随迁子女的各项特征，得出农民工随迁子女的规模庞大、分布高度集中、多属长期流动、接受义务教育方面的情况不容乐观等结论，并提出针对性的策略。① 2007年，中央教育科学研究所(现中国教育科学研究院)课题组在全国12个城市开展了农民工随迁子女教育现状的典型调研，对农民工随迁子女的规模和结构、相关教育政策与管理状况、学习状况和心理发展状况进行了全面而深入的研究。② 2014—2015年，邬志辉等人在全国范围内的典型地区和东、中、西部的27个省(自治区、市)的200多个地级市进行了调研，把握农民工携带子女进城的总体态势，总结出三大特征：农民工子女随迁率低，但呈增长态势；特大以上城市的农民工子女携带率低，大中小城市携带率高；第三产业的农民工子女携带率高，第二产业携带率低，产业转移带动子女困难。③ 总体而言，农民工随迁子女的规模逐渐庞大，其学习生活状况不容乐观，面临着入读公立学校难、教育成本高、升学机会少、学习适应难、心理适应难等多重困境。

(三)农民工随迁子女的教育问题研究

目前，这一主题的研究成果的数量呈持续上升趋势，表明农民工随迁子女的

---

① 王宗萍、段成荣、杨舸：《我国农民工随迁子女状况研究——基于2005年全国1%人口抽样调查数据的分析》，载《中国软科学》，2010(9)。

② 中央教育科学研究所课题组：《进城务工农民随迁子女教育状况调研报告》，载《教育研究》，2008(4)。

③ 邬志辉、李静美：《农民工随迁子女在城市接受义务教育的现实困境与政策选择》，载《教育研究》，2016(9)。

教育问题已然成为学界的热点议题。本研究收集了中国知网近几年的文献进行分析发现，农民工随迁子女的教育问题的已有研究成果主要关注以下几个方面。

一是农民工随迁子女的教育融入研究。学者们从不同的视角关注农民工随迁子女的融入问题，包括学校融入、城市融入、社会融入、文化融入等。比如，吕慈仙基于对国内若干个大中型城市的调查，从城市身份认同和老家身份认同两个维度来考察随迁子女在异地升学政策影响下的心理认同和文化融合状况。① 戎庭伟从福柯的权力分析理论的视角出发分析农民工随迁子女在校融入的困境并提出建议。② 徐丽敏基于发展主义的研究框架，兼顾社会因素和经济因素，对农民工随迁子女教育中的社会融入问题进行探索。③ 黄兆信等人从融合教育的视角出发提出针对融合教育进程中的“内质性”问题，要充分发挥互动在融合教育中的作用，建立学校、社区和家庭三方联动的互动机制。④ 万荣根等人针对农民工随迁子女的社会融合困境进行融合教育校本课程开发和实施的研究。⑤ 此外，汪长明通过对城市公办学校的农民工随迁子女进行研究发现，他们在参与城市化的过程中，城乡文化之间的巨大差异产生许多文化适应障碍，因而进一步提出要开展社会机制建设，保障农民工合法权益，消除农民工及其子女的身份歧视问题，从而实现文化调适和文明融合。⑥ 二是农民工随迁子女的教育公平问题，已有研究成果中大多从起点公平、过程公平和结果公平三个层面探讨农民工随迁子女的教育问题。罗云等人从分配正义与关系正义两个层面对随迁子女的教育公平进行实证考察，发现大部分随迁子女无法享受公平的教育资源。他们在学校日常生活中遭受着集体边缘化、文化宰割等尴尬，面临着很多挑战。⑦ 李森有从教育立法的角

① 吕慈仙：《异地升学政策如何影响随迁子女的身份认同与社会融合——基于国内若干个大中型城市的调查分析》，载《教育发展研究》，2015(10)。

② 戎庭伟：《农民工随迁子女在校融入问题及其对策——基于福柯的“权力分析”视角》，载《教育发展研究》，2014(6)。

③ 徐丽敏：《农民工随迁子女教育融入研究：一个发展主义的研究框架》，博士学位论文，南开大学，2009。

④ 黄兆信、曲小远、赵国靖：《农民工随迁子女融合教育：互动与融合》，载《教育研究》，2014(10)。

⑤ 万荣根、郭丽莹、黄兆信：《农民工随迁子女融合教育校本课程开发研究》，载《教育研究》，2015(9)。

⑥ 汪长明：《从“他者”到“群我”：农民工随迁子女学校融入问题研究》，载《国家行政学院学报》，2013(3)。

⑦ 罗云、钟景迅、曾荣光：《进城务工人员随迁子女教育公平问题的分配正义与关系正义之考察》，载《北京大学教育评论》，2015(2)。

度探讨农民工随迁子女的教育公平问题。① 石宏伟等人提出教育公平需要以制度公平为基础，解决新生代农民随迁子女的义务教育问题必须将制度公平贯穿于教育制度始终。② 三是家庭中各种因素对农民工随迁子女教育的影响问题，如家庭教育、家庭资本、家校合作等因素对随迁子女教育的影响。具体而言，李家成等人从家校合作的视角，以随迁子女家长为研究对象，指出农民工家庭处于不利的环境与条件中，但对子女拥有较高期待与努力投入，拥有自己的教育理解。此研究也进一步揭示了家校合作中的诸多问题，如彼此对家校合作的认识不足，合作的形式和内容都比较单一，家长的教育参与程度较低等。③ 周秀平从金融资本、人力资本和社会资本三个方面着手研究家庭生计对基础教育阶段随迁子女就地升学的影响。她发现家庭生计框架下的金融资本、人力资本和社会资本都对随迁子女的升学教育选择具有决定性的作用。④ 同样，谢永飞等人同样从家庭生计的视角出发，探讨家庭生计对随迁子女教育机会的影响与差异。⑤ 另外，关于农民工随迁子女教育的相关政策问题一直是学界最为关注的，如关于农民工随迁子女入学的门槛设置问题，流入地与流出地的权责划分问题。近几年的政策问题主要集中在异地中考、高考等升学政策方面。⑥⑦

(四)农民工随迁子女的心理发展状况研究

大多数农民工随迁子女正处于心理发展的关键期，而特殊的生活经历使他们比同龄孩子要面临更多的心理发展问题。已有研究成果多数属于对比研究，如将农民工随迁子女的心理发展状况与同龄群体的心理健康状况进行对比研究，发现随迁子女的心理健康状况要差于城市儿童，其心理健康水平显著低于全国中学生常模。⑧ 再如，就读于公办学校的农民工随迁子女与就读于农民工子弟学校的相

---

① 李森有：《论教育公平与教育立法的权威——以农民工子女教育的相关立法为例的研究》，载《社会科学战线》，2010(7)。

② 石宏伟、孙静：《新生代农民工随迁子女义务教育公平问题的制度研究》，载《江苏大学学报(社会科学版)》，2015(3)。

③ 李家成、王娟、陈忠贤等：《可怜天下父母心——进城务工随迁子女家长教育理解、教育期待与教育参与的调查报告》，载《教育科学研究》，2015(1)。

④ 周秀平：《家庭生计对基础教育阶段随迁子女就地升学的影响与对策》，载《教育发展研究》，2015(10)。

⑤ 谢永飞、杨菊华：《家庭资本与随迁子女教育机会：三个教育阶段的比较分析》，载《教育与经济》，2016(3)。

⑥ 吴霓、朱富言：《随迁子女在流入地高考政策实施研究——基于10个城市的样本分析》，载《教育研究》，2016(12)。

⑦ 杜永红、陈碧梅：《农民工随迁子女初中后教育政策支持研究》，载《中国教育学刊》，2012(5)。

⑧ 萧易、曾天德：《随迁子女的心理健康研究述评》，载《牡丹江师范学院学报(哲学社会科学版)》，2014(3)。

比，发现就读于公办学校的农民工随迁子女的心理健康水平更高。[①] 另外，很多学者从更加微观的层面关注农民工随迁子女面临的心理发展问题及其个体性差异。杨莉通过问卷调查和访谈法发现农民工随迁子女的心理特征：由于语言障碍和生活环境改变，产生自卑与自尊的矛盾心理，以致行为拘束、胆怯，人际交往困难；敏感和紧张焦虑较为普遍，易造成性格缺陷；抑郁和无望感，产生消极生活态度。她进一步从社会、学校、家庭与自身四个方面分析原因，提出应对策略。[②] 丛菁也有类似的发现，从制度、社会、学校、家庭与自身五个方面进行原因分析。[③] 张岩等人主要关注农民工随迁子女较为普遍的自卑感和失范行为，并从客观环境与学生主观的自发性行为两个方面分析原因。[④] 此外，萧易等人对农民工随迁子女的心理健康状况相关研究进行综述发现，农民工随迁子女在性别、独生与否、年级、学校类型等人口学变量以及认知、情绪情感等心理特征上存在显著差异，并指出相关研究的研究方法有待完善和研究工具有待改进等问题。[⑤] 不同的是，黄伟伟对粤西地区农民工随迁子女的心理健康状况进行调查发现，随迁子女的心理健康状况总体良好，学习问题是随迁子女面临的主要问题；随迁子女父母的文化程度普遍偏低，用在指导孩子学习上的时间偏少；学校开设的心理健康教育类课程实效性不强。[⑥]

在研究方法方面，关于农民工随迁子女的教育问题的相关研究的研究方法呈现多样化趋势。大多数学者采用量化和质性研究相结合的方法，通常是采用问卷调查法、访谈法和观察法。另外，也有学者另辟蹊径。刘谦等人从人类学的视角出发，采用田野观察和问卷调查方法探讨农民工随迁子女的家校互动问题。[⑦] 雷万鹏等人采用内容分析法，收集2002—2011年117个地区的政策文本，从中筛选出有关随迁子女“入学门槛”的文本表述并建立数据库，以对其合理性进行研究。[⑧]

综上所述，学界关于农民工随迁子女教育问题的研究不断深入，研究视角、

---

① 徐晶晶：《进城务工人员随迁子女心理健康状况的比较研究》，载《思想理论教育》，2010(10)。

② 杨莉：《农民工随迁子女心理健康状况调查研究》，载《长江论坛》，2012(1)。

③ 丛菁：《农民工随迁子女常见心理问题及对策分析》，载《现代交际》，2012(6)。

④ 张岩、邵飞雪：《进城务工人员随迁子女心理健康状况研究及对策》，载《科教导刊》，2014(12)。

⑤ 萧易、曾天德：《随迁子女的心理健康研究述评》，载《牡丹江师范学院学报(哲学社会科学版)》，2014(3)。

⑥ 黄伟伟：《粤西地区异地务工青年随迁子女心理健康状况调查》，载《中国健康心理学杂志》，2015(10)。

⑦ 刘谦、冯跃、生龙曲珍：《家庭教育与学校教育互动的文化机理初探——基于对北京市农民工随迁子女教育活动的田野观察》，载《教育研究》，2012(7)。

⑧ 雷万鹏、汪传艳：《农民工随迁子女“入学门槛”的合理性研究》，载《教育发展研究》，2012(24)。

对象、方法不断多元化。在已有研究成果的基础上，本报告从办学形态的视角出发，采用个案研究的策略，关注城乡接合部农村小学中的农民工随迁子女和此类学校办学品质提升的发展机制。

三、研究设计

(一)研究取向与策略

当代人文社会科学研究，大致可以概括为三大研究范式，分别是实证范式、解释范式和批判范式。① 实证范式强调用经验事实去检验或证实我们对世界的理解和认识。② 解释范式一般是通过对自然情境中的人和事进行直接观察或间接考察，并系统分析其行动的社会意义，以求解释人们是如何构造并维持社会世界的。③ 批判范式是通过对表面现象的重述与批评，揭示现象背后的本质结构，重塑社会世界和社会现象在人们认知结构中的形象，以促进人们来改造或重构自己的世界。④ 综上所述，本研究旨在通过对农村学校校长、教师和学生的访谈，展现出农村学校特色办学形态的现状，归纳其办学特点，进一步挖掘其值得推广的实践经验。因此，本报告采用解释范式的研究取向。

罗伯特·K. 殷指出案例研究方法适用于三种情境：第一，需要回答“怎么样”“为什么”的问题时；第二，研究者几乎无法控制研究对象时；第三，关注的重心是当前现实生活中的实际问题时。⑤ 本研究关注的是农民工随迁子女聚集的农村学校办学的现实样态，以期在自然情境下获取农民工随迁子女聚集的农村学校办学形态的实践经验，准确把握当前和未来我国此类型农村学校办学的机遇与挑战。因此，本报告采用个案研究策略。

(二)研究对象的选择

本报告的核心目的是了解农村学校的办学形态，以及在相应办学形态下，学校办学品质提升的机制与模式。所以需要寻找较为典型的案例和实践经验，在研究对象的选择上，倾向于选择能为研究提供最大信息量的研究对象。基于此，本报告采用目的性抽样原则，选择胡家小学作为研究对象。

胡家小学创办于 1934 年，坐落于江西省南昌市昌东工业园区，是一所由青山湖区教科体局主管的农村小学，该校历史悠久，发展过程几经沉浮。2014 年

---

① 陆益龙：《定性社会研究方法》，51 页，北京，商务印书馆，2011。

② 陆益龙：《定性社会研究方法》，51 页，北京，商务印书馆，2011。

③ 陆益龙：《定性社会研究方法》，55 页，北京，商务印书馆，2011。

④ 陆益龙：《定性社会研究方法》，57 页，北京，商务印书馆，2011。

⑤ [美]罗伯特·K. 殷：《案例研究：设计与方法》，周海涛、李永贤、张蘅译，5～11 页，重庆，重庆大学出版社，2004。

迁至新校区，并迎来了“改革取向”的领导者——新校长邱校长。截至2017年上半年，胡家小学教职工有56人，平均年龄在47岁以上，教学班由11个变为20个，在校生由300多人增长至956人，并保持着快速增长的势头，其中外来务工人员随迁子女占总数的60%。从整体上来看，2014—2017年，师生面貌焕然一新，家校关系愈加和谐。可以说，胡家小学根据自身的环境和特点进行实践，走出了一条与众不同的特色办学之路。这样一所“有故事”的村小深深地吸引着我们去探寻其快速发展背后的“秘密”。另外，由于胡家小学是我们相关研究项目的合作学校，对其有比较清楚的了解，进入研究相对容易，收集资料相对方便。综上所述，本报告选择胡家小学作为研究对象。

由于实地调研的时间和个人精力的限制，无法对胡家小学的全部成员进行访谈。访谈对象的选择主要使用分层随机抽样、目标抽样和滚雪球抽样等策略，即根据研究目的，我们倾向于选取信息占有量大的学校成员，所以在收集资料的过程中，我们访谈了胡家小学的主要领导，包括三位校长、书记和总务主任。在教师方面，我们主要选取了对班级情况、农民工随迁子女的情况较为了解的班主任，每个年级至少一位。胡家小学每个年级的班主任集中办公，通常是一个班主任访谈结束之后，会建议并介绍我们去找某某班主任，像滚雪球一样，访谈对象不断增多。另外，还选取少量的任课教师。在学生方面，鉴于语言表达能力和时间冲突问题，我们分别在3～5年级随机抽取两位学生进行访谈。本报告主要采取个别访谈与集体座谈两种方式，共访谈了15位领导和教师以及6位学生。受访者的情况详见表7.1。

表7.1　胡家小学受访者一览表

称呼	性别	备注
邱校长	女	校长(主持全局)
万校长	女	校长(分管教学)
刘校长	男	校长(分管综治)
熊书记	男	书记(前任校长)
万主任	男	总务主任
严老师	男	六年级班主任(少先队辅导员)
周老师	男	普通教师
李老师	女	三年级班主任
王老师	男	普通教师
陈老师	女	五年级班主任；留校的交流教师

续表

称呼	性别	备注
夏老师	女	交流教师
梅老师	女	四年级班主任
赵老师	女	五年级班主任
吴老师	女	二年级班主任
谢老师	女	一年级班主任
娜娜	女	五年级学生(三年级转入)
琳琳	女	五年级学生(四年级转入)
小强	男	四年级学生(三年级转入)
小红	女	四年级学生(三年级转入)
小刚	男	三年级学生(一年级转入)
小明	男	三年级学生(二年级转入)

(三)资料的收集和分析

本报告主要采用访谈的方法，围绕胡家小学办学形态的历史、现状及变化等方面的问题进行访谈，以此较为全面地把握胡家小学的办学品质提升过程。

访谈就是研究者“寻访”“访问”被研究者并且与其进行“交谈”和“询问”的一种活动，即一种研究性交谈，是研究者通过口头谈话的方式从被研究者那里收集(或者说“建构”)第一手资料的一种研究方法。① 在访谈过程中，研究者需要注意以下几点：第一，访谈过程中的提问。在访谈学生的过程中，由于访谈对象都是农民工随迁子女，故避免强调“本地人”“外地人”“帮困扶贫”等敏感概念。另外，提问要有针对性。访谈校领导时主要侧重学校改革、学校管理、办学理念和对社会资源的利用情况；访谈班主任时主要侧重班级管理的困难与策略；访谈学生时主要关注在校表现、与同学相处情况和父母管教情况等。第二，多角度考察研究问题。围绕研究问题，我们选取了具有不同身份的对象，包括校领导、班主任、任课教师和学生，对不同受访者所提问的问题具有一定的相似性，目的是多视角考量研究问题。一方面检验资料的真实性，另一方面全面地把握关键问题，追求资料的深度探究。

文件收集主要是收集胡家小学相关工作的管理办法或政策的文件，如《学生考核及奖励办法》《胡家小学学校文化建设规划方案》等。另外，还收集了班主任

① 陈向明：《质的研究方法与社会科学研究》，165 页，北京，教育科学出版社，2000。

工作记录、班主任帮扶记录等资料。

本报告采取类型分析法对资料进行分析。哈奇(Hatch)指出，类型分析就是在聚焦于整个研究现象的情况下，遵照一些规定，对所观察到的事情进行分组和分类。① 基于此，本报告整理和分析资料的步骤如下：首先，将录音转录为文字稿，并对资料进行编码。将录音和文字稿作为原始文本进行备份。其次，按照本报告的研究维度对资料进行归类，即通过复制粘贴的方式对资料进行分类，形成新的文本，并保存、备份。再次，在每一维度内进行类别内的归类分析，提取关键信息，形成一个个主题，并保存、备份。最后，探寻各个主题之间的逻辑关系，进行论文写作。

四、当"城中村小"遇上随迁子女

(一)胡家小学的那些年

胡家小学是一所地处城乡接合部的农村小学，位于南昌市青山湖区东升大道附近，创办于1934年，前身是邓坊小学，设于祠堂，尚属私塾，招收学生几十位，后因家族祖先胡惠元被命名为惠元小学。20世纪70年代学校改制为村办的南昌县胡家学校，由5个年级的小学和2个年级的初中组成。20世纪80年代末，学校划入南昌市郊区，更名为南昌市郊区罗家镇胡家小学，是当地居民公认的"好学校"。作为一所农村小学，其学生数量已达500多人，且绝大多数为本地生源。2002年，爱心人士胡君来捐建教学楼，学校更名为南昌市昌东工业区胡家君来小学，届时学生有400多人，本地学生仍占大多数。2012年，学校划入南昌市青山湖区，名字改为青山湖区胡家小学。2014年，学校异地重建，学生有300多人，其中包括少量农民工随迁子女。提到胡家小学的发展变化，上学和工作都在胡家小学，曾任这个学校校长和现任书记的熊书记回忆胡家小学当年的盛况。

> 熊书记：原来都是私立的学校。那个老房子是胡家村的祠堂，学校就是从祠堂慢慢改造过来的。我读书的时候，原来胡家村的老房子就像那个安义古村一样，做得还好，建筑都是古香古色的。1970年进行新农村建设，要把这些老房子全部拆掉，我们学校用拆房子的材料盖了一所新学校。那个盖的房子大概是一个四合院的样子，中间有一个操场，四面的房子都是教室和办公室，相当漂亮。那时候有中学，是叫"戴帽子的小学"，有初一、初二

① [美]哈奇：《如何做质的研究》，朱光明、沈文钦、徐守磊等译，154页，北京，中国轻工业出版社，2007。

（七年级和八年级），领导会管理，老师教得好，附近的村民都争着送孩子来，梧岗村、佛塔村的孩子都到这里来上学。

纵观胡家小学的发展历程可以发现，20 世纪 80 年代，胡家小学在学校管理、教育教学等方面的成绩突出，但是 80 年代之后一直到 2014 年之前，胡家小学的发展持续走下坡路。同样是学校发展见证者的万主任从学校管理等方面描述了学校的变化。

万主任：原来我们的学校很出名，那个时候的校长姓胡，他在管理上真的有一套方法，后来被调走了。他走了以后就来了刘校长，刘校长也很擅长管理。他走了以后就由余校长管理，这个校长在管理上有漏洞，老师们的意见都很大。他管理之后，学校的情况慢慢不好了，走下坡路，后来就被老师们撤掉了。接着就是我们这个熊校长，他真的很想抓教育，出发点挺好，但是管理上也产生了漏洞。再后来我们建了这个新校区，上级领导的想法是建了这么大的一个新校区，如果校长没有管理能力，那么就相当于一块死地；上级为了把我们学校打造成名校，就请了我们现在的校长。

胡家小学的历史悠久，发展过程中一度辉煌，但由于各种原因，开始走下坡路。有人将此归咎于学校管理问题。有人也提到了国家政策倾向。比如，计划生育政策导致学龄儿童数量整体减少；教育资源分配的倾斜问题使生源流向城市重点学校。不论什么原因，导致的结果就是胡家小学教师的工作没有干劲，教育教学质量整体下滑，学生越来越少，整个学校如一块“死地”。

(二)胡家小学接收随迁子女入学：阻力与机遇并存

2014 年 9 月，胡家小学迁至新校区，也迎来了“改革取向”的新校长——邱校长。新校区地处昌东工业区，周边有大量工厂，外来务工人员及其子女数巨大，成为一个不可忽视的群体。胡家小学是一所坐落于城乡接合部的农村小学，区政府考虑到它的师资力量不足等薄弱项，并未要求其接收农民工随迁子女。但邱校长认为，他们到这里来都不容易，这对于我们来说也是一份社会责任。因而，学校向区教科体局的基教科申请接收农民工随迁子女，只要满足区里要求的就学条件，证件材料齐全(居住证、劳动合同、租房合同齐全)，即可就读胡家小学。2014 年之后，大量农民工随迁子女进入。截至 2017 年上半年，胡家小学的学生数增长至 956 人，其中农民工随迁子女占全部学生数的 60%。随着农民工随迁子女数持续而快速的增长，各方面的阻力愈发凸显。

1. 村民的阻力：外地孩子抢占本地教育资源

胡家小学的新校区是政府投资建成的，但学校用地是从当地村民手中低价购入的。当时，熊书记还是胡家小学的校长，新校区从选址征地到建成的整个过程都是他经办的。同时，熊书记也属于胡家村人，学校用地也涉及熊书记的自家田地，拥有双重身份的他更能够理解村民的想法。

熊书记：当时村民不同意我们征地。这也可以理解，土地是他们的命根子，就靠这些养家糊口，卖掉吃什么，征地的钱又少，几千块一亩，当然不愿意卖掉。后来是政府和我们学校做了很多工作，承诺要建一所大学校、好学校，造福下一代。老百姓拿出地的出发点是要为本地孩子建一所好的学校，现在这么多外地孩子进到学校，肯定会占用资源。村民们的意见很大，有的都闹到学校。按照他们的意思就是，我想让我的孩子在这里享有好的教育资源，并不是说让外地孩子享有这么好的资源。

土地是农民的命根子，村民们同意低价卖地的初衷是为本地的孩子建一所好的学校。农民工随迁子女的大量进入难免会分走一部分本来就不多的教育资源。如此，本地人和外地人的矛盾日益凸显。

2. 村委会的阻力：外地孩子到这里读书要经过我们的同意

胡家小学所在的胡家村委会对于学校接收农民工随迁子女的做法仍有较大意见。熊书记这样告诉我们。

熊书记：按村委会的意思就是一定要控制外地孩子入学，他们来这里读书，一定要到村委会盖章，经过村委会的同意。

访：为什么呢?

熊书记：这个很明显，你不经他同意，就好像是没把他放在眼里。他要这个权力。这里边有一些利益关系。他们要想办法高价卖出这边开发的房子，你到这里买房就可以到这里读书。

可见，对于村委会而言，胡家小学是否接收农民工随迁子女以及设置何种准入门槛牵涉到村委会的权威与利益。学校绕过村委会直接接收随迁子女必然会受到村委会的阻力。

3. 学校内部的阻力：师资本身就紧张

除了来自外界的阻力外，还有学校内部的阻力。邱校长告诉我们接收农民工随迁子女的时候，学校教师中也有不少持反对意见的。

邱校长：当时我们的班子成员也有反对的，老师里也有，因为我们学校是村小，师资本身比较紧张。我们的老师每人至少要承担两到三节课，很辛苦。老师里相当一部分是老教师，快退休了，做不来了，也不愿意做了。如果我们不接收的话，师资承受这方面就轻松得多。但是不接收，我们让这些孩子去哪读书？

胡家小学本身是一所农村小学，教育资源十分有限，接收农民工随迁子女对胡家小学而言确实是一个巨大的挑战。其中，师资力量薄弱是胡家小学一个致命的短板。主要体现在如下两个方面。其一是教师数量不够，特别是音体美类的专业教师更是稀缺。由于“学生增加太快”导致教师“招不赢”，所以就要聘请大量代课教师。然而，代课教师存在“流动性大、教学经验不足”等问题。其二是教师胜任力不够。一方面是指胡家小学教师的年龄普遍偏高，老教师对新的教育理念和教学方式的接受能力有限，无法胜任教学工作。任教 38 年的严老师坦言：“不是我懒，有时候是心有余力不足。我也想创新，试过制作教具，效果不好，做不来，就放弃了。”另一方面是指国家要求学校课程要开足开全，但农村学校师资欠缺，很多课程没有专职教师，现有的教师又“教不来”。其实，教师数量不足和胜任力不够是农村学校普遍存在的问题，这使得农村学校发展束手束脚。但是邱校长的“不接收，我们让这些孩子去哪读书”的问题直击心坎。为此，邱校长首先做班子成员和教师们的思想工作，分享自己的经验，减轻教师的心理负担，最终学校内部成员达成共识。然后，邱校长带领着班子成员与教师做村民的思想工作，一家一家的做，分享学校的发展规划，增强村民对胡家小学的信心。

4. 胡家小学的发展机遇

阻力与机遇并存，胡家小学在接收随迁子女方面虽然遭遇很多阻力，但与此同时，也存在有利于胡家小学长足发展的良好机遇。比如，区政府用心做教育，为胡家小学的发展营造一个良好的大环境；胡家小学的硬件设备日益完善，胡家小学教师的专业素养不断提高。

(1)区政府用心做教育

青山湖区位于江西省南昌市城东，赣江下游，青山湖畔。全区总体呈城乡合一的格局。目前，全区共有公办学校、幼儿园、活动中心 45 所(其中小学 29 所，九年一贯制学校 10 所，十二年一贯制学校 1 所，区属幼儿园 3 所，区少儿体校 1 所，区青少年活动中心 1 所)。公办学校在校生为 42996 人，其中小学生为 34400 人。全区共有公办在职教职工 2366 人，专任教师 2327 人，其中小学专任教师 1624 人。具有专科学历的小学教师为 1310 人，占小学教师总数的 79%，小学特高级教师为 21 人，具有小学高级职称的教师为 1004 人。小学适龄儿童入学率、巩固率均达到 100%，小升初比例为 100%，初中三年巩固率为 91.4%，初中辍学率为0.1%。2015年，青山湖区先后顺利通过省政府义务教育督导评估检查和国务院教育督导委员会义务教育基本均衡达标检查，成为全省首批11个国家义务教育基本均衡达标县(区)之一。在随迁子女接收方面，截至2015年2月，青山湖区接收外来务工人员随迁子女达11559人，占全区中小学生总数的26.9%，是南昌市接收外来务工人员随迁子女人数最多的县区。在义务教育阶段的中小学中，青山湖区有六成以上的学校属于农村学校。面对结构日益复杂的生源和半数以上的村小，区政府致力于用心做教育，实现教育事业的跨越式发展。具体表现在以下几个方面。

第一，积极改善教育条件。目前，全区实施的校建项目有40个，总建筑面积为24.06万平方米，总投资达5.52亿元。在教育装备上，青山湖区投入资金3246万元，配备教师用笔记本电脑2463台，新增及更换学生用电脑2143台，全区861个班级全部装备班班通多媒体教学设备，购买图书342579册；所有学校按省定标准基本配齐音乐多媒体教室、美术教室、标准化实验室、卫生保健室、心理咨询室等功能教室，实验仪器、音体美器材、文科教学设备等全部按省定标准足额配齐，部分学校的教学设备配置甚至超过省定标准。全区所有学校网络宽带均实现光纤接入，同时为4所学校配备录播教室和数字化校园设备，为下一步全面实现教育“三通两平台”树立样板，打牢基础。①

第二，教育投入不断增加，居于全市第一。截至2016年，青山湖区不断增加教育投入，地方财政总收入达16.1亿元，而教育总投入达5.332亿，占到全区可用财力的三分之一；即使在财政收入下滑的压力下，区政府依然拿出1.46亿元用于发放教师政府性奖励，还拿出800万元，以政府购买岗位的方式，新增教师岗位数150名。

第三，推行大学区办学的发展带动战略。为深化教育领域的综合改革，推进教育现代化建设，加快区域义务教育优质均衡发展的进程，青山湖区实施大学区办学的发展带动战略，旨在更好地满足人民群众对优质教育的迫切需求。区政府计划到2020年，全面实现义务教育优质均衡发展。具体分三个阶段实施：2015—2016年组建13个学区，组建3个市区两级协作学区，试点成立新世纪小学教育集团；2017—2018年完善城区集团化、学区化的办学举措，新组建一批教育集团；2019—2020年在全区推行集团化、学区化的办学，力争实现义务教育在区域之间、城乡之间、校际的优质均衡。

该战略是在一体化模式和共同体模式两大基本类型的基础上，最大限度地发挥学校的自主性，可自行采取教育联盟式、名校托管式、核心连锁式、城乡互助

① 引自青山湖区教育体育事业“十二五”总结及“十三五”规划。

共同体式、优质资源再生发展式等多种运作机制，实施“名校＋新校”“名校＋弱校”“名校＋民校”等多种办学模式，通过共享教学设施资源，共享教育教学资源，共享管理课程资源，推动区域内优质资源均衡发展。

总之，青山湖区秉持着“用心做教育，做有深度的教育”的理念，积极为区域教育事业谋发展，这为胡家小学的发展营造了一个积极的大环境，也为胡家小学接收农民工随迁子女提供了政策和财力的支持。

(2)新校区的硬件设施齐全

据了解，新校区占地面积为 26135.8 平方米，能够容纳两千多人，而且各功能室配备齐全。这保证了胡家小学促进学生全面发展的物质条件。特别值得一提的是，胡家小学结合自身的生源特点进行校园规划，让每一寸土地都发挥它的教育价值，都是潜在的课程资源。比如，教学楼之间的空地都有自己的名字，利用这些空间进行一些乡土游戏的活动，学生可以跳房子、丢沙包……享受放下手机、平板电脑的时光，体验童年的味道。再比如，教学楼后面有一片空地，学校计划将其打造成科普基地，学生可以在这里种菜，体验劳动的快乐。正如周老师所言：“我们最有特色的是后面那个菜园，可以带学生参观。比如，我们上科学课，最近是生命的单元，要学习植物是怎么繁殖的，我就带他们去观察花，到菜园用放大镜观察青菜花、油菜花。学生看到一片金黄很开心，跟春游一样。像这种在校园里学习也安全，还能让学生亲密接触大自然。”可见，这片小天地深受师生的喜爱。

(3)胡家小学的教师队伍不断优化

近几年，胡家小学的教师队伍不断优化。首先，教师工作热情高涨。用邱校长的话：“老师们的积极性已经被调动起来了。”在新校长的领导下，胡家小学的教师像“打了鸡血”一样愿意做事，主动做事。其次，教师队伍结构优化。2014—2017 年，胡家小学的教师队伍不断注入新鲜血液，越来越多年轻的、有先进教育理念的教师补充进来，与老教师一起形成互补共进的专业成长模式。再次，教师素质不断提高。随着农民工随迁子女数的持续增多，生源结构复杂，生源质量参差不齐，也倒逼着教师去适应各种类型的学生，促进教师完善自身的学生观。最后，教师教研能力不断提升。在教研活动方面，万校长感慨道：“我们教研的老师已经成长起来了，对于这些研究已经有了初步的概念。”整体而言，2014—2017 年，胡家小学的教师具备了越来越强的责任感和主人翁意识，真正做到“爱生如子，爱校如家”。

(三)随迁子女的问题表征

学校适应就是在学校中愉快地参与学校活动并获得学业成功的状况。① 农民工随迁子女离开以前的生活环境，进入新学校后，就面临着诸多学校适应的问题。与这一问题相关的研究内容十分复杂，近些年，国内学者主要从管理、心理、学习、经费、人际关系和家庭资本等方面的问题切入并形成分析框架。② 本报告以胡家小学为工具性个案进行研究，相比于城区重点小学，胡家小学是地处城乡接合部的农村小学，这在一定程度上有利于农民工随迁子女的学校适应。用李老师的话："我们也是村小，跟乡下差不多，学生等于是从乡下迁到乡下来。"因而，农民工随迁子女避免了由于家庭条件、经济基础的差异而产生的自卑感，但这并不意味着农民工随迁子女就能很好地进行学校适应，他们依然面临着很多问题。结合已有研究的分析框架和对研究资料的整理提炼发现，除了上述几个分析角度之外，农民工随迁子女还存在语言适应问题和行为习惯的养成问题。经过调试和进一步归纳，本研究将从惯习作用下的学校适应问题、家庭资本相对缺乏问题和同伴交往不利问题三个方面入手分析农民工随迁子女的教育问题。

1. 惯习的滞后性：新场域中的不合拍

惯习和场域皆是布迪厄庞大理论体系中的重要概念。他在《实践感》中指出惯习是持久的、可转换的潜在行为倾向系统。③ 场域是一个相对独立的社会空间，是一串串的关系，这些关系先于个人意识而存在，且不同的场域有着不同的逻辑规则。④ 惯习与场域的关系通常分为两种：一是惯习遭遇的新场域与其产生时场域的客观条件相符或相似，那么惯习便能够自觉适应新场域而无不适之感或稍加调试后适应新场域。二是惯习和新场域不相符。惯习的滞后性会使其在发生变化的新场域下继续存在并发挥作用，此时，除非我们考虑到惯习和它特有的惯性和滞后现象，否则其中的行为就不可理解。正如布迪厄在阿尔及利亚所观察到的，那些本来浑身都是前资本主义惯习的农民，突然被迫改变了生活方式，置身于资

① Gary W. Ladd, Becky J. Kochenderfer , & Cynthia C. Coleman, "Classroom Peer Acceptance, Friendship, and Victimization: Distinct Relational Systems that Contribute Uniquely to Children's School Adjustment? "*Child Development*, 1997(6), pp. 1181-1197.

② 学界关于随迁子女适应问题的研究主要从六个方面切入：中央教育科学研究所课题组从教育管理问题、心理问题、学习问题等方面把握随迁子女教育现状；戎庭伟主要关注随迁子女的心理问题；邬志辉等人提到随迁子女学习适应难问题以及教育花费高问题；秦玉友也指出随迁子女教育存在入学难、上学代价大等问题；汪长明主要聚焦随迁子女在人际关系方面遭遇的问题；周秀平和谢永飞等人从家庭资本视角切入观照随迁子女的教育问题。

③ [法]皮埃尔·布迪厄：《实践感》，蒋梓骅译，80页，南京，译林出版社，2003 。

④ 周冬霞：《论布迪厄理论的三个概念工具——对实践、惯习、场域概念的解析》，载《改革与开放》，2010(1)。

本主义世界之中……在具有革命性意义的历史局面里，客观结构中的变迁过于迅猛，那些还保留着被以往结构形塑成的心智结构的行动者就成了守旧落伍的家伙，所作所为也就有些不合时宜，目标宗旨也未免与潮流相悖。[①] 农民工随迁子女就处于第二种境遇中，他们被父母从农村带到城市，在新的场域中，产生于农村的惯习在城市场域中继续存在并发挥作用，导致农民工随迁子女的思考方式、言谈举止等方面与新的环境很难合拍。这种不合拍现象外显为诸多不适应问题，如语言、心理、学业和行为习惯的养成等方面的问题。

(1)语言适应问题：多种方言的较量

通常，农民工随迁子女都来自农村，没有条件跟城市学生一样生活在讲普通话的语言环境中，他们说的都是各自家乡的方言。当来自天南地北的农民工随迁子女聚在一起，语言障碍就成为他们要面对的最直接困难。另外，胡家小学本身是农村小学，学校教师大部分是平均年龄超过 45 岁的老教师，他们自身的普通话水平就有待提高，很多老教师都是用方言讲课。所以，农民工随迁子女进入胡家小学体验到的不是说不好普通话的自卑感，而是听不懂教师和同学讲话的烦躁感、多余感，抑或是喜感。四年级的小强谈了他的感受："刚来的时候他们都说南昌话，我都听不懂。万老师上课时总说南昌话，听都听不懂。还有那些高级领导(校领导)，他们在广播里说话，普通话也不标准。"五年级的琳琳有不同的感受，她告诉我们："刚来的时候感觉很陌生，很孤独，不想跟同学玩。他们都说南昌话，听不懂，感觉自己很多余。"

语言上的障碍也会影响到课堂教学和学生的学习，特别是处于识字阶段的低年级学生。据一年级的班主任谢老师反映，这些来自外地的学生，从小说家乡话，在学习拼音、认字等方面存在方言和普通话难以灵活转换的问题，如将"谢谢"一词的拼音写为"xia xia"。二年级的班主任吴老师分享了他们班的故事。

> 吴老师：我们班有个小女孩，很特别。她也是外省过来的，她平时说话都是用普通话。她只要一背书，就是用方言。她刚转来的时候，我们学习第一课，要背诵。她背的时候一张嘴"春天来了"(方言)，我都蒙了。我打断她，让她用普通话，背慢点不要紧，结果她就是背不出来。最后没办法，我就让她用方言了，她一用方言就背得特别顺。

方言多样化是文化多元化的直接表现之一，但外地方言也成为外来人员的

① [法]皮埃尔·布迪厄、[美]华康德：《实践与反思——反思社会学导引》，李猛、李康译，175 页，北京，中央编译出版社，1998。

“标签”。农民工随迁子女进入迁入地学校之后，外地方言就是自己与他人最明显的不一样。① 个体之间的接受能力存在差别，有的学生能够很快听懂并学会迁入地的方言，与本地学生打成一片。访谈中三年级的小明自豪地说：“来了一年还不会啊？我几个星期就会说了。”但是，对于部分接受能力相对较差的学生而言，语言适应问题最有可能加重其心理负担。

(2)心理适应问题：缺乏安全感

相对于浅表性、短暂性的语言适应问题，心理适应问题通常具有隐蔽性与长时性，需要较长时间发现。如果解决不善，便会演变成心理疾病。农民工随迁子女初到一个新的环境，会出现很多心理上的不适应，很多时候心理适应问题会外显为一些不良行为习惯、不良人际关系等。据胡家小学的领导和教师反映，农民工随迁子女往往会存在敏感、缺乏安全感、情感脆弱等问题。通过梳理访谈资料，我们总结出了以下几种类型的农民工随迁子女。

类型一：霸道、强硬、不吃亏的孩子

邱校长：整体上男孩子的问题突出一点。他们普遍表现得比较霸道、强硬、不吃亏。我带的那个孩子(一对一帮扶对象)的问题就是比较严重的，别人都说他有精神病。他平时不作声，但谁动到他，就很容易狂躁、暴怒，打的别人头破血流。

类型二：无所谓的孩子

陈老师：我们班上有一个男孩子，去年刚来，就是有着无所谓的态度。你说他什么都是无所谓，他很内向，你跟他说什么他都不说话。你批评他，他不说话；你表扬他，他也不说话。他在学校也不会惹事，但老师能感觉到他的抵触情绪。

类型三：总招惹别人的爱哭鬼

李老师：我们班那个男孩子个子比较小，很喜欢哭。有一次打了上课铃，班长要管纪律，让大家都坐在座位上。然后他就在座位上跟别人说话，班长就拉了一下他，他就一个人蹲在墙角哭，说班长打了他。但后来经过我的观察发现，他喜欢先招惹别人。有一次别人在打牌，就是三国杀那样的牌，他总是去弄乱别人的牌，别人烦他，就不让他玩。然后他就觉得很委屈，哭得很难过，又说别人欺负他。平时，同学不愿意跟他玩。

---

① 黄兆信、曲小远、赵国靖：《农民工随迁子女融合教育：互动与融合》，载《教育研究》，2014(10)。

类型四：傲慢的孩子

陈老师：他是四年级转过来的，成绩还好，但是在待人接物上不太好。他刚转过来后，上课的时候插话，根本就不把老师当回事。我记得开学第一次交杂费，因为他是新转来的，所以交的钱要比老生多了一套校服的钱。他就在课堂上当着全班人的面说凭什么我就要多交啊，就这样跷着二郎腿，靠在后排的桌子上(陈老师比画着动作)。因为他是新转来的，暂时没有书，他就直接到我的办公室，伸手就要，还对我说："我的书呢，你什么时候拿给我?"你能听出这个口气吗？就是这么傲慢。

以上四种类型的孩子所表现出的问题是农民工随迁子女群体中较为常见和典型的心理适应问题。具体而言，类型一的孩子极为敏感，而且情绪调控能力差。类型二的孩子极其内向，常常将自己封闭起来，拒绝与他人交往，无所谓的态度是其自我保护的方式。类型三的孩子情感比较脆弱，可以看出他试图与他人交往，表现出想要融入新环境的倾向，但不恰当的方式方法常常会弄巧成拙，引起他人的反感。类型四的孩子在待人接物、与人相处方面较为欠缺，一些基本的行为习惯和文明礼仪还需要加强。概而论之，在前三种类型中，无论敏感的、内向的孩子还是感情脆弱的孩子，其本质都是源于其较为缺乏安全感，他们小小年纪，离开熟悉的环境，离开感情深厚的伙伴和师长，重新面对新的环境，适应新的老师和同学，难免会产生孤独、失落、无助的心理体验，久而久之，便会出现敏感、缺乏安全感等心理问题，特别是一些孩子常年随父母流动在各个城市之间，需要不断地适应新的环境。类型四的孩子表现出不良行为习惯(跷着二郎腿，背靠后排桌子，对老师说话没有称呼)。良好的行为习惯和文明礼仪的形成需要一个相对稳定的环境、充分的时间以及正确的引导和规约，而农民工随迁子女的流动性大，父母的管教相对较少，这都不利于良好行为习惯和文明礼仪的培养。

(3)学业适应问题：学业基础薄弱，厌学现象反复不绝

虽然学业适应问题是每位转学生都会遇到的，但是对于农民工随迁子女而言，此类问题异常突出。据我们了解，他们转来之前的情况有如下几种。

严老师：有的孩子是从复式班转过来的，就是一位老师会同时教一、二、三年级，在一个地方上课。

陈老师：有的孩子之前是爷爷奶奶带着、宠着，一至三年级没有写过作业，转过来的时候成绩不好，都不会写字。

可以看出，农民工随迁子女多来自教育资源相对匮乏的学校，有的还属于隔

代教养，家长疏于管教，所以这类孩子的学业成绩普遍较差，基础相对薄弱。万校长这样告诉我们。

> 万校长：上一次，我们要求每人做一张手抄报，那个刚来的孩子不知道手抄报是什么。还有就是他们之前只学语文、数学，没有接触过其他科目，来这边就跟不上。有的孩子在五六年级时转过来，从来没学过英语，所以就跟不上。

据万校长所言，城乡教育的差异还体现在知识储备方面。农村由于种种条件的限制，很难开齐开全课程，而且很多课程是农民工随迁子女并未接触过的，如英语课，这就在一定程度上使得农民工随迁子女的知识储备暂时落后。此外，我国实施“一纲多本”的教科书政策，教材不统一也会增加中途转学生的学业适应难度。在访谈中，我们了解到，农民工随迁子女对于学业适应问题的处理态度相当消极。小红是三年级转到胡家小学的，目前是四年级学生，她告诉我们：“刚来的时候跟不上，成绩很差，不会的问题就放着，不敢问老师。问同学，同学也不告诉我。”由此可以看出，面对学业障碍，农民工随迁子女往往孤立无援，更多的是放任自流，后果就是问题越积越多，越来越排斥学习，最终学业适应不良恶化为厌学问题。通常与厌学现象交替出现的还有反复现象。

①反复现象

本报告中的反复现象是指在教育教学过程中，学生在行为习惯、学业成绩等方面表现良好和表现不良的现象交替出现的状况。实质上，反复现象的本质是欠缺自律能力。根据小学生心理发展的特点和水平的局限性，他们还比较缺乏约束自己的能力，往往需要教师和家长的约束和指导。然而，据教师反映，大多数农民工随迁子女缺乏父母的管教，因此这个群体存在严重的反复问题。赵老师一直被学生的反复问题困扰。

> 赵老师：学生的情况反复，不管在行为习惯还是在学习方面。每个星期一是最难熬的一天，进班里维持秩序都要比别的时间长，感觉他们过个周末，东西全还给老师了。大部分家长在管教孩子方面都是比较欠缺的，教育孩子是个“双管齐下”的事，老师这边管得再多，一回家全白费了。

反复现象的背后是孩子不够自律，很多时候孩子的反复现象是受到家长的影响。家长教育孩子缺乏耐心和持续性，久而久之，便养成了孩子的侥幸心理。娜娜谈不写作业：“抓不住就不用写了；抓住了，大不了挨顿说，再补出来呗。”万校长也反映了这个情况。

万校长：他们(随迁子女家长)刚来的时候会特别重视管教孩子，就是怕孩子到一个新的环境会跟不上。但过一段时间觉得孩子适应了，他们就慢慢放松下来。等孩子的成绩下降了，家长又会管得严一点。

教育本身就是一个长期而反复的活动，需要更多的耐心和恒心。家长管教孩子缺乏持续性，导致孩子各方面的表现出现周期性的反复现象。

②厌学现象

厌学是指学生对学习表现出的负面情绪及消极的行为反应。在胡家小学的调研中发现，农民工随迁子女的厌学问题较为突出，主要表现为以下几种情况。

情况一：逃学

赵老师：学生比较难管理。我们班上一个孩子在开学时不愿意来上学，跑了，自己出去玩。最后是家长找到后带到学校的。

情况二：玩不够

熊书记：有个孩子不愿上课，就知道玩；下课玩了，还在课上捣乱；自己不听课还给别的同学捣乱；最严重的是上课时还打架。

情况三：不愿意写作业

陈老师：有个孩子不写作业，我逼得紧了，他就乱写，就是在一个练习册上写的全是“大小”。我就让他到我的办公室补作业。不过管得多了他也会有情绪。我记得有一次他又没有写作业，我叫他到办公室，他就坐着唉声叹气，看着很无奈。

逃学、玩不够和不愿意写作业的现象是胡家小学农民工随迁子女群体中较为常见的厌学问题。究其原因，主要包括家庭和学校两个方面。一是随迁子女的父母大多忙于工作，缺乏对他们的关注与正确指导。二是农村学校师资力量和教学资源等相对薄弱，学生难以掌握正确的学习方法，成绩难以提升，因而丧失对学习的积极性。

(4)行为习惯问题：没规矩

农民工随迁子女从农村迁到城市，从一个相对自由、随意、宽松的环境迁到一个处处讲求秩序、规则的环境，也会存在很多不适应的问题。在访谈过程中，校领导和教师对这类孩子的主要印象就是“没规矩”“没礼貌”“比较野”。

万校长：我帮扶的那个孩子家里是收废品的。他的一些习惯不太好。比如，我们在凳子上好好坐着，他就喜欢在地上趴着、坐着，在地上玩。他在家里想怎么样就怎么样，到学校我们也管不住。

谢老师：他们身上的一些基本的行为习惯、文明礼仪是比较欠缺的，比如说玩起来横冲直撞，见了老师也不知道问好，有的老远就绕开老师了。还有我们现在新校区里的花花草草也多，这些孩子总喜欢摘，可能在以前的环境里也没那么多约束。

农村的生活环境相对宽松，在规则意识和秩序意识方面的培养较为欠缺，因而农民工随迁子女在一些行为习惯的养成方面比较薄弱。另外，良好习惯的养成需要较为稳定的环境和较为完整的时间，但是随迁子女经常由于父母工作地点的变动而转学，需要不断适应新的环境，这非常不利于他们的良好行为习惯的形成。

2. 家庭资本相对缺乏：资源竞争中的处境不利群体

在布迪厄资本理论的理念下，家庭资本可细化为经济资本、文化资本和社会资本三种类型。教育社会学领域的研究发现，家庭资本在教育环境、教育机会和教育质量等方面存在显著影响。家庭资本相对缺乏的农民工随迁子女在教育资源竞争中无疑是处境不利群体。

(1)经济资本贫乏成为随迁子女发展的强约束

经济资本为学生的教育消费提供经济支持，经济资本多的家庭可以为学生提供更多的教育机会，如提供特长培养的社会教育等。通过对教师和学生的访谈发现，胡家小学农民工家长大多是学校附近工厂的工人，或是在学校附近做小生意的个体户，如内衣厂或服装厂工人、出租车司机、早餐店老板等。家庭经济资本普遍处于中等偏下水平，能够给孩子提供的教育经费支持十分有限。从一所城市小学调到胡家小学的五年级班主任赵老师反映道："刚接这个班的时候想着先发掘一下班上的特长生，以后参加活动就知道我们班有哪方面的人才。问下来就一个孩子在外面学过舞蹈，其他孩子都没有学过，连文化课的学习也没有。"这里除了存在农民工家长缺乏培养孩子多元能力的意识之外，经济资本贫乏也是其重要原因之一。我们在调查中听到这样的声音："要是有(钱)谁会出来讨生活，没办法，挣不了几个钱，偏偏哪儿都要花钱，先把日子过下去要紧。"邬志辉等人的研究也指出了这一点，即城市的教育成本远远高于农村。尽管国家实施了免费义务教育政策，但城市课外补习的花费却是相当可观的，持续增长的教育经费压力是农民工面临的重大挑战。①

(2)文化资本劣势或将代际传递

文化资本是指通过家庭教育、学校教育和社会教育等方式，储存于个人身体中的文化知识、文化技能及文化修养。② 布迪厄将文化资本分为三种存在形式：以精神和身体的持久“性情”的具体状态；以文化商品(如图片、书籍等)为主要形式的客观状态；以教育资格为制度化形态的体制状态。③ 调查发现，文化资本多的家庭更能意识到教育的重要性，对子女的教育期望更高。④ 然而，农民工家长的文化程度普遍较低，自身修养有待提高，教育意识比较淡薄，教育理念陈旧，教育方式单一，对孩子教育的参与度和教育期望较低，加之工作强度大，工作时间不固定，无法为孩子提供有效的指导或榜样作用。所以农民工随迁子女的家庭文化资本仍处于稀缺状态，甚至极有可能出现代际传递现象。具体表现为以下问题。

①教育意识淡薄：读书能赚几个钱，不如出去打工

胡家小学的农民工家长教育意识淡薄的问题较为明显，这个群体中盛行着“读书无用论”，周老师分享了如下两个实际例子。

> 例 1：两位家长在谈话。一位家长说自己的孩子上大学，想考研。另一位家长说考什么研，出来又赚不到几个钱，不如跟你去打工，一个月五六千，读研出来一个月能赚五六千啊？
>
> 例 2：有个孩子没写作业，老师叫家长来。家长说，老师，我就想让他在这里混几年，混完初中算了，以后他就是跟我们一起去打工的，你也不要管他太多。

从上述两个案例我们可以看出，胡家小学的农民工家长教育意识淡薄，用家长的话就是“关关水”就可以了，意思是对他们来说学不学东西不重要，重要的是让孩子在学校里不出事就好，读不读书都不重要。由此在错误的教育观念的引导下，农民工家长通常出现一些不配合学校工作的行为。

---

① 邬志辉、李静美：《农民工随迁子女在城市接受义务教育的现实困境与政策选择》，载《教育研究》，2016(9)。

② 王小红：《农村转移人员文化资本的缺失及其对社会地位的影响——布迪厄文化资本理论的启示》，载《外国教育研究》，2008(6)。

③ [法]布尔迪厄：《文化资本与社会炼金术——布尔迪厄访谈录》，包亚明译，192～193 页，上海，上海人民出版社，1997。

④ 谢永飞、杨菊华：《家庭资本与随迁子女教育机会：三个教育阶段的比较分析》，载《教育与经济》，2016(3)。

陈老师：我们之前会要求孩子做完作业，家长检查完，在家校联系本上签字。有的家长可以一次全部签掉。比如说，我今天学了第11课，你只要签第11课就行了。然后他就是11课给你签了，12、13、14课都签了，后面没写的都提前签好，为了省事。

可见，农民工家长对孩子的教育问题持一种敷衍了事的态度。家长遇事"嫌麻烦""图省事"的消极态度对子女的成长十分不利。

②吝于教育投入：要交钱的都不参加

在教育意识淡薄的作用下，农民工家长对子女的文化教育投入十分有限。排除家庭经济资本极其缺乏导致的教育投入困难情况，不少家长不愿意在子女教育上多投入，甚至存在先入为主的偏见，认为"学校真是想着法儿收钱"。

方主任：那一年，我们学校刚有足球操的活动。我们班的大多数孩子都被选上了，但是听说要买足球操的一套服装，就有很多人不参加了。有一个女孩就说，我爸爸说了要钱的就不参加。我们的这些活动都是放学后排练或者周末练，有的家长嫌接送麻烦也不愿意孩子参加。

"要交钱的不参加""嫌麻烦"体现出农民工家长对孩子的教育吝于投入，不注重培养孩子的兴趣爱好，在对周老师的访谈中发现一个有趣的矛盾。

周老师：我们学校提供的这些真的是非常好。比如，乐器、服装、器材设备都是学校提供的；合唱团、足球操、鼓乐队很多社团活动都是学校花钱请专业老师教。但是不知道为什么这些家长就不喜欢自己的孩子去参加这样的活动，他们好像觉得浪费时间。

访：也许他们希望孩子的学习成绩好一些？

周老师：不会，他们很少管孩子的学习。

农民工家长出于对孩子的教育的重视，将孩子带到城市，以期获得更优质的教育资源，但是由于陈旧的教育理念和错误的教育方式，对孩子的教育毫无益处。

③教育理念陈旧：孩子的学习是教师的责任

李老师：这边的家长普遍有个想法，就是他们觉得把孩子带到学校来了，那么孩子的学习就是老师的责任。比如，有的家长认为孩子都上学了，还要我们家长管，要老师干什么；孩子的学习成绩不好了，家长就会质疑老师。

赵老师：你跟家长反映情况，家长就说自己打也打了，骂也骂了，真没办法了，好像就觉得打了就是管了一样。就像孩子写作业，我问了他，他说写完了，其实没写一个字。

上述两个案例反映出的问题不是个例，而是普遍现象。大多数农民工家长还存有“教育孩子是老师的事”等类似的想法，而且他们所谓“管孩子”要么是“我问他了”等流于口头的教育；要么就是打骂，似乎打了、骂了之后就是教育了孩子。但实质上很多家长都停留在养育孩子的层面，并没有达到教育孩子的层面，更别提讲究教育方式方法了。另外，农民工家长在教育孩子方面会存在自卑感，他们普遍认为“我没有文化，我没有读过书，我教不来，老师你去管”。这种自卑感成功地给了他们推卸教育责任的借口。

④教育方式简单粗暴：不由分说，打骂一顿

李老师：有一次孩子没有写完作业，我就让他留下来写作业。他妈妈来学校接孩子，看到孩子在我的办公室写作业，我正要迎上去，他妈妈就这样（李老师伸出手臂，做阻止靠近状），直接说老师你不用说，我知道。她对着孩子骂了一顿，说，回家等我收拾你，然后她自己就走了。我还想着跟她聊一下，结果她就这样骂了一通匆匆地走了。

我们可以看到，农民工家长在教育理念上较为陈旧，教育方式依然是传统的打骂教育。但不可否认，这类农民工家长用自己的方式重视着孩子的教育，只是受限于自身文化资本的匮乏和经济生活的压力，很多时候，对子女的教育更多地依赖于学校，对科学的教育理念及恰当的教育方法处于意识不强或能力不足的状态。①

⑤进了城的“留守儿童”：隔代教养问题突出

农民工随迁子女是跟随父母由农村迁到城市的孩子，在一定意义上，他们摆脱了留守儿童的不利处境，成为“前留守儿童”。但现实生活中仍然存在这样一种情况，这部分孩子虽然被父母带到了城市，但父母忙于生计，无暇照顾他们，依然是爷爷奶奶带，成为进了城的“留守儿童”。不论哪种情况，农民工随迁子女群

---

① 李晓伟：《论我国社会转型期农村家庭教育的困境与突破》，载《教育学报》，2012(6)。

体中隔代教养问题都十分严重。隔代教养是指父母由于工作繁忙、离异等种种原因，祖辈成为孙辈的主要抚养者和教育者。在隔代教养的家庭中，通常会因为祖父母一辈不适宜的教养方式和陈旧的教育理念，对儿童的身心发展构成诸多负面影响。祖父母一辈更多的是关注孩子吃饱穿暖，在情感方面的培养相对欠缺，一般表现为两种类型。一种是宠溺型。对孩子的过度疼爱使其过于以自我为中心，形成自私、任性等不良性格。班主任教师反映如下。

> 赵老师：这些孩子虽说是被爸爸妈妈带到了身边，但是隔代教养的问题还是很严重的。这个男孩子的爸爸经常跟我反映，他在家手机不离手，玩到10点多不睡觉；不敢说他，一说就生气，不吃饭。爷爷奶奶就护着，没有人能管好他，希望我来管。
>
> 陈老师：我们班那个孩子，父母离异，爸爸工作忙，爷爷奶奶带着，包办的多一些。他比较懒，不愿意干、不愿意学。中午在学校吃饭，轮到他值日，他喊着“我饿了”，让他去配餐室抬饭，他不愿意去。

宠溺型的祖辈常常怕孩子有什么闪失，事事包办和保护，养成孩子自我、懒惰等不良性格，不利于他们的独立能力、冒险精神和创新精神的发展。

另一种是严苛型。这种类型的祖父母通常有一定的文化水平，有的是乡下的中学或小学退休教师，他们自恃经验丰富，秉持着传统“棍棒底下出孝子”“不打不成器”的教育理念，对孩子严加管教。二年级的班主任吴老师这样告诉我们。

> 吴老师：有个孩子是这学期转来的，平时比较内向、胆小。如果跟别人有摩擦、有矛盾了，别人都会争着说老师他怎样怎样。他不会告状，不管是不是他的错，他都不吭声，低着头。后来我了解到，他来这里之前一直跟着爷爷奶奶生活，管得比较严。老一辈管教孩子是不给你解释机会的，不准顶嘴，就是训话。可能这个孩子习惯了这种模式，只要是跟别人闹矛盾，也不争辩，就是一副认错的样子。

严苛型祖辈的教育方式容易导致孩子形成胆小、怯懦的性格，抑或是走向另一个极端，从小养成阳奉阴违的两面性格。

总之，文化资本不同的家庭在教育理念、教育意识、教育能力、教育方式等方面会存在一些差异。教育是文化资本再生产的重要途径，特别是家庭教育和学校教育，文化资本占有量相对较低的农民工家庭对孩子的教育缺乏必要的关注。这与已有调查结果相一致，即农民工家长对子女学习的关注度和家庭教育均不如当地学生家长①，其中的原因大致分为两种：一是农民工进城的主要目的是赚钱，孩子带在身边只是“无奈之举”，所以学校对于他们而言就是托儿所。二是为了使孩子获得优质教育资源，将孩子带到城市学校。但为了负担明显增多的教育成本，家长不得不拼命挣钱，其结果是无暇顾及孩子，家庭教育缺位，这对其子女的教育和成长产生的不利影响将是不可弥补的。最终结果就是导致文化资本劣势的代际传递。

(3)社会资本匮乏成为随迁子女受教育的隐形障碍

社会资本是实际或潜在资源的集合体，那些资源是与对某种持久性网络的占有密不可分的，这一网络是大家共同熟悉的、得到公认的，而且是一种体制化关系的网络……它从集体性拥有的资本的角度为每个成员提供支持。② 社会资本一般侧重于关系，强调的是嵌于社会关系网络中的资源总和，如金钱、权力、地位、学识、信息等。③ 个体所拥有的社会资本量的多少取决于他能有效动用的关系网络的规模。农民工家庭拥有的社会资本明显少于城市家庭拥有的社会资本，相比之下，农民工家庭没有人际资源可以动用，信息获取途径少，选择范围也十分有限。虽然制度的改革和完善使农民工随迁子女获得了政策上的平等，但现实中由于政治强势或经济强势的家庭介入，一定程度上加大了农民工随迁子女的入学门槛。④ 很多农民工随迁子女只能进入像胡家小学一样处于城乡接合部地带、教育质量较为薄弱的学校，甚至是办学质量更加无法保证的农民工子弟学校。我国是一个关系本位的社会，每个人生活在关系社会中，动用关系的同时也被关系包围，承担相应的义务来服务于这些关系。⑤ 然而，对于流落异乡的农民工家庭而言，能够动用的社会关系资源、经济资源和文化资源极其有限。具体到教育领域，家庭资本相对缺乏的农民工随迁子女很难获取优质教育资源。

3. 同伴交往不利：文化冲突作用下的交往障碍

农民工随迁子女从一种文化环境进入另一种文化环境，在同伴交往方面，多数随迁子女表示“学校的老师都挺好的，同学也热情，有什么需要就会热心帮助”。胡家小学的教师也反映“孩子们很快就玩到一起了。我们也是村小，也不会

---

① 中央教育科学研究所课题组：《进城务工农民随迁子女教育状况调研报告》，载《教育研究》，2008(4)。

② [法]布尔迪厄：《文化资本与社会炼金术——布尔迪厄访谈录》，包亚明译，202 页，上海，上海人民出版社，1997。

③ 李煜：《文化资本、文化多样性与社会网络资本》，载《社会学研究》，2001(4)。

④ 党晨阳、王强：《社会资本视角下的城镇农民工随迁子女教育公平问题的研究》，载《价值工程》，2013(24)。

⑤ 陈卓：《超社会资本、强社会资本与教育公平——从当今中国教育影响社会分层的视角》，载《青年研究》，2010(5)。

说本地家长嫌弃，就不让跟他们玩什么的”。可见，整体而言，农民工随迁子女能够维持良好的同伴关系。此外，调研中发现年龄与良好的同伴交往呈现负相关，即低年级学生的同伴关系更加和谐，高年级学生在同伴交往过程中普遍存在沟通交流不顺畅的问题。四年级转入胡家小学的琳琳反映：“这里的同学很喜欢生气，动不动就不和你玩了。”进一步调研了解到这样的情况不是个例，三年级转入胡家小学的娜娜也反映了相同的状况：“以前不知道有绝交，现在同学会说跟你绝交，不和你玩了。”同伴交往障碍存在各种不同的表现形式，但究其背后的原因不外乎两类。一是文化冲突。来自不同地区、不同文化背景的农民工随迁子女携带着不同的文化气息，同伴交往的过程实质上是不同文化元素交流碰撞的过程，在此过程中难免会出现文化冲突，会遭遇交往障碍。例如，小强告诉我们：“他们这边的人特别小气。我们那里的人借了钱都可以不还。大家关系好，借别人的，别人也会借我的。”在小强过去生活的环境中，相互借钱不还，是关系好的表现；面对新环境的变化，小强解读为“这边的人特别小气”。二是农民工随迁子女的交往能力较为薄弱。较之农村狭小的人际圈子，城市的交往范围相对较大，这对于农民工随迁子女的交往能力而言无疑是一种极大的考验。如何克服陌生感、疏离感、自卑感，尽快融入新的环境是农民工随迁子女面临的巨大难题。

毫无疑问，上述问题都直接或间接地影响农民工随迁子女接受良好的教育。例如，教学活动是一种师生之间的交往活动，无障碍的语言沟通与表达是教育教学活动顺利展开的前提；必要的学业基础准备与学生个人心理准备是进行教育教学活动的基础；良好的家校互动关系和同伴关系是教育教学活动开展的有力保障。只有解决好诸如此类的问题，农民工随迁子女才能更好地融入新的环境，接受和享有优质教育资源。

五、开展家味教育：给随迁子女一个家

胡家小学是区域内一所较好的村级小学，在区政府的大力支持下，2014 年 9 月迁至新校区，学校面积大，环境优美。新校区、新气象，意味着新的开始，同时也面临新的问题。胡家小学不忍看到农民工随迁子女因“上学难”而困扰，敞开大门接收随迁子女。但与此同时，农民工随迁子女的种种问题对于这所城乡接合部的农村小学而言也是一股强劲的冲击力。为此，胡家小学的各项教育教学工作都进行了相应的调整。

(一)随迁子女的心灵港湾：办充满家味的学校

关于胡家小学的发展前景与规划，邱校长做了很多思考。当问及想要将胡家小学打造成什么样的学校时，邱校长这样告诉我们。

邱校长：我一来就在想这个问题了，也走访了附近村子的村民。我发现这个村有很多外地人，他们租这里的房子住，在附近厂里打工。我们学校也有很多外来务工人员随迁子女，父母忙赚钱，也不容易，没时间管孩子。这些孩子小小年纪很敏感、缺乏安全感。我就想着我的学校要充满爱，让孩子们在这里感受到家的温暖，安心读书。

胡家小学的农民工随迁子女占学生总数的 60%，并持续增多，显然这是一个不容忽视的特殊群体，需要更多的关爱和温暖。基于此，胡家小学致力于给随迁子女一个家、一个心灵港湾，打造一所充满家味的学校，倡导教师爱生如子，师生爱校如家，积极营造“胡校即家，学在胡家，爱在我家”的文化氛围，让背井离乡的农民工随迁子女在新的环境中感受到家的温暖。因而，家味教育应运而生。

胡家小学的家味教育即办充满家味的教育，让学校充满爱的味道。胡家小学所提倡的家味教育具体体现为：第一，要营造师生感觉温馨舒适的空间环境；第二，在师生、家校之间建立起一家亲的人际关系；第三，大家团结一心，守望相助，谋求学校长足发展。简言之，家味教育要追求学校环境如家居般温馨舒适；人际关系如家人般团结友爱；学校发展如家业般兴旺发达。另外，家味教育要求师生都能够存有爱家之心，具备当家之能，实践兴家之行，举手投足都具有大家风范。基于这些办学愿景，围绕家味教育，胡家小学对师生提出相应的要求，具体而言，希望师生谨遵“兼相爱，交相诚”的校训；营造“相亲相爱，讲信修睦”的学校氛围。

当前，一些学校已经在教育教学活动中实践了农民工随迁子女的融合教育，并总结出一些实践经验。胡家小学作为一所城乡接合部的农村小学，根据自身的实际情况进行了整体而全面的规划和探索，坚守着“以人为本”的教育信念，走出了一条独特的融合之路。

(二)布置一个舒适的家：浸润家味的环境文化

胡家小学的家味教育最直观体现在学校温馨舒适的校园环境，走进校园首先就被满眼的青翠葱郁、FAMILY 造型的宣传栏和 HOME 造型的长椅吸引。接着，每一层的教学楼都有不同的文化主题：一楼的主题是自我，引导学生关注生命健康；二楼的主题是小家，着眼于家庭和班级，培养学生的文明礼仪与良好的行为习惯；三楼的主题是大家，侧重于家族和学校，教导学生要忠、恕、孝、爱以及掌握科学的学习方法；四楼的主题是国家，启蒙学生认识和理解民族与世界，主要围绕廉洁荣辱与民主公平等主题展开。不同楼层之间的楼梯边是照片墙，上面挂着学生的各种照片，从一年级到六年级，有活动照片、毕业照等，记录着学生整个小学阶段的成长点滴；每一个班级的门前挂着专属于这个班级的名牌，上面写着班训、班主任寄语、班级介绍和班级合照；图书更是随处可见，开放的书橱、读书角可供学生随取随读，另设有小书房，这里除了藏书外，还有可移动的桌椅供学生单独看书或集体讨论；我家的百草园科普实践基地是学生观察生活、了解自然的窗口，学生通常会在这里感受到四季更替，播种与收获；教学楼之间的小庭院是撒欢晒乐场，这里是学生最喜欢的地方，有一些乡土游戏场地，如跳房子、丢沙包等。总之，整个学校给人一种温馨舒适的感觉，使农民工随迁子女在新的环境中也能找到熟悉的味道。另外，仔细观察便会发现，学校的宣传栏、楼道墙面的宣传框等设施都刻意调低安装，户外走廊的凳子随处都可见，体现出学校以学生为中心，以学生好看、好拿、好玩、好休息为标准，站在儿童的视角来审视所有的空间布局和摆设，以期学生在学校也能够感受到家一般的轻松与惬意。

(三)给随迁子女家人般的呵护：关怀型管理文化

农民工随迁子女跟随父母进城，在不同的城市之间迁移。流动性大的特征一方面让他们逐渐淡化了家乡的概念，另一方面需要他们不断地适应新的环境。久而久之，这些孩子普遍缺乏安全感，敏感脆弱。如何帮助他们尽快适应新的环境，进行文化融合是胡家小学面临的主要问题。首先，在学校管理层面，围绕家味教育，针对随迁子女的各种问题，胡家小学努力构建关怀型的学校管理模式。

1. 关注随迁子女的安全：营造一个安心的家

胡家小学一直秉持着以人为本、爱生如子的教育理念。2014 年迁至新校区，刚搬过去的时候，学校周围的环境比较艰苦，道路尚未修好，周围都是野地，还临近一条河沟。考虑到学生的安全等问题，特别是一些农民工随迁子女的父母工作繁忙，无法接送，学生不得不独自上学，胡家小学立即采取措施，做了三件大事“震动”乡里乡亲，深得人心。总务处方主任具体讲述了这三件事。

方主任：我们 2014 年到这里以后，在村民里的反响都是相当大的，为什么呢？到新校区的第一件事就是用拦网把我们学校南面的那个河沟围上，当时是找企业老板沟通和赞助的，花了一万块钱左右把这件事做了。当地村民对我们学校的印象相当好，学校首先是考虑到孩子的安全，怕孩子不小心跌到河里去。第二件事是红绿灯，也是安全问题。学校外面那个路口，以前没有红绿灯，考虑到现在车辆多了，孩子不安全，我们找了区里、市里，跟交管部门交涉，后来在路口安了红绿灯。另外，我们校门口的这条路也是一件大事，以前是泥巴路，车子开不进来，人走路都要摔跤的，学校想尽办法跟上级沟通，跟村里沟通，达成协议，把这条路修好。

从方主任的描述中我们可以看出，不论用拦网围河沟，在路口安交通灯，抑或是修缮校门口的路，这些事都体现出胡家小学始终秉持着以人为本的教育理念，将学生的安全放在首位，让学生安心读书；更向农民工家长展示了家人般的诚意和善意，让忙于生计、无暇照顾孩子的农民工家长安心把孩子交给胡家小学。

2. 关注随迁子女的心理健康：构建一个关爱的家

由于种种原因，农民工随迁子女在适应新的环境中容易出现一些心理问题，通常表现在情绪调控、人际交往和行为习惯等方面。这些“心结”严重阻碍了农民工随迁子女融入新的环境和新的集体。据万校长的观察，这些孩子分为很多种：有的孩子很脆弱，喜欢哭；有的孩子很敏感；有的孩子很狂躁，特别是中途转来的(不是一年级转来的)，问题突出一些。针对农民工随迁子女不同的特点，胡家小学采取了以下措施。

(1)设置阳光心理咨询室

胡家小学设置了阳光心理咨询室，由于师资短缺，心理咨询师由其他教师兼职。心理咨询室下设心理辅导小组，由领导班子成员和班主任组成，实时关注需要帮助的学生的动态。另外，学校向高校借力，与江西师范大学心理学院的心理协会合作，定期到学校提供帮助。梅老师介绍了一位学生的情况。

> 梅老师：那个六年级的男生，他很奇怪，总想着跳楼，有些自闭的倾向。我们心理辅导小组时时关注他的动态，找他谈心，慢慢疏导，也会跟家长密切沟通，了解情况。对于这类性格怪异的学生，我们都会密切关注，严密跟踪他们的动态，生怕出什么事。

很多农民工随迁子女常年辗转于不同城市之间，他们的内心极其缺乏安全感。阳光心理咨询室的辅导教师致力于缓解他们的无助感、焦虑感等不良情绪，努力营造一个安全、安心的环境。在家一样的咨询室里，让他们放下心灵的戒备，感受家的温暖和安宁。

(2)施行“一对二”重点帮扶

胡家小学办充满家味的教育，给予农民工随迁子女家人般的呵护。区别于一般意义上的捐钱捐物，胡家小学关爱到每一个个体，更有针对性地帮助农民工随迁子女。对于情况比较严重的学生，学校领导班子施行“一对二”重点帮扶计划，即学校领导每人重点关注两个问题较为严重的学生。这种帮扶是全方位的帮扶。比如，有的学生学习困难，就让他们留下来单独辅导；有的学生胆子小，不敢在公众面前说话，我们就会组织一些活动，多增加他们的发言机会，培养自信心；

有的学生家里困难，我们就会送给他们一些衣物、学具。

(3)包装过的“捐助”：保护自尊心

农民工随迁子女本来就比较敏感，自尊心非常强，尤其是那些家庭困难的孩子。考虑到这一点，胡家小学不会大张旗鼓地举行献爱心活动，而是在平时教学活动中，针对贫困孩子的进步，将捐助物品作为奖品奖励给他们。这种经过包装的捐助活动不仅切实帮助到了家庭贫困的孩子，而且体现了这些孩子的进步所得，保护了他们的自尊心。

3. 关注随迁子女的生活：“爱心小餐桌计划”

在生活上，农民工随迁子女也存在一些困难，如午餐的问题。农民工随迁子女的父母都在附近厂里打工，中午休息时间很短。如果要接孩子回家做饭、吃饭、送孩子上学，时间非常紧张。如果把孩子带到工作的厂里吃饭，厂里规定又不允许。针对这个问题，胡家小学施行了“爱心小餐桌计划”，即遵循自愿的原则，学生可在学校吃午餐，午餐由配餐公司统一配送。熊书记介绍了“爱心小餐桌计划”的具体情况。

> 熊书记：学生在学校吃午餐的事是学校应家长的要求，向上级申请实施的。像一家人一样，学生在学校吃中餐，老师也在学校吃饭，陪学生吃饭。吃完饭后还要托管，就是辅导学生学习，时间是中午12点半到1点半。老师陪在教室里面，有的学生想睡觉就休息，不睡觉的进行个别指导，特别是对学业成绩比较差的学生。等于说学校为学生提供了一个学习与休息的时间和场所。要不是这样，夫妻两个人必定会有一个人没办法工作，要照顾孩子，一天接送孩子都要来回跑4次。这也算解决了他们的一个大问题。

4. 关注随迁子女的学习：小举动，大温暖

目前，国家实行“一纲多本”的教材政策，义务教育阶段关于教材的相关政策要求学校在新学期开学就按照这个学期的学生数提前预订下个学期的教材，并要求农民工随迁子女的教材从迁出地的学校领取。但是，实际情况是农民工随迁子女在迁出地的学校拿到的教材版本可能与迁入地的学校存在差异。甚至很多时候，他们并不能在迁出地的学校顺利拿到教材，其结果是很多农民工随迁子女来到新的学校没有教材。一般情况下，迁入地的学校都会要求他们自己想办法，或从原学校领取教材，或向他人借阅。胡家小学的做法是统一协调，即在新学期开学的第一个星期内抓紧时间统计新增学生数和教材需求数，联系新华书店增订。虽然协调教材只是个小小的举动，而且按照政府的规定，胡家小学本可以置身事外，但学校这个“贴心的小举动”对于一些农民工随迁子女而言却是帮他们解决了

一个大问题。

(四)随迁子女的成长阶梯：以课程载家味、促融合

课程是教育的核心，也是学校整体发展的路径与通道。特色校本课程是实施融合教育的有效路径，因而也称作融合教育课程，即把各种旨在促使农民工子女在心理和文化等方面与流入地相适应、相融合的教育途径和各种教育活动、教育资源转变为课程。① 胡家小学正是借助课程规划将家味教育贯彻落实，借助系列特色课程使融合教育的理念深入人心，营造一种平等互助、互尊互爱的学习氛围。同时，特色校本课程有利于培养农民工随迁子女的综合素质，增强其自信心，使之更快地融入新环境。胡家小学的课程规划主要包括国家课程校本化和校本课程特色化，将国家课程与特色校本课程加以整合，既可以突出学校办学的优势，弥补教育教学的不足，又可以彰显农村学校的办学个性，拓展农村学校的教育内容，实现学校内涵式的整体发展。

1. 开设“古月爱当家”系列课程

围绕家味教育，胡家小学重新进行课程规划，挖掘区域文化中丰富的课程资源研制特色校本课程，并与国家课程相整合，开发出“古月爱当家”系列课程，分别包括古风传家——“古”课程；月华颂家——“月”课程；亲善爱家——“爱”课程；少年当家——“当”课程；立业兴家——“家”课程。

①古风传家——“古”课程

“古”课程主要与语文课程相结合，从国学经典里汲取营养，在地方文化传统里寻找灵感，旨在传承中华民族优秀的文化传统和胡氏家族良好的家风家教。胡家小学所在胡家村历史悠久，祖辈朴实勤劳，为后人留下了很多智慧的结晶，如楹联、北刘轿舞、手龙舞、城南龙灯等。另外，胡氏家族拥有良好的家风家教，如待人和善、和睦相处等，同样是一笔宝贵的精神财富。由此，“古”课程主要包括经典诵读社、非遗传承社和开蒙礼、成长礼、毕业礼等活动，对学生进行国学经典教育和礼仪教育。风土人情和文化传统是一个地方的文化标签，理解这些有利于农民工随迁子女适应当地的生活。“古”课程集聚了丰富的地方文化传统，包含着国学经典和礼仪教育，对农民工随迁子女融入新的环境，培养良好的行为习惯和文明礼仪颇有裨益。

②月华颂家——“月”课程

“月”课程主要是指体艺教育，主要与音乐课、美术课和体育课相结合，旨在陶冶学生的身心，发展学生的个性。胡家小学所在的青山湖区为落实《中共中央关于全面深化改革若干重大问题的决定》中“强化体育课和课外锻炼，促进青少年

① 黄兆信、万荣根：《社区：融合教育实施的重要场域》，载《教育发展研究》，2008(23)。

身心健康、体魄强健"的要求，积极开展体育艺术"2＋1 项目"工程，即在学生自主选择的前提下，让每位学生掌握 2 项体育运动技能，培养 1 项艺术特长，发展学生的个性。胡家小学结合学校师资和教学设施的实际情况，开设了月华民乐团、献雅书画社（以胡氏家族中的书画家胡献雅的名字命名）以及足球和腰鼓操等体育训练，旨在陶冶学生的身心，使学生都能有所长。对于学业基础薄弱、知识面狭窄的农民工随迁子女而言，"月"课程可以帮助他们拓宽视野，培养兴趣爱好，特别是对于有厌学情绪的学生而言，"月"课程可以发掘其兴趣所在，激发其内在的学习动机。

③亲善爱家——"爱"课程

"爱"课程主要是指道德教育，主要与品德与生活、品德与社会以及心理健康教育相结合，意在培养学生的爱家之心。课程从爱自己到爱国家共分为四个层次，具体包括：爱自己——针对农民工随迁子女诸多心理适应问题开设的关注身心健康的阳光心理咨询室；爱家人——"一封家书"感恩父母活动，旨在促进农民工随迁子女与家人的互动，增进彼此之间的感情；爱他人——"心安即家"关爱随迁子女的活动，意在促进本地孩子与随迁子女的友好关系，使农民工随迁子女感受到师友的关爱，把胡家小学当作自己的家；爱国家——通过"爱国将军的故事"进行爱国主义教育。

④少年当家——"当"课程

"当"课程即家政课程，主要与综合实践活动课和科学课相结合，旨在培养学生的独立能力。考虑到进城务工人员忙于生计而无暇照顾孩子，随迁子女必须培养自己的独立意识和能力，故借助一些活动或竞赛培养学生的生活技能，使其具备当家之能。比如，举行"我是当家小能手"大赛，将学校常规的打扫卫生、整理内务纳入评比活动，班级内评选出"整理书包小能手""最整洁桌面""最整洁个人"等，学校内评选出"最整洁班级""卫生标兵"等。又如，开展"我家的百草园"种植活动，学校教学楼后面是一片科普实验基地，每个班级都有自己的责任田，学生自己动手，种菜养花，体验劳动的辛苦和收获的快乐。另外，"当"课程还包括创客研习社，旨在培养学生的动手能力和创造能力。

⑤立业兴家——"家"课程

"家"课程主要是指家业课程，主要关注学生的学业成就以及对学生进行职业规划教育的启蒙，与语文、数学、英语相结合。此外，胡家小学位于工业园区内，邻近的企业和工厂可以对学校的发展提供很多支持和帮助，而且随迁子女的父母大部分在工厂里做工。基于这些渊源，胡家小学和一些企业合作，举行"走进工厂"研学旅行活动，组织学生走进工厂，参观车间，了解生活中常见的物品是怎样制作出来的，也体会到父母工作的辛劳，建立良好的亲子关系。

总之，“古月爱当家”系列课程是在对上级精神的响应、对地方文化的挖掘、对学校情况的深入了解的基础上为胡家小学的学生量身定做的。家味教育课程规划结构如图 7.1 所示。

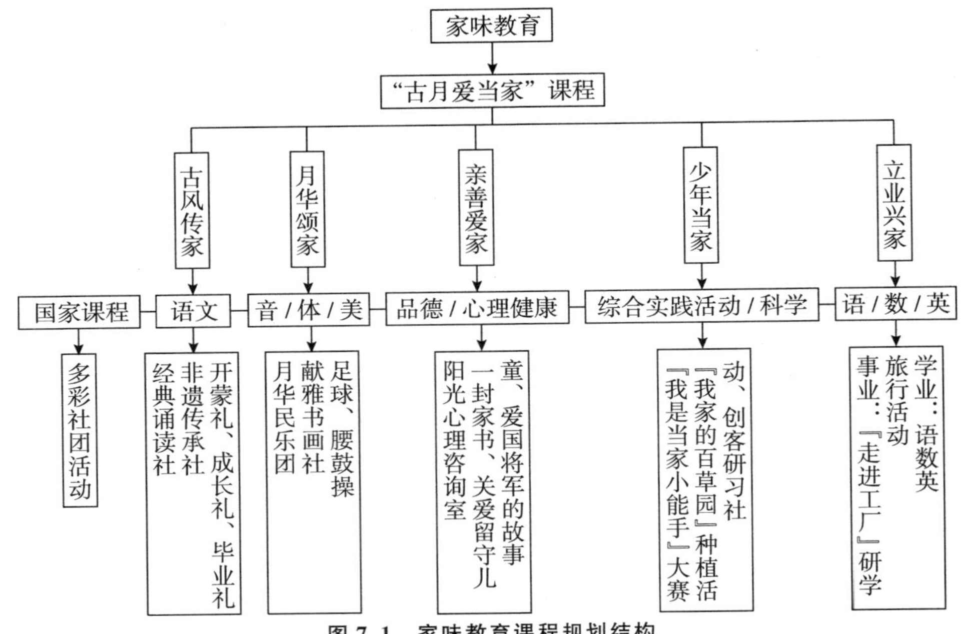

图 7.1 家味教育课程规划结构

2. 以多彩活动促多元发展

胡家小学的学生来源结构复杂，40%是本地的农村孩子，60%是随迁子女。学生的基础参差不齐，成绩为个位数的学生不在少数。但胡家小学领导班子有一个共同的理念：有教无类——不管哪里的，也不管哪个学区的，都敞开绿灯，不设限，不收取任何额外的费用，努力营造一个家一样的氛围，让学生安心读书。校长经常说：“家长到这边来都不容易，所以我们希望为这些孩子创造一个好的学习环境，对待他们像对待自己的孩子一样。我们提出家味教育就是为了让外来务工子女感到家的温暖。希望我们的孩子在家的温暖里健康成长，都能有所长。”基于此，胡家小学做了一些尝试，并取得了一定的成绩。

(1)以活动，促融合，助成长

胡家小学虽然是农村小学，但非常注意学生综合素质的培养。邱校长要求根据《南昌市课程设置及课时安排办法》的相关规定开足、开全课程，丰富多彩的社团活动遍地开花，如民乐团、书画社、楹联研习社等。为了让学生能够从社团活动中真正地学有所得，学校专门外聘专业教师进行教学。这些丰富的社团活动的背后也蕴含着校领导及教师对农民工随迁子女的关怀。

万校长：我们这些社团活动选拔成员时首先是根据兴趣爱好，也会鼓励随迁子女参加社团活动。因为他们的父母很忙，放学之后很多都不能及时来接，通常要到五六点钟甚至更晚。我们的社团活动也都是放学后训练的。这些孩子在等他们父母的时候就可以学点东西，也避免他们乱跑了。

此外，农民工随迁子女来到新的环境，常常会出现很多不适应的现象，不能很好地融入班级、融入集体。所以，除了社团活动以外，胡家小学还会组织各种丰富多彩的活动，根据活动规模，可以分为大型活动和班级内组织的小型活动；根据活动时间和频率，可以分为节日主题活动和常规活动等，如每年 4 月 23 日的读书日活动、六一儿童节活动、教师节活动、中秋节活动。不论什么活动，学生都要上台表演，争取让每位学生都有表现的机会，特别是那些刚转学来，跟同学不熟悉、胆子小的学生，要鼓励他们上台表演。通过这些活动，一方面，培养学生的能力，提高他们的综合素质；另一方面，也希望借助这些活动帮助农民工随迁子女尽快融入新的集体。

梅老师：我们会鼓励学生多去体验不同的活动，如作文比赛或者词语接龙的游戏。通过这些活动，我们希望他们能获得知识和培养自信心。一些小组比赛的活动可以促进他们的团队合作。图书分享活动就是让班上学生把课外书拿出来分享。因为有的学生没有课外书，也没有读课外书的习惯，特别是随迁子女，所以就想培养他们的阅读习惯。还有就是有的学生家庭困难，没有定小星星等儿童读物，我们就让别的同学分享给他们看，培养他们的分享意识。另外，我们也会布置任务，让他们多跟家长互动，比如说做一些家务活。我们还会让外地的学生参与班级管理，帮助他们融入班集体。

学生最大的兴趣在于玩，只有在玩的过程中其积极性才是最高的。胡家小学寓教于乐，通过开展多彩的活动，提高学生的动手能力、创造能力。学生在这些活动中挖掘自身的潜能，找到自身的闪光点，在玩耍中学到东西，他们的变化非常大。万校长说："我们每个活动让他们都要做手抄报。从刚开始他们都不知道手抄报是什么，到现在任务布置下去，一张张精美的手抄报都能交上来。"

(2)抓常规，育习惯，讲文明

在小学阶段，培养良好的行为习惯是一个非常重要的教育目的。小学生很多不良的行为习惯往往是由家庭带到学校的，或者说病根在家庭，病症表现在学校。在行为习惯的培育上，教师需要花费很多精力，然而很多时候收效甚微。胡家小学非常注重小学生的行为习惯和文明礼仪的教育，从日常行为习惯抓起，在学校的日常管理中进行教育。

①从“坐姿”开始育习惯

农民工随迁子女由于缺乏管教，常常会带有一些不良行为习惯。胡家小学的教师从最基本的“如何坐”开始，纠正学生的不良行为习惯。

> 万校长：我帮扶的那位学生的一些习惯不太好。因为家里没有人约束他，我们就会告诉他小孩子应该怎样做，不应该怎样做。另外，我们会让他跟班上的其他同学多接触，特别是一些行为习惯好的同学，希望榜样的作用能对他有影响。我们还送给他一套书，里边就有一些教他怎样养成好习惯的内容。

②从“问好”开始讲文明

见到老师要问好，见到长辈要问好，这是最基本的文明礼貌。但是农民工随迁子女在文明礼仪方面表现不太好，见到老师不吭声，甚至会躲，绕着老师走，怕老师。胡家小学非常重视学生文明礼仪的培育，从学校的日常点滴中抓起，从“问好”教起。比如，将文明礼仪的具体条目纳入班规班纪，并由班干部监督执行；在墙壁、楼梯上张贴“见到老师问声好”等鼓励学生讲文明、懂礼貌的标语；在评价考核中设置“文明礼仪之星”的奖项。现在学生在文明礼仪、行为习惯方面大有改观，不管在哪里都愿意跟老师打招呼，会叫老师好。比如，“对着他微笑的话，马上就变了，下次见到你就兴高采烈地叫你了。这样的一种氛围是慢慢形成的。”再如，“以前上一次书法课，墙上到处都是孩子乱画的”，现在很多教师都表示：“现在孩子文明多了，课间文明用语多了，同学之间打闹的少了。”

③在午餐时间学独立

胡家小学对于农民工随迁子女强调一视同仁，在日常教育教学活动中会淡化本地、外地等敏感的概念，但是对他们会多一些关注和照顾。胡家小学很注意培养随迁子女的独立能力，用邱校长的话：“如果他们独立了，对他们来说随迁不随迁都是一样的。”比如，利用午餐时间培养学生的独立能力。

> 梅老师：在午餐时间，他们都会自己去打饭，自己去拿汤，然后吃完之后自己打扫卫生，自己把餐盒送回配餐室。这样有助于培养他们井然有序的意识，也培养了他们的独立意识。

农民工随迁子女常常欠缺父母的规约和引导，而学校教师能够指导的时间和范围也非常有限。所以，独立意识和能力对于农民工随迁子女而言十分必要。胡家小学的教师注重培养学生的独立意识，教会他们自己处理问题。比如，陈老师这样教育两个打架的学生。

陈老师：你们都是朋友，今天两个人打了架，明天就一起玩了，所以你们要学会自己去处理问题。遇到了问题，大家退一步海阔天空，哪有什么深仇大恨呢？

3. 教学活动智慧多

农民工随迁子女身上较为突出的问题主要包括厌学情绪严重、学业基础薄弱等，而他们又缺乏家长的规约和引导。针对这些问题，胡家小学的教师怀着“再多帮助一下，再耐心一点，能教的就多教一点”的信念，尝试过很多方法。

(1)针对厌学情绪严重的教学调试

厌学情绪高可以称得上是农民工随迁子女身上的顽疾，一直困扰着胡家小学的教师。在访谈中我们发现，为了解决学生的厌学问题，教师真可谓是八仙过海各显神通，较为典型的有以下几种方式。

①多鼓励，多引导

赵老师：我也试过很多方法，最开始是惩罚多一点，不写作业，罚抄写；上课不认真听，罚站。后来发现没效果，罚站就站着，站完该怎样还是怎样。我发现这么压着他们也不行，批评多了也不好，还是要鼓励，要引导。我就换了方式，你们回家不写作业，我就看着你们写，写完回家。特别是对那些厌学情况比较严重的，我几乎是一直陪着他们做作业。我经常跟班上的学生说我不看你过去怎么样，我看你们的进步，就算你三四十分，下次能得50分就是进步。

赵老师的情况不是个例，很多教师在教育教学实践中都在不断摸索、不断尝试，从“惩罚多一点”到“鼓励引导多一点”，整个过程体现出赵老师的学生观的转变。教师认识到学生是发展中的人，除了惩罚之外，更多地需要成人的引导和关怀。

②抄抄抄，老师的绝招

陈老师：都说抄抄抄，老师的绝招，学生真的还是怕抄。所以对于后来不写作业的学生，我就让他抄。我把书上要求背的所有内容打印出来，做成背书表。我说反正都要背，没有写完作业的人就把背书表从头到尾抄一遍，抄完了才能回家。有的时候我会要求下了课不准出去玩，到这边(办公室)抄，让班长压着他们，惩罚力度大一点。以后，慢慢地，不写作业的人就少了。

“抄抄抄，老师的绝招”，这一绝招是否能起到教育作用，还要注意为什么抄、抄什么、怎么抄的问题，否则就沦为惩罚导向下无意义的重复。陈老师“抄抄抄”的初衷是惩罚学生不写作业的行为，但是她要求抄的内容是教材上要求背诵的内容，如此既达到背诵和练字的目的，又惩戒了学生的不良行为，可以说是一种行之有效的方法。

③换个方式写作业

王老师：学生不写作业的情况很严重，我换着法子布置作业。比如，回家报听写，如果爸爸妈妈没空给他报，我就让他拿爸爸妈妈的手机按上录音，自己慢慢地读一遍，然后播录音，自己写。还有让他们在微信群里背书，我就说你拍视频，背完了以后发到群里让我看，我会发语音点评，跟他讲哪个字背错了，哪个地方要注意。但是学生没有这么自觉、自主，都是刚开始新鲜，会照做，后来就越来越少做了。

在新媒体时代的背景下，学校教育教学活动也要与时俱进。王老师教学生用手机录音功能自行报听写，通过在微信上交背诵作业，将完成作业与新媒体相整合，提高了学生的学习兴趣。但是此种调试并未真正触及学生学习的内部动机，只是利用了新媒体所带来的新鲜感，所以对于不写作业的问题只能是治标不治本，容易出现反复现象。

(2)针对学业基础薄弱的问题

农民工随迁子女身上的又一突出问题就是学业基础薄弱。针对这一问题，教师通常采用个别辅导的方式给予帮助。但是学校课程安排较满，教师还要应对来自各个方面的事务性工作，所以很多时候，个别辅导的时间无法保证。鉴于此，教师尝试了很多办法。

①同侪互助：小老师制度

李老师：老师不可能管每个人，也没有那么多的时间。我是进行针对性的辅导，就是讲完新课之后我会专门留一节课的时间让学得好的学生教接受能力差的学生。谁教谁都是固定的，结对子，他们教不会的再送到我这里接受个别辅导。我还会让他们比赛，看谁先教会，送到我这里来接受检查。如果检查过关的话，我就会给他们一颗星作为鼓励。

近几年，胡家小学的学生数大幅度增加，师资短缺，导致班级学生数过多，教师很难兼顾到每一位学生。李老师针对自己班级的情况进行教学调试，施行“小老师制度”，即安排接受能力较强的学生辅导接受能力弱的学生，随后接受教师检查。这一方法不仅规避了教师个别辅导的工作量大的问题，有效地帮助了每一位学困生，而且学生之间结对子、同侪互助，有效地促进了农民工随迁子女的融合教育。

②学情诊断，对症下药：制订详细的学习计划

陈老师：我们班上一个男孩子，他是四年级转来的，刚来的时候考8分。我用一个月的时间评判他的学习水平，天天让他听写、背书、默写。我发现这个孩子认识字、背书很快、很流利，就是不会写字。所以我就特意让他妈妈到我的办公室，说通过这一个月的观察，我发现他这样那样的问题，建议她在家里每天让孩子听写5到10个词语；因为他接受不了太多，在家要让他从一年级的书开始看；暑假的两个月就从最简单的词语开始，让他每天听写10个词语，一个暑假总能补回来一些；先不要求他跟上同学的进度，能够上课认真听讲，有这种感知就行了；平时管一管他的作业，让他把字写好。

胡家小学的教师一直秉持着“有教无类，特别关注”的原则，对农民工随迁子女总是多关注一些，多承担一些责任。陈老师对于学困生首先进行学情诊断，然后寻求家长配合，有针对性地制订学习计划，帮助学困生提升自己，这是教师“爱生如子”的教育情怀的具体表现。但是，很多时候，农民工家长并没有看到教师为孩子的付出，没有感受到教师对孩子的希望。据陈老师反映，由于家长没有配合工作，一学期下来孩子的成绩依然没有好转。用陈老师的话：“很多时候，觉得这些孩子被家长耽误了，很心痛，但我们能做的很有限。”从陈老师的心痛里，我们看到了一位教师的无奈，更看到了农民工家长对子女教育的漠视。

③发掘闪光点，提高自信心

周老师：我们班上有一个男孩子，也是去年刚转来的，很内向，成绩不好，也不喜欢问问题。我问他的时候，他低着头不说话。后来我发现他可能在运动这方面比较好，就鼓励他报了区里举行的一个足球训练营。一天训练完了，我就看到他拿了一个足球，满脸通红，出了一身的汗，把足球放回到了那个办公室。我觉得他浑身散发着光，就问他喜欢足球训练吗？他说喜欢。

农民工随迁子女的学业基础薄弱是一个问题，由于自卑、陌生、敏感等各种原因导致教师在帮助他们提升学业成绩的过程中也遇到重重障碍。周老师发现这位学生性格内向，学习态度很消极。针对这一问题，周老师另辟蹊径，以发掘学生的兴趣点为切入口，提高学生的自信心，以期能带动其学习积极性。

(五)采用多元评价方式：你有你的优秀

胡家小学秉持着一视同仁的理念，对所有的学生进行考评。但对于基础相对薄弱、存在诸多适应问题的农民工随迁子女而言，鼓励和认可是非常重要的。基于此，胡家小学采取过程性评价与结果性评价相结合的方式，使考评更加客观与全面，特别是在班级层面上，班主任勇于尝试，思考出很多种考评办法。比如，赵老师向我们分享如下方法。

> 赵老师：我们班的分数是由两部分组成的：卷面分和平时表现分。就是除了试卷上的分数外，还有平时做好事，上课认真学习，得到老师的表扬，会加几分，表现不好还要扣几分。具体主要分为三大块：课堂表现；与同学、老师的相处情况，就是文明礼仪方面；自身的行为习惯方面。我比较看重与同学的相处情况，所以打架的扣 10 分。

赵老师将分数分为两部分：考试成绩和平时表现成绩，其中平时表现成绩包括课堂表现、与人相处的文明礼仪以及自身的行为习惯，以此来加强对学生的行为习惯和文明礼仪的培养。万校长培养学生强调进步，采用自定目标、自我超越的方式，具体如下。

> 万校长：我教六年级的语文。我会让学生给自己定一个目标：60 分是一个目标，70 分也是一个目标，只要你经过努力，能够达成的都是一个目标。如果你经过努力达成了你自己定的目标，我可以奖励你。奖励一般包括一些学具，这是阶段性的；到学期末还会有一个总的评比，是进步最大奖。

另外，胡家小学在学校层面也试图发现每一位学生的优点和长处。比如，学校每学期开展一次星级少年评选活动。此评选超越了单一的学业成绩考核，采用民主推荐和教师考评相结合的方式。考核项目多达 10 种，如文明有礼之星、助人为乐之星、安全之星、环保之星等。

(六)共同为随迁子女的发展助力：社区、家、学校一家亲

一所学校的办学品质的提升并非仅仅依靠学校的内部因素，很多外部因素同样影响着学校的发展，其中家庭和社区资源就是影响学校发展的重要因素。尤其是对于胡家小学这样的随迁子女众多、教育资源相对薄弱的农村小学而言，善于

吸收和整合社区资源，促进家庭与学校的交流与合作，这样家庭和社区将成为学校发展的强大助推力。

1. 社区建平台，送温暖

胡家小学拥有丰富的社区资源，包括传承胡家村的优秀文化传统和民风民俗，与附近企业合作进行校企共建以及与周边高校合作，成为高校的实践基地，实现互惠共赢。近年来，学校一直与社区保持着紧密的联系，充分挖掘社区资源，利用地缘优势，将丰富的社区资源转化为课程资源。比如，学校利用地处工业园区、邻近多所企业和工厂的优势，开发"走进工厂"研学旅行课程，也经常与高校合作，为高校提供实习机会的同时也缓解了自身师资缺乏的问题。除此之外，上级领导和爱心企业在关爱随迁子女和学校设施建设方面也提供了巨大的帮助。据校领导反映："学校外面围河沟的拦网就是附近企业赞助的。每年的六一儿童节，都会有关工委或者爱心企业为学生带来关爱，主要是经济和物质上的帮扶，如给学生送来学习用品、衣物等。村里也会资助一些钱，我们用这些钱给学生一人发一套球衣，剩下的又添置了篮球。特别是近两年学校发展越来越好，越来越多的人关注到我们，给我们提供了很多帮助。"

2. 家校心连心

学校办学品质的提升离不开家庭的支持与配合，学校和家长的目标具有一致性，都指向孩子的发展与成长。只有加强家庭和学校之间的沟通与合作，才能以最强的合力共同促进孩子的进步，规避"5＋2＜7 或 5＋2＝0"的问题。胡家小学是一所农村小学，处于工业园区内，家长文化程度普遍偏低，家长结构较为复杂，其中很大一部分家长属于外来务工者。一直以来都存在家长教育意识淡薄，不重视孩子学习，不理解、不配合学校工作等问题。很多教师反映，"这里的家长真的很少管孩子""没有办法，家长不管，我们就多承担一点""真的觉得有些孩子就是被家长毁了，好可惜"。近年来，胡家小学在家校互动方面花了很多心思，教师做了大量的工作，旨在拉近家校关系，让家长感受到学校的用心，看到孩子的努力，更加重视孩子的教育，配合学校的工作。

(1)送春联活动：家校互动紧密

胡家小学非常重视家校互动，通常以活动的形式组织家长一起参与，拉近家庭与学校的关系。比如，学校发挥教师的特长举行送春联活动。

> 万主任：我们的魏校长、刘主任的书法都特别棒，每年都有一个送春联的活动，当场写，送给学生家长。我们还请了南昌市的书法名家与老师同时写，我们的美术老师有手工制作的和加工美化的作品。学生也慢慢地被带动起来，亲自来写，这样的意义也不一样。我们每年要送出几百份对联，的确

很辛苦。不过家长拿着对联说我要留着，拿回去收藏，老师就更有兴致了。所以这些活动把人凝聚在一起了。学生更自信了，老师更尽心了，家长更认可了。

一个简单的送春联活动，几句简单的节日祝福却能够使学生、家长和学校的关系更加紧密。通过一些活动拉近家校关系，共筑家校平台，学生更自信，教师更尽心，家长更认可。

(2)家长评价学校

熊书记：开家长会的时候，我们学校有一个环节是让家长评价学校，评价老师。我们让一些少先队员在门口，来一位家长就给他发一张评价表，让他当下填好交过来，不记名。你可以提出对老师和学校的意见。评价涉及很多方面，包括教学、午餐、老师等。你认为满意或不满意，就在满意度上打钩，有什么意见和建议也可以填在上面。

胡家小学一直以来的目标之一就是办让群众满意的教育，而让家长评价学校正是为了实现这个目标。为了保证评价意见的公平公正，学校避免教师、校领导参与其中，整个评价过程由少先队员组织完成，这在一定程度上也锻炼了学生的组织能力。

(3)家长参与监考

据校长介绍，以前出现过这样的问题：一些私立学校为了争取生源制造虚假成绩。学生从民办学校转来，他成绩报告单上的成绩相当高，但第一个单元测试的时候就出现不及格的现象。后来了解到的情况是民办学校会有学生在下面写，教师把答案写在黑板上让学生抄的情况，这引起了家长极大的不满。为了证明胡家小学考试的公平公正和实事求是，也为了让家长参与到学校工作中来，通过体验学校的工作，增进彼此之间的理解和包容，胡家小学的考试会邀请家长和学校教师一起担任监考，互相监督，保证在考试过程中没有违规操作。

(4)家长担任活动评委

农民工家长群体中常常会存在一些不重视培养孩子的兴趣爱好，不支持孩子参加社团活动的问题。基于此，胡家小学会借助六一儿童节会演的机会，邀请家长来到学校观看表演并担任评委，届时每个班都会排练节目参加会演评比。学校一般会邀请5～10位家长担任评委，其中每个班至少有一位家长参与。这样的安排意在让家长看到孩子的风采，体会到培养孩子的特长爱好的重要性。

严老师：在外面的特长班，家长都要花很多的钱让孩子学习，报班、买乐器、买设备哪样都要花不少钱。现在学校花钱买服装、乐器和请专业老师来上课，这给家长减轻了不少负担，特别是随迁子女家长。

胡家小学为学生的发展付出了大量的人力、物力和财力。近年来，家长看到了学校的用心，看到了孩子的变化，对孩子参加活动的积极性越来越高。比如，家长都会积极参与学校合唱团、器乐团比赛，在演出之前帮孩子化妆，早早地送孩子来学校等。

除了开展一些活动外，胡家小学的家校联系通常有三种方式：打电话、家校平台和各种社交群，如微信群、QQ群。学校一般会通过树立榜样的方式影响家长，如在家校平台上或者在群里委婉地表扬一些做得好的家长，起到间接影响的作用。每位教师都长期对接一部分家长，特别是这类特殊的家长，深入他们的家庭，或是学校定期开展一些相关的活动，如座谈、专家讲座等，以此拉近与他们的距离，让他们重新认识教育对于孩子的重要性，特别是对于农村孩子的重要性。经过教师的不懈努力，家长的教育意识明显提高。比如，校长告诉我们："之前这附近没有一个培训机构。我来之后，过了一个学期，我们的家长真的发现我们的孩子跟城区的孩子有差距，要给孩子补习。这就反映了一个问题，他们的孩子以前的教育意识淡薄，都不完成作业，对老师爱理不理。现在学校布置的任务配合度非常高。"另外，熊书记也提供了一组数据，据他反映："家校关系变得紧密了。比如，以前家长会的参与率为60%，现在达到80%以上。"

（七）"筑家行动"初见成效

近年来，胡家小学为了给农民工随迁子女一个家，提出了家味教育。以此为核心，胡家小学的领导、师生团结一致，共同努力，在学校办学品质的提升上取得了显著的成效，主要体现在办学条件、办学质量和学校社会声誉三个方面。办学条件主要包括学校用地状况、学校建筑面积、教学仪器与设备、学校固定资产价值以及教师和教育经费等方面的内容。[①] 办学质量主要包括教育质量和教育管理质量。其中，教育质量包括国家执行课程计划，贯彻和落实教育方针，以及学生的思想、学习、行为表现等方面的内容；教育管理质量是指上级教育主管部门对教育履行的职责与学校的规章制度建设、执行情况。[②] 学校社会声誉主要是指公众对学校的整体评价，包括领导的认可度、家长的满意度等。

1. 从"裸体"到盛装：办学条件明显改观

胡家小学新校区占地面积约26135.8平方米，建筑面积约14493平方米。刚

① 王远伟、杜育红：《义务教育办学条件评价指标体系构建与应用研究》，载《教育发展研究》，2013(2)。

② 包赛男：《城乡教育一体化进程中的农村学校改进个案研究》，硕士学位论文，东北师范大学，2015。

搬到新校区的时候，只有校舍，就是个空盒子。据总务处主任方主任说："刚来的时候这里就是个'裸体'，桌子、椅子、黑板什么都没有，以前老校区的很多东西都坏掉了，不能用。新校区也不想用那些旧的东西了，校长为了采购新的桌椅，真的是花了精力在这个事上，到处跑，拉来企业支持。再有就是校园绿化，之前还没做好，学校空荡荡的。校长一来，就想尽办法改变学校的面貌，慢慢增加这些设备，在绿化上也花了很多心思，学校的变化是相当大的。现在我们学校的各功能室配备齐全，管理也是相当好的。比如，图书室、卫生室、心理咨询室、微机室、实验室等都是分工到位、责任到人的。"

经过各方努力，现在学校环境优美，空气清新，远离城市喧嚣，独享一方宁静。学校配备了微机房、多媒体室、仪器室、实验室、图书室、阅览室、心理咨询室、音体美器材室，以及标准的篮球场、运动场和室内乒乓球场等现代化的教学设备。各个功能室正常投入使用，在办学条件方面，胡家小学相对于之前有了明显的改善，为农民工随迁子女提供了全面而丰富的学习资源。

2. 内外兼修：办学质量明显提升

经过 3 年的努力，胡家小学的办学质量有了较大的提高，这是内生力量和外推力量共同作用的结果。一方面，青山湖区教科体局非常重视教育，不仅在财政上予以大力支持，而且还积极推行大学区化建设的政策，经常举行送教下乡、集体教研等活动，促进了胡家小学办学质量的提高。另一方面，胡家小学秉持以人为本的理念，主抓家味教育，营造其乐融融一家亲的工作氛围，使教师工作热情高涨。对待学生，教师经常说："他们的父母忙，我们能多管一点就多管一点，能多教一点就多教一点。"他们待学生如朋友，如孩子。对待学校，胡家小学的教师为了"家业"的兴旺发达集思广益，加班加点。李老师坦言："没什么上下班时间，每天早上很早来，晚上很晚走。在学校就是像在家里一样，处理什么事就好像自己家商量事情一样，就是这种感觉。""这种感觉"就是主人翁意识，是一种对学校的责任感、使命感。

不论政府重视教育，还是教师工作热情高涨，最终都指向学生的成长和发展。经过胡家小学的领导和教师的不懈努力，学生的综合素质和行为习惯等方面培养的效果明显。胡家小学围绕家味教育重新规划课程，将国家课程校本化，将校本课程特色化，开设多姿多彩的"古月爱当家"系列校本课程。学生通过参与各种活动，展现自我、合作创新、实践操作等能力有了明显提高。邱校长很欣慰地跟我们谈学生的变化："以前孩子的眼神都是木木的、呆滞的。我们的老师明显发现，那些以前不爱学习的孩子，现在学习的积极性都高了，他们的眼睛发光，特别是曾经被定义为不爱学习的那些孩子，现在比以前更自信。因为他们觉得自己的管乐这么好，或者唱歌很棒，虽然成绩不好，但是踢球很好。现在孩子最大的不一样是精气神，因为他们找到了自信，不再像以前一样厌学了。"在文明礼仪

的培养上，胡家小学的学生也有较大进步，教师反映“学生懂礼貌了”“叫老师好的孩子多了”“打架骂人的现象少了”。由此可见，胡家小学的办学质量有了较为明显的提升。

3. 从“差评”到认可：社会声誉日益提高

过去，学校在社区的口碑较差。一部分原因是学校管理模式问题；另一部分原因是教师工作懈怠散漫，工作时间聊天说笑，织毛衣、打牌的现象很多，群众影响非常不好。方主任回忆说：“以前我们的老师面对家长的时候，家长就会说这所学校怎么会这么糟糕，我们的老师是抬不起头的，家长的评价差到极点。那时候我们这里有300多个孩子，本地孩子转走的很多。”现在，胡家小学围绕家味教育对学校工作进行各方面的调整，成果显著，社会声誉也越来越好。邱校长告诉我们：“我们现在的家长可以说是脸上挂满了笑容，我们是他们心中的南师附小(一所名校)。我每年都会进行问卷调查，发现对学校的满意度几乎是百分之百。特别是家长对我们的认可度相当高。”

周老师在胡家小学工作了26年，他经历过学校最落寞的时期。谈起学校的社会声誉，他分享了一个自己的经历。

> 周老师：有一次，我在菜市场买菜，遇到一群家长在聊天。他们中的一位外地家长想把孩子转到附近的学校，说想到南昌三中(一所名校)去，问那里好不好？当时就有家长说，你要去的话就去胡家小学，胡家小学真的很好，不会比三中差。我听了之后很激动，心想终于摆脱了多年来大家认为胡家小学多么糟糕的评价。我们从此以后可以扬眉吐气、抬头挺胸了。

从“差评”到“被推荐”，胡家小学在家长心中的地位逐渐提高，也说明家长对学校的认可度越来越高，这是对学校工作最大的肯定。除此之外，胡家小学在区里的声誉也越来越好，受到领导越来越多的关注和支持，同行对它也是刮目相看。现在教师去区里参加教研活动都能够抬头挺胸地介绍自己：我是胡家小学的。

(八)随迁子女聚集的农村学校办学品质提升的机制

以胡家小学为工具性个案进行研究，我们发现，农民工随迁子女聚集的农村学校谋求办学品质提升需要深刻认识到自身的优势与发展诉求，以特色办学形态为核心，充分利用学校内外部的教育资源，提升学校的办学品质。具体而言，随迁子女聚集的农村学校最为突出的特征是农民工随迁子女的数量多、基础差，缺乏安全感，学校自身的教育资源十分有限。基于此，学校提出了特色办学形态——家味教育。家味教育即充满家味的教育，洋溢着爱的教育，主要是针对农民工随迁子女长期缺乏安全感、缺乏陪伴与引导等问题而提出的，旨在让农民工随迁子女在学校感受到家的温暖，更好地融入新的环境。家味教育实质上是在追求一种融合教育。融合教育最初是面向特殊儿童的，强调每一位儿童受教育的基本权利，重视个体的独特性及学习需要，反对任何形式的歧视。近年来，融合教育越来越多地被用于农民工随迁子女的教育问题中。本报告中的农民工随迁子女融合教育，是指在公平的价值理念下，使农民工子女在学习、生活和心理等方面与本地相融合，促进其全面和谐发展的教育。① 另外，在相对薄弱的农村学校打造家味教育，除了想让学校全体师生如家人般相亲相爱之外，家味教育也期待学校与家庭、社区乃至社会一家亲，形成良性的互动关系，借外部资源助力农村学校发展。具体而言，家味教育的作用机制和基于家味教育的办学品质提升模式如图 7.2、图 7.3 所示。

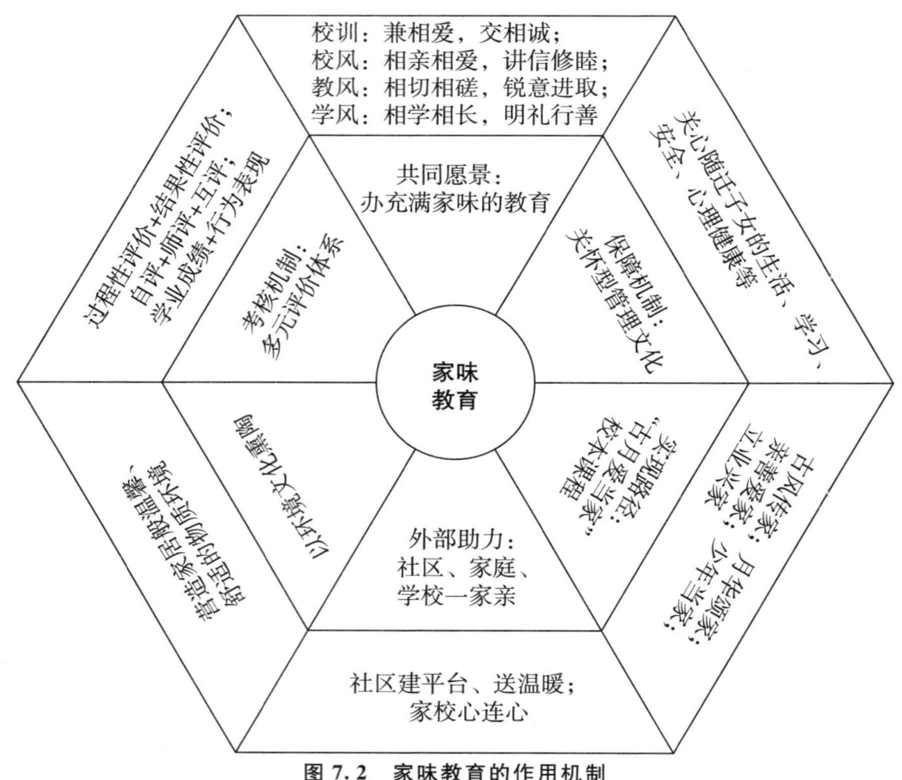

图 7.2　家味教育的作用机制

① 湛卫清：《农民工随迁子女融合教育的困惑与对策》，载《教育发展研究》，2008(10)。

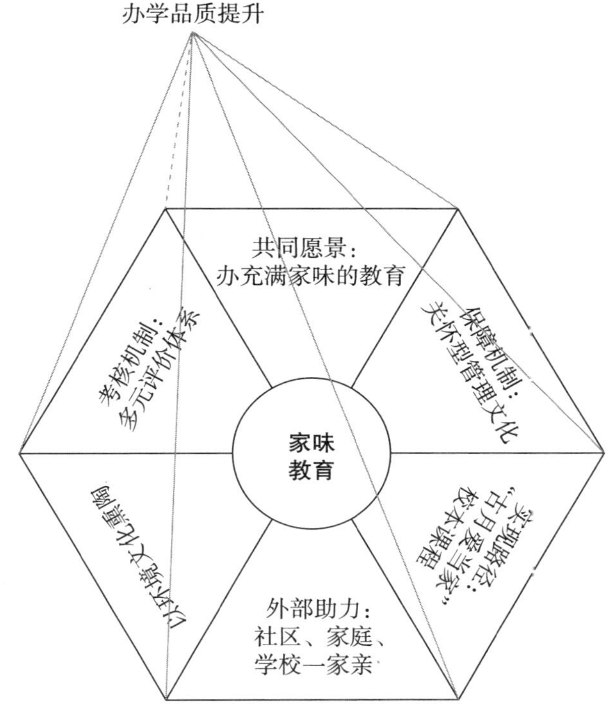

图 7.3　基于家味教育的办学品质提升模式

1. 以共同愿景统领

共同愿景是学校发展的原动力，体现的是学校的信念与追求。科学的共同愿景可以起到外塑形象、内聚人心的作用。随迁子女聚集的农村学校以办充满家味的学校为共同愿景统领学校全部工作，据此提出对全体师生的期待和要求。比如，学校要求全校师生谨遵“兼相爱，交相诚”的校训；营造一种充满家庭温暖的学校风气，师生都能够像家人一样相亲相爱，和睦相处；教师都能在德行或学问方面相互研讨，切磋琢磨，并能积极进取，勇于创新；学生能够讲文明，懂礼貌，有爱心，并且能够相互学习，共同成长。

2. 以环境文化熏陶

学校环境文化是指学校成员可以通过感官直接感受到的显性的周边事物。① 在此，环境文化不仅包括物化形态的建筑和墙面图画，而且包括广播里传出的歌曲、LED 屏幕上滚动的标语、社团活动中的相互配合等非物化形态。各种环境因素的刺激和熏陶，对学生产生潜移默化的影响。更为重要的是作为发展主体的

① 李伟胜：《学校环境文化的主动创建》，载《教育发展研究》，2011(24)。

学校成员不仅受到环境文化的被动影响，而且能够对环境文化施以主动选择与建构，在双向互动中体现生命成长的教育美。家味教育指导下的环境文化营造一种安全、舒适、轻松的成长环境，有利于让农民工随迁子女放下心灵的戒备，安心接受教育。

3. 以关怀型管理文化保障

家味教育要构建关怀型的管理文化，努力营造家居般温馨舒适的工作和学习环境以及家人般团结友爱的氛围，使每一位成员都能感受到家的温暖。教师都能爱校如家，爱生如子，呵护学生的身心健康、人身安全等方方面面。

4. 以校本课程承载

如何将家味教育落地，使之深入人心？课程是落实家味教育的有效途径。学校按照国家课程校本化、校本课程特色化的原则，重新进行课程规划，研制出“古风爱当家”系列特色校本课程，以此为路径，使学生通过学习这些课程更深刻地理解家味教育，并能体现在行为方式中。

5. 以多元评价考核

家味教育充分挖掘每一位学生的亮点，进行多元化取向的评价考核。例如，学校采取过程性评价和结果性评价相结合的评价方式，超越单一的纸笔测验，采取师评、自评、互评等多种方式，旨在发现每一位学生的优势所在。

6. 以校外资源助力

学校是一个开放的社会系统，学校的发展或多或少，或直接或间接，或显性或隐性，受到很多外部因素的影响，善于把握和驾驭这些外部因素将会大大推进学校发展进程。农村学校可以挖掘并整合当地深厚的历史文化积淀，积极建立紧密的家校合作关系，使社区资源和家校合作成为学校发展的强大助力。

概而言之，在农民工随迁子女聚集的农村学校中，提高办学品质的过程是一个系统工程。具体表现在：办一所充满家味的学校是全体成员的共同目标；校本课程是实现这一目标的有效途径；以多元评价方式考核目标达成度；环境文化营造了温馨的氛围，是达成家味教育的物质条件；关怀型管理文化是打造家味教育的制度保障；丰富的校外资源是实现家味教育的强助推力。

六、随迁子女聚集的农村学校办学品质提升的思考

(一)理论研究缺乏和顶层设计不足制约随迁子女聚集的农村学校办学质量的提升

近年来，一些随迁子女聚集的农村学校也在进行积极的自我改进，改进卓有成效者不乏少数，但是也暴露出诸多问题。例如，实践探索普遍停留在经验积累

阶段，呈现碎片化和不成体系的特征，甚至存在盲目自发、零散低效等问题。究其深层次的原因是关于随迁子女聚集的农村学校办学的理论研究相对缺乏，顶层设计较为不足，这严重制约着随迁子女聚集的农村学校办学品质的提升。基于此，随迁子女学校办学品质提升的相关探索必须加强理论研究和顶层设计。一方面，教育理论与实践之间应该保持密切的互动与联系。毫无疑问，没有理论思维的审思，实践就会停留在经验的层面，缺乏根基与深度。针对随迁子女聚集的农村学校办学经验缺乏进一步归纳总结、形成系统的理论体系等问题，我们有必要加强随迁子女聚集的农村学校办学品质提升的理论建构，从本质上清楚认识随迁子女的需求，也使先进的实践经验进一步概念化、原理化，得以广泛的推广和运用。另一方面，随迁子女聚集的农村学校办学品质提升还需要从宏观层面坚持整体推进方案，协调各方关系，形成政府领导、学校负责、社会协同、公众参与的随迁子女教育管理新格局。力求实现目标明确、统筹规划、战略得当的新样态，解决随迁子女聚集的农村学校办学实践中出现的盲目自发、零散低效等问题，走出“摸着石头过河”的困境。

(二)各方利益诉求冲突增加随迁子女入学的难度

政策制定通常是较为理想化的规划与安排，而政策执行要面对现实而具体的社会情境，要触及原本存在的利益结构。我国各地区的教育实践情况复杂，教育现状存在客观差异，政策执行的过程中允许一定程度上的本土化调整，因此，在政策落地过程中难免出现偏差，甚至是牵涉多方利益而难以执行。作为一个复杂的社会问题，农民工随迁子女教育问题涉及多方利益主体的诉求，其中的利益关系纷繁复杂，利益冲突无法回避。就学校内部而言，校方想要承担社会责任，解决农民工随迁子女入学难的问题，但学校本身师资力量薄弱，教育条件有限；就家长而言，农民工家长将孩子带进城市，期望能够得到更加优质的教育资源，而学校直接对应的服务片区的家长认为提供场地建一所好学校就是要给自己的孩子好的教育，不希望被外地孩子分走优质教育资源；另外，区政府想要创造良好的教育条件解决农民工随迁子女的教育问题，但在落实过程中存在基层单位权责不清、乱设门槛的问题，这种现象的背后是强烈的地方保护主义倾向。所以如何在诸多利益主体的诉求冲突中寻求一种平衡显得尤为重要。除此之外，农民工随迁子女教育问题还存在政策本身有失公平的现象，如过多强调流入地责任、流出地责任不明确等，最终的受害者仍是社会资本占有量处于不利一方的农民工随迁子女。因此，面对农民工随迁子女教育这样一个复杂的社会问题，需要各个责任部门明确权责，最大范围地凝聚各方共识，寻求各利益主体的诉求平衡。农民工随迁子女教育问题的相关利益主体诉求如图 7.4 所示。

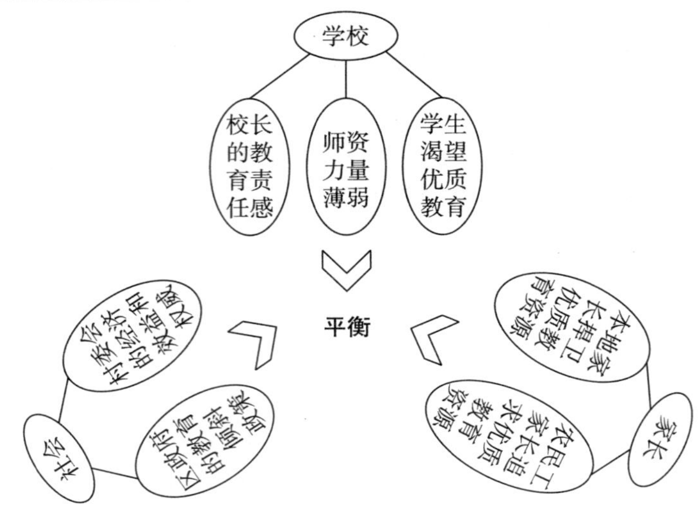

图 7.4　农民工随迁子女教育问题的相关利益主体诉求

(三)学校文化建设成为随迁子女聚集的农村学校发展的核心竞争力

随着教育改革的深入推进，学校由碎片化的外延式发展逐渐转向整体的内涵式发展，增强文化软实力，走一条特色发展之路成为很多学校的最优选择，特别是教育资源相对缺乏、教育问题纷繁复杂的农民工随迁子女聚集的农村学校。这类学校聚集了随迁子女群体和农村学校的双重特性。一方面，对于农民工随迁子女而言，除了物质上的资助以外，这类孩子更需要情感上的补偿、心理上的接纳和精神上的尊重。学校要营造关怀与尊重的文化氛围，必须转变传统意义上的同化论思维，建立互动论思想指导下的文化融合模式。另一方面，目前农村学校的办学条件整体上逊于城市学校，且这种差距有不断拉大的趋势①，因而农民工随迁子女聚集的农村学校亟须立足本校实际进行有效改进，提高文化软实力，追求个性化的特色发展。实质上，农村学校谋求特色发展就是一种文化建构的过程，而学校特色就是一种个性化的学校文化。以特色文化立校强调本土化立场，建基于每所学校自身的历史传统、文化风格与发展特性，要高度尊重学校的生命特性。② 当前，在三级课程管理体制的影响下，农村学校拥有了更多的自主性，可以有更多的空间进行重新定位和自我规划，在这个过程中，充分挖掘学校自身的历史文化传统和地方文化的深厚积淀，提炼出学校发展的核心理念和共同愿景，提高学校的文化软实力，增强自身的竞争力。

---

① 吴支奎：《校本课程开发：农村学校改进的重要路径》，载《课程教学研究》，2016(6)。

② 邬志辉：《学校改进的"本土化"与内生模式探索——大学与中小学合作伙伴关系的维度》，载《教育发展研究》，2010(4)。

(四)师资力量薄弱是随迁子女聚集的农村学校发展的短板

《纲要》指出，教育大计，教师为本。有好的教师，才有好的教育。然而，农村学校教师结构不合理、胜任力不足却是农村学校一直存在的问题，师资力量薄弱成为农村学校办学品质低下的主要因素之一。特别是近些年，农民工随迁子女数持续增加，该群体中个性差异大、学业基础差、文化资本相对贫乏等问题愈加凸显，这对教师的数量、结构和质量都提出了更高的要求。对于综合上述所有问题的随迁子女聚集的农村学校而言，师资力量薄弱无疑是学校发展过程中一个致命的短板。因而，增强教师的专业素质，培养教师的关键能力是促进农民工随迁子女全面发展的要求，也是提升农村学校办学品质的关键所在。

教师的关键能力通常被认为是教育教学活动顺利开展过程中教师所具备的通用能力。学界大致从教育过程观和心理过程观两个视角研究教师的关键能力。余玲艳等人针对这两个视角进行比较分析，并进一步提出了将语文教师的关键能力分为内生能力群和外生能力群。前者包括通识胜任力、学科整合力和成长性思维，后者包括幸福能力和个性能力。① 教师的关键能力作为一种通用能力或横向能力，具备普适性和可迁移性。个体生活在不同场域中，其关键能力的具体组合会因文化规范、技术准入、社会及权力关系等要素的差异而有所变化。② 随迁子女聚集的农村学校，对教师的关键能力也会有特殊的要求。具体而言，在内生能力群的范畴内，通识胜任力要求教师具备广博的知识和技能，以及获取、分析和处理信息的能力。学科整合力关注的是教师跨学科、融学科的能力。成长性思维强调教师在教学过程中能够用持续发展的眼光审视自身的教育教学行为和学生的行为表现。随迁子女聚集的农村学校一直存在教师胜任力不足、结构不良与开全开齐课程之间的矛盾。很多时候，一位教师要承担多门课程的教学工作，这就要求教师具备较高的通识胜任力和学科整合力。另外，随迁子女聚集的农村学校的生源结构复杂，学生的教育经历复杂，学业基础参差不齐，成长性思维就要求教师以发展的视角看待学生，坚信每一位学生的可塑性和潜力，以积极的态度发现每一位学生的闪光点，并有意愿、有能力设计和规划符合实际学情的教学进程。在外生能力群的范畴内，教师的关键能力主要指向教师的个性心理素质，它对学生和谐人格的塑造和非智力因素的发展产生重要影响。相比于一般学校，随迁子女聚集的农村学校的教师应该具备更强的人文关怀，以一颗充满爱的心包容和尊重需要情感补偿的农民工随迁子女。

---

① 余玲艳、代建军：《深度阅读教学视阈下语文教师的关键能力：内涵与结构》，载《教育理论与实践》，2017(29)。

② Dominique Simone Rychen、Laura Hersh Salganik、滕梅芳等：《勾勒关键能力，打造优质生活——OECD关键能力框架概述》，载《远程教育杂志》，2007(5)。

(五)家庭教育缺失是随迁子女成长的强阻力

随迁子女聚集的学校所面对的一大挑战就是家校互动问题。日常工作中经常遇到一些"特殊的家长"，给学校带来很多困扰。这类"特殊的家长"的问题主要表现为：一是教育意识淡薄，未能意识到孩子受教育的必要性，特别是孩子全面发展的重要性；二是教育观念陈旧，他们认为教育下一代全是教师和学校的责任；三是教育方法粗暴，动辄就对孩子拳脚相向。无论哪种类型的问题，导致的结果皆为科学合理的家庭教育的基本缺失，这也是令学校和教师最为困扰的问题。

> 陈老师：一辆车要往前走，一定要在自己的车道上，左边一条线，右边一条线，不能越过。教育也是，孩子在中间，左右两条线限制，他如果在家里这边要越界了，家长会给他一个警告；在学校这边要越界了，老师会给他一个警告，他就不会越界。其实孩子很聪明，他知道他在哪里可以钻空子，我们老师在学校只能管一边。如果另一边没有家长管，他可以不触碰老师的底线，但可以完全偏到另一边去。

家长是孩子的第一任老师，孩子在学校表现出的不良行为习惯的根源在家庭。可以说，每一位问题儿童背后必定有一个问题家庭和问题父母。我国最需要教育的不是儿童，而是被视为"孩子第一任老师"的家长。① 有的研究从家长的文化资本与社会资本的视角发现当前我国大多数家长的文化资本与社会资本低下②，这就导致很多家长无法为子女提供有效的家庭教育，甚至忽视家庭教育的重要性，特别是农民工家庭，因而在子女受教育问题上遭遇诸多阻碍。基于此，关注家庭教育的重要性，提高农民工家长的教育能力是非常有必要的。

(六)"三风"统合成为随迁子女融合教育的新趋向

《反思教育》中强调教育是人类共同关切的事业，需要社会各个层面共同关注。③ 农民工随迁子女的教育问题是复杂的社会问题，有必要超越学校关注，建构社—家—校互动的共同体文化。重叠影响阈理论指出社区、家庭与学校为学生成长承担共同的责任，对学生有着重叠的影响，三方只有通过彼此的合作和支持

---

① 谢翌、潘安童、邱霞燕等：《"餐桌上的教育"：父母言传身教的现象学研究》，第四届中国农村教育高端论坛暨第二届现代田园教育论坛论文集，浦江，2016。

② 赖晓云、李莎：《移动互联环境下家校合作之家长培训模式研究——文化资本和社会资本视角》，载《赣南师范大学学报》，2016(6)。

③ 联合国教科文组织：《反思教育：向"全球共同利益"的理念转变?》，联合国教科文组织总部中文科译，6页，北京，教育科学出版社，2017。

才可能促进学生最大限度的发展。① 尤其是对于农民工随迁子女的融合教育而言，社区的历史文化资源与家庭和学校的多元互动，以及对学校的认可和支持无疑是促进融合教育的巨大助推力。因而，我们要整合社区、学校、家庭的力量，全方位促进农民工随迁子女的融合教育和学校自身的内涵式发展。

那么，我们要整合的究竟是什么？社区、家庭和学校中最核心的是什么？是社风、家风和校风，这可以从胡家小学的例子中进行分析论证。首先，学校吸收整合了所在村落的历史文化积淀，其中最有灵魂的是重礼重教的社风，即社区的传统风尚。得益于此，胡家小学的发展拥有良好的外部环境，也为农民工随迁子女了解迁入地提供了良好的机会。其次，家风是指一个家庭或者家族长期以来形成的较为稳定且可传承的精神品质或传统风尚。其本质是家庭文化的凝聚，是家庭成员共享的信念和价值观。就家族层面而言，新校区所在地的胡姓家族以其良好的家风家教而闻名，胡家小学正是汲取了家族中待人和善、和睦相处等优良家风提出相亲相爱、讲信修睦的校风。这一层面体现的是以家风育校风的过程。就家庭层面而言，家庭是儿童成长成才的发源地，父母是孩子的第一任老师，其言行举止、信念、价值观等都对儿童起着潜移默化的作用。学生初入学校便带有家庭的风气，这种风气无论好坏，都很难改变。胡家小学的家长存在结构复杂、文化程度普遍偏低、教育意识淡薄等问题，进而也会影响到家庭文化，更会影响到孩子的成长。最后，学校通过很多活动，增强家长的教育意识，提高家校合作度，使原本疏离的家校关系变得紧密和谐，这里更多地体现出以校风带家风的过程。

基于以上论述可知，社风、家风、校风虽然属于不同范畴，各自有所侧重，但又相互联系、相互补益，只有有机结合、统一筹划，才能发挥最大的合力。因此，提升随迁子女聚集的农村学校办学品质需要"三风统筹"，即学校的校风要与社风和家风有机结合，统一筹划。"三风统筹"需要明确三个方面：第一，社风、家风、校风是相互渗透、相互协调、相互促进的关系。一方面，一个地方具有良好的家风和社风，就为当地学校的发展营造一个积极的外部环境，为良好校风的建设搭建了平台。另一方面，学校除了教书育人的责任以外，往往还承载着教化一方的责任。通过对学生的培养影响每一个家庭，进而将积极的风气辐射到社区甚至更大的范围。第二，无论三者如何相互影响，其最终的旨归都是学生的发展。社风、家风、校风的有机衔接，社区、家庭和学校的良性互动将会促进学生综合素质的提高，促进农民工随迁子女更好地融入新的环境。

---

① 杨启光：《重叠影响阈：美国学校与家庭伙伴关系的一种理论解释框架》，载《外国教育研究》，2006(2)。

七、随迁子女聚集的农村学校办学品质提升的建议

近年来，随着经济的发展，社会流动人口日益增多，具体到教育领域就产生了农民工随迁子女的教育问题。这类孩子中普遍存在一些问题，如学业基础薄弱，心理问题凸显以及由此引起的各种融入问题。总之，农民工随迁子女需要学校和社会给予更多的关注和呵护，如何在这样的背景下提升学校的办学品质是很多学校一直以来的困扰，特别是随迁子女聚集的农村学校。

(一)加强教育管理的顶层设计，提高随迁子女聚集的农村学校的办学规范性

随迁子女聚集的农村学校办学品质的提升需要政府从政策引导、制度保障、专门机构推进等方面进行宏观调控，形成政府领导、学校负责、社会协同、公众参与的随迁子女教育管理新格局。第一，搭建平台。政府主导或发动社会力量成立随迁子女聚集的农村学校办学联合会，搭建一个不同地区、不同层次、不同类型的学校之间相互交流办学经验的平台。定期组织各类学校的校长和教师代表召开年会，促进校际的相互学习，共同发展。第二，政策引导。政府出台相关奖励政策，引导和鼓励随迁子女聚集的农村学校在自主实践的基础上积极申报科研项目，以项目推进实践经验的进一步系统化、理论化，以便推而广之。第三，制度保障。建立健全对各类随迁子女聚集的农村学校办学品质的评价考核制度，及时发现和更正学校实践过程中出现的方向性、原则性的偏差。第四，财政资助。政府划拨专项经费资助随迁子女聚集的农村学校的校长及骨干教师外出参观、学习或培训，也可延请学界专家、优秀校长代表在各学校巡回指导，为学校提升办学品质出谋划策。另外，关于经费来源，也可以呼吁公众参与到学校办学工作中来，发动社会力量筹措资金，用于学校的发展和建设。无论采用何种方式，都有必要建立公众监督制度，政府和学校可以借助互联网平台，实现学校的各项工作公开透明，接受人民大众的监督。

(二)加大随迁子女流向的监测力度，增强教育政策的预测功能和统筹力

近年来，农民工随迁子女数持续增多，随之而来的农民工随迁子女的教育问题也引起社会各界的普遍关注，国家相继出台了一系列政策。但由于农民工随迁子女的流动性大，且流动方向和数量较难监测，供求失衡问题频频出现，各地区针对农民工随迁子女的教育政策总会滞后于人口流动，出现“问题—政策”式的被动应对现象。一般而言，政府主动制定的政策的科学性较强，人文关怀浓厚，而被动或被迫制定的政策，显得仓促与草率，“敷衍了事”的态度明显。① 因此，面对层出不穷的农民工随迁子女的教育问题，相关教育政策的制定必然要由“问

① 叶庆娜：《农民工随迁子女高中教育：现状、政策及障碍》，载《中国青年研究》，2011(9)。

题—政策”式的被动应对转向“问题预测—政策—调整”式的主动规划与系统布局，旨在增强教育政策的预测功能和统筹力。具体而言，在国家层面，国家要成立人口流动监测机构，高度关注人口流动的动态趋势，谨防人口流动集中度过大，超过城市最大负荷量。根据人口流动的监测报告，及时制定倾斜性政策，通过宏观调控，引导农民工随迁子女有序流动，避免“扎堆”现象引起的各种社会问题。在地方政府层面，各地政府应配合国家人口流动监测机构，组建监测小组，密切关注本地人口的流动情况；也要监测城市社会资源，特别是教育资源的承载能力，以便及时预测问题，统筹规划，制定地方性政策，达到资源合理配置，兼顾各方利益的目的。另外，出于周延性的考虑，建议在制定地方性政策时综合考虑各方面因素，同时做好备选方案。进一步做详细划分的话，一方面，流入地政府要综合考虑学龄人口流动等各方面因素，科学预测学龄儿童数的变化趋势，提前规划本地区的教育布局，进行教育资源的合理配置，保障农民工随迁子女有学上、上好学。另一方面，流出地政府应科学预测人口流动的趋势及规模，合理调整农村学校布局。与此同时，学校布局调整要时刻观照地区的地理、文化、历史等各方面因素，因地制宜，做本土化调整，谨防“一刀切”式的学校布局调整导致学生辍学率升高等问题的产生。

（三）厘清各方权责关系，兼顾各主体利益诉求

农民工随迁子女的教育问题是一个复杂的社会问题，涉及多主体的权责分配和利益诉求，建立健全各利益主体问责制度，明确政府、学校、社区和家庭相关主体的责任，各个部门密切配合，进而实现各主体利益的最大化，是解决农民工随迁子女的教育问题的关键。首先，政府部门方面。政府部门要建立健全农民工随迁子女的信息登记与更新系统，及时录入和更新随迁子女的相关信息（何时何地迁移至此、受教育情况、健康信息、家庭基本情况等），并建立相关部门之间的信息公开、资源共享机制。比如，政府、公安部门、教育行政部门、学校和社区居委会等相关部门之间可以共享农民工随迁子女的相关信息，如有需要可以随时调用。为了及时了解随迁子女家庭，教育行政部门要成立随迁子女家长咨询办公室，制定随迁子女入学指南，开设服务热线、网络咨询服务等，为随迁子女家庭提供咨询服务。为了政策的顺利实施，政府机构要建立多方共同参与的决策机制，确保各方群众的教育知情权、参与权、表达权和监督权，最大范围地凝聚各方共识①，以实现各主体的利益诉求。其次，学校方面。学校要定期召开家长会，考虑到随迁子女家长工作强度大、工作时间不规律等问题，可以召开视频家长会，让家长了解孩子在校情况以及学校的培养计划、教学进度等，在学校网站

---

① 吴霓、朱富言：《流动人口随迁子女在流入地升学考试政策分析》，载《教育研究》，2014(4)。

上开设家长专栏，或在学校公众号上定期分享儿童成长、亲子关系、家庭教育等方面的内容。对于农民工随迁子女的特殊性，家访工作必须予以足够的重视。为了减轻班主任的工作压力，学校要根据随迁子女和教师的数量，合理分配随迁子女的帮扶、家访等工作，如平均分配、按片划分等，也可以联合社区、居委会的力量完成家访工作，以便及时了解随迁子女的学习、生活状况，根据其最新的动态制定针对性的学习和帮扶计划。再次，社区方面。社区关爱农民工随迁子女的工作主要分为两个部分。一是配合性工作。社区、居委会一方面要配合政府，主动识别随迁子女，获取随迁子女的信息，及时录入当地随迁子女的信息登记系统；另一方面要配合学校工作，提供课程资源、活动场地和物质资助。二是自主性工作。社区、居委会可以定期组织社区文化活动，如在端午节、中秋节、春节等重要节日举办“晒晒我家的拿手菜”美食大会，呼吁本地居民和外地居民积极参与其中，以食会友，促进各地区的文化碰撞与交流。最后，家庭方面。家长要及时进行信息登记，了解子女入学政策、相关补助机制，依法争取自己的合法利益。另外，家长需要配合学校工作，定期与学校、教师联系，了解学校的教学制度、学生的学习进度、学生的学业表现、学生的人际关系等，也要切实承担起家庭教育的重任，为孩子营造一个良好的教育环境，如增加家庭藏书量，经常带孩子去图书馆、书店等场所，引导和培养孩子的阅读兴趣。

(四)积极推进精准施策，提升随迁子女聚集的农村学校的办学适切性

由于区域间、校际和个体间存在诸多客观差异，随迁子女聚集的农村学校常常会遇到各种不同的问题，针对随迁子女聚集的农村学校独特的问题，应该力求精准施策。首先，关注区域间的差异，实施针对性政策。例如，对于人口流入较为集中的不同类型城镇要实施针对性的教育扩容政策。超大、特大城市人口规模控制的背景下要实施调控型教育扩容；大中等城市人口规模扩大的背景下应实行同步型教育扩容；县域教育发展不均衡的背景下实施均衡型教育扩容；乡镇人口聚集的背景下实施疏导型教育扩容。① 其次，关注校际的差异，对不同类型随迁子女聚集的农村学校的独特问题予以差异化应对。例如，对于公办学校，要在其教育承载力范围内加以新建、扩建，但也要注意控制班额，保证教育质量；对于社会力量提供的教育服务或者民办学校而言，保证其办学质量达标是当务之急，因而要制定配套的办学质量监测标准，不定期进行安全达标和教学达标等方面的抽检与考核，保证农民工随迁子女的受教育权益；对于义务教育阶段的寄宿制学校需要优先关注低龄寄宿生的生活教育、身心健康，切实发挥家庭教育的补偿功能，提高寄宿制学校的办学质量。最后，关注个体间的差异。当政策落实到学校

① 秦玉友：《中国城镇教育扩容压力传递机制与应对策略研究》，载《教育研究》，2017(1)。

场域中的时候，应在对所有学生一视同仁的基础上，实现对不同随迁子女的个性化关注与关怀。“对口帮扶”是关注农民工随迁子女的个体化差异的有效策略。学校应对新入学的农民工随迁子女进行全面了解，如了解其家庭情况、教育经历、心理健康状况和有无过往病史等信息；再基于这些信息进行精细分类，如横向上分为经济资助和精神帮扶等类别，纵向上分为特困生、普困生和非困生。不论经济资助还是精神帮扶，针对特困生都需要施行“一对一帮扶”，而针对普困生可以采取“一对多帮扶”。需要特别注意的是，对农民工随迁子女的信息了解、分类及帮扶都应保密处理，低调进行，以此保护孩子的自尊心和隐私。至于特困生、普困生和非困生的划分标准，以及“一对多帮扶”中具体的数量比例要根据学校的随迁子女数和教师数的比例的具体情况而定。

（五）构建文化共同体，推动随迁子女聚集的农村学校的内涵式发展

相对于外延式发展，内涵式发展指向教育的内部环境，注重教育软实力的建设，注重提升教育的文化品性和人文意蕴。它依靠文化的浸润，注重学校的共同愿景和办学理念的规划，以此提升教育质量，全面培养学生的综合素养。随迁子女聚集的农村学校办学品质的提升，要依靠政府和社会等外部资源，但更重要的是挖掘自身的内在潜力，以文化凝聚人心，以特色谋求发展。然而，“局内人”通常因为身处文化场域内而缺少对其文化的敏感度，需要“局外人”——教育研究者——的帮助。另外，学校发展的过程中需要政府或教育行政部门的支持。基于此，随迁子女聚集的农村学校以文化浸润，实现学校内涵式发展的首要任务是构建文化共同体。共同体成员应包括大学教育研究者、政府或教育行政部门和小学。一方面，大学教育研究者借助其作为“局外人”的文化敏感性深入学校的文化场域，倾听校长、教师、学生及其他工作人员的声音，发现学校的文化元素，取其精华，去其糟粕，帮助学校找准文化定位，内生出一条适切性强的特色发展之路。另一方面，大学教育研究者要和校长、教师一起基于学校文化进行本校课程规划，将学校文化落实到每个活动、每个课堂中，定期组织听课、评课、集体教研等活动，帮助学校教师成长，使其成为研究型教师、专家型教师。对于学校自身而言，其首要任务是转变被动接受专家意见、忠实执行上级命令的传统观念，充分发挥自主权，把握好国家政策与本校实际情况之间的张力。可以成立学校文化建设研究小组，作为沟通教育研究者和学校成员的纽带，组织教育研究者和学校成员就学校文化建设问题进行现场座谈或头脑风暴。另外，要开展各种亲子活动或者开设校园开放日，动员学生家长与社区居民走进学校，感受学校文化，并积极参与进来为学校文化建设贡献智慧。政府或教育行政部门的主要任务就是为学校文化建设和发展提供财政和政策上的支持，发挥统筹规划的作用。例如，积极发掘区域的历史文化传统，建设区域的特色文化，引领各学校的文化发展；划拨专项经费用于学校文化建设过程中延请专家、改造校园、研制校本教材等各项开支；在区域范围内开展学校文化的展示周活动，鼓励各学校积极进行文化建设，并起到宣传推广的作用。

(六)建立教师走校机制，优化随迁子女聚集的农村学校的师资结构和质量

在随迁子女聚集的农村学校场域中，建立教师走校机制是解决学校的结构性师资不均问题和培养教师的关键能力的有效途径。所谓教师走校机制就是在“资源共享、抱团发展”理念的指导下，为解决农村学校师资力量薄弱的问题，在同一学区内，校际鼓励教师走出校门送课。这是一种将教师从“学校人”转变为“专业人”的教师补偿机制，参与“走校制”的教师主要包括如下两类。一类是骨干教师。这部分教师走出校门送课旨在加强教师校际的沟通交流，引领和指导新手教师的关键能力的培养。另一类是稀缺教师。农村学校教育资源十分有限，开全开齐课程的主要障碍就是缺少相应的专任教师。通常稀缺教师就是指体育、音乐、美术等科目的专任教师。教师“走校制”的形式多样，对于稀缺的体音美教师，学区范围内鼓励若干学校共享有限的教师资源；也包括校际“推门听课”“骨干送课”、集体教研等形式。教师“走校制”还需要有同步的保障机制，要制定教师工作关系及工作量细则等相关政策文件，明确教师权责。政府及各学校应为走校教师提供必要的补助，如交通补贴、餐食补贴、教师休息室等，保障走校教师的合法权益。

(七)开设家长培训课程，提高随迁子女家长的教育能力

课程是教育的核心，是实现教育目的的有效途径。提高随迁子女家长的教育能力需要开设家长培训课程对他们进行培训。就课程目标而言，家长培训课程旨在提高家长的素质，改善家庭教育现状，促进家校良性互动，实现子女的健康成长。就课程内容而言，家长培训课程首先要转变家长陈旧的教育理念，使其更加重视子女的教育，同时明确自己在子女教育过程中的责任；其次，课程内容应该包括如何建立一个学习型家庭的相关内容，为子女营造一个良好的家庭文化氛围；最后，鼓励家长更多地与学校互动，积极参与学校活动，了解学校的日常工作，提高对学校的认可度和配合度。就课程组织形式而言，家长培训课程的组织形式要具有灵活性和便利性，在不影响家庭正常生活的前提下进行。比如，可以利用学校网络平台推送课程内容，让家长根据自身的时间自主学习。就课程评价而言，遵循多元化原则，家长培训课程的评价主体要多元化，可以包括学校、儿童及家长自身；评价形式要多元化，可以分为他评和自评环节。另外，家长培训课程的评价还需要遵循灵活性原则，可以对家长参与学校活动的积极性或家长对子女教育的关注度等方面进行考核，授予考核通过者合格证书。就课程的激励机制而言，可以规定在同等条件下，持家长培训课程合格证书者的子女可以优先入

学，以提高家长参与培训课程的积极性。

(八)整合多方教育资源，社—家—校共同承担随迁子女教育的责任

提升随迁子女聚集的农村学校的办学品质需要整合社区、家庭和学校的教育资源，只有将社风、家风和校风有机结合，统一筹划，以社风育校风，以校风带家风，才能发挥最大的教育合力。具体而言，首先，建立社—家—校联动会。联动会的主要功能体现在：一是负责整合社区、家庭和学校的教育资源，并统一规划、配置教育资源。二是监督各类活动的开展以及相关工作的落实情况。其次，组建“社区之家”。农民工家长的工作强度大，工作时间不固定，缺乏对孩子的照顾和管教。针对这一问题，学校和社区就担负起主要责任，上课时间由学校发挥家庭教育的补偿功能。社区可以建立“社区之家”，放学之后主要负责给学生辅导作业，提供餐食。服务对象主要是那些放学之后父母不在家的学生。“社区之家”是一个非营利性的公益机构，工作人员主要是由退休人员、青年志愿者组成，主要负责照看学生吃饭和辅导学生的作业。针对“社区之家”的辅导教师紧缺的问题，可以施行“小老师制”，高年级的学生负责给低年级的学生辅导作业。学校也可以安排值班教师辅导学生。最后，广泛开展活动，促进社区、家庭和学校之间的联系，如开展“社区群众进校园”活动，定期开放校园，邀请社区群众走进校园，体验校园文化，了解学校的日常运作，增进学校与社区的联系。又如“家长大讲堂”活动，邀请不同职业的农民工家长走进课堂，以讲座的形式为学生介绍一些特定职业领域的相关知识，开阔学生的眼界，也增强学生对父母职业的自豪感和认同感。

【本报告撰写人：于海波、李亚培。作者单位：教育部人文社会科学重点研究基地东北师范大学中国农村教育发展研究院】

第8章　绩效工资的预期实现了吗？

——基于12个省份义务教育教师绩效工资实施现状的调查

【概要】义务教育教师绩效工资制度是贯彻落实义务教育法的具体措施，也是深化事业单位收入分配制度改革的重要内容，对提高教师的工资待遇、调动义务教育教师的工作积极性、提高教育教学质量具有重要作用。本报告基于全国12个省份义务教育教师的分层抽样数据，从教师绩效工资的实施现状、考核标准、实施效果三个方面对义务教育教师奖励性绩效工资制度进行分析。可以发现，义务教育教师绩效工资制度在区域、城乡、学段、职称和教龄等维度存在显著的差异，并表现出一定的规律性：一是在收入和绩效工资额度方面，中西部地区和农村地区的教师以及低职称教师和教龄较短的教师获得的收入和绩效工资额度显著低于其他教师；二是在月绩效工资占月收入的比例方面，中部地区的教师、城市教师和一级教师的比例最大；三是对于当前奖励性绩效工资的提取比例，东西部地区的教师、城市学校教师、小学教师、高职称教师和教龄较长的教师更期望降低奖励性绩效工资的提取比例；四是对于现行奖励性绩效工资分配标准，中部地区的教师、乡镇教师、初中教师、高职称教师和教龄较长的教师认可度较低；五是在绩效工资对教师工作积极性的调动方面，绩效工资对东部地区的教师、城市教师和高职称教师的积极性调动不明显。根据以上发现，对改革和完善义务教育教师绩效工资制度提出了建议。

一、问题的提出

为实现义务教育由普及到质量提升的战略转型，以及关注义务教育教师的微

观经济利益，激发教师的工作积极性，使义务教育教师能够敬业、乐业，全身心地投入教育教学工作，国家自2008年12月以来发布了一系列政策指导推行义务教育绩效工资制度。绩效工资制度的核心内容是，使义务教育教师的工作成效与奖励津贴挂钩，并在农村地区和边远贫困地区有一定程度的倾斜，其目的体现在三个方面：一是留住这些地区的优质教师，减缓教师向城性流动的趋向；二是激发义务教育教师的工作积极性；三是增大学校在教师管理方面的自主权，使学校在教师工作的安排上更具权威和主动性。但义务教育教师绩效工资制度实施以来，关于绩效工资制度的优劣讨论，在学界和一线学校层面持续发酵，并有截然不同的结论出现。那么义务教育教师绩效工资制度的实施效果究竟如何？其预期目标是否实现？或者说，在绩效工资制度实施后，哪些教师的利益得到了保障或损害？未来义务教育教师绩效工资制度应该如何去完善？这些问题都需要进行全面的调查和梳理。国内目前对义务教育教师绩效工资制度的相关研究，多以理论思辨或小范围的调查为主，涉及多省份的大样本调查研究比较缺乏。基于此，东北师范大学中国农村教育发展研究院利用对全国12个省份的大样本调查数据，对义务教育教师绩效工资制度的实施现状进行了深度的调查研究，以期能为义务教育教师绩效工资制度的进一步完善贡献力量。

二、文献综述

分析义务教育教师绩效工资，首先需要梳理义务教育教师绩效工资制度的相关政策，明确绩效工资制度提出的背景、当前教师绩效工资的构成和绩效工资的实施规定。其次需要梳理学界对义务教育教师绩效工资的研究。学界关于义务教育教师绩效工资的研究主要集中在绩效工资的经费保障、分配原则、考核办法、实施效果及改进策略五个方面。为了更好地从以往的研究中获得相应的启示，本报告从这五个方面对相关研究进行系统的梳理。

(一)义务教育教师绩效工资的政策梳理

1. 义务教育教师绩效工资制度的提出

义务教育教师绩效工资制度实施之前，各地根据当地实际设定了津贴补贴标准。由于不同地区和城乡间的经济发展水平的差异，不同地区、城乡间义务教育教师的基本工资和津贴补贴也存在较大差异，经济发达地区的教师、城市教师的基本工资和津贴补贴高于贫困地区、农村，许多教师为追求更高的工资待遇离开贫困地区、农村，导致贫困地区的教师、农村教师流失严重。同时，基本工资和津贴补贴的考核主要依据职称、教龄等因素，许多工作量大、工作业绩好的低职称、年轻教师，往往不能得到有效的激励和补偿，不利于调动教师的工作积极性。不仅如此，长期以来我们一直在强调校长的事权，却很少关注校长的财权，导致事权过大而无财权的两难困境。特别是对教师的管理，校长只是根据教育行政部门的相关规定执行对教师的考核，无权根据学校的实际需要对教师的工作做出考核，使得校长在实际的学校管理中面临诸多困境。2006 年，《事业单位工作人员收入分配制度改革方案》提出，"建立符合事业单位特点、体现岗位绩效和分类管理的收入分配制度"，建立岗位绩效工资。为保障教师的工资待遇、实现区域教师的工资均衡，提高教师的工作积极性，完善校长的管理自主权，2008 年 12 月，国务院审议并原则通过《关于义务教育学校实施绩效工资的指导意见》，提出从 2009 年 1 月 1 日起对义务教育学校的正式工作人员按国家规定执行事业单位岗位绩效工资制度。

2. 义务教育教师岗位绩效工资的组成

义务教育学校的正式工作人员实行事业单位岗位绩效工资制度后，教师岗位绩效工资由岗位工资、薪级工资、绩效工资和津贴补贴四部分组成，其中岗位工资和薪级工资为基本工资。岗位工资主要体现工作人员所聘岗位的职责和要求。薪级工资主要体现工作人员的工作表现和资历。绩效工资主要体现工作人员的实绩和贡献。津贴补贴主要分为艰苦边远地区的津贴补贴和特殊岗位津贴补贴。

具体就教师绩效工资部分来看，《关于义务教育学校实施绩效工资的指导意见》规定，绩效工资分为基础性和奖励性两部分。基础性绩效工资主要体现地区的经济发展水平、物价水平、岗位职责等因素，占绩效工资总量的 70%，具体项目和标准由县级以上人民政府的人事、财政、教育部门确定，一般按月发放。奖励性绩效工资主要体现工作量和实际贡献等因素，在考核的基础上，由学校确定分配方式和办法。根据实际情况，在绩效工资中设立班主任津贴、岗位津贴、农村学校教师补贴、超课时津贴、教育教学成果奖励等项目。

3. 义务教育教师绩效工资的实施规定

《关于义务教育学校实施绩效工资的指导意见》从绩效工资总量和水平的核定、绩效工资的分配、相关政策、经费保障与财务管理以及组织实施几个方面对绩效工资进行了全面布局。之后，为保障义务教育教师绩效工资制度的实施，相关部门先后出台《教育部关于做好义务教育学校教师绩效考核工作的指导意见》《义务教育学校实施绩效工资政策宣传提纲》《义务教育学校奖励性绩效工资分配宣传参考提纲》《教育部办公厅关于进一步做好义务教育学校奖励性绩效工资分配工作的通知》等落地保障性政策。这一系列政策对义务教育教师绩效工资的实施进行了详细明确的规定。

(1)绩效工资的总量和水平

绩效工资总量暂按学校工作人员上年度12月的基本工资额度和规范后的津贴补贴水平核定。其中，义务教育教师规范后的津贴补贴的平均水平，由县级以上人民政府的人事、财政部门按照教师的平均工资水平不低于当地公务员的平均工资水平的原则确定。绩效工资总量随基本工资和学校所在县级行政区域公务员规范后的津贴补贴的调整做相应的调整。各地将规范后的津贴补贴和国家规定的原年终一次性奖金纳入绩效工资总量，在人事、财政部门核定的绩效工资总量内，学校主管部门具体核定学校绩效工资总量时，要合理统筹，逐步实现同一县级行政区域的义务教育学校绩效工资水平大体平衡。对农村学校特别是条件艰苦的学校要给予适当的倾斜。

(2)绩效考核的内容与方法

《关于义务教育学校实施绩效工资的指导意见》强调，充分发挥绩效工资分配的激励导向作用。教育部门要制定绩效考核办法，加强对学校内部考核的指导。学校要完善内部考核制度，根据教师、管理、工勤技能等岗位的不同特点，实行分类考核。就绩效考核的主要内容来看，《教育部关于做好义务教育学校教师绩效考核工作的指导意见》强调，绩效考核的主要内容包括教师履行义务教育法、教师法、教育法等法律法规规定的教师法定职责，以及完成学校规定的岗位职责和工作任务的实绩，包括师德和教育教学、从事班主任工作等方面的实绩。同时强调各地要从实际出发，围绕考核内容，建立健全科学完善的教师绩效考核指标体系。指标体系的建立要符合全面实施素质教育的要求，体现课程改革的方向，正确发挥对教师的激励导向作用，充分体现考核指标的激励性和约束性的有机统一。

就绩效考核的方法来看，《教育部关于做好义务教育学校教师绩效考核工作的指导意见》强调，各地要积极探索、创新绩效考核的机制与方法，规范考核程序，健全考核组织。绩效考核工作一般由学校按规定的程序与年度考核结合进行，可以采取定性与定量相结合，教师自评与学科组评议、年级组评议、考核组评议相结合，形成性评价和阶段性评价相结合等方法，同时适当听取学生、家长及社区的意见。要充分发挥校长、教师和学校在绩效考核中的作用。要不断完善绩效考核载体。可以采取指标要素测评、业务知识测试、建立教师发展档案、开展争先创优活动等多种形式，完善教师绩效考核载体，通过多种形式，全面反映教师的业绩和贡献。

(3)绩效考核结果的运用

绩效考核结果要作为绩效工资分配的主要依据。根据考核结果，在分配中坚持多劳多得，优绩优酬，重点向一线教师、骨干教师和做出突出成绩的其他工作人员倾斜。校长的绩效工资，在人事、财政部门核定的绩效工资总量范围内，由主管部门根据对校长的考核结果统筹考虑确定。《教育部关于做好义务教育学校教师绩效考核工作的指导意见》明确规定，对履行岗位职责、完成学校规定的教育教学工作任务的教师，全额发放基础性绩效工资；对有突出表现或做出突出贡献的教师，视不同情况发放奖励性绩效工资。要根据绩效考核结果，合理确定奖励性绩效工资分配等次，坚持向骨干教师和做出突出成绩的教师倾斜，适当拉开分配差距。同时，绩效考核结果也要作为教师资格认定、岗位聘任、职务晋升、培养培训、表彰奖励等工作的重要依据。

(二)义务教育教师绩效工资制度的实施研究

1. 绩效工资的经费保障问题研究

绩效工资的经费保障在分担责任和比例、县级政府筹集绩效工资的能力和经费约束机制方面存在诸多问题。首先，关于绩效工资的分担问题，多数学者认为当前绩效工资的分担责任不明确、分担比例不清晰，导致地方政府在绩效工资的经费保障上陷入困境。胡耀宗、童宏保的研究发现绩效工资政策没有规定中央、省、地(市)、县四级政府各自在义务教育教师绩效工资中的分担比例，由此造成“中央财政支持力度严重不足，省级统筹责任不清”，绩效工资的大部分经费由县级政府财政负担。① 付卫东、曾新通过对2009年中央、省和县(区)对教师绩效工资投入的核算发现湖北省、湖南省和江西省义务教育教师绩效工资总量仅仅约四分之一是由中央财政和省级财政负担，其余约四分之三的资金须由各县(区)财政自行承担，县财政无力承担义务教育教师绩效工资所需经费的空缺。②

其次，县级政府筹集绩效工资的能力不足、积极性不高。一方面，县级财政创收力弱，缺乏筹集相关资金的能力。例如，安雪慧的研究发现，一些财政薄弱县，其财政能力有限，即使加上国家和省里的转移支付，有的地方的教师绩效工资所需资金还是有一定的缺口。③ 付卫东、崔民初对湖北省沙洋县绩效工资的保障情况的研究发现，全县兑现农村义务教育教师绩效工资每年需要3455万元，而沙洋县每年新增财力仅500多万元，即使新增财力全部用于兑现义务教育教师

---

① 胡耀宗、童宏保：《义务教育教师绩效工资政策执行中的问题及解决策略》，载《教师教育研究》，2010(4)。

② 付卫东、曾新：《义务教育教师绩效工资政策实施与分析——基于中部四省部分县(区)的调查》，载《教育发展研究》，2010(21)。

③ 安雪慧：《义务教育学校教师绩效工资政策效果分析》，载《中国教育学刊》，2015(11)。

绩效工资都远远不够，而且巨额的绩效工资经费也使县级政府面临前所未有的困难。① 另一方面，义务教育的外溢性，导致县级政府缺乏财政投入的积极性。魏红梅和胡耀宗、童宏保的研究发现，“以县为主”的保障机制由于义务教育受益的外溢性，使得县级政府缺乏投入的积极性，很多市、县仅落实了基础性绩效工资，奖励性绩效工资尚未兑现。②③

不仅如此，由于缺乏资金落地的约束机制，以往的教育改革中义务教育专项资金被挪用、挤占和不按保障比例投入的情况比较严重④，义务教育教师绩效工资的经费保障中也存在类似的情况。付卫东、曾新的调查发现，由于没有建立各级政府绩效工资的经费投入的约束机制，导致部分地方政府官员在义务教育学校绩效工资的经费供给中出现机会主义行为，致使地方政府挪用或挤占绩效工资经费以及义务教育学校教师绩效工资的经费供给不到位。⑤

2. 绩效工资的奖励分配问题研究

关于义务教师绩效工资的奖励力度研究主要集中在绩效工资总量、绩效工资体现奖励性情况两个方面。关于绩效工资总量的研究，多数学者认为绩效工资总量太低。姜金秋、杜育红的研究发现，绩效工资占教师工资的比例平均在20%～30%，奖励性绩效工资占工资的比例仅在6%～9%，这一奖励比例是比较低的。⑥ 另外，绩效工资总量较少，缺少增量。绩效工资总量为教师一个月的基本工资额度和规范后的津贴补贴水平的总和，相当于原来全体教师一个月的总工资，且从2009年实施绩效工资以来绩效工资总量没有增加。另有学者对绩效工资总量低的原因进行了分析。付卫东、曾新的研究发现，欠发达地区义务教育教师绩效工资偏低是由这些地区的经济发展落后和地方财政困难导致的。⑦

从绩效工资的分配结果来看，多数学者认为分配公平缺失。胡耀宗、童宏保

① 付卫东、崔民初：《义务教育学校教师绩效工资政策分析》，载《现代教育管理》，2011(2)。

② 魏红梅：《论教师绩效工资政策的失真与回归》，载《教育理论与实践》，2014(1)。

③ 胡耀宗、童宏保：《义务教育教师绩效工资政策执行中的问题及解决策略》，载《教师教育研究》，2010(4)。

④ 胡耀宗、童宏保：《义务教育教师绩效工资政策执行中的问题及解决策略》，载《教师教育研究》，2010(4)。

⑤ 付卫东、曾新：《义务教育教师绩效工资政策实施与分析——基于中部四省部分县(区)的调查》，载《教育发展研究》，2010(21)。

⑥ 姜金秋、杜育红：《义务教育学校绩效工资方案存在的问题、原因及对策——基于广西壮族自治区A小学的个案研究》，载《现代中小学教育》，2014(12)。

⑦ 付卫东、曾新：《义务教育教师绩效工资政策实施与分析——基于中部四省部分县(区)的调查》，载《教育发展研究》，2010(21)。

的研究发现，因学校行政人员单方面的考核而出现按行政职务论绩效的现象。[①] 付卫东、曾新和李根、葛新斌的研究发现，有不少地方在制定绩效工资的分配方案时，将校长、副校长和中层干部等领导岗位折合成“绩效”系数。[②③] 例如，设定绩效系数后，校长所得绩效工资用基数乘以绩效系数 2，副校长乘以 1.5，中层干部乘以 1.2，业务带头人的绩效系数在 1.1～1.2，而有些一线教师甚至连“绩效”基数都没有达到。赵宏斌、惠祥凤、傅乘波的研究发现，云南省义务教育学校中有的学校校长与学校普通工作人员的奖励性绩效工资的比例暂定为 2.5∶1。[④] 吴青云、马佳宏的研究发现，很多学校在分配绩效工资时先拿出教师工资的一部分，然后根据考核分摊。[⑤] 实行绩效工资后，领导的工资涨上去了，而很多一线教师的工资能达到原来的水平就已不错。

3. 绩效工资的考核办法研究

从绩效工资的考核标准来看，多数学者认为现行奖励性绩效工资的考核标准存在简单化划定考核标准的问题。胡耀宗、童宏保的研究发现，有的地区简单地以班主任津贴等个别项目代替奖励性绩效工资。[⑥] 一些学校在考核绩效工资时，不是按照向一线教师倾斜的要求去做，而是按照岗位简单的核定绩效。姜金秋、杜育红的研究发现，所调查学校的奖励性绩效工资仍然简单化地以职务和岗位为重要分配依据。[⑦] 赵宏斌、惠祥凤、傅乘波的研究发现，实施绩效工资制度的学校中存在绩效考核设置单一的现象，大多针对教师的显性工作，如课时数，而忽视了一些难以量化的指标。[⑧] 魏红梅、孟卫青的研究发现，在绩效考核指标体系中，管理者主要关注容易测量的并为学校获得荣誉的结果性指标和外显的行为指

① 胡耀宗、童宏保：《义务教育教师绩效工资政策执行中的问题及解决策略》，载《教师教育研究》，2010(4)。

② 付卫东、曾新：《义务教育教师绩效工资政策实施与分析——基于中部四省部分县(区)的调查》，载《教育发展研究》，2010(21)。

③ 李根、葛新斌：《义务教育教师绩效工资政策执行困境及其突破》，载《教育发展研究》，2014(4)。

④ 赵宏斌、惠祥凤、傅乘波：《我国义务教育教师绩效工资实施的现状研究——基于对 25 个省 77 个县 279 所学校的调查》，载《教育理论与实践》，2011(10)。

⑤ 吴青云、马佳宏：《义务教育阶段教师绩效工资问题探讨》，载《教育学术月刊》，2010(7)。

⑥ 胡耀宗、童宏保：《义务教育教师绩效工资政策执行中的问题及解决策略》，载《教师教育研究》，2010(4)。

⑦ 姜金秋、杜育红：《义务教育学校绩效工资方案存在的问题、原因及对策——基于广西壮族自治区 A 小学的个案研究》，载《现代中小学教育》，2014(12)。

⑧ 赵宏斌、惠祥凤、傅乘波：《我国义务教育教师绩效工资实施的现状研究——基于对 25 个省 77 个县 279 所学校的调查》，载《教育理论与实践》，2011(10)。

标。①② 范先佐、付卫东对湖北省大冶市教师绩效工资考核和发放标准的研究发现，该市主要依据学校规模的大小核发校长绩效工资。③ 对教师的评价，部分学校尤其是一些重点中学仍将升学率作为绩效考核的重要内容。伍小兵的研究发现，教师绩效工资方案关注的主要是显性的指标。④

从绩效工资的考核程序来看，有些学校在制定教师奖励性绩效工资的考核方案时能与教师充分沟通和调整考核内容，开展各种非正式沟通促进教师之间的彼此理解。但多数学者认为目前绩效工资的考核程序不公平。付卫新、曾新的研究发现，有些学校在制定绩效工资的分配方案时，仅仅由学校领导班子成员参与决策，很少或根本没有征求广大一线教职工的意见和建议。⑤ 大部分学校在制定绩效工资的考核方案时，往往只征求部分教职工的意见，或者根本不征求他们的想法和建议，只是在学校行政领导班子中通过。即使有些学校允许部分教职工代表参与绩效工资的分配方案的制定，但这些教职工代表的人数少、话语权普遍较弱。苏君阳的研究发现，一些学校表面上也有工会和教职工代表大会，但真正到决策时，往往还是校长说了算。⑥ 范先佐、付卫东的研究发现，很多学校教职工绩效考核成员全部都是学校相关部门负责人，而占全校教职工大多数的普通一线教师很少有人参加。⑦ 孟卫青的研究发现，一些学校中学校领导和中层干部决定奖励性绩效工资的考核方案，根本没有教师代表，校长利用考核结果威胁教师对方案投同意票。⑧

4. 绩效工资的实施效果研究

绩效工资制度实施后，相关学者对绩效工资的实施效果进行了研究。研究发现，绩效工资的实施取得了初步成效。例如，范先佐、付卫东的研究发现，绩效工资的实施初步解决了教师收入偏低、与当地同级别公务员的平均工资水平差距拉大的问题，保证了同一县域内教师工资水平大体平衡，并且充分调动了广大教

---

① 魏红梅：《论教师绩效工资政策的失真与回归》，载《教育理论与实践》，2014(1)。

② 孟卫青：《义务教育学校奖励性绩效工资制度设计的研究》，载《教育研究》，2016(2)。

③ 范先佐、付卫东：《义务教育教师绩效工资改革：背景、成效、问题与对策——基于对中部4省32县(市)的调查》，载《华中师范大学学报(人文社会科学版)》，2011(6)。

④ 伍小兵：《绩效工资政策之激励初衷与现实困境研究——以宜宾市两所普通高中教师工作积极性状况为例》，博士学位论文，西南大学，2016。

⑤ 付卫东、曾新：《义务教育教师绩效工资政策实施与分析——基于中部四省部分县(区)的调查》，载《教育发展研究》，2010(21)。

⑥ 苏君阳：《义务教育学校实施绩效工资面临的问题》，载《中国教育学刊》，2010(2)。

⑦ 范先佐、付卫东：《义务教育教师绩效工资改革：背景、成效、问题与对策——基于对中部4省32县(市)的调查》，载《华中师范大学学报(人文社会科学版)》，2011(6)。

⑧ 孟卫青：《义务教育学校奖励性绩效工资制度设计的研究》，载《教育研究》，2016(2)。

职工的工作积极性。[①] 安雪慧的研究发现，绩效工资实施后，教师的工资结构逐步趋于合理规范，县域内教师的工资水平逐步平衡。[②] 同时，关于义务教育教师绩效工资对教师工作激励作用的研究发现，绩效工资对改善教师的教育教学行为有一定的导向和激励作用。教学点、不完全小学和九年一贯制学校的教师认为绩效工资政策可以更好地改善教师的考勤、教育教学等行为。通过对绩效工资水平与教师教学行为的相关分析发现，绩效工资水平越高，越能显著提高教师的工作积极性。[③]

同时，许多学者从绩效工资是否促进区域教师的工资均衡、是否对教师的工作积极性起到激励作用等方面进行研究发现，绩效工资的实施效果堪忧。就教师工资的均衡状况而言，付卫东、崔民初的研究发现，同一省域内不同地区义务教育学校教师的绩效工资水平差异悬殊；同一县(市)域内不同学校类型的教师的绩效工资分配不均；同一学校内不同主体绩效工资的分配标准不合理，出现"管理人员拿上限，后勤服务人员拿下限，普通教师拿平均数"的现象。[④] 胡耀宗、童宏保的研究发现，不同区县之间、同一城市市直学校与区属学校之间的教师绩效工资水平差距拉大；部分学校教师工资不升反降；经济落后地区实行绩效工资改革后，教师工资的增幅不大或者没有增加，甚至因为调整奖励性绩效工资的分配办法带来教师每月实际收入的下降。[⑤] 安雪慧的研究发现，欠发达地区的教师的平均工资水平和绩效工资水平相对于发达地区都低，城区学校教师的工资水平和绩效工资水平高于县镇和农村学校，这就进一步拉大了教师群体的收入差距。[⑥]

就调动教师的工作积极性而言，多数学者认为绩效工资并未有效地调动教师的工作积极性。例如，胡耀宗、童宏保的研究发现，许多地区的基础性绩效工资主要依据教师现有的职称分配，造成基础性绩效工资与工作业绩和工作量不匹配，一些承担实际教学工作较少、工龄和职称较高的教师依然获得较高的基础性绩效工资，没有达到多劳多得、优绩优酬的效果，尤其是打击年轻教师的积极

---

① 范先佐、付卫东：《义务教育教师绩效工资改革：背景、成效、问题与对策——基于对中部4省32县(市)的调查》，载《华中师范大学学报(人文社会科学版)》，2011(6)。

② 安雪慧：《义务教育学校教师绩效工资政策效果分析》，载《中国教育学刊》，2015(11)。

③ 安雪慧：《义务教育学校教师绩效工资政策效果分析》，载《中国教育学刊》，2015(11)。

④ 付卫东、崔民初：《义务教育学校教师绩效工资政策分析》，载《现代教育管理》，2011(2)。

⑤ 胡耀宗、童宏保：《义务教育教师绩效工资政策执行中的问题及解决策略》，载《教师教育研究》，2010(4)。

⑥ 安雪慧：《义务教育学校教师绩效工资政策效果分析》，载《中国教育学刊》，2015(11)。

性。① 魏红梅的研究发现，许多地区的基础性绩效工资并没有体现绩效，还是按教师现有的职称进行分配，与教师的工作业绩和工作量不匹配，并不能反映出教师的工作绩效，特别是对于低职称的年轻教师来说，实施绩效工资后可能工作量大了，反而工资降低了，打击了年轻教师的工作积极性。②

5. 绩效工资的改进策略研究

针对当前绩效工资制度中存在的问题，许多学者从经费保障、考核办法等方面提出了相应的改进策略。在经费保障方面，范先佐、付卫东提出，应加大公共财政的投入力度，确保义务教育教师绩效工资改革顺利进行。③ 胡耀宗、童宏保认为中央政府应参照农村义务教育经费保障机制的经验，分省、分项目确定绩效工资财政的分担比例。④ 省级政府应该在充分调动县(市)财政能力的基础上，保障全省义务教育绩效工资政策所需资金。要建立教育经费监管制度，县级政府要将教育经费年度预算和决算提交同级人大审查，建立各级政府教育经费转移支付单列制度。付卫东、曾新认为应将基础性绩效作为中央和地方财政分担的重点，奖励性绩效工资则由省级财政统筹解决。⑤ 将全国划分为发达、中等和贫困三类地区，采取发达地区的基础性绩效工资经费主要由地方自行负担，中等地区实行中央和地方按 5∶5 共同负担，贫困地区以中央为主、地方为辅，按 8∶2 比例分担。

在绩效工资的考核办法方面，胡耀宗、童宏保认为义务教育教师绩效工资的考核办法的制定要尊重教师的主体地位，考核和分配方法要充分听取教职工的意见，实施过程要接受教职工的监督。⑥ 另外，绩效考核要考虑教师工作的多样性，不能简单化地划定考核指标。付卫东、曾新认为应设立全县(区)统一的义务教育教师岗位系数、学校领导岗位系数、教育管理人员岗位系数和工勤人员岗位系数，保证同一县(区)范围内不同学校相同岗位的教职工奖励性绩效工资的分配

① 胡耀宗、童宏保：《义务教育教师绩效工资政策执行中的问题及解决策略》，载《教师教育研究》，2010(4)。

② 魏红梅：《论教师绩效工资政策的失真与回归》，载《教育理论与实践》，2014(1)。

③ 范先佐、付卫东：《义务教育教师绩效工资改革：背景、成效、问题与对策——基于对中部 4 省 32 县(市)的调查》，载《华中师范大学学报(人文社会科学版)》，2011(6)。

④ 胡耀宗、童宏保：《义务教育教师绩效工资政策执行中的问题及解决策略》，载《教师教育研究》，2010(4)。

⑤ 付卫东、曾新：《义务教育教师绩效工资政策实施与分析——基于中部四省部分县(区)的调查》，载《教育发展研究》，2010(21)。

⑥ 胡耀宗、童宏保：《义务教育教师绩效工资政策执行中的问题及解决策略》，载《教师教育研究》，2010(4)。

标准相同。[①] 付卫东、崔民初认为县(区)级教育主管部门在制定绩效工资的实施方案时，要优先考虑完小、村小和教学点及寄宿制学校教师工作的特殊性，合理计算他们的工作量，并在进行绩效工资分配时向他们倾斜。[②]

(三)研究不足与空间

纵观当前学界对义务教育教师绩效工资状况的相关研究，主要表现出如下三个方面的特点。

一是在研究主体上，多以教育局局长、校长领导层人员为研究对象，关注他们对绩效工资的态度、看法，而对主要的相关利益主体的一线教师关注较少。绩效工资能不能顺利实施并取得预期效果，关键是看一线教师赞不赞同、支不支持。因此需要对一线教师展开研究，调查他们对实施绩效工资的态度，征求他们的意见，以便更顺利地实施绩效工资制度，取得预期效果。

二是在内容上，一般是选取绩效工资的奖励力度、经费保障、考核办法、实施效果和改进策略的一个方面或者几个方面进行研究，没有对这几个方面形成全面系统的研究成果。而且鲜有学者在研究中区分基础性绩效工资和奖励性绩效工资，但是这两部分在绩效工资中承担的作用明显不同，这样就不利于对绩效工资制度的改进提出具有针对性的建议。

三是在研究方法上，缺少跨地区和全国性的大样本实证调查研究，多停留在绩效工资政策文件的文本分析以及某一区域内(如已有关于中部省份的一些县)的研究上。这样的研究对于改进这些地区的绩效工资制度具有参考意义，但是要想摸清全国范围内绩效工资的实施情况并进行评估、改进，就需要对全国范围内实施的绩效工资制度进行调查。因此，当前对义务教育教师绩效工资状况进行全国内的实证调查研究是十分必要的。

综合以上分析，尽管相关研究对义务教育教师绩效工资的研究已经做了大量的工作，但是依然存在碎片化、小样本等问题。基于此，我们对义务教育教师绩效工资的研究，采用全国 12 个省份的大样本调查数据，综合考察衡量教师绩效工资的奖励力度、考核办法、实施效果等，对当前义务教育教师绩效工资的实施状况进行系统性探究。需要指出的是，奖励性绩效工资是绩效工资制度发挥激励作用的核心部分，因此本报告聚焦奖励性绩效工资制度，力求为更好地发挥奖励性绩效工资制度的激励作用提供可供参考的实证依据。

---

① 付卫东、曾新:《义务教育教师绩效工资政策实施与分析——基于中部四省部分县(区)的调查》，载《教育发展研究》，2010(21)。

② 付卫东、崔民初:《义务教育学校教师绩效工资政策分析》，载《现代教育管理》，2011(2)。

三、数据来源与分析框架

(一)数据说明

1. 数据来源与抽样说明

本报告采用我们开发的“义务教育阶段教师调查问卷(A卷)”，对全国12个省(自治区、市)(分别是东部的浙江、山东、广东，中部的河南、湖南、湖北、江西，西部的重庆、甘肃、贵州、云南、广西)的23个县(市)(另外还有一个市辖镇)的中小学进行了分层抽样调查，共计调查初中学校74所，小学149所，九年一贯制学校13所。本报告共计发放教师问卷3728份，回收3728份，回收率为100.00%，在剔除不合格的问卷后，共计有效问卷3722份，有效率为99.8%。有效样本的分布在性别、年龄、学段和城乡等维度上与中小学教师结构的比例均十分接近，具有良好的代表性。

2. 数据整理

在学校所在地方面，我们在区域上将教师分为西部教师、中部教师和东部教师，分别赋值1～3。根据学校所在地的城镇化发展水平，我们将学校划分为4个等级，依次是乡村学校、乡镇学校、县城学校和城市学校，分别赋值1～4。在教师的任教学段方面，我们将九年一贯制学校的初中和小学进行区分，九年一贯制学校的小学部计入小学，初中部计入初中，将小学和初中分别赋值1和2。在教师职称方面，由于义务教育教师绩效工资主要是针对编制内教师的一种激励制度，本报告剔除代课教师和特岗教师等，将未评职称的在编教师与三级职称教师合并，按照职称将划分为未评与三级教师、二级教师、一级教师和高级教师，分别赋值1～4。教师的性别按照二分变量的惯例分别赋值1和0。在教龄阶段的划分方面，根据昂鲁(Unruh)、特纳(Turner)及格雷戈克(Gregorc)的教师发展框架①并结合我国教师退休政策，将教师的教龄阶段划分为5年及以下、6～10年、11～20年、21～30年、30年以上5个教龄段，分别赋值1～5。数据处理后，最后分析面板数据的有效样本为3525个，调研样本的总体分布情况如表8.1所示。

---

① [美]费斯勒、[美]克里斯坦森：《教师职业生涯周期——教师专业发展指导》，董丽敏、高耀明、丁敏等译，20～25页，北京，中国轻工业出版社，2005。

表 8.1 调研样本的总体分布情况

变量		人数	比例(%)
区域	西部(1)	1450	41.13
	中部(2)	988	28.03
	东部(3)	1087	30.84
学段	小学(1)	1715	48.65
	初中(2)	1810	51.35
城乡	乡村学校(1)	316	8.96
	乡镇学校(2)	1407	39.31
	县城学校(3)	944	26.78
	城市学校(4)	858	24.34
性别	男教师(1)	1221	34.64
	女教师(0)	2278	64.62
教龄	5 年及以下(1)	347	9.84
	6～10 年(2)	516	14.64
	11～20 年(3)	1419	40.26
	21～30 年(4)	847	24.03
	30 年以上(5)	225	6.38
职称	未评与三级教师(1)	208	5.90
	二级教师(2)	1255	35.60
	一级教师(3)	1732	49.13
	高级教师(4)	330	9.36

注：圆括号内的数字为该变量在数据分析中的赋值。

3. 统计方法

本报告主要用描述性统计的方式来呈现数据。本报告采用列联表百分比、均值比较直观地呈现数据，采用等级相关和差异性检验对数据之间的内在关系进行了细致分析。本报告的数据均在 SPSS 20.0 中生成导出。

(二)分析思路

教师绩效工资是衡量教师的工作量和工作成效的重要指标，从理论上说是对承担不同工作量和取得不同教育教学成绩的教师的肯定，承担较多工作量和取得较好教育教学成绩的教师应该获得更多的绩效工资。那么当前义务教育教师绩效工资的实施现状如何？现行绩效工资的考核标准是怎样的？绩效工资的实施效果怎样？本报告基于以上追问选择绩效工资的实施现状、考核标准和实施效果这三个维度对义务教育教师绩效工资进行调查分析。首先，考察当前教师的收入状况和绩效工资状况，分析不同教师群体的月收状况、绩效工资的额度和月绩效工资占月收入的比例是否存在差异；其次，梳理当前教师绩效工资的考核标准，分析不同学校在绩效工资的考核标准上是否存在差异以及教师期望的绩效工资的考核标准是怎样的；最后，分析教师绩效工资在实施中存在的问题，并探析绩效工资的实施效果不明显的原因。

四、数据分析

(一)义务教育教师绩效工资的实施现状与差异比较

实施义务教育教师岗位绩效工资后，教师的工资由岗位工资、薪级工资、绩效工资和津贴补贴四部分组成，其中岗位工资和薪级工资为基本工资。考察义务教育教师绩效工资的实施现状，需要将绩效工资置于教师总收入中进行考察。因此，这里从教师的月收入状况和教师绩效工资两大方面分析绩效工资的实施现状。考虑到教师的收入和绩效工资在不同的地区、城镇化水平的学校、学段、职称、年龄的教师之间可能存在系统性差异，本报告将从区域、城乡、学段、职称和教龄五个维度来考察义务教育教师的收入和绩效工资的差异。

1. 义务教育教师收入状况

由于教师工作的特殊性，教师的月收入基本上来自教师的工资收入，包括教师基本工资、绩效工资和津贴补贴等。从总体上来看，目前教师的平均月收入为3830.87元，其中月基本工资为2301.48元。等级相关分析发现，当前义务教育教师收入状况与学校所在区域、城镇化发展水平、学段、职称和教龄呈显著正相关。这表明：第一，从西部到东部，教师的月收入和月基本工资逐渐增加；第二，从乡村学校到城市学校，教师的月收入和月基本工资逐渐增加；第三，初中教师的月收入和月基本工资高于小学；第四，随着职称的升高，教师的月收入和月基本工资逐渐增加；第五，随着教龄的增长，教师的月收入和月基本工资逐渐增加(见表8.2)。为进一步探究这些关系，我们从区域差异、城乡差异、学段差异、职称差异和教龄差异五个维度做更为深入的分析。

表 8.2 义务教育教师收入状况与各维度的等级相关

指标	区域（西→东）	城乡（乡村→城市）	学段（小学→初中）	职称（低→高）	教龄（低→高）
月收入	0.349***	0.038*	0.044*	0.223***	0.193***
月基本工资	0.330***	0.052*	0.086***	0.191***	0.155***

注：采用点二列相关方法计算。* 表示 $p<0.05$；** 表示 $p<0.01$；*** 表示 $p<0.001$。

(1)区域差异

在区域差异上，单因素方差分析结果表明，不同区域的教师在月收入、月基本工资上均存在显著差异(见表 8.3)。首先，就教师的月收入而言，统计数据表明，东部的教师的平均月收入达到 5350.54 元，西部的教师为 3480.06 元，中部的教师仅为 2900.65 元，比东部的教师低 2450 元。其次，就教师的基本工资而言，东部的教师的月基本工资最高，达到 3158.08 元；西部的教师的月基本工资为 2111.05 元，中部的教师仅为 1787.90 元。可见，义务教育教师的收入状况呈现出明显的“中部塌陷”，东部的教师的平均月收入、月基本工资显著高于西部，西部的教师显著高于中部的教师。

表 8.3 不同区域的教师收入现状的描述分析

区域	月收入(元)	F 检验	月基本工资(元)	F 检验
西部(a)	3480.06±751.65	464.56***；b<a<c	2111.05±842.98	303.03***；b<a<c
中部(b)	2900.65±802.72		1787.90±787.10	
东部(c)	5350.54±3046.37		3158.08±1444.40	
总体	3830.87±1985.25		2301.48±1166.40	

注：* 表示 $p<0.05$；** 表示 $p<0.01$；*** 表示 $p<0.001$。

(2)城乡差异

在城乡差异上，单因素方差分析结果表明，教师的月收入、月基本工资均呈现出显著的城乡差异(见表 8.4)。首先，就教师的月收入而言，最高的是城市教师(4149.53 元)，其后依次是乡镇教师(3965.23 元)、乡村教师(3550.38 元)、县城教师(3446.37 元)，乡村教师、县城教师的月收入显著低于城市教师、乡镇教师。其次，就教师的月基本工资而言，教师的月基本工资呈现出与月收入相同的趋势，最高的是城市教师(2488.44 元)，其后依次是乡镇教师(2306.19 元)、乡村教师(2225.43 元)、县城教师(2142.65 元)，城市教师的月基本工资显著高于其他教师，乡镇教师的月基本工资显著高于县城教师($F=8.363$，$p<0.001$)。这可能与惯常的认知有所出入，通常在县域内教师的工资收入可能会呈现出县城

学校到乡镇学校，再到乡村学校递减的趋势。对于为什么本报告中县城教师在工资收入上处于最不利地位，这可能与当前实施的乡村教师生活补助政策有关，在乡镇和乡村学校工作的教师获得的乡村教师生活补助在一定程度上提高了其收入。

表 8.4　城乡学校教师收入现状的描述分析

城乡学校	月收入(元)	F 检验	月基本工资(元)	F 检验
乡村学校(a)	3550.38±1055.39	20.13***；a，c<b，d	2225.43±109.29	8.363***；c<b<d，a<d
乡镇学校(b)	3965.23±1515.08		2306.19±1224.00	
县城学校(c)	3446.37±886.33		2142.65±881.92	
城市学校(d)	4149.53±3319.34		2488.44±1323.90	
总体	3830.87±1985.25		2301.48±1166.40	

注：* 表示 $p<0.05$；** 表示 $p<0.01$；*** 表示 $p<0.001$。

(3)学段差异

在学段差异上，无论教师的月收入还是教师的月基本工资，小学和初中教师之间均存在显著差异(见表 8.5)。就月收入而言，初中教师的月收入为 3917.44 元，小学教师为 3741.44 元，初中教师显著高于小学教师($t=-2.433$，$p<0.05$)。就基本工资而言，初中教师的月基本工资为 2399.08 元，小学教师为 2198.96 元，初中教师显著高于小学教师($t=-4.013$，$p<0.001$)。

表 8.5　不同学段的教师收入现状的描述分析

学段	月收入(元)	t 检验	月基本工资(元)	t 检验
小学(a)	3741.44±1347.25	−2.433*	2198.96±1062.86	−4.013***
初中(b)	3917.44±2446.78		2399.08±1249.77	
总体	3830.87±1985.25		2301.48±1166.40	

注：* 表示 $p<0.05$；** 表示 $p<0.01$；*** 表示 $p<0.001$。

(4)职称差异

在职称差异上，单因素方差分析结果表明，不同职称的教师在月收入、月基本工资上均存在显著差异(见表 8.6)。就教师的月收入而言，从未评与三级教师到高级教师，教师的月收入呈递增趋势，高级教师的月收入达到 4783.24 元，未评与三级教师仅为 3164.66 元，高级教师的月收入显著高于一级教师，一级教师显著高于二级教师、未评与三级教师($F=54.029$，$p<0.001$)。就教师的月基本工资而言，月基本工资最高的是高级教师，达到 3033.78 元，显著高于其他职称的教师；其后依次是一级教师，月基本工资为 2350.96 元，显著高于未评与三级

教师、二级教师；二级教师的月基本工资最低，仅为 2093.57 元，比高级教师低近 1000 元。

表 8.6 不同职称的教师收入现状的描述分析

职称	月收入(元)	F 检验	月基本工资(元)	F 检验
未评与三级教师(a)	3164.66±1074.67	54.029***；a，b<c<d	2104.78±1058.67	36.134***；a，b<c<d
二级教师(b)	3382.56±1117.24		2093.57±1010.50	
一级教师(c)	4055.30±2461.18		2350.96±1158.52	
高级教师(d)	4783.24±1620.61		3033.78±1527.26	
总体	3830.87±1985.25		2301.48±1166.40	

注：* 表示 $p<0.05$；** 表示 $p<0.01$；*** 表示 $p<0.001$。

(5)教龄差异

在教龄差异上，不同教龄的教师在月收入和月基本工资上存在显著差异，随着教龄的增长，教师的月收入和月基本工资呈逐渐上升的趋势(见表 8.7)。均值比较结果表明，教师的月收入和月基本工资呈现出四个相对清晰的分段，分别是教龄 5 年及以下、6～20 年、21～30 年、30 年以上，四个分段的教师收入水平呈显著差异。5 年及以下教龄的教师月收入为 3100.26 元，21～30 年教龄的教师月收入达到 4205.27 元，30 年以上教龄的教师月收入达到 4729.88 元。就月基本工资而言，5 年及以下教龄的教师月基本工资为 2005.82 元，21～30 年教龄的教师月基本工资达到 2498.41 元，30 年以上教龄的教师月基本工资达到 2740.51 元。值得注意的是，教师的收入在 6～20 年进入瓶颈期，没有出现显著的增长。这种外部激励力度的不足，或许能够在某一方面解释为何教师在由新手进入熟手阶段后，会出现明显的职业倦怠感。

表 8.7 不同教龄的教师收入现状的描述分析

教龄	月收入(元)	F 检验	月基本工资(元)	F 检验
5 年及以下(a)	3100.26±1037.98	29.818***；a<b，c<d<e	2005.82±1011.06	13.732***；a<c<d<e，b<d<e
6～10 年(b)	3565.31±1154.71		2138.75±1094.53	
11～20 年(c)	3749.66±2476.49		2273.86±1091.28	
21～30 年(d)	4205.27±1522.81		2498.41±1268.73	
30 年以上(e)	4729.88±1755.52		2740.51±1497.62	
总体	3830.87±1985.25		2301.48±1166.40	

注：* 表示 $p<0.05$；** 表示 $p<0.01$；*** 表示 $p<0.001$。

2. 义务教育教师绩效工资状况

关于义务教育教师绩效工资状况，一方面要考察教师绩效工资的额度，也就是教师每月实际所得的绩效工资数额；另一方面要考虑到不同地区的经济发展水平、物价水平等因素，单纯比较月绩效工资的额度无法说明绩效工资的情况，因此还要考察教师的月绩效工资占月总收入的比例。从总体上来看，教师的平均月绩效工资为857.70元，月绩效工资占月收入的比例为22.39%。通过对教师的绩效工资、月绩效工资占月收入的比例与教师任教学校所在区域、所在地城镇化发展水平、学段、职称和教龄进行等级相关分析发现，教师的月绩效工资与学校所在区域、所在地城镇化发展水平、教师职称和教龄呈显著正相关，与任教学段相关并不显著；教师的月绩效工资占月收入的比例与学校所在区域、所在地城镇化发展水平呈显著正相关。这表明：第一，从西部到东部，教师的月绩效工资、月绩效工资占月收入的比例逐渐增加；第二，从乡村学校到城市学校，教师的月绩效工资、月绩效工资占月收入的比例逐渐增加；第三，随着职称的升高，教师的月绩效工资逐渐增加；第四，随着教龄的增长，教师的月绩效工资逐渐增加(见表8.8)。为进一步探究这些关系，我们从区域差异、城乡差异、学段差异、职称差异和教龄差异五个维度做更为深入的分析。

表8.8　义务教育教师绩效工资现状与各维度的等级相关

指标	区域（西→东）	城乡（乡村→城市）	学段（小学→初中）	职称（低→高）	教龄（低→高）
月绩效工资	0.286***	0.091***	−0.008	0.170***	0.126***
月绩效工资占月收入的比例	0.086***	0.106***	−0.021	0.040	0.007

注：* 表示 $p<0.05$；** 表示 $p<0.01$；*** 表示 $p<0.001$。

(1)区域差异

在区域差异上，单因素方差分析结果表明，不同区域的教师的月绩效工资、月绩效工资占月总收入的比例均存在显著差异(见表8.9)。就教师的月绩效工资而言，东部、中部、西部的教师分别为1126.61元、889.48元和666.32元，呈现出从东到西逐渐递减的趋势，东部的教师显著高于中部，中部显著高于西部($F=99.65$，$p<0.001$)。就月绩效工资占月总收入的比例而言，最高的是中部的教师，达到31.03%；其后依次是东部、西部的教师，这一比例分别为21.34%、19.39%，中部的教师的月绩效工资占月总收入的比例显著高于东部，东部显著高于西部($F=108.07$，$p<0.001$)(见表8.9)。可见，尽管东部的教师的月绩效工资的额度很高，但由于教师的月总收入较高，月绩效工资占月总收入的比

例却一般。中部的教师，由于月总收入最低，月绩效工资占月总收入的比例能达到较高比例。西部的教师，无论月绩效工资还是月绩效工资占月收入的比例都最低。

表 8.9 不同区域的教师绩效工资现状的描述分析

区域	月绩效工资(元)	F 检验	月绩效工资占月收入的比例(%)	F 检验
西部(a)	666.32±479.75	99.65***；a<b<c	19.39±13.80	108.07***；a<c<b
中部(b)	889.48±607.59		31.03±20.07	
东部(c)	1126.61±850.99		21.34±14.09	
总体	857.70±665.25		23.27±16.69	

注：* 表示 $p<0.05$；** 表示 $p<0.01$；*** 表示 $p<0.001$。

(2)城乡差异

在城乡差异上，单因素方差分析结果表明，无论教师的月绩效工资还是月绩效工资占月收入的比例均呈现出显著的城乡差异(见表 8.10)。就教师的月绩效工资而言，与教师的月收入呈现相同的趋势，从高到低依次为城市教师(1049.29元)、乡镇教师(879.66 元)、乡村教师(743.70 元)、县城教师(696.39 元)。进一步的事后检验表明，城市教师和乡镇教师的月绩效工资显著高于乡村教师和县城教师，城市教师显著高于乡镇教师($F=29.86$，$p<0.001$)。就月绩效工资占月收入的比例而言，最高的是城市教师，比例为 27.65%，显著高于其他学校教师；最低的是县城教师，比例为 21.10%。从以上分析可以看出，城市教师的月绩效工资和月绩效工资占月收入的比例均最高，县城教师均为最低。

表 8.10 城乡学校教师绩效工资现状的描述分析

城乡学校	月绩效工资(元)	F 检验	月绩效工资占月收入的比例(%)	F 检验
乡村学校(a)	743.70±491.82	29.86***；a，c<b<d	21.22±14.70	17.03***；a，b，c<d
乡镇学校(b)	879.66±763.49		22.64±16.58	
县城学校(c)	696.39±510.08		21.10±15.52	
城市学校(d)	1049.29±647.41		27.65±18.09	
总体	857.70±665.25		23.27±16.69	

注：* 表示 $p<0.05$；** 表示 $p<0.01$；*** 表示 $p<0.001$。

(3)学段差异

就月绩效工资而言，小学教师的月绩效工资(863.17 元)高于初中教师(852.31 元)，但独立样本 t 检验显示这种差异不显著($t=0.386$，$p>0.05$)(见表 8.11)。就教师的月绩效工资占月收入的比例而言，小学教师的月绩效工资占月收入的比例(23.62%)高于初中教师(22.92%)，但差异并不显著($t=0.985$，$p>0.05$)。也就是说，小学教师和初中教师的月绩效工资和月绩效工资占月收入的比例没有显著差异。

表 8.11　不同学段的教师绩效工资现状的描述分析

学段	月绩效工资(元)	t 检验	月绩效工资占月收入的比例(%)	t 检验
小学(a)	863.17±647.29	0.386	23.62±16.55	0.985
初中(b)	852.31±682.70		22.92±16.83	
总体	857.70±665.25		23.27±16.69	

注：* 表示 $p<0.05$；** 表示 $p<0.01$；*** 表示 $p<0.001$。

(4)职称差异

在职称差异上，单因素方差分析结果表明，不同职称的教师在月绩效工资和月绩效工资占月收入的比例上均存在显著差异(见表 8.12)。就月绩效工资而言，一级教师的月绩效工资最高，达到 964.94 元，其后依次为高级教师(950.72 元)、二级教师(723.38 元)、未评与三级教师(627.06 元)，一级教师的月收入显著高于高级教师，高级教师显著高于二级教师、未评与三级教师。就月绩效工资占月收入的比例而言，呈现中间高两端低的趋势，一级教师的比例最高，为 24.89%，其次是二级教师，高级教师、未评与三级教师的月绩效工资占月收入的比例均显著低于一级教师。也就是说，无论月收入、月绩效工资还是月绩效工资所占比例，低职称教师均最低，可见低职称教师在绩效工资的奖励中处于不利地位。

表 8.12　不同职称的教师绩效工资现状的描述分析

职称	月绩效工资(元)	F 检验	月绩效工资占月收入的比例(%)	F 检验
未评与三级教师(a)	627.06±511.02	27.586***；a，b<d<c	20.78±19.03	7.273***；b，d<c
二级教师(b)	723.38±563.73		22.05±15.37	
一级教师(c)	964.94±724.72		24.89±17.62	
高级教师(d)	950.72±658.45		20.75±14.07	
总体	857.70±665.25		23.27±16.69	

注：* 表示 $p<0.05$；** 表示 $p<0.01$；*** 表示 $p<0.001$。

(5)教龄差异

在教龄差异上，单因素方差分析结果表明，不同教龄的教师的月绩效工资存在显著差异($F=11.192$，$p<0.001$)(见表 8.13)。结合均值比较发现，5 年及以

下教龄的教师的月绩效工资最低，仅为 663.22 元；其后依次是 11～20 年教龄的教师(823.22 元)、6～10 年教龄的教师(845.52 元)、21～30 年教龄的教师(975.55 元)；30 年以上教龄的教师的月绩效工资最高，达到 991.01 元；20 年以上教龄的教师的月绩效工资显著高于其他教龄段的教师；6～20 年教龄的教师的月绩效工资显著高于 5 年及以下教龄的教师。就教师的月绩效工资占月收入的比例而言，不同教龄的教师之间在月绩效工资占月收入的比例上的差异并不显著($F=0.748$，$p>0.05$)。

表 8.13　不同教龄的教师绩效工资现状的描述分析

教龄	月绩效工资(元)	*F* 检验	月绩效工资占月收入的比例(%)	*F* 检验
5 年及以下(a)	663.22±526.03	11.192***；a<b，c<d，e	22.36±19.34	0.748
6～10 年(b)	845.52±717.71		23.94±46.82	
11～20 年(c)	823.22±605.37		23.02±16.27	
21～30 年 (d)	975.55±756.40		24.00±16.38	
30 年以上(e)	991.01±673.99		22.20±16.04	
总体	857.70±665.25		23.27±16.69	

注：* 表示 $p<0.05$；** 表示 $p<0.01$；*** 表示 $p<0.001$。

(二)义务教育教师绩效工资的考核标准分析

对于学校和教师而言，能产生教师间差异的绩效工资主要是奖励性绩效部分，这也是最能衡量教师表现、调动教师的工作积极性的部分。由于奖励性绩效的考核标准由学校确定，这部分主要以学校为单位，从工作量的标准和教育教学成绩的标准两个方面考察现行教师绩效工资的考核标准；同时考虑到不同学校在核定标准上可能存在差异，从与学校层面相关的区域差异、城乡差异、学段差异三个维度考察不同学校的绩效工资的核定标准。

1. 现行绩效工资考核的工作量标准

本报告通过“从工作量的角度，您所在学校教师绩效工资的核定依据是什么”这个问题，考察义务教育阶段学校教师绩效工资的考核标准。统计数据表明，义务教育学校设置的绩效考核依据中比例最高的是课时量，比例高达 76.48%，其后依次是出勤(59.44%)、是否担任班主任(57.53%)、是否担任领导职务(44.13%)、教研活动(34.14%)和德育工作(23.46%)(见表 8.14)。这说明义务教育学校在设定奖励性绩效工资的核定标准时很重视与教育教学工作量有关指标的考核。调查结果表明，课时量、出勤和是否担任班主任比例居前三位；义务教育学校考核教师绩效工资时较少考虑教研活动，比例占 34.14%；德育工作很重要，但是很难量化，选择比例最低，仅占 23.46%。

(1)区域差异

在区域差异上，无论东部、中部还是西部的学校，教师绩效工资考核在工作量方面比较看重的均是课时量、出勤和是否担任班主任，德育工作所占比例相对较小(见表 8.14)。进一步比较发现，中部的教师有 80.58%选择课时量这一指标，西部和东部的教师选择这一指标的比例分别为 74.85%、75.15%，明显低于中部。是否担任班主任、是否担任领导职务和德育工作等指标，中部的教师选择这些指标的比例要低于西部和东部。西部的教师选择出勤和是否担任班主任的比例则相对较高，分别为 66.07%、66.82%，明显高于中部和东部。可见，西部的学校更注重出勤、担任班主任、德育工作等指标，中部的学校更注重课时量这一指标。

表 8.14　不同区域的教师绩效工资考核的工作量标准

区域	课时量	出勤	是否担任班主任	是否担任领导职务	教研活动	德育工作
西部(a)	74.85%	66.07%	66.82%	48.51%	33.78%	27.68%
中部(b)	80.58%	55.91%	46.67%	32.51%	35.20%	18.95%
东部(c)	75.15%	53.52%	54.33%	48.19%	33.70%	21.63%
总体	76.48%	59.44%	57.53%	44.13%	34.14%	23.46%

(2)城乡差异

在城乡差异上，城乡学校在教师绩效工资考核的工作量标准上均比较看重课时量、出勤和是否担任班主任这三大指标(见表 8.15)。但具体对比发现，城乡学校设定的评定奖励性绩效工资的指标略有差异。城市学校和县城学校中超过80%的教师选择课时量这一指标，这一比例要高于乡镇学校和乡村学校；乡村学校有 72.45%的教师选择出勤，这一比例则明显高于其他学校。此外，乡镇学校教师选择是否担任班主任、德育工作的比例要低于其他学校。可见，城市学校和县镇学校更加看重教师的课时量，而农村学校比较看重教师出勤的考核。

表 8.15　城乡学校教师绩效工资考核的工作量标准

城乡学校	课时量	出勤	是否担任班主任	是否担任领导职务	教研活动	德育工作
乡村学校(a)	73.13%	72.45%	62.24%	42.86%	36.39%	24.49%
乡镇学校(b)	71.07%	58.09%	51.24%	44.01%	32.50%	20.76%
县城学校(c)	81.57%	62.68%	61.50%	42.61%	31.81%	24.77%
城市学校(d)	81.21%	53.09%	61.89%	46.52%	38.63%	26.15%
总体	76.48%	59.44%	57.53%	44.13%	34.14%	23.46%

(3)学段差异

在学段差异上，无论小学还是初中，教师绩效工资考核的工作量标准中所占比例比较大的均是课时量、出勤、是否担任班主任(见表 8.16)。进一步比较发现，小学教师绩效考核标准中更加注重出勤、教研活动和德育工作，选择出勤、教研活动和德育工作的比例分别是 63.40%、39.88%、28.03%；初中教师选择这三个标准的比例分别是 55.70%、28.70%、19.13%，均明显低于小学。初中教师绩效工资考核标准中更看重课时量，这一比例高达 82.69%，小学教师选择课时量的比例仅为 69.91%，比初中低近 12 个百分点。在其他标准方面，初中和小学基本相当，差异并不明显(见表 8.16)。

表 8.16　不同学段的教师绩效工资考核的工作量标准

学段	课时量	出勤	是否担任班主任	是否担任领导职务	教研活动	德育工作
小学(a)	69.91%	63.40%	57.93%	43.30%	39.88%	28.03%
初中(b)	82.69%	55.70%	57.16%	44.90%	28.70%	19.13%
总体	76.48%	59.44%	57.53%	44.13%	34.14%	23.46%

2. 现行绩效工资考核的教育教学质量标准

除了课时量、出勤等工作量标准外，学校还要对教育教学质量进行考核，包括工作业绩、评优等内容。本报告通过“从教育教学质量的角度，您所在学校教师绩效工资的核定依据是什么”这个问题，考察义务教育学校教师绩效工资的考核标准。统计数据表明，在教师绩效工资考核标准所设置的教育教学质量标准中，总体所占比例最高的是工作业绩，比例高达 80.24%，明显高于其他考核标准；其后依次是评优(37.88%)、职称(33.58%)、上课质量(32.64%)、教师个人能力(28.10%)和教龄(22.86%)。就现行所设置的教育教学质量标准而言，这与 2008 年颁布的《关于义务教育学校实施绩效工作指导意见的通知》强调的绩效工资考核结果要“优绩优酬”、重点向“骨干教师和做出突出成绩的其他工作人员倾斜”的要求基本一致。

(1)区域差异

在区域差异上，无论西部、中部还是东部的学校，教师绩效工资考核的教育教学质量标准大致相同，比例较高的是工作业绩、评优、职称、上课质量等指标，但不同地区学校中教师选择的绩效工资考核的教育教学质量标准略有差异(见表 8.17)。具体而言，中部的学校中有 72.90% 的教师选择工作业绩，41.12%的教师选择职称，28.50%的教师选择教龄，均明显高于西部和东部的学校中选择这一指标的教师比例。相比之下，东部和西部的学校中选择评优、上课质量和教师个人能力这三个指标的比例明显高于中部的学校。可见，中部的学校更加注重硬性指标，东部和西部更看重教师的个人能力等指标。

表 8.17 不同区域的教师绩效工资考核的教育教学质量标准

区域	工作业绩	评优	职称	上课质量	教师个人能力	教龄
西部(a)	81.71%	41.12%	33.31%	38.36%	29.52%	20.30%
中部(b)	72.90%	28.15%	41.12%	26.87%	23.83%	28.50%
东部(c)	84.62%	41.90%	27.43%	29.86%	29.86%	21.46%
总体	80.24%	37.88%	33.58%	32.64%	28.10%	22.86%

(2)城乡差异

在城乡差异上，不同学校在教师绩效工资考核的教育教学质量标准上略有差异(见表 8.18)。城市学校中有 83.29%的教师选择工作业绩这一指标，明显高于乡镇学校和县城学校中选择这一指标的比例；有 43.85%的教师选择评优，37.43%的教师选择职称，明显高于其他学校中选择职称这一指标的比例。相比之下，乡镇学校中教师选择工作业绩、评优、职称、上课质量和教龄的比例均不高。这说明城市学校在教师绩效工资考核中比较看重教育教学质量标准。

表 8.18 城乡学校教师绩效工资考核的教育教学质量标准

城乡学校	工作业绩	评优	职称	上课质量	教师个人能力	教龄
乡村学校(a)	83.56%	36.99%	33.90%	34.93%	27.74%	25.34%
乡镇学校(b)	78.59%	34.08%	30.76%	29.98%	28.90%	20.17%
县城学校(c)	78.95%	38.71%	34.39%	35.91%	26.67%	23.86%
城市学校(d)	83.29%	43.85%	37.43%	36.62%	28.48%	25.40%
总体	80.24%	37.88%	33.58%	32.64%	28.10%	22.86%

(3)学段差异

在学段差异上，小学教师绩效工资考核的教育教学质量标准中，有 81.78%的教师选择工作业绩，43.62%的教师选择评优，33.93%的教师选择上课质量，32.78%的教师选择教师个人能力，25.12%的教师选择教龄；初中教师选择这 5 个指标的比例分别是 78.77%、32.39%、31.41%、23.62%和 20.61%，均低于小学。初中教师绩效工资考核的教育教学质量标准更看重职称，选择这一指标的比例为 33.62%，略高于小学(见表 8.19)。

表 8.19 不同学段的教师奖绩效工资考核的教育教学质量标准

学段	工作业绩	评优	职称	上课质量	教师个人能力	教龄
小学(a)	81.78%	43.62%	33.55%	33.93%	32.78%	25.12%
初中(b)	78.77%	32.39%	33.62%	31.41%	23.62%	20.61%
总体	80.24%	37.88%	33.58%	32.64%	28.10%	22.86%

3. 教师所期望的绩效工资考核标准

绩效工资考核主要关注奖励性绩效工资部分。为了了解教师对现行绩效工资考核标准的看法，更好地改进现行绩效工资考核标准，本报告通过“您认为考核奖励性绩效工资最重要的三个指标是什么”这个问题，考察教师认为考核绩效工资应该包括的最重要的三项指标。从总体上来看，在奖励性绩效工资考核的重要指标中，教师最看重的是工作业绩和课时量，有 66.15%的教师选择工作业绩，有 64.93%的教师选择课时量。这与 2008 年出台的《关于义务教育学校实施绩效工作指导意见的通知》规定绩效考核结果要体现“多劳多得、优绩优酬”的规定相符，将工作业绩作为考核奖励性绩效工资的指标，可以体现优绩优酬；将课时量作为考核奖励性绩效工资考核的重要指标，可以体现多劳多得。其后，在奖励性绩效工资考核的重要指标中，选择比例较高的是教师个人能力(39.40%)、是否担任班主任(35.18%)、上课质量(30.05%)、工作年限(20.58%)和出勤(16.63%)。相比之下，是否担任领导职务、职称和评优的选择比例较低，分别有不足 10%的教师将这些指标作为考核奖励性绩效工资的重要指标。具体从区域差异、城乡差异、学段差异三个维度分析不同学校教师所期望的绩效工资考核标准。

(1)区域差异

在区域差异上，不同区域的教师期望的绩效工资考核标准略有差异(见表 8.20)。西部的教师期望的绩效工资考核标准中所占比例最高的指标是工作业绩，比例为 65.59%，其后依次是课时量(62.87%)、教师个人能力(40.93%)和是否担任班主任(38.14%)；中部的教师期望的绩效工资考核标准中所占比例最高的是课时量，比例为 71.57%，其后依次是工作业绩(65.18%)、教师个人能力(38.98%)、上课质量(32.27%)；东部的教师期望的绩效工资考核标准中所占比例最高的是工作业绩，比例为 67.79%，其后依次是课时量(61.70%)、教师个人能力(39.40%)、是否担任班主任(35.18%)。可见，中部的教师认为绩效工资考核应更加看重课时量，不太看重是否担任班主任，中部的教师选择课时量这一指标的比例明显高于西部和东部。

表 8.20 不同区域的教师对绩效工资各考核指标的重要性的看法

区域	工作业绩	课时量	教师个人能力	是否担任班主任	上课质量	工作年限	出勤	是否担任领导职务	职称	评优
西部(a)	65.59%	62.87%	40.93%	38.14%	27.89%	19.35%	17.99%	8.17%	7.67%	4.95%
中部(b)	65.18%	71.57%	38.98%	27.69%	32.27%	23.64%	15.23%	7.56%	7.14%	3.73%
东部(c)	67.79%	61.70%	37.72%	38.01%	30.95%	19.4%	16.05%	8.03%	7.64%	5.22%
总体	66.15%	64.93%	39.40%	35.18%	30.05%	20.58%	16.63%	7.69%	7.51%	4.69%

(2)城乡差异

在城乡差异上，城乡学校教师期望的绩效工资考核标准略有差异(见表8.21)。乡村学校、乡镇学校和城市学校教师期望的绩效工资考核标准中所占比例最高的均是工作业绩，其后是课时量；县城学校教师期望的绩效工资考核标准中所占比例最高的是课时量，达到69.31%。除此之外，乡村学校、乡镇学校教师期望的绩效工资考核标准中所占比例较高的是教师个人能力，分别占到42.24%、41.31%，高于县城学校和城市学校；城市学校和县城学校教师选择比例较高的为是否担任班主任，比例分别为40.99%、37.29%，明显高于乡村学校和乡镇学校。

表 8.21 城乡学校教师对绩效工资各考核指标的重要性的看法

城乡学校	工作业绩	课时量	教师个人能力	是否担任班主任	上课质量	工作年限	出勤	是否担任领导职务	职称	评优
乡村学校(a)	68.32%	62.38%	42.24%	29.04%	30.69%	18.15%	18.15%	9.57%	6.60%	5.61%
乡镇学校(b)	68.13%	64.26%	41.31%	31.65%	31.05%	20.28%	17.53%	8.17%	7.28%	4.09%
县城学校(c)	63.37%	69.31%	37.18%	37.29%	28.49%	20.24%	17.49%	7.37%	7.59%	4.40%
城市学校(d)	65.19%	62.10%	37.65%	40.99%	29.88%	22.35%	13.58%	7.65%	8.15%	5.68%
总体	66.15%	64.93%	39.40%	35.18%	30.05%	20.58%	16.63%	7.96%	7.51%	4.69%

(3)学段差异

在学段差异上，不同学段的教师期望的绩效工资考核标准略有差异(见表8.22)。小学教师期望的绩效工资考核标准中所占比例最高的是工作业绩，占65.80%，其后依次是课时量(59.03%)、教师个人能力(40.48%)、是否担任班主任(35.29%)；初中教师期望的绩效工资考核标准中所占比例最高的是课时量，达到 70.64%，其后依次是工作业绩(66.49%)、教师个人能力(38.35%)、是否担任班主任(35.08%)。可以发现，初中教师更加看重课时量这一指标。

表 8.22　不同学段的教师对绩效工资各考核指标的重要性的看法

学段	工作业绩	课时量	教师个人能力	是否担任班主任	上课质量	工作年限	出勤	是否担任领导职务	职称	评优
小学(a)	65.80%	59.03%	40.48%	35.29%	29.97%	20.91%	17.89%	8.46%	7.61%	6.71%
初中(b)	66.49%	70.64%	38.35%	35.08%	30.12%	20.65%	15.41%	7.47%	7.41%	2.74%
总体	66.15%	64.93%	39.40%	35.18%	30.05%	20.58%	16.63%	7.96%	7.51%	4.69%

专栏 1

绩效工资“走”过六年

自义务教育阶段实施教师绩效工资政策以来，已经走过了六个年头，这项政策在提高教职工的工资待遇、缩小区域间教职工的收入差距、调动教师的工作积极性、稳定农村教师队伍等方面的实效彰显，但也存在着一些不容忽视的问题。

考核成难题，存在分配不公

六年来，奖励性绩效工资的发放存在不少问题，引发争议不断。比如，教育主管部门只下发“指导性方案”，缺少有效的监督，县域内教师收入分配不公，校内教师工资收入差距过大，导致出现教师心理失衡等问题，都是不可回避的现实。

奖励性绩效工资重课时轻业绩。现有的奖励性绩效工资的发放办法是 2010 年制定的，规定考勤、工作量、教育教学过程、教育教学业绩，以“百分”的方式呈现，过于笼统，没有系统的操作办法。有的学校按照“积分”发，有的学校按照“钱数”发，标准不一，五花八门。总体来说，现有的发放办法重工作量、轻工作业绩，有失公平、公正，挫伤了一部分教师的工作积极性。

分类考核难实行。对一所学校不同类型的教师考核成为难题，针对教师的不同学历、不同职称、不同学科、不同岗位、不同年龄、是否担任班主任、是否属于校级管理人员等因素，很难制定出合理的考核内容、考核指标、考核权重、考核分值等。有的学校把教师的政治学习、普法学习、师德培训、党员学习会议，是否参加升旗仪式，是否按时交纳相关计划、专业学习笔记、论文、活动记载等，也纳入了考核范围，把绩效工资考核变成了学校管理的“菜篮子”。

教师的周课时标准数难以确定。学校教师的基本工作量标准难以确定，有的学校以教育主管部门下达的教师周课时16节为系数，每超一节课，增加一定的课时系数。但问题是，教师周课时16节的标准是2002年学生人数达到最高峰值时制定的，现在学生人数减少，班级减少，教师到哪里去“偷”课时？

“主科”与“副科”、后勤工作量系数不好确定。目前，语文、数学、英语一课时为1.3的权重系数；物理、化学一课时为1.2的权重系数；政治、历史、地理、生物为1.1的权重系数；体育、音乐、美术、劳技、计算机每节课为1个标准课时；门卫、食堂工作人员、后勤工作人员拿奖励性绩效工资的平均数。这样的结果造成“副科”教师和后勤教师的工资远远低于“主科”教师，是否合理，有待探讨。

期待出台“国标”“省标”细则

教师绩效工资大幅增加后，30%的奖励性绩效工资每月高达700多元。这笔工资怎样发放，如何通过增资调动教师的工作积极性，是教师关心的大问题。

有的教师建议，尽快出台奖励性绩效工资“国标”“省标”细则，实行国家、省级统一的标准，减少人为因素和随意性，拧干水分，把每位教师都放在一把“硬尺子”上进行考评，把绩效工资这块“大蛋糕”分公平、分合理、分公正，维护绝大多数教师的利益，让教师真正尝到“绩效”的甜头。只有这样，才能让奖励性绩效工资更好地发挥作用，提升教师职业的幸福指数。

资料来源：王守玉，《绩效工资“走”过六年》，载《中国教师报》，2015-06-17。有删减。

(三)义务教育教师绩效工资实施的问题与效果分析

义务教育教师绩效工资政策从2009年实施至今，遇到的主要问题有哪些？其预期是否已经实现？对这些问题的研究，是改进义务教育绩效工资制度设计、提升绩效工资实效的重点。为此，我们从奖励性绩效工资的提取比例、教师对奖励性绩效工资分配标准的认可度和绩效工资实施后教师工作积极性的变化情况进行考察。

1. 奖励性绩效工资的提取比例不合理

2008年，《关于义务教育学校实施绩效工资的指导意见》规定，基础性绩效工资占70%，体现地区经济发展水平、物价水平，具体项目和标准由县级以上人民政府的人事、财政、教育部门确定，一般按月发放；奖励性绩效工资占30%，主要体现工作量和实际贡献等因素，由学校自主分配。对于绩效工资制度实施之前从教的教师而言，他们认为绩效工资制度相当于从其工资中提取一定比例作为绩效工资，然后按照“多劳多得、优绩优酬”的原则在校内进行再分配。对于不同职称、教龄等的教师来说，其基础性绩效工资不同，同样的提取比例下从其工资中提取的工资总量是不同的，从高职称、高教龄的教师中提取的工资总量也相对较高。但在重新分配绩效工资时，则是依据考核标准进行考核发放，而不考虑其提取数量进行分配，这样就导致从教师这里提取的金额与发放的奖励性绩效工资并不对等，这影响了教师对于绩效工资的看法。究竟 30%的提取比例是否合适，为此我们通过对教师期望的奖励性绩效工资占绩效工资的比例进行调查，分析不同教师对奖励性绩效工资的提取比例的看法。

为了明晰教师期望的奖励性绩效工资的提取比例，我们对教师期望的奖励性绩效工资的提取比例以 15%为一间隔单位进行了等级划分，从 15%左右到 90%左右分为六级，由低到高分别赋值 1～6。从总体上来看，有 28.20%的教师支持现行“奖励性绩效工资占绩效工资 30%”的规定。相比之下，有较大比例的教师期望降低奖励性绩效工资的提取比例，有 57.08%的教师期望奖励性绩效工资的提取比例应该下降为 15%左右。但有 14.72%的教师期望奖励性绩效工资占绩效工资的比例高于 30%，其中 6.81%的教师认为应该为 45%左右；4.71%的教师认为应该为 60%左右；其他教师甚至认为应该更高。同时，通过等级相关分析发现，教师期望的奖励性绩效工资的提取比例与教师的任教学段存在显著的正相关，与教师的职称、年龄存在显著的负相关，而与教师所在学校的区域、城镇化水平的相关性并不显著。这表明：第一，初中教师期望的奖励性绩效工资的提取比例高于小学；第二，随着教师职称的升高，教师期望的奖励性绩效工资的提取比例逐渐降低；第三，随着教龄的增加，教师期望的奖励性绩效工资的提取比例降低(见表 8.23)。为进一步探究这些关系，需要做更为深入的分析。

表 8.23 教师期望的奖励性绩效工资的提取比例与各维度的等级相关

指标	区域（西→东）	城乡（乡村→城市）	学段（小学→初中）	职称（低→高）	教龄（低→高）
提取比例（低→高）	−0.018	−0.034	0.063***	−0.064***	−0.069***

注：* 表示 $p<0.05$；** 表示 $p<0.01$；*** 表示 $p<0.001$。

(1)区域差异

在区域差异上，单因素方差分析结果表明，不同区域的教师期望的奖励性绩效工资的提取比例存在显著差异($F=8.305$，$p<0.001$)(见表 8.24)。均值结果表明，中部的教师期望的奖励性绩效工资的提取比例最高，其后依次是西部、东部的教师，中部显著高于西部和东部。具体来看，西部有 26.37%的教师认为当

前奖励性绩效工资占绩效工资30%比较合理，中部和东部分别有31.56%、27.63%的教师认同当前的奖励性绩效工资的提取比例，中部的教师比例略高于西部和东部。就不认同当前奖励性绩效工资的提取比例的教师比例来看，西部有59.94%的教师期望降低奖励性绩效工资的提取比例，期望降低为15%左右；有13.69%的教师认为应该提高奖励性绩效工资的提取比例。中部有49.89%的教师期望奖励性绩效工资的提取比例降为15%左右，低于西部、东部的教师比例；有18.55%的教师期望提高奖励性绩效工资的提取比例。东部的教师期望提高奖励性绩效工资的提取比例的占59.71%，期望降低奖励性绩效工资的提取比例的占12.66%。由此可见，东部、西部的教师更期望降低奖励性绩效工资的提取比例。

表8.24　不同区域的教师期望的奖励性绩效工资的提取比例的描述分析

区域	M±SD	15%左右	30%左右	45%左右	60%左右	75%左右	90%左右	F检验
西部(a)	1.68±1.10	59.94%	26.37%	5.13%	4.35%	2.71%	1.50%	8.305***；b>a，c
中部(b)	1.81±1.05	49.89%	31.56%	9.81%	5.97%	1.92%	0.85%	
东部(c)	1.62±0.97	59.71%	27.63%	6.38%	4.06%	1.45%	0.77%	
总体	1.70±1.05	57.08%	28.20%	6.81%	4.71%	2.10%	1.10%	

注：* 表示 $p<0.05$；** 表示 $p<0.01$；*** 表示 $p<0.001$。

(2)城乡差异

在城乡差异上，单因素方差分析结果表明，城乡学校教师期望的奖励性绩效工资的提取比例存在显著差异($F=3.734$，$p<0.05$)(见表8.25)。均值结果表明，县城学校教师期望的奖励性绩效工资的提取比例最高，其后依次是乡镇学校、乡村学校和城市学校，县城学校和乡镇学校教师期望的奖励性绩效工资的提取比例显著高于城市学校。具体而言，城乡学校教师认同当前奖励性绩效工资的提取比例的比例基本相当。就期望降低奖励性绩效工资的提取比例的教师比例而言，城市学校有61.56%的教师期望奖励性绩效工资的提取比例下降为15%左右，明显高于其他学校；乡镇学校这一比例最低，仅为54.82%。就期望提高奖励性绩效工资的提取比例的教师比例而言，乡镇学校的这一比例最高，有16.11%的乡镇学校教师期望提高奖励性绩效工资的提取比例；城市学校的这一比例最低，仅为11.37%。可见，城市学校教师更期望降低奖励性绩效工资的提取比例。

表 8.25 城乡学校教师期望的奖励性绩效工资的提取比例的描述分析

城乡学校	M±SD	15%左右	30%左右	45%左右	60%左右	75%左右	90%左右	F 检验
乡村学校(a)	1.67±0.96	56.44%	28.71%	8.91%	3.63%	1.98%	0.33%	3.734*；b，c>d
乡镇学校(b)	1.73±1.05	54.82%	29.07%	8.24%	4.78%	2.06%	1.03%	
县城学校(c)	1.75±1.13	56.69%	27.73%	5.52%	5.75%	2.87%	1.44%	
城市学校(d)	1.60±0.98	61.56%	27.07%	5.07%	3.83%	1.36%	1.11%	
总体	1.70±1.05	57.08%	28.20%	6.81%	4.71%	2.10%	1.10%	

注：* 表示 $p<0.05$；** 表示 $p<0.01$；*** 表示 $p<0.001$。

(3)学段差异

在学段差异上，独立样本 t 检验结果表明，小学和初中的教师期望的奖励性绩效工资的提取比例存在显著差异($t=-3.693$，$p<0.001$)，小学显著低于初中(见表 8.26)。具体来看，小学和初中分别有 25.74%和 30.55%的教师认为当前奖励性绩效工资占绩效工资 30%的规定比较合理，小学教师认同当前奖励性绩效工资的提取比例的比例略低于初中。同时，小学有 60.81%的教师期望奖励性绩效工资的提取比例降低为 15%左右，初中有 53.51%的教师期望奖励性绩效工资的提取比例降低为 15%左右，小学教师的这一比例高于初中。就期望提高奖励性绩效工资的提取比例的教师比例而言，小学的这一比例为 13.45%，初中的这一比例为 15.94%。也就是说，小学教师更期望降低奖励性绩效工资的提取比例，约 60%的教师认为奖励性绩效工资的提取比例为 15%左右比较合理。

表 8.26 不同学段的教师期望的奖励性绩效工资的提取比例的描述分析

学段	M±SD	15%左右	30%左右	45%左右	60%左右	75%左右	90%左右	t 检验
小学(a)	1.63±1.01	60.81%	25.74%	6.72%	3.88%	2.00%	0.85%	−3.693***；a<b
初中(b)	1.76±1.09	53.51%	30.55%	6.90%	5.51%	2.20%	1.33%	
总体	1.70±1.05	57.08%	28.20%	6.81%	4.71%	2.10%	1.10%	

注：* 表示 $p<0.05$；** 表示 $p<0.01$；*** 表示 $p<0.001$。

(4)职称差异

在职称差异上，单因素方差分析结果表明，教师期望的奖励性绩效工资的提取比例存在显著差异($F=5.018$，$p<0.01$)(见表 8.27)。均值比较的结果更加明

晰地表明了这一变化趋势，随着职称的升高，教师期望的奖励性绩效工资的提取比例逐渐降低，未评与三级教师显著高于二级教师，二级教师显著高于一级教师和高级教师。具体来看，未评与三级教师中有 39.59%的教师认同当前奖励性绩效工资占绩效工资 30%的规定；在其他职称教师中，认同当前奖励性绩效工资的提取比例的教师均少于 30%。同时，未评与三级教师中有超过 20%的教师期望提高奖励性绩效工资的提取比例，其中有 13.71%的教师期望将奖励性绩效工资的提取比例提高到 45%左右，5.08%的教师期望提高到 60%左右。在其他职称教师中，期望提高奖励性绩效工资的提取比例的教师比例均低于未评与三级教师中期望提高的教师比例，高级教师中仅有不足 5%的教师期望将奖励性绩效工资的提取比例提高到 45%左右。此外，就期望降低奖励性绩效工资的提取比例的教师比例而言，未评与三级教师中仅有 39.59%的教师期望奖励性绩效工资的提取比例降低为 15%左右；在其他职称教师中，期望将奖励性绩效工资的提取比例降低为 15%左右的教师比例均超过 55%，高级教师中这的一比例甚至达到 62.34%，高出未评与三级教师 20 多个百分点。可见，低职称教师更期望维持或提高奖励性绩效工资的提取比例，高职称教师更期望降低奖励性绩效工资的提取比例。这与前文提到的奖励性绩效工资的提取比例高在一定程度上不利于维护高职称教师的利益有关。

表 8.27　不同职称的教师期望的奖励性绩效工资的提取比例的描述分析

职称	M±SD	15%左右	30%左右	45%左右	60%左右	75%左右	90%左右	F 检验
未评与三级教师(a)	1.91±0.98	39.59%	39.59%	13.71%	5.08%	1.52%	0.51%	5.018**；a>b>c，d
二级教师(b)	1.74±1.10	55.68%	28.50%	7.08%	4.61%	2.80%	1.32%	
一级教师(c)	1.66±1.03	59.20%	27.22%	6.16%	4.47%	1.87%	1.09%	
高级教师(d)	1.60±0.98	62.34%	25.00%	4.87%	6.17%	0.97%	0.65%	
总体	1.70±1.05	57.08%	28.20%	6.81%	4.71%	2.10%	1.10%	

注：* 表示 $p<0.05$；** 表示 $p<0.01$；*** 表示 $p<0.001$。

(5)教龄差异

在教龄差异上，单因素方差分析结果表明，不同教龄的教师期望的奖励性绩效工资的提取比例存在显著差异($F=5.345$，$p<0.001$)(见表 8.28)。均值比较发现，随着教龄的增加，教师期望的奖励性绩效工资的提取比例逐渐降低，30

年以上教龄的教师略有上升，20 年以下教龄的教师期望的奖励性绩效工资的提取比例显著高于 21～30 年教龄的教师。具体来看，5 年及以下教龄的教师中有 40.18%的教师期望维持当前的奖励性绩效工资的提取比例，随着教龄的增加，这一比例逐渐下降；21～30 年教龄的教师中这一比例仅为 22.68%。就期望降低奖励性绩效工资的提取比例的教师比例而言，随着教龄的增加，各教龄段中教师比例逐渐提高，5 年及以下教龄的教师中仅有 42.02%的教师期望降低奖励性绩效工资的提取比例，但 21～30 年教龄的教师中这一比例达到 65.68%。就期望提高奖励性绩效工资的提取比例的教师比例而言，随着教龄的增加，各教龄段中期望提高这一比例的教师比例逐渐降低。也就是说，教龄较长的教师更期望降低奖励性绩效工资的提取比例。值得注意的是，30 年以上教龄的教师并不是最期望降低奖励性绩效工资的提取比例的。

表 8.28 不同教龄的教师期望的奖励性绩效工资的提取比例的描述分析

教龄	M±SD	15%左右	30%左右	45%左右	60%左右	75%左右	90%左右	F 检验
5 年及以下(a)	1.83±0.89	42.02%	40.18%	11.66%	5.21%	0.92%	0.00%	5.345**；a，b，c>d
6～10 年(b)	1.78±1.09	51.49%	32.60%	8.35%	3.18%	2.78%	1.59%	
11～20 年(c)	1.72±1.09	57.93%	26.71%	6.11%	5.60%	2.47%	1.16%	
21～30 年(d)	1.57±1.01	65.68%	22.68%	4.96%	3.97%	1.36%	1.36%	
30 年以上(e)	1.66±1.05	56.65%	30.54%	5.42%	4.93%	2.46%	0.00%	
总体	1.70±1.05	57.14%	28.26%	6.71%	4.72%	2.08%	1.09%	

注：* 表示 $p<0.05$；** 表示 $p<0.01$；*** 表示 $p<0.001$。

2. 教师对奖励性绩效工资分配标准的认可度低

奖励性绩效工资是绩效工资中承担激励作用的关键部分，教师对现行奖励性绩效工资分配标准的认可度事关奖励性绩效工资制度的有序推进。为了更清晰地调查教师对现行奖励性绩效工资分配标准的认可度，采用“非常合理、比较合理、一般、不太合理、非常不合理”的五级评定表，让教师评价所在学校的奖励性绩效工资分配标准，采用反向计分，从“非常不合理”到“非常合理”分别赋值 1～5。总体来看，教师对现行绩效工资分配标准的认可度呈中间多、两头少的“纺锤形”，有 44.46%的教师表示现行奖励性绩效工资分配标准一般，有 27.96%的教师认为现行奖励性绩效工资分配标准“比较合理”或“非常合理”，但也有27.58%的教师不认可现行奖励性绩效工资分配标准。等级相关分析发现，教师对现行奖励性绩效工资分配标准的认可度与任教学段、职称呈显著负相关，与区域、城乡、教龄相关并不显著。这表明：第一，小学教师对奖励性绩效工资分配标准的认可度高于初中；第二，随着职称的升高，教师对奖励性绩效工资分配标准的认可度逐渐降低；第三，随着教龄的增加，教师对奖励性绩效工资分配标准的认可度降低(见表8.29)。为进一步探究这些关系，我们从区域差异、城乡差异、学段差异、职称差异和教龄差异五个维度做更为深入的分析。

表8.29　教师对奖励性绩效工资分配标准的认可度与各维度的等级相关

指标	区域 (西→东)	城乡 (乡村→城市)	学段 (小学→初中)	职称 (低→高)	教龄 (低→高)
认可度 (低→高)	−0.012	0.008	−0.151***	−0.068***	−0.039*

注：* 表示 $p<0.05$；** 表示 $p<0.01$；*** 表示 $p<0.001$。

(1)区域差异

在区域差异上，单因素方差分析结果表明，不同区域学校教师对现行奖励性绩效工资分配标准的认可度存在显著差异($F=3.014$，$p<0.05$)(见表8.30)。结合均值比较发现，中部的教师对现行奖励性绩效工资分配标准的认可度最低，显著低于西部的教师；东部和西部的教师之间无显著差异。具体来看，西部和东部分别有28.61%、28.11%的教师认为现行奖励性绩效工资分配标准“比较合理”和“非常合理”，中部的教师的这一比例仅为26.82%。就不认同现行奖励性绩效工资分配标准的比例而言，西部和东部分别有25.64%、26.96%的教师认为现行奖励性绩效工资分配标准“非常不合理”和“不太合理”，中部的教师的这一比例高达31.20%，明显高于西部和东部。

表8.30　不同区域的教师对奖励性绩效工资分配标准的认可度的描述分析

区域	M±SD	非常不合理	不太合理	一般	比较合理	非常合理	*F* 检验
西部(a)	3.00±0.92	6.16%	19.48%	45.75%	24.93%	3.68%	3.014*； a>b
中部(b)	2.91±0.95	7.59%	23.61%	41.99%	23.72%	3.10%	
东部(c)	2.98±0.92	6.12%	20.84%	44.93%	24.67%	3.44%	
总体	2.97±0.92	6.54%	21.04%	44.46%	24.51%	3.45%	

注：* 表示 $p<0.05$；** 表示 $p<0.01$；*** 表示 $p<0.001$。

(2)城乡差异

在城乡差异上，单因素方差分析表明，教师对现行奖励性绩效工资分配标准的认可度存在显著的城乡差异($F=3.014$，$p<0.001$)(见表 8.31)。均值比较结果表明，乡村学校教师对奖励性绩效工资分配标准的认可度最高，其后依次是县城学校、城市学校、乡镇学校，乡村学校教师的认可度显著高于县城学校和城市学校，县城学校和城市学校教师的认可度显著高于乡镇学校。具体来看，乡村学校中有 36.48%的教师认为现行奖励性绩效工资分配标准“比较合理”和“非常合理”，县城学校和城市学校中分别有 31.36%、29.19%的教师认可现行奖励性绩效工资分配标准，乡镇学校中的这一比例仅为 23.12%。就不认可现行奖励性绩效工资分配标准的教师比例而言，乡村学校中有 14.52%的教师认为现行奖励性绩效工资分配标准“不太合理”和“非常不合理”，县城学校和城市学校中的这一比例分别为 24.89%、26.00%，乡镇学校中的这一比例达到 33.13%，比乡村学校高出近 20 个百分点。为什么乡村学校教师对奖励性绩效工资分配标准的认可度较高，这可能与乡村学校中教师人数少、同质性较强，在绩效工资分配上没有太大差异有关；至于为什么乡镇学校教师对现行奖励性绩效工资分配标准的认可度较低，其原因值得进一步探究。

表 8.31 城乡学校教师对奖励性绩效工资分配标准的认可度的描述分析

城乡学校	M±SD	非常不合理	不太合理	一般	比较合理	非常合理	F 检验
乡村学校(a)	3.24±0.87	4.05%	10.47%	48.99%	30.74%	5.74%	20.031***；a>c，d>b
乡镇学校(b)	2.85±0.91	7.53%	25.60%	43.75%	20.85%	2.27%	
县城学校(c)	3.07±0.91	4.28%	20.61%	43.75%	26.75%	4.61%	
城市学校(d)	2.98±0.95	8.30%	17.70%	44.81%	25.89%	3.30%	
总体	2.97±0.92	6.54%	21.04%	44.46%	24.51%	3.45%	

注：* 表示 $p<0.05$；** 表示 $p<0.01$；*** 表示 $p<0.001$。

(3)学段差异

在学段差异上，独立样本 t 检验结果表明，小学和初中的教师对奖励性绩效工资分配标准的认可度存在显著差异($t=8.907$，$p<0.001$)，小学教师的认可度显著高于初中教师(见表 8.32)。小学教师中有 33.49%的教师认为现行奖励性绩效工资分配标准“比较合理”和“非常合理”，初中教师的这一比例仅为 22.70%。小学教师中有 21.29%的教师认为现行奖励性绩效工资分配标准“非常不合理”和“不太合理”，初中教师的这一比例高达 33.56%。

表 8.32 不同学段的教师对奖励性绩效工资分配标准的认可度的描述分析

学段	M±SD	非常不合理	不太合理	一般	比较合理	非常合理	t 检验
小学(a)	3.12±0.90	4.78%	16.51%	45.22%	29.32%	4.17%	8.907***；a>b
初中(b)	2.84±0.93	8.22%	25.34%	43.74%	19.94%	2.76%	
总体	2.97±0.92	6.54%	21.04%	44.46%	24.51%	3.45%	

注：* 表示 $p<0.05$；** 表示 $p<0.01$；*** 表示 $p<0.001$。

(4)职称差异

在职称差异上，单因素方差分析结果表明，不同职称的教师对现行奖励性绩效工资分配标准的认可度存在显著差异($F=11.879$，$p<0.001$)(见表 8.33)。均值比较发现，未评与三级教师对现行奖励性绩效工资分配标准的认可度最高，其后依次是一级教师、二级教师，高级教师的认可度最低；未评与三级教师的认可度显著高于一级教师、二级教师，一级教师、二级教师的认可度显著高于高级教师。具体来看，未评与三级教师中有 37.75%的教师认为现行奖励性绩效工资分配标准“比较合理”和“非常合理”，高级教师中的这一比例仅为 19.68%，比未评与三级教师低 18 个百分点。就不认可现行奖励性绩效工资分配标准的教师比例而言，未评与三级教师中有 13.26%的教师认为现行奖励性绩效工资分配标准“不太合理”和“非常不合理”，高级教师中的这一比例高达 34.51%。可见，高职称的教师对现行奖励性绩效工资分配标准的认可度较低。这主要是因为按照当前的奖励性绩效工资的提取比例提取奖励性绩效工资时，高职称的教师被提取的数额较大；在分配奖励性绩效工资时，并未考虑不同职称的教师被提取的数额，导致高职称的教师的利益受损，这降低了他们对现行奖励性绩效工资分配标准的认可度。

表 8.33 不同职称的教师对奖励性绩效工资分配标准的认可度的描述分析

职称	M±SD	非常不合理	不太合理	一般	比较合理	非常合理	F 检验
未评与三级教师(a)	3.28±0.81	2.04%	11.22%	48.98%	32.65%	5.10%	11.879***；a>b，c>d
二级教师(b)	2.95±0.92	6.97%	20.84%	45.20%	23.79%	3.20%	
一级教师(c)	2.99±0.94	6.47%	21.33%	43.14%	25.16%	3.89%	
高级教师(d)	2.78±0.88	8.06%	26.45%	45.81%	18.71%	0.97%	
总体	2.97±0.92	6.54%	21.04%	44.46%	24.51%	3.45%	

注：* 表示 $p<0.05$；** 表示 $p<0.01$；*** 表示 $p<0.001$。

(5)教龄差异

在教龄差异上，单因素方差分析结果表明，不同教龄的教师对奖励性绩效工资分配标准的认可度存在显著差异($F=4.975$，$p<0.001$)(见表 8.34)。均值比较结果表明，30 年以上教龄的教师对现行奖励性绩效工资分配标准的认可度最高。除此之外，随着教龄的增加，教师对奖励性绩效工资分配标准的认可度逐渐降低，10 年以下和 30 年以上教龄的教师的认可度显著高于其他教龄段的教师。具体来看，30 年以上教龄的教师中有 36.58％的教师认可现行的奖励性绩效工资分配标准；5 年及以下和 6～10 年教龄的教师中分别有 31.55％、31.62％的教师认可现行标准；11～20 年和 21～30 年教龄的教师中的这一比例分别为 26.01％、25.71％。就不认可现行奖励性绩效工资分配标准的教师比例而言，5 年及以下和 6～10 年教龄的教师中这一比例分别为 21.43％、23.52％；11～20 年和 21～30 年教龄的教师中这一比例达到 28.81％、30.53％。可见，教龄较短的教师更认可当前的奖励性绩效工资分配标准。之所以出现这种现象，可能是由于现行标准下年轻教师在奖励性绩效工资提取数额较少的情况下，可以通过承担较多的工作任务、较好的教育教学业绩获得较高的绩效工资。至于为什么 30 年以上教龄的教师对奖励性绩效工资分配标准的认可度较高，其原因还需要进一步探讨。

表 8.34 不同教龄的教师对奖励性绩效工资分配标准的认可度的描述分析

教龄	M±SD	非常不合理	不太合理	一般	比较合理	非常合理	F 检验
5 年及以下(a)	3.09±0.84	3.57％	17.86％	47.02％	29.17％	2.38％	4.975***；a，b，e＞c，d
6～10 年(b)	3.05±0.95	7.31％	16.21％	44.86％	27.47％	4.15％	
11～20 年(c)	2.94±0.92	6.44％	22.37％	45.19％	22.50％	3.51％	
21～30 年 (d)	2.90±0.93	7.79％	22.74％	43.76％	23.11％	2.60％	
30 年以上(e)	3.11±0.99	5.37％	21.46％	36.59％	30.24％	6.34％	
总体	2.97±0.92	6.54％	21.04％	44.46％	24.51％	3.45％	

注：* 表示 $p<0.05$；** 表示 $p<0.01$；*** 表示 $p<0.001$。

3. 绩效工资对教师工作积极性的调动效果不明显

我们通过“绩效工资实施后，您的工作积极性变得怎么样”这个问题来调查绩效工资的实施是否提高了教师的工作积极性，并设置了“变低”“不变”和“变高”3 个选项，分别赋值－1～1。总体来看，绩效工资实施后，36.81％的教师认为工作积极性变高。同时，51.48％的教师反映绩效工资实施后，自己的工作积极性没有变化；11.71％的教师反映在绩效工资实施后工作积极性降低了。等级相关分析发现，绩效工资实施后教师工作积极性的变化情况与教师任教学校所在地、城镇化发展水平、任教学段和教师职称呈显著负相关，与教师教龄相关并不显著。这表明：第一，从西部到东部，绩效工资对教师工作积极性的调动作用逐渐降低；第二，从乡村学校到城市学校，绩效工资对教师工作积极性的调动作用降低；第三，绩效工资对小学教师的调动作用高于初中；第四，随着职称的升高，绩效工资对教师工作积极性的调动作用逐渐降低(见表 8.35)。为进一步探究这些关系，我们从区域差异、城乡差异、学段差异、职称差异和教龄差异五个维度做更为深入的分析。

表 8.35 绩效工资实施后教师工作积极性的变化情况与各维度的等级相关

指标	区域（西→东）	城乡（乡村→城市）	学段（小学→初中）	职称（低→高）	教龄（低→高）
积极性变化（低→高）	−0.072***	−0.147***	−0.145***	−0.076***	−0.015

注：* 表示 $p<0.05$；** 表示 $p<0.01$；*** 表示 $p<0.001$。

(1)区域差异

在区域差异上，单因素方差分析结果表明，绩效工资对教师工作积极性的调动作用存在显著的区域差异($F=47.160$，$p<0.001$)(见表 8.36)。均值比较结果表明，绩效工资对中部的教师工作积极性的调动作用最高，其后依次是西部的教师、东部的教师；中部的教师工作积极性的提高程度显著高于西部的教师，西部的教师显著高于东部的教师。具体来看，西部的教师中有 37.37%的教师在绩效工资实施后工作积极性变高；有 50.11%的教师在绩效工资实施后工作积极性没有变化；有 12.53%的教师工作积极性变低。中部的教师中有 46.29%的教师在绩效工资实施后工作积极性变高；有 47.35%的教师在绩效工资实施后工作积极性没有变化；有 6.36%的教师工作积极性变低。东部的教师中有 27.40%的教师在绩效工资实施后工作积极性变高，远低于西部和中部工作积极性变高的教师比例；有 57.12%的教师在绩效工资实施后工作积极性没有变化；有 15.49%的教师工作积极性变低，高于中部和西部中工作积极性变低的教师比例。可见，绩效工资对中部的教师工作积极性的调动作用最好，其次为西部的教师，对东部的教师的激励作用最不显著。之所以出现这种现象，可能是中部的教师绩效工资不高，但绩效工资占教师月收入的比例较大；东部的教师月收入和绩效工资均较高，月绩效工资占月收入的比例反而相对较低，对其积极性调动作用有限。

表 8.36 不同区域的教师工作积极性的变化情况的描述分析

区域	M±SD	变低	没变	变高	F 检验
西部(a)	0.25±0.66	12.53%	50.11%	37.37%	47.160***；b>a>c
中部(b)	0.40±0.61	6.36%	47.35%	46.29%	
东部(c)	0.12±0.64	15.49%	57.12%	27.40%	
总体	0.25±0.65	11.71%	51.48%	36.81%	

注：* 表示 $p<0.05$；** 表示 $p<0.01$；*** 表示 $p<0.001$。

(2)城乡差异

在城乡差异上，单因素方差分析结果表明，绩效工资对教师工作积极性的调动作用存在显著的城乡差异($F=28.139$，$p<0.001$)(见表 8.37)。均值比较结果表明，从乡村学校到城市学校，绩效工资对教师工作积极性的调动作用逐渐降低，乡村学校教师工作积极性的提高程度显著高于乡镇学校和县城学校教师；乡镇学校和县城学校教师工作积极性的提高程度显著高于城市教师。具体来看，在乡村学校，绩效工资实施后，教师工作积极性变高的比例最高，有 53.25%的教师工作积极性变高；有 40.13%的教师工作积极性没有变化；有 6.15%的乡村学校教师认为绩效工资实施后工作积极性变低。在乡镇学校，有 40.31%的教师在绩效工资实施后工作积极性变高；有 47.75%的教师工作积极性没有变化；有 11.94%的教师工作积极性变低。在县城学校，有 36.85%的教师在绩效工资实施后工作积极性有所提高；有 52.05%的教师工作积极性没有变化；有 11.10%的教师工作积极性变低。在城市学校，有 24.41%的教师在绩效工资实施后工作积极性变高，这一比例远低于其他学校中工作积极性变高的教师比例，不足乡村学校中工作积极性变高的教师比例的一半；有 61.46%的教师工作积极性没有变化；有 14.13%的教师工作积极性变低，高于其他学校中工作积极性变低的教师比例。可见，随着学校城镇化水平的提高，绩效工资对教师工作积极性的调动作用减弱。

表 8.37 城乡学校教师工作积极性的变化情况的描述分析

城乡学校	M±SD	变低	没变	变高	F 检验
乡村学校(a)	0.48±0.61	6.15%	40.13%	53.25%	28.139***；a>b，c>d
乡镇学校(b)	0.28±0.67	11.94%	47.75%	40.31%	
县城学校(c)	0.26±0.64	11.10%	52.05%	36.85%	
城市学校(d)	0.10±0.61	14.13%	61.46%	24.41%	
总体	0.25±0.65	11.71%	51.48%	36.81%	

注：* 表示 $p<0.05$；** 表示 $p<0.01$；*** 表示 $p<0.001$。

(3)学段差异

在学段差异上，独立样本 t 检验结果表明，绩效工资实施后小学和初中教师工作积极性的提高程度存在显著差异($t=8.522$，$p<0.001$)，绩效工资对小学教师工作积极性的调动作用显著高于初中教师(见表 8.38)。具体来看，绩效工资实施后，小学和初中教师中工作积极性变高的比例分别为 43.21%和 30.63%，小学工作积极性变高的教师比例高于初中。小学有 48.28%的教师在绩效工资实施后工作积极性没有变化，有 8.51%的教师工作积极性变低；初中有 54.57%的教师工作积极性没有变化，有 14.79%的教师工作积极性变低，初中教师工作积极性没变和变低的比例均高于小学。可见，绩效工资对小学教师工作积极性的调动作用比对初中教师工作积极性的调动作用更明显。

表 8.38　不同学段的教师工作积极性的变化情况的描述分析

学段	M±SD	变低	没变	变高	F 检验
小学(a)	0.35±0.63	8.51%	48.28%	43.21%	8.522***；a>b
初中(b)	0.16±0.66	14.79%	54.57%	30.63%	
总体	0.25±0.65	11.71%	51.48%	36.81%	

注：* 表示 $p<0.05$；** 表示 $p<0.01$；*** 表示 $p<0.001$。

(4)职称差异

在职称差异上，单因素方差分析结果表明，绩效工资对教师工作积极性的调动作用存在显著的职称差异($F=8.751$，$p<0.001$)(见表 8.39)。均值比较结果表明，随着职称的提高，绩效工资对教师工作积极性的调动作用逐渐降低，未评与三级教师工作积极性的提高程度显著高于一级教师和二级教师；一级教师和二级教师工作积极性的提高程度显著高于高级教师。具体来看，未评与三级教师中有 45.45%的教师在绩效工资实施后工作积极性变高，远高于其他职称中工作积极性变高的教师比例；二级教师和一级教师中工作积极性变高的教师比例分别为 37.97%、36.85%；高级教师中有 26.47%的教师在绩效工资实施后工作积极性变高。同时，随着职称的升高，各职称教师中工作积极性没有变化和变低的教师比例呈逐渐上升趋势。未评与三级教师中有 47.98%的教师在绩效工资实施后工作积极性没有变化，有 6.57%的教师工作积极性变低；高级教师中有 57.19%的教师在绩效工资实施后工作积极性没有变化，有 16.34%的教师工作积极性变低，远高于其他职称教师中工作积极性没有变化和变低的教师比例。可见，绩效工资对教师工作积极性的调动作用随着职称的升高而逐渐降低。之所以出现这种情况，一方面可能是因为随着职称的升高，绩效工资占教师月收入的比例有所降低，对教师工作积极性的调动作用较弱；另一方面可能是因为现行绩效工资奖励

方法损害了高职称教师的利益导致他们工作积极性降低。

表 8.39 不同职称的教师工作积极性的变化情况的描述分析

职称	M±SD	变低	没变	变高	F 检验
未评与三级教师(a)	0.39±0.61	6.57%	47.98%	45.45%	3.751***；a>b，c>d
二级教师(b)	0.27±0.65	11.08%	50.95%	37.97%	
一级教师(c)	0.25±0.65	11.92%	51.23%	36.85%	
高级教师(d)	0.10±0.65	16.34%	57.19%	26.47%	
总体	0.25±0.65	11.71%	51.48%	36.81%	

注：* 表示 $p<0.05$；** 表示 $p<0.01$；*** 表示 $p<0.001$。

(5)教龄差异

在教龄差异上，单因素方差分析结果表明，绩效工资对教师工作积极性的调动作用存在显著的教龄差异($F=4.358$，$p<0.01$)(见表 8.40)。均值比较结果表明，30 年以上教龄的教师工作积极性的提高最为明显。除此之外，随着教龄的增加，绩效工资对教师工作积极性的调动作用逐渐降低，30 年以上和 5 年及以下教龄的教师工作积极性的提高程度显著高于其他教龄的教师。具体来看，30 年以上教龄的教师中有 46.45%的教师在绩效工资实施后工作积极性变高，其他教龄中这一比例均不足 40%，21～30 年教龄的教师中仅有 32.18%的教师工作积极性变高。就工作积极性变低的教师比例而言，5 年及以下和 30 年以上教龄的教师中工作积极性变低的教师比例分别为 8.01%、8.06%，但 11～30 年教龄的教师中工作积极性变低的教师比例均超过 10%，11～20 年教龄的教师中有 13.43%的教师在绩效工资实施后工作积极性变低。可见，绩效工资对年轻教师工作积极性的调动作用更加明显。

表 8.40 不同教龄的教师工作积极性的变化情况的描述分析

教龄	M±SD	变低	没变	变高	F 检验
5 年及以下(a)	0.31±0.61	8.01%	52.52%	39.47%	4.358**；a，e>c，d e>b
6～10 年(b)	0.27±0.63	9.60%	53.60%	36.80%	
11～20 年(c)	0.24±0.67	13.43%	48.94%	37.64%	
21～30 年(d)	0.21±0.63	11.63%	56.19%	32.18%	
30 年以上(e)	0.38±0.63	8.06%	45.50%	46.45%	
总体	0.25±0.65	11.46%	51.63%	36.91%	

注：* 表示 $p<0.05$；** 表示 $p<0.01$；*** 表示 $p<0.001$。

实施绩效工资的一个重要目的就是提高教师的工作积极性。对于一半以上的教师来说，绩效工资的实施并未起到正向的激励作用，未有效调动其工作积极性，甚至在一定程度上还打击了教师的工作积极性。为此，我们对绩效工资制度实施后工作积极性“变低”和“没变”的教师(样本数为2111)进行调查，通过设计“如果实施绩效工资不能激励您工作，您觉得主要原因是什么”这个问题来调查这部分教师工作积极性没有“变高”的原因。总体来看，首先，41.07%的教师认为绩效工资没有对他们起到激励作用主要是由于“绩效工资从教师工资总额中扣除，这样分配不合理”；其次，27.29%的教师认为绩效工资不能合理评价教师工作，所以分配不合理，这导致绩效工资不能有效调动教师的工作积极性；最后，26.67%的教师认为教师工作较难量化评价，没有实质性地实施绩效工资分配。此外，还有4.97%的教师认为其他原因使得绩效工资没有对他们起到激励作用。

五、研究发现与建议

(一)研究发现

通过对绩效工资的实施现状、考核标准和实施效果的比较分析，我们发现义务教育教师绩效工资的实施情况在区域、城乡、学段、职称和教龄维度上存在显著的差异，并表现出一定的规律性(见表8.41)。

表8.41　义务教育教师绩效工资与各维度的等级相关关系

指标		区域(西→东)	城乡(乡村→城市)	学段(小学→初中)	职称(低→高)	教龄(短→长)
实施现状	月收入	↑	↑	↑	↑	↑
	月基本工资	↑	↑	↑	↑	↑
	月绩效工资	↑	↑	○	↑	↑
	月绩效工资占月收入的比例	↑	↑	○	○	○
实施效果	奖励性绩效工资的提取比例	○	○	↑	↓	↓
	奖励性绩效工资分配标准的认可度	○	○	↓	↓	↓
	工作积极性的变化	↓	↓	↓	↓	○

注：↑表示正相关；↓表示负相关；○表示弱相关。

1.在教师收入和绩效工资方面，中西部和农村的教师以及低职称教师和教龄较短的教师获得的收入和绩效工资显著低于其他教师

教师的月收入、月基本工资和月绩效工资存在显著的区域、城乡、学段、职

称和教龄差异。具体而言，东部的教师的月收入、月基本工资和月绩效工资显著高于中西部的教师；城市学校教师的月收入、月基本工资和月绩效工资显著高于其他学校教师；初中教师的月收入、月基本工资显著高于小学教师，但在绩效工资上并无显著差异；未评与三级教师、二级教师的月收入、月基本工资和月绩效工资均显著低于一级教师和高级教师；随着教龄的增加，教师的月收入、月基本工资和月绩效工资呈逐渐上升趋势。可见中西部和农村的教师以及低职称教师和教龄较短的教师在收入和绩效工资方面处于不利地位。

2. 在月绩效工资占月收入的比例方面，中部的教师、城市学校教师和一级教师获得的比例最大

教师的月绩效工资占月收入的比例存在显著的区域、城乡和职称差异。就教师月绩效工资占月收入的比例而言，中部的教师显著高于东部和西部；城市学校教师显著高于其他学校教师；一级教师显著高于高级教师、未评与三级教师。可见，中部的教师、城市学校教师和一级教师的月绩效工资占月收入的比例最大。

3. 在奖励性绩效工资的提取比例方面，东西部的教师、城市学校教师、小学教师、高职称教师和教龄较长的教师更期望降低奖励性绩效工资的提取比例

教师期望的奖励性绩效工资的提取比例存在显著的区域、城乡、学段、职称和教龄差异。具体而言，中部的教师对当前奖励性绩效工资的提取比例的认同度较高，东部、西部的教师更期望降低奖励性绩效工资的提取比例；县城学校教师期望的奖励性绩效工资的提取比例最高，城市学校教师更期望降低奖励性绩效工资的提取比例；小学教师期望的奖励性绩效工资的提取比例显著低于初中教师，小学教师更期望降低奖励性绩效工资的提取比例；随着职称的升高，教师期望的奖励性绩效工资的提取比例逐渐降低，高职称教师更期望降低奖励性绩效工资的提取比例；随着教龄的增加，教师期望的奖励性绩效工资的提取比例逐渐降低，20 年以下教龄的教师期望的奖励性绩效工资的提取比例显著高于 20～30 年教龄的教师。

4. 在对现行奖励性绩效工资分配标准的认可度方面，中部的教师、乡镇教师、初中教师、高职称教师和教龄较长的教师的认可度较低

中部的教师对现行奖励性绩效工资分配标准的认可度最低；乡村学校教师对奖励性绩效工资分配标准的认可度最高，显著高于其他学校教师，乡镇学校教师最低；小学教师对奖励性绩效工资分配标准的认可度显著高于初中教师；随着职称的升高，教师对现行奖励性绩效工资分配标准的认可度逐渐降低，未评与三级教师对现行奖励性绩效工资分配标准的认可度显著高于其他职称教师；30 年以上教龄的教师对现行奖励性绩效工资分配标准的认可度最高。除此之外，随着教龄的增加，教师对奖励性绩效工资分配标准的认可度逐渐降低。

5. 在绩效工资对工作积极性的调动作用方面，绩效工资对东部的教师、城市教师、初中教师和高职称教师工作积极性的调动作用不明显

绩效工资对教师工作积极性的调动作用存在显著的区域、城乡、学段和职称差异。具体来看，绩效工资对中部的教师工作积极性的调动作用最好，对东部的教师的激励作用最不明显；从乡村学校到城市学校，绩效二资对教师工作积极性的调动作用逐渐降低，城市学校教师工作积极性的提高程度显著低于其他学校教师；绩效工资对小学教师工作积极性的调动作用显著高于初中；随着职称的提高，绩效工资对教师工作积极性的调动作用逐渐降低，未评与三级教师工作积极性的提高程度显著高于其他职称，高级教师工作积极性的提高程度显著低于其他职称教师；10～30 年教龄的教师工作积极性的提高程度显著低于其他教师。

另外，当前绩效工资的考核标准中，工作量方面主要包括课时量、出勤和是否担任班主任；教育教学质量方面主要包括工作业绩、评优、职称和上课质量等。关于当前绩效工资的考核标准，教师普遍认为不尽合理，应从工作的数量(工作量多寡)、质量(工作业绩)和管理等多维度综合考评。

(二)政策建议

1. 明确绩效工资的政策目标，切实发挥绩效工资的激励导向作用

《关于义务教育学校实施绩效工资的指导意见》指出，义务教育学校实施绩效工资，是贯彻落实义务教育法的具体措施，也是深化事业单位收入分配制度改革的重要内容，对于依法保障和改善义务教育教师，特别是中西部地区农村义务教育教师的工资待遇，提高教师的地位，吸引和鼓励各类优秀人才长期从教、终身从教，促进教育事业发展，具有十分重要的意义。绩效工资的分配要充分发挥激励导向作用，在合理考核的基础上，切实做到多劳多得、优绩优酬，重点向一线教师、骨干教师和做出突出成绩的其他工作人员倾斜。在具体实施中，奖励性绩效工资的考核与发放，相当于从教师绩效中提取 30％作为学校实施奖励性绩效的现分配资金。绩效工资的主体部分基础性绩效的核定依据主要是职称等岗位职责因素，这就导致高职称教师、教龄较长的教师以及承担班主任工作等的教师的绩效工资较高，因而从这些教师的绩效工资中提取的用作发放奖励性绩效工资的数额也较大。如果在进行奖励性绩效工资的考核与发放时，不考虑教师的提取数额，对于提取数额较大的教师来说是不公平的。因此，应考虑教师提取奖励性绩效工资数额的不同，在发放奖励性绩效时对提取数额较多的教师进行一定的补偿；或按提取比例确定奖励性绩效工资分配系数，如将奖励性绩效工资分到不同职称，在同一职称内部根据教师的工作量、工作业绩等进行奖励性绩效考核。不管采用哪种方式，要真正做到多劳多得、优绩优酬，必须保证承担相同工作量或相同业绩的教师获得的奖励性绩效工资能抵回提取的数额，而不是保证能拿到的

奖励性工资相同，切实发挥绩效工资分配的激励导向作用。

2. 区分教师工资的各组成部分的功能，保证绩效工资在收入中的合理比例

实行义务教育教师绩效工资后，教师岗位绩效工资由岗位工资、薪级工资、绩效工资和津贴补贴四部分组成，其中岗位工资和薪级工资为基本工资。教师工资的各组成部分的功能是不同的，基本工资应该是用来保障教师的基本生活需要；教师津贴更多的是对教师的经济补偿；绩效工资，确切地说，奖励性绩效才是基于“多劳多得、优绩优酬”这一原则对教师起激励作用的。因此，需要区分教师工资的各组成部分的功能，在保障教师的基本生活需要和必要经济补偿的基础上，关注真正能发挥激励导向作用的绩效工资部分。当前，绩效工资中强调基础性绩效和奖励性绩效工资各自的比例，但政策并未规定月绩效工资在月收入中的比重。尽管东部的教师、城市学校教师、高职称教师的绩效工资较高，但月绩效工资占月收入的比例较低，使得绩效工资对东部的教师、城市学校教师、高职称教师工作积极性的激励作用较小，不利于调动甚至打击了教师的工作积极性。为此，在强调奖励性绩效工资占绩效工资的比例的同时，应尝试确定月绩效工资在月收入中的合理比例。目前，总体来看，教师绩效工资占教师收入的比例为22.39％，这一比例最高的是中部的教师，教师月绩效工资占教师月收入的比例达到30％，这也正是中部的教师工作积极性变高最为明显的原因。因此，为发挥绩效工资在调动教师工作积极性方面的作用，应保证教师月绩效工资在教师月收入中的合理比例。

3. 分类确定绩效工资的考核指标，完善教师绩效工资的考核标准

学校现行奖励性绩效工资的考核指标比较复杂。在工作量标准方面，教师奖励性绩效工资的考核指标主要包括课时量(76.48％)、出勤(59.44％)、是否担任班主任(57.53％)、是否担任领导职务(44.13％)、教研活动(34.14％)和德育工作(23.46％)。在教育教学质量标准方面，教师奖励性绩效工资的考核指标包括工作业绩(80.24％)、评优(37.88％)、职称(33.58％)、上课质量(32.64％)、教师个人能力(28.10％)和教龄(22.86％)。就教师期望的奖励性绩效工资考核标准而言，教师认为主要指标应该是工作业绩、课时量、教师个人能力、是否担任班主任和上课质量5项指标，其中60％以上的教师认为奖励性绩效工资的考核应该看重工作业绩、课时量；超过30％的教师认为应该看重教师个人能力、是否担任班主任和上课质量。相比之下，是否担任领导职务、职称和评优的选择比例较低。因此，学校在设置奖励性绩效工资的考核指标时应将教师认为重要的考核指标列为奖励性绩效工资考核的主要指标，完善教师绩效工资的考核标准，进一步强化对教师个人能力的考核和评价，充分发挥绩效工资对教师工作积极性的激励作用。

专栏 2

重实绩重贡献 教得好挣得多

——上海建立义务教育学校绩效工资分配新机制

市委、市政府日前审议通过了本市建立义务教育学校绩效工资分配新机制的方案。为搞活绩效工资分配，充分发挥绩效工资的激励导向作用，市教委、市人社局、市财政局联合召开了区县义务教育学校绩效工资专题工作会议部署的相关工作，要求进一步强化激励、搞活分配，实现优绩优酬、多劳多得。

提高教师收入水平

2009 年，本市义务教育学校率先实施绩效工资，保障了教师待遇，促进了教师队伍整体素质的提高，推动了义务教育均衡发展。为积极推进上海教育综合改革，建立与本市经济社会发展战略相衔接、与上海建设具有全球影响力的科技创新中心相适应、与上海基础教育在国际上的领先地位相匹配，符合义务教育特点的收入分配制度，继 2014 年、2015 年本市连续两次提高义务教育教师收入水平后，2016 年本市建立义务教育学校绩效工资分配新机制，充分体现了市委、市政府对义务教育学校的高度重视和对教师的亲切关怀，也体现了对本市义务教育优质发展成果的肯定，对于调动义务教育教师的积极性，增强教师职业的吸引力，提升教师的社会地位，促进义务教育优质均衡发展具有十分重要的意义。

向优秀教职工倾斜

各区县要制定完善本区县义务教育学校绩效考核办法和与之相配套的绩效工资分配办法，加强总量统筹，绩效工资分配要向承担义务教育综合改革重点任务，特别是向率先攻坚克难、具有引领示范意义的改革项目的教师倾斜。要着力建立重实绩、重贡献的绩效工资分配机制，根据学校事业发展和任务变动情况动态调整绩效分配方案，体现优绩优酬，绝不能把建立义务教育学校绩效工资分配新机制当作平均普加工资，也绝不能把搞活绩效工资分配搞成平均主义“大锅饭”。要认真完善教职工绩效考核制度，工作量的计算和绩效考核要科学合理，妥善处理学校各类人员之间的分配关系，注重向一线教师、骨干教师、班主任和做出突出成绩的教职工倾斜，向工作量大、责任重、业绩优秀的教师倾斜等。

落实双“六条禁令”

在加大激励的同时，进一步规范学校的办学行为，对学校招生、收费等行为要严格规范管理；加强师德师风建设，完善约束机制，要以严谨规范、严格检查、严厉惩戒，切实贯彻落实《中小学教师违反职业道德行为处理办法》的精神，建立惩戒制度，对违反《严禁教师违规收受学生及家长礼品礼金等行为的规定》《严禁中小学校和在职中小学教师有偿补课的规定》的双“六条禁令”等行为进行惩戒，处理结果作为学校和教师绩效工资分配的重要依据。下一步，市政府将加强对各区县义务教育学校实施绩效工资情况的督导督政，分析评估绩效工资分配的激励导向是否正确、内部分配关系是否合理等，确保保障有力、制度完善、成效良好，努力形成一流教育，一流教师，惠及学生，惠及百姓，办好人民满意的义务教育。

资料资源：王蔚，《重实绩重贡献 教得好挣得多——上海建立义务教育学校绩效工资分配新机制》，载《新民晚报》，2016-04-07。有删减。

4. 明确不同岗位的职责和特点，分主体分类实施绩效考核

学校内不同岗位的职责和特点是不同的，所承担的具体工作任务和责任不尽相同，按照统一的考核标准进行考核势必会损失特定岗位教师的实际利益。在现实中，学校在进行教师绩效考核时往往采用统一的标准，如果课时量、成绩等教学相关因素所占比例大，对于承担管理、工勤工作的教师不利；如果担任领导职务等指标所占比例过大，对于任课教师不利。因此，应明确教师、管理、工勤技能等岗位的职责和特点，尝试分主体分类实施绩效考核。首先，校长绩效工资应纳入上级教育行政部门统一考核与发放。一所学校进行校长绩效考核无法有效评价校长的工作量和工作业绩，由上级教育行政部门统一考核与发放校长绩效工资更能有效评价校长、调动校长的工作积极性。其次，学校中层领导实行统一考核，或者在征求全校教师意见的基础上确定中层领导的绩效考核系数，切实体现不同岗位的职责和工作量。最后，建议班主任津贴单列出具体额度，班主任岗位的工作量和其他岗位有很明显的不同，所以和其他岗位一起进行考核没有可比性。

5. 分层确定绩效考评人员，兼顾考评主体的多元丰富性

当前许多教师对考核标准和考核过程不满，在一定程度上是未参与到学校奖励性绩效工资考核标准的制定和考评过程中，或者说许多学校奖励性绩效工资考核标准的制定和考评主体主要为学校领导层，他们未能代表普通任课教师的声音，奖励性绩效工资异化为校定工资。为此，在绩效工资标准的制定中，应当兼顾主体的多元丰富性，应该按照校内一线教师和领导层的比例分层确定参与人员，保证参与主体中的人员比例和校内一线教师与领导的比例一致，保证一线教师在奖励性绩效工资考核标准的制定过程中有发声的权利，制定出一线教师认可

的绩效工资考核标准。在此基础上，严格按照制定出的绩效工资考核标准进行绩效工资考核。

【本报告撰写人：秦玉友、曾文婧、许怀雪。刘康洁、孙阳阳、张宗倩参与文稿校对。作者单位：教育部人文社会科学重点研究基地东北师范大学中国农村教育发展研究院】

第9章　乡村教师职称评聘状况调查[①]

【概要】基于全国5个省份的5个县的实地调查发现，乡村小学教师职称任职资格评审难表现在三个方面：在评审标准方面，乡村教师取得高级教师任职资格的制约因素多；在指标分配方面，县域内出现严重的不均衡性；在评审方式方面，乡村小学教师职称任职资格评审仍得不到全面评价。乡村小学教师职称岗位聘任的难点在于岗位类别划分不明确，存在依附义务教育教师岗位评聘专业技术职称(职务)的现象；岗位设置不科学，不能满足不同类型小学的教师职称(职务)晋升需求；岗位使用效率低，不符合不同类型小学的教师职称(职务)晋升实际。口小学教师职称(职务)评聘工作中多部门协调工作难度大；评聘分开向评聘结合过渡需要缓冲期；村小与教学点处于职称管理的边缘地带。基于以上研究结论，从政府执行、岗位设置、教师评审三个维度提出了各部门综合改革、科学设置岗位、契合乡村小学教师职称(职务)评聘实际的破解思路。

当下，乡村教师职称(职务)评聘是我国中小学教师队伍管理和建设的重要内容，国家对此也给予了一系列的政策支持和保障。国家在政策上给予乡村教师职称评聘上的支持是在20世纪初，从2003年《国务院关于进一步加强农村教育工作的决定》、2010年《国家中长期教育改革与发展规划纲要(2010—2020年)》、2012年《国务院关于加强教师队伍建设的意见》、2012年《教育部 中央编办 国家发展改革委 财政部 人力

---

① 该报告系2014年度全国教育科学规划国家青年课题“县域内教师交流的激励相容与约束均衡机制研究”(项目指准号：CFA140140)的研究成果。

资源社会保障部关于大力推进农村义务教育教师队伍建设的意见》到2015年《乡村教师支持计划(2015—2020年)》均有"职务(职称)晋升或评聘向乡村学校倾斜"的相关提法。

2015年8月，我国中小学教师职称(职务)制度开始全面改革，国家人力资源社会保障部和教育部印发《关于深化中小学教师职称制度改革的指导意见》，这可谓中小学教师职称改革史上的一个大事件。这次职称改革的主要内容是中小学教师职称评审在核定的岗位结构比例内进行，学校将视岗位数量来评聘教师，不再进行与岗位聘用相脱离的资格评审。这意味着我国中小学教师职称(职务)制度改革进入了一个新的历史阶段。但是由于我国地域辽阔，各地经济水平和教育事业发展的步伐存在较大差异，乡村教师，尤其是乡村小学教师，中高级职称评聘难的问题依然存在。主要有两个方面的问题：一是依据新职称制度体系，乡村小学教师职称任职资格评审难的问题；二是依据现行岗位制度，乡村小学教师职称岗位聘用难的问题。因此，本报告从梳理我国中小学教师职称制度改革历程中的评聘关系开始，针对乡村小学教师职称评聘问题，从乡村小学教师职称任职资格评审难在哪里、职称岗位聘用难在哪里和职称(职务)评聘为什么难三个方面进行探讨，并尝试给出破解思路。

一、我国中小学教师职称制度改革历程中的评聘关系

1986年，国务院发布《关于实行专业技术职务聘任制度的规定》，把"职称"的概念界定为：职称，即专业技术职务，是指根据实际工作需要设置的有明确职责、任职条件和任期，并需要具备专门的业务知识和技术水平才能担任的工作岗位，不同于一次获得后而终身拥有的学位、学衔等各种学术、技术称号。但因中小学教师职称评聘关系的实践形式的不同，"职称"一词所表述的含义也不同。在实践中，中小学教师的职称工作主要包括两个部分：一是职称任职资格评审；二是职称岗位聘用。在不同的历史阶段，由于教育的外部环境和自身发展步伐的差异性存在，中小学教师职称评聘关系的实践形式也是不同的。中小学教师职称制度从1986年的建立到2015年的全面改革，评聘关系的实践形式主要有三种：一是以评代聘，二是评聘分开，三是以聘代评。

(一)以评代聘

1986年，我国开始实行专业技术职务聘任制度，中小学教师正式纳入国家专业技术人员范畴管理，确立了以职务聘任制为主要内容的中小学教师职称制度。聘任的方式是依据学校事业发展和教育教学工作需要、教师队伍及编制来确

定中小学各级教师职务的定额。在职务定额内，由单位推荐拟聘人员送评审委员会评审，校长或县以上教育行政部门领导只能在经评审委员会评审通过、取得相应任职资格的人员中聘任专业技术职务。[①] 也就是说，评上相应任职资格的教师经过行政领导的任命才能聘以相应职务。

虽然国家在《中学教师职务条例》和《小学教师职务条例》中明确规定中小学教师职务实行聘用或任命制，但是在《中、小学教师职务实行条例的实施意见》中又规定了根据中小学教师队伍的现实情况，目前中小学教师职务一般宜实行任命制。这一时期的中小学教师职称制度虽说是以聘任制为主要内容，但是囿于当时人事管理的背景，实施中采用的是任命制。[②] 在当时特殊的历史环境下，教师职业没有吸引力，只能以行政手段羁留。因此，在实践中，中小学教师的职称工作采用的是“以评代聘”模式，即传统的评聘结合，每年行政机关给各中小学审批下达当年该校可使用的职称申评指标，实际上是确定学校当年可以聘用的专业技术岗位数量。[③] 在传统的评聘结合中，职称任职资格评审等同于专业技术职务聘任。

关于乡村教师职务聘任，国家在 1986 年《中、小学教师职务实行条例的实施意见》中提出，各地根据实际情况，可采取先大中城市后城镇农村，先基础较好的学校后其他学校，先评审高级、一级教师后评审二、三级教师等步骤，分期分批进行。切忌在没有做好准备工作的情况下一哄而起，一拥而上。当时政策的初衷是为了使各地因地制宜、循序渐进地开展中小学教师职务聘用工作。然而，这一时期我国农村小学的基础薄弱，教师队伍中公办教师数量较少，民办教师比例过大，职称评审工作的开展自然较为滞后，导致后期存在很多“历史遗留问题”。

(二)评聘分开

20 世纪末、21 世纪初，为解决职称制度发展中出现的专业技术职务终身制、能上不能下的问题，专业技术职务评聘分开模式开始作为深化我国职称制度改革的一种探索和尝试。评聘分开，即教师任职资格的评审与校内教师职务的聘用相分离，教师的工资福利按其实际受聘的职务等级确定。[④] 中小学教师专业技术职务的任职资格评审工作由人事部门和教育主管部门组织实施；中小学教师专业技术职务的聘用工作由各学校根据自己的实际情况组织实施。[⑤]

---

① 肖为群：《关于职称工作中评与聘问题的思考》，载《江西社会科学》，1997(5)。

② 周彬：《教师职务晋升政策：演变、异化与优化》，载《教师教育研究》，2012(2)。

③ 陈韶峰：《论我国中小学教师职务的评与聘》，载《教育发展研究》，2007(20)。

④ 陈韶峰：《论我国中小学教师职务的评与聘》，载《教育发展研究》，2007(20)。

⑤ 孙晓东：《中小学教师专业技术职务评聘分开模式研究——以淄博市部分学校为例》，硕士学位论文，山东师范大学，2009。

因此，在评聘分开中，职称等同于专业技术水平和能力，职务等同于岗位。其中“评”的是任职资格，也就是专业技术水平和能力；“聘”的是职务，即工作岗位。职称任职资格评审没有数量限制，且不与工资待遇挂钩；职务受岗位数量限制，相应职务对应相应的岗位，每个岗位都有明确的工作职责，与工资待遇挂钩。[①] 由此可见，职称任职资格评审不等同于职称岗位聘任。

2007年，西部“两基”攻坚地区的受表彰代表在接受教育部网站访谈时谈道，评和聘到底是分开好还是不分开好，可能还是要到基层多了解一下评和聘的问题。像我们2004年、2005年评、聘是分开的，评了不能聘，那么2006年呢，又是评聘结合的，2006年评的就可以聘，2005年和2004年评的又不能聘，这样就带来一些矛盾。现在我们社会主义市场经济时代的每一个人都要考虑自己的经济利益，鉴于职称是直接与教师的经济利益挂钩的，如果长期不动他的职称，不提高教师的经济利益，他的学习积极性也会相对减弱。因此，需要从多方面对其进行鼓励、激励，将职称与教师的经济利益相挂钩，用制度逼着他必须学习。当然，也要与教师的工作积极性、效率挂钩，这样我们的教师队伍才能走上一个健康发展的道路。

也就是说，在评聘分开中，教师符合高一级职称的相关条件即可参加任职资格评审，但可能由于岗位数额的限制而兑现不了高一级职称的工资待遇，也就是职称“评上聘不上”的问题。

(三)以聘代评

为解决评聘分开导致的教师职称“评上聘不上”的问题，我国有相当一部分省份的中小学教师的初级职务陆续实行了中小学教师职称“以聘代评”的模式，即新的评聘结合，指的是按照规定的任职条件由学校择优聘用教师担任相应的专业技术职务，不再组织每年一度的专业技术职务任职资格评审，中小学教师职务的评聘工作全部下移到具体的中小学。[②] 比如，根据北京市的相关文件，自2004年起，北京市的中学二级教师、小学二级教师、小学一级教师职务由用人单位按岗位需要，符合任职资格条件，经考核合格，直接聘用相应教师职务。须经评审方能取得任职资格的职务主要是中学高级教师(含“小中高”)、中学一级教师和小学高级教师。根据《上海市专业技术职务评聘分类分级管理实施意见》，上海市中小学教师的中级和初级职务也都实行以聘代评。值得关注的是，从2009年起，我国启动中小学教师职称制度改革试点。2009年1月，经国务院批准，人力资源

① 季铭华：《关于实行“评聘分开”双轨制的探讨》，载《南京社会科学》，2001(3)。

② 陈韶峰：《论我国中小学教师职务的评与聘》，载《教育发展研究》，2007(20)。

和社会保障部、教育部决定在全国范围内选取山东潍坊、吉林松原、陕西宝鸡 3 个地级市开展深化中小学教师职称制度改革试点，试行所有中小学教师职务的以聘代评制度，旨在建立起与教育事业发展相匹配的教师职称评聘体系，与事业单位聘用制度和岗位管理制度相衔接、体现教师职业特点、统一的中小学教师职称(职务)制度，充分调动广大中小学教师的积极性和创造性，为全面实施素质教育提供制度保障和人才支持。① 这为 2015 年中小学教师职称(职务)的全面改革奠定了良好的基础。

2015 年 8 月，国家下发《关于深化中小学教师职称制度改革的指导意见》，改革的主要内容是由原来的职称评聘分开转变为职称任职资格评审与职称岗位聘用的统一，目的是建立与事业单位岗位聘用制度相衔接、符合教师职业特点、统一的中小学教师职称(职务)制度(见表 9.1)。职称任职资格评审在核定的岗位结构比例内进行，不再进行岗位结构比例之外的资格评审，并允许跨校竞聘，旨在均衡各级各类学校之间的师资力量，化解聘用矛盾。② 在新的评聘结合中，职称任职资格评审等同于专业技术职务聘用，等同于岗位。值得说明的是，传统的评聘结合与新的评聘结合的区别在于，前者是对教师职称进行身份管理，后者是根据学校实际的教育教学需要对教师职称进行岗位管理。

表 9.1 统一后的中小学教师职称与岗位对应关系

1986 年职称序列	2015 年职称序列	相对应的专业技术岗位	岗位名称
中高	高级教师	五级岗位	高级岗位
		六级岗位	
		七级岗位	
中一、小高	一级教师	八级岗位	中级岗位
		九级岗位	
		十级岗位	
中二、小一	二级教师	十一级岗位	初级岗位
		十二级岗位	
中三、小二、小三	三级教师	十三级岗位	

① 张泽芳：《中小学教师职称制度改革探究》，载《教学月刊·中学版(教学管理)》，2014(7)。

② 杨斐：《中小学教师职务制度的改革研究——以上海市为例》，硕士学位论文，上海师范大学，2016。

总的来说，中小学教师职称(职务)制度是国家通过设置不同的职称(职务)等级和相对应的岗位任职条件对教师专业技术水平和能力的划分。其中，中小学教师职称任职资格评审是中小学教师岗位聘用的重要依据和关键环节，岗位聘用是职称任职资格评审结果的主要体现。职称任职资格评审关系着教师是否达到了更高一级职称的专业技术水平，职称岗位聘用关系着教师能否得到更高一级职称的福利待遇，这也就意味着处理好两者间的关系将直接关系到千千万万教师的切身利益。

二、数据来源与说明

(一)数据来源

本报告采用由东北师范大学中国农村教育发展研究院开发的“《乡村教师支持计划(2015—2020 年)》实施情况调查教师问卷”，对全国 5 个省(自治区)的 5 个县(东部的浙江遂昌，中部的江西弋阳、湖南永顺，西部的云南绥江、宁夏海原)的中小学进行了实地调研，共走访 24 个乡镇、47 所学校，召开了 70 余场座谈会，涉及省、县教育及相关行政部门人员、乡村校长及管理人员、教师 300 余人。调研学校包括幼儿园、独立小学、独立初中、涵盖小学和初中的九年一贯制学校，共计发放教师问卷 5460 份。根据本报告的研究问题，共获得小学教师问卷 3085 份，幼儿园教师问卷 120 份。值得说明的是，由于在问卷题目的设置中，没有对九年一贯制学校教师的任教学段进行区分，所以本报告研究的小学教师不包括九年一贯制学校的小学教师。

(二)数据整理

本报告主要采用描述性统计的方式呈现数据。本报告采用列联表百分数比较来直观地呈现数据，采用等级相关和差异性检验对数据之间的内在联系进行了细致分析。本报告的数据均在 SPSS21.0 中生成导出。

依照学校所在地，我们将学校划分为三个类别，依次为县城小学、乡镇小学、乡村小学，分别赋值 1～3。关于学校类别，我们依据学校所在地对其进行了细化，划分为县城小学、乡镇中心小学、乡镇其他小学、村小、教学点，分别赋值 1～5。关于教师的学历，我们选择使用教师的最高学历，在原始问卷中划分为研究生、本科、大专、中师/中专、高中、初中、小学。由于研究生、高中、初中和小学学历的教师样本数量较少，因此为了方便统计与分析，我们将教师的最高学历划分为本科及以上、大专、中师/中专及以下，分别赋值 1～3。关于教师的荣誉称号，我们原始问卷中划分为国家级、省级、市级、县级、乡镇级、学校级。在此基础上，我们将教师的荣誉称号划分为县级以上、县级、县级以下，分别赋值 1～3。关于教师年龄阶段的划分，结合国家统计局对年龄阶段的划分标准将教师的年龄阶段划分为30岁以下、30～39岁、40～49岁、50岁及以上，分别赋值为1～4。关于教师教龄阶段的划分，我们按照上述年龄阶段，划分为10年以下、10～19年、20～29年、30年以上，分别赋值1～4。教师的性别按照二分类变量的惯例分别赋值1和2。调研样本的总体分布情况如表9.2所示。

表9.2 调研样本的总体分布情况

变量		人数	比例(%)
城乡	县城小学(1)	168	5.45
	乡镇小学(2)	1484	48.10
	乡村小学(3)	1433	46.45
性别	男教师(1)	1358	44.02
	女教师(2)	1727	55.98
年龄	30岁以下(1)	927	30.05
	30～39岁(2)	851	27.58
	40～49岁(3)	836	27.10
	50岁及以上(4)	471	15.27

本报告主要调查小学阶段教师职称问题，基于拥有中学职称的教师可能在小学阶段任教以及小学高级教师可以评定中学高级教师职称的现实情况，因此，为了方便统计与分析，本报告按照2015年《关于深化中小学教师职称制度改革的指导意见》中统一的中小学教师职称制度体系，对不同职称的教师进行了划分，即原中学高级教师对应高级教师，原中学一级和小学高级教师对应一级教师，原中学二级和小学一级教师对应二级教师，原中学三级、小学二级和小学三级教师对应三级教师。本报告剔除了未评职称中的临聘教师、特岗教师和已退休的返聘教师，留下了未评职称的在编教师。教师目前的职称为多分变量，我们按照从高级教师、一级教师、二级教师、三级教师到未评职称教师，分别赋值1～5。最后作为教师任职资格评定分析面板的小学教师的有效样本为2744个，其中高级教师所占比例为1.02%，一级教师所占比例为37.14%，二级教师所占比例为34.29%，三级教师所占比例为21.83%，未评职称教师所占比例为5.72%。

关于岗位的划分，我们根据2007年《关于义务教育学校岗位设置管理的指导意见》的规定，即教师岗位分为高级岗位、中级岗位、初级岗位，按照改革后的中小学教师职称序列，高级教师对应高级岗位，一级教师对应中级岗位，二级教师和三级教师对应初级岗位，分别赋值1～3。最后作为职称岗位聘用分析面板的小学教师的有效样本为2587，其中高级岗位所占比例为1.08%，中级岗位所占比例为39.43%，初级岗位所占比例为59.49%；幼儿园教师的有效样本为56，其中高级岗位所占比例为3.57%，中级岗位所占比例为10.71%，初级岗位所占比例为85.71%。由于目前我国现阶段学前教育不属于义务教育范畴，但非独立建制的幼儿园教师在评聘职称时使用的是中小学教师职称系列，存在占用义务教育教师编制和岗位的情况，因此以下在分析岗位类别界限不明晰的时候，需要使用幼儿园教师的数据来佐证。值得说明的是，关于非独立建制幼儿园的甄别，我们挑选的是县城、乡镇、乡村的小学附属幼儿园。

三、乡村教师职称(职务)评聘的问题表征

截至2017年，中小学教师职称制度已在30余年的历程中得到了发展和深化，为基础教育事业做出了巨大贡献。从我国中小学教师职称改革历程来看，乡村教师的职称评聘问题已成为当下我国中小学教师队伍管理的重难点。

(一)乡村教师职称任职资格评审难

2015年《乡村教师支持计划(2015—2020年)》提出，职称(职务)评聘向乡村教师倾斜。要求各地要结合各类中小学的特点和教育教学实际，制定中小学教师的具体评价标准条件。具体评价标准条件要综合考虑乡村小学和教学点的实际，对农村教师予以适当倾斜，稳定和吸引优秀教师在边远贫困地区乡村小学和教学点任教。但是由于各地经济社会发展水平、人口规模和中小学教师队伍的总体情况不同，因此一些地区乡村教师职称任职资格评审中仍存在职称指标分配不均衡、评审标准不全面和评审方式不科学的问题。

1. 乡村教师取得高级教师任职资格的制约因素多

学历、荣誉称号、教龄等成为乡村教师取得高级教师任职资格的主要制约因素。现有中小学教师职称任职资格评审标准只是对教师的教学成果、论文发表、荣誉称号、教龄和学历等方面进行量化①，而忽视对乡村教师的工作表现、道德素质和实际教育教学贡献等方面的定性考核。通过分析县域内不同职称教师的学历、荣誉称号和教龄发现如下几个方面。

(1)学历上的要求不利于中师/中专学历教师参加高级教师任职资格评审

在2015年国家颁布的《中小学教师水平评价基本标准条件》中，除去岗位任教年限的要求外，体现出了学历越高可获得的职称等级越高的特征。丁钢等人认

① 蔡群青、夏海鹰：《中小学教师职称制度改革探究》，载《教育探索》，2016(5)。

为，学历层次对于教师的教育实践和专业发展具有多重影响和决定性作用。① 这说明中小学教师职称任职资格评审中对学历的要求有其可取之处。在各地方关于中小学教师水平评价标准的文件中，学历层次的提高是教师参加职称任职资格评审的加分项。比如，湖南省湘西自治州制定的《中小学教师专业技术职务任职资格量化评审》，在专业水平计分中规定"具有合格学历的记 2 分"；在奖励性加分一栏中规定"提高学历的，每提高一个层次加 1 分"。但目前，我国乡村小学教师的整体学历依然偏低。根据样本数据的学历结构，乡村小学拥有大专学历的教师比例最高，中师/中专及以下学历的教师比例最低（见表 9.3）。显然，职称任职资格评审中对学历的要求不利于学历偏低但教学能力较强的教师参加评审。

表 9.3　县域内小学教师的学历结构　　单位：%

学历	县城小学	乡镇小学	乡村小学
本科及以上	44.44	48.80	36.98
大专	48.77	45.03	51.52
中师/中专及以下	6.79	6.17	11.50

基于样本数据的学历结构，我们对其职称结构进行分析得出：总体上，县域内不同职称的小学教师的学历为大专及以上的所占比例均较高，中师/中专及以下的所占比例均较低。具体来讲，首先，相对于县城小学、乡镇小学，无论本科及以上学历、大专学历还是中师/中专及以下学历，乡村小学高级教师所占比例均较低。在本科及以上学历中，县城小学、乡镇小学、乡村小学高级教师的所占比例依次为 1.39%、0.92%、0.65%；在大专学历中，县城小学、乡镇小学、乡村小学高级教师的所占比例依次为 1.27%、1.34%、0.93%；在中师/中专及以下学历中，县城小学、乡镇小学、乡村小学高级教师的所占比例依次为 9.09%、1.22%、0.69%。其次，相对于本科及以上、大专学历，无论县城小学、乡镇小学还是乡村小学，中师/中专及以下学历的高级教师和一级教师的所占比例均较高。比如，在县城小学的一级教师中，学历为本科及以上、大专、中师/中专及以下的所占比例依次为 38.89%、59.48%、45.45%；在乡镇小学的一级教师中，学历为本科及以上、大专、中师/中专及以下的所占比例依次为 21.57%、50.08%、62.02%；在乡村小学的一级教师中，学历为本科及以上、大专、中师/中专及以下的所占比例依次为 17.27%、44.65%、55.56%（见表 9.4）。

① 丁钢、陈莲俊、孙玫璐：《中国中小学教师专业发展状况调查与政策分析报告》，载《教育研究》，2011(3)。

表 9.4　县域内不同职称小学教师的学历分布情况　　单位:%

指标		本科及以上	大专	中师/中专及以下
总体	高级教师	0.84	1.13	1.27
	一级教师	20.95	48.00	57.38
	二级教师	34.38	34.77	31.22
	三级教师	35.22	12.09	9.28
	未评职称教师	8.61	4.01	0.85
县城小学	高级教师	1.39	1.27	9.09
	一级教师	38.89	59.48	45.45
	二级教师	44.44	27.85	45.46
	三级教师	15.28	10.13	0.00
	未评职称教师	0.00	1.27	0.00
乡镇小学	高级教师	0.92	1.34	1.22
	一级教师	21.57	50.08	62.19
	二级教师	31.90	33.72	31.71
	三级教师	34.82	9.85	4.88
	未评职称教师	10.79	5.01	0.00
乡村小学	高级教师	0.65	0.93	0.69
	一级教师	17.27	44.65	55.56
	二级教师	36.29	36.59	29.86
	三级教师	38.88	14.42	12.50
	未评职称教师	6.91	3.41	1.39

从以上可以看出，第一，无论县城小学、乡镇小学还是乡村小学，中师/中专及以下学历的高级教师均占有一定比例。第二，无论县城小学、乡镇小学还是乡村小学，中师/中专及以下学历的一级教师和二级教师的所占比例均较高。一方面，这一部分高级教师可能是在 2015 年中小学职称制度改革之前评上的，也就是按照 1986 年的《小学教师职务试行条例》中的任职条件评审的高级教师职称。1986 年《小学教师职务试行条例》的任职条件中并没有对教师的学历做硬性要求，中师/中专学历的教师只要满足相应岗位的任教年限，逐渐地就可以评上高级教师，但在 2015 年改革后的《中小学教师水平评价基本标准条件》中，教师职称任

职资格评审不但要满足学历上的要求，而且也要满足岗位任教年限上的要求。这对目前学历是中师/中专的一级教师、二级教师、三级教师和未评职称教师来说，一级教师就已经是职称任职资格评审的天花板了。另一方面，可能是由于这些教师在师德师风、教书育人、教育教学改革课题研究等方面表现突出，符合地方制定的中小学教师水平评价标准中的破格条件，破格晋升为高级教师。

值得说明的是，现阶段，学历为中师/中专及以下的这部分教师的年龄已经偏大，在相当长的一段时间内，这一教师群体为我国的义务教育普及做出了巨大的贡献。直到现在，他们依然坚守在三尺讲台，散发着余热。职称任职资格评审中对高级教师的学历要求，对于目前学历为中师/中专及以下、职称不是高级教师的教师来说，评上高级教师是有难度的。之所以有难度，是因为对于他们其中教学能力较强的一部分人来说，由于年龄上的局限，进行继续教育以提高学历来获得高级教师的任职资格是不太容易实现的。虽然说这部分教师可以通过符合破格条件来参加高级教师职称任职资格评审，但是由于乡村小学教师在获取教育教学资源上的局限，其获得省级以上的奖项较困难。关于荣誉称号在职称任职资格评审中的作用，接下来会进行详细探讨，此处不再赘述。另外，在乡镇小学和乡村小学中，本科及以上学历的二级教师和三级教师的所占比例之所以很大，一方面可能是近年来我国农村教师队伍的学历结构得到了较大改善，另一方面可能是与近年来新教师的招聘有关。对于大专及以上学历的一级、二级、三级和未评职称的教师来说，他们只要满足相应岗位的任教年限，就可以逐渐地进行高级教师任职资格评审。

(2)荣誉称号作为加分项对乡村小学教师职称任职资格评审不利

荣誉称号的获得在一定程度上代表着教师教育教学水平的高低。虽然 2015 年国家在《中小学教师水平评价基本标准条件》未将中小学教师的荣誉称号与职称任职资格评审相联系，但是在多数地方公布的中小学教师专业技术职务评分细则中，都有关于荣誉称号的加分项。比如，湖南省湘西自治州制定的《中小学教师专业技术职务任职资格量化评审》，在教学能力的量化标准中规定参加各类教学比武竞赛(现场、视频或者录像)或省级以上奖励的记 5 分，市(州)奖励的记 4 分，县奖励记 3 分，校奖励记 2 分；在业务奖励的量化标准中规定在各类评优评先中，获县级及以上的学科带头人、骨干教师、教学能手、教研之星、首席名师记 5 分等；在综合奖励加分的量化标准中规定获劳动模范、优秀教师、优秀教育工作者、师德标兵奖励的，国家级加 5 分，省级加 4 分，市(州)优加 3 分，县优加 2 分。江西省的《中小学教师专业技术资格条件》直接规定了不同职称任职资格评审需要获得的相应荣誉称号。

从样本数据的荣誉称号获得情况来看，县城小学拥有县级以上荣誉称号的教

师比例最高，乡村小学最低；县城小学拥有县级以下荣誉称号的教师比例最低，乡村小学最高(见表9.5)。

表9.5　县域内小学教师的荣誉称号获得情况　　单位：%

荣誉称号	县城小学	乡镇小学	乡村小学
县级以上	37.00	26.60	14.50
县级	35.20	41.10	36.70
县级以下	27.80	32.30	48.80

基于样本数据的荣誉称号获得情况，我们对其职称结构进行分析得出：总体上，教师的荣誉称号越高，职称等级越高。具体来讲，首先，无论县城小学、乡镇小学还是乡村小学，高级教师和一级教师的荣誉称号均集中在县级及以上。以高级教师为例，在县城小学中，荣誉称号为县级以上、县级、县级以下的所占比例依次为5.00%、0.00%、0.00%；在乡镇小学中，荣誉称号为县级以上、县级、县级以下的所占比例依次为2.54%、0.73%、0.47%；在乡村小学中，荣誉称号为县级以上、县级、县级以下的所占比例依次为2.21%、0.65%、0.49%。其次，无论县级以上、县级还是县级以下的荣誉称号，相对于县城小学，乡镇小学、乡村小学的高级教师和一级教师的所占比例均较低。以一级教师为例，在县级以上的荣誉称号中，县城小学、乡镇小学、乡村小学的所占比例依次为48.33%、47.74%、45.86%；在县级荣誉称号中，县城小学、乡镇小学、乡村小学的所占比例依次为56.14%、45.34%、48.36%；在县级以下的荣誉称号中，县城小学、乡镇小学、乡村小学的所占比例依次为42.22%、17.25%、23.40%(见表9.6)。这足以说明荣誉称号在教师职称任职资格评审中的权重。

表9.6　县域内不同职称教师的荣誉称号获得情况　　单位：%

指标		县级以上	县级	县级以下
总体	高级教师	2.69	0.66	0.46
	一级教师	47.23	47.18	21.75
	二级教师	33.61	35.62	33.36
	三级教师	15.97	14.85	31.89
	未评职称教师	0.50	1.69	12.54

续表

指标		县级以上	县级	县级以下
县城小学	高级教师	5.00	0.00	0.00
	一级教师	48.33	56.14	42.22
	二级教师	36.67	33.33	40.00
	三级教师	10.00	10.53	15.56
	未评职称教师	0.00	0.00	2.22
乡镇小学	高级教师	2.54	0.73	0.47
	一级教师	47.74	45.34	17.25
	二级教师	32.49	33.82	31.47
	三级教师	16.38	17.55	31.47
	未评职称教师	0.85	2.56	19.34
乡村小学	高级教师	2.21	0.65	0.49
	一级教师	45.86	48.26	23.40
	二级教师	34.81	38.04	34.21
	三级教师	17.12	12.17	33.39
	未评职称教师	0.00	0.88	8.51

从以上可以看出，在荣誉称号作为教师职称任职资格评审的加分项上，教师若想胜人一筹，就必须朝着县级及以上的荣誉称号的方向努力，那么对于乡村小学教师来说，难度较大。之所以对于乡村小学教师来说难度大，是由于乡村小学较乡镇小学，乡镇小学较县城小学，其获取可利用资源的程度不同，即从县城小学、乡镇小学到乡村小学，教育教学资源的可获取程度依次降低，也就是乡村小学教师获评教学能手、骨干教师等荣誉称号，获得教育教学成果奖、优质课大赛奖项的机会非常少。[①] 乡村小学教师较乡镇小学教师以及乡镇小学教师较县城小学在评荣誉称号上的难易差距，主要是由乡村小学教师与城镇小学教师不同的教育教学资源和成长环境造成的。乡村小学教师在教育教学资源的获取程度较低的情况下，评定县级以上的荣誉称号的难度自然就相对较大。

(3)教龄在职称任职资格评审中的比重不利于青年教师

2015 年，国家在《中小学教师水平评价基本标准条件》中对不同职称教师的

① 张泽芳：《中小学教师职称制度改革探究》，载《教学月刊·中学版(教学管理)》，2014(7)。

岗位任教年限予以规定，但并未对教师的教龄做硬性要求。根据各地制定的具体的中小学教师评价标准条件，有的地方不但在任职条件中有对岗位任教年限的要求，而且在具体的量化评审中有教龄的加分项。以湖南省制定的《中小学教师专业技术职务任职资格量化评审》为例，其在"奖励性加分"中规定：教龄每年加0.3分。仅凭这0.3分的作用可能很小，但是若教龄在10年以上，就是加3分，20年以上就是加6分。在竞争激烈的职称任职资格评审中，有可能仅因1分之差，就会导致部分教师落评。显然，教龄在其中所占的分量极不利于青年教师的职称任职资格评审。

从样本数据的教龄分布情况来看，无论县城小学、乡镇小学还是乡村小学，教师队伍均呈现出青年教师的所占比例与中老年教师近乎对等的"哑铃状"，即10年以下、10～19年两个教龄阶段的所占比例与20～29年、30年以上两个教龄阶段的差距较小(见表9.7)。近些年，国家通过各种方式(如"特岗计划""免费师范生")补充年轻教师，县域内青年教师的所占比例有所提升，但是中老年教师的所占比例依然持高不下。

表9.7 县域内小学教师的教龄分布情况　　单位:%

教龄	县城小学	乡镇小学	乡村小学
10年以下	20.99	39.25	36.58
10～19年	27.78	19.70	18.29
20～29年	38.88	27.74	28.84
30年以上	12.35	13.31	16.29

基于样本数据的教龄分布情况，我们对其职称结构进行分析得出：总体上，教师的教龄越长，职称等级越高。具体来讲，首先，在县城小学中，高级教师的教龄主要在30年以上，所占比例为10.00%；在乡镇小学、乡村小学中，高级教师的教龄均主要集中在20年以上，所占比例分别为13.84%、3.56%。其次，无论县城小学、乡镇小学还是乡村小学，一级教师的所占比例均随着教龄的增加而增加。以乡村小学为例，其一级教师在4个教龄阶段的所占比例依次为5.46%、36.24%、58.73%、62.75%(见表9.8)。最后，从调研访谈中了解到，在乡镇连续工作满25年和15年，就可以不受职称评审职数的限制，再另外满足一个条件就可以直接评一级教师、高级教师，中年及以上的教师对目前这样的职称政策比较满意，但是青年教师并不满意。大多数教师均提到，青年教师的职称评审相当困难，基本上没有机会，而按照目前的职称政策，需要任职年限满15年，也就是年龄到40岁左右的时候，才能评定一级教师和高级教师职称。

从以上可以看出，当把教龄作为教师职称任职资格评审的量化加分时，无论县城小学、乡镇小学还是乡村小学，都显现出了青年教师的不利处境。

表 9.8 县域内不同职称小学教师的教龄分布情况　　单位:%

指标		10 年以下	10～19 年	20～29 年	30 年以上
总体	高级教师	0.16	0.49	1.09	3.03
	一级教师	0.94	26.77	58.84	66.67
	二级教师	22.41	47.19	35.35	25.97
	三级教师	55.64	23.47	4.24	3.68
	未评职称教师	20.85	2.08	0.48	0.65
县城小学	高级教师	0.00	2.22	0.00	10.00
	一级教师	20.59	44.44	60.32	75.00
	二级教师	41.18	46.67	33.33	15.00
	三级教师	35.29	6.67	6.35	0.00
	未评职称教师	2.94	0.00	0.00	0.00
乡镇小学	高级教师	0.00	0.00	5.84	8.00
	一级教师	6.13	40.08	59.16	68.68
	二级教师	29.12	45.80	32.64	22.19
	三级教师	46.36	13.36	1.85	1.13
	未评职称教师	18.39	0.76	0.51	0.00
乡村小学	高级教师	0.22	0.00	1.11	2.45
	一级教师	5.46	36.24	58.73	62.75
	二级教师	29.48	52.84	36.01	29.90
	三级教师	53.49	10.48	3.87	3.92
	未评职称教师	11.35	0.44	0.28	0.98

2. 县域内职称指标分配不均衡

县域内职称指标分配不均衡，将使得乡村教师获得职称任职资格评审的机会少。随着城镇化的推进，乡村学校生源不断减少，教师队伍不断流失，而当下依据师生比来确定教职工数量的现实情况，往往导致越是处于基层的学校，其学校教师数量越少。现阶段，各级职称指标的数量是根据学校现有教职工数量和已评

上职称的教师数量而定的，如果学校超过了固定名额，就不会再得到多余的名额。① 那么学校分配到各级职称指标的数量多寡，是由学校教职工数量和已评上职称的教师数量多寡决定的。另外，职称指标是通过人事部门从省、市、县、乡镇层层下达到学校，往往导致县和乡镇进行指标分配时呈现“锅底效应”，即城区学校、乡镇学校高于其他乡村学校，重点学校高于一般学校，中心学校高于村小。这种通过人事部门层层下达的工作方式易造成职称指标的截留和挪用。②

从样本数据的职称分布情况来看，无论县城小学、乡镇小学还是乡村小学，均呈现出“两头少、中间多”的职称结构，即一级教师和二级教师的所占比例均较高，高级教师、三级教师和未评职称教师的所占比例均较低。具体来讲，县城小学教师的职称结构优于乡镇小学和乡村小学。县城小学的高级教师、一级教师的所占比例均高于乡镇小学，乡镇小学又高于乡村小学。其中，县城小学、乡镇小学、乡村小学的高级教师比例分别为1.85%、1.13%、0.80%；一级教师比例分别为49.38%、36.92%、35.78%(见表9.9)。这就意味着，在整个县域范围内的小学中，高级教师和一级教师的职称分布呈倒挂状，即县城小学高于乡镇小学，乡镇小学高于乡村小学，体现出严重的不均衡性。一方面可能是由于基层学校得到的职称指标本身较少，另一方面可能是基层学校高职称教师的向城流动所致。另外，乡镇小学未评职称教师的比例高于乡村小学，乡村小学高于县城小学，这与我们以往的认识不太相同。在以往的研究中，乡村小学的未评职称教师的比例是处于最高，乡镇小学次之，县城小学最低。而在这里，县城小学未评职称教师的比例依然是最低，而乡镇小学反超了乡村小学，所占比例成为最高，为7.52%。之所以乡镇小学未评职称教师的比例高，可能是与近年来新教师的引入有关。

表9.9　县域内小学教师的职称分布情况　　单位:%

职称	县城小学	乡镇小学	乡村小学
高级教师	1.85	1.13	0.80
一级教师	49.38	36.92	35.78
二级教师	36.42	32.70	35.70
三级教师	11.73	21.73	23.24
未评职称教师	0.62	7.52	4.48
合计	100	100	100

① 马香莲:《中小学教师职称制度的问题及其对策》，载《教学与管理》，2017(7)。

② 贾建国:《我国城乡教师差异的制度分析与教师制度的变革》，载《教育学术月刊》，2008(4)。

从微观层面上来看，不同类型小学的职称结构与整体县域范围内的职称结构基本保持一致，即一级教师、二级教师的所占比例均较高，但凸显出了乡镇其他小学(位于乡镇，但非中心小学)的职称结构上的不乐观。在乡镇一级小学中，乡镇中心小学的高级教师、一级教师的所占比例远高于乡镇其他小学，乡镇其他小学高级教师的所占比例为 0.00%；在乡村一级小学中，教学点高级教师的比例远高于其他类别的小学，甚至超过了县城小学(见表 9.10)。之所以教学点高级教师的所占比例最高，可能是与《乡村教师支持计划(2015—2020 年)》的实施有关。值得注意的是，近些年国家颁布的与乡村教师职称相关的政策，虽然对乡村教师职称评审给予了相应倾斜，但考虑到的多为村小和教学点，并未考虑到不同类型小学的职称晋升需求。

表 9.10　县域内不同类型小学教师的职称分布情况　　单位:%

职称	县城小学	乡镇中心小学	乡镇其他小学	村小	教学点
高级教师	1.85	1.32	0.00	0.70	1.94
一级教师	49.38	37.33	34.52	35.94	33.98
二级教师	36.42	31.42	40.10	35.77	34.95
三级教师	11.73	21.98	20.30	22.98	26.21
未评职称教师	0.62	7.95	5.08	4.61	2.92
合计	100	100	100	100	100

另外，在调研座谈会上，也有教师提到，对于乡村小学来说，小学高级职称(一级教师)基本上就是职称评审的终点了，学校根本没有高级职称的名额，或者有的话也是非常少，甚至有些乡镇连中级职称(一级教师)的名额都没有。也就是说，对于乡镇小学和乡村小学教师来说，由于没有高级职称的获得机会，评到小学高级职称(一级教师)就相当于看到了职称晋升的天花板。

3. 职称评审方式不科学

乡村教师职称任职资格评审得不到全面的评价。一方面，现在的教师职称任职资格评审一般以由同行专家组成的评委会为主，带有较大的主观性。评委会只能通过审阅所有参评人员的申报资料来考虑其综合水平，缺乏对农村教师教学实际的过程性考量。教师评定职称成功与否，只是依赖于评委会、领导和学校代表教师所投票数的多寡，缺乏多元主体的参与评价。另外，职称任职资格评审存在“暗箱操作”，缺乏有效监督。由于评委会对教师职称任职资格评审的过程是非公开的，普遍存在评审对象依托人情关系“补分”的现象。评委会很难在短时间内对

教师的各项资料进行严谨的分析，自然会对找过"关系"的教师有较深的印象。①这就容易导致本该评上高一级职称的教师没有评上，反而给不符合评定标准的教师留下了可乘之机。另一方面，职称评审程序烦琐，对农村教师提出了较大的挑战。在调研座谈会中，部分县教育局及学校管理人员均提到，职称评审需要教师填写上报的材料过多，对于部分年龄略大的乡村教师而言，无疑是一种负担。比如，《湖南省中小学教师系列专业技术职务申报人员评审材料种类及要求》中的材料种类共计13项，无形之中对乡村教师提出了挑战。

教师职称任职资格评审的成功，是由多种因素综合决定的。在上述内容中，我们只是以较为直观的方式呈现了县域内小学教师的职称分布情况、学历情况、荣誉称号情况和教龄情况。在实践中，职称任职资格指标的多寡是主要因素。伴随着国家在政策上给予乡村教师的多重支持，虽然乡村教师队伍建设依然面临着一些困境，但是整体水平的提升是有目共睹的。2015年，《乡村教师支持计划(2015—2020年)》八项组合拳的精准发力，乡村教师队伍"下得去、留得住、教得好"的局面正逐步形成。因此，乡村小学教师职称任职资格评审迫切需要跟进教育的步伐和时代的发展，综合考虑当下教师队伍老龄化与青年教师比例提升的共存形势，以巩固乡村教师队伍"下得去、留得住、教得好"的基本局面。

（二）乡村教师职称岗位聘用难

根据国家文件的相关精神，2015年改革后的中小学教师职称（职务）制度将原有职称制度的职称（职务）晋升转变为岗位晋级，统一后的中小学教师职称（职务）分别与事业单位专业技术岗位等级相对应，以实现与事业单位聘用制的有效衔接。2015年，《关于深化中小学教师职称制度改革的指导意见》提出，中小学教师职称（职务）岗位设置应在核定的编制内和教师职称（职务）的结构比例内实施，从而建立起编制与岗位相一致的中小学人事管理体系，确保岗位设置与学校教育发展相适应。根据2007年《关于义务教育学校岗位设置管理的指导意见》的规定，中小学岗位设置分为专业技术岗位、管理岗位、工勤技能岗位三种类别。专业技术岗位又分为教师岗位和其他专业技术岗位。但由于各级管理部门对义务教育学校的岗位类别划分不明确、岗位设置不科学和岗位使用效率低等问题，实践中存在依附教师评聘专业技术职称（职务）、各类学校教师职称（职务）晋升需求得不到满足和各类学校教师职称（职务）晋升实际得不到体现等问题，以致农村教师职称岗位聘用难。

1. 岗位类别划分不明确

岗位类别划分不明确，存在依附义务教育教师岗位评聘专业技术职称（职务）

① 丁山、杜桂娥：《我国乡村中小学教师职称评定问题探析》，载《时代教育》，2016(4)。

的现象。一方面，管理岗位和工勤技能岗位人员依附于教师岗位评聘专业技术职称(职务)。1986 年颁布的《关于中小学教师职务试行条例的实施意见》提出："中小学教师担任学校行政领导职务的，经评审表明，符合教师职务任职条件，可按规定聘用或任命相应的教师职务，其承担的教师职务部分的职责与任务，可由学校根据实际情况确定。工资待遇，按教师职务或行政职务中较高的职务工资标准执行。"一些地方教育主管部门虽然规定，校长或其他管理者必须承担一定数量的教学课时，才能依附教师评聘专业技术职称(职务)，但从实践来看，这一点很难得到保证。部门管理者长期脱离学科教学或者学生管理实践的一线工作，其专业技术职称(职务)与实际工作相脱离。①

根据样本数据，管理岗位和工勤技能岗位人员均有在未承担课时量的情况下，依附于教学岗位评聘专业技术职称(职务)。管理岗位以副校长为例，在 2587 个样本数据中，担任副校长职务的共有 128 人，其中有 103 人未承担课时量，占到总体的 3.98%。在这 103 位未承担课时量的副校长中，高级岗位的所占比例为 2.91%，中级岗位的所占比例为 61.17%，初级岗位的所占比例为 35.92%。工勤技能岗位以总务主任为例，在 2587 个样本数据中，担任总务主任职务的共有 91 人，其中有 50 人未承担课时量，占到总体的 1.93%。在这 50 位未承担课时量的总务主任中，高级岗位的所占比例为 0.00%，中级岗位的所占比例为 62.00%，初级岗位的所占比例为 38.00%。这足以说明，管理岗位、工勤技能岗位与教学岗位之间的联系与区别的不明晰，会因其占用教师职称(职务)比例，而导致后续的教师无法聘用中高级职称(职务)。

另一方面，非独立建制幼儿园的教师依附小学教师评聘专业技术职称(职务)导致农村教师岗位的隐形流失。由于目前我国学前教育不属于义务教育范畴，农村普遍存在幼儿园教师挤占义务教育教师编制的问题。通常是属于小学编制的教师在幼儿园的岗位上任教，造成了对义务教育学校编制和岗位的双重挤占。

根据非独立建制幼儿园教师的样本数据，乡镇小学附属幼儿园教师存在依附中小学教师评聘专业技术职称(职务)的现象。在高、中、初级岗位中，乡镇小学附属幼儿园教师中均占有一定比例，依次为 5.26%、10.53%、84.21%(见表 9.11)。县城小学附属幼儿园和乡村小学幼儿园的教师不存在依附于中小学教师评聘专业技术职务的现象。

① 李健：《开展中小学管理系列专业技术职务评聘的政策分析与建议》，载《教育理论与实践》，2012(11)。

表 9.11 县域内非独立建制幼儿园教师的职称评聘情况 单位:%

岗位	县城小学附属幼儿园	乡镇小学附属幼儿园	乡村小学附属幼儿园
高级岗位	0.00	5.26	0.00
中级岗位	0.00	10.53	0.00
初级岗位	0.00	84.21	0.00

2. 岗位设置不科学

岗位设置不科学，不能满足不同类型小学教师的职称(职务)晋升需求。第一，以编制数核定专业技术岗位的方法脱离了学校实际工作的需要。一方面，高、中、初级专业技术岗位的数量应是依据学校教育教学工作的实际需要设定的。根据学校教育教学的需要，一旦学校的生源、教育教学任务或重点发生了变化，中高级岗位就可能会相应增加或减少。根据编制数确定高、中、初级专业技术岗位的数量，相对来说是静态的，岗位数的设置基本上是固定的。① 另一方面，农村学校普遍存在着结构性缺编的现象。若按照现行编制标准 1∶19，对全校(中心校下辖所有学校)学生数量进行核算，表面上整个学校的编制数量是足够的。但乡镇中心学校进行编制分配时，在村小、教学点这样学生数量较少的小规模学校往往会出现结构性缺编的现象，从而增加了教师岗位的竞争力。第二，现行岗位设置是按区域设岗，脱离了农村学校的实际情况。受学校自身发展的诸多因素的影响，不同学校教师专业技术职称(职务)的结构不同，每种学校类型的岗位需求也不同。

样本数据表明，区域岗位结构与不同类型小学的岗位结构比例不匹配(见表 9.12、表 9.13)。从区域上来看，县、乡(镇)、村区域的岗位结构比例差距明显，体现为县城优于乡镇，乡镇优于乡村。从不同学校类型上来看，县城小学、乡镇中心小学和教学点的岗位结构比例是相对有利的，乡镇其他小学和村小相对处于不利地位。乡(镇)和乡村区域的岗位结构比例与其相对应的学校的岗位结构比例相差较大。第一，县城区域的岗位结构比例与县城小学的岗位结构比例基本一致。第二，乡镇区域的岗位结构比例与乡镇小学的岗位结构比例有差距。乡镇小学主要包括乡镇中心小学和乡镇其他小学。其中，乡镇区域的岗位结构比例低于乡镇中心小学，且又高于乡镇其他小学。也就是说，乡镇区域的岗位结构比例相对偏低是被乡镇中心小学的岗位结构比例相对偏高和乡镇其他小学的岗位结构比例相对偏低中和了。第三，乡村区域的岗位结构比例与乡村小学的岗位结构比

① 孙晓东:《中小学教师专业技术职务评聘分开模式研究——以淄博市部分学校为例》，硕士学位论文，山东师范大学，2009。

例也存在差距。乡村小学主要包括村小和教学点。其中，乡村区域的岗位结构比例低于教学点，且又高于村小。同理，乡村区域的岗位结构比例偏低是被教学点的岗位结构比例相对偏高和村小的岗位结构比例相对偏低中和了。专业技术职称(职务)的比例结构，严重制约着教师职称(职务)的晋升。也许同样资历水平、相同工作年限和教龄的教师，因为学校的职称(职务)结构比例不同，面临着能否参与申报职称(职务)评审的关键问题。[①] 这说明按照区域内同一种岗位结构比例设置不同学校的专业技术职称(职务)比例，显然满足不了各类学校教师的职称(职务)晋升需求。

表 9.12　不同区域的岗位结构比例

区域	高级岗位数	中级岗位数	初级岗位数	结构比例
县城	3	80	78	1∶26.7∶26
乡镇	15	492	723	1∶32.8∶48.2
乡村	10	448	738	1∶44.8∶73.8

表 9.13　不同类型小学的岗位结构比例

学校类型	高级岗位数	中级岗位数	初级岗位数	结构比例
县城小学	3	80	78	1∶26.7∶26
乡镇中心小学	15	424	604	1∶28.27∶40.27
乡镇其他小学	0	68	119	0∶68∶129
村小	8	413	675	1∶51.6∶84.37
教学点	2	35	63	1∶17.5∶31.5

3. 岗位使用效率低

岗位使用效率低，不符合不同类型小学教师的职称(职务)晋升实际。岗位使用是一项具有较强操作性的工作，也就是说，岗位如何使用是由基层教育行政部门执行操作的。2001 年的《关于完善农村义务教育管理体制的通知》提出：“乡(镇)人民政府不设专门的教育管理机构，乡(镇)有关教育工作由乡(镇)长直接负责，教育教学业务管理由乡(镇)中心学校校长负责。”那么，目前乡镇中心小学在进行岗位分配和使用时，一般是下辖乡镇小学、村小和教学点中符合晋升条件的教师集中申报，公开竞聘空缺岗位。因此在岗位数额分配相同的情况下，在师资

① 杨斐：《中小学教师职务制度的改革研究——以上海市为例》，硕士学位论文，上海师范大学，2016。

力量强一点的学校中，会因岗位数额的限制，出现“僧多粥少”的现象；相反在师资力量薄弱的学校中，会因固定的结构比例，分配的岗位数额与师资力量稍强学校相当，出现“僧少粥多”的现象。

乡镇中心小学、乡镇其他小学、村小和教学点的岗位结构比例差异较大(见表9.13)。其中，在乡镇一级，乡镇中心小学是相对“僧少粥多”，乡镇其他小学是连高级职称的“粥”都没有；在乡村一级，教学点是相对“僧少粥多”，村小则是“僧多粥少”。由于专业技术岗位数量是根据各学校的编制数量核定的，只要编制数量不变，学校的中高级专业技术岗位数量就会保持长期稳定的状态而不会发生变化。① 这就意味着在师资力量稍弱的学校中，由于固定的岗位数量，教师岗位聘用的竞争力会大大下降，导致并未达到促使教师继续发展的设岗初衷。乡镇中心小学在对下辖乡镇小学、村小和教学点进行岗位分配时，并未考虑到不同类别学校都有高、中、初级岗位的需求，从而脱离了不同学校教师的职称(职务)晋升实际，导致岗位使用效率低。

四、乡村教师职称(职务)评聘难题的原因剖析

原有职称(职务)制度向现行职称(职务)制度转变需要过渡期。从中小学教师职称制度的建立到改革，中间有着30年的跨度。2007年，国家下发《关于义务教育学校岗位设置管理的指导意见》，其中在专业技术岗位等级设置中提出根据义务教育法的规定，国家建立统一的义务教育教师职务制度。国务院人事行政部门会同教育行政部门制定中小学实行统一的义务教育教师职务制度的实施办法前，暂按现行的教师职务制度实施岗位设置和聘用工作。但是直到2015年统一的义务教育教师职称制度和实施办法才得以确立，原有职称制度遗留的问题还未完全解决，现行职称制度在实施过程中又要面临新问题。

(一)中小学教师职称(职务)评聘工作中多部门协调工作难度大

职称制度改革非教育部门一己之力能够完成，需要人社、财政等部门的支持和配合。虽然《乡村教师支持计划(2015—2020年)》中明确提出：“发展改革、财政、编制、人力资源和社会保障部门要按照职责分工主动履职，切实承担责任。”但“按章办事”“各司其责”的工作机制，使得教育行政部门在职称(职务)评聘向乡村教师倾斜方面较为被动，与人力资源和社会保障等部门难以形成工作合力，增加了改革的难度，影响了职称(职务)评聘向乡村教师倾斜政策的落实。尤其是县级层面政府之间的沟通和协调工作，开展难度较大。在调研座谈会中，弋阳县教育局局长提出，随着时间的推进，教育内部发生了较大变化，而现在的编制数是

① 孙晓东：《中小学教师专业技术职务评聘分开模式研究——以淄博市部分学校为例》，硕士学位论文，山东师范大学，2009。

按照学生数在 2010 年核定的，早已不能适应现在的职称评聘岗位需求。但编办对编制数又抓得很紧，并不会随着教育的实际需求来相应增加编制。也就是说，仅凭教育部门的一己之力，推进职称制度改革几乎不可能实现。

(二)评聘分开向评聘结合过渡需要缓冲期

由之前的评聘分开转为职称任职资格评审和职称岗位聘用的统一，以实现与事业单位岗位聘用制度的衔接，这就需要各地方政府根据实际情况向评聘结合转变。由于岗位比例的限制，改革前待聘教师的岗位聘用与改革后符合评聘条件教师的岗位聘用相冲突，也就是在解决大量待聘教师岗位聘用问题的同时，又要以推行新制度来评聘改革后符合条件的教师，这就会导致原本紧缺的岗位更加供不应求。从调研座谈会中了解到，有相当一部分教师都是评上了高一级的职称，但岗位和工资依旧停留在原有职称上。因此，要实现新旧职称制度的平稳过渡，就必须先解决待聘人员的岗位聘用问题。关于缓冲期的长短，是与各地经济和教育发展水平有着紧密关系的。比如，作为新职称制度改革试点之一的山东省潍坊市，从 2009 年改革原有职称制度到新制度的平稳过渡用了 4 年的时间。显然之前的评聘分开所产生的职称存量，短时间内必然是消化不了的。①

(三)村小与教学点处于职称管理的边缘地带

职称(职务)评审以中心校为单位，村小及教学点在职称(职务)评审过程中则处于边缘地带。首先，中心校在职称(职务)指标下发工作中，会向中心校倾斜，村小和教学点在此工作中处于不利地位，存在名额分配不合理的现象。其次，乡村教师的职称(职务)评聘会受到自身学校的职称结构比例的影响，也与教师自身的综合素质有密切的关系。最后，村小和教学点尚不具备独立法人的地位，多由中心校作为其代理人的身份对其进行管理，因而在职称管理中的参与权有限。

五、乡村教师职称(职务)评聘难题的破解思路

自 2009 年教育部决定在山东潍坊等三个城市推进中小学职称改革试点以来，越来越多的城市和地区都在进行教师职称改革。从试点情况来看，改革主要聚焦于以岗位代替评聘分离，着眼解决职称资格与岗位聘用之间不统一的现实矛盾。从改革情况来看，难题主要是解决待聘人员多、结构比例不合适等问题。② 因此针对以上问题，本报告从政府执行、岗位设计和教师评审三个角度，给出各部门综合改革、科学设置岗位和契合农村教师评聘实际的破解思路。

(一)加强政府各部门联动，促进综合改革

职称制度的改革并非是教育行政部门的一己之力就可以完成的，而是需要发

① 张园园：《小学教师职称评审制度的问题与透视》，硕士学位论文，山东师范大学，2014。

② 潘希武：《中小学教师职称改革的重新定位》，载《基础教育》，2014(2)。

挥部门的联动作用，建立改革的协同推进机制，在加强顶层设计的同时，又要保证政策稳稳落实。教师专业技术职称(职务)不仅与学校、教育主管部门有关，而且涉及编制、人社、财政等多个部门。比如，在职称改革中，编制核定由教育部门完成，编制调整则由编制部门负责，岗位设置是由人社部门负责，教师评聘职称后的工资待遇则是由财政部门负责。

一方面，厘清问题重点，进行多部门会诊。由于教师职称多方管理的实际情况，各地可以成立专门的工作小组或机构，以人力资源和社会保障、教育、财政、纪检监察等有关部门为组织成员，具体负责改革工作的组织实施、政策指导和监督检查，并建立部门联席会议制度，定期召开会议，各个部门既要做到分工明确，又要做到共同协商解决问题。因此各地方政府就需要开展调研摸底工作，以准确掌握各类学校教师的总体情况，找出本地区农村教师职称(职务)评聘难的问题所在，从根本上进行改革。

另一方面，各个部门要联合做好新、旧职称(职务)制度的过渡工作。各地可以通过制定中小学职称制度改革的人员过渡办法，对人员过渡的范围、内容、程序等做出具体规定，以保障人员过渡工作平稳顺利进行。教育行政部门要加强对乡村教师队伍建设的统筹管理、规划和指导，协调与人力资源和社会保障、财政等部门之间的工作机制，形成工作合力，共同完善乡村教师职称(职务)评聘的相关政策，保证相关政策的落实。

(二)加强编制管理，科学设置岗位

现行的教师职称制度中，职称(职务)等同于岗位。岗位数量的确定首先需要以学生数量和学科设置为基础，在没有科学地进行岗位分类分层的情况下，以岗位数量定职称评审实际上是以编制数量定职称评审。① 各地应通过调查摸底，摸清各类中小学在编在岗教师人数、职称结构、已聘和待聘情况，有针对性地解决问题。

在加强编制管理方面，在科学核算编制数量的同时，健全编制动态管理机制。一是推动地方实行城乡统一的中小学教职工编制标准，对村小和教学点采取生师比和班师比相结合的方式核定教职工编制。根据各地的人口分布、学生规模、经济基础、区域特征、教学资源等情况开展摸底调研工作，科学预测学龄人口的变化趋势，积极应对“全面二孩”政策实施后对教育的冲击，以不同类型学校的规模和岗位需求合理确定编制数量。二是实行义务教育教师编制的实名动态管理，不断提高编制实名制管理的基础性作用。通过与纪检监察、组织、人社等部门配合，扎实开展在编不在岗专项督查，通过逐年核销工勤和教辅人员编制、清退在编不在岗人员、老教师转岗空出编制等方式，腾出编制优先用于乡村教师的

---

① 潘希武：《中小学教师职称改革的重新定位》，载《基础教育》，2014(2)。

统筹调配使用。

在科学设置岗位方面，改按区域设岗为按学校设岗。地方政府在岗位结构比例的设置上，要充分考虑乡村小规模学校、寄宿制学校和城镇学校的实际需要，统筹分配各校教职工岗位数量，并应适当提高小学高级教师岗位、中级教师岗位的结构比例，重点向农村、偏远地区和薄弱学校倾斜，鼓励和引导具有中高级职称的教师到空缺岗位的小学任教。针对不同类型小学设定不同的岗位结构比例，以符合其不同的岗位需求，避免出现有学校分配不到任何中高级岗位指标的情况。

(三)把握问题的关键，重点契合农村教师职称(职务)评聘实际

职称(职务)评聘关乎乡村教师的切身利益。契合乡村教师实际的职称评审政策，能够为乡村教师提供较为公平的职业发展环境和顺畅的职业发展通道，增加乡村教师的实质收益。

一方面，简化乡村教师职称评审程序，优化评定条件。一是简化乡村教师职称评审程序，充分考虑部分乡村教师的办公实际，去除不必要的程序和评审材料，减少乡村教师职称评审过程中的困扰。二是优化乡村教师职称评审条件，充分考虑乡村教师的教学实际，实行乡村教师职称单独评审，破解乡村教师因教学成绩、优质课、评比活动等短板带来的职称评审困境，为乡村教师提供较为公平的职业发展环境；对于乡村紧缺学科音体美等教师的职称评审需要格外关注，应制定符合音体美等学科的职称评审条件，顺畅其职业发展通道，提升乡村音体美等紧缺学科教师岗位的吸引力。

另一方面，厘清问题重点，加大职称(职务)评聘倾斜的力度。一是职称(职务)评聘向村小、教学点教师倾斜。各级教育行政部门需要在乡村教师职称评聘改革成绩的基础上，进一步深化乡村教师职称制度改革，对乡村学校内部进行细分，优先考虑村小、教学点教师的职业发展诉求，在考虑村小、教学点教师的实际工作状况与教学实绩的基础上，扩大村小、教学点教师的职称评聘机会，简化职称评聘条件，为村小、教学点教师的职业发展创造良好的政策环境。二是职称(职务)评聘向乡村青年教师倾斜。创新乡村教师职称晋升机制，实行职称评定的“双轨制”。首先，仿效县以下机关公务员职务与职级并行的制度，在乡村任教达到一定年限，可自动晋升高一级职称或岗位，并及时兑现工资待遇，吸引和留住更多的青年教师长期在乡村学校任教。其次，可以针对乡村优秀青年教师，打破职称晋升的年限限制，推行乡村优秀青年教师职称的破格晋升制度，为乡村青年教师搭建良好的职业发展平台，提高乡村青年教师的工作积极性。通过职称评审的“双轨制”，稳定乡村青年教师队伍。

【本报告撰写人：张源源、吉慧、刘飞飞、秦田田。作者单位：教育部人文社会科学重点研究基地东北师范大学中国农村教育发展研究院】

第10章　乡村小学多学科教师教学问题研究

【概要】乡村多学科教师主要是指同时承担两门及两门以上学科教学的乡村教师。选择两门作为多学科教学的临界条件是源于对职前培养的单学科特征和教师教学安排问题的综合考虑，其主要研究问题是对教师的工作量、工作难度和由此引发的教学压力的探讨。由于目前我国教师职前培养和职后培训的现实情况与实际的培养、培训需求分离，对于从事多学科教学的教师来讲，在所教学科的广度与深度上都表现出一定的教学压力与困难。乡村多学科教师的受教育需求是否得到满足？多学科教师的教学是否面临着工作量和工作难度上的双重困境？乡村多学科教师对于多学科教学是否感到压力？针对以上问题，我们对全国12个省份的23个区县的246所学校进行了问卷调查，有效问卷为1872份，其中城区476份，县城415份，乡镇655份，乡村326份。通过调查，我们发现如下几个方面。

在多学科教师教育上，第一，"数学或语文＋1门选修"以及"数学或语文＋多门选修"的模式是我国当前主要的小学多学科教师的培养需求模式，"数学＋语文＋多门选修"的培养需求模式是乡村多学科教师最急需的，比例占20.19％。第二，多学科教师更需要综合性强的培养模式，如一门或多门必修与多门选修的组合。乡村教师最主要的培养需求为"数学或语文＋多门选修"，比例高达22.00％。第三，教师职后培训困难无明显的群体差异，"学校无法给足时间参加培训"和"培训任务太重"两项依次是当前小学教师培训中最突出的困难，在多学科教师的群体内部分别占48.93％和32.44％。第四，"学校缺少教师难以参加培训"的培训困难以42.21％的比例在乡村学校中最为突出。

在教师教学安排上，第一，农村教师尤其是乡村教师比城市教师和县城教师更能胜任较多科目(3 门以上)的教学，乡村中能胜任 3 门课以上的总共占 17.34%；现任门数越多的教师，对胜任多门教学科目越有把握；超一半(51.97%)的小学教师认为能承受的最大周工作量为 11～15 课时，且乡村小学教师认为自己能承受的最大周课时量要多于其他地区。第二，在教学意愿上，乡村教师选择“同一个班级的数学和语文”的比例相对较高。在“跨年级的数学或语文”中，乡村教师的比例也明显高于其他地区。第三，任教不熟悉的学科时，超过一半的教师都会选择“向教这门学科的骨干教师请教”和“自己琢磨这门学科的内容与特点”；在“向骨干教师请教和自己琢磨”的做法中，乡村教师选择的比例更高。第四，多学科教师所承受的最大工作量和教学的学科安排以及解决教学问题的方式与教师的性别、年龄、教龄等自然因素有关，也与教师的任教状态、教学经验等有关。

在压力状况上，第一，多学科教师群体较单学科教师群体承受更多的来自工作量的压力，与工作量相关的压力感受更强。第二，“备课时间更长”“考试成绩压力更大”和“作业批改量更大”，是当前我国小学教师普遍承受压力的三大来源。其中，对于“备课时间更长”这一压力来源，农村明显高于城区和县城。尤其是乡村，这一压力来源在所有压力来源中所占比例最高，高达 62.19%。第三，“乡中心校”教师的整体压力偏高，对三大压力来源的感受，分别高达 63.16%、61.40% 和 50.88%；对于来自工作量的压力，农村高于城市和县城；小规模学校的教师承受更多来自工作量的压力，来自班级管理的压力随着学校规模的扩大而增加。第四，多学科教师的压力感受还与教师的性别、年龄、教龄等自然因素有关。

基于此，本报告提出，建立并完善小学多学科教师的职前培养体系；构建与职前培养相统一的职后培训机制，提高多学科教师培训的有效性；科学安排教学任务，减轻农村小学多学科教师的工作量；尊重多学科教师的教学意愿，帮助其摆脱教学困境；合理安排教学，提高教学效率；改变以成绩为导向的评价方式，注重教师的过程性付出；关注初任教师和高龄教师的工作状态，为其提供帮助；给予女教师更多的在更具灵活性与挑战性的教学任务上的支持；为农村多学科教师，特别是小规模学校的多学科教师减负。

一、研究背景

(一)多学科教师职前职后教育的断裂、教师教育与现实多学科教学的分离造成乡村教师的知识困境

大多数乡村教师由于学校规模、师资条件和课程开设标准等，在现实的教育教学中通常担任两门及两门以上学科的教学。但我国目前的教师教育体系(包括职前的师范教育和职后的在职培训)存在不协调的因素。一方面是职前培养与职后培训的断裂，另一方面是这两种教育与教师实际教学情况的常态化分离。前者表现为职后培训不能延续职前培养的连续性和内容上的逻辑一致性以及职后教育在培养方式上的创新性；后者表现为师范教育普遍的分科培养、教师职业资格的分科获取以及职后培训中教师的自主选择性低与多学科教师所需的知识技能相矛盾。在这种教育体系下，教师的专业性降低，特别是对大部分不得不承担多科教学的乡村教师来说，无法获取有针对性的、丰富的相关专业知识，造成其专业发展和教学质量低的双重困境。

(二)尊重多学科教师的教学意愿、合理安排教学任务是提升教育教学质量的基础

尊重教师的专业特长，科学合理地安排教学任务是教师快速成长、保质保量完成教育教学任务的基础。现在多学科教师普遍面临着教学量大、所教非所学的困境。教师在教授自己不熟悉或不擅长的学科的时候，往往会付出更多的时间与精力，甚至出现事倍功半的结果，打消教师的专业自信和工作积极性。在师资充足的城区、县城和发达地区的个别农村，教师的教学意愿有可能被满足，但在师资匮乏的多数乡村，教师被迫从事非专业学科或不擅长学科，并且承担着巨大的教学工作量，往往会产生职业倦怠、力不从心的状况。如若不能合理地安排教学任务、科学地整合教师资源、及时地提供支持与帮助，还给教师附加各种烦琐的教务事宜和各种与教学无关的琐事，那无异于雪上加霜，给乡村教师带来巨大的身体与精神压力，乡村多学科教师的工作生态堪忧。

(三)高负荷的工作量和机械的评价方式等已给多学科教师带来巨大的教学压力

适当的压力可以促进人的发展，但过度的压力则会阻碍人的发展。目前，我国小学多学科教师所面临的压力主要来自巨大的工作量和学生的学习成绩。多学科教师的上课时间、备课时间、批改作业时间和课业辅导时间都要较单学科教师多。特别是对于大部分的农村教师，由于师资力量薄弱，有的农村教师一个人要同时教授几门课程，甚至几个年级的几门课程，压力很大。而且，现行的对教师的评价方式，主要是看学生的成绩。这关乎教师的评奖、评优、晋级职称等，给

教师造成了不小的心理负担。当教师只追求成绩时，就会忽略教育教学中很多科学、有益的东西，甚至违背教学规律和学生发展规律，严重影响教学质量。面对巨大的压力，如果不能及时排解和得到帮助，会严重影响教师的身心健康，影响教师队伍的建设与发展。

二、研究对象与方法

(一)研究对象

1. 选样标准的确定

本报告主要采用问卷调查和访谈相结合的方式，对全国义务教育阶段公办学校的在岗教师进行抽样调查，尤其关注小学阶段教师从事多学科教学的情况。为了更真实地还原现实，样本选择方面应体现出科学性和可操作性。

省级样本主要采用分层抽样的方法在全国范围内进行选择，省级指标的确定主要依据与教育极其相关的若干因素。人口因素确定人口数、城镇人口比重两项基本指标；经济因素确定人均生产总值、城镇单位就业人员的平均工资两项基本指标；地理因素确定区域类型、地貌特征和气候类型三项基本指标。指标确定的丰富性和科学性将直接影响到样本的代表力。

市县级样本主要采取分层抽样的方法在确定的省级样本中进行选择。指标确定标准为经济发展水平、人口数、地理环境。

学校样本主要采取分层抽样与随机抽样相结合的方法进行选择，市(区)域样本与县域样本的选择标准略有不同。市(区)域样本主要按照地域类型方式进行划分，包括中心城区和农民工聚集的城郊两项指标。县域样本主要按照行政归属和地域类型方式进行划分；城关镇按照学校归属于中心城区还是城郊进行划分；其他乡镇按照经济发展水平好、中、差的基本原则，对小学中心校、小学村小、教学点、初中等各类型学校进行调研。

2. 筛选指标与样本省(自治区、市)的确定

从人口水平来看，样本省(自治区、市)的人口数量排名分别处于全国的第1、2、3、7、9、10、11、12、13、19、20、22位。城镇人口比重比全国平均水平高的地区包括浙江、山东、湖北、广东和重庆，其中广东最高，比全国平均水平高13.23%；比全国平均水平低的地区包括江西、河南、湖南、广西、贵州、云南和甘肃，其中贵州最低，比全国平均水平低14.76%。因此，从人口因素来看，12个样本省(自治区、市)的分布较为合理。

从经济发展水平来看，选择人均 GDP、城镇单位就业人员的平均工资作为筛选维度。从人均 GDP 来看，高于全国平均水平的地区包括浙江、山东和广东，其中浙江最高为 73002 元，比全国平均水平高 22259 元；低于全国平均水平的地区包括江西、河南、湖北、湖南、广西、重庆、贵州、云南和甘肃，其中甘肃最低为 26433 元，比全国平均水平低 24310 元。从城镇单位就业人员的平均工资来看，高于全国平均水平的地区包括浙江、广东和重庆，其中浙江最高为 61572 元，比全国平均水平高 6354 元；低于全国平均水平的地区包括江西、山东、河南、湖北、湖南、贵州、云南和甘肃，其中河南最低为 42179 元，比全国平均水平低 13039 元。选择样本省(自治区、市)时，更加侧重于对经济发展欠发达地区的关注，因此呈现出处于全国平均水平以下的省份数量较多的现象(见表 10.1)。

表 10.1　样本省(自治区、市)的总体情况

地区	人口数(万人)	排名	城镇人口比例(%)	排名	人均 GDP(元)	排名	城镇单位就业人员的平均工资(元)	排名
全国	136782		54.77		50743		55218	
浙江	5508	10	64.87	7	73002	5	61572	4
江西	4542	13	50.22	19	34674	25	46218	26
山东	9789	2	55.01	13	60879	10	51825	16
河南	9436	3	45.20	27	37072	22	42179	31
湖北	5816	9	55.67	12	47145	13	49838	20
湖南	6737	7	49.28	22	40271	17	47117	23
广东	10724	1	68.00	4	63469	9	59481	7
广西	4754	11	46.01	26	33090	27	45424	28
重庆	2991	20	59.60	9	47850	12	55588	9
贵州	3508	19	40.01	30	26437	30	52772	14
云南	4717	12	41.73	28	27264	29	46101	27
甘肃	2591	22	41.68	29	26433	31	46960	24

资料来源：《中国统计年鉴 2015》。

从地理环境来看，重点关注区域类型的划分，其中东部包括浙江、山东和广东，中部包括江西、河南、湖北和湖南，西部包括广西、重庆、贵州、云南和甘肃。样本选择过程中对于中西部经济欠发达地区的关注也在此标准中有明显的呈现。其余的地貌特征和气候类型也在考虑范围内(见第 5 章表 5.2)。

从小学布局来看，人均 GDP 较高的浙江、山东和广东的总体校均规模远远高于全国平均水平，其中浙江最大为 918.64 人，是全国平均规模的 2.8 倍，是最小规模甘肃的 6.44 倍。按照总体生师比的基本情况，选择过程中确定高于全国平均水平的地区，如广西、江西、湖北等，其中总体生师比最高的广西比全国平均水平高 3.09%。同时关注低于全国平均水平的地区，如甘肃、湖北、山东等，其中总体生师比最低的甘肃比全国平均水平低 3.95%。从特殊样态学校的存在状况来看，教学点占学校总数的比例最高的是湖南，所占比例为 47.41%，比全国平均水平高 16.77%。此外，高于全国平均水平的地区还包括江西、广西、湖北和广东。教学点占学校总数的比例最低的是重庆，所占比例为 11.14%，比全国平均水平低 19.50%。此外，低于全国平均水平的地区还包括浙江、山东、河南、贵州、云南和甘肃(见表 10.2)。

表 10.2 样本省(自治区、市)的小学布局情况

地区	学校数(所)	教学点数(个)	教学点占学校总数的比例(%)	在校生数(人)	专任教师数(人)	总体校均规模(人)	总体生师比
全国	201377	88967	30.64	94510651	5633906	325.51	16.78∶1
浙江	3344	515	13.35	3545013	190423	918.64	18.62∶1
江西	9764	7144	42.25	4129817	210329	244.25	19.64∶1
山东	10770	2229	17.15	6484744	389080	498.86	16.67∶1
河南	25578	8483	24.91	9286003	494031	272.63	18.80∶1
湖北	5513	3550	39.17	3211598	199172	354.36	16.12∶1
湖南	8560	7716	47.41	4738403	248118	291.13	19.10∶1
广东	10731	5624	34.39	8319147	454377	508.66	18.31∶1
广西	12946	8343	39.19	4318063	217311	202.83	19.87∶1
重庆	4586	575	11.14	2034165	116360	394.14	17.48∶1
贵州	9275	3581	27.85	3463056	192850	269.37	17.96∶1
云南	12608	3566	22.05	3826943	225874	236.61	16.94∶1
甘肃	8979	3662	28.96	1802371	140476	142.58	12.83∶1

资料来源：《中国统计年鉴 2015》。

3. 筛选过程与县市、学校样本的确定

按照人口、经济、地理环境、小学布局等核心筛选指标，基本确定12个省级样本。县区样本的确定过程中采取分层抽样的方法，抽取市和县各1个。遵循的基本原则如下：第一，样本在本省(自治区、市)范围内的代表性。由于省级样本的确定过程中充分考虑到众多关键性影响要素，因此县级样本的选择过程中应重点关注代表性，县区级样本能够反映出省级样本的特色。第二，县市级样本属于同一区属管理，以避免因不同地区教育政策的差异而带来的干扰。根据以上原则，最终确定12个市级样本和12个县级样本(见表10.3)。

表10.3 市级样本和县级样本分布

省(自治区、市)	区域	县域
浙江	台州市	玉环市
江西	萍乡市	芦溪县
山东	青岛市	即墨县
河南	信阳市	固始县
湖北	孝感市	大悟县
湖南	衡阳市	耒阳市
广东	东莞市	常平镇
广西	钦州市	灵山县
重庆	重庆市	酉阳县
贵州	毕节市	织金县
云南	文山州	砚山县
甘肃	张掖市	高台县

注：即墨县现为即墨区。

学校样本的最终确定主要分为区域和县域两种类型。区域范围内选取中心城区初中1所、小学1所，农民工聚集的城郊初中1所、小学1所。县域范围内选取城关镇中心城区初中1所、小学1所，城关镇城郊初中1所、小学1所。另按经济发展水平好、中、差各选取1个乡镇，每个乡镇选取初中1所，小学中心校1所，村小1所，教学点2个。

(二)研究方法

1. 调研工具的研制与调试

本次调研主要采用问卷和访谈的形式。其中，调研问卷按主体分为以下类型：区县教育局调查问卷、校长调查问卷、教师调查问卷、学生调查问卷和家长调查问卷。访谈提纲主要包括区县教育局访谈提纲、校长访谈提纲、教师访谈提纲、学生访谈提纲和家长访谈提纲。调研工具基本研制完成后，我们于 2015 年 12 月 2 日在长春市宽城区进行了试调研，汇总在试调研中出现的问题，又集中对调研工具进行了调整，形成最终的调研工具。

2. 调研工具的使用

依据上文提及的调研原则，我们于 2015 年 12 月 6－15 日同时赴上述 12 个省(自治区、市)，开展大规模的调研活动。在实地调研中，本次调研工具使用的基本情况如下：回收有效教师调查问卷 1872 份，其中城区 476 份，县城 415 份，乡镇 655 份，乡村 326 份。

三、研究发现与结果

(一)小学多学科教师的教育问题

1. 小学多学科教师的职前培养需求状况

第一，单学科教师的培养需求仍以单科培养为主，多学科教师更需要综合性强的培养模式，如一门或多门必修与多门选修的组合。

"单科培养""数学或语文＋1 门选修"和"数学或语文＋多门选修"三种培养模式组合，仍是当前我国小学教师主要的培养需求模式。只不过这三种模式在单、多学科教师的群体内部，呈现出相反的比例趋势。在单学科教师群体内部，"单科培养""数学或语文＋1 门选修""数学或语文＋多门选修"的培养需求比例呈递减趋势；相反，这一比例在多学科教师群体内部呈现递增趋势(见表 10.4)。单学科教师群体内部最主要的培养需求仍是"单科培养"，高达 20.18％；多学科教师群体内部最主要的培养需求为"数学或语文＋多门选修"，高达 22.00％，比单学科教师群体内部的该比例高出约 5 个百分点。"数学或语文＋1 门选修"的培养需求，在群体间差异不大，仅差 0.70％。"数学＋语文＋多门选修"的培养模式在两个群体内部继三种主要的培养需求模式后均占第四位。然而，其在多学科教师群体内部的比例比在单学科教师群体内部的比例高出 3.20％。同时，培养需求模式在群体间的差异还表现在单学科教师对"多门选修"的培养需求模式高于多学科教师。其他的培养需求模式基本一致。

表 10.4 小学教师职前培养需求的群体差异

群体	统计量	单科培养	数学或语文+1门选修	数学或语文+多门选修	数学+语文	数学+语文+1门选修	数学+语文+多门选修	多门必修	多门选修	其他
单学科	频数	168	164	138	12	65	113	76	93	8
	百分比(%)	20.80	20.30	17.10	1.50	8.00	14.00	9.40	11.50	1.00
多学科	频数	156	186	208	12	72	163	84	75	14
	百分比(%)	16.50	19.60	22.00	1.30	7.60	17.20	8.90	7.90	1.50
合计	频数	324	350	346	24	137	276	160	168	22
	百分比(%)	18.46	19.94	19.71	1.37	7.81	15.73	9.12	9.57	1.25

注：N=1872，有效百分比=93.75%，缺失值=117。

*本表格的百分比数据之和不是100%，是由于采用四舍五入的方法进行计算。本章其余表格的百分比数据之和不是100%的，也可将此作为解释依据。

通过对数据的分析可知，单学科教师的培养需求仍以单科培养为主，同时也表现出对其他学科组合的需求兴趣；多学科教师的培养需求更进一步反映了对更高综合性学科组合的培养需求模式。

第二，单科培养、一门必修与一门或多门选修的组合是主要的培养需求模式，农村学校更需要基于多门必修的培养模式。

"单科培养""数学或语文+1门选修"和"数学或语文+多门选修"三种培养模式，依旧是我国当前小学教师主要的培养需求模式，城乡差异并不大。这与我国当前小学教育主要的教学和课程安排相一致。其中，"数学或语文+多门选修"的培养需求，在城区中最为突出，高达21.96%，这和城市积极进行课程改革，开设综合课程，对一专多能教师的需求提高是分不开的；"数学+语文"的培养需求在乡村中明显要高于其他学校，在一般的农村学校中，由于师资匮乏，很多教师不得不教授两门主科，特别是在师资极度紧缺的乡村；"数学+语文+1门选修"在城乡分布上区别不大；"数学+语文+多门选修"的培养需求，在乡村学校中较为突出，高出城区、县城和乡镇将近6个百分点，以20.19%的比例成为乡村学校中最急需的小学教师的培养需求模式(见表10.5)。这是因为，以村小和教学点为主的乡村学校，师资紧缺，如果要把课程开齐，往往一位教师要同时教授多门课程，甚至教授多个年级的多门课程。这就要求教师不但要能同时教授不同的主科，也要具备同时教授几门不同选修课的知识与素养，所以该培养需求从乡村小学教育的实际出发，成为最迫切的培养需求。

表 10.5　小学教师职前培养需求的城乡差异

所在地	统计量	单科培养	数学或语文＋1门选修	数学或语文＋多门选修	数学＋语文	数学＋语文＋1门选修	数学＋语文＋多门选修	多门必修	多门选修	其他
城区	频数	83	97	101	3	33	65	34	57	3
	百分比(%)	18.04	21.09	21.96	0.65	7.17	14.13	7.39	12.39	0.65
县城	频数	81	81	73	6	34	60	28	40	8
	百分比(%)	20.15	20.15	18.16	1.49	8.46	14.93	6.97	9.95	1.99
乡镇	频数	113	130	128	5	48	92	69	61	7
	百分比(%)	17.66	20.31	20.00	0.78	7.50	14.38	10.78	9.53	1.09
乡村	频数	57	55	55	13	25	63	32	18	8
	百分比(%)	18.27	17.63	17.63	4.17	8.01	20.19	10.26	5.77	2.56
合计	频数	334	363	357	27	140	280	163	176	26
	百分比(%)	18.41	20.01	19.68	1.49	7.72	15.44	8.99	9.70	1.43

注：N＝1872，有效百分比＝96.90%，缺失值＝58。

同时“多门选修”在城区、县城、乡镇、乡村的分布上的比例呈递减趋势，与之相反，“多门必修”在相应的城乡分布上的比例呈递增趋势，农村的比例要比城区和县城高。之所以呈现出这样的趋势，有着主动追求教育质量和被动解决师资短缺的不同原因。一般来说，城市学校为了实现更为丰富、科学的课程实施往往会开设选修课，这就需要具备各种学科知识和素养的教师；农村学校的教师数量极少，能满足教完必修课就很不容易了，所以表现出较城区和县城对“多门必修”的更高需求。

2. 小学多学科教师的职后培训困难情况

第一，教师培训困难在单、多学科教师群体内部的分布基本一致，“学校无法给足时间参加所有学科培训”和“培训任务太重”是当前小学教师培训中最突出的困难。

通过数据分析可知，教师培训困难在单、多学科教师群体间没有太大的区别（见表 10.6）。各培训困难的情况基本上在多学科教师群体和单学科教师群体上表现出相近的趋势。其中，“学校无法给足时间参加所有学科培训”和“培训任务太重”两项依次是当前小学教师培训中最突出的困难。“学校无法给足时间参加所有学科培训”在单、多学科教师群体内部分别占 44.82%和 48.93%，两者相差不大；“培训任务太重”在单、多学科教师群体内部分别占 35.21%和 32.44%，两

者相差不大。“无权选择所要培训的学科”“学校缺少教师难以参加培训”两项也是比较严重的困难，前者在单、多学科教师群体内部分别占 24.97%和 27.30%；后者在单、多学科教师群体内部分别占 21.22%和 29.12%。目前，我国小学教师存在的培训困难以及不同困难的严重情况，一方面与当前教师较重的教学任务、大量烦琐的教务工作和机械、紧凑的工作时间有关；另一方面与我国教师的职后培训有很大的关系。目前的培训还存在课程陈旧、内容繁杂、缺少针对性、教学机械等弊病。

表 10.6　小学教师职后培训困难的群体差异

群体	统计量	不知道选择哪一门学科去培训	学校无法给足时间参加所有学科培训	培训任务太重	无权选择所要培训的学科	学校缺少教师难以参加培训	其他
单学科	频数	141	359	282	200	170	98
	百分比(%)	17.60	44.82	35.21	24.97	21.22	12.23
多学科	频数	129	457	303	255	272	99
	百分比(%)	13.81	48.93	32.44	27.30	29.12	10.60
合计	频数	270	816	585	455	442	197
	百分比(%)	15.56	47.03	33.72	26.22	25.48	11.35

注：N=1872，有效百分比=92.70%，缺失值=137。

第二，“学校缺少教师难以参加培训”这项困难在城区、县城、乡镇、乡村的分布上的比例呈递增趋势，乡村尤为突出；其他培训困难的分布趋势无明显的城乡差异。

通过数据分析可知，教师培训困难的分布趋势在城区、县城和乡镇一致，基本上是“学校无法给足时间参加所有学科培训”“培训任务太重”“无权选择所要培训的学科”“学校缺少教师难以参加培训”“不知道选择哪一学科参加培训”“其他”6项困难的比例依次呈递减趋势(见表 10.7)。在乡村，“学校缺少教师难以参加培训”以 42.21%仅比“学校无法给足时间参加所有学科培训”的 47.40%低近 5 个百分点，位居第二位，成为乡村尤为突出的培训难题。同时，“学校缺少教师难以参加培训”这项困难在城区、县城、乡镇、乡村的分布上的比例呈递增趋势。这是因为我国的农村学校，特别是乡村小学的村小和教学点，一般具有生源少、教师紧缺的特点。这种情况下的教师大多以多学科教学为主，有的地区的村小或教学点的一位教师要承担整个年级，甚至不同年级的教学任务和教务工作。所以，教师也没有时间去参加职后培训。

表 10.7　小学教师职后培训困难的城乡差异

所在地	统计量	不知道选择哪一门学科去培训	学校无法给足时间参加所有学科培训	培训任务太重	无权选择所要培训的学科	学校缺少教师难以参加培训	其他
城区	频数	80	196	174	96	75	56
	百分比(%)	17.62	43.17	38.33	21.15	16.52	12.33
县城	频数	59	173	130	118	75	48
	百分比(%)	14.71	43.14	32.42	29.43	18.70	11.97
乡镇	频数	92	326	211	171	171	64
	百分比(%)	14.58	51.66	33.44	27.10	27.10	10.14
乡村	频数	54	146	89	84	130	34
	百分比(%)	17.53	47.40	28.90	27.27	42.21	11.04
合计	频数	285	841	604	469	451	202
	百分比(%)	15.89	46.88	33.67	26.14	25.14	11.26

注：N＝1872，有效百分比＝95.80%，缺失值＝78。

(二)小学多学科教师的教学安排情况与意愿选择

1. 小学多学科教师的教学胜任门数的相关情况

第一，农村教师尤其是乡村教师比城区教师和县城教师更能胜任较多科目(3门以上)的教学。

通过数据分析可知，城乡教师能够胜任的科目门数主要集中在2门，其次是1门，然后是3门；其他的胜任门数都很少(见表10.8)。其中，在胜任2门上，乡镇最高，达54.51%，其次是乡村，然后是城市和县城。在胜任多于3门课上，城市所占比例很小，占2.26%，县城占6.16%，乡镇与县城差距不大，较县城低不到1个百分点。在乡村中，能胜任多于3门课以上的占17.34%，约是县城的3倍、城市的8倍。在胜任5门、6门课上，城市几乎没有，少之又少，而乡村占有4.67%和4.00%的比例，均高出整体水平约3个百分点。在胜任6门课上，县城所占比例也仅达0.28%。由此可以看出，师资充沛的城市学校和县城学校一般基于教育教学和教师专业发展的需要来安排教师的教学任务；在师资匮乏的农村学校，特别是乡村学校，在没有足够的科任教师的前提下，不得不担负起多重的科任角色，去胜任更多的科目教学，成为多科教师，甚至是全科教师。

表 10.8 小学多学科教师教学胜任门数的城乡差异

所在地	统计量	胜任 1 门	胜任 2 门	胜任 3 门	胜任 4 门	胜任 5 门	胜任 6 门
城市	频数	142	201	46	7	0	2
	百分比(%)	35.68	50.50	11.56	1.76	0.00	0.50
县城	频数	135	165	35	13	8	1
	百分比(%)	37.82	46.22	9.80	3.64	2.24	0.28
乡镇	频数	180	308	44	10	11	12
	百分比(%)	31.86	54.51	7.79	1.77	1.95	2.12
乡村	频数	58	155	35	26	14	12
	百分比(%)	19.33	51.67	11.67	8.67	4.67	4.00
合计	频数	515	829	160	56	33	27
	百分比(%)	31.79	51.17	9.88	3.46	2.04	1.67

注：N=1872，有效百分比=86.54%，缺失值=252。

第二，男教师普遍比女教师更能胜任多学科教学。

通过数据分析可知，教师在胜任 2 门上所占比例最高，其次是胜任 1 门，之后随着胜任门数的增加，教师比例递减(见表 10.9)。其中，在胜任 1 门上，女教师的比例高于男教师，高出 15.70%；在胜任 2 门上，男教师和女教师均达到最高比例，但男教师所占比例明显高于女教师，高出约 5 个百分点。而且，随着能够胜任门数的增加，男教师和女教师的比例在突降后并呈逐级递减趋势，但男教师的比例始终高于女教师。由此可见，在对更多学科的胜任能力上，男教师普遍高于女教师。

表 10.9 小学多学科教师教学胜任门数的性别差异

性别	统计量	胜任 1 门	胜任 2 门	胜任 3 门	胜任 4 门	胜任 5 门	胜任 6 门
男	频数	77	214	51	20	14	11
	百分比(%)	19.90	55.30	13.18	5.17	3.62	2.84
女	频数	434	606	108	36	19	16
	百分比(%)	35.60	49.71	8.86	2.95	1.56	1.31
合计	频数	511	820	159	56	33	27
	百分比(%)	31.82	51.06	9.90	3.49	2.05	1.68

注：N=1872，有效百分比=85.79%，缺失值=266。

第三，20 岁及以下的教师更能胜任 2 门及以下科目的教学；51 岁及以上的教师更能胜任 3 门及以上科目的教学；21～50 岁的教师在各胜任门数上所占比例比较稳定，和整体水平基本一致。

通过数据分析可知，不论哪个年龄段的教师，基本上对于能够胜任 2 门有最大的把握和倾向，其次是胜任 1 门，然后是胜任 3 门，能胜任超过 3 门的各年龄段的教师都很少(见表 10.10)。其中，20 岁及以下的教师仅在胜任 2 门和胜任 1 门上有比例分布，胜任 2 门的教师比例高达 66.67%，比所有年龄段的教师在此胜任门数上的整体水平高出约 15 个百分点，也是所有年龄段的教师在胜任 2 门上所占比例最高的年龄段。处于 21～30 岁、31～40 岁、41～50 岁年龄段的教师，在胜任 1 到 6 门的情况中，这三个年龄段的教师在相同的胜任门数上所占比例只有略微的差别。然而，处于 51 岁及以上年龄段的教师，在胜任 1 门上，所占比例为 20.34%，低于整体水平 11.26%；在胜任 2 门上，所占比例为 42.37%，低于整体水平 8.85%；在胜任 3 门、4 门和 6 门上，该年龄段的教师所占比例均超出其他年龄段的教师，较整体水平分别高出约 12 个百分点、3 个百分点和 4 个百分点。由此可见，较低年龄段(20 岁及以下)的教师没有把握能胜任 2 门及以上科目的教学，这和教师的尚不成熟的教育教学经验和自身专业化程度相关；较高年龄段(51 岁及以上)的教师因为已经拥有了丰富的教育教学经验和相对较高的专业化水平，对胜任更多的科目有相对较高的把握和能力。处于中间年龄段(21～50 岁)的教师在各胜任门数上所占比例都呈现出一定的稳定性，和整体水平基本一致。

表 10.10 小学多学科教师教学胜任门数的年龄分布

年龄	统计量	胜任 1 门	胜任 2 门	胜任 3 门	胜任 4 门	胜任 5 门	胜任 6 门
20 岁及以下	频数	1	2	0	0	0	0
	百分比(%)	33.33	66.67	0.00	0.00	0.00	0.00
21～30 岁	频数	117	190	36	10	4	6
	百分比(%)	32.23	52.34	9.92	2.75	1.10	1.65
31～40 岁	频数	208	326	50	17	9	6
	百分比(%)	33.77	52.92	8.12	2.76	1.46	0.97
41～50 岁	频数	143	231	45	18	16	7
	百分比(%)	31.09	50.22	9.78	3.91	3.48	1.52
51 岁及以上	频数	24	50	27	8	2	7
	百分比(%)	20.34	42.37	22.88	6.78	1.69	5.93

续表

年龄	统计量	胜任1门	胜任2门	胜任3门	胜任4门	胜任5门	胜任6门
合计	频数	493	799	158	53	31	26
	百分比(%)	31.60	51.22	10.13	3.40	1.99	1.67

注：N=1872，有效百分比=83.33%，缺失值=312。

第四，0～30年教龄的教师更能胜任2门及以下科目的教学；31～40年教龄的教师更能胜任较多科目的教学；41～50年教龄的教师更能胜任3门及以下科目的教学。

通过数据分析可知，所有教龄段的教师都对自己能够胜任2门科目有较大的把握，并都在该胜任情况下所占比例最大(见表10.11)。其中0～10年和11～20年教龄的教师，在各胜任门数上所占比例都相差不大，基本一致；在胜任1门到2门的科目上，21～30年教龄的教师比例明显高于拥有31～40年教龄的教师；在能胜任3门及以上科目上，31～40年教龄的教师比例明显高于21～30年教龄的教师，同时在能胜任4门及以上科目上，31～40年教龄的教师比例也高于其他各教龄段的教师。而且，在胜任2门上，21～30年教龄的教师在所有教龄段的教师中所占比例最大，高出整体水平约2个百分点。41～50年教龄的教师能胜任的最多科目仅集中在2门到3门上，且均占50.00%；在胜任3门上，41～50年教龄的教师所占比例在各教龄段的教师中最高，远远高出整体水平约40个百分点。由此可知，0～30年教龄的教师主要还是对胜任2门最有把握，其次是1门，然后是3门，能够胜任4门及以上的情况是很少的；对于胜任更多科目的教学来说，不论在教学经验还是在体力、精力上，31～40年教龄的教师是最有能力和把握的；由于受年龄的影响，伴随体力与精力、接受新鲜事物的能力的下降，41～50年教龄的教师最多只能胜任2～3门的教学。

表10.11　小学多学科教师教学胜任门数的教龄分布

教龄	统计量	胜任1门	胜任2门	胜任3门	胜任4门	胜任5门	胜任6门
0～10年	频数	161	245	40	13	7	7
	百分比(%)	34.04	51.80	8.46	2.75	1.48	1.48
11～20年	频数	204	304	50	13	9	8
	百分比(%)	34.69	51.70	8.50	2.21	1.53	1.36
21～30年	频数	107	202	39	16	11	6
	百分比(%)	28.08	53.02	10.24	4.20	2.89	1.57

续表

教龄	统计量	胜任 1 门	胜任 2 门	胜任 3 门	胜任 4 门	胜任 5 门	胜任 6 门
31～40 年	频数	17	42	18	10	3	6
	百分比(%)	17.71	43.75	18.75	10.42	3.13	6.25
41～50 年	频数	0	2	2	0	0	0
	百分比(%)	0.00	50.00	50.00	0.00	0.00	0.00
合计	频数	489	795	149	52	30	27
	百分比(%)	31.71	51.56	9.66	3.37	1.95	1.75

注：N＝1872，有效百分比＝82.37%，缺失值＝330。

第五，一般教师都对胜任 2 门最有把握，现任门数越多的教师，对胜任多门科目越有把握。

通过数据分析可知，不论现任几门的教师，都认为对胜任 2 门最有把握，在所有胜任的情况下所占比例最大，并都集中在胜任 3 门以内(见表 10.12)。其中，现任 1 门的教师在胜任 1 门上所占比例明显高于现任其他门数的教师，达 43.74%，比整体水平高出约 12 个百分点；在胜任 2 门上所占比例最大，达到 46.69%；在胜任 3 门上突降到 7.31%，之后随着能够胜任门数的增加而递减，所占比例极低。现任 2 门的教师仍旧在胜任 2 门上所占比例最高，达 62.86%，比现任其他门数的教师所占比例均高，超出整体水平约 11 个百分点；在胜任 3 门上突降到 8.29%，之后随着能够胜任门数的增加而递减，所占比例极低。现任 3～6 门的教师在胜任 1 门和 2 门上，所占比例均呈逐级递增趋势，在胜任 3 门及以上科目上则有所不同。其中，现任 3 门的教师在胜任 3 门上，所占比例仅次于现任 5 门和现任 6 门及以上的教师比例，位居第三位，达 12.75%；在更多的胜任门数上所占比例有所降低。现任 4 门的教师在胜任 4 门上所占比例仅次于现任 6 门及以上的教师比例，位居第二位，并超出整体水平约 6 个百分点。现任 5 门的教师在胜任 3 门上所占比例仅次于胜任 2 门，成为胜任 3 门的所有教师中比例最高的，达 8.16%，高出整体水平约 5 个百分点。现任 6 门及以上的教师在胜任 4 门及以上科目上，所占比例均高出其他现任门数的教师。由此可见，现任门数在 3 门及以下的教师，往往更能胜任 3 门及以下的任教科目，只有极少的人才会胜任更多的科目；现任 4 门的教师，更倾向于胜任 4 门以内的科目；现任 5 门、6 门及以上的教师，特别是 6 门及以上的教师，才更有把握胜任 3 门及以上科目。这也说明，教师现实的教学任务与工作安排直接影响着教师对自我胜任科目的能力的判断。

表 10.12　小学多学科教师教学胜任门数的现任状态差异

现任门数	统计量	胜任 1 门	胜任 2 门	胜任 3 门	胜任 4 门	胜任 5 门	胜任 6 门
1 门	频数	311	332	52	9	4	3
	百分比(%)	43.74	46.69	7.31	1.27	0.56	0.42
2 门	频数	86	220	29	8	2	5
	百分比(%)	24.57	62.86	8.29	2.29	0.57	1.43
3 门	频数	50	115	26	8	2	3
	百分比(%)	24.51	56.37	12.75	3.92	0.98	1.47
4 门	频数	30	75	12	13	9	5
	百分比(%)	20.83	52.08	8.33	9.03	6.25	3.47
5 门	频数	19	42	20	8	4	5
	百分比(%)	19.39	42.86	20.41	8.16	4.08	5.10
6 门及以上	频数	10	30	13	10	11	6
	百分比(%)	12.50	37.50	16.25	12.50	13.75	7.50
合计	频数	506	814	152	56	32	27
	百分比(%)	31.88	51.29	9.58	3.53	2.02	1.70

注：N=1872，有效百分比=84.78%，缺失值=285。

2. 小学多学科教师所能承受的最大周课时量情况

第一，超一半的小学教师认为能承受的最大周工作量为 11～15 课时，即每天最多 3 课时。

通过数据分析可知，首先超过一半(51.97%)的小学教师认为自己能承受的最大周工作量为 11～15 课时，按每周 5 个工作日计算，平均每天最多 3 个课时；其次有 22.26%的小学教师认为能承受 6～10 个课时，平均每天最多 2 个课时；再次有 17.71%的小学教师认为能承受 16～20 课时，平均每天最多 4 个课时；最后认为自己能承受 5 及以下、21～25、26～30、31～35、36～40 课时，也就是说，平均每天最多承受 1 课时、5 课时、6 课时、7 课时、8 课时的人数比例非常少(见表 10.13)。可见，以每天最多 3 课时为界，3 课时之前比例在急速攀升，3 课时之后，随着课时的增加，人数比例又在急剧下降，因此每周最大工作量为 11～15 课时，即平均每天最多 3 课时的工作量是多数小学教师工作承受能力的“临界点”。

表 10.13 小学教师能承受的最大周课时量的统计情况

周课时量	选择人数	百分比(%)
5 及以下	46	2.83
6～10	362	22.26
11～15	845	51.97
16～20	288	17.71
21～25	54	3.32
26～30	27	1.66
31～35	3	0.18
36～40	15	0.06
合计	1626	100.00

注：N＝1872，有效百分比＝86.86%，缺失值＝246。

第二，乡村小学教师认为自己能承受的最大周课时量要多于其他地区。

通过数据分析可知，在城市，首先超过一半(56.36%)的小学教师认为每周能承受的最大周课时量为 11～15 课时，高出全国 4.39%；其次是 6～10 课时，比例为 27.18%；再次是 16～20 课时，比例为 12.72%；最后选择其他课时量的人数比例非常少，尤其是 26～30、31～35、36～40 课时的比例为 0.00%(见表 10.14)。在县城，首先超过一半(54.12%)的小学教师认为每周能承受的最大周课时量为 11～15 课时，高出全国 2.15%；其次是 6～10 课时，比例为 24.73%；再次是 16～20 课时，比例为 16.48%；最后选择其他课时量的人数比例非常少，其中 31～35、36～40 课时的比例为 0.00%。在乡镇，首先超过一半(56.15%)的小学教师认为每周能承受的最大周课时量为 11～15 课时，高出全国 4.18%；其次是 6～10课时，比例为 22.99%；再次是 16～20 课时，比例为 14.26%；最后选择其他课时量的人数比例非常少，其中 31～35、36～40 课时的比例为 0.00%。

但是乡村的情况与其他三个地区不同。在乡村，首先，尽管也有比例最多的小学教师选择的每周能承受的最大周课时量为 11～15 课时，但是其比例仅 35.67%，远远低于其他地区，也低于全国 16.30%；其次，选择较多的是 16～20 课时，比例为 32.33%，高于全国 14.62%，而其他地区的比例均低于全国；再次，选择较多的是 6～10 课时，比例为 11.33%，低于全国 10.93%，而其他地区的比例均高于全国；最后，还有一定比例的小学教师选择 21～25 课时，比例为 10.67%，高于全国 7.35%，而其他地区选择这段课时的教师比例极少。此外，虽然随着课时量的增加，四个地区选择的比例在一定程度上减少，但是只有

乡村在每个课时段都有人数分布，并没有因为课时量非常大而没有人选，但其他三个地区在课时量非常大时的比例为0.00%。可见，乡村小学教师认为自己能承受的最大周课时量要多于其他三个地区。

在选择6～10、11～15课时上，乡村教师的比例小于全国水平，并不是因为乡村教师认为能承受的最大周课时量小，而是由于村小的师资缺乏，每个村小的教师平均每天2～3课时根本满足不了乡村教学的需要，因此才出现选择16～20、21～25课时的乡村教师比例高于全国的现象。这种看似村小教师能承受更多周课时量的现象实出于无奈。与其他三个地区承受的最大周课时量相比可知，11～15课时才是大多数教师能承受的范围，但是鉴于乡村学校，尤其是教学点师资匮乏，大多数教师任教多科、包班，这意味着一天中所有的课都是由一位教师来承担的，其周课时量之大可想而知。

表10.14　小学教师能承受的最大周课时量的城乡差异

所在地	统计量	5及以下	6～10	11～15	16～20	21～25	26～30	31～35	36～40
城市	频数	14	109	226	51	1	0	0	0
	百分比(%)	3.49	27.18	56.36	12.72	0.25	0.00	0.00	0.00
县城	频数	8	90	197	60	7	2	0	0
	百分比(%)	2.20	24.73	54.12	16.48	1.92	0.55	0.00	0.00
乡镇	频数	12	129	315	80	14	11	0	0
	百分比(%)	2.14	22.99	56.15	14.26	2.50	1.96	0.00	0.00
乡村	频数	12	34	107	97	32	14	3	1
	百分比(%)	4.00	11.33	35.67	32.33	10.67	4.67	1.00	0.33
合计	频数	46	362	845	288	54	27	3	1
	百分比(%)	2.83	22.26	51.97	17.71	3.32	1.66	0.18	0.06

注：N=1872，有效百分比=86.86%，缺失值=246。

第三，选择0～15课时段的女教师比例高于男教师，选择16～40课时段的男教师比例高于女教师。

通过数据分析可知，在男教师中，首先认为自己能承受的最大周课时量为11～15课时的比例最多，为45.82%；其次是16～20课时，比例为22.78%；再次是6～10课时，比例为20.51%；最后选择其他课时的比例很少，但没有出现比例为0.00%的情况(见表10.15)。在女教师中，首先也是选择11～15课时的比例最大，为54.28%，但高于男教师8.46%；其次是6～10课时，比例为22.53%，略高于男教师的比例；再次是16～20课时，比例为15.95%，要低于男教师 6.83%；最后选择其他课时段的比例很少，其中 36～40 课时的比例为 0.00%。从总体来看，无论男教师还是女教师，选择 11～15 课时的比例最多；在 0～15 课时段，随着课时数的增加，选择的比例都在增加，其中女教师的比例基本均高于男教师；在 16～40 课时段，随着课时数的增加，比例都在减少，其中女教师的比例均低于男教师。可见，当超过 11～15 课时，即平均每天 3 课时这个临界点时，男教师能承受的最大周课时量要大于女教师。这可能与教师的性别有关，从工作强度的角度来考虑，男教师更处于有利地位。

表 10.15 小学教师能承受的最大周课时量的性别差异

性别	统计量	5 及以下	6～10	11～15	16～20	21～25	26～30	31～35	36～40
男	频数	12	81	181	90	19	10	1	1
	百分比(%)	3.04	20.51	45.82	22.78	4.81	2.53	0.25	0.25
女	频数	34	274	660	194	35	17	2	0
	百分比(%)	2.80	22.53	54.28	15.95	2.88	1.40	0.16	0.00
合计	频数	46	355	841	284	54	27	3	1
	百分比(%)	2.86	22.04	52.20	17.63	3.35	1.68	0.19	0.06

注：N=1872，有效百分比=86.06%，缺失值=261。

第四，在较低课时段，随着年龄的增加，教师比例在减少；在较高课时段，随着年龄的增加，教师比例呈现增加趋势。

通过数据分析可知，从总体来看，首先，无论哪个年龄段的教师，选择能承受 11～15 课时的比例最多；其次，20 岁及以下、21～30 岁的教师选择能承受 16～20 课时的比例较多，31～40 岁、41～50 岁、51 岁及以上的教师选择6～10课时的比例较多(见表 10.16)。可见，不同年龄段的教师在不同课时段上的比例有差异。在 11～15 课时段，21～30 岁、31～40 岁的教师比例均高于全国平均水平(52.33%)，其中 21～30 岁的比例相对较高，为 55.25%；20 岁及以下、41～50 岁、51 岁及以上的比例略低于全国平均水平，其中 51 岁及以上的比例最低，为 44.44%，低于全国 7.89%。在 6～10 课时段，31～40 岁、41～50 岁、51 岁及以上的比例均高于全国平均水平(22.08%)，20 岁及以下、21～30 岁的比例明显低于其他年龄段的比例，低于全国平均水平，比例分别为 0.00%、11.60%。在 16～20 课时段，20 岁及以下、21～30 岁、51 岁及以上的比例均高于全国平均水平(17.55%)，其中 20 岁及以下的比例非常高，为 50.00%，高于全国平均水平 32.45%。可见，无论哪个年龄段的教师，选择 11～15 课时量的比例最高，其中 21～30 岁的比例最高；在 16～20 课时段，随着年龄的增加，教师比例基本在减

少；在 6～10 课时段，随着年龄的增加，教师比例基本上呈增加趋势。

表 10.16　小学教师能承受的最大周课时量的年龄差异

年龄	统计量	5 及以下	6～10	11～15	16～20	21～25	26～30	31～35	36～40
20 岁及以下	频数	0	0	1	1	0	0	0	0
	百分比(%)	0.00	0.00	50.00	50.00	0.00	0.00	0.00	0.00
21～30 岁	频数	12	42	200	84	15	9	0	0
	百分比(%)	3.31	11.60	55.25	23.20	4.14	2.49	0.00	0.00
31～40 岁	频数	18	153	330	104	15	5	2	0
	百分比(%)	2.87	24.40	52.63	16.59	2.39	0.80	0.32	0.00
41～50 岁	频数	13	124	237	60	15	8	1	1
	百分比(%)	2.83	27.02	51.63	13.07	3.27	1.74	0.22	0.22
51 岁及以上	频数	3	27	52	26	5	4	0	0
	百分比(%)	2.56	23.08	44.44	22.22	4.27	3.42	0.00	0.00
合计	频数	46	346	820	275	50	26	3	1
	百分比(%)	2.94	22.08	52.33	17.55	3.19	1.66	0.19	0.06

注：N=1872，有效百分比=83.71%，缺失值=305。

第五，在较低课时段，教师比例随着教龄的增加，整体呈现上升趋势；在较高课时段，处于教龄两端的教师比例要高于其他教龄段的比例。

通过数据分析可知，在 10 年及以下的教龄段，首先选择比例最高的是 11～15 课时段，比例为 53.77%；其次为 16～20 课时段，比例为 22.38%；最后是 6～10课时段，比例为 14.44%(见表 10.17)。在 41～50 年的教龄段，比例最高的是 11～15 课时段和 16～20 课时段，所占比例都为 50.00%。在 11～20 年、21～30年、31～40 年的教龄段，首先选择比例最高的是 11～15 课时段，其次为 6～10 课时段，最后是 16～20 课时段。从总体来看，各教龄段的教师的选择大部分都集中在 6～10、11～15、16～20 课时段，只是不同教龄段的教师对这 3 个课时段的选择略有差异；11～40 年教龄段的教师更偏向于选择较少课时段，居于教龄两端的 10 年及以下、41～50 年的教师更倾向于选择较多课时段。这可能与教师所处的人生阶段有关，11～40 年教龄段的教师一般处于中年，社会责任重，各方面的负担大，因此希望周课时量不要太大；居于教龄两端的教师或是年轻，或是年老，年轻教师渴望更多的机会和任务来锻炼自己，年老教师事情少有更充足的时间投入教学。

表 10.17 小学教师能承受的最大周课时量的教龄差异

教龄	统计量	5 及以下	6～10	11～15	16～20	21～25	26～30	31～35	36～40
10 年及以下	频数	18	69	257	107	19	8	0	0
	百分比(%)	3.77	14.44	53.77	22.38	3.97	1.67	0.00	0.00
11～20 年	频数	14	155	311	92	14	7	2	0
	百分比(%)	2.35	26.05	52.27	15.46	2.35	1.18	0.34	0.00
21～30 年	频数	10	101	197	47	14	6	1	1
	百分比(%)	2.65	26.79	52.25	12.47	3.71	1.59	0.27	0.27
31～40 年	频数	3	22	43	20	3	3	0	0
	百分比(%)	3.19	23.40	45.74	21.28	3.19	3.19	0.00	0.00
41～50 年	频数	0	0	2	2	0	0	0	0
	百分比(%)	0.00	0.00	50.00	50.00	0.00	0.00	0.00	0.00
合计	频数	45	347	810	268	50	24	3	1
	百分比(%)	2.91	22.42	52.33	17.31	3.23	1.55	0.19	0.06

注：N=1872，有效百分比=82.69%，缺失值=324。

第六，任教门数越多的教师认为自己能承受的最大周课时量也越大。

通过数据分析可知，无论任教几门科目，11～15 课时的选择比例最高，其中任教 1 门、3 门、4 门的教师比例均高于全国平均水平，尤其任教 3 门的比例最高，为 55.28%；任教 2 门、5 门、6 门及以上的教师比例均低于全国水平，尤其是任教 5 门、6 门的比例较低，分别为 46.39%、33.75%，分别低于全国平均水平 5.87%和 18.51%(见表 10.18)。在 6～10 课时段，任教 1 门、2 门、3 门的教师比例较高，都高于全国水平，其中任教 2 门的教师比例最大，比例为 25.07%；任教 4 门、5 门、6 门及以上的教师比例均高于全国平均水平，其中比例最低的是任教 6 门及以上的教师，比例为 12.50%，低于全国 9.74%。与 6～10课时段相反，在 16～20 课时段，任教 5 门、6 门及以上的教师比例均高于全国平均水平，其中比例最高的是任教 6 门及以上的教师，比例为 28.75%，高于全国 11.16%；任教 1 门、2 门、3 门、4 门的教师比例均低于全国平均水平，其中任教 3 门的比例最低，为 12.56%，低于全国 5.03%。在 21～25 课时段，任教 4 门、5 门、6 门及以上的教师比例均高于全国平均水平，特别是任教 6 门及以上的教师比例最高，为 13.75%，高于全国 10.42%。总之，无论任教几门科目，选择比例较高的集中在 6～10、11～15、16～20 三个课时段；从 16 课时以后，随着课时量的增加，任教 6 门及以上的教师比例均高于其他任教门数的教

师。可见，任教门数越多的教师认为自己能承受的最大周课时量也越大。

表 10.18 小学教师能承受的最大周课时量的任教门数差异

现任门数	统计量	5 及以下	6～10	11～15	16～20	21～25	26～30	31～35	36～40
1 门	频数	22	165	391	123	11	7	0	0
	百分比(%)	3.06	22.95	54.38	17.11	1.53	0.97	0.00	0.00
2 门	频数	11	88	177	59	11	4	1	0
	百分比(%)	3.13	25.07	50.43	16.81	3.13	1.14	0.28	0.00
3 门	频数	6	48	110	25	6	4	0	0
	百分比(%)	3.02	24.12	55.28	12.56	3.02	2.01	0.00	0.00
4 门	频数	4	24	82	25	10	1	0	0
	百分比(%)	2.74	16.44	56.16	17.12	6.85	0.68	0.00	0.00
5 门	频数	0	19	45	25	4	4	0	0
	百分比(%)	0.00	19.59	46.39	25.77	4.12	4.12	0.00	0.00
6 门及以上	频数	1	10	27	23	11	5	2	1
	百分比(%)	1.25	12.50	33.75	28.75	13.75	6.25	2.50	1.25
合计	频数	44	354	832	280	53	25	3	1
	百分比(%)	2.76	22.24	52.26	17.59	3.33	1.57	0.19	0.06

注：N=1872，有效百分比=85.04%，缺失值=280。

第七，相对于其他学校，在偏高课时段内，随着课时量的增加，乡中心校、村小和教学点的教师比例越来越高。

通过数据分析可知，从总体来看，选择比例排前三的课时段依次是11～15课时段(51.97%)、6～10 课时段(22.26%)、16～20 课时段(17.71%)(见表 10.19)。在 11～15 课时段，区所在小学、县城小学、镇中心小学、镇其他小学、乡中心校的教师比例均高于全国平均水平(51.97%)，村小、教学点的教师比例低于全国平均水平。其中，比例最高的是镇其他小学，比例为 63.95%，高于全国平均水平 11.98%；比例最低的是教学点，为 32.84%，低于全国平均水平 19.13%。在 6～10 课时段，区所在小学、县城小学、镇中心小学、镇其他小学的教师比例均高于全国平均水平，乡中心校、村小、教学点的人数比例均低于全国平均水平。其中，区所在小学的比例最高，为 27.18%；教学点的比例最低，为 4.48%，低于全国平均水平 17.78%。在 16～20 课时段，区所在小学、县城小学、镇中心小学、镇其他小学的比例均低于全国平均水平(17.71%)，乡中心校、村小、教学点的比例均高于全国平均水平。其中，村小和教学点的比例都较高，分别为

33.05%、29.85%，高于全国平均水平 15.34%、12.14%。此外，在 21～25、26～30 课时段，相对于其他学校，教学点的比例很高，高于全国平均水平(3.32%、1.66%)，分别高出 11.61%、10.28%。

表 10.19 小学教师能承受的最大周课时量的学校类型差异

学校类型	统计量	5 及以下	6～10	11～15	16～20	21～25	26～30	31～35	36～40
区所在小学	频数	14	109	226	51	1	0	0	0
	百分比(%)	3.49	27.18	56.36	12.72	0.25	0.00	0.00	0.00
县城小学	频数	8	90	197	60	7	2	0	0
	百分比(%)	2.20	24.73	54.12	16.48	1.92	0.55	0.00	0.00
镇中心小学	频数	6	85	192	62	11	7	0	0
	百分比(%)	1.65	23.42	52.89	17.08	3.03	1.93	0.00	0.00
镇其他小学	频数	5	39	94	8	1	0	0	0
	百分比(%)	3.40	26.53	63.95	5.44	0.68	0.00	0.00	0.00
乡中心校	频数	1	5	29	10	2	4	0	0
	百分比(%)	1.96	9.80	56.86	19.61	3.92	7.84	0.00	0.00
村小	频数	11	31	85	77	22	6	0	1
	百分比(%)	4.72	13.30	36.48	33.05	9.44	2.58	0.00	0.43
教学点	频数	1	3	22	20	10	8	3	0
	百分比(%)	1.49	4.48	32.84	29.85	14.93	11.94	4.48	0.00
合计	频数	46	362	845	288	54	27	3	1
	百分比(%)	2.83	22.26	51.97	17.71	3.32	1.66	0.18	0.06

注：N=1872，有效百分比=86.86%，缺失值=246。

第八，在 6～15 课时段，随着任教状态的复杂，教师比例呈减少趋势；在 16～20 课时段，随着任教状态的复杂，教师比例呈增加趋势。

通过数据分析可知，从总体来看，选择比例排前三的课时段依次是 11～15 课时段、6～10 课时段、16～20 课时段，比例分别为 52.26%、22.21%、17.57%(见表 10.20)。在 11～15 课时段，单科、1 主+多副、多副的教师比例均高于全国平均水平(52.26%)，1 主+1 副、2 主、2 主+1 副、2 主+多副、其他均低于全国平均水平。其中，比例较高的是单科和多副，分别为 54.41%、54.32%；比例最低的是 2 主+多副，比例为 20.59%，低于全国 31.67%。在 6～10课时段，单科、1 主+1 副、2 主、多副的教师比例均高于全国平均水平

(22.21%)，1主+多副、2主+1副、2主+多副、其他均低于全国平均水平。其中，比例最高的为2主，为38.89%；比例最低的为2主+1副，比例为0.00%。在16～20课时段，单科、1主+1副、1主+多副、2主+1副、多副的教师比例与全国平均水平(17.57%)相差不大，2主+多副的比例最高，为35.29%，2主的比例最低，为5.56%。在21～25课时段，2主+多副的教师比例(20.59%)明显高于其他任教状态的教师比例，高于全国平均水平(3.32%)17.27%。在26～30课时段，2主+1副的教师比例(33.33%)明显高于其他任教状态的教师比例，高于全国平均水平(1.63%)31.7%。

表10.20　不同任教状态下小学教师能承受的最大周课时量情况

教学状态	统计量	5及以下	6～10	11～15	16～20	21～25	26～30	31～35	36～40
单科	频数	21	164	389	122	11	8	0	0
	百分比(%)	2.94	22.94	54.41	17.06	1.54	1.12	0.00	0.00
1主+1副	频数	8	71	140	50	8	3	0	0
	百分比(%)	2.86	25.36	50.00	17.86	2.86	1.07	0.00	0.00
1主+多副	频数	10	91	241	79	21	9	0	1
	百分比(%)	2.21	20.13	53.32	17.48	4.65	1.99	0.00	0.22
2主	频数	1	7	6	1	1	1	1	0
	百分比(%)	5.56	38.89	33.33	5.56	5.56	5.56	5.56	0.00
2主+1副	频数	0	0	3	1	0	2	0	0
	百分比(%)	0.00	0.00	50.00	16.67	0.00	33.33	0.00	0.00
2主+多副	频数	1	2	7	12	7	3	2	0
	百分比(%)	2.94	5.88	20.59	35.29	20.59	8.82	5.88	0.00
多副	频数	2	18	44	13	4	0	0	0
	百分比(%)	2.47	22.22	54.32	16.05	4.94	0.00	0.00	0.00
其他	频数	1	1	3	2	1	0	0	0
	百分比(%)	12.50	12.50	37.50	25.00	12.50	0.00	0.00	0.00
合计	频数	44	354	833	280	53	26	3	1
	百分比(%)	2.76	22.21	52.26	17.57	3.32	1.63	0.19	0.06

注：$N=1872$，有效百分比=85.15%，缺失值=278。

3. 小学多学科教师的教学安排意愿情况

第一，“平行班级的数学或语文”和“一门数学或语文和一门非数学或语文”两种教学安排形式被选次数较多，“跨年级的数学或语文”被选次数最少。

通过数据分析可知，1872 位教师做选择的总次数为 1875 次(见表 10.21)。首先是“一门数学或语文和一门非数学或语文”“平行班级的数学或语文”被选次数都较高，分别被选 573 次、566 次；其次是“两门或两门以上非数学或语文”“同一个班级的数学和语文”，被选次数分别为 318 次、219 次；再次是“其他”，被选次数为 164 次；最后是“跨年级的数学或语文”，被选次数最少，为 35 次。可见，若让小学教师任教多科，他们更喜欢选择“一门数学或语文和一门非数学或语文”“平行班级的数学或语文”的形式，最不喜欢“跨年级的数学或语文”的形式。

表 10.21　不同教学安排形式的统计情况

教学安排形式	被选次数	频次百分比(%)	个案百分比(%)
同一个班级的数学和语文	219	11.68	12.06
平行班级的数学或语文	566	30.19	31.17
一门数学或语文和一门非数学或语文	573	30.56	31.55
跨年级的数学或语文	35	1.87	1.93
两门或两门以上非数学或语文	318	16.96	17.51
其他	164	8.75	9.03
合计	1875	100.00	103.25

注：N=1872，有效百分比=97.01%，缺失值=56。

第二，乡村教师选择“同一个班级的数学和语文”的比例相对较多；在“跨年级的数学或语文”中，乡村教师的比例也明显高于其他地区。

通过数据分析可知，从总体来看，无论哪个地区，对教学安排形式的选择都和总体趋势基本保持一致，即选择“平行班级的数学或语文”“一门数学或语文和一门非数学或语文”的比例都较高，选择“跨年级的数学或语文”的比例最小(见表 10.22)。在“平行班级的数学或语文”的教学安排形式中，县城和乡镇的教师比例均高于全国平均水平(31.17%)，其中县城的比例最高，为 32.92%；在“一门数学或语文和一门非数学或语文”中，从城市到乡村，教师比例逐渐上升，其中县城、乡镇和乡村都略高于全国平均水平(31.55%)；在“两门或两门以上非数学或语文”和“其他”中，城市和乡镇均略高于全国平均水平(17.51%)，县城和乡村均略低于全国平均水平；在“同一个班级的数学和语文”“跨年级的数学或语文”中，从城市到乡镇的比例均低于全国平均水平，乡村明显高于其他三个地区，高于全国平均水平。可见，除了和总体选择的教学安排形式一致外，相对于其他地区，乡村教师还倾向于选择“同一个班级不同学科”或者“跨年级的多科教学”。

表 10.22　小学多学科教师的教学安排意愿的城乡差异

所在地	统计量	同一个班级的数学和语文	平行班级的数学或语文	一门数学或语文和一门非数学或语文	跨年级的数学或语文	两门或两门以上非数学或语文	其他
城市	频数	53	135	140	6	88	48
	百分比(%)	11.60	29.54	30.63	1.31	19.26	10.50
县城	频数	47	134	129	7	66	32
	百分比(%)	11.55	32.92	31.70	1.72	16.22	7.86
乡镇	频数	65	199	202	10	115	64
	百分比(%)	10.27	31.44	31.91	1.58	18.17	10.11
乡村	频数	54	98	102	12	49	20
	百分比(%)	16.93	30.72	31.97	3.76	15.36	6.27
合计	频数	219	566	573	35	318	164
	百分比(%)	12.06	31.17	31.55	1.93	17.51	9.03

注：N=1872，有效百分比=97.01%，缺失值=56。

这种倾向很可能并非真自愿，而是出于现实需要，因为从总体来看，无论哪个地区的教师都会首选“平行班级的数学或语文”或“一门数学或语文和一门非数学或语文”。可见，很多教师并不喜欢同一班级多学科任教和跨年级任教，乡村教师也不例外，因为同一班级多学科任教，意味着需要备很多门课，专业知识储备不足，会额外增加教师的工作量；跨年级任教需要教师熟悉不同年级的学生，需要在不同程度的知识之间自由转换，会额外增加教师的工作量甚至心理负担。但是这两种情况都出现了乡村的比例明显高于其他三个地区的情况，我们都知道乡村由于缺乏师资，一位教师“包班”进行多科教学、复式教学的现象很普遍，因此乡村教师出于现实需要而不得不选择这样的教学形式。

第三，多科教师更喜欢 1 主+1 副的教学安排，单科教师更倾向于选择多门副科的教学安排。

如果让教师从事多科教学，任教意愿可以反映出教师希望什么样的学科组合安排。多学科教学安排对于目前任教单科的教师来说是一种根据自己愿望的主观想象，对于目前任教多科的教师来说是切实的经历感受，无论想象还是感受，都可以为如何安排教师进行多科教学、如何培养与培训多科教师提供参考与借鉴。

通过数据分析可知，从总体来看，多科教师对各种教学安排形式的选择排序与整体顺序保持一致，即被选次数的比例从高到低为“一门数学或语文和一门非数学或语文”“平行班级的数学或语文”“两门或两门以上非数学或语文”“同一个班级的数学和语文”“其他”“跨年级的数学或语文”(见表 10.23)。但单科教师与之略有不同，其顺序为“平行班级的数学或语文”“一门数学或语文和一门非数学或语文”“两门或两门以上非数学或语文”“同一个班级的数学和语文”“其他”“跨年级的数学或语文”。在此基础上，单科与多科之间在某些教学安排形式上还有所差异。首先，差异最为明显的是“一门数学或语文和一门非数学或语文”，多科教师(36.78%)选择这一教学安排的比例明显高于单科教师(26.30%)，高出 10.48%，可见多科教师更喜欢 1 主+1 副的教学安排形式。其次，差异较为明显的是“其他”，单科教师(12.10%)选择这一教学安排的比例高于多科教师(6.64%)，高出 5.46%，可见单科教师由于未从事多科教学，对于教学安排形式的认知相对于多科教师来说比较模糊，但可以说明除了目前提供的教学安排形式外，单科教师可能还希望有其他教学安排形式。最后，还有差异的是“两门或两门以上非数学或语文”，单科教师(20.00%)的比例高于多科教师(15.81%)，高出 4.19%，可见单科教师更倾向于选择多门副科的教学安排形式。

表 10.23　小学多学科教师的教学安排意愿的群体差异

群体	统计量	同一个班级的数学和语文	平行班级的数学或语文	一门数学或语文和一门非数学或语文	跨年级的数学或语文	两门或两门以上非数学或语文	其他
单学科	频数	101	250	213	9	162	98
	百分比(%)	12.47	30.86	26.30	1.11	20.00	12.10
多学科	频数	105	294	349	22	150	63
	百分比(%)	11.06	30.98	36.78	2.32	15.81	6.64
合计	频数	206	544	562	31	312	161
	百分比(%)	11.71	30.93	31.95	1.76	17.74	9.15

注：N=1872，有效百分比=93.96%，缺失值=113。

第四，在任教多门主科的教学安排中，男教师的比例高于女教师；在任教主+副的教学安排中，女教师的比例高于男教师。

教师从事多科教学，最主要的是对多学科进行深度整合，但这也意味着教师工作量的增加和工作强度的加大，男、女教师因性别差异，对劳动强度的承受也有所不同，因此在安排教师进行多学科教学的时候，应该考虑这一因素。

通过数据分析可知，女教师对各种教学安排形式的选择排序与整体顺序保持一致，即被选次数的比例从高到低为“一门数学或语文和一门非数学或语文”“平行班级的数学或语文”“两门或两门以上非数学或语文”“同一个班级的数学和语文”“其他”“跨年级的数学或语文”(见表 10.24)。男教师与之略有不同，其顺序

为“平行班级的数学或语文”“一门数学或语文和一门非数学或语文”“两门或两门以上非数学或语文”“同一个班级的数学和语文”“其他”“跨年级的数学或语文”。在此基础上，男、女教师之间在一些教学安排形式上有所差异。首先，比例差异最大的是“一门数学或语文和一门非数学或语文”，女教师(33.48%)的比例明显高于男教师(24.48%)，高出 9.00%；其次，差异较大的是“平行班级的数学或语文”，男教师(35.66%)的比例高于女教师(29.98%)，高出 5.68%；最后，差异较为明显的是“同一个班级的数学和语文”，男教师(16.08%)的比例高于女教师(10.87%)，高出 5.21%。可见，若从教多科，在选择任教多门主科的选项中，男教师的比例高于女教师；在 1 主+1 副的选项中，女教师的比例高于男教师。

表 10.24　小学多学科教师的教学安排意愿的性别差异

性别	统计量	同一个班级的数学和语文	平行班级的数学或语文	一门数学或语文和一门非数学或语文	跨年级的数学或语文	两门或两门以上非数学或语文	其他
男	频数	69	153	105	10	75	35
	百分比(%)	16.08	35.66	24.48	2.33	17.48	8.16
女	频数	149	411	459	25	242	126
	百分比(%)	10.87	29.98	33.48	1.82	17.65	9.19
合计	频数	218	564	564	35	317	161
	百分比(%)	12.11	31.33	31.33	1.94	17.61	8.94

注：N=1872，有效百分比=96.15%，缺失值=72。

第五，无论哪个年龄段的教师都喜欢“平行班的数学或语文”和“一门数学或语文和一门非数学或语文”，30 岁及以下的教师更喜欢“主+副”或者“多门副科”的教学安排形式。

通过数据分析可知，20 岁及以下的教师选择“同一个班级的数学和语文”“平行班级的数学或语文”“两门或两门以上非数学或语文”三种教学安排形式的比例一样大，均为 33.33%；21～30 岁、31～40 岁的教师，被选次数的比例排序靠前的三种教学安排形式是“一门数学或语文和一门非数学或语文”“平行班级的数学或语文”“两门或两门以上非数学或语文”；41～50 岁的教师，被选次数的比例排序靠前的三种教学安排是“平行班级的数学或语文”“一门数学或语文和一门非数学或语文”“两门或两门以上非数学或语文”；50 岁及以上教师，被选次数的比例排序靠前的三种教学安排是“平行班级的数学或语文”“同一个班级的数学和语文”“一门数学或语文和一门非数学或语文”(见表 10.25)。可见，在选择教学安排形式时，大部分年龄段的教师会选择“平行班级的数学或语文”“一门数学或语文和一门非数学或语文”两种教学安排形式，很少有人选“其他”“跨年级的数学或语文”。但是在一些被选次数较多的教学安排形式中，每个年龄段的教师比例也有所差异。首先，差异比较明显的是“同一个班级的数学和语文”。20 岁及以下、50 岁及以上的教师比例明显高于全国平均水平（12.17%），其比例分别为 33.33%、28.15%，可见处于年龄两端的教师更喜欢在同一班级任教两门主科。其次，差异较为明显的是“两门或两门以上非数学或语文”。在教学安排中，随着年龄的增加，教师比例总体呈现下降趋势，其中 20 岁及以下的教师比例最高，为 33.33%；50 岁及以上的教师比例最低，为 9.63%，相差 23.70%。可见相对于年龄较大的教师，年轻教师较喜欢多门副科的教学。最后，在“一门数学或语文和一门非数学或语文”中，除了 20 岁及以下的教师比例为 0.00%外，从 21～30 岁起，随着年龄的增加，教师比例总体呈现下降趋势，其中 21～30 岁、31～40 岁的教师比例均高于全国平均水平（31.66%），21～30 岁的比例最高，为 37.84%；41～50 岁、50 岁及以上的教师比例均低于全国平均水平，41～50 岁的比例最低，为 25.84%。可见，相对于年龄较大的教师来说，中青年教师更喜欢 1 主+1 副的教学安排。

表 10.25　小学多学科教师的教学安排意愿的年龄差异

年龄	统计量	同一个班级的数学和语文	平行班级的数学或语文	一门数学或语文和一门非数学或语文	跨年级的数学或语文	两门或两门以上非数学或语文	其他
20 岁及以下	频数	1	1	0	0	1	0
	百分比(%)	33.33	33.33	0.00	0.00	33.33	0.00
21～30 岁	频数	32	116	151	10	76	30
	百分比(%)	8.02	29.07	37.84	2.51	19.05	7.52
31～40 岁	频数	67	219	232	9	116	63
	百分比(%)	9.71	31.74	33.62	1.30	16.81	9.13
41～50 岁	频数	73	165	131	12	96	49
	百分比(%)	14.40	32.54	25.84	2.37	18.93	9.66
50 岁及以上	频数	38	42	35	2	13	13
	百分比(%)	28.15	31.11	25.93	1.48	9.63	9.63
合计	频数	211	543	549	33	302	155
	百分比(%)	12.17	31.31	31.66	1.90	17.42	8.94

注：N=1872，有效百分比=92.63%，缺失值=138。

第六，教龄越大的教师倾向于选择两门主科的任教，教龄越小的教师倾向于选择主＋副的任教。

教龄的大小在一定程度上可以反映教师教学经验的多少与教学能力的高低，不同教龄的教师受之前教学经验与自身教学能力的影响对于多学科教学的认识也有所不同，因此多学科教学安排应考虑教师教龄的大小。

通过数据分析可知，每个教龄段与整体教学安排形式略有差异，10 年及以下教龄的教师比例从高到低依次为“一门数学或语文和一门非数学或语文”“平行班级的数学或语文”“两门或两门以上非数学或语文”“其他”“同一个班级的数学和语文”“跨年级的数学或语文”；11～20 年教龄的教师比例从高到低依次为“一门数学或语文和一门非数学或语文”“平行班级的数学或语文”“两门或两门以上非数学或语文”“同一个班级的数学和语文”“其他”“跨年级的数学或语文”；21～30 年教龄的教师比例从高到低依次为“平行班级的数学或语文”“一门数学或语文和一门非数学或语文”“两门或两门以上非数学或语文”“同一个班级的数学和语文”“其他”“跨年级的数学或语文”；31～40 年教龄的教师比例从高到低依次为“平行班级的数学或语文”“一门数学或语文和一门非数学或语文”“同一个班级的数学和语文”“两门或两门以上非数学或语文 ”“其他”“跨年级的数学或语文”；41～50 年教龄的教师比例从高到低依次为“平行班级的数学或语文”“一门数学或语文和一门非数学或语文”“同一个班级的数学和语文”(见表 10.26)。可见，大部分教龄的教师选择“平行班级的数学或语文”“一门数学或语文和一门非数学或语文”的比例较高，选择“跨年级的数学或语文”的比例最低。在此基础上，不同教龄的教师在一些教学安排形式的选择上有所差异。在“平行班级的数学或语文”上，随着教龄的增加，选择这一教学安排形式的教师比例总体上在不断增加，其中 41～50 年教龄的教师比例最高，为 50.00％，最低比例(30.32％)与最高比例相差 19.68％。在“同一个班级的数学和语文”上，也是随着教龄的增加，选择这一教学安排形式的教师比例在增加，其中 41～50 年教龄的教师比例达到最高，为 25.00％，最低比例(8.40％)与最高比例相差 16.60％。与前两者相反，在“一门数学或语文和一门非数学或语文”和“两门或两门以上非数学或语文”上，随着教龄的增加，教师比例总体上在不断下降，“一门数学或语文和一门非数学或语文”的最高比例(35.31％)与最低比例(25.00％)相差 10.31％，“两门或两门以上非数学或语文”的最高比例(18.53％)与最低比例(0.00％)相差 18.53％。可见，教龄越大的教师更倾向于选择两门主科的任教，教龄越小的教师更倾向于选择主＋副的任教。

表 10.26 小学多学科教师的教学安排意愿的教龄差异

教龄	统计量	同一个班级的数学和语文	平行班级的数学或语文	一门数学或语文和一门非数学或语文	跨年级的数学或语文	两门或两门以上非数学或语文	其他
10 年及以下	频数	44	160	185	11	95	46
	百分比(%)	8.40	30.53	35.31	2.10	18.13	8.78
11～20 年	频数	73	198	207	10	121	60
	百分比(%)	11.18	30.32	31.70	1.53	18.53	9.19
21～30 年	频数	63	134	120	9	67	37
	百分比(%)	15.22	32.37	28.99	2.17	16.18	8.94
31～40 年	频数	25	44	29	1	13	10
	百分比(%)	21.74	38.26	25.22	0.87	11.30	8.70
41～50 年	频数	1	2	1	0	0	0
	百分比(%)	25.00	50.00	25.00	0.00	0.00	0.00
合计	频数	206	538	542	31	296	153
	百分比(%)	12.05	31.46	31.70	1.81	17.31	8.95

注：N=1872，有效百分比=91.35%，缺失值=162。

第七，教学点的教师选择“同一个班级的数学和语文”和“跨年级的数学或语文”的比例较高。

不同地区、不同类型的小学由于教学资源、教学理念等方面的差异和原因，对于多学科教学的认识与安排不一样，进行多学科教学安排时应该考虑到学校类型的差异。

通过数据分析可知，“一门数学或语文和一门非数学或语文”“平行班级的数学或语文”这两种教学安排形式是所有类型小学中被选次数较靠前的教学形式，“跨年级的数学或语文”“其他”是被选次数较少的教学形式(见表 10.27)。在此基础上，不同学校类型对于某些教学安排形式的选择还有差异。“平行班级的数学或语文”“一门数学或语文和一门非数学或语文”这两种教学安排形式在所有类型小学中被选次数的比例差异不是很大。在“两门或两门以上非数学或语文”上，教学点的教师选择这一教学安排形式的比例最低，为 9.33%，低于全国平均水平(17.51%)8.18%。在“同一个班级的数学和语文”上，从区所在小学到镇其他小学，被选次数的比例在逐渐下降，均低于全国平均水平(12.06%)；从乡中心校到教学点，被选次数的比例在逐渐上升，均高于全国平均水平(12.06%)，其中

比例最高的是教学点，为20.00%。可见对于同一班级的多门主科的教学安排形式，乡及以下的学校更偏向于选择这种教学安排形式。“跨年级的数学或语文”这种教学安排形式虽然被选次数极少，但是内部也略有差异。从区所在小学到镇其他小学，此教学安排形式被选次数的比例均低于全国平均水平；从乡中心校到教学点，被选次数的比例均高于全国平均水平(1.93%)，教学点的比例最高，为6.67%。可见乡及以下的学校更倾向于选择同一班级或跨年级的多门主科任教。

表 10.27　小学多学科教师的教学安排意愿的学校类型差异

学校类型	统计量	同一个班级的数学和语文	平行班级的数学或语文	一门数学或语文和一门非数学或语文	跨年级的数学或语文	两门或两门以上非数学或语文	其他
区所在小学	频数	53	135	140	6	88	48
	百分比(%)	11.60	29.54	30.63	1.31	19.26	10.50
县城小学	频数	47	134	129	7	66	32
	百分比(%)	11.55	32.92	31.70	1.72	16.22	7.86
镇中心小学	频数	43	132	140	5	74	28
	百分比(%)	10.41	31.96	33.90	1.21	17.92	6.78
镇其他小学	频数	14	47	42	3	34	31
	百分比(%)	8.59	28.83	25.77	1.84	20.86	19.02
乡中心校	频数	8	20	20	2	7	5
	百分比(%)	14.04	35.09	35.09	3.51	12.28	8.77
村小	频数	39	74	81	7	42	16
	百分比(%)	15.98	30.33	33.20	2.87	17.21	6.56
教学点	频数	15	24	21	5	7	4
	百分比(%)	20.00	32.00	28.00	6.67	9.33	5.33
合计	频数	219	566	573	35	318	164
	百分比(%)	12.06	31.17	31.55	1.93	17.51	9.03

注：N=1872，有效百分比=97.01%，缺失值=56。

第八，任教状态较复杂的教师选择“同一个班级的数学和语文”的比例较高。

目前任教状态能反映出教师当下任教几科，任教科目是主科还是副科，以及科目组合的情况，是教师任教形式的反映。不同任教状态下的教师对多学科教学的感受不同，他们对多学科教学安排的意愿值得研究。

通过数据分析可知，大部分任教状态下的教师选择“平行班级的数学或语文”“一门数学或语文和一门非数学或语文”“两门或两门以上非数学或语文”三种教学安排形式，但 2 主科＋1 副科、2 主科＋多副科两种状态下的教师选择“同一个班级的数学和语文”“平行班级的数学或语文”的比例较多(见表 10.28)。另外，无论在哪种任教状态下，教师选择“跨年级的数学或语文”“其他”的比例都较小。对于不同教学安排形式的选择，不同任教状态的教师比例有很大差异。在“平行班级的数学或语文”上，2 主科＋1 副科的教师比例最高，为 57.14％，高于全国平均水平(31.02％)26.12％，比例较低的是 2 主科和其他，比例分别为 23.53％、20.00％。在“一门数学或语文和一门非数学或语文”上，1 主科＋1 副科、1 主科＋多副科、2 主科的教师比例较高，均高于全国平均水平(31.93％)，其中 2 主科的教师比例最高，为 47.06％。在“同一个班级的数学和语文”上，不同任教状态的教师比例差异很大，其中比例最突出的是 2 主科＋1 副科和 2 主科＋多副科，比例远高于全国平均水平(11.70％)，分别为 42.86％、40.54％，其他任教状态下的教师比例都较低，任教状态为“其他”的教师比例为 0.00％。在“两门或两门以上非数学或语文”上，多副科和其他的教师比例较突出，高于全国平均水平(17.73％)，分别为 31.76％、50.00％，2 主科＋1 副科的比例为 0.00％。

表 10.28　小学多学科教师的教学安排意愿的任教状态差异

任教状态	统计量	同一个班级的数学和语文	平行班级的数学或语文	一门数学或语文和一门非数学或语文	跨年级的数学或语文	两门或两门以上非数学或语文	其他
单科	频数	101	251	211	9	157	97
	百分比(％)	12.58	31.26	26.28	1.12	19.55	12.08
1 主科＋1 副科	频数	32	97	122	5	45	16
	百分比(％)	10.46	31.70	39.87	1.63	14.71	5.23
1 主科＋多副科	频数	48	151	199	10	74	32
	百分比(％)	9.70	30.51	40.20	2.02	14.95	6.46
2 主科	频数	2	4	8	1	2	1
	百分比(％)	11.76	23.53	47.06	5.88	11.76	5.88
2 主科＋1 副科	频数	3	4	0	0	0	0
	百分比(％)	42.86	57.14	0.00	0.00	0.00	0.00
2 主科＋多副科	频数	15	13	6	1	2	1
	百分比(％)	40.54	35.14	16.22	2.70	5.41	2.70

续表

任教状态	统计量	同一个班级的数学和语文	平行班级的数学或语文	一门数学或语文和一门非数学或语文	跨年级的数学或语文	两门或两门以上非数学或语文	其他
多副科	频数	5	24	14	4	27	13
	百分比(%)	5.88	28.24	16.47	4.71	31.76	15.29
其他	频数	0	2	2	1	5	0
	百分比(%)	0.00	20.00	20.00	10.00	50.00	0.00
合计	频数	206	546	562	31	312	160
	百分比(%)	11.70	31.02	31.93	1.76	17.73	9.10

注：N=1872，有效百分比=94.02%，缺失值=112。

4. 小学多学科教师在任教不熟悉学科时的做法

第一，超过一半的教师都会选择“向教这门学科的骨干教师请教”和“自己琢磨这门学科的内容与特点”；有一定比例的教师选择“参加这门学科的相关培训然后再教”，选择其他做法的教师比例很少。

当教师任教不熟悉学科时，意味着教师可能是“教非所学”，也可能是任教多科，这两种情况在小学实际教学中都大量存在，尤其是农村小学。面对此种情况，教师都会采取一定的态度去面对，采用某些方法去处理，他们的态度和方法对于如何安排多学科教学，如何进行教师多学科教学的管理都有借鉴意义。

通过数据分析可知，首先，“向教这门学科的骨干教师请教”“自己琢磨这门学科的内容与特点”这两种做法被选次数较多，分别为1264次、1103次，在1825位教师中(有效样本数)分别占69.26%、60.44%；其次，被选次数较多的是“参加这门学科的相关培训然后再教”，被选644次，比例为35.29%，可见培训在教师解决教育教学困难中并不是首选；最后，“按教参内容照本宣科”“拒绝教这门学科”“其他”被选次数极少，比例也非常低(见表10.29)。可见，当任教不熟悉学科时，大部分教师会采取积极的态度去面对，超过一半的教师都会通过请教骨干教师或者自己琢磨来应对。

表 10.29 小学多学科教师任教不熟悉学科时的做法的统计情况

任教不熟悉学科时的做法	被选次数	个案百分比(%)
参加这门学科的相关培训然后再教	644	35.29
向教这门学科的骨干教师请教	1264	69.26
自己琢磨这门学科的内容与特点	1103	60.44
按教参内容照本宣科	176	9.64
拒绝教这门学科	94	5.15
其他	62	3.40
合计	3343	183.18

注：N＝1872，有效百分比＝97.49%，缺失值＝47。

第二，在向骨干教师请教和自己琢磨的做法中，乡村教师选择的比例更高；在参加相关学科培训的做法中，城市教师的比例明显更高。

当教师任教不熟悉学科时，由于师资质量、教育资源和教师观念等各种因素的影响，可能会采取不同的应对方法。

通过数据分析可知，从总体来看，无论城市、县城、乡镇还是乡村，首先教师选择“向教这门学科的骨干教师请教”“自己琢磨这门学科的内容与特点”这两种做法的比例较高；其次较高的是“参加这门学科的相关培训然后再教”，而其他做法被选次数的比例很低(见表 10.30)。在有的具体做法中，城乡之间有所差异。首先，差异较为明显的是“参加这门学科的相关培训然后再教”。城市教师选择这一做法的比例明显高于其他三个地区，其比例为 42.46%，高于全国平均水平(35.29%)7.17%，其他三个地区均低于全国平均水平。可见，相对于其他三个地区，城市教育资源丰富，教师培训质量好，因此教师培训也是城市教师解决教育教学困难的常用途径之一。其次，有所差异的是“向教这门学科的骨干教师请教”。无论哪个地区，教师选择这一做法的比例都最高，但从城市到乡村，比例呈现逐渐上升趋势，其中乡镇、乡村教师的比例均高于全国平均水平(69.26%)，乡村高达为 72.15%。可见，相对于其他地区来说，这一做法对于乡镇和乡村的教师解决教育教学困难更为重要。最后，有所差异的是“自己琢磨这门学科的内容与特点”。无论哪一地区，教师选择这一做法的比例仅次于“向教这门学科的骨干教师请教”。在这一做法中，从城市到乡村，教师比例呈现先平稳上升、后明显上升的趋势，其中乡村教师比例最高，为 64.87%。可见，相对于其他地区，乡村教师更常用这一做法。

表 10.30　小学多学科教师任教不熟悉学科时的做法的城乡差异

所在地	统计量	参加这门学科的相关培训然后再教	向教这门学科的骨干教师请教	自己琢磨这门学科的内容与特点	按教参内容照本宣科	拒绝教这门学科	其他
城市	频数	197	306	271	51	29	14
	百分比(%)	42.46	65.95	58.41	10.99	6.25	3.02
县城	频数	126	276	239	34	31	8
	百分比(%)	31.03	67.98	58.87	8.37	7.64	1.97
乡镇	频数	221	454	388	66	26	24
	百分比(%)	34.59	71.05	60.72	10.33	4.07	3.76
乡村	频数	100	228	205	25	8	16
	百分比(%)	31.65	72.15	64.87	7.91	2.53	5.06
合计	频数	644	1264	1103	176	94	62
	百分比(%)	35.29	69.26	60.44	9.64	5.15	3.40

注：N=1872，有效百分比=97.49%，缺失值=47。

第三，在向骨干教师请教和自己琢磨的做法中，镇其他小学及以下的教师选择的比例更高；在参加相关学科培训的做法中，区所在小学和镇其他小学的教师比例明显更高。

通过数据分析可知，从总体来看，无论哪种学校的教师选择“向教这门学科的骨干教师请教”“自己琢磨这门学科的内容与特点”这两种做法的比例较高；其次，选择比例较高的是“参加这门学科的相关培训然后再教”，而其他做法的选择比例都较低(见表 10.31)。在一些被选次数较多的做法中，不同学校的教师比例有所差异。在“向教这门学科的骨干教师请教”的做法中，镇其他小学、乡中心校、村小、教学点的教师比例略高于全国平均水平(69.26%)，其中乡中心校的教师比例最高，为 80.36%，高出全国平均水平 11.10%；区所在小学、县城小学、镇中心小学的教师比例略低于全国水平。可见，相对于其他学校，镇其他小学及以下的教师更多地选择此种做法。在“自己琢磨这门学科的内容与特点”的做法中，镇其他小学、乡中心校、村小、教学点的教师比例高于全国平均水平(60.44%)，其中镇其他小学、教学点的教师比例较高，分别为 71.26%、69.33%，分别高出全国平均水平 10.82%、8.89%；区所在小学、县城小学、镇中心小学的教师比例略低于全国平均水平。可见，相对于其他学校，镇其他小学和教学点的教师更多地人选择此种做法。在“参加这门学科的相关培训然后再教”的做法中，相对于其他学校，区所在小学、镇其他小学的教师比例较高，均高于全国平均水平(35.29%)，比例分别为42.46%、43.71%；县城小学、镇中心小学、乡中心校、村小、教学点的教师比例均高于全国平均水平，其中乡中心校的教师比例最低，为23.21%，低于全国平均水平12.08%。

表10.31　小学多学科教师任教不熟悉学科时的做法的学校类型差异

学校类型	统计量	参加这门学科的相关培训然后再教	向教这门学科的骨干教师请教	自己琢磨这门学科的内容与特点	按教参内容照本宣科	拒绝教这门学科	其他
区所在小学	频数	197	306	271	51	29	14
	百分比(%)	42.46	65.95	58.41	10.99	6.25	3.02
县城小学	频数	126	276	239	34	31	8
	百分比(%)	31.03	67.98	58.87	8.37	7.64	1.97
镇中心小学	频数	135	290	234	47	20	16
	百分比(%)	32.45	69.71	56.25	11.30	4.81	3.85
镇其他小学	频数	73	119	119	15	5	5
	百分比(%)	43.71	71.26	71.26	8.98	2.99	2.99
乡中心校	频数	13	45	35	4	1	3
	百分比(%)	23.21	80.36	62.50	7.14	1.79	5.36
村小	频数	78	175	153	22	7	13
	百分比(%)	32.37	72.61	63.49	9.13	2.90	5.39
教学点	频数	22	53	52	3	1	3
	百分比(%)	29.33	70.67	69.33	4.00	1.33	4.00
合计	频数	644	1264	1103	176	94	62
	百分比(%)	35.29	69.26	60.44	9.64	5.15	3.40

注：N=1872，有效百分比=97.49%，缺失值=47。

第四，随着年龄的增加，选择“向骨干教师请教”的比例总体上逐渐降低；处于中间年龄段的教师更喜欢“自己琢磨”；20岁以下的教师更喜欢参加“教师培训”。

通过数据分析可知，21～30岁、31～40岁、41～50岁、51岁及以上的教师选择“向教这门学科的骨干教师请教”“自己琢磨这门学科的内容与特点”的比例较高，其次较高的是“参加这门学科的相关培训然后再教”；20岁及以下的教师选择“参加这门学科的相关培训然后再教”“向教这门学科的骨干教师请教”的比例最高，其次较高的是“自己琢磨这门学科的内容与特点”(见表10.32)。在不同的做法中，每个年龄段的教师比例有所差异。对于其他几种做法，每个年龄段的教师比例都非常少。在“向教这门学科的骨干教师请教”的做法中，21～30岁、31～40岁的教师比例较高，均高于全国平均水平(69.74%)，其比例分别为73.68%、73.55%；其他年龄段的教师比例均低于全国平均水平，其中50岁及以上的教师比例最低，为57.89%。在“自己琢磨这门学科的内容与特点”的做法中，21～30岁、31～40岁的教师比例较高，均高于全国平均水平(60.93%)，其比例分别为64.66%、62.43%；其他年龄段的教师比例均低于全国平均水平，其中20岁及以下的教师比例很低，为33.33%，低于全国平均水平27.60%。在“参加这门学科的相关培训然后再教”的做法中，20岁及以下、31～40岁、41～50岁、51岁及以上的教师比例均高于全国水平(35.39%)，其中20岁及以下的教师比例非常高，为66.67%，高出全国平均水平31.28%，21～30岁的教师比例最低，为28.82%。

可见，随着年龄的增加，选择“向骨干教师请教”的比例总体上在逐渐降低；相对于20岁及以下和50岁及以上的教师，处于中间年龄段的教师更喜欢“自己琢磨”；相对于其他年龄段，20岁以下的教师更喜欢参加“教师培训”，而不是“自己琢磨”。

表10.32　小学多学科教师任教不熟悉学科时的做法的年龄差异

年龄	统计量	参加这门学科的相关培训然后再教	向教这门学科的骨干教师请教	自己琢磨这门学科的内容与特点	按教参内容照本宣科	拒绝教这门学科	其他
20岁及以下	频数	2	2	1	0	0	0
	百分比(%)	66.67	66.67	33.33	0.00	0.00	0.00
21～30岁	频数	115	294	258	46	30	14
	百分比(%)	28.82	73.68	64.66	11.53	7.52	3.51
31～40岁	频数	258	509	432	63	33	20
	百分比(%)	37.28	73.55	62.43	9.10	4.77	2.89
41～50岁	频数	190	330	300	47	20	16
	百分比(%)	37.18	64.58	58.71	9.20	3.91	3.13
50岁及以上	频数	50	77	68	14	6	8
	百分比(%)	37.59	57.89	51.13	10.53	4.51	6.02
合计	频数	615	1212	1059	170	89	58
	百分比(%)	35.39	69.74	60.93	9.78	5.12	3.34

注：N=1872，有效百分比=92.84%，缺失值=134。

(三)小学多学科教师的教学压力分析

第一，“备课时间更长”“考试成绩压力更大”和“作业批改量更大”，是我国小学教师的三大压力来源。“备课时间更长”在乡村学校中尤为突出，乡镇教师的整体压力较大。

通过数据分析可知，“备课时间更长”“考试成绩压力更大”和“作业批改量更大”，是当前我国小学教师的三大压力来源（见表 10.33）。其中，“备课时间更长”这一压力来源，农村明显高于城区和县城。尤其是乡村，这一压力来源在所有压力来源中所占比例最高，高达 62.19%，比城市高出约 12 个百分点，比县城高出约 14 个百分点。由于农村学校的师资有限，乡中心校教师的教学任务量很大，而且在以村小和教学点为主的乡村学校，一位教师往往要承担多门科目的教学。在西部的贫困山区，一位教师甚至要承担多个年级或整个学校的教学任务，这就导致教师的备课量大，备课时间更长，造成教师巨大的工作压力。“考试成绩压力更大”这一压力来源在县城和乡镇表现得更为明显，其次是乡村，最后为城市。“作业批改量更大”这一压力来源在城市和乡镇表现得较为突出。由此可见，乡镇教师的压力整体来讲是相对较大的。教学内容、学科定位和班级管理等压力来源在城乡分布上略有差异，趋势基本一致，没有太大的不同。

表 10.33 小学多学科教师的压力来源的城乡差异

所在地	统计量	备课时间更长	教学内容更具挑战性	难以对学科进行准确定位	多科评价方式不一致	考试成绩压力更大	培训与需求不统一,专业化难	作业批改量更大	班级管理更难	有更多机会受到学生挑战	其他
城区	频数	234	159	128	94	190	109	239	163	48	29
	百分比(%)	50.65	34.42	27.71	20.35	41.13	23.59	51.73	35.28	10.39	6.28
县城	频数	196	128	92	76	221	66	194	126	24	26
	百分比(%)	48.76	31.84	22.89	18.91	54.98	16.42	48.26	31.34	5.97	6.47
乡镇	频数	346	232	172	138	353	156	336	243	55	30
	百分比(%)	54.32	36.42	27.00	21.66	55.42	24.49	52.75	38.15	8.63	4.71
乡村	频数	199	122	101	64	162	69	159	99	28	13
	百分比(%)	62.19	38.13	31.56	20.00	50.63	21.56	49.69	30.94	8.75	4.06
合计	频数	975	641	493	372	926	400	928	631	155	98
	百分比(%)	53.54	35.20	27.07	20.43	50.85	21.97	50.96	34.65	8.51	5.38

注：N=1872，有效百分比=97.28%，缺失值=51。

第二，多学科教师群体较单学科教师群体承受更多的来自工作量的压力，与工作量相关的压力感受更强。

相较于单学科教师群体而言，“备课时间更长”“考试成绩压力更大”和“作业批改量更大”这三大压力来源的感受在多学科教师中表现得更为突出，均高于单学科教师群体，三者的比例差依次大约在5个百分点、8个百分点、6个百分点(见表10.34)。这三种压力来源主要是教师较大的工作量和教师的评价方式，属于客观的外部压力，大部分多学科教师往往会比单学科教师承担更多的教学任务。所以，在此三种压力的感受上，多学科教师要比单学科教师更为强烈。在应对教学内容的挑战、对学科的准确定位、班级管理和专业化等方面，在此类需要教学智慧与技能或者专业素养的压力来源上，群体间的感受差异很小，分布趋势基本一致，单学科教师和多学科教师的压力感受基本相同。

表10.34　小学多学科教师的压力来源的群体差异

群体	统计量	备课时间更长	教学内容更具挑战性	难以对学科进行准确定位	多科评价方式不一致	考试成绩压力更大	培训与需求不统一,专业化难	作业批改量更大	班级管理更难	有更多机会受到学生挑战	其他
单学科	频数	415	278	230	170	386	174	393	274	72	42
	百分比(%)	50.98	34.15	28.26	20.88	47.42	21.38	48.28	33.66	8.85	5.16
多学科	频数	525	343	245	188	523	213	518	346	78	52
	百分比(%)	55.50	36.26	25.90	19.87	55.29	22.52	54.76	36.58	8.25	5.50
合计	频数	940	621	475	358	909	387	911	620	150	94
	百分比(%)	53.41	35.28	26.99	20.34	51.65	21.99	51.76	35.23	8.52	5.34

注：N=1872，有效百分比=94.02%，缺失值=112。

第三，女教师对来自工作量的压力的承受度要好于男教师，但在接受更具挑战性和灵活性的教育教学任务上，女教师的压力感受相较于男教师更强。

通过数据分析可知，女教师对来自工作量的压力的承受度要好于男教师。男教师在“备课时间更长”这一压力来源上，高于整体水平约4个百分点，女教师却比整体水平低约2个百分点；男教师在“考试成绩压力更大”这一压力来源上，比整体水平高出约2个百分点，女教师略低于整体水平；在“作业批改量更大”这一压力来源上，男教师略低于女教师，但差别不大(见表10.35)。然而，在接受更具挑战性和灵活性的教育教学任务上，女教师的压力感受相较于男教师更强。在“班级管理更难”这一压力来源上，女教师的压力感受比例达36.36%，高出男教师7.36%；在“难以对学科进行准确定位”和“教学内容更具挑战性”这两种压力来源上，女教师也均高于男教师。这是由男性与女性的生理与心理差异所决定的。

表 10.35 小学多学科教师的压力来源的性别差异

性别	统计量	备课时间更长	教学内容更具挑战性	难以对学科进行准确定位	多科评价方式不一致	考试成绩压力更大	培训与需求不统一，专业化难	作业批改量更大	班级管理更难	有更多机会受到学生挑战	其他
男	频数	246	138	102	93	225	95	213	125	38	26
	百分比(%)	57.08	32.02	23.67	21.58	52.20	22.04	49.42	29.00	8.82	6.03
女	频数	717	494	389	277	691	302	705	500	117	72
	百分比(%)	52.15	35.93	28.29	20.15	50.25	21.96	51.27	36.36	8.51	5.24
合计	频数	963	632	491	370	916	397	918	625	155	98
	百分比(%)	53.32	34.99	27.19	20.49	50.72	21.98	50.83	34.61	8.58	5.43

注：N＝1872，有效百分比＝96.47%，缺失值＝66。

第四，20 岁及以下的教师承受更多来自考试成绩的压力，随着年龄的增加，来自班级管理和专业化等的压力随之降低，过了 50 岁，个别压力感受回升。

通过数据分析可知，处于同一年龄阶段的教师，对不同压力的感受程度是不同的；处于不同年龄阶段的教师，对同一压力的感受程度也是不同的；随着教师年龄的增加，某些压力的感受程度也趋于稳定，没有太大变化(见表 10.36)。“备课时间更长”“考试成绩压力更大”和“作业批改量更大”在不同的年龄段都是主要的压力来源。在 20 岁及以下年龄段，年轻教师对“考试成绩压力更大”的压力感受尤为突出和强烈，高达 66.67%。这个年龄段的教师，还主要通过外部的指标(如成绩)对自己的工作进行评价与肯定，所以学生的考试成绩往往对他们的影响较大。在 21～30 岁年龄段，“考试成绩压力更大”这一压力来源降到 48.75%，但仍占有很高的比例，并在以后的各年龄段中没有特别大的变化，一直维持在 45.00%左右。取而代之，“作业批改量更大”成为教师感受到的最主要的压力，并在之后的年龄段呈递减趋势。在 31～40 岁年龄段，“备课时间更长”成为主要的压力来源，并且这一压力随着年龄的增加有所递减，但变化缓慢。

“班级管理更难”这一压力的感受，在 21 岁之后，随着教师年龄的增加和教育教学经验的增长，在之后的时间段内呈递减趋势；“教学内容更具挑战性”和“难以对学科进行准确定位”这两种压力来源，在 21 岁后的 30 年内，呈递减趋势，但过了 50 岁，这种压力感受稍微有所回升。因为此时教师的体力、精力以及接受新的教育理念与方法的能力、面对课程改革的行动力等都要弱于之前的年

龄段，所以会感受到相比之前稍大的压力。在"培训需求不统一，专业化难"上，随着教师年龄的增加，教师的压力平缓降低。

表 10.36　小学多学科教师的压力来源的年龄分布

年龄	统计量	备课时间更长	教学内容更具挑战性	难以对学科进行准确定位	多科评价方式不一致	考试成绩压力更大	培训与需求不统一，专业化难	作业批改量更大	班级管理更难	有更多机会受到学生挑战	其他
20 岁及以下	频数	1	1	0	1	2	1	1	1	0	0
	百分比(%)	33.33	33.33	0.00	33.33	66.67	33.33	33.33	33.33	0.00	0.00
21～30 岁	频数	228	172	141	91	195	103	234	176	44	24
	百分比(%)	57.00	43.00	35.25	22.75	48.75	25.75	58.50	44.00	11.00	6.00
31～40 岁	频数	384	250	181	144	365	173	373	250	56	42
	百分比(%)	55.57	36.18	26.19	20.84	52.82	25.04	53.98	36.18	8.10	6.08
41～50 岁	频数	258	149	113	94	269	84	244	150	39	24
	百分比(%)	50.39	29.10	22.07	18.36	52.54	16.41	47.66	29.30	7.62	4.69
51 岁及以上	频数	65	47	36	19	58	19	45	28	11	3
	百分比(%)	48.51	35.07	26.87	14.18	43.28	14.18	33.58	20.90	8.21	2.24
合计	频数	936	619	471	349	889	380	897	605	150	93
	百分比(%)	53.79	35.57	27.07	20.06	51.09	21.84	51.55	34.77	8.62	5.34

注：N=1872，有效百分比=92.95%，缺失值=132。

第五，来自"教学内容更具挑战性""难以对学科进行准确定位"和"班级管理更难"等与教学经验相关的压力随教龄的增加而降低。

通过数据分析可知，"备课时间更长""考试成绩压力更大"和"作业批改量更大"在不同的教龄段中，仍是三种主要的压力来源(见表 10.37)。其中，"作业批改量更大"的压力在 10 年及以下教龄的教师中表现得最强烈，高达 58.86%，随着教龄的不断增加而呈现递减趋势，在任教时间达到 40 年后，教师对这一压力的感受再次变强。"备课时间更长"的压力随着教龄的增加呈缓慢递减趋势，在达到 40 年后，教师对这一压力的感受再次变强。"考试成绩压力更大"的感受强度也一直在 51.40%的整体水平上下浮动，变化不大。在对"教学内容更具挑战性"和"难以对学科进行准确定位"两种压力的感受上，教师初始任教的前 10 年明显要比之后的每个 10 年的压力感受强烈，随着教育教学经验的不断丰富和教师的专业化发展，此类压力感受会降低，分别从最初的 41.52%和 33.33%下降到

35.59%和27.01%。“班级管理更难”的压力高峰同样出现在教师任教的第一个10年，随后会不断下降，到任教的第31～40年，达到最低16.81%，下一个10年有所回升，但仍低于整体水平(34.89%)约10个百分点。同时，教龄的不断增加，使教师自身专业化的压力感受平稳降低。由此可见，教师的年龄和教龄在压力感受的分布趋势上是基本一致的。

表10.37 小学多学科教师的压力来源的教龄分布

教龄	统计量	备课时间更长	教学内容更具挑战性	难以对学科进行准确定位	多科评价方式不一致	考试成绩压力更大	培训与需求不统一,专业化难	作业批改量更大	班级管理更难	有更多机会受到学生挑战	其他
10年及以下	频数	300	218	175	121	262	134	309	217	54	31
	百分比(%)	57.14	41.52	33.33	23.05	49.90	25.52	58.86	41.33	10.29	5.90
11～20年	频数	355	220	166	133	356	165	345	242	50	37
	百分比(%)	54.12	33.54	25.30	20.27	54.27	25.15	52.59	36.89	7.62	5.64
21～30年	频数	212	139	94	81	207	61	195	119	33	19
	百分比(%)	50.96	33.41	22.60	19.47	49.76	14.66	46.88	28.61	7.93	4.57
31～40年	频数	55	33	27	14	54	13	35	19	10	4
	百分比(%)	48.67	29.20	23.89	12.39	47.79	11.50	30.97	16.81	8.85	3.54
41～50年	频数	2	0	1	0	2	0	2	1	0	0
	百分比(%)	50.00	0.00	25.00	0.00	50.00	0.00	50.00	25.00	0.00	0.00
合计	频数	924	610	463	349	881	373	886	598	147	91
	百分比(%)	53.91	35.59	27.01	20.36	51.40	21.76	51.69	34.89	8.58	5.31

注：N=1872，有效百分比=91.56%，缺失值=158。

第六，乡中心校教师的整体压力偏高；对来自工作量的压力，农村教师高于城市和县城。

通过数据分析可知，“备课时间更长”“考试成绩压力更大”和“作业批改量更大”在所有类型的学校中，都是教师的主要压力来源(见表10.38)。乡中心校的教师对这三类压力的感受均超出其他学校教师的感受，分别高达63.16%、64.91%和61.40%。在农村小学中，乡中心校的生源和师资相比其他学校来说是比较稳定的，作为一个农村教育的中心力量，教师在日常的教学任务和教务工作上更加繁忙，压力更大。同时，在“备课时间更长”这一压力上，农村学校教师整体高于城市和县城的学校，而村小和教学点要好于其他类型的农村学校。在

“班级管理更难”这一压力上，同样也是乡中心校最高，已经超过了50.00%，在其他学校中没有太大的差异。在其他的压力来源上，不论何种学校，教师的感受程度相差不是很大，稍有浮动但基本一致。由此可以看出，不同学校的教师承受压力的最大区别在于能够客观反映工作量的压力的差异。

表10.38　小学多学科教师的压力来源的学校类型差异

学校类型	统计量	备课时间更长	教学内容更具挑战性	难以对学科进行准确定位	多科评价方式不一致	考试成绩压力更大	培训与需求不统一，专业化难	作业批改量更大	班级管理更难	有更多机会受到学生挑战	其他
区所在小学	频数	234	159	128	94	190	109	239	163	48	29
	百分比(%)	50.65	34.42	27.71	20.35	41.13	23.59	51.73	35.28	10.39	6.28
县城小学	频数	196	128	92	76	221	66	194	126	24	26
	百分比(%)	48.76	31.84	22.89	18.91	54.98	16.42	48.26	31.34	5.97	6.47
镇中心小学	频数	231	154	107	92	215	107	219	168	41	21
	百分比(%)	55.93	37.29	25.91	22.28	52.06	25.91	53.03	40.68	9.93	5.08
镇其他小学	频数	79	61	53	36	101	39	82	46	13	7
	百分比(%)	47.31	36.53	31.74	21.56	60.48	23.35	49.10	27.54	7.78	4.19
乡中心校	频数	36	17	12	10	37	10	35	29	1	2
	百分比(%)	63.16	29.82	21.05	17.54	64.91	17.54	61.40	50.88	1.75	3.51
村小	频数	153	96	81	50	129	58	125	83	25	11
	百分比(%)	62.45	39.18	33.06	20.41	52.65	23.67	51.02	33.88	10.20	4.49
教学点	频数	46	26	20	14	33	11	34	16	3	2
	百分比(%)	61.33	34.67	26.67	18.67	44.00	14.67	45.33	21.33	4.00	2.67
合计	频数	975	641	493	372	926	400	928	631	155	98
	百分比(%)	53.54	35.20	27.07	20.43	50.85	21.97	50.96	34.65	8.51	5.38

注：*N*＝1872，有效百分比＝97.28%，缺失值＝51。

第七，小规模学校的教师承受更多来自工作量的压力，来自班级管理的压力随着学校规模的扩大而增加。

通过数据分析可知，不论学校规模如何，“备课时间更长”“考试成绩压力更大”和“作业批改量更大”仍为各学校教师的三大压力来源(见表10.39)。而且，不同的压力来源在不同规模的学校中的突出程度不同。其中，“备课时间更长”在

20人以下的学校中表现得最为突出，同时在这类学校教师的压力来源中所占比例最大，高达87.50%，超过整体水平约30多个百分点；排在第二位的压力来源是“作业批改量更大”，达到62.50%，同时也高于其他规模的学校在此压力来源上的所占比例；在教学内容、考试和培训上的压力均达到50.00%，并且“培训与需求不统一，专业化难”的压力来源比其他规模的学校表现得更为突出；其他的压力来源所占比例不是很大。在20～100人的学校中，教师面临着与20人以下的学校一样的问题，在培训上的压力降低了40多个百分点，其他的变化不大。“难以对学科进行准确定位”这一压力来源在101～200人的学校中表现得最为突出。我们一般认为，200人以下的农村学校就被称为农村小规模学校，特别是农村的村小和教学点，而教学点尤为突出。这些学校的师资匮乏，教师面临着巨大的教学任务和繁杂的教务工作以及学生升学的压力。除此之外，教师并没有得到很好的职后培训等。

“多科评价方式不一致”这一压力来源在201～500人的学校中表现得最为突出。此规模的学校除三大压力来源之外，其他的压力来源比例相差不大。在500人以上的学校中，“备课时间更长”这一压力来源明显好于比其规模小的学校；教师对“班级管理更难”这一压力来源的感受比其他规模的学校突出，而且所占比例随着学校规模的扩大而呈递增趋势，在1000人以上的学校最为突出。

表 10.39 小学多学科教师的压力来源的学校规模差异

学校规模	统计量	备课时间更长	教学内容更具挑战性	难以对学科进行准确定位	多科评价方式不一致	考试成绩压力更大	培训与需求不统一，专业化难	作业批改量更大	班级管理更难	有更多机会受到学生挑战	其他
20人以下	频数	24	8	5	2	8	8	10	4	1	0
	百分比(%)	87.50	50.00	31.25	12.50	50.00	50.00	62.50	25.00	6.25	0.00
20～100人	频数	24	16	7	11	17	2	16	10	3	1
	百分比(%)	63.16	42.11	18.42	28.95	44.74	5.26	42.11	26.32	7.89	2.63
101～200人	频数	38	25	25	10	33	14	30	18	10	3
	百分比(%)	57.58	37.88	37.88	15.15	50.00	21.21	45.45	27.27	15.15	4.55
201～500人	频数	73	40	28	31	53	33	61	36	11	7
	百分比(%)	70.19	38.46	26.92	29.81	50.96	31.73	58.65	34.62	10.58	6.73
501～1000人	频数	177	125	87	57	160	74	170	111	33	16
	百分比(%)	54.46	38.46	26.77	17.54	49.23	22.77	52.31	34.15	10.15	4.92

续表

学校规模	统计量	备课时间更长	教学内容更具挑战性	难以对学科进行准确定位	多科评价方式不一致	考试成绩压力更大	培训与需求不统一，专业化难	作业批改量更大	班级管理更难	有更多机会受到学生挑战	其他
1000人以上	频数	510	349	261	220	522	215	523	359	76	60
	百分比(%)	51.05	34.93	26.13	22.02	52.25	21.52	52.35	35.94	7.61	6.01
合计	频数	846	563	413	331	793	346	810	538	134	87
	百分比(%)	54.01	36.37	26.68	21.38	51.23	22.35	52.33	34.75	8.66	5.62

注：N=1872，有效百分比=82.69%，缺失值=324。

四、对策与建议

(一)完善小学多学科教师的教育体系

1. 建立并完善小学多学科教师的职前培养体系

当前，不论城市还是农村都对小学多学科教师有着较大的需求，小学多学科教师是发展方向，城市会主动培养这类教师，农村被动需要这类教师。多学科教学是课程改革背景下的全新设置，同时也是解决农村学校教师资源匮乏的重要途径。为此，建立科学的小学教师职前培养体系对于全面提高我国基础教育质量，尤其是解决农村的教育问题，有着重大的意义。

第一，保证多学科教师就学期间的权利和义务的对等。多学科教师在就读期间享受一系列政策优惠，包括免除学费、免缴住宿费并获得生活补助等。同时，在安排国家和自治区各项奖助学金时，多学科师范生与同类学生享受同等待遇。多学科师范毕业生在走上教学岗位后，有关部门将及时为其办理录用、入编、工资等手续。多学科师范生在入学前须签订定向就业协议，毕业后按照有关政策和协议内容，回协议县的农村小学或教学点从事一定年限的小学教育。

第二，制定科学、系统和详细的培养方案。通过优化整合高校内各院系的力量进行多学科培养。一是要明确培养理念和教育目标，使其在专业知识、专业情意和专业能力方面都达到较高水平。二是要打破学科壁垒，重构符合多学科培养的课程体系。学校根据小学教育专业的特点，进行学科间知识的整合、重构，邀请不同院系的专家和教师进行授课，开展专题讲座。三是要改变以往课程实施中过于偏重理论知识内容的倾向，构建在打好理论基础的同时加强教学技能和实践能力的教学形式。可以邀请部分师德高尚、教学技能强的一线小学教师走进课堂，结合一线的教学实际进行授课。四是一定要时刻关注我国农村教育的发展现状，关注农村教师的教育教学需求，在农村保证教师胜任多门必修课的基础上增加其他科目组合形式和文体课程。

第三，教育主管部门要对当地各类小学的教师配备状况进行周期性排查，了解偏远农村教师的现状，确定到底缺多少教师和缺什么样的教师。随后可以与区域内有条件的师范类院校进行合作，进行有针对性和有效果的培养。另外，多学科教师的培养，不但要注重对多学科教师职业要求的各种知识和能力的培养，最关键的是还要引导多学科教师服务于农村教育，将所学应用于农村的教育实践当中，为农村教育质量的提高奉献力量。

2. 构建与职前培养相统一的职后培训机制，提高培训的有效性

教师的职后培训是我国教师教育的重要部分，也是影响教师专业发展的重要因素，职后培训直接影响了教师的成长、学校的发展和教育教学质量的提升。《纲要》规定："提高教师业务水平。完善培养培训体系，做好培养培训规划，优化队伍结构，提高教师专业水平和教学能力。""以农村教师为重点，提高中小学教师队伍整体素质。"这说明农村中小学教师培训工作对于推动当前我国农村中小学教育事业发展具有基础性和先导性意义。但就目前的调查情况来看，我国小学多学科教师培训中仍存在"学校无法给足时间参加所有学科培训""培训任务太重""无权选择所要培训的学科"和"学校缺少教师难以参加培训"等问题，特别是农村教师培训的问题更加严重，囿于农村的资源、环境等条件，解决起来也更加困难，导致了教师培训效果不好、培训与教师日常教育教学常态化分离等弊病。为了改善当前的状况，我们需要从如下几个方面着手。

第一，进一步完善并均衡教师培训机制。教育行政部门应落实《纲要》的规定，加快完善中小学教师培训体系建设，成立相应授权和监督机构，优化教师培训队伍结构，严格鉴定培训机构资质。特别是农村教师培训困境的背景下，出现了各类公益的培训组织与机构，虽然从一定程度上解决了农村教师培训的困难，但是有些机构并不具备专业性，培训的效果甚微，甚至造成教师厌倦培训的境况，对教师的职后教育非常不利。教育行政部门应严格把关，从"服务与效益"出发，拒绝利益向导的培训机构，均衡各类教育机构在教师培训上的比例，协调各类教育机构的衔接与合作，为教师的职后培训提供一个良好的外部环境。另外，要完善评估制度。对受训教师的满意度、培训后的教师进步程度和培训后对教师持续性的追踪都要进行评估。只有这样才能更加完善培训机制，也才能保证培训的有效性。

第二，进一步加强小学多学科教师职前教育与职后培训的一体化建设。职前教育与职后培训是教师专业成长的两个重要组成部分，职前教育是职后培训的基础，职后培训是职前教育的延伸与拓展，两者本应是一个整体。只有在这种情况

下才可能实现教师教育效益的最大化，两者的断裂损害了各自功能的发挥。在职前教育的理论前提下，职后培训应注重实际教育教学问题的带入，运用学习过的理论进一步强化解决问题的思维与能力。课程内容的选择要保持逻辑上的一致性，进一步创新教学的方式方法，将多学科知识融合于一线实践的问题在培训中展示出来，并在理论的指导下提出可行和有效的解决方案。

第三，进一步创新培训模式，分层培训，保证培训的连续性。坚持培训服务于教师、服务于教学的理念，在进行培训之前，对受训教师进行一定的调查与沟通，及时了解教师的需求，给予教师更多的选择空间，充分考虑不同学科(学科组合)、不同地区、不同年龄的教师的多种因素，注重不同层面的教师的差异，按照教师的情况的不同实施分层培训，进行有针对性的培训。在培训时间上，要保证多学科教师有充足的时间来接受不同科目的培训，可以按照教师的具体需求来分配各科的培训时间；在培训任务量上，要考虑教师的接受能力，按照实际需要来分配培训任务；在培训内容上，切忌假、大、空，结合教师现有的知识体系和实践中遇到的问题来设计课程；在授课方式上，要根据教师的特点来设计，切忌枯燥、机械的满堂灌方式，鼓励教师主动参与到案例分析和观摩研讨中，切实提升解决问题的能力。同时，可以用专家送课、自主学习和线上交流的方式来保证学习的连续性。

此外，需要强调的是要进一步加强农村教师培训的农村特色。对农村教师的培训，一方面要充分考虑到农村教师所面临的种种困难；另一方面要保证农村教师所接受的培训能贴近农村课程改革、农村课程，要能解决农村多学科教师在教育教学实践中遇到的问题，不能以城市的背景去臆想农村教育，要多倾听农村教师的心声。

(二)尊重小学多学科教师的教学意愿，合理安排教学任务

1. 科学安排教学任务，减轻小学多学科教师的工作量

合理安排教师的教学任务，是提高教学质量和师资水平的一项重要措施。通过对教师的胜任门数和承受的最大周课时量的调查与分析发现，小学多学科教师的工作量整体上大于单学科教师，农村多学科教师的工作量整体上又高于城区及县城教师。多学科教师往往要承担两门及以上的教学科目的任教，所承受的工作量和教学难度会相应地增加。特别是偏远农村地区的有些多学科教师，一个人甚至要承担年级所有学科的教学。合理地利用现有师资资源才能使教学效率达到最高，因此，为多学科教师合理、科学地安排教育教学任务对提高其工作效率和减缓工作压力有着至关重要的作用。

第一，要对教师充分了解，以发挥每位教师的业务能力和特长。根据教师的工作能力安排相应的教学任务，这在管理学上叫作“能级相称原理”。在给教师安

排教学任务和进行教务决策时，应对教师的性别、年龄、教龄和当前的任教状态等给予充分的考虑，并与教师进行沟通与交流，了解教师的优点与缺点。比如，在3门以上的多学科教学上，优先考虑男教师和年龄稍大的教师，或者有多学科教学经验的教师，考虑教师的体力、精力和能力是否能承担起这些学科的任教。

第二，要保持教师所教的课程和年级的相对稳定。只有保持相对稳定，教师才能熟悉他们所教的内容；只有熟悉了所教的内容，才能逐渐摸索总结出教学经验，才能形成教学技巧，不断提高。多学科教学不是简单的学科累加和整合，而是要打破学科间的壁垒，将不同学科的知识进行融合，将不同学科的方法进行迁移，这对于教师来说是一个不小的挑战。所以，保持教师所教的课程和年级的稳定，能让教师提升其专业性，减轻工作负担，提高工作效率和教学质量。

第三，为多学科教师安排教学任务，既要遵循学生的认知规律，又要遵循教师的专业成长规律。这样才能有利于学生牢固掌握知识、理论和技能，有利于教学和其他工作的开展。同时，新老教师适当搭配，即新老教师交错配对，老教师带新教师，让富有多学科教育教学经验的教师带尚未成熟的多学科初任教师。新老教师搭配安排教学任务，也是培养青年教师的有效途径之一。

第四，要关注农村小学多学科教师教学工作的特殊需求，减轻其工作量。由于农村条件相对艰苦，师资力量薄弱，很多农村小学教师被动地承担了多学科教学的任务。不少学校出现了“包班制”“包级制”，有的教师甚至承担所有年级不同科目的教学，等等。农村小学多学科教师的工作生态令人担忧。在这种严苛的外在环境下，我们就更需要科学地整合教师资源，最大限度地减轻农村教师除教学外的其他琐碎繁杂的教务工作。在符合教学规律和遵循教学原则的情况下，我们应适当注意解决教师的具体困难。

2. 尊重小学多学科教师的教学意愿，帮助其摆脱教学困境

在教育管理中，不同的管理方式与方法，对师资队伍的建设起着不同的作用。要想调动教师的工作积极性，就要以民主的管理为前提，要“任使得法”，就是指用人的方法要得当，对方乐意接受某项任务，乐意效力。教师作为学校最重要的人力资本，特别是多学科教师在学校教育教学中起着“一专多能”的重要作用，所以充分调动起多学科教师的教学积极性有着重要的意义。

第一，要适当尊重多学科教师的教学意愿。大部分多学科教师更愿意教同年级的教学科目；在进行学科组合时更愿意教一门主科带一门副科的形式；女教师喜欢教副科，男教师喜欢教主科等。不同的教师有着不同的教学意愿，那么在多学科教师的教学安排中，在资源满足的条件下，要考虑到教师的自身条件与工作意愿以激发教师的工作积极性。

第二，在使用人才的同时还要注意培养人才，帮助他们解决教育教学中的难

题。要把对教师的合理使用与有计划的培养结合起来；要给教师提供进修的机会，创造必要的学习条件，使教师的知识不断得到更新，加强学科课程整合的指导。特别是在我国的绝大多数农村小学，往往因为师资有限，教师结构萎缩或不均衡，导致多学科教师往往没有教学的自主选择权，为了开齐课程不得不承担起多门科目，甚至是不擅长科目的教学。针对这种情况，就应该为教师提供更多教学上的帮助与指导，帮助他们顺利完成教育教学任务，树立专业发展的信心。

第三，给予农村教师更多的与骨干教师交流的机会和学科培训，为他们在教育教学中遇到的困难提供及时、可持续性的帮助与支持。在任教不熟悉学科时，不同性别、不同年龄和不同学校的教师所采取的方法与策略是不同的，其中农村小学多学科教师往往更愿意与骨干教师交流或参加学科培训。农村多学科教师往往更需要教育教学问题的解决方法和策略。一方面，可以多进行区域内名师下乡送课的活动；另一方面，将城市或县城的骨干教师与农村教师进行周期性的双向互换，帮助农村多学科教师提升其教育教学的知识与能力。

(三)缓解小学多学科教师的教学压力

“备课时间更长”“考试成绩压力更大”和“作业批改量更大”，已成为我国小学教师的三大压力来源。多学科教师的教育教学压力整体上要高于单学科教师，农村多学科教师的压力整体上要高于城区和县城，小规模学校多学科教师的压力更高。除此之外，小学多学科教师的教育教学压力的来源与感受还和教师的性别、年龄、教龄等自然因素有关。通过归因的方法，我们总结出多学科教师的压力来源：一是来自外界客观的工作安排和环境；二是源自多学科教师自身的自然因素的局限性；三是源于多学科教师自身的主观感受和自我调节。因此，要想有效地缓解多学科教师的教育教学压力，必须统筹各方、因地制宜、有的放矢地进行，才能收到良好的效果。

1. 合理安排教学任务，提高教学效率

由于多学科教师教育教学的特殊性，教师除了要准备每门学科的知识外，还要对学科知识进行融合与筛选，并将学习方法和思维方式进行迁移。在这种情况下，教师的工作量大大增加。如何减轻教师的备课时间和作业批改量等工作量是一个关乎教学效率的问题。一是要积极组建备课小组，集体备课，明确分工，互相学习；二是要让教师在擅长的领域内掌握教学的自主权，给予多学科教师充分的发挥空间，在尊重教育教学规律的前提下减少对教师的束缚；三是要科学管理，以人为本，合理安排课表，合理安排学校的各项活动，改进学校的技术设备，提高工作效率，尽量为教师创造良好的条件；四是要请骨干教师和专家教师传授备课经验和快速批改作业的方法，并在具体学科的教学上给予指导和帮助。

2. 改变以成绩为导向的评价方式，注重教师的过程性付出

很多多学科教师表示来自学生成绩的压力比较大。多学科教师同时承担几门

学科的教学，同时也要承担几门学科成绩的压力，而并不是所有的多学科教师都擅长任教的全部学科。学生的成绩并不能作为衡量教师教育教学水平的唯一标准或重要指标，否则教师在整个教学过程中所付出的自主学习、认真传授、情感关怀等得不到认可与评价，降低了教师的工作积极性，影响了教师的专业发展和教育教学质量。在对教师进行评价时，应纳入过程性指标，多进行发展性评价和综合性评价。

3. 关注初任教师和高龄教师的工作状态，为其提供帮助

初任教师和高龄教师是较为特殊的教师群体。初任教师由于教育教学经验不足，又重视自身的发展与进步，对学生的成绩和班级的管理等压力的感受颇高。对于这类教师，应给予更多的鼓励和肯定，为其安排合适的教学任务，特别是多学科教师在实际的教学中如何进行学科整合，应及时给予专业性的指导。而高龄教师往往相反，由于体力、精力的下降和来自工作量的负担和教育改革的压力较重，应适当减少高龄多学科教师的教学科目，代之多指导年轻教师，传授经验。

4. 给予女教师更多的在更具灵活性与挑战性的教学任务上的支持

女教师相对于男教师而言，对于来自应对变化和班级管理等压力的感受更强。由于女性身体素质和心理特点的因素，在某些教育教学工作上比男教师承受更多的困难和付出更多的努力。在教学任务的安排上，要充分考虑工作的匹配度，尽量不去为女教师安排过多学科的教学以及灵活性和挑战性过高的工作，减轻女教师的压力。

5. 为农村多学科教师，特别是小规模学校的多学科教师减负

教师的职业决定了他们在 8 小时之外还要工作，除备课、批改作业、家访外，还要进行个人进修、接受继续教育。农村的师资力量相对薄弱，很多农村教师必须承担更多的教育教学任务，特别是在小规模学校，教师跨年级、跨学科教学的情况很普遍。还有就是农村留守儿童多，学生犯规违纪根本找不到家长配合进行教育。应尽量减少各种与教学无关的琐事，减少不必要的检查等，减轻农村多学科教师的压力，关注其身心健康。

【本报告撰写人：孙颖。耿孟孟、韩冬、范静雅、张满莹、郭文婧、魏海潮参与了数据分析和报告写作。作者单位：教育部人文社会科学重点研究基地东北师范大学中国农村教育发展研究院】

经典个案报告

“农村教育发展难”是各地教育管理者和实践者的普遍感受。很多人把农村教育发展难归因于“缺钱”，似乎“钱可以解决一切问题”。事实真的是这样吗？这些年来，我们一直在寻找一个不只是“靠钱”来发展农村教育的典型。这种寻找的目的不是为“减少对农村教育投入”提供借口，恰恰相反，我们期望发现，在经费得到一定保障之后，基层的教育管理者和实践者是如何看待和发展教育的？在管理行为背后所秉持的教育价值观又是什么样的？他们是如何结合农村实际，发挥农村优势，办好农村教育的？我们认为，这样的经验才是最具有普遍意义的，低成本、可复制的教育创新才是最宝贵的。

弋阳教育之所以走入我们的视线，是因为弋阳县教育体育局局长方华。他提出了“让弋阳的孩子在家门口接受良好的教育”“让弋阳的教育成为弋阳人的骄傲”的奋斗目标。为了实现这一造福当地百姓的教育目标，他在诸如教师培训、教育评价、家校合作等最为日常的工作领域有了很多“新花样”。这些“新花样”让教师、学生、家长、社区等全面发生重大变化，它不仅搅动了弋阳教育的一池春水，激发了弋阳教育的新活力，引发大量进城择校学生重新“回流乡村”，而且还带来了“以良好的校风影响家风、改变民风”的社会后果。乡村社会改造的理想，过去只在陶行知先生的著作中看到过，而如今却在弋阳变成了现实。

弋阳教育经验给我们的启示是，地方教育的父母官，心中有百姓，脑中有创意，话中有能量，行中有魄力至关重要，这一切的背后最强大的是思想的力量。农村教育的落后从根本上说是思想的落后，而弋阳教育的成功从根本上说是思想的成功，最符合教育规律、最触动人类心灵的思想是真诚的思想。我们有幸记录今天的弋阳教育，更愿意为弋阳教育的明天作证！

第 11 章　县域义务教育综合改革的实践与探索

——以江西省弋阳县为例

【概要】进入 21 世纪以来，乡村教育的兴衰一直牵动着国人的心弦。尤其是随着我国城镇化的快速推进，乡村地区从以往经济剪刀差的资源输出地走向了教育剪刀差[①]的生源输出地。乡村学生进城读书似乎成了一种正确且不可逆的趋势。这不禁让我们产生疑问，乡村学生只有在城里上学才能享有更好的教育吗？江西省弋阳县给了我们一个不一样的答案。

弋阳县是一个中部地区的小县，在资源有限的情况下，通过教育改革，出现了一个全国少有的让学生回流到乡村学校就读的现象。这是如何做到的呢？2017 年 4 月中旬，教育部人文社科重点研究基地东北师范大学中国农村教育发展研究院专门成立了一个调研组，前往弋阳县，对教育体育局和城乡中小学进行了调查与研究。本次调查发现，弋阳县自 2013 年以来对全县义务教育进行了一次由内到外的综合改革，主要体现在：注重专业培训，对教育管理者、教师进行价值共同体建构；改革教育评价制度，从规范师德到改善教学，以积极评价引导教师和学校向上发展；扎实开展家校合作，将家校关系从利我转变为利他，形成稳定的家校合作机制；推进教育促进会运作，为乡村教育发展引入社会力量等。弋阳县也面临义务教育资源供给不足、如何稳固教育改革成果等问题。面对这些问题，弋阳县可以采取创新义务教育资源供给机制、加强教育管理队伍建设等措施进行解决。

---

① 经济剪刀差是指以往受限于计划经济体制，国家以低廉的价格向乡村收购生产资源，同时以高昂的价格向乡村出售工业制成品，从而对乡村的经济发展要素加以掠夺。教育剪刀差是指在城乡二元户籍制度的限制之下，乡村学生向城流动受到限制。这种限制又以一种资本筛选的形式呈现，即资本(经济资本、文化资本及学生的学业成绩等)越强，进城可能性越大，从而导致乡村人力资源受到城市的掠夺。

2013 年伊始，江西省弋阳县开始进行县域义务教育综合改革的实践与探索。在经济条件有限的情况下，弋阳教育人以务实和专业的工作，取得了令人刮目的教育改革成效。弋阳县曾被评为全国教育信息化建设和管理模式先进县、义务教育质量监测工作先进县、语文主题学习实验改革先进实验县、留守儿童工作教育部联系点、江西省教育“三通两平台”信息化建设技术支持服务工作试点县、家校合作工作试点县、教师本土化培训试点县。在 2015 年举办的教育部乡村教师培训管理者高级研究班、基础教育质量检测反馈工作会、江西省教师培训工作会、教育教学教研工作会等会议上，弋阳县都曾获邀进行典型发言。

在一系列赞誉中，弋阳县最为引人关注的改革成效集中体现为：在我国城镇化快速推进的背景下，该县出现了大量学生回流至乡村学校就读的现象。这种现象至今都在不断吸引着政界、学界和媒界的关注。近些年，其他市县政府部门的考察学习、学者的实地研究、媒体记者的采访报道在弋阳都已屡见不鲜。《中国教育报》《中国教师报》《人民教育》《江西日报》、新华网、中国新闻网和江西省教育电视台等媒体机构都曾对弋阳现象有过聚焦与深度报道。

学生回流的根基在于弋阳县教育质量的提升，必然与弋阳县全方位的教育改革密不可分。盛名之下的弋阳，既让人赞叹，也让人好奇。为了全面了解弋阳县教育改革的具体实施内容和背后运作机理，2017 年 4 月中旬，教育部人文社会科学重点研究基地东北师范大学中国农村教育发展研究院专门成立了一个调研组前往弋阳县进行实地调查。

此次调查研究主要采用半结构的访谈方法，将弋阳县教育体育局的行政人员、中小学的教育管理人员、教师和家长作为访谈对象。调研期间，研究团队分别走访了弋阳县的 3 个乡(湾里乡、中畈乡、葛溪乡)和 9 个镇(弋江镇、三县岭、曹溪镇、漆工镇、叠山镇、港口镇、圭峰镇、南岩镇、朱坑镇)的 17 所学校(朱坑镇中心小学、上童小学、南岩镇遇春小学、叠山镇叠山学校、港口镇上坊小学、圭峰镇圭峰中学、漆工镇林背教学点、方志敏希望小学、曹溪镇中学、葛溪乡中心小学、雷兰民族小学、湾里乡朱垅小学、中畈乡中心小学、三县岭小学、荷塘小学、弋江镇第二小学、逸夫小学)，收集了大量翔实的资料。

总体而言，弋阳县的改革对于全县义务教育的内外部结构有着深刻的分析与判断，体现了一种整体性的改革思维。从内部来看，弋阳县从教育主体入手，通过专业培训，从正向确立了教育队伍的核心理念，促使教育管理者与教师形成价值一致的共同体；通过教育评价，反向规范了教师的师德行为，并以评价引导教师教学和校长管理水平的提升，进而促进学校整体教学质量的改善。从外部来看，弋阳县对家庭、社会等生态性因素进行了系统性思考，对家校关系进行重新界定，并扎实开展了大量有意义的家校活动，同时推动社会助教助学活动，最终

让社会力量对乡村教育的复兴产生了积极作用。

一、弋阳县概况

(一)弋阳县的社会发展概况

弋阳县位于江西省东北部，信江中游，隶属于上饶市。这里主要是亚热带湿润气候，四季分明。全县地域总面积为1580平方千米，呈一字形聚合，下辖9个镇7个乡1个街道。2016年年末，全县户籍人口为42.46万人，其中非农业人口为9.67万人，常住人口为36.24万人。《弋阳县2016年国民经济和社会发展统计公报》表明，弋阳县2016年地区生产总值为91.62亿元，财政收入为14.18亿元，城镇居民人均可支配收入为26631元，农村居民人均可支配收入为11532元。《2016年国民经济和社会发展统计公报》表明，全国城镇居民人均可支配收入为33616元，农村居民人均可支配收入为12363元；《江西省2016年国民经济和社会发展统计公报》表明，江西省城镇居民人均可支配收入为28673元，农村居民人均可支配收入为12138元。相比之下，弋阳县的城乡居民收入要明显低于全国与江西省的城乡居民收入。这在某种程度上反映出弋阳县的整体经济发展水平较为落后的现实。近年来，经济发展落后也促使弋阳人外出务工，其目的地多集中在邻近的沿海省份，如浙江省、福建省与广东省等。

尽管弋阳县是一个发展较为落后的县，但这并不妨碍人们关注与赞赏这里悠久的历史文化和优美的自然风景。弋阳自东汉建安十五年(公元210年)置县，至今已有1800多年的历史。被称为中国戏曲“活化石”、高腔戏曲“鼻祖”的弋阳腔就诞生在此地。全县至今还保留着50多座古戏台，弋阳腔早在2006年就被列入全国第一批非物质文化遗产名录。同时，这里拥有着举世无双的龟峰。碧水丹山、石秀风气的龟峰是丹霞地貌的精品，也是世界自然遗产、世界地质公园。弋阳人的日常生活是有滋有味的。每当华灯初上、弋阳人漫步县城之际，伴着信江边随风而起的水雾，远方总能飘来悠扬的弋阳腔。人杰地灵的弋阳自然也孕育出不少名家。这里培育了抗金宰相陈康伯、爱国诗人谢叠山、民族英雄方志敏等一批仁人志士，也走出了中共中央原副主席汪东兴和中将吴克华，以及邵式平、方志纯、舒圣佑三任江西省省长。

(二)弋阳县的教育发展概况

曾经的弋阳，如同全国其他普通县一样面临着各种各样的教育问题。但是，随着弋阳县于2013年全面推进县域义务教育综合改革后，这些问题都在不同程度上得到了解决。

1. 弋阳教育的曾经

2013年以前，弋阳县的义务教育面临的是一种结构性的问题，体现在两个方面：一是义务教育内部的问题；二是义务教育外部的问题。

从义务教育内部来看，最为核心的问题是城乡义务教育质量的不均衡，主要表现在教育投入、教育管理、教师质量三个方面。从教育投入上来看，主要是乡村学校硬件设施落后于县城学校；从教育管理上来看，主要是乡村学校的校长缺少教育专业性，缺乏教育情怀，对教育没有热情和追求；从教师质量上来看，主要是乡村教师专业水平不高，部分教师责任心不强，没有专业追求，且教师职业倦怠感强。

从义务教育外部来看，主要体现在学校与家庭、社会之间的冲突不断。这些冲突表现在社会各行各业对教育行业的评价低、政府对教育工作的不满意、社会群体对学校和教师的不信任等。一些家校关系紧张的地区，甚至出现了家长殴打教师村民到学校闹事等极端事件。

这些问题促使县内优秀学生开始向外县流失，乡村学生不断向县城集中。优秀生源的流失进一步恶化了原本较为平衡的弋阳教育生态，乡村学生向县城集中直接导致乡村“空壳校”问题、县城大规模学校和大班额问题。整个弋阳义务教育的发展自此陷入了一种恶性循环：义务教育内部缺乏改进动力与措施导致教育质量不断下降；教育质量下降导致社会各界对教育的满意度降低，从而促使义务教育难以获得外部支持；外部支持乏力进一步降低了内部改善的可能，最终陷入一种内外交困的境地。

2. 弋阳教育的现在

2013 年是弋阳县域义务教育综合改革的元年，同时也是弋阳义务教育发展“止跌回升”的元年。2013—2016 年，弋阳县推进了多项改革措施，取得了丰硕的成果。目前，弋阳县义务教育阶段共有十二年一贯制学校 1 所、九年一贯制学校 9 所、完全中学 1 所、初级中学 1 所、小学 110 所、教学点 39 个。全县义务教育阶段的学生数为 54666 人，教师数为 2956 人，其中带编教师为 2693 人。

在众多成果中，最为典型的成果是学生数的回流与增长。这其中又以乡村学生数的增加最为显著。事实上，老百姓是义务教育最直接的评价者，用脚投票往往是当地教育好坏最直观的一种体现方式。全县小学生数由 2013 年的 35746 人增加至 2016 年的 40089 人，共增加了 4343 人，增加比例为 12.15%（见表 11.1）。其中，城镇小学增加了 535 人，增加比例为 4.26%；乡村小学增加了 3808 人，增加比例为 16.42%。从初中来看，全县初中生数由 2013 年的 11818 人增加至 2016 年的 14722 人，共增加了 2904 人，增加比例为 24.57%。其中，城镇初中增加了 982 人，增加比例为 14.80%；乡村初中增加了 1922 人，增加比例为 37.08%。

表 11.1 2013—2016 年弋阳县义务教育阶段的学生数量情况 单位：人

教育阶段	2013 年	2014 年	2015 年	2016 年
全县小学	35746	38438	40598	40089
城镇小学	12560	13268	13605	13095
乡村小学	23186	25170	26993	26994
全县初中	11818	13178	14002	14722
城镇初中	6634	6694	6962	7616
乡村初中	5184	6484	7040	7106

注：数据由弋阳县教育体育局相关股室提供。

此外，弋阳县在学生回流的基础上，依然取得了良好的教学成绩。换句话说，在现有教育资源有限的情况下，学生数的增加并没有降低弋阳县整体的教育质量(见表 11.2)。

表 11.2 2013—2016 年弋阳县的中考情况

年份	参考人数	较上年参考人数的变化	平均分	平均分的全市排名	合格率	合格率的全市排名
2013	2927	＋71	382	4	47.00%	3
2014	3169	＋242	438.51	2	53.94%	2
2015	3297	＋128	422.09	2	48.87%	2
2016	3562	＋265	419.81	2	49.02%	2

注：数据由弋阳县教育体育局相关股室提供。

2013—2016 年，虽然弋阳县参加中考的学生数在不断增加，但是弋阳县的中考成绩一直处在一个较高的水平。2016 年，弋阳县中考参考学生数为 3562 人，比 2015 年增加了 265 人，比 2013 年增加了 635 人。参考人数的增加并没有让弋阳县的中考成绩出现下滑。2014 年以后，弋阳县的中考平均分与合格率一直稳居上饶市第 2 名。事实上，2013 年以前弋阳县的中考水平一直为全市 4～6 名。同时，有人介绍道：“弋阳县所吸收的回流学生，并不是传统意义上的优秀学生，有很多是处在辍学边缘的学生，即所谓后进生。”这也意味着弋阳县的教育质量并没有因为后进生的增多而受到影响。

除中考成绩外，弋阳县内部的教育教学质量监控体系中的相关数据也反映出这样的事实：学生数量增加，教学质量没有下滑，反而不断提高。中小学学科素养评测是弋阳县内部教学评价的主要指标。教育体育局每年会随机抽取中小学中任意一个年级的全体学生进行学科素养的评价与测试。2013—2015 年，乡村初中的评测离均差[①]由−30.85变为−23.53，乡村小学的评测离均差由−11.19变为−9.38。这说明城乡校际的教育质量差距在不断缩小。同时，以学科素养评测结果为主要依据的城乡校际评价结果表明，2015—2016年，乡村中小学获评A等学校的数量由9个增加到12个，城区由7个增加为9个。[②]这说明城乡学校在教学质量上都在提高。

那么为什么我们要去关注和调查学生回流这个现象呢？主要有以下两个原因。

第一个原因是这个现象本身非常特别。实际上，自改革开放以来，我国经济进入高速发展阶段，大量乡村劳动力不断向城镇转移。伴随而来的城镇化发展，也在不断地促使乡村学生随着乡村劳动力的迁移而外流。近年来，国家推动的城镇化战略进一步加剧了这种乡村学生流失的趋势。[③]同时，自2001年《国务院关于基础教育改革与发展的决定》颁布以来，我国大部分乡村地区都在进行撤点并校。这也使得乡村学生的数量大幅下滑。尽管2012年我国出台了《国务院办公厅关于规范农村义务教育学校布局调整的意见》，叫停了乡村地区的学校撤并，但乡村学生不断流失的趋势并没有得到逆转。教育部统计数据表明，2012—2016年，全国乡村小学[④]在校生数从36524886人下降到了28917345人，初中在校生数从9740993人下降到了6670387人；乡村小学数从155008所下降到了106403所，乡村初中数也从13713所下降到了10324所。可以说，在我国大部分地区，乡村学校数和学生数减少已经成为义务教育发展的一种常态。因而，在这种发展常态下，弋阳县连续三年出现学生回流乡村学校就读的现象就显得十分特别。

第二个原因是这个现象具有重要意义。这个意义包含如下三个方面。

首先，乡村学生回流对其家庭具有一定意义。对于很多乡村学生而言，尽管进城读书有可能享受到更高质量的学校教育，但这种选择往往意味着要承担更高的经济、人员[⑤]成本。这些成本对于一些乡村家庭而言显然是一种沉重的负担。一些家庭甚至因为孩子上学导致生活处于贫困线的边缘。如果乡村学生能够在家附近享受到良好的学校教育，愿意回流至乡村学校就读，那么无论从教育公平还

---

① 评测离均差是一个用于描述个体学校所得评测分数与所有学校评测所得分数的平均值之间的差异情况的计算指标，这里主要用于反映不同学校的教学成绩之间的差异情况。

② 关于划分学校等级的相关内容可见本章第三节（教育评价）当中的论述。

③ 事实上，除了城镇化之下劳动力自然迁移的因素外，还有一些与城镇化相关的因素也在促使乡村学生流失。比如，有的地方政府为了自身政绩的需要，以撤并乡村学校的方式，让乡村学生大量进入县城学校就读，从而加速了人口迁移，导致城镇化水平的加快提升。

④ 统计数据当中，乡村小学仅指学校，不包括教学点；乡村初中仅指初级中学，不包括九年一贯制学校、职业初中等。

⑤ 一些家长（包括爷爷、奶奶等家人）会选择陪同孩子进城读书。

是教育扶贫的视角来说，都显得意义重大。

其次，乡村学生回流对乡村社会的复兴具有一定意义。乡村社会的衰弱与乡村人口的流失有着密不可分的关系，要想复兴乡村社会，必然要阻止乡村人口的流失。以往，乡村劳动力的流失更多的是经济因素导致的，外部性因素影响较强且可逆性较弱。然而，乡村学生的流失很多时候是因为乡村教育自身的发展问题，而这一内部性因素显然更加容易掌控。何况义务教育作为我国法定的强迫教育，政府对于推动城乡义务教育的公平发展本就有着不可推卸的责任。乡村学生回流能够让乡村学校重新成为乡村社会公共利益的连接点之一，增强乡村社会发展的内外部联系。同时，这也能促使更多的人传承乡土文化，对乡土社会产生认同与情感联结，从而使乡村社会复兴成为可能。

最后，乡村学生回流对我国的社会发展具有一定意义。依据世界经验，我国目前正处在“跨越中等收入陷阱”的关键发展时期。从发达国家的经验来看，“跨越中等收入陷阱”的一个关键因素就在于提高国民的受教育年限。① 弋阳县能够使处在辍学边缘的学生继续自己的学业，显然有助于提高我国国民的整体受教育年限，进而助力我国社会发展。当然，从更小的视角来看，这显然也对控辍保学、促进社会的稳定发展有着重要意义。

总体而言，乡村学生在有多种选择的前提下愿意回流至乡村学校就读，显然对整个地区的教育发展具有指标性的意义。这一切变化与弋阳县的义务教育综合改革有着密切的联系。那么，我们不禁要问：弋阳县的改革到底是如何开展的呢？为什么弋阳县的改革能够取得这样的成就呢？

二、专业培训

很多时候，教育改革往往脱离不了两个关键词，即理念和执行。我们要推行改革，首先要被追问的就是我们为什么要改革？到底要改革什么？这些问题的背后就是理念的问题，即确认改革的思想和价值。在确立改革的理念后，就需要与改革的各类主体形成共识，让这些人认同改革的理念，让他们愿意参与改革。接下来便是执行改革的问题，即怎样让这些人有动力去实践改革的内容。归纳起来，我们可以将教育改革粗略地分为三步，即从理念建构到主体认同，再到主体实践。

事实上，弋阳县的义务教育综合改革同样也经历了上述的过程。弋阳县教育管理者首先确立了自身关于教育改革发展的理念。在此之后，通过大量培训来完

① 张勇、王慧炯、古明明：《发展教育是跨越“中等收入陷阱”的关键——通过发展教育和转型来规避“中等收入陷阱”》，载《教育与经济》，2012(2)。

成对包括校长、教师在内的教育主体理念的认同工作，促使他们最大限度地接受、支持所有的改革内容。最后，以学校教育为改革的着力点与生长点，推动弋阳教育由内到外的变革。

(一)教育理念的确立

弋阳教育到底应该走向何方？从 2013 年开始，这个问题就不断地困扰着以弋阳县教育体育局新局长方华为首的管理团队。此后通过不断的讨论与探索，他们建构出一套包括教育理想、教育目标和教育倡导三个层次内容的金字塔形的本土教育发展体系。在这套体系中，教育理想作为长远目标，以金字塔顶尖的姿态引领着弋阳教育的发展；教育目标作为中期目标，处于金字塔的中间，连接着教育理想与教育现实，指引着弋阳教育的方向；教育倡导作为短期目标，处在金字塔的底端，与实践紧密相连，为中长期目标的实现打下基础。该体系既有长远规划，又与实际联系密切，避免了以往教育理念较为空泛的弊端。

首先，弋阳县提出了“以良好的校风影响家风、改变民风”的教育理想。

弋阳县的教育理想是在对教育本质和教育发生空间的理解的基础上所形成的论述。弋阳县的教育管理者认为：“教育理想应该植根于教育本身，而教育本身的核心在于教育对象的发展。从学生发展的角度看，教育理想的建构脱离不了其所生活的一切场域。这其中就包括家庭、学校与社会。”换句话说，学校、家庭与社会是构成义务教育阶段学生日常生活的三大空间。某种程度上，一位学生所呈现出的素养水平是这三大空间要素共同作用的结果。尽管这么多年来，许多学者都在呼吁重视学校之外的世界，但在教育管理者与实践者的视域内，学校教育依然占据了教育活动的大部分内容。较少有人能够积极地从实践的视角去拓展家庭与学校、社会与学校之间的关系，即探索家庭能为教育做什么？教育又能为家庭做什么？社会能够为教育做什么？教育又能够为社会做什么？

对此，方华局长认为：“我们应该以系统论的视角去思考教育。如果就教育论教育，那么我们在开展教育活动时就会受到很大的阻力，就会出现“5＋2＝0”的问题①，这是让很多教育参与主体心痛的事实。”因此，如何打通学生所处的学校、家庭、社会之间的生态关系，应该是弋阳教育改革的思维起点。让我们好奇的是，谁应该作为这三者之间的关系建构的发起者呢？其实，我们时常可以发现，在实践中这三者之间的关系一直呈恶性循环状态：学校埋怨家庭和社会，家庭埋怨学校和社会，社会则在埋怨学校与家庭。对此，方华局长解释道：“事实上，互相抱怨并不能真正解决问题，只能是相互推卸责任。要想真正解决问题，必须有一方作为行为改善的发起主体。我们认为，这个发起者必须是学校，因为

① “5＋2＝0”是指学生在学校接受五天教育，回家两天后，所有的教育效果都被破坏。

学校是教育的主体责任人，我们显然不能够指望家庭或者社会主动地去解决这些问题。”

基于以上思考，弋阳县提出了“以良好的校风影响家风、改变民风”的教育理想。这一理想凸显了弋阳县教育管理者作为教育人的主体责任。尽管学校很多时候在家、校、社生态中的作用有限，但是学校的角色具有很大的特殊性。以学校教育为改革的出发点是合理的，但也是困难的。同时，值得我们关注的是这样的论述让我们看到了教育社会功能的回归。教育对社会意味着什么？教育能改变社会吗？在以往的教育实践中，我们更多地看到社会(包括经济、政治、文化等)对于教育的影响，教育主要是在承接与适应社会的改变。弋阳县的教育理想论述让我们看到教育实践者对于教育独立作用的探索和教育对社会实现反作用的可能。这一点无论对教育实践研究①，还是教育理论研究②，都具有重要的意义。

其次，弋阳县提出了三大教育目标：让弋阳的教育走专业化发展道路；让弋阳的孩子在家门口接受良好的教育；让弋阳的教育成为弋阳人的骄傲。

第一，让弋阳的教育走专业化发展道路。弋阳县的教育同人们一致认为教育专业化问题是当前县域义务教育发展的最大问题。有人解释道：“我们认为当前很多问题的根源在于一些县域义务教育发展没有真正地走专业化道路。所谓走专业化道路，就是以教育规律、以人的成长为出发点来发展我们的义务教育。现在更多时候，义务教育的发展是在迎合家长、社会，是一种短期功利化的发展趋向，忽视了教育自身的客观规律与本质。在某种程度上，这也直接导致教育本身话语权的散失。”正是基于这样的思考，弋阳县提出了“让弋阳的教育走专业化发展道路”的目标。教育专业化发展目标的设定与教育理想当中的论述存在一致性，都强调教育自身相对独立的作用。另外，我们可以看到地方教育管理者对教育话语权的重视。事实上，作为一个公共事业的义务教育，其发展必然要受到整体公共事业资源分配的影响。如果地方义务教育发展失去自身的话语权，那么一方面会导致自身的专业性发展受到质疑，另一方面也会直接导致公共资源输入的减少。因而，从这个角度上来看，强调专业发展并不仅是教育内部的需求，同时也是教育同外部资源联结的需求。

第二，让弋阳的孩子在家门口接受良好的教育。弋阳县的教育管理者认为：“县域义务教育的核心要素是均衡，而均衡的根本目的在于让义务教育能够公平

---

① 世界上其他国家有关地区都相继展开了基于教育对社会作用的实践探索，如巴西阿雷格里港的实践。参见[美]迈克尔·W. 阿普尔：《教育能够改变社会吗?》，王占魁译，129～164页，华东师范大学出版社，2014。

② 在学术研究范畴上，近年来也有学者基于教育社会学的视角对此进行了研究。参见程天君：《从“教育/社会”学到“教育社会”学——教育社会学研究范式的转换》，载《北京大学教育评论》，2017(2)。

地面向全体学生，并促进每一位学生的全面发展。义务教育不是精英教育，不是选拔教育。精英教育、选拔教育可以成为义务教育的一部分，但是这些不能让我们忽视了义务教育的公平本质。”从这个目标中我们可以看到两点：一个是对教育机会的诉求，另一个是对教育质量的诉求。让每位学生能够在家门口接受教育，这意味着教育机会的公平。自 20 世纪初乡村学校进行布局调整以来，对于很多乡村学生而言，在家门口上学已经成为一种奢望。无论随务工父母迁徙城市就读，还是留守本地选择寄宿，对于他们而言都是一种难以承受的负担。因而，让乡村学生在家门口接受教育能够最大限度地体现教育机会的公平诉求。在此基础上，所谓接受良好教育的目标，则体现了对教育质量的诉求。

第三，让弋阳的教育成为弋阳人的骄傲。弋阳县的教育管理者认为：“要想让弋阳县的义务教育能够长久、稳定、良好地发展下去，必然要在现阶段提升义务教育在县域内的地位，而提升地位的最有效的手段就是让义务教育成为一个县域社会发展的名片。”这个目标其实立足于教育管理的角度。将教育的发展同弋阳县的整体社会发展相连接，能够增强包括教育行政人员、校长、教师等各主体的使命感与荣誉感。同时，当义务教育成为一个地方发展的名片时，义务教育就能够获得更强的话语权，拥有更强的资源获取能力，这与让教育专业化的目标设定是相似的。不同的是，教育专业化发展所获取的话语权更多地来源于教育管理或行政管理内部的认同，而让教育成为一方骄傲所获取的话语权更多地来源于包括家长在内的社会大众的认同。社会大众的认同具有更加稳定与长久的特点，其形成的舆论期待与压力能够促进义务教育更加健康长远的发展，削弱教育管理者或者行政部门管理者的变更所带来的冲击。

总体而言，作为一种中期目标体系，这三个目标体现了弋阳教育人对于义务教育发展的全局性思考。无论教育内部的专业性发展追求，让教育获得更强的内部话语权和独立的发展地位，还是教育外部的机会与质量公平诉求，让教育获得更强的社会认同，形成良好的舆论环境，最终都在促使教育成为整个社会发展的推动力。这种全局性的目标设计承接了教育理想的长远规划，也更加明确了弋阳教育的发展方向。

最后，在教育倡导上，弋阳县针对专业培训、教育评价、家校合作、教育促进会等都提出了相应的论述。当然，更多的实践思想与智慧都已融入弋阳教育的改革措施，这里仅仅是列举了一小部分。

比如，在教育评价上，弋阳县提出，教育不应该是少数人的游戏；教育是面向每个孩子的可能。这主要是强调教育评价要注重全面性、客观性与公平性。有的人解释道：“基础教育应该需要面向全体学生。但是我们很多的地区将教育发展成了少数人的游戏。只注重一些优质学校、优质教师的展示与发展，不再客观地对自己的教育发展水平做出评估，这实际上是与教育发展规律相违背的。”方华局长认为：“这些年来我一直在思考什么是教育？我们原来说教育是塑造人、改变人、帮助人。其实我认为教育是来满足和面向每一个孩子的可能，因为我们不知道今天的孩子明天会是什么样？他就是一个普通工人、一个普通出租车司机，那又怎么样呢？现在教育之所以功利，就是没有考虑每个孩子的可能，只是给他设定一个预期，一个我们成人所认为的光鲜结果。这种结果导致当前教育发展的功利性。”

又比如，在教育管理上，弋阳县提出，参加看戏，参与出力，尽量搭建平台，尽可能让更多的师生走向“舞台”中间，站在聚光灯下等。这主要是强调教育发展要扩大社会、家庭的参与，同时要突出师生的主体性。方华局长认为：“这是多年来我们弋阳教育最奉行的一句话，我们尽量让更多的人参与进来，而不是参加。以前是人民教育人民办，现在变成了人民教育政府办。这个政府办实际上是指教育资源的改善、设施设备的投入等。事实上，在教育的发展过程中，人民的角色是不能缺位的，这个主要是教育的参与。在弋阳县，我们尽量让不同群体、不同资源进入教育发展。我们教育管理者要尽量搭建平台，尽可能让更多的师生走向舞台中间，站在聚光灯下，让教育成为一个地区社会发展的焦点。”

其他的教育倡导还包括：教育不是坐而论道，教育应该是做而论道；教育需要通人性；氛围比制度重要；家长是最大的教育资源；评价是帮扶，评价的关键是变化而非结果；用身边的人教育身边的人；等等。

理念一定是行为的出发点。有什么样的理念就有什么样的思考方向与行为准则。正所谓工欲善其事，必先利其器。一个结构合理且论述深刻的教育理念体系能保障教育改革获得良好的效果，并对整个教育生态的发展产生长远的影响。因此，我们在分析一个地方案例时，首先需要挖掘的恐怕不是那些基于表层认知的显性措施与成果，而是这些改革措施背后具有共性价值的思考过程与思维论述。事实上，当我们回过头来看弋阳教育的时候，我们就会发现这些思想构成了弋阳县义务教育综合改革的顶层设计。那么，如何将这些思想传递给一线校长与教师呢？

(二)专业培训的实践与探索

培训是传播思想的有力工具。弋阳县的专业培训不仅对整个教育理念的宣传起到了较大的作用，而且也对教育的专业性发展产生了积极的影响。专业培训主要分为本土培训与外部培训。本土培训主要是县域内的自主培训。外部培训主要是县域外以省培、国培项目为代表的培训。整个培训体系主要以本土培训为主，以外部培训为辅。培训的对象包括以各股室职员为主的教育行政人员，以中小学校长为主的学校管理人员，以及普通教师。其中，普通教师的培训体量最大，影响最为深远。因而，下文将对此进行重点介绍与分析。

1. 为什么要开展专业培训？

开展专业培训有两个重要目的：第一个目的是要为教育改革凝聚共识，促使大家认同新的教育理念。上至教育行政管理人员，下至一线教师，他们作为教育改革的实践主体，唯有真正认同了改革的核心理念，才能在工作中进行实践。在前文中，我们提到弋阳县教育发展的核心理念是“以良好的校风影响家风、改变民风”。从这个理念中我们可以发现，改变整个弋阳教育生态的第一步在于改变校风，而改变校风的核心就在于改变校长、教师。因为他们向上承担着实践弋阳教育理念的重担，向下承担着与学生、家长等教育参与者进行沟通的职能。因此，弋阳县要想真正落实自身的理念，必须重视专业培训的作用。专业培训能够将教育改革的理念融入培训内容，以自然、亲近的方式让被培训人员接受并实践。直至今日，许多人都认为弋阳教育这几年之所以能够取得如此成就，很大一部分原因就在于扎实的专业培训工作唤起了一线校长、教师的改革行动力。

第二个目的是提高专业能力。专业培训对于教育主体的能力提升显然有着重要的影响。对于教育行政人员、校长而言，专业培训的目的是提升其教育管理能力；对于教师而言，专业培训的目的是提升其教育教学能力。

2. 如何开展专业培训？

弋阳县的专业培训可以大致分为两种类型：一种是以教育行政人员、校长为代表的教育管理培训；另一种是以普通教师为代表的教学培训。

对于教育行政人员的培训，弋阳县更多的是以会议替代培训，即把每一次的会议都当作对参与人员的培训。通过会议中不断的沟通与交流，相关领导将自己的理念不断渗透到股室职员的思维当中。对于校长的培训，其培训内容主要包括教师专业发展、教育政策法规、学校管理理论与实践等。其培训形式包括三种：第一种是案例式培训，主要是以解说案例的方式对学校发生的管理问题进行解答；第二种是实地培训，主要是培训者到学校召开教学常规现场培训会，针对学校在教学常规管理中出现的问题进行诊断与讨论；第三种是影子校长培训，主要是本地校长前往外地优质学校跟班学习，全程参与优质学校的管理、教研、教学等工作。

普通教师培训是弋阳县的专业培训的重点。在弋阳县的走访过程中，高质量与扎实的教师培训给我们留下了十分深刻的印象。大部分教师对相关培训工作都有很高的赞美度。尤其让我们感到诧异的是，在访谈时，几乎每一位教师都能对当前全县的教育理念侃侃而谈，同时他们对于培训基本没有什么抱怨，甚至充满热情。这种现象的出现也反映了弋阳县的教师培训工作确实获得了很好的效果。

那么，弋阳县的教师培训到底是什么样的呢？

从培训结构上来看，近些年本土培训成为教师培训的重中之重，其中的原因体现在以下几个方面。

第一，本土培训能有效地改善乡村教师的教学质量。以往为了改善乡村教师的质量，一些县会推行城乡教师交流、教师县管校用等政策。无论将县城当中优秀教师派驻到乡下学校进行指导，还是调动乡下教师到县城学校进行学习，其本质都是希望以交流的方式，将优质的教学思想与模式渗透到乡村教师当中，从而提升他们的教学质量。但是，就弋阳县的实践情况来看，以交流为核心的相关政策并没有获得好的效果，甚至还出现了许多问题。[①] 具体来看，包括两个方面。

其一，交流政策执行的前提是有优秀的县城教师能够到乡村学校当中任教，并带动乡村教师成长。但是，目前弋阳县的整个义务教育阶段教师严重缺编。受学生回流、“全面二孩”政策等因素的影响，部分县城小学已经“超载”，出现了“教师荒”。因此，从匮乏教师的地方再抽调优秀教师到乡村学校，显然是一件十分困难的事情。有的人介绍道：“这种现象其实在中部地区十分常见。”近年来，随着“财政人口只减不增”政策的实施，教师编制的增加受到了限制，很多县城都出现了“教师荒”。所以，从现实层面上来看，推行教师交流政策有较大的执行难度。

其二，乡村教师的教学质量并没有因为城乡交流而获得明显的提升。近年来，弋阳县也一直在执行教师交流政策，但没有获得明显的效果。有的人认为：“核心原因在于弋阳县的县城教师与乡村教师的质量并没有明显的层级差异。”换句话说，尽管县城教师比乡村教师有一定优势，但是这种优势并不明显。县城教师以名师工作室或者其他形式进驻到乡村学校当中，并不能带领乡村教师在能力上实现质的飞越，只能是促进一些局部、表层的改善。

正是基于对这种现状的思考，弋阳县提出了应该以高质量的本土培训逐步替代教师交流。有的人解释道：“教师交流在我们弋阳这边的实践效果还是比较一般，甚至有的时候还会出现一些反效果。比如，一些教师有情绪了；一些优秀教师到了乡下反而变差了；等等。于是，我们就思考，与其让优秀教师分散到各个乡村学校，不如都把乡村教师集中到县城里来培训。一方面是解决优秀教师下不去、不愿意下去的问题；另一方面这种集中式的培训也能方便分散在各处的教师进行交流。”

---

① 这里需要强调的是，弋阳县并没有完全否认教师交流政策。事实上，弋阳县也一直在实践教师交流政策。这部分的论述主要强调的是在短时期内和有限的教师资源条件下，弋阳县的教育管理者认为推进教师培训工作会比仅推动教师交流能获得更好的效果。

第二，本土培训能够真正激发教师的内在变化需求。在座谈时，很多教师都认为相对于外部培训(国家、省级培训项目)，本土培训更贴近自己的真实需求，更能够激发自己的前进动力。这也正是弋阳县的教育管理者对于本土培训的期望。教研室的人介绍道："我们的教师培训追求的核心价值在于点燃教师。而要达成'点燃'，就必须要不断明确教师在教育教学上的需要与教师自身的职业发展需求，要在教师专业的最近发展区上去给予他们培训与帮助。只有在了解与满足教师的真正需求后，才能够有效地激发教师的职业发展动力。从这个角度上来看，本土培训显然具有天然的优势。这种优势不仅体现在培训者的选择上，还体现在培训课程的组织上。一方面，我们自己在培训工作上具有绝对的话语权，能够真正按照当前全县的教育发展状态去选择适合自己的培训者、编排教师真正需要的内容。另一方面，我们与教师之间的距离也更加接近。教师能够及时将自己的想法反馈给我们，而我们就能够快速调整，最大限度地保障培训效果。"

从数量上来看，近些年弋阳县的教师培训有了较大程度的发展。我们可以看到，自弋阳县推行教育改革以来，教师培训的参与次数由 2013 年的 2200 次，提升到了 2016 年的 8840 次；培训课时由 2013 年的 50000 课时，提升到了 2016 年的 91000 课时(见表 11.3)。此外，弋阳县在校级层面上成立了 10 个教研共同体和 18 个服务于乡村学校的本土名师工作室，并推进了 40 多所学校开展校级教师培训工作。比如，中畈乡中心小学根据自身的发展特点启动了"网格化"校本教研活动；曹溪镇中学针对校内青年教师的专业培训需求设计了"飞雁计划"等。这些校级层面的培训工作也在不断地加强整个教师培训的体量。

表 11.3　2013—2016 年弋阳县的教师培训情况

年份	参与培训次数	培训课时
2013	2200	50000
2014	2500	53000
2015	3000	66000
2016	8840	91000

注：相关数据为粗略统计数字，由弋阳县教育体育局相关股室提供。

那么，弋阳的教师培训具体是如何开展的呢?

弋阳县首先从培训的行政管理体制变革入手，在 2014 年成立了弋阳县教师发展中心。该中心由局长担任主任、教研室主任担任常务副主任，分管人事、财务业务的副局长和教师进修学校校长担任副主任。该中心整合了教研室、人事股和教师进修学校三方的力量，统筹管理国培、省培和县培三级培训项目。① 行政管理体制上的变化将以往分散在各个部门的教师培训项目集中起来，减少了培训项目的运作程序，从而促使整个运作更加高效与精准。

在解决了体制障碍后，弋阳县开始加大对教师培训的经费投入。2014 年之后，弋阳县一方面将全县统筹的义务教育阶段公用经费的 5%用于教师培训，另一方面由县财政每年划拨 100 万元用于教师培训。这两部分的经费都由县教师发展中心统筹管理。目前，弋阳县所有的国培、省培和远程培训费用都由县教师发展中心拨付，同时教师参与国培、省培和外出培训而产生的代课费用也都由县教师发展中心承担。培训经费的增加彻底打消了学校外派教师参加培训的经济顾虑，降低了学校层面的阻力，从而提高了教师培训的参与度。

在解决了行政管理和经费等基本问题后，弋阳县开始实践新的教师培训运作模式。该模式可以分为三个部分：培训前的人员参与机制设计、培训时的课程组织设计与培训后的评价及交流机制设计。

(1)培训前的人员参与机制设计

培训前的人员参与机制设计主要包括全员参与培训、时时处处培训、竞争式培训三个方面。

第一，全员参与培训。这主要是指不同年龄阶段的教师都应该参与培训。在以往的培训工作中，年轻教师是培训的主力。很多老教师不愿意参与培训，他们认为："自己在职业发展上已经很难有继续上升的空间，该评的职称也评上了，所以就没必要参加培训，并美其名曰，'将发展的机会让给年轻教师'。"但是，弋阳县的教育管理者却认为："培训是年纪越大的人越需要，因为年纪越大意味着接受新事物的能力就越差，处理信息的速度也越慢，更应该通过参加培训来提升自己的业务能力。尤其是在当前教育信息化迅速推进的背景下，教师只有通过不断学习、操作与交流才能防止自己的教学水平下降。"为了实现全员参与培训，弋阳县采取了"分学科、分年级、分年龄"的做法，将教师分入不同的组别，同时依据不同教师群体的特点，细化教师培训的内容，从而让每位教师都能够获得帮助。比如，在学科上，教师被划分为语文、数学、英语等科目；在年级上，教师被划分为小学、初中等；在年龄上，教师被划分为 30 岁以下、30～40 岁、40～50 岁、50～60 岁等。

第二，时时处处培训。这主要是指将教师培训渗透到日常生活当中，将每一

① 在具体职能上，教研室负责有关培训内容、培训教师、培训评价和培训发证等方面的工作。人事股负责发文通知、建档、存档和违规处理等工作。教师进修学校负责场地、后勤、班级管理、考核、记录学时和培训服务等工作。

次关于教师的活动都做成培训。这种生活化的培训活动包括日常会议、教师竞赛和各类大型活动等。比如，当有考察团到弋阳时，教育体育局就会组织教师参与考察团的行程，让教师不断与专家互动，从而加深教师对教育的理解。又比如，近年来，弋阳县承办了包括《教师博览》首届读书会、第九届全国小学语文主题学习年会、2016 年中国陶行知研究会农村教育实验专业委员会年会、大夏书系读书节等活动。在这些活动中，教育体育局都有意识地融入教师培训。以小学语文主体学习年会为例，当时该年会需要弋阳县推出三堂展示课。于是，教育体育局就确立了“以赛代培，以培促训”的工作思路，通过组织展示课竞赛、教学观摩的方式，融入教师培训。整个展示课竞赛历时 25 天，共有 25 所学校的 100 多位教师参与竞赛。竞赛过程的观摩人数达到 413 人，相当于实现了一次全方位的教师培训。

第三，竞争式培训。这主要是指教师以竞争的方式获取外出培训的机会。以往弋阳县在组织教师外出培训工作上主要采用指派的方式。这种方式容易导致被指派的教师不想去，想去的教师没有机会，最终影响了培训的效果。针对这种情况，弋阳县设立了竞争式的外出培训机会获取机制。这种机制由自我申报、资格审定和演讲选拔三部分组成。教师首先进行自我申报，然后教育体育局组织人事股、教研室和教师进修学校的专业人员对申报教师进行资格审定，确定一个入围名单。之后，入围的教师以“为什么去学”“去学什么”“学了以后回来怎么做”为主题进行演讲。相关评审人员根据教师的演讲情况决定最终的外出培训人员名单。这种竞争式培训打破了以往较为死板的指派式模式，让教师参与培训的需求与机会有了更精准的对接，同时将外出培训变成一种奖励。教师通过竞争，能够更加珍惜外出培训的机会。另外，教师通过演讲竞赛也能够帮助自己明晰参与培训前后的各类目标设定，从而有效地提升培训效果。①

(2)培训时的课程组织设计

培训时的课程组织设计主要包括培训学时数量、培训组织形式、培训课程内容三个方面。

第一，在培训学时数量上，弋阳县实行以每 5 年为一个周期的学时管理制度。每个周期内，教师参加培训的时间应累计不少于 360 个学时，其中校本培训的时间不超过总学时的三分之一。周期内的教师总体培训学时可以集中使用，也可以分散使用，还可以跨年度使用。但是，每年参加培训的时间一般不少于 48

① 弋阳县教育体育局对于外出培训还有如下要求：同一批外出培训人员组成一个项目团队，指定专人负责；团队每个人在外出培训期间要交 5 个朋友，回来影响 5 个人；外出培训期间，每天都要写培训日志，通过微信发表；回来后，每个人必须上交一篇学习心得，做二次校本培训。

个学时，其中校本培训不少于 24 个学时。周期内的每位教师至少参加一次不少于 90 个学时的集中培训。教龄 1 年以内的新任教师，在试用期内需要参加不少于 180 个学时的培训，其中实践培训不少于 60 个学时。新任教师在试用期内接受培训的时数不列入周期内的教师专业发展的培训时数。

第二，在培训组织形式上，弋阳县在总体设计上主要采用了邀请本土名家培训、菜单式培训等模式；在具体实践层面上，运用了包括导师型培训、讲座型培训、讨论型培训、调研型培训等较为灵活的培训组织工具。

邀请本土名家培训主要是指弋阳县有意识地从本县教育教学和学校管理中挑选出优秀的人员作为培训专家对教师进行培训。这种模式从 2013 年的暑假开始实践。在为期 10 天的暑期培训中，教师发展中心选取了 127 位本土培训者，共组织了 32 场培训。该模式的优点体现在两个方面：一方面，本土名家能够用本土经验去更好地为教师答疑解惑，同时为身边的教师树立榜样，从而激发他们的专业发展动力；另一方面，本土名家通过培训他人也获得了更多的展示机会，有力地促进了自己的成长。

菜单式培训主要是指教师能够根据自己的需求来选择培训项目。这种模式主要依托于“弋阳县中小学教师专业发展培训管理平台”。该平台为每所学校、每位教师设立专用培训账号(分为单位与个人两类)。该平台能够生成各类培训档案记录。教师通过该平台能够选择培训项目、获取参训信息。学校可以对本校教师的参训情况进行审核。县教师发展中心每年两次通过该平台发布培训项目信息(包括国培、省培和县培等)。教师可以登录浏览，结合本人所处的学段、学科、岗位及学时等要求，有针对性地进行项目选择。县域内的培训项目分为初次选课和二次选课两个阶段。初次选课阶段结束时，教师发展中心、学校会根据具体培训对象范围及学校工作的总体安排，对教师选课申请给出“审核通过”或“审核不通过”的意见。教师选课申请通过后，可以依据相关通知，在指定时间、地点参加培训，然后在培训后通过考核就可以获得相应的结业证书和培训学时。

在培训组织工具方面，导师型培训主要是指在培训期间，培训者与教师结成师徒关系，方便其指导教师；讲座型培训主要是指邀请一些外地专家结合本县的情况对教师进行讲座培训；讨论型培训主要是指在培训课程中排出一些讨论课，以提问、回答等形式对相关话题进行讨论；调研型培训主要是指教师发展中心组织参加培训的教师就一些实践问题进行实地调研①，并在调研的过程中，组织培训者进行解答与指导。

第三，在培训课程内容上，弋阳县主要设计了公共知识类(教师职业道德、

① 调研实地包括学校、班级、家庭；调研对象包括教师、家长、学生。

教育基本理论、教育心理、现代信息技术、教师专业发展、教育科学研究等)，学科专业类(学科本体性知识、学科课程与教材分析等条件性知识、学习与学生心理、教学理论与实践等)，实践活动类(课程教学、班级管理)和修身养性类等内容。

(3)培训后的评价及交流机制设计

在培训后的评价机制上，弋阳县针对教师与培训者分别设计了相应的考核机制。①

对教师的考核主要集中在是否达到培训学时的要求。教师参加县外培训，需要凭相应培训的证明材料向县培训小组办公室申请确认学时；参加县级培训，每半天按 4 学时计算。培训结束后，由县培训小组办公室按参加的实际天数给予核记。另外，针对校本培训，各校在每年 9 月要向县培训小组上报本学年的校本培训计划。第二年 8 月底之前，各校上交实施校本培训的具体材料，包括培训时间、地点、主讲教师、讲座内容、教师参与培训的点名册等。然后，县培训小组进行审核、确认校本培训学时。最终，教师培训参与的情况都会被记录到档案中，并纳入教师日常评价体系，对教师晋级晋职、评优评先、进城招考等产生影响。

对培训者的考核主要根据教师对培训者的评价。评价结果与培训者的讲课费进行挂钩。在县级培训项目结束后，参训教师以无记名方式对培训者进行评价。按优秀率在 80%以上、60%～80%、低于 60%，将培训者分为优秀、良好、合格三个等次。优秀等次的讲课费是合格等次讲课费的三倍，良好等次的讲课费是合格等次讲课费的两倍。另外，优秀率极低的培训者将会被培训讲师人才库除名。

在培训后的交流机制上，弋阳县主要以建立教师民间协会的方式来推进教师的交流，如教育梦·龟峰读书联盟(以下简称读书联盟)、名师工作室协会、班主任委员会、学校心理健康教育协会等。

读书联盟是弋阳县于 2014 年成立的一个读书类交流平台，在全县教师群体中有较大的影响，也是教师民间协会中较为典型的协会。其成立的目的是将教师培训延伸到教师的日常生活中，并通过读书交流的形式不断巩固与升华培训的效果。目前，读书联盟在全县共建立了 42 个读书联盟分会，并开展了如下九项常态化的活动。

第一项是建立三大信息交流平台。读书联盟首先建立了包括读书联盟微信

① 部分内容来源于相关工作人员提供的弋阳县的培训管理制度、培训授课教师考核制度和培训违规处理办法等文件。

群、弋阳教育公众号和读书论坛(教育网站)三大交流平台。第二项是开展每周一次的最美文章评选。相关管理人员会将每周评出的文章推送到弋阳教育网和教育公众号上，并推荐其在杂志上发表。第三项是开展每月一次的好书推荐。第四项是开展每季一次的诗文诵读会，并邀请专家评委打分和指导。第五项是每学期举办一次读书演讲比赛，邀请会员围绕所读书目谈心得、讲体会。第六项是每半年举行一次“叠山书院论坛”。该论坛立足本县的叠山书院和儒学宫文化，用于畅谈读书观点、分享读书心得、讲述读书故事、传承读书精神等。第七项是每年春季和秋季各开展一次读书采风活动。组织会员走进龟峰、南岩寺等弋阳风景名胜，开展诗词创作和摄影大赛。第八项是全年开展“为你读诗”活动，并将优秀的朗读作品上传至弋阳教育公众号进行展示。第九项是开展“年度读书人物”评选。根据会员的参与积极性、写稿数量和质量、带动其他教师的能力等方面，对表现突出的会员进行表彰。

名师工作室协会主要依托于各校的名师工作室，以日常课堂教学为主要交流内容。班主任委员会由各校的班主任构成，主要以班级管理、德育工作、留守儿童教育与帮扶、课程开发为交流内容。学校心理健康教育协会由各校的学校心理健康教育工作组成员构成，主要开展儿童发展心理学知识的普及、常见心理问题的解答、教师或学生团体辅助等活动。

(三)专业培训的机理分析

弋阳教育的整体提升与专业培训的成功有着必然的关系。那么为什么专业培训能够获得成功呢？回顾整个专业培训的内容，我们首先可以看到被培训者的需求得到了培训组织者的高度重视。这一点尤其体现在本土化的教师培训组织上。比如，从培训内容上来看，其强调了本土化的教育经验与交流，通过关注本土经验当中的特性与共性部分，去获取教师的共鸣。这实际上也呼应了弋阳县所提出的“用身边的人教育身边的人”的教育倡导。从培训组织上来看，无论菜单式的培训内容操作，还是对培训者的评价操作，这些都能够让教师感受到自己在培训过程中的主体性。相比之下，以往很多教育培训中的教师角色往往是低位的、被动的，这必然影响到教师对培训的积极性。从提高教师积极性的角度来看，弋阳县将外部培训作为一种奖励，让教师通过演讲比赛的方式去竞争培训机会。该方式改变了以往教师将培训当作任务的认知，让教师培训从“要我去”变成了“我要去”，成为教师的一种内在需求。这种反向操作的培训组织思维激发了教师的内在动机，显然也有助于提升培训效果。

其次，一个完整的培训管理体系对培训效果起到了很大的保障作用。我们可以看到教育体育局对整个培训工作有着完整的工具设计与运用逻辑。这些工具贯穿整个培训过程，从培训之前的参与机制设计，到培训时的课程组织设计，再到培训后的评价与交流机制设计，都在不同程度上提升了培训的质量。其中，培训后的交流机制设计是令人眼前一亮的。丰富的民间协会组织从表面上是加强了教师的交流，方便了教师之间的相互学习，让培训从单向输出走向了生活化的互相交流，从更深层次上看各类民间活动的举办也让教师受到更强的关注，进而有了更强的职业认同感。

三、教育评价

很多时候在教育实践中能够真正引导主体改变行为的原因，不仅可能是源于主体对于教育改革内容的内心认同，而且可能是改革当中的评价制度在引导主体行为。对于一线教育工作者而言，教育评价的力量不仅在于评价对于主体行为的判断，而且还在于评价制度背后所涉及的利益。因此，判断一个地区的教育改革能否有真正落到实处的效果，必然不可忽视该地区对评价制度的变革。弋阳县在教育评价制度上有着许多尝试与创新，其将规范师德行为作为评价制度改革的“起手式”，同时也推动了学校教学与校长管理评价体系的改革。

(一)规范师德行为

在评价制度改革上，弋阳县以师德建设为突破口，从 2013 年开始不断出台相关文件去规范教师的行为。这不禁令人好奇，为什么要将师德作为整个评价制度改革的突破口呢？其实这背后隐藏着弋阳县的教育管理者对一个教育现象的思考。

近些年，随着我国城镇化的不断推进，乡村人口不断向城镇聚集，乡村学生也随之向城镇聚集。弋阳县也存在这一趋势。前些年乡村学生迅速流失，一部分随着外出务工的父母到务工地入读，如浙江省义乌市等；一部分选择到弋阳县的县城入读；剩余的学生在学校撤并调整的影响下在不同乡村就读。粗看之下，随着社会的变迁，乡村学生出现这三种流动趋势并没有什么特殊之处。但就弋阳的情况来看，问题就出在到县城读书的那部分学生上。有的学者通过调查发现，很大一部分学生选择从本县乡村到县城读书并不是因为父母工作变更或者居住地变更，而是被一些教育辅导机构不断从乡村“抽取”到县城当中来的。

具体而言，县城内的教育辅导机构联合部分城区内的中小学教师开展有偿补课和课后托管等服务。这些教育辅导机构为了扩大自己的利益，一方面联合城区教师对县城内的学生进行有偿补课或托管服务的推广；另一方面不断前往各个乡镇去宣传自己的辅导机构，宣称机构能够让乡村学生在县城中小学就读、同县城学生享受相同的优质教育。部分机构甚至采取向乡村教师送回扣的方式，联合其去劝说家长将孩子送至县城，交给辅导机构。在前些年弋阳县乡村教育的软硬件质量不断下滑的背景下，这一宣传切中了乡村家长的心结。于是，很多外出务工的家长就会选择将孩子交给这些辅导机构，一方面希望孩子能和县城孩子一样，由城里教师辅导学习，享受更为优质的教育；另一方面也希望借由此路径获取进城读书的机会。

事实上，这种机构招生的模式在初期并没有产生多大的影响，乡村家长还是更希望自己的孩子在家门口上学。但随着外出务工家长的增多，隔代抚养问题逐步出现，同时乡村学校的裁撤调整，也让乡村孩子上学越来越不方便。在种种因素的影响之下，越来越多的家长开始选择这种方式来解决孩子的上学问题。这种现象也开始对整个弋阳教育生态产生了以下危害。

第一，学生越来越集中在县城，直接导致县城学校拥挤不堪，乡村学校出现空心化。在走访过程中，我们了解到，早期教育体育局并未对县城学校的招生进行规范。一些教师受到利益的驱使不断参与辅导机构的运作，吸引了大批学生进入县城中小学就读，导致县城学校的大班额现象十分严重。同时，乡村学校也随着生源的流失变得难以为继。学生数量分布的巨大差异，不仅对于县域内教育资源的数量供给带来极大的调整压力，而且导致整个义务教育质量开始不断下滑。

第二，县城教师轻视本职工作，热衷于课后事业，同时乡村教师受利益驱动，热衷于向县城学校流动。乡村教师、县城教师与托管机构形成了一种利益输送链条。托管机构通过乡村教师吸纳乡村学生到县城当中，同时通过县城教师提供托管服务，并获取县城中小学的入学资格。乡村教师与县城教师通过托管机构获得相关的经济利益。这些利益不断诱使县城教师轻视自己的本职工作与专业发展，而将更多的时间花在增加自己的额外收益上。在访谈中，一些家长描述道："前些年，教师组织这种课后班的风气确实比较重，平常上课不认真，总在鼓动大家参加课后班。"对于乡村教师而言，这种额外利益也成了他们不断流向县城中小学的一种动力。

第三，托管机构获取大量利益，乡村孩子的受教育权益受损。托管机构作为此类利益链条形成的推动端，自然获取了大量的金钱利益。然而，这些机构中的乡村孩子的日常生活和教育并没有受到真正的保障。在日常生活上，托管机构给孩子提供的饮食、住宿条件较为简陋，容易出现了一些低龄寄宿、生活习惯养成等方面的问题。同时，在教育方面，很多低龄孩子的学业情况并没有获得真正的改善。有的家长描述道："早些年，其实我们也不想把孩子放进托管班里。谁都知道那里吃的、住的肯定没有家里好。但是那时候村里面的学校确实不好，自己又外出打工，没有办法照顾孩子，交给老人也不放心。于是，便想着交给机构，那里有老师，心里自然更放心一些。"

为了解决这些问题，教育体育局以教师为突破口[①]，在 2013 年出台了《关于治理在职教师组织有偿家教、有偿托管、违规补课的若干规定》。该文件首次提出要针对在职教师利用职务之便所开展的“有偿家教、有偿托管、违规补课、乱顶教辅、无序招生、有偿招生”等活动进行治理。此后，弋阳县相继出台了包括《关于治理“六种行为”情况通报和 2014 年治理工作意见》《弋阳县对在职教师“六种行为”的管理规定》《关于在全县开展在职中小学教师有偿补课及收受“红包”问题专项治理工作的通知》等文件，建立了以层级分配管理为主要特征、以评价为主要手段的治理机制，从而巩固了对此类行为的治理效果。

具体而言，基于县级层面，弋阳县建立了以校长为核心的责任人制度，通过“局长抓校长、校长抓教师”的两级工作模式，保障相关工作的落实。此外，弋阳县还成立了在职教师六种行为的监督工作小组，建立了治理六种行为的考核制度、查处通报制度，将对此类行为的治理工作纳入全县教育工作评估、中小学校长与教师的考核。依据相关情节的严重程度，弋阳县具体采用了包括限期整改、书面检查、通报批评、年度考核不及格、取消各类评优评先资格、教育局挂片领导约谈、追究党纪或法律责任等措施。

基于学校层面，各学校按照相关文件的要求制定了本学校的具体治理办法，召开相关工作动员大会，并通过各种形式向学生和家长广泛宣传。比如，处于县城的逸夫小学成立了各年级治理工作督查组，各个挂点的校级领导担任组长，建立了督导组责任制度，将督查组与教师进行捆绑考核，并定期向家长和学生了解教师的六种行为情况。

经过两年扎实的治理工作，弋阳教育的发展获得了不少成果，主要体现在如下三个方面。

第一，教师的违规行为得到有效遏制。在治理初期，很多教师认为治理工作就是在“整”教师。一些教师因为各类因素导致本身的工资收入相对较低，又无法通过其他途径增加自己的收益，自然对此类治理工作产生了抵触情绪。在以维护教师群体形象为主要内容的思想工作开展下，在严格且系统的治理机制作用下，大多数教师停止了一些违规操作，并将重心转移到自己的本职工作上。

---

① 除了规范师德行为，为了打破这种基于生源流动的利益输送链条，弋阳县还对县城学校的招生进行了规范，推出包括学区划分与批次招生等两项政策内容。学区划分主要是对各个学校的生源区域进行划分。批次招生主要是将生源划分为不同批次，各个学校按照批次顺序进行招生。有关文件规定，弋阳县中小学招生分为四个批次：第一批次招收具有该学区户口与房产（两者同时具有）的生源；第二批次招收具有该学区户口但无自主房产的生源；第三批次招收有该学区房产且已入住但非该学区户口的生源；第四批次招收进城务工子女或经商人员子女。如果前一批次的报名人数已经超过学校的容量，则将剩余生源调剂到其他学校。

第二，乡村学生流向县城的趋势得到一定的缓解。教师与托管机构的利益输送链条曾经是乡村学生流向县城的一个重要因素。在教师群体逐步退出这种利益输送链条之后，弋阳教育“城挤乡空”的发展趋势获得了缓解。2013—2016 年，弋阳县疏导非正常跨学区择校的学生 2000 多人，解决“三类”人员子女（进城务工、经商、购房居民的子女）进城入学 2400 多人。城区学校的大班额现象得到有效控制，初中的班额平均下降 17 人，部分学校的最大班额下降了 32 人；小学的班额平均下降 10 人，部分学校的最大班额下降了 27 人。

第三，获得家长的赞誉。此类行为的减少一方面降低了家长的经济支出，消解了家长对学校教育系统的不满，另一方面也使得家长和教师的关系回归到之前更加纯粹的状态，为之后弋阳县家校合作的开展起到了积极的影响。

（二）改革学校教学评价制度

学校教学评价制度改革主要包括学校教学工作检查制度改革与学校教学成绩评价制度改革两个方面的内容。

1. 学校教学工作检查制度改革

学校教学工作检查制度改革主要是打破之前“走过场式”的单一集中检查方式，建构了以申请式、展示式、突击式、常规式为内容的新型教学工作评价制度。

以往这种集中式的检查制度主要包括：学年初与学期末的总结会议制度、每年 4 月份开始的走校检查制度。总结会议制度是指教育体育局会在每个学年初与学期末举行总结会议，对全县总体教育的发展情况和一些学校的发展情况进行评价。走校检查制度是指教育体育局会在每年 4 月份制定出一份具有三级指标的考核标准（包括教师备课情况、教学计划制订情况、教学总结情况等内容），并将标准下发到各个学校，要求学校先自查。学校在接到通知之后，就会按照检查标准的内容进行相应的准备。之后，教育体育局组织相关股室的工作人员前往学校，按照标准逐条检查与评价。

长期以来，这种集中式的检查对于学校教学水平的提升并没有产生积极的影响。有的人解释道：“以前这种检查方式很多都是在走过场。到校检查作为一种自上而下的检查方式，一方面带有很强的行政色彩，给学校带来很大的压迫感；另一方面也很容易造假，没有办法检查学校的真实教学工作情况。很多学校在接到通知后，就会要求教师对相应的材料进行弥补以符合检查标准。”

为了能够真正提升学校的教学水平，弋阳县开始对这种制度进行改革，首先是取消了学年初和学期末的总结会议。对此，方华局长解释道：“我没有举行那个总结会，是因为我觉得那个会议没有太大的价值。刚开始的时候，我和校长们说这个事情，很多校长就不理解，尤其是开学工作会不举办，还怎么开学？当时我说校长都不知道怎么开学，我再怎么开会都是没有用的。你们当校长的人是一个法人，这个法人除了法定的法人以外，还是个办学的法人，我要你们成为真正的独立校长，所以不要受我们的影响。”

其次是对走校检查制度进行改革。经过长期的调研与思考，教育体育局推出了以申请式、展示式、突击式、常规式为核心的复合型教学评价机制，将以往以检查为核心的评价转向了以服务为核心的评价。申请式是指学校可以根据目前自身的情况主动向教育体育局提出教学检查申请，以寻求相关专业人士的改进建议。展示式是指一些优质学校可以用展示教学成果的方式来代替教学检查。突击式是指教育体育局在未通知学校的情况下，组织工作人员对学校教学进行检查与评价。常规式同原来的方式一致，即有关股室先下发通知给学校，并在相应时间内组织人员前往学校进行教学检查。

改革之后，很多学校都开始改变以往回避教学工作检查的态度，开始积极实践申请式模式，主动邀请县教研室前往学校评估。另有一些优质学校实践了展示式模式，成功在本校召开了教学常规现场展示会。比如，在改革之后，叠山镇叠山学校采取了申请式与展示式的方式进行教学检查。2013 年以前，叠山学校和其他学校一样，都是采用常规式的教学检查评价方式。2013 年以后，叠山学校决定采用申请式的方式对学校的教学情况进行全面评估。校长在不通知任何教师的情况下，邀请了县教研室的工作人员前往学校进行教学评价与指导，最终获得了很好的效果。教研室的相关人员描述道：“原来的叠山学校，老师见到教研员就躲，现在是主动找教研员，求‘指点’。”在申请式之后，叠山学校进一步实践了展示式。2014 年 6 月 3 日，学校向教研室申请并举办了“发展性教学常规现场展示”，吸引了全县各中小学教师前来观摩。

那么，为什么新的教学工作检查制度能够取得较好的效果呢？这是因为新制度解决了学校教学工作检查中的动力机制与信息对称问题。动力机制问题本质就是评价过程中主体参与性的问题。检查与评价的根本目的是改进学校的教学水平，而不是通过检查去追究校长、教师的责任。以往这种自上而下的检查更多的是基于行政管理主体自身的业务需要，而不是基于学校主体的发展需要。尽管这种方式也秉持着改进学校教学的目的，但在实际操作中多会异化为对各类主体的问责，而难以达到改进的效果。相比之下，新制度更多地倾向于关注基于学校主体的教学改进需求，给予学校自身发起教学改进检查的操作空间，并以多样化的检查方式，更加灵活地适应处在不同发展阶段的学校的改进需求。因而，新制度能够更好地激发学校的积极性，从而解决其动力机制的问题。

信息对称问题本质上是评价效果的问题。评价是某一行动主体对某一件事或人的价值进行分析、判断之后得出结论的过程。[①] 分析、判断的基础在于评价主体所接收的信息。如果没有真实的信息，很难做到真正的评价。以往的检查制度由于忽视学校的需求，同时操作过程倾向于问责，导致学校主体为避免问题被发现，从而主动隐匿信息或者对相应的信息进行造假。相比之下，新制度将会提供更为真实的评价信息。这是因为新制度的运行是由学校基于自主需求而发动的。尽管在某种程度上该制度也存在着学校自主筛选信息的可能，导致信息的全面性有一定折损，但是学校的教学水平本身就是一个逐步修缮的过程，随着浅层次问题的解决，学校自然就会透露出更加深层次的信息与问题，并不需要在每一次都全面地展示出自身的问题。

2. 学校教学成绩评价制度改革

为了全面改善弋阳县的学校教学情况，教育体育局于 2015 年 6 月颁布并实施了《关于印发弋阳县中小学教学质量等级评价方案（试行）的通知》，并在同年 12 月修订了《弋阳县初中教学质量评估方案》和《弋阳县小学教学质量评估方案》，由此拉开了学校教学成绩评价制度改革的序幕。该制度改革主要包括两个方面：将评价焦点由优秀生转向后进生、由结果评价转向变化评价；将评价形式由城乡一体的名次评价转向城乡分类的等级评价。

(1)评价焦点的转变

弋阳县以往对于学校教学成绩的评价，基本上是以学生在特定考试中所取得的成绩为依据。对于学生成绩的计算主要以总平均分、优秀率和合格率为指标，并将各个学校的计算结果进行排名。

以往这种绝对化的排名评价方式容易受到学校历史发展条件（包括教学质量、生源层次等）的限制，导致原先发展较好的学校一直占据排名的前列，发展较为落后的学校即便再努力也难以在排名上有明显的提升。这必然会让很多学校失去改进教学的动力。此外，这种方式也会从教育体育局对学校的评价方式传导为学校对教师的评价方式，最终让教师将教学成绩的评价结果归因到生源的质量上。很多教师就会认为如果自己所在班级的生源情况较好，那么即使自己付出较少的劳动也会获得很高的成绩评价结果。反之，如果自己所在班级的生源情况较差，那么即使自己再努力也难以在教学成绩评价上获得相匹配的肯定。比如，某学校 A 老师和 B 老师分别教授班额同为 50 人的两个平行班。一年后参与某检测考试时，A 老师班上还有 48 位学生，B 老师班上还有 43 位学生。最后，对于 A、B 老师业务能力的评价，分别是对 48、43 位学生所取得的成绩进行平均分、优秀率和合格率的计算。从表面上来看，这种操作很公平。但是，实际上如果 B 老师

① 陶西平：《教育评价辞典》，55 页，北京，北京师范大学出版社，1998。

班级流失的 7 位学生都是后进生，那么显然 B 老师会取得更好的指标数据，最终获得更高的教学成绩以及各类与之捆绑的评价收益。

显然，这种情况极易导致教师对生源进行筛选，从而促使一些学校，尤其是乡村学校，出现控辍保学问题。一些学校为了让自己的教学成绩评价不因后进生而出现下滑，极有可能让教师对后进生展开劝退工作。一些教师为了提升自己所在班级的教学成绩，也乐于或明或暗地去劝退后进生。当然，我们需要明确的是，在法律层面上，这种行为显然是违法的。在义务教育阶段，适龄儿童接受义务教育是国家有关法规明确规定的权利与义务。但在实际操作中，这种行为会因为教学成绩评价制度的设计以及学校、教师为了追逐个体收益的最大化而以较为隐性的方式出现。

为了解决这样的问题，弋阳县推出了如下三项措施。

首先，对相关指标的计算分母(即参加考试人数)进行修改，由原来实际参加考试的人数修改为应该参加考试的人数。① 比如，按照原来的平均分计算规则，某校某次考试的平均分应该为该校总成绩除以实考人数，现在则修改为总成绩除以应考人数。修改之后，教师为了指标数值的提升，自然就会留下尽可能多的学生。有的学者将这个做法称为“以‘进口’定‘出口’原则”(即以应考代替实考)。

其次，将以往指标中的优秀率修改为关爱率，并设立关爱学校奖。② 关爱率是指每次考试中每个学校排名后 20%的学生③的总平均分。由于推行了关爱率，学校、教师就会更加关注后进生的成绩情况。

最后，将学校教学成绩的变化程度纳入评价体系，即对学校评估总分④的增量值进行评价，同时设立进步学校奖。该奖主要是对小学、初中阶段总评估分增值最大的前三名的学校进行奖励。

总体来看，修改计算分母让后进生在就读机会上有了保障，关爱率在教学质量上为后进生的成长保驾护航。这种突破以往以优秀生为评价焦点的改革对于解决乡村地区控辍保学问题具有很重要的意义。但在实践过程中也曾有人提出了一

---

① 根据有关方案，在计算过程当中，小学抽测年级主要是将上学年末学生人数减(加)正常变动数作为应考人数；初中是七年级将当年实际招生数减(加)正常变动数作为应考人数，八年级将上学年末在籍数减(加)正常变动数作为应考人数，九年级将七年级建籍数减(加)正常变动数作为应考人数(历届生、九年级最后学期回县报考无籍生不计入基数；上学年结束后县内转学的九年级学生成绩计入原转出学校)。

② 奖励名额包括小学城区、农村系列学校最高分各一名；中学城区、农村系列学校最高分各一名。

③ 这里的后 20%的学生，为应考学生数的后 20%，不是实考学生数的后 20%。

④ 学校评估总分主要是弋阳县用于描述该被评估学校总体情况的计算指标。该指标来源于《弋阳县初中教学质量评估方案》与《弋阳县小学教学质量评估方案》，包括三级指标内容，分别为教学质量监测成绩、中考成绩、教师业务能力(教师获奖情况)和特长发展(学生获奖情况)。其中，教学质量监测成绩包括总平均分、关爱率和合格率，中考成绩仅针对初中。

些质疑。比如，有的人认为教师多关注了后进生，那么优秀生的培养质量是不是就会下滑？对此，方华局长解释道："一开始大家都在质疑。但是，通过这几年的实践，我们发现弋阳的优秀生不但没有少反而还多了。事实上，我觉得教育当中有一个很重要的要素就是群体学习，即学习者之间的相互学习与共同成长。有时候，一些优秀生去帮助后进生的过程实际上也是提升自己的过程。"另外，弋阳县在评价体系中纳入了对学校教学成绩的相对程度变化的考量，改变了以往过于偏重结果评价的情况，突出了过程评价的重要性。这种转变能够让学校将自己教学成绩变化的原因由外部归因转向内部归因，进而激发学校改进自身教学水平的动力。

(2)评价形式的转变

在评价形式上，弋阳县以往采用的是城乡混合名次评价，即将城乡所有同学段的学校的评价结果进行比较排名。相关荣誉或奖励依据排名情况进行分配。这种方式在实际操作中容易出现高水平城区学校常年占据排名前列的现象，导致其他层次的学校(尤其是乡村学校)的排名难有明显提升，进而缺乏提升自己业务水平的动力。此外，这种方式还容易导致学校之间的恶性竞争和业务水平差异的扩大，难以提升全县整体的学校教学水平。合理的名次差异容易激发学校的改进动力，但是当名次差异过大或固化时，就容易导致不同水平的学校之间界限的固化，从而让学校失去改进的动力。

为了解决这样的问题，弋阳县设计了分类等级评价来代替混合名次评价，以缩小被评价学校之间的差异幅度。有的学者将其称为"以层次代替名次"的改革。总体原则是将教学成绩名次评价转化为等级评价，同一等级内无具体名次之分。同时等级比较中还划分了不同学段与类别，包括城区小学、城区初中、农村小学、农村初中等。

那么这个分类等级评价具体是如何操作的呢？其主要是以某指标同类前三名的学校的平均分为标准，再以分数段为附加区间，进行A、B、C、D四个等级的划分。我们以学校总体的平均分这个计算指标为例进行说明。比如，在某次六年级教学质量考试中，弋阳县教育体育局抽查了语文和数学这两个学科的成绩情况(见表11.4)。

表11.4　城区小学某次六年级教学质量考试情况

学科	平均分第一名	平均分第二名	平均分第三名	平均值	分数段
语文	92分	91分	90分	91分	3
数学	89分	88分	87分	88分	5

注：表格中的数据为虚构，仅用于说明相关指标的计算过程。

由表中数据可以看出城区小学语文和数学平均分前三名的学校的情况。在划分等级时，前三名的学校平均分的平均值就会作为起始标准。在这次考试中，语文学科标准为 92 分，数学学科标准为 88 分。那么城区小学总平均分比较的标准就是这个抽检学科(语文与数学)的标准分数的和(即 92＋88＝180 分)。分数段的算法也是以学科为基础，其中语文为 $X_1=3\times$学科满分/100，其他学科为 $X_2=5\times$学科满分/100。总平均分的分数段为抽检学科的相加。通过计算，我们得到语文的分数段为 3 分，数学的分数段为 5 分，这次考试的总平均分的分数段为 8 分。所以，本次考试 A 等级为 180 分以上及 172～180 分，B 等级为 163～171 分，C 等级为 155～163 分，D 等级为 154 分以下。①

事实上，这种分类等级评价不仅用于教育体育局对学校教学情况的评价，而且还用于其对教师个人教学情况的评价。学科教师的评价主要根据教师任教班级的学科成绩进行计算。对于各学段、各系列的班级学科均分为 A 等级的教师，有关部门会给予不限名额的奖励。教师担任班主任的班级根据所在班级的总均分情况进行计算，对于获得 A 等级评价的班主任，有关部门同样会给予不限名额的奖励。

在走访中，我们还了解到这种分类等级评价的思路，同样也传导为学校对教师的评价。以往各个学校对教师的教学成绩评价同之前教育体育局对学校的评价非常类似，都是根据各类指标成绩进行绝对排名。这种方式也很容易导致教师个体之间的竞争，尤其是当业务评价结果涉及教师绩效工资分配时。这种竞争非常容易导致教师对生源进行选择。比如，主班教师不愿意接受一些后进插班生。有的校长曾和我们描述道："之前基本上都是对教师的个人教学成绩进行评价。如果转来一位成绩好的学生，教师们都会争着抢着要。但是，如果转来的学生成绩不好，放到哪个班级，哪个班级的教师都不乐意。"

面对这种情况，一些学校进行了类似的评价改革：将学科年级组作为一个整体评价单位，而不再以教师个体的教学成绩为评价教师业务水平的标准。在某小学提供的奖励性绩效工资考核方案上②，我们可以看到在教学成绩上，该学校将语文、数学和英语学科的教师进行年级捆绑考核。③ 如果该年级语文学科的总考核分在与同类 5 所学校的比较中排名第一，所有该年级语文教师均得 30 分，排名第二、三、四、五名，依次得 28 分、26 分、24 分、22 分。数学和英语学科

① 其他指标的计算也是类似于这种方法，唯有学校合格率与学校评估分的分数段固定为 10 分。

② 在该方案中，奖励性绩效工资考核分为职业道德考核(10%)、出勤考核(20%)、工作量(10%)、教学常规(15%)、校本教研(15%)、教学成绩(30%)六个部分，考核工资期末一次性发放。

③ 其他没有全县统一抽测的学科教师由学校考核小组按照相应标准，进行五个等级打分，五个等级与捆绑考核的五个程度分数相对应。

以此类推。这种改革不仅能够有效缓解教师之间的个人竞争与内耗，而且也能够让教师具有团队意识，从而营造出一种积极合作的氛围。

总体而言，弋阳县的教学成绩评价制度改革充满着实践的智慧。模块化的评价方式既考虑了公平，即运用分类等级的划分方式，客观地对学校进行比较与评价，也考虑了效率，即通过将个体融入群体进行评价来缩小个体之间的程度差异，进而激发个体改进自身的动力，最终提升教学质量。这里我们需要明确的是，这种改革对于乡村学校教学质量的提升具有重要意义。这种方式体现了对乡村学校发展的客观现实的尊重，盲目地对城乡学校发展进行混合比较评价，只会让乡村学校不断去追逐城镇学校的脚步，从而失去对自我的思考，失去发展的信心。一些乡村教师向我们说道："等级评价让我们这些乡村学校和教师在业务上有了期望。这几年有些镇的中心小学就被评为A类，还超过了一些县城的小学，让我们受到非常大的鼓舞。"

(三)改革校长评价制度

弋阳县为改革校长评价制度，共出台了《弋阳县校长队伍管理办法(暂行)》《弋阳县中小学校长任职交流实施方案》《弋阳县中小学校(园)长考核办法》《弋阳县中小学校(园)长综合评价方案》4个文件，设计了由校级领导集中考核、学校教学质量评价、股室工作评价、教体局民主评议四大模块组成的新评价体系(见表11.5)。

表11.5 弋阳县的校长评价体系情况

类别	次数	方式	内容	人员
校级领导集中考核	每年一到两次	查阅资料、走访校园、教师民主评议	班子整体情况、校级领导个人情况	局挂片领导、相关机关干部、交叉评估人员、教师
学校教学质量评价	每学期一次	学生素质测试	相关科目、模块	教研室及抽调人员
股室工作评价	每学期一次	对教体局布置工作进行等级评价	布置工作的完成情况	股室领导、人员
教体局民主评议	每年一次	无记名评价	教育思想、常规管理、教学质量、氛围营造、创新发展、勤政廉洁等	全体机关干部

注：该表格由弋阳县教育体育局提供。表格的内容根据案例的撰写需要有一定程度的修改，特此说明。

这个评价体系非常系统地考查了校长的情况，其中值得关注的有两个部分：一是等级指标数量的限制设计，二是校长候选人的遴选设计。

1. 等级指标数量的限制设计

以往，在股室对校长的工作评价、机关工作人员对校长的民主评议中，各类各级程度指标的数量并没有受到限制。一方面容易出现随意打分的情况，如有可能出现几个校长的各项全是优或及格；另一方面也容易出现人情评价的情况。由于评优的数量没有限制，很多评审以前经常会接到校长的人情电话，最终都会给出优秀的评价。

为了能够让校长评价更加客观真实，弋阳县对各等级指标数量进行了限制，具体包括两个方面的内容：纵向个体评价等级指标限制和横向群体比较评价等级指标限制。纵向限制是对个人考核项目的指标数量进行限制。比如，对某校长的评价共有 12 项内容，其中 A 级(优秀)只能占到 30%，即 4 个选项指标可以获得 A 级。横向限制是对同一群体内部考核的指标数量进行限制。比如，共有 6 位校长参与评价，那么在总体满意度当中，有 2 人可获得 A 级。指标数量的限制，让评审有了差异的选择，同时也拒绝了校长进行人情劝说。

同时，这种评价方式也渗透到了股室日常对学校的工作安排中。有的人解释道："我们股室现在每一次布置工作，基本上都按照这个要求去评价。比如说我们在 40 所学校都布置了一项工作。我们就对这 40 所学校的工作情况进行总体评价，其中 A 级占到结果的 30%，即 12 个优秀学校指标；B 级占到 60%，即 24 个良好学校指标；C 级占到 10%，即 4 个及格学校指标。最后年终的时候，我们就统计各所学校获得 A 级的次数。比如，在今年 50 项工作中，某所小学获得 48 个 A，另一所小学获得 35 个 A。这个差异就非常明显了，也方便我们开展下一步工作。"从实践效果上来看，2015 年年初，弋阳县共有 36 位义务教育学校校长通过了四轮综合评价，考核总分处于末位的 6 位校长被免职，居前 6 位的副校长被提拔到校长岗位。

2. 校长候选人的遴选设计

在对校长进行评价后，自然就会涉及不合格校长的调离和新校长的选拔。在校长候选人的提名上，弋阳县也有一套特别的设计。一般而言，新校长的选拔有两种方式：第一种是由相关负责领导直接提名；第二种是发布公告，有关人员报名后进行民主选拔。

弋阳县采用的是第一种方式。在具体流程上，弋阳县首先是考虑哪所学校可以选出候选人，其次是考虑这所学校选谁为候选人能够产生更好的效果。这样的设计突出了整体性思维，即候选人往往是一所学校整体水平的体现，避免将个体脱离于整体。整体性的考量能够让校长和副校长存有利益交叉，形成一种利益共同体，即因为学校的良性发展，双方都能获得收益。方华局长解释道："这样选校长候选人能够让校长和副校长变成一种合伙人关系。以前我们有些副校长是巴

不得把这个校长调走。为什么？因为他们认为调走校长，自己就有机会了。但是现在这种情况就比较少了。因为在这种情况下，整所学校肯定没有办法办好，自然不会列入我们的考虑范围。”

(四)教育评价的机理分析

回顾整个教育评价改革的结构，我们能够发现，弋阳县首先由师德规范入手，再到对学校教学评价制度的改革，最后到对校长评价制度的改革。这样的改革编排有很强的结构化思路，从人(教师、校长)到业务(教学)的全面改革才能真正释放出巨大的改革红利，也才能从本质上去改变以往学校教育的弊病。从某种程度上来看，学校教育最为重要的两大要素就是人(教师、校长)与业务(教学)。教育评价实际上既是对人的评价，也是对业务的评价。评价业务其实也是在评价校长和教师的能力，而评价他们的能力其实也是在评价他们所完成的业务情况。因此，弋阳的教育评价改革所抓住的内容点是重要的，也是合理的。

从改革的思想上来看，弋阳县提倡评价是帮扶，评价的关键要素是变化而非结果。方华局长解释道：“现在很多地区的教育评价是以结果论英雄。但是我们认为教育的核心要素、教育的功劳功德、教育的绩效都在于教育的变化，不在结果。无论学校还是学生，起点是不同的，我们不能用单一的结果来评价。如果以结果来看就会导致评价的异化，很多学校会为了绝对量的要求，做出很多荒唐的事情或者造假的事情。从教育的规律来看，如果教育评价能够回归到教育是变化量而不是结果量这样一个出发点的话，那么我们的教育才能获得真正的发展。”

正是在这样的思想下，弋阳县对学校教学评价制度重新进行了思考。如何去帮扶？如何让学校、校长、教师产生变化？沿着这样的问题，我们就不难理解为什么弋阳县会设计出以学校需求为核心的教学工作检查制度了。因为，帮扶肯定不是一种自上而下的压迫，一定是一种自下而上的需求在引导学校与教育行政部门形成的互动。从“我要查你”到“你需要我帮你”的转变实际上也是一种教育去行政化的表现。同样，对教师、校长的评价也形成了一种新的思考方式。以往教育行政部门为了能够让教师、校长发生改变，不断利用行政职权去制定苛刻的管理条例，希望用这样的制度去激励他们。但是，往往越严苛的条例越容易产生糟糕的效果。弋阳县反其道行之，抛弃了以往以绝对量为核心的名次排名方式，用模块化评价、过程评价去淡化教学成绩竞争，让以往撕裂的教师竞争、校际竞争开始逐步弥合。这种弥合直接体现为评价主体之间差异的缩小。差异的缩小能够让处在评价中后段的教师、学校感受到善意与尊重，从而激发出改进自己的动力。这种变化也体现了弋阳县提出的“教育需要通人性”的倡导。什么是通人性？实际上就是要换位思考。对于评价而言，能够站在被评价主体的视角上去思考评价，往往就能让评价起到很好的效果。

从改革的实践路径上来看，这是一种思维自下而上、行动自上而下的改革。我们国家的发展历史上曾有这样一句话叫“从群众中来，到群众中去”。弋阳的教育评价改革很好地体现了这种路径。整个改革思想立足于底层视角，关注的是真正能够让教育主体发生改变的核心要素，而不是基于教育行政任务需求的种种条目内容。同时，整个改革方案的推行是从教育体育局到学校，再从学校到教师这样一种自上而下的压力传导路径。来自底层的思维能够真正解决一线工作者的问题，而来自高层的执行力能够最大限度地扩大改革效益。在一般意义上，教育改革如果缺乏底层思维，不仅有可能会导致改革失败，而且还会让教育主体感受到“权力的傲慢”，从而恶化整个教育生态的主体关系。当然，如果缺乏高层的执行力，在当前我国义务教育管理体制下，教育改革更是无从说起。

四、家校合作

家校合作改革是当前弋阳教育外部生态变迁的重要内容之一，也是弋阳教育一张响亮的名片。弋阳县的家校合作不仅在县内获得教师与家长的肯定，而且不断地吸引着全国其他地区的教育工作者前来观摩学习。事实上，家校合作一直都是教育理论与实践研究的重要主题之一，但是在全国众多的县市中，能够真正让自己的家校合作获得认可的县市屈指可数。那么，弋阳县的家校合作到底是如何开展的呢？为什么能够获得成功呢？

(一)家校合作的基本设计

弋阳县的家校合作的基本设计包括：家校合作的关系探索、家校合作的动力思考、家校合作的制度构建三个方面。

1. 家校合作的关系探索

弋阳县的家校合作改革最初来源于对家校合作关系的重新界定与探索。从表面上来看，家校合作其实就是基于学生主体的家长与教师的互动，同时也是家庭与学校两个生态的互动。那么这种互动关系的本质是什么？什么样的家校关系才能让学生有更好的发展？基于对这些问题的思考，弋阳县的家校合作探索经历了“个体利我—个体利他—基于信任的群体合作”这三个关系发展阶段。

早期，弋阳县的家校合作与其他县市并没有很大的区别。教师和家长的合作本质就是所谓“个体利我”，即合作与互动的根本目的是寻求各自利益的最大化。这一关系典型地表现为：教师请家长来学校互动，其实就是想让家长来为学校做一些事情；家长和教师互动，就是希望教师能多关照自己的孩子，如让自己的孩子坐在前排，多提问自己的孩子等。这种相互独立的主体利益的最大化追求，容易产生三个方面的问题：第一，增加个体行为的成本。如果一切行为的出发点都是利我，那么个体难以真正借助他人的力量去完成一些事情，这在无形中增加了

个体行为的成本。第二，会产生大量“寻租”行为，导致家校整体利益的最小化。也许一些学生会因特殊关照而受益，但群体学生的利益会因家校生态的恶化而受损。第三，加剧了家校冲突的可能。由于都在追求自身的利益，双方极有可能忽视对方的立场与角色体验，进而产生埋怨与冲突。

面对这些问题，弋阳县开始探索一种利他性的家校合作关系，即合伙人关系。这种关系包括两个层次：“个体利他”关系与“基于信任的群体合作”关系。有的人解释道：“我们认为家庭和学校这两个生态之间应该建立一种合伙人的关系，这能够让家校关系从原来的‘利我’发展到‘利他’。其实，家长和学校在教育孩子方面好像在运作一个股份公司，家长是公司的董事长，学校是公司的首席执行官；家长是公司的终身持股份人，学校是公司的阶段持股人。”事实上，所谓合伙人关系就是为了让两个生态重新凝聚共识、形成共同的目标，这个目标就是促进学生利益的最大化。在共同目标的引导下，两个生态就能够各司其职，通过整合双方的资源来增强学生的收益，最后形成一种良性互动。从操作层面上来看，合伙人关系的形成一定要以教师为推动者，迈出互动的第一步，积极说服家长，让家长能够理解利他家校关系的本质。在互动初期，教师与家长要摒弃各自的利益追逐，相互换位思考形成利他倾向，然后在互动中达成信任，最终形成一种群体性的合作机制。

2. 家校合作的动力思考

在互动关系思考的基础上，进一步需要解决的便是主体动力机制的问题。对此，弋阳县针对家长和教师分别提出了一些家校活动的参与及组织倡导。

第一个倡导主要是针对家长的动力问题。在家校合作中，家长是参与的主体。以往，有些家长一方面是不知道如何参与家校活动，另一方面是工作繁忙导致没有时间参与家校活动。对此，弋阳县提出了“广泛参与、少量多次”的活动参与倡导。广泛参与是指尽可能让不同家长都参与到家校活动中，重视家长参与的过程，而不是参与的结果，最终要让家校合作体现出多样性。比如，不能够因为乡村家长没有城里家长拥有的优越条件，就放弃家校合作。有的人解释道：“虽然乡村家长不能像城里家长一样，有的是医生，有的是警察，可以给孩子们讲课，普及专业知识，但是乡村家长也可以参与到学校中。”少量多次是指教师可以灵活地举办多次活动，每次都邀请少量、不同的家长来参与。有的人解释道：“家长实际上是有时间的。假如学校有 100 位学生，每个学期开展 10 次活动。每次活动邀请 10 位家长，那么其实家长一个学期只要来参加一次活动就可以了，怎么会没有时间呢？”

第二个倡导主要是针对教师的动力问题。教师是推行家校活动的主体。以往，很多教师都会认为组织这类活动不仅会给自己带来额外的工作量，而且还会给自己带来很大的精神压力。因此，有些教师虽然表面上说愿意去做这项工作，但在心里却很排斥这个事情。对此，弋阳县提出了“灵活举办、放眼长远”的活动组织倡导。灵活举办是指学校可以根据教师的时间来灵活举办家校活动。有的人介绍道：“教育体育局并不会规定学校举办家校活动的具体时间和次数，也不会对教师的参与情况进行考察。主要是学校自己来安排。比如，葛溪中学每个学期只举办两次大型家校活动，一次是全校性质，一次是班级性质。剩余活动全看教师的个人意愿。事实上，教师在一个学期中不可能抽不出时间同时参与这些活动。”放眼长远是指教师要看到家校活动对自身教学、管理等方面的长远影响。良好的家校合作能让教师和家长的关系得到缓和，甚至有些教师能够感受到家长的温暖。同时，良好的家校合作也能够促使学生更加尊重教师。因为学生通过家长，一方面能了解到家长与教师是同心协力且不断地沟通的，自己在家的任何表现都会让教师知道；另一方面能了解到家长对教师的尊重。家校合作到最后会让很多教师发现以前以为家校合作是在帮助家长，实际上是在帮助自己更加顺利地开展工作。

3. 家校合作的制度构建

在解决动力问题之后，就是构建相应的组织和制度让家校合作迈向更稳定的发展。在这个层面上，弋阳县主要构建了“五位一体”的家校机构，包括建立县家校合作协会、家校合作学校联合体、学校家委会、年级家委会、班级家委员。这些委员会内部都设立了相应的活动目标、内容、规则等，在这里便不再赘述。就其功能而言，成立委员会为家长参与学校的发展建立了渠道，同时也为家长之间的沟通建立了平台。

(二)家校合作的实践介绍

在家校合作的基本设计下，学校实践了多种多样的家校活动。这些活动依托着“五位一体”的家校机构，在相应的层面上展开，并渗透着新型家校关系的理念。在具体形式上，这些活动大致可以划分为一般活动与特色活动。

1. 一般活动

一般活动包括菜单式的家长培训、家长参与学校管理、家长进课堂、家长担任志愿者等。

菜单式的家长培训是指学校在广泛收集和整理家长需要的基础上，采用菜单式的培训方式，对家长进行培训，以帮助家长提高家庭教育水平。比如，逸夫小学的“家长夜话”活动，利用晚上的时间组织家长听讲座、做交流；方志敏中学的“相约星期六”活动，利用周六上午半天的时间，开展专家论坛、名家点评和家长对话等活动；弋江镇第二小学的“家长沙龙”活动，利用周末和晚上的时间，采取主题讲座、班主任与家长对话、家长之间的交流等形式开展培训活动。

家长参与学校管理是指学校邀请家长参与学校的日常管理，如组织家长参与学校路队管理、安全巡查、卫生监督、监考等工作。这些活动都获得了很好的效果。以家长参与监考为例，该活动一方面能够减轻监考人员的编配压力，另一方面也能够让家长体验到教师监考工作的辛苦。有的人介绍道：“很多家长在参与监考之后都开始渐渐体会到教师职业的辛苦。”在监考过后，有的家长也说道：“老师真的是很难当，以前自己当学生的时候最羡慕老师监考。现在自己监考一天，就感觉腰酸背痛，才知道监考特别累。”

家长进课堂是指学校邀请家长进入班级讲授一些生活课程。家长因为来自不同行业，掌握着不同专业的知识，对生活也有着不同的观察视角与感受。因此，家长进课堂既能够拓展学生的视野，帮助其增加生活常识，也能够让家长体验教师的日常职业生活。很多教师可能会认为乡村家长基本上都在种地或者打工，没有办法像城里家长一样，给学生带来丰富多彩的生活课程。但是，弋阳县的教育管理者却认为即便是全年都在田里耕作的乡村家长也能够给学生讲授高质量的生活课程，甚至所讲授的主题是城里家长没有办法提供的，如农耕文化、传统习俗等。

家长担任志愿者是指学校邀请家长在一些大型活动中担任志愿者。有的人介绍道：“2016 年弋阳县曾经举办过中国陶行知研究会农村教育实验专业委员会的年会。在那次会议中，各学校就邀请了 176 位来自全县各乡镇的家长担任志愿者。当时，报名的家长志愿者就达到 500 多人，然后各学校通过层层筛选与培训，最后选出了 176 人。”在这些大型活动中，家长志愿者一般承担的工作包括参会人员的接送、学校讲解和会场提水、打扫等。很多家长对此感到非常自豪，同时认为通过参与这些活动，能够让自己收获很多有益的教育知识。此外，为了能够让更多的家长参与这种活动，组织人员还规定家长被选中一次后，第二次就不能再选，要尽量换新的家长。

2. 特色活动

特色活动主要包括特殊家长会、海量家访、最美育人家庭评选、留守儿童互助小组等。

特殊家长会是指学校根据学生的构成情况、家长的工作情况，打破以往在校开家长会的惯例，创新性地开设一些家长会。具体而言，有些学校针家长长期在外务工的情况，利用每年正月(在外务工家长回家过年的时间)召开家长会；有些学校选择将家长会开到家长较为集中的务工地。比如，曹溪镇中学有很多留守儿童，教师开家长会的时候，基本上都是爷爷、奶奶来参加，对学生的教育难有大作为。于是，校长就选在年前农历腊月廿八、廿九的时候开家长会。再比如，圭峰镇圭峰中学的家长多集中在浙江浦江和义乌务工，于是该校就决定将家长会开在那里。教师先在学校用手机将学生的生活和学习情况拍成视频，并让每位学生跟父母说一句话或者写一封信。到务工地之后，教师就把视频播放给家长看，并把学生准备的礼物带给家长。很多家长看后都十分感动，然后教师就开始和家长进行交流。回到学校后，教师又把家长务工的场景拍成了视频，放给每位学生看，同时对学生进行积极的教育与引导。另外，针对很多在家务农的家长，有些学校也根据农耕的时令特点，召开家长会。比如，中畈中学的教师就采取了分别在农闲时把家长请进学校、在农忙时把家长会开到村庄去等办法，扩大了家长的参与面。

海量家访是指学校大量开展家访活动，包括百名教师包百村、百名教师访千家、课外访千家等活动。百名教师包百村最初是葛溪中学于 2014 年 4 月开始实施的一项教师夜访学生家庭的活动。葛溪中学是一所农村初中寄宿制学校。有一部分离家较远的学生会寄宿在学校，还有一部分本村或邻村的学生选择走读上学。在经过一段时间的观察后，教师发现很多走读生上完晚自习后要不就是出去玩，非常容易出现安全问题；要不就是回到家里玩电子游戏，家长也不管，结果导致学生的学习成绩下降。针对这样的问题，学校管理人员决定组织教师进行夜访。在经过几次夜访后，很多家长开始重视学生在放学之后的生活安排，甚至连一些爷爷奶奶都开始认真关注起学生的日常作息习惯、看电视习惯等。这些变化不仅改变了学生的生活，而且改变了很多家庭的教育氛围，为学生的成长提供了更好的环境。

在葛溪中学取得良好的效果后，其他学校也开始了类似的家访工作。有的学校编印了百名教师访千家的工作手册，印发了宣传提纲。很多教师通过这样的家访活动，走村到户，与家长进行交流，宣传教育的新政策、新变化，宣传学校教育教学的一些举措，和家长交流孩子的教育方法等。有的学校还设计了家访登记表，详细记载学生的基本情况(包括家庭经济状况、监护权变更情况等)，并要求教师每走访一户家庭都要与学生或家长合影。有的学校通过这样的家访活动了解到很多学生在行为习惯的养成方面存在缺陷，进而专门开设了相应的校本课程。

最美育人家庭评选主要是一项针对学生家庭的评选活动。学校通过建立评选规则对学生家庭进行评选，以积极引导家长为学生建立良好的家庭教育环境。该评选最早源于朱坑镇中心小学的实践。该校校长和教师认为家长是学生的首席教师，家庭是学生成长的摇篮，良好的家庭教育环境是学生健康快乐成长的保证。

因此，学校在 2015 年开始联合镇政府、村委员会成立相关领导、组织小组①，制定了相应的考核标准，开展最美育人家庭评选（见表 11.6）。具体流程是先由学生家庭自主申报，然后考核小组到学生家庭进行考核，最终评选出村级和镇级的最美育人家庭，并在该年学校“六一”文艺汇演中进行表彰。

表 11.6　最美育人家庭的考核标准

指标要求
家庭成员遵纪守法，无违法违纪行为
家庭和睦、孝敬老人、邻里关系融洽
为孩子营造良好的育人环境，有专门的书房
支持学校工作，积极参加学校活动
至少为孩子购买 10 本以上的课外读物
经常陪孩子一起学习，检查孩子的作业
经常和教师交流孩子的学习情况
家庭干净整洁、物品摆放整齐
家长尊师重教
尊重科学、不信邪教
勤劳俭朴、无赌博行为
热爱公益事业、爱护家园环境
孩子的行为习惯良好
孩子的学习成绩良好
孩子经常帮助家长做些力所能及的家务

注：表格内容由朱坑镇中心小学提供。

评选活动一启动就得到了家长的大力支持。整个朱坑镇共有 400 多户家庭报名参加了第一届最美育人家庭评选。同时，整个活动也带来了出乎意料的积极效果。很多家长因为这个评选改变了自己的教育观念，开始注意家庭教育氛围的营造，越来越频繁地联系教师，关心孩子的教育，支持学校的工作。比如，有的家长因为自己家里有麻将机，不符合最美育人家庭的评选标准，就立即将麻将机封

① 领导小组以朱坑镇党委书记为组长，以纪委书记为副组长，以中心学校校长为常务副组长，以各村委会书记、学校行政班子成员、各村完小校长为成员。考核小组以村委会书记为组长，以校长为副组长，以家长代表、教师代表、学生代表为成员。

存起来。有的家长为了孩子读书，放弃了外出赚钱的机会，为孩子准备专门的书房，购买了大量的书籍。有的家长开始每天陪孩子看书、写日记，还把自己写的读书日记通过微信群分享给孩子班上其他同学的家长。

留守儿童互助小组是教师根据每位班级留守儿童的情况，将其分成若干组，每组选出一个家庭承担类似“代理家长”的角色，在周末或课余时间，给留守儿童提供学习环境，并监督其学习。弋阳县是留守儿童大县。全县的留守儿童占总体在读学生的比例为 42.52%。在这些留守儿童中，2.65%的留守儿童处于独居状态；16.35%的留守儿童寄居在亲朋好友的家中。大量的留守儿童不仅带来了教育上的问题，而且带来了一些安全和社会问题。为了解决这些问题，弋阳县开始大面积推广互助小组的做法，目前全县共有 1113 个互助小组。

互助小组最初来源于弋江镇陶湾学校的实践。陶湾学校的一些教师发现班上的留守儿童存在两个问题：第一个问题是留守儿童在学校养成的学习习惯在放学回家后得不到延伸。很多留守儿童都是由爷爷、奶奶照看，而爷爷、奶奶基本管不住他们。这就导致留守儿童在放学后基本就是看电视、玩电子游戏等，根本不会继续保持自己在学校养成的学习习惯。第二个问题是留守儿童的孤独问题。很多留守儿童缺乏伙伴，经常感到孤独。这些孤独感受常常导致留守儿童出现安全问题。一些教师认为，如果留守儿童在闲暇时有伙伴可以一起玩耍、聊天，那么他们就不会去做一些不安全的事情。

正是基于对这两个问题的分析，陶湾学校的一位班主任在 2015 年 11 月开始尝试这种互助小组的做法。班主任将班上来自同一个村庄的 8 位学生分成 2 个小组，即 4 位学生 1 个小组。然后在这个小组中选出一位比较重视教育的学生家长，并要求这一组学生在放学后或周末时间到这位重视教育的家长的家中学习。小组设有小组长①和学习委员，并自主制定学习时间。班主任通过微信及时将作业等通知告诉这位家长，并请家长对小组成员进行监督和指导。家长同样也通过微信及时告诉班主任学生的学习情况，方便班主任及时掌握。

之后，陶湾学校的校长和其他教师都发现这个互助小组的做法确实很有效，具体体现在：第一，留守儿童的良好学习习惯得到延伸，作业质量显著提高。在伙伴相互帮助和代理家长、教师的监督下，留守儿童能够继续保持在学校养成的学习习惯，甚至在生活习惯上都有很大的改善。第二，留守儿童的孤独感降低，安全问题也随之减少。留守儿童在课余时间有了伙伴，不再感到孤独，心理更加健康阳光。同时在家长的照看下，他们也能够避免很多安全事故。第三，家长与教师的关系更加密切。很多家长因为参与了互动小组，和教师的联系更加频繁

① 一般由代理家长的孩子担任，这样有助于提高家长参与互助小组的积极性。

了。在不断的沟通中，家长对教师的工作产生了新的理解，从而更加支持教师的工作。第四，乡村重教民风逐步形成，邻里关系更加和睦。以往很多乡村家长乐于打麻将，不重视自己孩子的学习，甚至会对其他努力学习的孩子进行嘲讽。自从有了互助小组，这种风气就逐步得到改善。这是因为互助小组不再是个别家庭的事情，而成了许多家庭都参与的事情。孩子的学习由个人利益变成一种群体公共利益，自然就形成一种公共舆论压力。这种压力会让一些家长很难随意去异议，因为他们容易受到其他家长的批评。当然，互助小组也密切了家长之间的交流，进而促使邻里间的关系更加和睦。

(三)家校合作的机理分析

这些年弋阳县各学校的家校关系经过改革有了很大的改善。在走访中，很多教师向我们描述了之前糟糕的家校关系情况。比如，遇春小学校长说道："在我之前的每位校长只能在遇春小学工作1～2年。因为这里的家校关系十分糟糕。我在遇春小学工作的第一年就遇见了家长拆学校围墙的事情，第二年就出现了家长打教师的事情。"又比如，叶坝小学的刘老师说道："以前很多家长对学校的工作很不支持，以辱骂教师、指责学校为本事，经常来学校大声嚷嚷。如果孩子在学校稍微受点伤，家长更是不依不饶，不了解前因后果就一味要求学校、教师负责，态度十分蛮横。"随着这两年家校工作的深入，这些现象都慢慢消失了。为什么弋阳县的家校工作能够取得成功呢？

回顾之前的内容，我们可以看到弋阳县有一套完整的工作思路。无论对家校关系内涵的重新界定、家校主体动力机制的思考、参与组织与制度的设计，还是由基本设计延伸至各学校的具体实践活动，当这些内容被组合到一起的时候，我们就会发现这体现了一种生态性、系统性的改革思维。以往我们在推进教育改革时，很容易陷入"头痛医头、脚痛医脚"的分裂式思维，而弋阳县的家校合作改革突破了这种思维定式。

从家校合作改革本身的内容来看，其成功的原因有如下三个方面。

第一，凝聚与深化了家校合作的共识。合作的基础是存在共同利益。家庭和学校的共同利益就是学生的发展。不可否认的是家校之间也存在分歧。这种分歧既体现在对教育内涵理解的不同，也体现在对教育责任理解的不同。很多家长认为学生发展的关键是学习成绩的提高，因而认为教育的责任主体是学校；很多教师认为学生发展的关键是学习习惯、兴趣的培养等，因而认为教育的责任主体是家庭。思维的对立自然难以促成家校合作，甚至在不断地激化家校之间的矛盾。弋阳县的家校合作能够成功的重要原因就在于花了很大精力重新凝聚家校之间的共识，让家校之间"求同存异"，而这也是合伙人关系的本质。只有不断地在"求同存异"中凝聚共识，才能让家校之间放下对立，展开合作。从实践上来看，正是教师不断地努力与家长沟通、交流，在互动中寻找到了共同点，最终才让家校合作取得了成功。

第二，扎实的活动与较强的参与性。在走访中，我们确实感受到每所学校都在扎实地开展家校活动。这些活动在前文中已有介绍，在这便不再赘述。值得注意的一点是，在这些活动的组织过程中，学校很注意设定一些规则尽可能让更多的家长参与进来。加强参与性其实也呼应了之前弋阳县提出的"教育不是少数人的游戏""参加看戏、参与出力"等教育倡导。这些都能够让家校合作的积极效果有更大的延伸，对于整个弋阳教育的生态产生积极的影响。

第三，形成一种正向的家校互动循环。这个正向的互动关系起始于教师家访(见图 11.1)。家访让教师与家长有了互动。在互动中，教师能自发产生一种对自身职业的新触动，同时还能从家长的激励中产生职业获得感，这些都在促使教师提升其工作积极性。学生的成绩自然也会随之有所改善，这会让家长更加尊重和信任教师，进而完成一次正向循环。

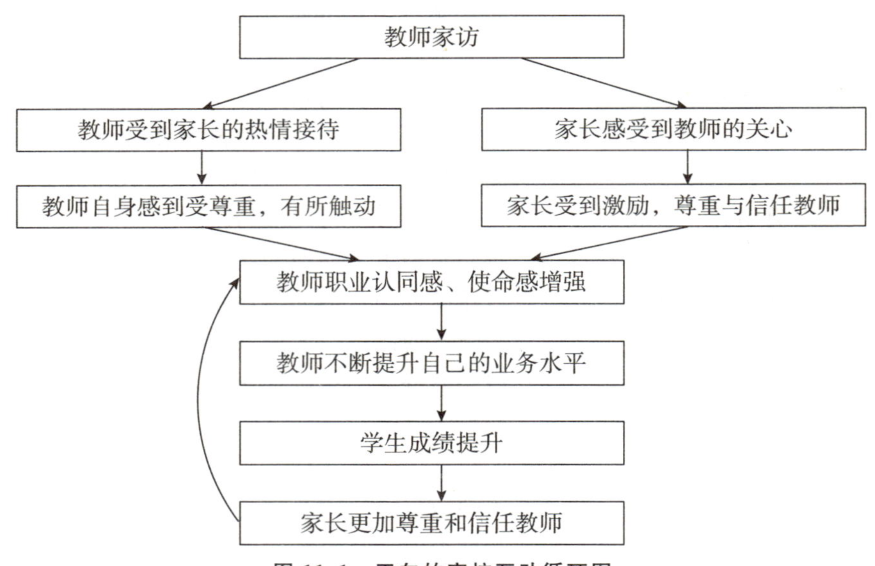

图 11.1 正向的家校互动循环图

很多人可能会疑惑，为什么家访就能起到这样的效果？家长会不也是教师和家长之间的互动吗？为什么类似家长会的互动没有发挥这样的作用？

事实上，家校互动的方式可以多种多样。但看似最朴素的家访其实是最不可替代的，这也是弋阳县各学校组织大量家访活动的原因。互动的本质在于信息的交换与角色关系的建立。在我国文化的背景下，以人情为基础的强关系往往才能让互动主体间的行为发生改变，这点在乡村地区尤其明显。从互动的形式上来

看，家长会是一种群体性活动，即教师个体对家长群体。个体对群体难以建立强关系，只能维持基于教师和家长间单向、单一的弱关系。在学校、班级这种空间条件的限制下，教师和家长扮演相对职业化的角色，从而呈现出教师在上演说、家长在下听讲的角色秩序格局，最终形成以一种事务性信息传递为主的弱关系。

相比之下，家访是个体对个体。个体对个体的互动显然不同于个体对群体的互动。这种不同首先体现在关系产生的空间上。家访的空间是家庭，而家长会的空间是学校、班级。这两者所传递的符号信息迥然不同。在家庭中，教师和家长两个角色能够平等沟通，不存在上下的角色次序，同时主体的角色也将从家长、教师这样单一的职业角色走向客人、老乡这样多元的生活化角色。在家访过程中，教师可能不再只是教师，可以是客人、村民、关心自己孩子的长辈；家长也不再只是家长，可以是主人、朋友等。其次还体现在关注力的强度上。在家长会这样的群体性活动中，教师是一对多，其关注力显然会分散。相比之下，在家访中，教师是一对一，关注力的强度显然要大很多。关注力的增强可以让双方的互动聚焦，有利于深度交流。

总之，空间的转换与关注力的增强，让教师在家访时的角色内涵与角色秩序发生改变。这种改变能让教师和家长更倾向于建立起基于人情交往的强关系，而非学校空间下基于信息传递的弱关系。有了强关系的加持，家长又怎么会拒绝与教师配合呢？现代科层化的教育管理体制让教育实践者与老百姓的生活渐行渐远。教育的发展如果脱离了百姓，自然容易让百姓产生学校似政府，教师似官僚之感，家校之间又怎能不渐生矛盾呢？当学校愿意向百姓敞开大门，教师愿意走入寻常百姓家，听他们的声音，他们又怎会舍得与学校、教师产生矛盾呢？

五、教育促进会

长久以来，社会力量对我国义务教育的发展起到了重要的补充作用。作为一个中部小县，弋阳县也一直在探索如何扩大社会力量对义务教育的支持。据不完全统计，弋阳县的社会成功人士在2013—2016年对教育的捐资捐物共达1500多万元。在众多社会力量参与的活动中，最具有代表性的是乡村地区的教育促进会。

(一)教育促进会的基本介绍

在乡村学校走访时，校长、教师总会向我们提起教育促进会对学校的帮助。在一些地区，教育促进会甚至使一些岌岌可危的学校重新获得了生命力。比如，最早成立教育促进会的朱垅小学，原来是湾里乡最偏僻的村级完小，校内设施非常简陋，教师工作消极，教学质量较低。家长对学校很不满，学校的生源也在逐年流失。在这样的情况下，刚上任的黄校长设法联系到了当地的成功人士。他们一起筹备成立了朱垅小学教育促进会，募集资金，奖教奖学，助学帮困。截至目前，朱垅小学教育促进会已经连续召开了七届理事会，共筹集捐款 51 万余元。社会力量的注入让学校摆脱了以往的办学窘境，学校教学质量也随之提升。学校也渐渐获得了教师与家长的支持。

还有一个让人印象深刻的例子是上童小学。在走访时，童校长曾向我们描述道："2000 年的时候，弋阳县教育体育局按照当时的政策全面辞退了学校的代课教师，加上学校原先的老教师都已相继退休，当时全校就只剩下我一个校长。学校的教师只能从全镇各完小抽调过来，但是因为学校的位置偏远、环境差，很多教师都不愿意过来。起初，镇中心小学制定了一些优惠政策激励教师来这里任教，如每月发 100 元的津贴、评职称优先等。但这些只勉强维持了一个学年，第二年就没有教师报名了。于是，镇中心小学就采取全镇各完小末位淘汰的方式，将各项考核在末尾的教师强制派到这里。之后，学校虽然勉强维持了运作，但是学校质量却不断下滑。家长对学校、教师失去了信心。家庭条件好的学生都转到其他学校就读了。学生人数逐年减少，剩下的都是一些处境不利的孩子，学校也陷入了发展困境。"

这种情况直到 2014 年出现了转机。2014 年 1 月 27 日，上童小学在各方的帮助下成立了爱心助教基金会。学校的教师描述道："当时学校的募捐受到了村民的大力支持。印象最深的是有一位年近八旬的老人颤颤巍巍地走进我们的会场。他对工作人员说，'我当年在这里读书，我的儿子也在这里读书，我的孙子也在这里读书。以后我的子子孙孙都要在这里读书，虽然我很贫困，但我也要出一份自己的力量。'然后，他不顾现场人员的劝阻，执意捐出了 600 元钱，令我们非常感动。"那次募捐共计筹集到 37 万余元，并制订了奖教奖学、扶助贫困学生的方案。此后，上童小学各方面的条件都得到了很大的改善。外流的学生纷纷从县城和父母务工地回来就读。学生人数从 2013 年的 78 人增至到 2017 年的 141 人。

教育促进会帮助乡村学校发展的例子还有很多，在这便不赘述。在访谈中，我们了解到弋阳县已成立了 37 个教育促进会，其成立的目的有两个：第一个目的是在政府资源有限的情况下，吸纳社会力量促进乡村教育的发展。教育投入差异是造成当前城乡教育质量差异的一个重要因素。为了让城乡教育质量能够均衡发展，政府需要不断地调整城乡间的教育投入结构，但在投入总量有限的情况下，城乡投入结构的调整未必能有明显的效果。因此，政府还需要借助社会力量以弥补不足。第二个目的是为社会爱心人士捐赠善款提供一个规范、合法的平台。近些年，我们国家的整体经济实力在不断增强。一些乐善好施的老百姓愿意带动自己家乡的发展，但却不知如何去做。因而，成立教育促进会在某种程度上满足了愿意奉献之人的需求。

从有关文件中我们看到，教育促进会又可以称为教育基金会、教育发展促进会、爱心助教基金等，是经过弋阳县民政局批准，相关人员自愿组成的专业性、地方性、慈善性、非营利性的社会组织。教育促进会设有会长、常务副会长、副会长和秘书长等职位，并制定了相应的管理及财务制度，以定期召开理事会的方式进行日常运作。教育促进会的工作职责主要包括：积极向社会各界及全县教师宣传捐资助教的理念、目的、意义和作用，努力扩大教育事业的社会影响力；积极开展日常募捐，统一部署募捐活动，努力扩大捐资助教的资金规模，增强救助的能力和助推教育事业发展的能力；积极承办县捐资助教下达的救助项目和交办的工作；做好本系统内因自然灾害、突发性事故造成生活严重困难、重大疾病的救助和优秀教师奖励等工作；积极开展对本系统捐资助教资源、处境不利群体状况的调查研究，反映社会各界人士的意见、建议。积极为政府当好参谋，努力促进当地捐资助教事业的发展，为推动弋阳县教育工作做出新的贡献。①

（二）教育促进会的实践案例——南岩教育促进会

为了方便对教育促进会进行系统的介绍与分析，我们以南岩教育促进会为案例，全面展示其成立与运作过程。②

1. 南岩教育促进会的成立

南岩教育促进会于 2015 年 8 月 25 日在南岩镇成立。在成立当天，县级领导（县委常委、政协、统战部、教体局、民政局等），教育促进会全体理事，教师，家长，村民代表等都参加了成立大会，其中部分代表进行了发言，并宣告该组织正式成立。在此之后，促进会开始接受捐款，共计 130 余笔，达到 29 万余元。从发言记录中我们可以看到，成立南岩教育促进会的目的是推动南岩地区乡村教育事业的发展。该会童会长说道："当今社会形势的发展如此之快，城乡教学条件和教学质量的差距如此之大。我们叶坝人都有责任、有义务为提高叶坝小学③的教学质量做出应有的贡献。"为达成目的，南岩教育促进会在成立之初有如下两项基本工作内容。

第一，积极开展奖教奖学、助教助学活动，充分调动师生的积极性，改善教学质量。具体来看，教育促进会为了留住优秀教师、激发学生发奋学习，认为要尊重教师、关心教师、以诚相待、以礼相邀；对爱岗敬业的教师颁发综合考评奖，对教学成绩突出的教师给予重奖；改善教师的工作环境，使其安心留下，乐于教学；对学习成绩优异、学习进步快的学生进行表彰和奖励。同时，教育促进

① 部分内容来源于弋阳县教育体育局工会提供的《关于成立弋阳县教育发展促进会的申请》。

② 案例当中涉及的事实内容来源于南岩教育促进会工作人员提供的相关材料。

③ 叶坝小学是南岩镇的一所薄弱小学。

会提出要力争用三年的时间实现叶坝小学成为全县村级一流小学的目标。

第二，积极开展宣传教育的活动，努力在本地区形成一种崇文尚学和讲文明、讲礼貌的社会道德新风尚。为了形成这种重视教育的氛围，教育促进会在筹办期间，采取印发“倡议书”“乡亲信息反馈表”等方式，积极通过电子邮件、微信等方式与本地乡民和异地乡友交流、凝聚共识。同时，教育促进会提出要积极配合学校开展家校合作，做好学生的家庭教育，将学校的校训、校风、学风融入每家每户，鼓励家长身体力行做好表率，并推进优秀家长评选活动，对优秀家长给予表彰奖励。

此外，教育促进会也对日常管理工作做出了五项规划，包括加强人员的联系，凝聚更大的共识，壮大组织的影响力；制订年度工作计划和三到五年的规划；制定优秀学生、优秀教师、优秀家长的考评制度，建立考评组并启动考评工作；筹集资金，加强财务管理；向其他教育促进会借鉴成功经验。

2. 南岩教育促进会的财会及奖励制度

2015 年 10 月 5 日，南岩教育促进会召开了第一次理事会议。在这次会议上，促进会通过了两项重要文件，分别是《弋阳县南岩教育促进会财会管理制度》和《弋阳县南岩教育促进会奖励优秀师生及家长方案》。

财会管理制度主要包括五项内容：一是说明制度设计来源于国务院的《社会团体登记管理条例》和财政部的《民间非营利组织会计制度》；二是说明财务工作的职责与管理，包括编列收支计划、制作报表、清查与登记财产、设立财务审批规则等；三是确立经费使用的规则，包括预算在前、开支在后、日清月结、年终汇报；四是说明促进会人员的更替需要进行财务审计；五是说明所有专职人员，不享受工资福利待遇。

奖励方案针对教师、校长、学生和家长分别制定了相应的规则。

对教师的奖励评选主要根据教学成绩、业务能力、常规工作等方面的情况。在教学成绩上，每学期统考的任教科目获得全镇第一、二名的教师分别给予 800 元、500 元奖励；如果超过全县最好的 5 所学校的平均成绩给予 1000 元奖励；如果该科目获得全县前三名，分别给予 2000 元、1500 元、1200 元的奖励。在业务能力上，各类教学比赛中获得县级一、二、三等奖的教师可相应获得 500 元、300 元、200 元的奖励（省、市级在此基础上各加 200 元）；获得镇级第一、二名的教师，分别给予 200 元、100 元的奖励。在常规工作上，每学期评选出优秀班主任、师德标兵、优秀教师等若干荣誉，并给予 200 元奖励（荣获国家、省、市、县级别此类称号者，分别给予 1000 元、800 元、600 元、300 元奖励）；辅导学生参与一些文体竞赛活动时，辅导教师也会相应获得一些奖励；学期常规工作考核合格的教师，每学期可获得 1000 元奖励。

对校长的奖励评选主要根据学校获得的整体荣誉情况。比如，叶坝小学在镇中心小学组织的评估中获得第一、二名，分别给予全校师生1200元、800元的奖励(其中校长占40%)；参加各类文体竞赛活动中，获得全镇团体比赛第一、二名时，给予校长200元的奖励。

对学生的奖励评选主要根据学习成绩、参加文体竞赛的成绩。方案规定，在全镇统考中，语文和数学的成绩获得全镇前六名的学生，可分别获得200元、180元、160元、140元、120元、100元的奖励。单科成绩获得班级前三名的学生，可分别获得40元、30元、20元的奖励。在各类文体竞赛中，获得全镇单项前三名的学生，可获得60元、50元、40元的奖励；获得全县单项一、二、三等奖的学生，可获得200元、150元、100元的奖励。

对于家长的奖励评选主要是每学期评出10位优秀家长，分别给予100元的物质奖励。评选依据包括三个方面：一是重视教育，家里没有麻将机，学生在家学习时间不打麻将、玩牌；二是对子女要求严格，子女不去网吧，学习行为习惯好；三是积极支持学校工作，参与学校管理。

3. 南岩教育促进会的成果

从成立至今，南岩教育促进会给叶坝小学带来了积极的改变。这种改变体现在四个方面：第一，学校的管理得到改善。学校在教育促进会的支援下初步实行半封闭式的管理，即学生中午在学校吃中餐，并接受教师的统一管理和辅导。这种做法一方面提升了学生对学业的关注，能够促进学习成绩的提升；另一方面避免了学生独自在外游玩的情况，降低了安全事故的发生概率。第二，教师受到激励，工作积极性增加。相比之前，教师更加专注于自己的本职工作，能够积极认真地备课、讲课，同时能及时批改作业。一些教师甚至在自己身体不适的情况下坚持上课，积极完成教育教学工作。第三，学生受到激励，学习动力增强，行为习惯得到改善。在教师和家长的监督下，一些学生的作业情况有了明显改善。同时，学生也开始注意自己的行为习惯。第四，家长开始积极配合教师的工作。部分家长开始关注孩子的学习，逐步改善家庭内的学习环境，同时通过微信等方式，积极与教师沟通，配合教师工作。

(三)教育促进会的机理分析

教育促进会对于乡村学校的发展具有重要意义。当然，也有教师对教育促进会提出过一些质疑。这些质疑主要集中在奖励数额的差异上。比如，我们通过访谈了解到一些小学的教师每年最低可获得4000元的奖励收入，最高可获得大约14000元。相比之下，另一些小学的教师每年最低可获得1000元的奖励收入，最高可获得4730元。这两者间显然存在较大差异，而这些差异引起一些教师的相对剥夺感。但是，从总体上来看，教育促进会对乡村学校的发展还是产生了非常积极的影响。无论从朱垅小学、上童小学相关人员的访谈话语中，还是从南岩教育促进会的案例描述中，我们都可以得出这一结论。那么，为什么教育促进会能够促进乡村学校的发展呢？我们可以从教育促进会的显功能和潜功能分析中得到答案。

显、潜功能分析是由美国社会学家罗伯特・K. 默顿(Robert K. Merton)提出的。他认为划分显、潜功能够帮助我们更好地理解社会行为与社会运转方式。显功能是指某一具体单元(人、亚群体、社会系统和文化系统)的那些有助于调适并且是有意安排的客观后果；潜功能是指同一层次上的无意图的、未认识到的后果。① 从教育促进会的情况来看，显功能主要着力于教育促进会的内部功能分析，潜功能主要着力于其外部功能分析。

1. 教育促进会的显功能分析

我们由概念的定义可以理解到，显功能是从这个社会事务本身所获得的客观后果出发去认识这个事务，对教育促进会的显功能分析实际上就是对促进会自身的各项功能机制所产生的效益进行分析。教育促进会成立的重要目的是改善乡村学校的教育质量。达成这一目的的关键是改变相应主体的行为。换言之，只有教师、校长、学生和家长的行为发生改变，才能让乡村学校变好。对此，教育促进会运用了金钱、荣誉与关注三种功能机制。这三种机制能够应对不同行为主体的需求，从而实现教育促进会的显功能。

第一种是金钱机制。教育促进会筹集资金，然后依据不同参与主体的角色特性来设立行为准则，从而促使主体行为发生改变。金钱机制对学校的教职人员有较大的激励作用。在上童小学的 8 位教师中，某学年拿到最高奖励的教师能得到 20000 余元，拿到最低奖励的教师也能得到 4000 余元。在叶坝小学的 14 位教师中，某学年拿到最高奖励的教师能得到 4730 元，拿到最低奖励的教师也能得到 1000 元。这些钱数是一个什么样的概念呢？我们从该县某中心小学在职财政统发工资表上看到，一般教师的最低工资是 2134 元，最高工资是 4119 元。通过这高低之间的工资差距，我们便可知促进会所带来的金钱奖励对乡村教师有多大的影响。这里让我们获得启发的是，以往也有一些社会组织将资金注入乡村教育，但是这些资金一般都用于硬件的配置，如新建教学楼、购买教辅设备等。相比之下，教育促进会将资金用在了人的身上。这明显具有更大的价值和意义。教育是关于人的活动，人才是教育发展的本质。乡村教师是乡村教育发展的灵魂，而不是教学楼、设备等这些发挥辅助性作用的硬件。这种软件投入才有助于乡村教育

① ［美］罗伯特・K. 默顿：《社会理论和社会结构》，唐少杰、齐心等译，170～181 页，南京，译林出版社，2015。

发生质的改变。

第二种是荣誉机制。这种机制对学生和家长具有极大的激励作用。尽管教育促进会对学生和家长也都有一定的金钱奖励，但是由于数额较少(多则百元，少则几十元)，显然作用有限。每年对学生和家长的表彰所产生的作用要远远高于有限的金钱激励。原因在于表彰不仅满足了学生和家长在学校场域内的荣誉需求，而且满足了学生和家长在乡村群体内部的荣誉需求。在一般情况下，学校也会对学生和家长进行荣誉表彰，但是这种表彰的作用往往只能局限在学校(学生、教师与家长群体)这个场域中。相比之下，教育促进会由于是政府、学校、社会三者力量所形成的组织，因而其对学生和家长的表彰能够让他们在乡村社会这个更为广阔的场域中受到荣誉激励。需要指出的是，与城市相比，乡村社会的信息密度小，邻里之间的关系强度高，单一信息在小范围的群体内往往能够获得较快的传播速度与关注力度。在缺少外部资源注入的情况下，广场集中式的、跳出校园的表彰活动能够让学生和家长获得很高的荣誉满足感。

第三种是关注机制。在霍桑实验中，人们发现促进工人效率提升的原因并不在于照明条件的改善，而是研究人员本身所带来的关注。[①] 这一实验开创了管理学当中的人际关系理论，也将自然主义带进了以往以理性主义占主导的管理世界。在某种程度上，关注往往意味着对某一事物存在价值的肯定，而这种肯定本身就具有激励作用。乡村学校的发展同样也需要这样的关注。教育促进会的成立加大了乡村社会对教育的宣传与关注，让更多乡亲愿意为教育发展出力。有的人描述道："教育促进会成立后，村里越来越关注教育了。以往村里一些同学聚会都放在县城的宾馆、会所等，现在他们每年都把同学会放在自己的母校召开。从2017年1月到4月，就有12个同学会在母校召开，共有历届毕业生3200余人汇聚母校畅谈教育，并向母校捐资捐物达20多万元。"这种宣传与关注实际上也是一种凝聚共识的过程，即逐步明确教育对于乡村社会整体、个体发展的正向意义。明确共识，能够让学校、家庭与社会将各自利益交叉，形成公共利益；凝聚关注，能够让教师、校长、学生和家长明确共同目标，不断调整各自的角色行为，使之符合公共目标的要求。

2. 教育促进会的潜功能分析

教育促进会在实现促进乡村教育发展的显功能的同时也实现了加强乡村社会资本存量的潜功能。这里使用的社会资本概念来源于美国政治学家罗伯特·D.帕特南(Robert D. Putnam)。他认为社会资本是指社会组织的特征，诸如信任、

① 席西民、刘文瑞：《管理思想大系：行为与管理》，80～87页，北京，中国人民大学出版社，2009。

规范和网络，它们能够促进合作行为来提升社会效率。[①] 他通过对意大利南北方地区的比较研究发现，社会资本的存量会对制度绩效产生重要影响。从教育促进会来看，其作为一种服务于教育发展的社会组织，实际上已经对现有乡村地区的社会资本联结结构产生了影响。

具体来看，在现代国家教育体系建立之前，乡村学校不仅是承担教育功能的场所，而且是乡村社会活动的联结核心、社会文化的辐射中心。在某种意义上，以往的乡村学校可以被看作一个基于公共事务的重要人际网络节点。这个节点的重要意义在于村民能够因为教育这一公共事物，参与到乡村社会的公共治理中来，从而形成一种相互信任、具有一定参与规范的网络。比如，我国自古就有乡村士绅兴办私塾以兴教育的现象。当时的学校不仅教授所谓应试知识，而且在潜移默化中传承着地区的家族规范与文化。

然而，这些功能早已在现代乡村学校的发展中逐步散失了。对于很多村民而言，学校不再是乡村的中心，学校所承担的教育功能被更多地视为一种跨越阶层的工具。这种工具性的异化使得学校与家庭或乡村社会之间的关系变成了一种简单的被消费和消费关系，也可称为基于金钱的契约关系。这种关系的内涵的改变促使各类主体角色分工开始趋向单一。比如，家长开始仅关注孩子的成绩与教育经费的投入，而不再关心自身的教育参与和乡村学校的发展。在此之下，越来越多的家长就会选择外出打工。因为很多家长认为孩子的教育就是学校的事情，并不是自己的责任，自己只要交上学费就行。又比如，很多学校认为自己的任务就是提升学生的学业成绩，对于自己所处的乡村社会(社区)并不需要承担任何职责。这种角色功能的单一化导致乡村社会内部关系的分裂，使得家庭与学校的联结减少，家长与教师、校长的联结减少，最终加剧了乡村教育的衰弱。

为什么会出现这样的变化呢？实际上，这种变化更多的是整个社会变迁对乡村产生的一种外生性变化，当然与乡村的自生性衰弱也存在关系，归结起来包括如下四个方面。

第一，城镇化进程的推动。城镇化进程促使乡村人口不断涌向城市。人口外流使得乡村社会的居民减少，导致原本“差序格局”的乡村人情社会变成了“原子化”的孤岛社会。从历史上来看，自周朝以来，我国的社会被建构成了一种以父系血缘关系为原则，将同姓、同氏的人们联结成一个受宗子绝对管辖的共同体社会。[②] 传统的乡村社会建构完全依托于以宗法家族为根基的士绅，并以其为核心

① [美]罗伯特·D. 帕特南：《使民主运转起来：现代意大利的民主传统》，王列、赖海榕译，216页，北京，中国人民大学出版社，2015。

② 翟学伟：《人情、面子与权力的再生产》，36页，北京，北京大学出版社，2005。

主体形成网络关系。费孝通将这样的关系形容为以“血缘”及“地缘”为核心的差序格局社会。① 在这样的关系基础上，乡村社会一直以“宗族”共同体为自治单元，并形成一种模块化的组织样态，大宗族家长维系着乡村社会人与人之间的交往，也承担起包括乡村教育在内的公共服务的建设。然而，城镇化所导致的高频率人口流动使乡村社会支离破碎，原有高密度、同质化及模块化的乡村社会组织结构被解构，促使“原子化”的孤岛社会出现。在孤岛式的乡村社区中，居民之间的关系逐步分离，所承担的角色也日趋单一。这种关系的分裂与角色的单一化，自然也削弱了乡村社会对乡村学校的发展支持。

第二，城市性生活方式的延伸。城镇化的推动不仅导致人口结构的变迁，而且促使乡村生活方式和文化习俗发生变迁。人口流动自然带来了乡村与城市的生活方式的对撞。这种对撞往往以城市性生活方式在乡村地区的延伸而结束。城市性生活方式具有两种内涵。首先，角色的单一化。城市性的形成往往伴随着高度分工的生产生活方式。这也造就了参与主体角色的单一。其次，关系的脆弱与单薄。美国社会学家路易斯·沃思(Louis Wirth)认为“在城市生活的人，往往具有较高度的流动性，他们之间只有非常弱的联系。城市生活削弱了亲属联系，因此也侵蚀了家庭和社区的联系。”②同时，随着现代科技的发展，虚拟世界社交方式的兴起也改变了乡村内部的关系结构，这尤其体现在年轻一代居民与年长一代居民的关系构成上。这两种变化显然也在改变着乡村学校(教师、校长)与乡村居民(家长、村民)之间的关系形态与性质，削弱了乡村学校与乡村社会的联结。

第三，现代义务教育管理体制的建立。以往我国乡村教育一直是“人民教育人民办”。这尽管可能是国家教育经费不足所导致的结果，但也在一定程度上维持了我国自古以来乡村教育与乡村社会所形成的联结。随着现代义务教育管理体制的建立，这种联结被隔断。乡村教育与乡村社会不再形成直接的联结关系，而是形成了乡村教育、现代国家政府、乡村社会三者之间的互动关系。乡村学校成为纵向国家教育系统的触角，成为向上级教育行政管理组织负责的事业单位，而不再是乡村社会发展的一部分。校长与教师在这样的体制中以完成纵向管理所给予的任务为主要目的，形成了一种对上负责的关系，进而取代了其作为乡村社区成员与本地发展的联结。此外，这种管理体制也让很多本地学校出现外地教师，从而形成了一种嵌入型的关系结构，而非之前本地教师那种融入型的关系结构。这些都让乡村教育脱离乡村社会，仿佛乡村教育成为一种国家利益，而不是乡村社区的公共利益。

---

① 费孝通：《乡土中国》，28 页，北京，人民出版社，2015。

② [英]安东尼·吉登斯、[英]菲利普·萨顿：《社会学》第 7 版，赵旭东等译，197～198 页，北京，北京大学出版社，2015。

第四，乡村社会与乡村教育的衰落。上述三个原因可以看作社会变迁所导致的外力性因素。事实上，作为一种内生性因素，乡村社会与乡村教育自身的衰弱也拒绝了相互联结的可能。从乡村社会来看，自近代以来，富贾士绅不断涌向城市，带走大量资源。部分乡村社会已日趋凋零，即便有意愿助力乡村学校发展，也难以真正实现。从乡村教育来看，自 2001 年我国推行学校布局调整以来，大量乡村学校遭到撤并，乡村教育发展也随之陷入停滞，并出现乡村教育的“文字上移”现象。①② 在这样的背景之下，孱弱的乡村学校又有什么能力去联结乡村社会的发展呢？

在分析原因之后，我们就可以发现教育促进会的潜功能主要包括如下两个方面。

第一，弥补了国家纵向义务教育管理体系所导致的乡村学校与乡村社会的割裂。教育促进会通过募捐基金、奖教助学，在乡村社会与乡村学校之间建立了一种横向互动机制。这种机制能够让村民直接参与乡村学校的发展，使学校与教育重新成为乡村公共事务的联结点。乡村校长、教师除了对纵向教育管理体制下的各种事务负责外，也开始与乡村社区的各类事务产生横向联系。

第二，让乡村社会同外部世界产生了联结，并将原本不断流向外部世界的资源重新注入乡村社会。教育促进会的资金主要来源于乡里人的捐赠。这些捐赠有两个来源：一部分是当地居民在外打工的收入，另一部分是迁居外地的老乡的收入。捐赠机制的建立，使得在外拼搏的乡里人能够真正参与到乡村公共事务的建设中来。这种互动关系的建立不仅弥合了乡村社会的孤岛化所带来的关系撕裂，而且减轻了 1949 年至今城乡“剪刀差”政策下的资源输出以及城镇化发展下的人口输出对乡村社会的危害。比较特别的是，相对于以往公益组织从外部介入乡村社会内部的方式，教育促进会这种从乡村社会内部原生向外延展的网络有着更重要的意义。外部力量由于受到多方因素的影响难以与本地发展产生真正长久、深刻、稳定的联结。“一阵风”式的助力有时甚至会起到反效果。内部力量能够真正立足于本土，以坚固的情感联结去助力乡村教育与社会的发展。

六、弋阳教育面临的挑战

弋阳县的改革至今已取得了很多成就，但是作为一个教育仍在不断发展的地区，其仍有一些问题需要解决。基于调查与分析，我们认为弋阳县的教育发展面

---

① 熊春文：《“文字上移”：20 世纪 90 年代末以来中国乡村教育的新趋向》，载《社会学研究》，2009(5)。

② 熊春文：《再论“文字上移”：对农村学校布局调整的近期观察》，载《中国农业大学学报(社会科学版)》，2012(4)。

临以下挑战。

(一)义务教育资源的供给问题

义务教育资源的供给不足是当前弋阳教育发展的短板。这集中表现在两个方面：一是部分学校仍有大班额问题，二是乡村学校的教师编制问题。

大班额的情况主要集中在县城老城区中的一些学校。受城镇化推进和“全面二孩”政策的影响，县城学龄人口的增长速度明显要超过教育资源的布局调整速度。一些学校为了满足学生的上学需求便出现了大班额的情况。① 此外，学生回流也让一些乡村中心学校出现了大班额的情况。事实上，这些年来，弋阳县对义务教育资源已经有了较大的投入。相关资料表明，2013—2016 年，弋阳县共投入 21750 万元用于全面改善贫困地区义务教育薄弱学校的基本办学条件，其中投入农村中小学的资金为 16500 万元，城镇中小学为 5250 万元。新建改造校舍面积为 137477 平方米，其中教学及辅助用房为 112710 平方米，生活用房为 15840 平方米，行政办公用房为 8927 平方米。目前教育体育局也正在不断筹集资金在县城城南新区新建中小学去改善大班额问题。但从总体情况来看，这些投入还未能够完满地解决问题。

乡村学校的教师编制问题主要体现在两个方面：总量性缺编与结构性缺编。

总量性缺编的原因有两个：一是原有的编制标准难以真正适应乡村学校的发展需求。弋阳县目前是按照江西省 2007 年颁布的《关于进一步加强全省中小学教职工编制管理的通知》的标准②进行教师配备的。在走访中发现，很多校长和教师认为从工作量的角度上来看，这个比例不合理。尤其是在“全面二孩”政策实施后，有些校长和教师坦言，一旦教师回家生二孩，学校就面临转不动的危险。二是受到“财政人口只减不增”的编制政策限制。当前中央政府实施的控编政策拒绝了地方政府增加教师编制的可能。教师编制不增长只能让现有年轻教师承担更大的工作量。有的年轻教师描述道：“每天只有 1 节课的空闲时间，其他 7 节课都在上课，工作量很大，感觉非常累。”

结构性缺编主要是指很多学校在教师的学科结构上存在缺编。同其他地区不同，弋阳县的很多乡村学校并不缺音乐、体育、美术等小科教师，缺的是语文、数学、英语这样的主科教师。缺少学科教师就会产生教师兼课问题。在走访中发现，有的教师说道：“我原来是学美术的，现在学校缺主科教师，就让我教语文、

---

① 根据《江西省普通小学基本办学条件标准(试行)》与《江西省普通初级中学办学条件标准(试行)》的规定，小学的班额标准为不超过 45 人，初中的班额标准为不超过 50 人。

② 该标准规定相应的生师比：农村中学为 18∶1；农村中心小学为 23.5∶1；县城小学为 19.7∶1；县城初中为 17.1∶1。其中，农村村完小按照班师比 1∶1.5 进行教师配备。教学辅助人员、工勤人员(含校聘人员)的比例为小学不超过 9%，初中不超过 15%。

数学，我的压力真的很大，很害怕自己教不好。”面对教师编制问题，弋阳县也采取了一些办法，如尝试通过“三支一扶”政策、特岗教师政策、培养定向生、返聘退休教师、与师范院校合作让学生顶岗实习等方式去补充师资。但是这些措施并不能完满地解决问题，有些措施甚至会带来了一些新的问题。

总体而言，弋阳县义务教育资源的供给不足更多的是一种外部性、体制性因素向下传导所产生的问题。要从根本上去解决这些问题，恐怕还需要回归到整个义务教育管理体制的变革上。比如，可以将义务教育管理上移至市域层面，由市域统筹整个义务教育资源的供给情况。当然，从弋阳县本身来看，依然要加大投入，创新教师供给模式，尽可能在本级政府的能力范围内去改善教育资源的供给。

(二)教育改革的持续性问题

如何能够让弋阳教育继续这么好下去？这其实是徘徊在很多弋阳人心里的一个重要问题。有位校长曾和我们说道：“弋阳的教育，现在很好！大部分教师都很努力工作，学校教学质量也在稳步提高，家长也很支持学校。但是，这样的情况不知道能不能一直保持下去。”这样的声音不仅来自一些一线的教育工作者，而且在很多教育行政人员的心里也有同样的担忧。事实上，自 2013 年全面推行改革以来，弋阳县教育体育局已经形成了以方华局长为核心的教育改革团队。这个团队拥有一致的理念与稳固的执行力。正是基于这样的团队基础，弋阳县的义务教育发展才能取得了现有的成果。但是，我们也需要明确，在我国现有行政管理体制下，行政人员的岗位调度与团队变动是较为正常与频繁的。那么，如何能在团队成员甚至核心出现变动的情况下，继续深化已有的教育改革成果，甚至推进更深层次的教育改革呢？这是弋阳教育人需要深入思考与解决的重要问题。

在座谈中，我们也提出了这样问题，方华局长说道：“对于持续性的问题，我认为可以通过制造良好的教育氛围来解决。如果弋阳教育能够保持现在的发展趋势，那么就会产生一个积极的、正向的发展惯性。在这样的情况下，即便团队成员有所变动，那么只要发展惯性还在，一时之间，弋阳的教育发展很难出现大的问题或者倒退的情况。”

对于教育改革的持续性问题，我们需要用更长的时间去观察与思考，短期内难以进行深刻的分析与判断。这个问题本质上是一个教育管理队伍建设问题。从这个角度上来看，这就涉及梯度人才的培养与储备、教育发展与管理理念的完善与渗透等。无论从教育理论上还是从教育实践上来看，这都是一个非常复杂的问题。在当前我国不断推进教育治理体系与治理能力现代化的背景下，这样的问题也值得更多的教育同人去探索与研究。

结　语

至此，弋阳县的案例分析便接近尾声了。回顾整个案例，除了改革的措施内容与机理分析外，还有一些关于教育管理上的内容也值得我们关注。从管理上来看，弋阳县的教育改革其实渗透着浓浓的中国式管理哲学气息。在很多措施中，尽管手段、方法上有西方科学管理的影子，但是其背后的思想、组织层面上都反映出中国式的哲学思维方式。我们在走访中经常能感受到弋阳教育管理者讲究中庸、以和为贵等中国传统思想。有研究者认为中国式管理有三大主轴：第一，以人为主，主张有人才有事，事在人为，唯有以人为主，才有办法把事情做好，中国式管理是一种人性化的管理；第二，因道结合，认为制度化管理，不如以理念来结合志同道合的人士，大家有共识，比较容易同心协力，把一盘散沙聚集起来发挥巨大的力量；第三，因理而变，合理解决，一直被视为比依法办理更合乎道理的方式，中国式管理是一种合理化管理。① 这三大主轴在弋阳县的教育改革中有着非常明显的体现。

从以人为主的角度上来看，弋阳县的教育改革提出"教育要通人性"的倡导，专业培训中对教师主体需求的关注、教育评价中对后进生的关注和各项具体机制设计中对于公平的关注等内容，都体现了弋阳县教育管理的这种以人为主的、人性化的管理取向。从因道结合的角度上来看，弋阳县的教育改革重视"道"，即重视理念与共识的形成，并没有过分依赖与迷信制度的力量，认为"氛围比制度重要"②。形成氛围的过程在某种程度上就是凝聚共识的过程。有了"道"，大家自然就会朝一个方向努力，不需要设立制度进行激励和约束。从建构系统的教育理念，再通过培训去凝聚与教育行政人员、校长、教师的共识，通过家校合作去凝

① 曾仕强：《中国式管理》，80～81页，北京，北京联合出版公司，2015。

② 在这里我们需要明确一个概念。什么是氛围？在一般意义上，氛围被解释为周围的气氛与情调。参见阮智富、郭忠新：《现代汉语大词典(下)》，2303页，上海，上海辞书出版社，2009。根据这个一般解释，我们能看到氛围本质上是指一种心理环境。这种心理环境能够给个体传达认知层面的信息。比如，周围的气氛是什么样的。同时它能够向个体传达情感层面的信息，如对情感的感受、感知。在弋阳县的案例中，这种氛围应该包含两个层面的内容。一个是外部氛围。这种氛围是一般意义上的氛围，包括家长、社会对于教育氛围的认知和感受。另一个是内部氛围。这种氛围指的是组织氛围，即教育系统内部包括教育行政部门、学校在内的氛围。对于组织氛围的界定，有的学者基于组织整体的定义，将组织氛围看作组织的一种整体属性，并将组织氛围定义为组织成员所感知到的组织或环境的持久特性；有的学者基于个体感知的定义，将组织氛围定义为组织成员对关乎自身福利的、工作环境的心理影响的共同感知；还有学者结合前两者的观点提出既强调个体的主观感知因素，又注重组织的客观环境因素，并将组织氛围界定为组织员工对工作场所中被期望、支持和奖励的实践、程序和行为的共同感知。参见段锦云、王娟娟、朱月龙：《组织氛围研究：概念测量、理论基础及评价展望》，载《心理科学进展》，2014(12)。

聚与家长的共识，通过教育促进会去凝聚与乡村社会的共识等，这些其实都体现了因道结合。从因理而变的角度上来看，弋阳县的教育改革中各项小工具的设计体现了因理而变的灵活性，没有因为制度等因素，禁锢和束缚基层教育实践者的活力。比如，专业培训中关于竞争式培训的设计、教育评价中关于校长评价等级指标与遴选的设计、家校合作中关于特殊家长会的设计、教育促进会中在母校开同学会等。

弋阳县的县域义务教育改革对我国义务教育发展具有不言而喻的重要意义。通过对案例的分析，我们能够看到整个弋阳县义务教育所经历的这种由内到外的巨大变化。不可否认的是，这里面饱含着弋阳教育人的智慧与汗水。对此，我们应该报以敬重之情，为一线教育实践者的勇气与担当而鼓掌！当然，作为研究人员，我们也清醒地意识到，要说清一个地区的教育成就与问题显然需要我们更长时间的深入调查与参与，并不是通过短时间的走访就能办到的。因此，我们认为案例中所呈现的关于弋阳教育的各类分析与判断未必能真正深刻、全面、客观地反映出弋阳教育的样态。关于弋阳教育的研究仍然需要我们持续的关注与参与。同时，我们也衷心地祝愿弋阳教育在未来能够有更好的发展！

【本报告撰写人：陈昌盛、邬志辉。肖桐参与了部分资料的整理与分析工作，尹雪娇、郑美娟参与了资料收集工作。感谢江西省弋阳县教育体育局局长方华、教研室主任方宝辉、基教股范喜敏以及其他股室人员和调研学校的相关人员给予的各项帮助。感谢李涛教授与谢爱磊教授在调研期间给予的帮助与指导。作者单位：教育部人文社会科学重点研究基地东北师范大学中国农村教育发展研究院】

参考文献

一、著作类

[01][法]E. 迪尔凯姆．社会学方法的准则[M]. 狄玉明，译．北京：商务印书馆，1995。

[02][美]哈奇．如何做质的研究[M]. 朱光明，沈文钦，徐守磊，等，译．北京：中国轻工业出版社，2007。

[03][美]费斯勒，[美]克里斯坦森．教师职业生涯周期——教师专业发展指导[M]. 董丽敏，高耀明，丁敏，等，译．北京：中国轻工业出版社，2005。

[04][英]安东尼·吉登斯，[英]菲利普·萨顿．社会学[M]. 第 7 版．赵旭东，译．北京：北京大学出版社，2015。

[05][美]芭芭拉·艾伦瑞克．我在底层的生活：当专栏作家化身女服务生[M]. 林家瑄，译．北京：北京联合出版公司，2014。

[06][法]布尔迪厄．文化资本与社会炼金术——布尔迪厄访谈录[M]. 包亚明，译．上海：上海人民出版社，1997。

[07]陈向明．质的研究方法与社会科学研究[M]. 北京：教育科学出版社，2000。

[08]费孝通．乡土中国[M]. 北京：人民出版社，2015。

[09]联合国教科文组织．反思教育：向“全球共同利益”的理念转变？[M]. 联合国教科文组织总部中文科，译．北京：教育科学出版社 ，2017。

[10]联合国教科文组织．2003－2004 年全民教育全球监测报告——性别与全民教育：跃向平等[M]. 王晓辉，等，译．北京：人民教育出版社，2004。

[11]陆益龙．定性社会研究方法[M]. 北京：商务印书馆，2011。

[12][美]罗伯特·D. 帕特南．使民主运转起来：现代意大利的民主传统[M]. 王

列，赖海榕，译．北京：中国人民大学出版社，2015。
[13][美]罗伯特・K. 默顿．社会理论和社会结构[M]. 唐少杰，齐心，等，译．南京：译林出版社，2015。
[14][美]罗伯特・K. 殷．案例研究：设计与方法[M]. 周海涛，李永贤，张蘅，译．重庆：重庆大学出版社，2004。
[15][美]迈克尔・W. 阿普尔．教育能够改变社会吗？[M]. 王占魁，译．上海：华东师范大学出版社，2014。
[16][法]皮埃尔・布迪厄．实践感[M]. 蒋梓骅，译．南京：译林出版社，2003。
[17][法]皮埃尔・布迪厄，[美]华康德．实践与反思——反思社会学导引[M]. 李猛，李康，译．北京：中央编译出版社，1998。
[18]邬志辉，秦玉友．中国农村教育发展报告 2011[M]. 北京：北京师范大学出版社，2012。
[19]邬志辉，秦玉友．中国农村教育发展报告 2012[M]. 北京：北京师范大学出版社，2014。
[20]邬志辉，秦玉友．中国农村教育发展报告 2013—2014[M]. 北京：北京师范大学出版社，2015。
[21]邬志辉，秦玉友，等．中国农村教育发展报告 2015[M]. 北京：北京师范大学出版社，2016。
[22]邬志辉，秦玉友，等．中国农村教育发展报告 2016[M]. 北京：北京师范大学出版社，2017。
[23]席酉民，刘文瑞．管理思想大系：行为与管理[M]. 北京：中国人民大学出版社，2009。
[24]袁桂林．中国农村教育发展指标研究[M]. 北京：经济科学出版社，2009。
[25]曾仕强．中国式管理[M]. 北京：北京联合出版社，2015。
[26]翟学伟．人情、面子与权力的再生产[M]. 北京：北京大学出版社，2015。

二、论文类

[001]安雪慧．义务教育学校教师绩效工资政策效果分析[J]. 中国教育学刊，2015(11)。
[002]边新灿，蒋丽君，雷炜．论新高考改革的价值取向与两难抉择[J]. 中国高教研究，2017(4)。
[003]蔡群青，夏海鹰．中小学教师职称制度改革探究[J]. 教育探索，2016(5)。
[004]曹浩文．居住证制度下异地中高考政策需要考虑的重要因素——以北京市为例[J]. 教育导刊，2017(2)。

[005]曹晶．利益相关者视角下的“异地高考”政策执行研究[J]．教育理论与实践，2016(11)。
[006]曾天山．以新理念新机制精准提升教育扶贫成效——以教育部滇西扶贫实践为例[J]．教育研究，2016(12)。
[007]陈皓曦，孔莉姮，卢镇岳，等．新高考综合改革方案及试点区实施情况研究[J]．教育导刊，2017(1)。
[008]陈辉，郭子其．研究性学习视域下高中历史问题教学初探[J]．课程·教材·教法，2016(10)。
[009]陈坤，李佳．新型城镇化进程中农村职业教育发展论析[J]．继续教育研究，2017(1)。
[010]陈韶峰．论我国中小学教师职务的评与聘[J]．教育发展研究，2007(20)。
[011]陈卓．超社会资本、强社会资本与教育公平——从当今中国教育影响社会分层的视角[J]．青年研究，2010(5)。
[012]程天君．从“教育/社会”学到“教育社会”学——教育社会学研究范式的转换[J]．北京大学教育评论，2017(2)。
[013]褚宏启．核心素养的国际视野与中国立场——21世纪中国的国民素质提升与教育目标转型[J]．教育研究，2016(11)。
[014]褚宏启．教育治理：以共治求善治[J]．教育研究，2014(10)。
[015]丛菁．农民工随迁子女常见心理问题及对策分析[J]．现代交际，2012(6)。
[016]崔梦恬．普及高中阶段教育的理性思考[J]．教育导刊，2016(11)。
[017]代蕊华，于璇．教育精准扶贫：困境与治理路径[J]．教育发展研究，2017(7)。
[018]党晨阳，王强．社会资本视角下的城镇农民工随迁子女教育公平问题的研究[J]．价值工程，2013(24)。
[019]丁钢，陈莲俊，孙玫璐．中国中小学教师专业发展状况调查与政策分析报告[J]．教育研究，2011(3)。
[020]丁山，杜桂娥．我国乡村中小学教师职称评定问题探析[J]．时代教育，2016(4)。
[021]丁娴．基于户籍政策积分制异地高考政策评析——以北京市、上海市、广东省为例[J]．上海教育科研，2017(4)。
[022]丁彦，周清明．农村职业教育对农业科技发展水平的影响分析——以湖南省为例[J]．高等农业教育，2017(1)。
[023]丁怡舟．精准扶贫视角下的农村职业教育发展研究[J]．经营管理者，2017(1)。

[024]Dominique Simone Rychen，Laura Hersh Salganik，滕梅芳，等．勾勒关键能力，打造优质生活——OECD 关键能力框架概述[J]．远程教育杂志，2007(5)。

[025]董秀华，王薇，王洁．新高考改革的理想目标与现实挑战[J]．复旦教育论坛，2017(3)。

[026]董洋，彭旭．农村义务教育教师队伍工作动力调查[J]．教师教育学报，2017(1)。

[027]杜永红，陈碧梅．农民工随迁子女初中后教育政策支持研究[J]．中国教育学刊，2012(5)。

[028]段会冬．从实体走向虚拟：普及化进程中特色高中建设的未来之路[J]．现代教育管理，2017(6)。

[029]段锦云，王娟娟，朱月龙．组织氛围研究：概念测量、理论基础及评价展望[J]．心理科学进展，2014(12)。

[030]段凯敏．湖北省农村职业教育的发展与对策[J]．科教导刊，2016(35)。

[031]樊丽芳，乔志宏．新高考改革倒逼高中强化生涯教育[J]．中国教育学刊，2017(3)。

[032]樊亚峤，张善超，李宝庆．高中学业水平考试改革的公平性分析[J]．教育发展研究，2016(15/16)。

[033]范先佐，付卫东．义务教育教师绩效工资改革：背景、成效、问题与对策——基于对中部 4 省 32 县(市)的调查[J]．华中师范大学学报(人文社会科学版)，2011(6)。

[034]范先佐，郭清扬．当前我国义务教育均衡发展改革的重点和难点[J]．教师教育学报，2016(2)。

[035]范先佐．义务教育均衡发展改革的若干反思[J]．教育研究与实验，2016(3)。

[036]范涌峰，陈夫义．“三位一体”教育扶贫模式的构建与实施[J]．教育理论与实践，2017(10)。

[037]冯建军．内涵发展：推进义务教育优质均衡的路向选择[J]．南京社会科学，2012(1)。

[038]冯志刚．浅析研究型、创新型高中的基本内涵与构建路径[J]．上海教育科研，2016(12)。

[039]付卫东，曾新．义务教育教师绩效工资政策实施与分析——基于中部四省部分县(区)的调查[J]．教育发展研究，2010(21)。

[040]付卫东，崔民初．义务教育学校教师绩效工资政策分析[J]．现代教育管理，

2011(2)。
[041]耿华萍，刘祖云．城乡义务教育非均衡发展现实归因的理论思考[J]．南京社会科学，2016(4)。
[042]贡如云，冯为民．高中语文核心素养的实质内涵及培育路径[J]．教育理论与实践，2017(5)。
[043]谷峪，李玉静．现代化视域下高中阶段教育普及发展：国际特征与我国策略——基于现代化框架下我国与发达国家的多维度比较[J]．现代教育管理，2017(5)。
[044]郭衎，曹一鸣．高中数学课程中信息技术使用的国际比较——基于中国等十四国高中数学课程标准的研究[J]．中国电化教育，2016(5)。
[045]郭晓娜．教育阻隔代际贫困传递的价值和机制研究——基于可行能力理论的分析框架[J]．西南民族大学学报(人文社会科学版)，2017(3)。
[046]郭中凯．北京市异地高考的“负外部性”及其治理路径[J]．教学与管理，2017(4)。
[047]郝俊英．农村教师专业化发展研究[J]．教育探索，2016(2)。
[048]何贝娜．普通高中多样化发展的必要性与现状分析[J]．教学与管理，2017(15)。
[049]何艳冰．精准扶贫要求下农村职业教育发展新路径[J]．继续教育研究，2017(3)。
[050]何玉海．基于核心素养培养的基础教育课程标准建设[J]．课程·教材·教法，2016(9)。
[051]核心素养研究课题组．中国学生发展核心素养[J]．中国教育学刊，2016(10)。
[052]胡俊生．农村教育城镇化：动因、目标及策略探讨[J]．教育研究，2010(2)。
[053]胡耀宗，童宏保．义务教育教师绩效工资政策执行中的问题及解决策略[J]．教师教育研究，2010(4)。
[054]胡勇，明庆华．农村教师在义务教育改革中的角色研究[J]．现代教育科学，2016(8)。
[055]黄家骅，蔡宗珍．城乡教育资源配置现状及实践思考[J]．教育评论，2017(5)。
[056]黄瑞英，王凤．教育公正的伦理意蕴——以江苏高考新政策为例[J]．黑龙江高教研究，2017(2)。
[057]黄伟伟．粤西地区异地务工青年随迁子女心理健康状况调查[J]．中国健康

心理学杂志，2015(10)。
[058]黄兆信，曲小远，赵国靖．农民工随迁子女融合教育：互动与融合[J]．教育研究，2014(10)。
[059]黄兆信，万荣根．社区：融合教育实施的重要场域[J]．教育发展研究，2008(23)。
[060]季铭华．关于实行“评聘分开”双轨制的探讨[J]．南京社会科学，2001(3)。
[061]贾建国．我国城乡教师差异的制度分析与教师制度的变革[J]．教育学术月刊，2008(4)。
[062]姜超，邬志辉．新型城镇化对义务教育管理的挑战与回应[J]．基础教育，2016(2)。
[063]姜金秋，杜育红．义务教育学校绩效工资方案存在的问题、原因及对策——基于广西壮族自治区 A 小学的个案研究[J]．现代中小学教育，2014(12)。
[064]解月光，杨鑫，付海东．高中学生信息技术学科核心素养的描述与分级[J]．中国电化教育，2017(5)。
[065]赖晓云，李莎．移动互联环境下家校合作之家长培训模式研究——文化资本和社会资本视角[J]．赣南师范大学学报，2016(6)。
[066]雷万鹏，汪传艳．农民工随迁子女“入学门槛”的合理性研究[J]．教育发展研究，2012(24)。
[067]雷万鹏．家庭教育需求的差异化与学校布局调整政策转型[J]．华中师范大学学报(人文社会科学版)，2012(6)。
[068]雷万鹏．义务教育学校布局调整——研究进展与难题破解[J]．华中师范大学学报(人文社会科学版)，2014(5)。
[069]李宝庆，张善超，樊亚峤．多重制度逻辑下高中学业水平考试改革的风险及其规避[J]．教育发展研究，2016(6)。
[070]李锋，赵健．高中信息技术课程标准修订：理念与内容[J]．中国电化教育，2016(12)。
[071]李根，葛新斌．义务教育教师绩效工资政策执行困境及其突破[J]．教育发展研究，2014(4)。
[072]李海龙．历史教学中引领学生建构历史解释的思考与探索[J]．课程·教材·教法，2017(1)。
[073]李家成，王娟，陈忠贤，等．可怜天下父母心——进城务工随迁子女家长教育理解、教育期待与教育参与的调查报告[J]．教育科学研究，2015(1)。
[074]李健．开展中小学管理系列专业技术职务评聘的政策分析与建议[J]．教育

理论与实践，2012(11)。
[075]李杰，苏丹丹，谭宇，等．民族地区农村职业教育现状与对策研究——基于恩施州的调查数据[J]. 农村经济与科技，2016(22)。
[076]李介．农村教师自主发展的困境与策略研究[J]. 中国教育学刊，2016(4)。
[077]李玲，杨顺光．“全面二孩”政策与义务教育战略规划——基于未来20年义务教育学龄人口的预测[J]. 教育研究，2016(7)。
[078]李美长．城乡一体化发展战略下农村职业教育结构体系的适应性探析[J]. 甘肃农业科技，2016(11)。
[079]李民生，申俊光，张鹏杰，等．基于市域中学生综合素质发展性评价现状的调查研究[J]. 教育理论与实践，2016(35)。
[080]李启光．重叠影响阈：美国学校与家庭伙伴关系的一种理论解释框架[J]. 外国教育研究，2006(2)。
[081]李森有．论教育公平与教育立法的权威——以农民工子女教育的相关立法为例的研究[J]. 社会科学战线，2010(7)。
[082]李伟胜．学校环境文化的主动创建[J]. 教育发展研究，2011(24)。
[083]李玮舜，刘剑玲．互联网时代基于学生核心素养发展的高中校本课程开发目标体系重构[J]. 教育理论与实践，2017(17)。
[084]李晓伟．论我国社会转型期农村家庭教育的困境与突破[J]. 教育学报，2012(6)。
[085]李兴洲．公平正义：教育扶贫的价值追求[J]. 教育研究，2017(3)。
[086]李颖．普通高中多样化发展的现实基础和路径选择——基于对辽宁省115所普通高中的调查[J]. 中国教育学刊，2017(5)。
[087]李煜．文化资本、文化多样性与社会网络资本[J]. 社会学研究，2001(4)。
[088]廉超．PPP模式助推精准扶贫、精准脱贫[J]. 贵州社会科学，2017(1)。
[089]梁好．中考招生指标到校难以推进教育公平[J]. 教学与管理，2017(4)。
[090]林炜，尹弘飚．数学情感：高中数学课程改革新维度[J]. 教育科学研究，2017(1)。
[091]刘艾清．新课程改革以来普通高中学生素养研究：热点，问题及展望——基于中国知网文献的知识图谱分析[J]. 课程·教材·教法，2016(12)。
[092]刘军豪，许锋华．教育扶贫：从“扶教育之贫”到“依靠教育扶贫”[J]. 中国人民大学教育学刊，2016(2)。
[093]刘丽群，屈花妮．我国普通高中学生综合素质评价的两难困局[J]. 课程·教材·教法，2016(10)。
[094]刘利民．城镇化背景下的农村义务教育[J]. 求是，2012(23)。

[095]刘谦，冯跃，生龙曲珍．家庭教育与学校教育互动的文化机理初探——基于对北京市农民工随迁子女教育活动的田野观察[J]. 教育研究，2012(7)。
[096]刘善槐．我国城镇义务教育学校布局调整研究[J]. 教育研究，2015(11)。
[097]刘善槐．我国农村教师编制结构优化研究[J]. 教育研究，2016(4)。
[098]刘欣．生涯教育理念下高中心理辅导活动课再构[J]. 上海教育科研，2017(6)。
[099]刘泽云，原莹，王骏．普通高中招生"指标到校"政策是否有利于农村初中学生？——基于J市的经验研究[J]. 教育与经济，2017(1)。
[100]刘志军，王宏伟．学业水平考试改革背景下的高中教育：困境与超越[J]. 全球教育展望，2016(12)。
[101]刘忠民，王喆．"互联网＋教育"精准扶贫助推城乡教育均衡发展——以吉林省武龙中学为例[J]. 中国电化教育，2016(8)。
[102]鲁子箫．农村教育扶贫的"因教致贫"困境及观念转向[J]. 教育理论与实践，2017(2)。
[103]陆军．从逻辑关系看高中学科核心素养的构成[J]. 中小学教师培训，2017(2)。
[104]陆明峰，方超，金俊．义务教育延长至高中阶段的合理性——教育扩展对劳动力收入差距影响的视角[J]. 全球教育展望，2016(11)。
[105]陆一萍，韦小满．新一轮高考改革中分数体系的建构[J]. 教育科学，2017(1)。
[106]罗云，钟景迅，曾荣光．进城务工人员随迁子女教育公平问题的分配正义与关系正义之考察[J]. 北京大学教育评论，2015(2)。
[107]吕慈仙．异地升学政策如何影响随迁子女的身份认同与社会融合——基于国内若干个大中型城市的调查分析[J]. 教育发展研究，2015(10)。
[108]吕寿伟．分配还是承认——一种复合的教育正义观[J]. 教育学报，2014(2)。
[109]马嘉宾，张珊珊．推行综合素质评价的操作策略研究[J]. 中国教育学刊，2017(2)。
[110]马维林．高中历史教学的美育渗透策略[J]. 教育理论与实践，2017(2)。
[111]马香莲．中小学教师职称制度的问题及其对策[J]. 教学与管理，2017(7)。
[112]马永全．改革开放以来我国农村教师培养政策变迁及特征[J]. 河北师范大学学报(教育科学版)，2016(2)。
[113]孟卫青．义务教育学校奖励性绩效工资制度设计的研究[J]. 教育研究，2016(2)。

[114]潘璐，叶敬忠．“大发展的孩子们”：农村留守儿童的教育与成长困境[J]．北京大学教育评论，2014(3)。

[115]潘希武．中小学教师职称改革的重新定位[J]．基础教育，2014(2)。

[116]庞春敏．高中生涯教育研究述评[J]．教育评论，2017(6)。

[117]庞君芳．高考公平的内涵、价值与实践向度[J]．课程·教材·教法，2017(4)。

[118]庞玲．中学地理教材中职业生涯教育内容设置的思考与探索[J]．课程·教材·教法，2016(11)。

[119]彭寿清，张增田．从学科知识到核心素养：教科书编写理念的时代转换[J]．教育研究，2016(12)。

[120]乔平平．基于新型职业农民培育的农村职业教育行动策略[J]．教育理论与实践，2016(33)。

[121]秦玉友．教育城镇化的异化样态反思及积极建设思路[J]．教育发展研究，2017(6)。

[122]丘天，田睿，王艳玲．基于高考试卷分析的高中语文现代文阅读教学思考[J]．现代教育科学，2016(4)。

[123]邱斌，左群．核心素养视野下高中思想政治学科活动课堂构建[J]．教育导刊，2017(4)。

[124]曲晓萍，钟喜魁．高中化学课程数字化资源的开发与利用[J]．课程·教材·教法，2016(9)。

[125]全国妇联课题组．全国留守儿童城乡流动儿童状况研究报告[J]．中国妇运，2013(6)。

[126]全国排头兵：山东分类推进教师职称制度改革[J]．山东人力资源和社会保障，2015(12)。

[127]任友群，冯仰存，徐峰．我国教育信息化推进精准扶贫的行动方向与逻辑[J]．现代远程教育研究，2017(4)。

[128]戎庭伟．农民工随迁子女在校融入问题及其对策——基于福柯的“权力分析”视角[J]．教育发展研究，2014(6)。

[129]桑锦龙，雷虹，郭志成．我国城市流动人口随迁子女高中阶段入学问题初探[J]．教育研究，2009(7)。

[130]沙丽华，崔建京．大连市普通高中学生综合素质评价现状、问题及建议——基于大连市普通高中学生综合素质评价调查研究[J]．中小学教师培训，2016(9)。

[131]施威，杨琼，耿华萍．城乡义务教育非均衡供给的理论、历史与现实逻

辑[J]. 教育发展研究，2017(6)。

[132]石宏伟，孙静. 新生代农民工随迁子女义务教育公平问题的制度研究[J]. 江苏大学学报(社会科学版)，2015(3)。

[133]史宁中，林玉慈，陶剑，等. 关于高中数学教育中的数学核心素养——史宁中教授访谈之七[J]. 课程·教材·教法，2017(4)。

[134]苏君阳. 义务教育学校实施绩效工资面临的问题[J]. 中国教育学刊，2010(2)。

[135]孙凌晨，罗丹丹. 基于"互联网+"的农村职业教育新发展[J]. 继续教育研究，2016(12)。

[136]谭深. 中国农村留守儿童研究述评[J]. 中国社会科学，2011(1)。

[137]唐智彬，刘青."精准扶贫"与发展定向农村职业教育——基于湖南武陵山片区的思考[J]. 教育发展研究，2016(7)。

[138]田书芹，鲁布碧. 统筹城乡背景下重庆农村职业教育经费支出机制研究[J]. 职业技术教育，2016(30)。

[139]万荣根，郭丽莹，黄兆信. 农民工随迁子女融合教育校本课程开发研究[J]. 教育研究，2015(9)。

[140]汪基德，刘革. 教育信息化促进基础教育均衡发展[J]. 教育研究，2017(3)。

[141]汪长明. 从"他者"到"群我"：农民工随迁子女学校融入问题研究[J]. 国家行政学院学报，2013(3)。

[142]王东. 指标到校：价值困境及其突破[J]. 教育发展研究，2016(12)。

[143]王凤英. 新课程理念下面向学困生的高中物理教学思考[J]. 教育理论与实践，2016(35)。

[144]王宏伟. 高中现代散文教学中的普遍问题及解决策略[J]. 教育理论与实践，2016(32)。

[145]王继新，施枫，吴秀圆."互联网+"教学点：新城镇化进程中的义务教育均衡发展实践[J]. 中国电化教育，2016(1)。

[146]王嘉毅，封清云，张金. 教育与精准扶贫精准脱贫[J]. 教育研究，2016(7)。

[147]王嘉毅，封清云，张金. 教育在扶贫脱贫中的作用及其机制[J]. 当代教育与文化，2017(1)。

[148]王鲁楠，贾林祥. 教育城镇化：改善农村教育的必由之路[J]. 教育评论，2014(10)。

[149]王善迈，袁连生，田志磊，等. 我国各省份教育发展水平比较分析[J]. 教

育研究，2013(6)。

[150]王小红．农村转移人员文化资本的缺失及其对社会地位的影响——布迪厄文化资本理论的启示[J]. 外国教育研究，2008(6)。

[151]王小虎，潘昆峰，苗苗．高考改革对高水平大学招生的影响及其应对[J]. 中国高教研究，2017(4)。

[152]王小虎，桑明旭．论当代高考改革的正义性问题[J]. 中国高等教育，2017(8)。

[153]王小明．普通高中学生综合素质评价机制的现状及启示——基于美、英、日、韩等四国的比较研究[J]. 教育探索，2017(1)。

[154]王晓雪．新型城镇化背景下农村职业教育的定位及功能定向[J]. 武汉职业技术学院学报，2016(4)。

[155]王永军．农村教师信息技术应用能力提升问题研究[J]. 中国教育信息化，2016(2)。

[156]王远伟，杜育红．义务教育办学条件评价指标体系构建与应用研究[J]. 教育发展研究，2013(2)。

[157]王宗萍，段成荣，杨舸．我国农民工随迁子女状况研究——基于2005年全国1%人口抽样调查数据的分析[J]. 中国软科学，2010(9)。

[158]魏红梅．论教师绩效工资政策的失真与回归[J]. 教育理论与实践，2014(1)。

[159]温丽，乔飞宇．扶贫对象精准识别的实践困境及其对策[J]. 长白学刊，2017(3)。

[160]邬志辉，李静美．农村留守儿童生存现状调查报告[J]. 中国农业大学学报(社会科学版)，2015(1)。

[161]邬志辉，李静美．农民工随迁子女在城市接受义务教育的现实困境与政策选择[J]. 教育研究，2016(9)。

[162]邬志辉，史宁中．农村学校布局调整的十年走势与政策议题[J]. 教育研究，2011(7)。

[163]邬志辉．当前我国城乡义务教育一体化发展的核心问题探讨[J]. 教育发展研究，2012(17)。

[164]邬志辉．学校改进的"本土化"与内生模式探索——大学与中小学合作伙伴关系的维度[J]. 教育发展研究，2010(4)。

[165]邬志辉．中国农村学校布局调整标准问题探讨[J]. 东北师大学报(哲学社会科学版)，2010(5)。

[166]吴晗，付卫东．农村义务教育阶段教师补充"新机制"：问题与对策——基

于湖北省的调查分析[J]. 当代教育论坛，2016(2)。
[167]吴霓，张宁娟，李楠．农民工随迁子女教育的五大趋势及对策[J]. 当代教育科学，2010(7)。
[168]吴霓，朱富言．流动人口随迁子女在流入地升学考试政策分析[J]. 教育研究，2014(4)。
[169]吴霓，朱富言．随迁子女在流入地高考政策实施研究——基于10个城市的样本分析[J]. 教育研究，2016(12)。
[170]吴青云，马佳宏．义务教育阶段教师绩效工资问题探讨[J]. 教育学术月刊，2010(7)。
[171]吴支奎．校本课程开发：农村学校改进的重要路径[J]. 课程教学研究，2016(6)。
[172]肖安庆，颜培辉．高中生物核心素养的内涵与培养策略[J]. 中小学教师培训，2017(6)。
[173]肖广德，黄荣怀．高中信息技术课程实施中的问题与新课标的考量[J]. 中国电化教育，2016(12)。
[174]肖为群．关于职称工作中评与聘问题的思考[J]. 江西社会科学，1997(5)。
[175]萧易，曾天德．随迁子女的心理健康研究述评[J]. 牡丹江师范学院学报(哲学社会科学版)，2014(3)。
[176]谢丽丽．教师“逃离”：农村教育的困境——从G县乡村教师考警察说起[J]. 教师教育研究，2016(4)。
[177]谢永飞，杨菊华．家庭资本与随迁子女教育机会：三个教育阶段的比较分析[J]. 教育与经济，2016(3)。
[178]熊春文．“文字上移”：20世纪90年代末以来中国乡村教育的新趋向[J]. 社会学研究，2009(5)。
[179]熊春文．再论“文字上移”：对农村学校布局调整的近期观察[J]. 中国农业大学学报(社会科学版)，2012(4)。
[180]徐晶晶．进城务工人员随迁子女心理健康状况的比较研究[J]. 思想理论教育，2010(10)。
[181]徐晔．新型城镇化进程中我国农村职业教育培养目标的定位[J]. 教育与职业，2016(23)。
[182]徐宇，马健云．高中招生指标到校政策的实现过程分析[J]. 现代教育科学，2017(5)。
[183]薛军，闻勇．城乡义务教育均衡发展内涵，现状及实现路径[J]. 学术探索，2017(1)。

[184]杨海燕，高书国．农村教育的价值，特征与发展模式[J]．教育研究，2017(6)。
[185]杨莉．农民工随迁子女心理健康状况调查研究[J]．长江论坛，2012(1)。
[186]杨锐，李天鹰．我国普通高中多样化发展的情境之困与破解[J]．现代教育管理，2017(1)。
[187]杨润勇．推动普通高中特色发展的制度保障体系研究[J]．教育研究，2016(11)。
[188]杨卫安，邬志辉．城镇化背景下中国农村教育发展的路向选择[J]．社会科学战线，2015(10)。
[189]杨晓霞．义务教育均衡发展：利益冲突及整合[J]．教育研究，2016(4)。
[190]杨志刚．高中语文"四导学教"课堂教学案例设计及分析[J]．现代中小学教育，2017(1)。
[191]叶庆娜．农民工随迁子女高中教育：现状、政策及障碍[J]．中国青年研究，2011(9)。
[192]余玲艳，代建军．深度阅读教学视阈下语文教师的关键能力：内涵与结构[J]．教育理论与实践，2017(29)。
[193]袁利平，万江文．我国教育扶贫研究热点的主题构成与前沿趋势[J]．国家教育行政学院学报，2017(5)。
[194]湛卫清．农民工随迁子女融合教育的困惑与对策[J]．教育发展研究，2008(10)。
[195]张彩娟，张棉好．"机器换人"视角下农村职业教育开展职业技能补偿探析[J]．教育与职业，2017(6)。
[196]张翠凤．新型城镇化视域下农村教育资源配置面临的挑战与策略——以青岛市为例[J]．教育探索，2015(7)。
[197]张琦，史志乐．我国教育扶贫政策创新及实践研究[J]．贵州社会科学，2017(4)。
[198]张铁牛，朱锦伟．高考地理试题命制与评价新视角——核心素养[J]．当代教育理论与实践，2017(2)。
[199]张翔．教育扶贫对象精准识别机制探究[J]．教育探索，2016(12)。
[200]张亚楠，卢东宁．教育资源公平配置视阈下农村义务教育发展研究[J]．华北理工大学学报(社会科学版)，2017(3)。
[201]张岩，邵飞雪．进城务工人员随迁子女心理健康状况研究及对策[J]．科教导刊，2014(12)。
[202]张勇，王慧炯，古明明．发展教育是跨越"中等收入陷阱"的关键——通过

发展教育和转型来规避“中等收入陷阱”[J]. 教育与经济，2012(2)。

[203]张雨强，张中宁．基于区域方案比较的普通高中学业水平考试研究[J]. 课程·教材·教法，2016(10)。

[204]张泽芳．中小学教师职称制度改革探究[J]. 教学月刊·中学版(教学管理)，2014(7)。

[205]赵丹．教育均衡视角下农村教师资源配置的现实困境及改革对策——小规模和大规模学校的对比研究[J]. 华中师范大学学报(人文社会科学版)，2016(5)。

[206]赵红霞，谢红荣．义务教育均衡发展中的精准扶贫研究[J]. 湖南师范大学教育科学学报，2016(5)。

[207]赵宏斌，惠祥凤，傅乘波．我国义务教育教师绩效工资实施的现状研究——基于对 25 个省 77 个县 279 所学校的调查[J]. 教育理论与实践，2011(10)。

[208]郑若玲，郭振伟．异地高考政策的公平诉求与困境：以上海市为例[J]. 全球教育展望，2016(10)。

[209]中央教育科学研究所课题组．进城务工农民随迁子女教育状况调研报告[J]. 教育研究，2008(4)。

[210]钟秉林，陈保平，谈雷．关键词：教育扶贫[J]. 中国民族教育，2016(12)。

[211]周彬．教师职务晋升政策：演变、异化与优化[J]. 教师教育研究，2012(2)。

[212]周冬霞．论布迪厄理论的三个概念工具——对实践、惯习、场域概念的解析[J]. 改革与开放，2010(1)。

[213]周钧．农村学校教师流动及流失问题研究现状与发展趋势[J]. 教师教育研究，2015(1)。

[214]周秀平．家庭生计对基础教育阶段随迁子女就地升学的影响与对策[J]. 教育发展研究，2015(10)。

[215]周序．核心素养教育与高考改革的方向[J]. 当代教育科学，2017(4)。

[216]朱爱国，李宁．职业教育精准扶贫策略探究[J]. 职教论坛，2016(1)。

[217]朱德全，李鹏，宋乃庆．中国义务教育均衡发展报告——基于《教育规划纲要》第三方评估的证据[J]. 华东师范大学学报(教育科学版)，2017(1)。

[218]朱青．农村小规模学校教师队伍建设问题与对策[J]. 教学与管理，2017(18)。

[219]朱晓晖．新课程理念下的科学探究课的特征——以高中物理教学为例[J]. 教育理论与实践，2017(2)。

[220]朱仲敏．教育转型背景下普通高中生涯教育内容设计与实施路径研究[J]．教育发展研究，2017(6)。
[221]祝建华．贫困代际传递过程中的教育因素分析[J]．教育发展研究，2016(3)。
[222]邹奇，苏刚．建国后我国农村教师政策变迁及应然走向[J]．东北师大学报（哲学社会科学版），2016(1)。

三、报纸类

[01]柴葳．全面实施普及攻坚计划努力办好公平优质多样的高中阶段教育[N]．中国教育报，2017-04-25(1)。
[02]谌涛．创建特色高中，引来经费活水[N]．中国教育报，2017-06-28(5)。
[03]邓晖．高考新“标尺”如何量人选才[N]．光明日报，2016-09-19(6)。
[04]丁雅诵．普及高中教育，是时候了[N]．人民日报，2017-04-20(18)。
[05]董少校．上海新高考：从“招分”转向“招人”[N]．中国教育报，2016-09-13(3)。
[06]方梦宇．安徽示范高中八成指标到校[N]．中国教育报，2017-03-31(1)。
[07]顾定倩．对聋校新课标主要特色的分析[N]．中国教育报，2016-12-15(3)。
[08]顾明远．亟须抑制抢生源的恶性竞争[N]．中国教育报，2017-01-05(2)。
[09]胡鞍钢．普及高中阶段教育是国家重大战略[N]．中国教育报，2017-04-12(3)。
[10]江南．新高考，出新“招”[N]．人民日报，2017-01-09(12)。
[11]江芸涵．到2020年全省普及高中阶段教育[N]．四川日报，2017-04-25(2)。
[12]焦宇．珲春追求高品质教育高品位学校[N]．图们江报，2016-10-21(1)。
[13]李忠峰．石家庄落实山区教育扶贫[N]．中国财经报，2017-06-06(4)。
[14]刘博智，段栩雯．“确保政策落到最贫困的学子身上”[N]．中国教育报，2016-12-31(2)。
[15]晋浩天．破解“乡村弱”“城镇挤”教育难题[N]．光明日报，2016-07-13(6)。
[16]刘涛．普及不唯量 攻坚重在质[N]．中国教育报，2017-04-12(5)。
[17]罗海兰．每年建500所农村标准化寄宿制学校[N]．贵阳日报，2017-03-20(2)。
[18]庞丽娟．学前教育经费占同级财政性教育经费比例应不低于7%[N]．人民政协报，2011-03-02(B6)。
[19]秦玉友．从“千校一面”到多样化发展[N]．中国教育报，2017-01-10(5)。
[20]秦玉友．普及高中阶段教育的几个问题[N]．光明日报，2016-08-23(14)。

[21]曲宏．今年沈阳所有高中都开启走班制教学[N]. 辽宁日报，2017-03-02(9)。
[22]田爱丽．新高考后，学校如何转型发展[N]. 中国教育报，2017-06-21(5)。
[23]汪明．办好高中教育必须坚持正确方向[N]. 中国教育报，2017-05-10(2)。
[24]汪明．办好乡镇高中并非“权宜之计”[N]. 中国教育报，2016-07-22(2)。
[25]汪明．打好高中阶段教育普及攻坚战[N]. 中国教育报，2017-04-07(2)。
[26]汪明．规范高中招生要打落实组合拳[N]. 中国教育报，2017-01-10(2)。
[27]王学男．高中教育需与城市发展相协调[N]. 中国教育报，2017-06-15(12)。
[28]王学男．区域普通高中教育呈现多元化发展[N]. 中国教育报，2017-06-15(12)。
[29]熊丙奇．普及高中阶段教育是时代的必然要求[N]. 中国教育报，2017-04-12(3)。
[30]徐洪妹．盲校义务教育课程标准解读[N]. 中国教育报，2016-12-15(3)。
[31]姚晓丹．教育部发布三类特殊教育学校义务教育课程标准[N]. 光明日报，2016-12-15(8)。
[32]虞晓贞．走班制教学，对谁的挑战更大？[N]. 文汇报，2016-12-09(6)。
[33]张大北．以专项督导为中小学幼儿园安全保驾护航——专家解读《中小学(幼儿园)安全工作专项督导暂行办法》[N]. 中国教育报，2016-12-20(6)。
[34]张武明．高考考试科目要从套餐变自助餐[N]. 江西日报，2016-10-20(4)。
[35]张志勇．高中教育的十大革命[N]. 中国教师报，2016-11-16(14)。
[36]张卓玉．规范高中招生行为 促进教育公平公正[N]. 中国教育报，2016-09-30(2)。
[37]朱卫国．再谈高品质高中的建设(上篇)[N]. 江苏教育报，2016-12-09(1)。
[38]朱益明．普及高中阶段教育的精准发力[N]. 中国教育报，2017-04-07(3)。
[39]宗晓华．高质量的普及才有意义[N]. 中国教育报，2017-04-25(5)。

四、学位论文类

[01]包赛男．城乡教育一体化进程中的农村学校改进个案研究[D]. 长春：东北师范大学，2015。
[02]胡玲．曲线进城：农村教师补充机制改革下的教师流动[D]. 南京：南京师范大学，2016。
[03]孙晓东．中小学教师专业技术职务评聘分开模式研究——以淄博市部分学校为例[D]. 济南：山东师范大学，2009。
[04]伍小兵．绩效工资政策之激励初衷与现实困境研究——以宜宾市两所普通高中教师工作积极性状况为例[D]. 重庆：西南大学，2016。

[05]徐丽敏．农民工随迁子女教育融入研究：一个发展主义的研究框架[D]．天津：南开大学，2009。
[06]杨斐．中小学教师职务制度的改革研究——以上海市为例[D]．上海：上海师范大学，2016。
[07]张丽楠．城乡义务教育教师资源均衡配置现状及对策研究——以邯郸市为例[D]．石家庄：河北师范大学，2016。
[08]张园园．小学教师职称评审制度的问题与透视[D]．济南：山东师范大学，2014。
[09]赵曼．城镇化背景下农村初中教师专业发展研究[D]．石家庄：河北师范大学，2016。

五、文件类

[01]《关于免除普通高中建档立卡家庭经济困难学生学杂费的意见》，2016 年 8 月 30 日。
[02]《关于认真做好“法治进校园”全国巡讲团巡讲活动的通知》，2016 年 10 月 20 日。
[03]《关于深化中小学教师职称制度改革的指导意见》，2015 年 8 月 28 日。
[04]《教育部基础教育司 2017 年工作要点》，2017 年 4 月 10 日。
[05]《关于义务教育学校实施绩效工资的指导意见》，2008 年 12 月 23 日。
[06]《国务院关于深入推进义务教育均衡发展的意见》，2012 年 9 月 5 日。
[07]《国务院关于统筹推进县域内城乡义务教育一体化改革发展的若干意见》，2016 年 7 月 2 日。
[08]《国务院教育督导委员会办公室关于开展校园欺凌专项治理的通知》，2016 年 4 月 28 日。
[09]《中小学(幼儿园)安全工作专项督导暂行办法》，2016 年 11 月 30 日。
[10]《教育部 财政部关于进一步加强全面改善贫困地区义务教育薄弱学校基本办学条件中期有关工作的通知》，2017 年 6 月 29 日。
[11]《教育部办公厅关于报送 2016 年乡村教师生活补助实施情况的通知》，2016 年 11 月 11 日。
[12]《教育部办公厅关于公布全国乡村教师队伍建设优秀工作案例的通知》，2016 年 9 月 1 日。
[13]《教育部办公厅关于开展 2017 年度中央专项彩票公益金支持中小学生研学实践教育项目推荐工作的通知》，2017 年 7 月 17 日。
[14]《教育部办公厅关于农村义务教育学校布局调整有关问题的通报》，2016 年

10 月 9 日。

[15]《教育部办公厅关于召开第二期特殊教育提升计划部署会议的通知》，2017 年 7 月 14 日。

[16]《教育部办公厅关于召开全国教师教育振兴暨教师队伍建设工作会议的通知》，2017 年 8 月 1 日。

[17]《教育部办公厅关于召开全国乡村教师队伍建设暨万名教师支教工作会议的通知》，2017 年 6 月 7 日。

[18]《教育部等 11 部门关于推进中小学生研学旅行的意见》，2016 年 11 月 30 日。

[19]《教育部等九部门关于防治中小学生欺凌和暴力的指导意见》，2016 年 11 月 1 日。

[20]《教育脱贫攻坚"十三五"规划》，2016 年 12 月 16 日。

[21]《教育部关于大力推行中小学教师培训学分管理的指导意见》，2016 年 12 月 13 日。

[22]《县域义务教育优质均衡发展督导评估办法》，2017 年 4 月 19 日。

[23]《教育部关于做好义务教育学校教师绩效考核工作的指导意见》，2008 年 12 月 31 日。

[24]《教育部基础教育一司关于做好 2017 年中小学生安全教育工作的通知》，2017 年 2 月 17 日。

[25]《教育部教师工作司负责人就〈关于大力推行中小学教师培训学分管理的指导意见〉答记者问》，2016 年 12 月 29 日。

[26]《食品药品监管总局 教育部关于进一步加强中小学校和幼儿园食品安全监督管理工作的通知》，2016 年 12 月 7 日。

[27]《最高人民检察院 教育部关于开展"法治进校园"全国巡讲活动的方案》，2016 年 5 月 30 日。

[28]《国务院关于加强农村留守儿童关爱保护工作的意见》，2016 年 2 月 4 日。

[29]《教育部关于进一步推进义务教育均衡发展的若干意见》，2005 年 5 月 25 日。

[30]《教育部办公厅关于做好 2017 年"三区"人才支持计划教师专项计划有关实施工作的通知》，2017 年 4 月 12 日。

[31]《国家中长期教育改革和发展规划纲要(2010—2020 年)》，2010 年 7 月 29 日。

后　　记

2017年是党的十八大以来以习近平同志为核心的党中央全面贯彻落实治国理政新理念新方略并取得非凡业绩五年的收官之年。党的十八大以来，党和国家高度重视农村教育发展，采取了一系列向农村倾斜的“新非均衡发展”战略，以国务院的名义出台的文件主要有《国务院办公厅关于规范农村义务教育学校布局调整的意见》《关于实施教育扶贫工程的意见》《国家贫困地区儿童发展规划(2014—2020年)》《乡村教师支持计划(2015—2020年)》《国务院关于加快发展民族教育的决定》《国务院关于进一步完善城乡义务教育经费保障机制的通知》《国务院关于加强农村留守儿童关爱保护工作的意见》《国务院办公厅关于加快中西部教育发展的指导意见》《国务院关于加强困境儿童保障工作的意见》《国务院关于统筹推进县域内城乡义务教育一体化改革发展的若干意见》《国务院办公厅关于进一步加强控辍保学提高义务教育巩固水平的通知》11项，农村教育的不利地位得到全面改观。党的十九大报告又提出“建设教育强国”“加快教育现代化”的新目标，但短板和弱项依然在农村，所以“推动城乡义务教育一体化发展，高度重视农村义务教育”是实现城乡教育一体和实现教育现代化的关键。

《中国农村教育发展报告2017—2018》延续了以往的报告风格和特色。在关注一年来国家宏观政策、事业发展、学术研究和实践探索新进展的同时，我们在2016年11月和2017年4月先后以“乡村教师支持计划实施状况”和“乡村小规模学校发展状况”为主题开展了两次涉及全国12个省份的大规模调查，投入调查人员100余人次，其中既包括中国农村教育发展研究院的教师、博士后、博士生、硕士生，也包括农村教育协同单位的教师和同学。在这里，我要向为本报告付出辛勤劳动的所有人员表示衷心的感谢，同时向一直以来对我们的调研工作给予帮助和支持的县级教育管理者、农村校长和教师表达诚挚的敬意！

报告遵循分工撰写、文责自负的原则，在终稿完成后，付昌奎对部分章节进行了校对。最后，邬志辉撰写了年度进展报告、专题研究报告和经典个案报告的导语及后记，并对整个年度报告进行统稿。课题组团队共同研究撰写了前言。李跃雪制作了各章的图表，汤颖整理了参考文献。

由于时间所限，加上任务量相当庞大，尽管我们努力控制疏漏，但是不足之处依然在所难免，恳请读者批评指正。同时，为了进一步创新发展报告研究模式，我们衷心期待读者如果有好的选题或议题，请与我们联系，我们愿意与您一起合作开展调查研究。我们的联系电话是 0431-85099422，我们的邮箱是 1245376561@qq. com。

邬志辉 谨识

二〇一七年十二月于长春